学習意欲の理論

動機づけの教育心理学

鹿毛雅治 著

金子書房

学習意欲の理論

動機づけの教育心理学

目　次

第1章　学習意欲とは何か ───────────── 1

1　心理現象としての学習意欲 ───────────── 2
- 1-1　学習意欲とは何か …………………………………… 2
- 1-2　主体的に学ぶ姿 …………………………………… 3
  - （1）学習とは何か　3
  - （2）学びに没頭する：エンゲージメント　7
  - （3）自律的に学ぶ：自己調整学習　8

2　動機づけの教育心理学 ───────────── 11
- 2-1　動機づけとは何か …………………………………… 11
  - （1）「動機づけ」の意味　11
  - （2）動機づけの指標　14
- 2-2　動機づけ理論の構図 …………………………………… 15
  - （1）動機づけの三水準　15
  - （2）動機づけの四要因　18

3　学習意欲の心理学 ───────────── 23
- 3-1　学習意欲を理解するために …………………………………… 23
  - （1）価値と目的　24
  - （2）希望と見通し　25
  - （3）没頭と努力　26
  - （4）状況，他者，制度　26
- 3-2　学習意欲を支える動機づけ要因 …………………………………… 27
- 3-3　学習意欲のはたらき …………………………………… 29
- 3-4　学習意欲と教育 …………………………………… 32

第2章　意味づける主体──認知論からのアプローチ ───────────── 35

1　意味づける主体としての学び手──認知のメカニズム ───────────── 36
- 1-1　認知のメカニズム …………………………………… 36
- 1-2　認知内容としての信念 …………………………………… 38
- 1-3　期待×価値理論 …………………………………… 39
  - （1）「期待」と「価値」の意味　39
  - （2）期待×価値　40

2　価値と目標 ───────────────── 42
2-1　価値理論 ……………………………… 42
2-2　目標理論 ……………………………… 44
（1）目標内容アプローチ　46
（2）目標プロセスアプローチ　49
2-3　達成目標理論―目標志向アプローチ ……………… 54
（1）マスタリー目標とパフォーマンス目標　55
（2）知能観と達成目標　56
（3）パフォーマンス目標と努力　60
（4）マインドセット　60
（5）改訂達成目標理論：達成動機づけ階層モデル　61
（6）多目標理論　63

3　期待と自己概念 ───────────────── 67
3-1　期待理論 ……………………………… 67
3-2　結果期待：随伴性認知 ……………………………… 69
（1）学習性無力感　70
（2）内的―外的統制　71
3-3　効力期待：自己効力 ……………………………… 72
（1）自己効力とは何か　72
（2）学業達成場面での自己効力　73
3-4　期待の統合的機能 ……………………………… 74
（1）統制感モデル　74
（2）楽観主義―悲観主義　76
3-5　自己概念 ……………………………… 77
（1）自己概念とその構造　77
（2）自己概念のはたらき　80

4　認知プロセスと動機づけ ───────────────── 82
4-1　原因帰属理論 ……………………………… 82
（1）原因帰属とは何か　82
（2）原因帰属と動機づけ　84
（3）原因帰属プロセス　84
（4）帰属影響プロセス　88
（5）改訂学習性無力感理論　91
4-2　意志と非意識過程 ……………………………… 94
（1）心理学概念としての「意志」　94
（2）行為のコントロール　95
（3）行為の自動化と自動動機　96
（4）実行意図　99
（5）学習動機づけのプロセスモデル　99

第3章　感応する主体——感情論からのアプローチ ——— 103

1　感応する主体としての学び手——感情のメカニズム ——— 104
　1-1　感情とは何か ……………………………………………… 106
　　（1）感情という心理現象　106
　　（2）感情のはたらき　108
　　（3）感情の種類と構造　111
　　（4）感情生起のメカニズム：認知的評価説　114
　1-2　感情の動機づけ機能 ……………………………………… 116
　　（1）動機づけ要因としての感情　116
　　（2）誘因理論　118
　　（3）感情喚起理論　119
　　（4）ポジティブ感情　120
　　（5）リバーサル理論　121

2　学習意欲に埋め込まれた感情：教室での感情体験 ——— 127
　2-1　達成関連感情：コントロール—価値理論 ……………… 127
　2-2　道徳関連感情 ……………………………………………… 130
　2-3　達成目標と感情 …………………………………………… 132

3　興味 ——— 133
　3-1　興味とは何か ……………………………………………… 133
　　（1）対象特殊な動機づけ現象　133
　　（2）学習意欲としての興味　135
　3-2　状態興味 …………………………………………………… 136
　　（1）状態興味のメカニズム　136
　　（2）テキストベースの興味　137
　3-3　特性興味 …………………………………………………… 138
　　（1）感情—評価傾向　139
　　（2）興味発達の四局面モデル　140

4　フロー ——— 142
　4-1　没頭するという体験 ……………………………………… 142
　4-2　フロー体験のダイナミズム ……………………………… 143
　4-3　フローの測定 ……………………………………………… 144
　4-4　自己目的的パーソナリティ ……………………………… 145

5　評価不安 ——— 146
　5-1　評価不安とは何か ………………………………………… 146
　　（1）不安のしくみとはたらき　146
　　（2）評価状況と不安　148

5−2　テスト不安 ……………………………………………………………… 149
　　（1）テスト不安の心理的メカニズム　149
　　（2）テスト不安の処理プロセスモデル　151
5−3　評価状況における自己調整 ………………………………………… 152
　　（1）感情調整プロセスとしてのテスト体験　152
　　（2）自己参照モデル　155

第4章　躍動する主体——欲求論からのアプローチ ──── 157

1　躍動する主体としての学び手——欲求のメカニズム ──── 158
1−1　欲求とは何か ………………………………………………………… 158
　　（1）本能から欲求へ　159
　　（2）動因理論　160
　　（3）力動論：生命体としての個人　160
1−2　欲求のはたらき ……………………………………………………… 161
　　（1）欲求のメカニズム　161
　　（2）欲求のダイナミズム　165

2　学習を促す欲求の種類と構造 ──── 168
2−1　社会的欲求 …………………………………………………………… 168
　　（1）社会的欲求のリスト　168
　　（2）潜在動機　169
2−2　自己実現 ……………………………………………………………… 172
　　（1）自己実現の欲求　172
　　（2）十全に機能する人間　172
　　（3）欲求階層説　174
　　（4）ERG 理論　176
2−3　コンピテンス ………………………………………………………… 177
　　（1）能力と意欲の複合体としてのコンピテンス　177
　　（2）イフェクタンス動機づけ　179
　　（3）コンピテンスの発達　179
　　（4）コンピテンス動機づけ　181
2−4　自己決定理論 ………………………………………………………… 182
　　（1）自己決定理論と五つのミニ理論　182
　　（2）基本的欲求理論　184

3　内発的動機づけと外発的動機づけ ——————————————— 186
3-1　外発的動機づけ ……………………………………………… 186
（1）外発的動機づけの理論的背景　187
（2）強化メカニズムと予期メカニズム　188
（3）報酬の弊害と効用　189
（4）有機的統合理論：外発的動機づけの自律化　191
3-2　内発的動機づけ ……………………………………………… 195
（1）認知的動機づけ理論：知的好奇心　196
（2）オリジン・ポーン理論　198
3-3　アンダーマイニング効果 …………………………………… 200
（1）「ごほうび目当て」の動機づけ　200
（2）認知的評価理論　202
（3）外的報酬の複合的機能　203
3-4　内発的／外発的動機づけと学習 …………………………… 204
（1）行動の自動化：習慣形成　204
（2）学習の方略と成果　207

4　達成動機づけ ——————————————————————— 210
4-1　達成欲求 ……………………………………………………… 211
4-2　達成動機づけ理論 …………………………………………… 212

5　自尊欲求 ————————————————————————— 216
5-1　自己関連動機と自尊心 ……………………………………… 216
5-2　自尊心を維持・高揚するメカニズム ……………………… 217
（1）自己価値理論　217
（2）自己評価維持モデル　222

6　パーソナリティと適性 ——————————————————— 223
6-1　動機づけ要因としての「パーソナリティ／自己」……… 223
6-2　個人差としての自己システム ……………………………… 225
（1）パーソナル・ストライビング　225
（2）因果志向性理論　226
（3）目標内容理論　228
6-3　適性としての自己 …………………………………………… 228

第5章　学習意欲を育むフィールド―環境論からのアプローチ ―― 233

1　教育環境という視座 ―― 234
1-1　教育環境とは何か ―― 234
（1）「教育環境」としての学習環境　234
（2）学習者中心の原理　235
1-2　学習者に体験される教室・学校 ―― 238
（1）学校環境の変化と適応　238
（2）子どもたちは教室をどのように体験しているのか　239
（3）達成状況における適応／不適応パターン　242
（4）教育環境の二つの側面：「しかけ」と「関わりあい」　243

2　教育環境のデザイン ―― 244
2-1　「しかけ」としての教育環境 ―― 244
2-2　課題環境 ―― 246
（1）課題のタイプ　246
（2）課題の困難度　251
（3）個人差への対応　253
2-3　コントロール環境 ―― 255
（1）応答性　255
（2）随伴性　258
（3）権限性　259
2-4　目標―評価環境 ―― 266
（1）目標―評価システム　267
（2）評価構造　274

3　教育環境のダイナミズム ―― 278
3-1　「関わりあい」としての教育環境 ―― 278
（1）関わりあう場の性質　278
（2）教室・学校の文化・風土　280
（3）感情が体験される場としての教室　281
3-2　対人環境としての教室 ―― 282
（1）心理的欲求の充足　282
（2）友人との関わり　286
3-3　学習環境としての教師 ―― 288
（1）学習意欲を育む授業実践　289
（2）意欲的な学びを促す教師　291
（3）教育的なコミュニケーションのプロセス　296
（4）「学び手」としての教師：教師の動機づけ　304

附録 ———————————————————————— 311

巻末注 ———————————————————————— 312
 第1章　312
 第2章　322
 第3章　339
 第4章　349
 第5章　373

引用文献 ——————————————————————— 389
事項索引 ——————————————————————— 443
人名索引 ——————————————————————— 451
あとがき ——————————————————————— 453

Chapter *1*

第1章
学習意欲とは何か

1　心理現象としての学習意欲

1-1　学習意欲とは何か

　子どもたちの意欲的な姿に出会うことがある。例えば，美術の時間に真剣なまなざしでデッサンに取り組んでいる姿。スポーツの場面で，失敗を繰り返しても何度も必死にチャレンジする姿。レポートを仕上げるために，資料を集めたり，自らの意見をまとめようと時折メモを取りながら考え込んだりしている姿。国語の授業中，クラスメイトに自分の意見を理解してもらうために身振り手振りを交えて懸命に説明している姿や，その友だちの発言を聞きもらすまいとして耳を傾けて聴き入るクラスメイトの姿。

　学習意欲は，課題に向き合うこのような子どもたちの真摯な姿に自ずと顕れるものであり，そこに居合わせるわれわれはその姿から学習意欲を感じ取ることができるのである。

　もちろん，学習意欲とはわれわれ大人自身の体験でもある。われわれは意欲的なとき，特定の対象に注意を向け，意識を集中させているに違いない。また，未知の体験や問題の探究にワクワクしたり，理解の深まりや課題の達成に充実感を感じたりすることは，年齢を問わず一般に人が体験する心理状態であり，学習意欲は人間の普遍的な性質のようにも思える。

　そもそも「意欲」，さらには「学習意欲」という用語は，必ずしも学問的に定義された概念ではない。辞典によれば，意欲とは「積極的に何かをしようと思う気持ち」（『広辞苑第六版』）だとされる。確かに考えてみれば，われわれは日常生活の中で「積極的に何かをしようと思う気持ち」を抱きながら生きている。例えば，期限に間に合うように必死になって仕事をやり遂げるとか，健康維持のために毎日ジョギングを続けるとか，友人同士のケンカを深刻に受け止めて仲裁役を買って出るなど，能動的に何かをしたいと感じ，行為の目標を明確化したり，その場，その時の要請に応じて適応的に振る舞ったりしている。意欲とは，われわれが環境に向き合う際のこのような積極的な姿勢のことなのである。

　より分析的に表現してみよう。意欲とは，「○○を成し遂げよう」とする意志と「○○したい」という欲求，すなわち「意」と「欲」の複合的心理状態あるいはその心理的機能を意味している（坂野，1976; 中沢，1976; 奈須，1985; 河合，

1985など)。つまり**意欲**とは,「やりたい」という強い希求を行為の原動力として,意図的,計画的に目的の実現までやり抜こうとする心理現象を指している。「意」と「欲」,そのいずれかが欠けたら意欲とは呼べないという点が重要なポイントであろう。「〇〇したい」と思っているだけで意志が欠けていたり,「成し遂げよう」としていても「やりたい」という強い希求がなければ,意欲的だとはいえないのである。

以上のことを踏まえて「学習意欲」を日常用語として説明するならば,それは「学習に対する意欲」を指す言葉であり,「学びたい」という**欲求**や「学習を成し遂げよう」とする**意志**に根ざした「積極的に学ぼうと思う気持ち」を意味しているといえるだろう。

但し,このように学習意欲を「学ぼうと思う気持ち」と定義してしまうと当人の意図,積極的な意識といった要素ばかりが強調され,例えば「思わず頑張っていた」「いつの間にか先生の話に引き込まれて聞き入ってしまった」というような無意図的,非意識的側面を排除してしまいかねない。われわれの意欲現象は必ずしも意識的な要因だけが関連しているわけではない。

そこで本書では,**学習意欲**を「学ぼうとする心理現象」の総称としてとらえることにする[1]。そして,学習意欲の理論とは「学ぼうとする心理現象がなぜ,どのように生起するのか」という問いに対する「説明」であり,本書では,これらの理論を教育心理学[2]の立場から概説することを目的とする。

1-2　主体的に学ぶ姿

(1) 学習とは何か
□学習の定義

学習意欲が「学習」に関連する意欲であることはいうまでもない。したがって,まず議論の大前提として確認しておくべきなのは,そもそも「学習とは何か」という点であろう。

一般に心理学では,**学習**について「練習や勉学といった体験の結果として生じる行動や能力の永続的な変化,あるいは知識,行動パターン,能力の獲得プロセス」と定義される(例えば,Shuell, 1986; APA, 2007)[3]。この定義のポイントは以下の三点にある(Schunk, 2000)。①学習とは行動や能力が変化すること,あるいはそれらが獲得されることである。つまり,何かができるようになる,わか

るようになること，また，自分なりの考え方が形成されることなどを指す。②学習とは一時的なものではなく長続きする変化，つまり「獲得」である。いったん学習したらその変化は不可逆的で，後戻りすることはない。③練習する，他者の行動を観察するなどといった体験によって学習は生じる。その体験にはもちろん「何度も繰り返す」といった意図的なものも含まれるが，「たまたまその場に居合わせる」というような偶発的で無意図的な体験によって学習が生じることもある。

　では，「何」が学習されるのであろうか。一般に心理学では，知識（宣言的知識，手続き的知識），技能（知的技能，運動技能），態度（特定の事物，事象，人物などに対する人の行動に影響を及ぼす内的状態）が学習の結果，主に獲得される内容だと考えられている（例えば，Gagné, 1977）。「体験を通して知識，技能，態度を獲得すること」が学習なのである。

　体験を通してものごとが「わかるようになること」（知識の獲得）や何かが「できるようになること」（技能の獲得）が学習だというのは，われわれの通念と一致する。例えば，算数の授業を受けることによって，三角形の面積を求めることができるようになったり，なぜその公式が「底辺×高さ÷2」であるかがわかるようになったりする。これが学習である。したがって，まずは「わかろうとする心理現象」，「できるようになろうとする心理現象」が学習意欲だということをおさえておきたい[4]。

　とりわけ，「できるようになること」という点に関して，「習慣」という概念に注目してみよう。**習慣**とは，刺激と反応の結びつきとしての学習，すなわち「学習された振る舞い（learned act）」（Reber, 1985）のことを指す。例えば，「チャイムが鳴ったら席に着いて教科書とノートを机上に出す」といった子どもたちの姿は，刺激（チャイム）と反応（着席，机上の準備）の結びつきに基づく行為であり，それは学校教育の体験を通して学習されたものである。この「チャイム着席」は，外顕的行動（**行動的習慣**）の例であるが，例えば，「英語の文をみると思わず訳してしまう」というように，注意を向ける，考える，覚えるといった内的行為に関わる知覚的，認知的，感情的な習慣（**心理的習慣**）もある。以上に例示したような学習に関連した習慣は**学習習慣**と総称されるが，とりわけ心理的習慣の中には，課題に直面した時に「あきらめずに努力する」「本当にそうかなと吟味しようとする」「別の視点から考えてみようとする」などのように，学習成果の質を高める働きを持ち，かつ学習意欲と不可分な学習習慣もある。なお，習慣を学習するプロセスは**習慣化**と呼ばれる。それは特定の刺激に対応して特定の

活動パターンが繰り返されることによって，自動化し，定着し，努力することなしに遂行できるようになるプロセスを意味する。

さて，以上に記した「わかること」「できること」だけに焦点を当てると学習という概念をいささか狭義に捉えすぎているといえるだろう。上記の通り，「知識」「技能」だけではなく，「態度」も学習の内容だという点にここで着目する必要があろう。**態度**とは，ある人が，ある対象（人，モノ，コト）に対して，どのように感じ，考え，かつ振る舞うかという主体の一般的な反応準備状態を指し，一定の動作や行動を実現し，それらを方向づけたり，調整したりする機能を持つ心理学的構成概念のことを指す（猪股, 1982）。例えば，われわれは「人前で発表すること」に対する何らかの態度を持っているに違いない。できれば避けたいと否定的な態度を持っている人はそのような発表の場や可能性を避けるように動機づけられるだろうし，肯定的な態度を持っている人は，発表者を募る場で立候補するといった積極的な行動をとる可能性が高い。このような態度は時や場面を超えてある程度一貫している当人の安定的な特性と考えられている[5]。

学習意欲という観点から着目すべきなのは「学習態度」である。一般には「真面目」あるいは「怠惰」といった意味として受け取られがちだが，ここでいう**学習態度**とは学習一般，さらには学習の諸側面や構成要素に対する態度を指す。例えば，すべての小学生は「算数」に対する何らかの学習態度を持っているはずだ。楽しい，好き，役に立つといったポジティブな態度もあれば，つまらない，嫌い，できれば避けたいといったネガティブな態度もあろう。「嫌いだけど役に立つ」といったアンビバレントな態度を持っている子どももいるかもしれない。このように学習態度とは学習に関連する対象にまつわる個人的な理解や価値観（例えば「算数観」）の反映であり，その対象とのこれまでの関わり（例えば，これまで受けてきた算数の授業での体験）を通して形成（学習）される。そして，算数の授業中，ポジティブな態度を持っている子どもは意欲的な様子を示すだろうし，ネガティブな態度を持つ子どもは回避的な行動をとるだろうと予測できるのである。

□学習される学習意欲

以上のように考えると，態度そのものが意欲と不可分であることがわかる。態度とは当人の意欲の個人差を説明する概念そのものだとさえいえる。実は態度だけではなく，知識や技能の学習そのものも意欲の説明原理として位置づけることができる。まず，「わかるようになること」あるいは「できるようになること」

によって学習意欲が高まるという現象がみられる。例えば「できるようになってうれしい」といった知識や技能の学習プロセスに内在する心理的な体験自体（効力感：4章2-3）が学習意欲と密接に関わっているのである。また，知識や技能の一部として学習される内容も意欲の構成要素である。例えば，「私は数学が得意である」といった自己認識は自分に関する「知識」であるが，多岐にわたって学習されるこのような**信念**（2章1-2）も，例えば，「数学は私の得意科目なのだから，一生懸命頑張ろう」というように意欲のあり方を規定する。また，テスト場面で「できなかったらどうしよう」と不安になった時に「深呼吸して伸びをする」と気持ちが落ち着くという人がいるかもしれない。このようなテスト場面での対処方略（3章5-3）は「技能」（スキル）の一種だが，このような**学習方略**は後述する自己調整学習を支える要素であり，学習によって身に付けられたものである。

つまり，学習意欲自体が学習されるのである。学習意欲は多様な体験を通してひとり一人に形成される信念や態度の反映であり，知的技能としての学習方略に規定される。そして，これらの信念や態度，学習方略は，当人の学習意欲のあり方を安定的に規定する要因（特性レベルあるいは領域レベルの動機づけ：1章2-2，適性：4章6-3）として機能しつづける。「学習意欲を育むこと」は常に教育界で課題とされるが，学習意欲の発達とは，以上のような学習プロセスそのものを意味しているのである。

□学習概念の拡張

近年，わが国の教育界では，「学習」にかわって「学び」という言葉が多用されるようになってきた。その一つの理由としては，教育心理学などにおいて個人的構成主義さらには社会的構成主義の考え方[6]が主流となり，学習の能動性やそのプロセスが注目されるようになった点が挙げられる（鹿毛, 2011）。このような背景を踏まえつつ学習の概念をさらに拡張して考えてみよう。

社会文化的な側面に着目した学習概念によれば，意味づける，実践する，コミュニティに参加する，自分を創るといった社会的な参加プロセス自体が，それぞれ「体験としての学び」「行為としての学び」「所属としての学び」「成長としての学び」として位置づけられている（Wenger, 2009）。学習をこのような観点からとらえるなら，他者や社会的な環境と関わりながら，ものごとを意味づけようとしたり，何かを実践したり，特定のコミュニティで活動したり，自分を成長させよ

うとしたりする能動的な努力も学習意欲だということになる。

　なお，ともすると学習とは学校でするものと思われがちであるが，学校教育のみならず，われわれの生活全体が学習の場であるという点もあらためて確認しておくべきだろう。われわれの日常生活には学習が埋め込まれているのであり，子どもだけではなく，大人ももちろん学習する主体なのである。

　以上のように学習概念を広義に理解するならば，社会や他者と関わりながら学びと成長へと向かっていく当人の意欲の総称が学習意欲であることがわかる。学習意欲，すなわち「学ぼうとする心理現象」には，以下本書で概説していくように，興味や関心，達成感や充実感，意義の認識，責任感や使命感など，多様な心理学的要素が関わっている。そしてそれらが統合的に機能することで，学ぶという活動を支え，促しているのである[7]。

（2）学びに没頭する：エンゲージメント

　学習意欲が話題になるとき，その具体的な現象として学習に対する「積極性」が問題とされる。しかも，学習に主体的に取り組んでいるかという点がその積極性を左右すると考えられている。ではその「主体的な学び」とは具体的にどのような心理現象なのであろうか[8]。

　熱中して学んだ体験を思い出してほしい。ここでいう学びは学校の「お勉強」でなくてもよい。スポーツの分野で上達したい一心で練習している姿でもいいし，趣味の世界に没頭している姿でもよい。その意欲的な心理状態とは一体どのようなものであろうか。

　実は「意欲」を英訳することはとても難しく，しっくりとする英単語が見当たらないのだが，あえていうならば，近年，動機づけ心理学で用いられている「エンゲージメント」という用語こそが「意欲的」という意味をよく表しているのではないかと思われる。

　エンゲージメントとは「心理的没入」とでも表現できようか。課題に没頭して取り組んでいる心理状態，すなわち，興味や楽しさを感じながら気持ちを集中させ，注意を課題に向けて持続的な努力をするような「熱中」する心理状態が**エンゲージメント**（engagement）である（Reeve, 2002）。つまりそれは，進行中の活動において示される行動の強さ，感情の質，個人的な労力投入に関する統合的な心理現象を意味する用語であり，**コミットメント**（主体的で積極的な関わり）に特徴づけられた心理変数として活動や学習の「質」を規定する（Fredricks,

Blumenfeld, & Paris, 2004)。

　エンゲージメントとは，人と環境との間で現在進行形で生起するダイナミックに変化する相互作用を心理現象の質として記述する概念であり，まさに知情意が一体化した「今ここ」(here and now) での体験を意味しているといえるだろう。より具体的には，①**行動的エンゲージメント**（どの程度，課題に注意を向け努力し粘り強く取り組んでいるか），②**感情的エンゲージメント**（どの程度，興味や楽しさといったポジティブ感情を伴って取り組んでいるか），③**認知的エンゲージメント**（ものごとを深く理解しようとしたり，ハイレベルの技能を身につけようという意図を持ち，自分の活動についてきちんと計画し，モニターし，自己評価するような問題解決プロセスとして取り組んでいるか）の三側面があり，それらは統合的に機能する（Reeve, 2009a）。またエンゲージメントには，状況や文脈など，当人を取り囲んでいる環境に強く影響されるという特徴もある。表1-1に示されるように，意欲的でない状態である「非エンゲージメント」と比較するとエンゲージメントの理解がより鮮明になるだろう。

　教育的な観点から重要視すべきことは，エンゲージメントは達成を直接的に予測する心理変数であるという点であろう。すなわち，エンゲージメントは環境条件（課題や活動，他者など）が整うことで生じ，それは「質の高い学び」を実現するとともに社会的，認知的，人格的な発達にポジティブな影響を及ぼす心理状態なのである（Skinner, Kindermann, Connel, & Wellborn, 2009）[9]。

（3）自律的に学ぶ：自己調整学習

　「主体的な学び」のもう一つの側面として「自律性」が挙げられよう。他者にコントロールされるのではなく，自分自身の基準に従って行為を自ら制御する学習者の姿である。例えば，水泳の自己ベストタイムを目指すコウタ君が次の大会までの自分の課題がフォームの改善にあると考え，コーチのアドバイスを積極的に求めたり，友人に頼んで録画してもらった自分のフォームについて息つぎの仕方や手足の動きといった観点ごとに自己チェックするなど，フォーム改善に向けた具体的な取り組みと練習を繰り返すといった努力のプロセスは，まさに自律的だといえる。コーチに指示や命令をされたから努力しているわけではない。コウタ君は，自ら進んで主体的に取り組んでいるのである。

表1-1 エンゲージメントと非エンゲージメント
(Skinner, Kindermann, Connel, & Wellborn, 2009 を一部改変)

	エンゲージメント：意欲的な姿	非エンゲージメント：意欲的でない姿
行動的側面	行為を始める	受動的で先延ばしにしようとする
	努力する，尽力する	あきらめる，身を引く
	一生懸命に取り組む	落ち着きがない
	試行する	気乗りがしない
	持続的に取り組む	課題に焦点が向いておらず不注意
	熱心に取り組む	注意散漫
	専念する	燃え尽き状態
	熱中する	準備不足
	没頭する	不参加
感情的側面	情熱的である	退屈している
	興味を示している	興味がない
	楽しんでいる	不満げである／怒っている
	満ち足りている	悲しんでいる
	誇りを感じている	気にしている／不安を感じている
	活き活きしている	恥じている
	興奮している	自己非難している
認知的側面	目的を自覚している	無目的である
	アプローチする	無力な状態である
	目標実現のために努力する	あきらめている
	方略を吟味する	気の進まない様子である
	積極的に参加する	反抗的である
	集中する，注意を向ける	頭が働いていない
	チャレンジを求める	回避的である
	熟達を目指す	無関心である
	注意を払って最後までやり抜く	絶望している
	細部にまで丁寧で几帳面である	精神的圧迫を感じている

　このような自律的な学びには，次のような特徴がある。すなわち，それは自分自身が設定した目的を実現する過程であり，当人が特定の目標やその達成に向けた見通しを持ち，具体的な計画を立ててそれを実行に移し，そのプロセスをモニターしつつ成果について自己評価し，適宜，目標や計画自体が修正されたり変更されたりするといったダイナミックな心理現象である。自ら目標を設定し，実行し，省みるプロセスにおいて，自らの思考，感情，行為を自分自身がコントロールすることだといえる。「意志」（2章4-2）とは，まさに目標の達成まで途中であきらめずにやり遂げようとするこのような心理的な働きを指しているのである。

　このように，学習者が自ら計画的に目標の達成を成し遂げようとする主体的な学習のあり方は**自己調整学習**（self-regulated learning）と呼ばれ（Schunk,

2001),前述したエンゲージメントの認知的側面(認知的エンゲージメント)の主要な心理的機能として位置づけることができる。この分野の代表的な研究者の一人であるZimmerman, B. J. は,自己調整学習について,予見(forethought),遂行(あるいは意志的コントロール),自己省察(self-reflection)の三つの局面(phase)から成るプロセスとして記述している(Zimmerman, 2005:図1－1)。これは,マネジメントに関する研究領域で言及されることの多い「Plan－Do－See(PDS)」のサイクルについて,その各要素や全体のプロセスを心理学の諸理論に基づいてより精緻に説明した統合的な概念枠組みだといえるだろう(伊藤,2009)。その論点と対応する要素が表1－2に示されているので参照されたい。

表1－2　自己調整学習の次元に関する概念的枠組み
(Zimmerman, 1994 と Schunk, 2000 より作成)

論点	心理学的次元	課題の状態	自己調整の性質	自己調整の下位プロセス
なぜ?	動機	参加の選択	自己動機づけ	自己目標
どのように?	方法	方法の選択	計画的または自動的	方略使用または習慣化
いつ?	時間	期限の設定	タイムリーで効果的	時間管理
何を?	行動	生起させる行動の選択	パフォーマンスの覚知	自己観察,判断,反応
どこで?	物的環境	状況の選択	環境的な鋭敏さ,識見	環境の構造化
誰と?	社会性	パートナー,モデル,教師の選択	社会的な鋭敏さ,識見	選択的な援助要請

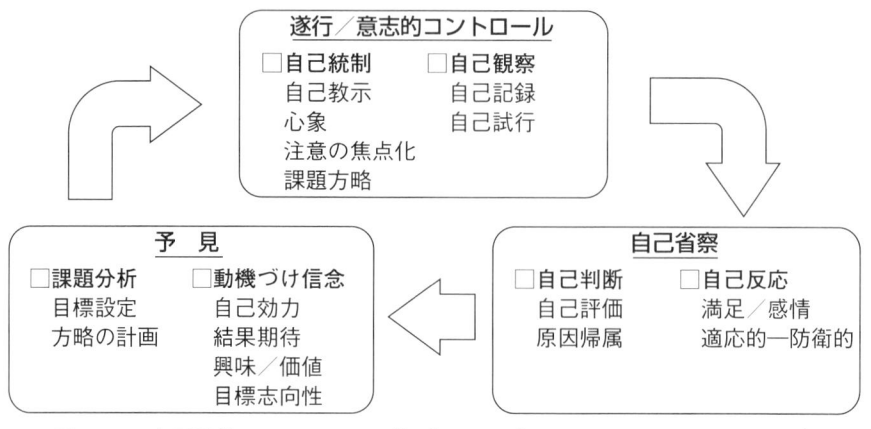

図1－1　自己調整のサイクルと下位プロセス(Zimmerman, 2005 より作成)

例えば、前述のコウタ君の例でいえば、動機は「自己ベストタイムの更新」であり、「次の大会まで」という時間軸を意識して「フォームの改善」という自己目標を設定し、「自分のフォームの録画」といった方法を用いて、息つぎや手足の動きといった観点から自らの行動を自己観察、自己評価するとともに、コーチや友人にアドバイスを求めるというように社会的な関係も活用している[10]。

2 動機づけの教育心理学

2-1 動機づけとは何か

(1)「動機づけ」の意味

「意欲」について、これまで心理学では「動機づけ」の問題として研究されてきた。

「意欲」という言葉は、前述した通り、学問上のタームというよりむしろ日常用語であり、その語感にはプラスの価値が含まれている。例えば、「意欲的な人」という表現を「意欲がない人」という言い回しと比べてみよう。おそらく、われわれの社会では前者の方が後者よりも高く評価される場合がほとんどである。われわれは無条件に「意欲」をよいものだと考えがちなのである。

それに対して「動機づけ」という言葉は、価値中立的な学術用語である。また以下に述べるように、「意欲」だけではなく、行動一般が出現する心理学的メカニズムを包括する用語でもある。「意欲」という心理現象が、よりマクロな「動機づけ」という心理的メカニズムとプロセスに規定されていることから、「学習意欲」をテーマとする本書では、学習に関する「動機づけ」の理論についてこれから概説していくことにする[11]。

われわれの生活は一連の活動の流れだといえる。そこには歩く、書く、話すといった顕在的活動のみならず、考える、感じる、想像するといった外部から観察困難な潜在的活動も含まれる(Heckhausen, 1991)。このような多種多様な活動が、なぜ(why)、どのように(how)起こるのかを説明する心理学の研究領域が動機づけである。行為[12]の原因・理由やその生起メカニズムを解明することがそこでは目指されている。

一般に，**動機づけ**（motivation）とは「行為が起こり，活性化され，維持され，方向づけられ，終結する現象」と定義される。つまり，行動を生起させ方向づけるために機能する生命体（organism）のパワー（force）を説明する概念が動機づけであり，それはエネルギー性（強度：intensity）と指向性（方向：direction）という二つの観点から理解することが可能だと考えられている（例えば，Petri, 1996; Reeve, 2009b）。**エネルギー性**とは動機づけの「量的側面」であり，行動に心理的エネルギーを提供し，活性化（activation）する側面を指し，行為の頻度や強さ，持続時間など，その「大小」や「強弱」といった量的な問題に還元できる側面を指す[13]。一方，**指向性**とは「質的側面」であり，例えば，「合格」や「上達」など，その行動が何を目指しているのかという意味内容のことである[14]。

　以上の動機づけの定義と性質について，自動車の比喩を用いて説明されることがある（例えば，Gage & Berliner, 1984）。人を自動車にたとえるなら，動機づけとは，自動車が走り始めて，目的地に向かって走り続け，到着とともに止まるという一連のプロセスだということになる。そして「エンジン」と「ハンドル」がそれぞれ「エネルギー性」と「指向性」に対応する。つまり，「エンジン」が自動車に動力を与えるように，動機づけは人の行為にエネルギーを与える。また，「ハンドル」が目的地に導くように，動機づけには行為をある特定の方向に向かわせる働きがあるというのである。

　具体的に考えてみよう。ある子どもの読書に対する動機づけを理解しようする際，その子が本を一年に何冊読んだか，あるいは一日平均の読書時間はどのくらいかといった指標が参考になるだろう。これらは「エネルギー性」に着目した変数であり，読書という行為を引き起こす心理的なエネルギーの反映だと考えられる。例えば，同じ本を3時間読み続けたケイコさんと30分で読むのをやめてしまったリカさんとを比べると，ケイコさんの方が読書という行為を引き起こすエネルギー（すなわち，動機づけ）が強いと判断できるというわけである。確かに人は，この「エネルギー性」に基づいて他者の動機づけを判断する。何年もかけて一枚の絵を仕上げるといった行為の背後にわれわれはその人の意欲を感じ取るわけである。

　しかし，3時間読み続けたケイコさんと30分で読むのをやめてしまったリカさんを比べて，ケイコさんの方が読書に動機づけられていると果たして断言できるだろうか。ことはそれほど単純ではない。例えば，ケイコさんは読書感想文の締切が次の日なので必死に3時間読み続けてようやく読了したのに対し，リカさ

んは，その本があまりに面白くてその日はなぜか読み進める楽しみを後にとっておきたくてあえて30分で読むのを中断したかもしれない。二人の動機づけを時間の比較だけで判断できるだろうか。あるいは，同じ本の同じページ数を同じ時間だけ読書した二人を比べて，意欲が同じであると判断するわけにもいかない。先生からいわれてしぶしぶ読んでいるマナブ君と自ら進んで楽しみながら読んでいるシゲル君の動機づけは，全く異なる心理現象であるに違いない。

このように人の行為の背景には動機づけの質的な側面，すなわち「指向性」が存在し，「エネルギー」の大小だけをもとに動機づけを理解しようとすることには限界がある。つまり，人の行為は，意図，方向性，進行プロセス，選択といった要因に規定されており，その行為自体の意味について検討しなければ，十分な理解には至らないのである。例えば，同じように熱心に読書していたとしても，その本の種類が恋愛小説なのかミステリーなのか，さらにその理由は何かを知ることによって，動機づけの理解は深められるに違いない。このような動機づけの「指向性」を理解するには，当人が置かれた文脈や当人による行為の解釈などについて分析しなければならないのである[15]。

もう一歩進めて考えてみよう。前述の通り，動機づけ研究では，行為が生起し，方向づけられ，維持されるプロセスに関する心理的メカニズムを解明することが目指されているわけだが，より具体的には①何が人間の行動にエネルギーを与えるのか，②何が行動を方向づけるのか，③その行動がどのようにして維持されるのか，という点に関心が向けられてきた（Steers & Porter, 1987）。「読書」の例に当てはめてみれば①は「どのような要因が読書を引き起こすのか」，②は「どのような種類の読書が展開されていくのか，そしてその展開を規定する要因は何か」，③は「読書がどのようにして維持されるのか」といった問いとして明確化することができよう。そして，「本を読む」という行為が起こり，維持され，方向づけられる過程全体が動機づけの研究対象領域となる。すなわち，本を読むという行為が起こったり，起こらなかったりするのはなぜか（行為の生起に関する問い），何時間も続けて読書をする場合がある一方ですぐ読書をやめてしまう場合があるのはなぜか（行為の維持に関する問い），「恋愛小説」を読む場合と「ミステリー」を読む場合の違いは何か（行為の方向づけに関する問い）といった問題が検討されることになる。

このように動機づけ研究は，「なぜ，どのように行為が起こるのか」という問いを中核に据えながら，行為にエネルギーと方向性を与えるプロセスを解明する

ことを目的としている。そして，人と環境との相互作用を前提としつつ，すべての人が持っている心理的なしくみやはたらき（共通性）を解明すると同時に，その個人差（個別性）を説明する方向で研究が展開されている。さらに付け加えるならば，動機づけ研究が目指す大きな目的は「人間理解」であろう。人間の内面や行為，さらには行為の変化や個人差，環境と行為の関係などについて理解することを通して，われわれの人間に対する認識が深まることが心理学研究として期待されているのだといえよう。

（2）動機づけの指標

では，動機づけをどのように把握することができるだろうか。例えば，ある活動に熱心に長く取り組んでいたり，ぐずぐずと先延ばしするのではなく，すばやく取り組み始めたりする姿からその人の動機づけを推察することができる。また，より困難な課題にあえて挑戦したり，複数の課題から何を選ぶかといった選択行動にも動機づけが反映される。真剣な顔つきや笑顔といった活動中の表情や，課題に従事する順番やアプローチの仕方からも動機づけの解釈が可能である。

人間の理解に向けて実証的なアプローチを採る心理学では，このような動機づけの有無，強度，性質を主に行動観察，他者評定，自己報告によって把握しようとしてきた。具体的には，表1-3のような変数を測定しその値を動機づけの指標として位置づけている。

最も直接的な動機づけの把握の仕方は行動観察や他者評定であろう。表1-4に動機づけの行動指標が示されているので参照されたい。一般に，注意が向けられ，努力が注がれ，反応潜時（刺激提示から反応までの時間）が短く，粘り強く，反応可能性が高い行為で，相応する表情やジェスチャーが観察される場合に，動機づけが高いと判断される。

また，自己報告，すなわち，インタビューや質問紙への回答などによって当人の動機づけを言語的に把握しようとする試みも一般的である。例えば，好きな教科やその程度について尋ねたり，調べてみたいテーマについてアンケートを実施するなど，学習意欲に関する自己認識を調査することなどがこれに該当する[16]。

表1-3 動機づけを把握するための方法（Pintrich & Schunk, 2002 を一部改変）

方法の分類	定義
行動観察	課題の選択，努力，持続性や動機づけにかかわる兆候を直接的に観察する。
他者評定	動機づけの性質や兆候について観察者が判断する。
自己報告	自分自身の動機づけについて自ら表現する。
質問紙	質問項目に対する評定／質問に対する筆記による回答
インタビュー	質問に対する口頭による回答
刺激によって喚起された回想	パフォーマンスのプロセスにおける様々な時点での思いの回想
思考発話法	課題従事中の思考，行為，感情などについて話す
会話	二人以上の対話プロセスで動機づけ的な言及をする

表1-4 動機づけの行動指標（Reeve, 2009b）

注意（attention）	集中と課題に対する焦点化
努力（effort）	ある課題を遂行するために尽力すること
反応潜時（latency）	ある出来事に直面した際，それに対する反応が生起するまでの時間
粘り強さ（persistence）	ある反応が生起して終了するまでの時間
選択（choice）	二つ以上の行為の可能性が示されたとき，そのうちの一つを優先させること
反応可能性（probability of response）	いくつかの異なる行動生起の機会が与えられているときに，特定の目標志向的な反応が起こる数あるいは割合
表情（facial expression）	顔の動き（例えば，嫌悪の表情として，顔にしわを寄せる，唇を上にあげる，眉毛を下げるなど）
ジェスチャー（bodily gestures）	ポーズをとる，体の重心を移動する，足・腕・手の動き（例えば，こぶしを握る）など

2-2 動機づけ理論の構図

　以下では本書全体のイントロダクションとして，これまで動機づけがどのように説明されてきたかについて概説し，動機づけ理論の構図を描いてみたい。動機づけは，少なくとも三つのレベル（水準）で展開し，四つの要因の有機的な相互作用によって創発され維持される極めてダイナミックな人間の心理的かつ社会文化的な営みであることが明らかになっている。

（1）動機づけの三水準

　動機づけという心理現象は安定的ともいえるし不安定だともいえる。例えば「マリコさんはいつも好奇心旺盛だ」というように個人の性格の一部として安定して

いるようにみえる一方で，ひとコマの授業時間内であっても「最初は熱心に耳を傾けていたジロウ君が，そのうち，窓の外ばかり眺めるようになって眠そうな表情になったかと思えば，問題演習の時間になったら俄然，集中力を発揮して取り組んでいた」というように，意欲は刻一刻と移り変わっていくようにもみえる。また，「国語の時間に全くやる気をみせないシンゴ君が，体育や部活動の時間には活き活きと活動していた」というように同一人物であっても場面によって意欲のあり方は異なっている。

　このような動機づけの安定性／不安定性に関しては，動機づけに少なくとも三つの水準を想定することで説明できそうだ（Vallerand & Ratelle, 2002; 速水, 1998; 鹿毛, 2004）。すなわち，①特定の場面や領域を越えた一般的な傾向性であり個人のパーソナリティの一部として全般的に機能する水準（**特性レベル**），②動機づけの対象となる分野や領域の内容に即して発現する水準（**領域レベル**），③その場，その時に応じて現れ，時間経過とともに現在進行形で変化する水準（**状態レベル**）の三水準である（図1-2）[17]。

　「好奇心旺盛」（上記マリコさんの例）のように，その人のパーソナリティの一部を成しており，様々な状況で機能する個人差は特性レベルの変数であり，当人の行為に直接的，間接的な影響を及ぼす。また，例えば，同一人物であっても，

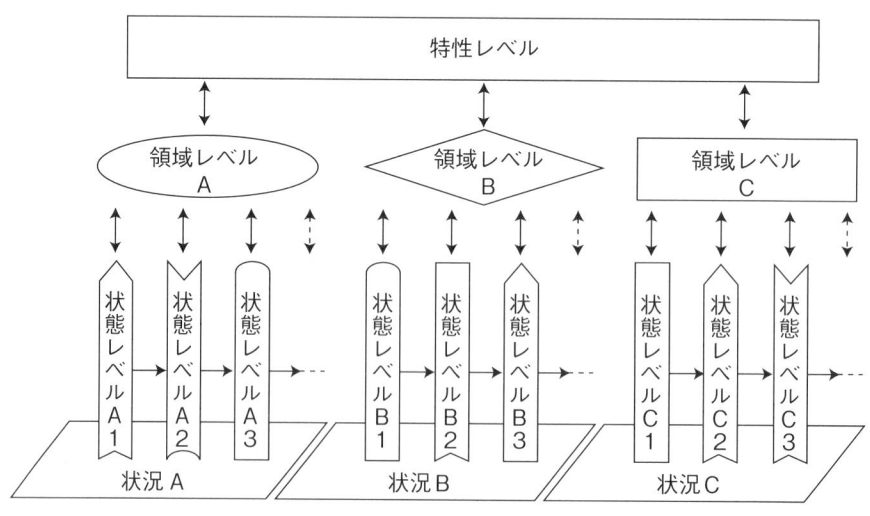

図1-2　動機づけの三水準

国語（A），体育（B），部活動（C）といった学習や活動の内容の違いに応じて領域レベルの動機づけはそれぞれ異なっているに違いない（上記シンゴ君の例）。教科や単元といった学習内容や領域の違いによって，あるいは学校，家庭といった社会的文脈の違いによって個人内における動機づけの心理的なメカニズムが異なっている可能性があるのである。例えば，前述の学習態度（1章1-2）は，学習一般に対する態度という意味であれば特性レベルの動機づけ要因であるが，算数に対する態度というように領域レベルの要因としても位置づけることができる。

さらに，一つの場や状況（例えば，ある日の国語の授業）における動機づけ現象には「波」がある。基本的に「意欲」とは個別具体的な状況で現れるこの状態レベルの動機づけ現象を指し，それは当人と場との相互作用によってダイナミックに変化する。例えば，最初の意欲（A1），次の意欲（A2），またその次の意欲（A3）というように，状態レベルの動機づけは時間経過とともに現在進行形で変化していく（上記ジロウ君の例）。例えば，前述のエンゲージメント（1章1-2）は状態レベルの動機づけ現象である。エンゲージメントは，特定の状況と個人の相互作用や，環境の変化に対する個人的な反応として生じる「今，ここ」での心理状態だからである（Fredricks, Blumenfeld, & Paris, 2004）。

以上の動機づけ三水準は相互に影響を及ぼしあっている。「好奇心旺盛」だとすべての教科に対して高い関心を示したり，授業中も興味が持続する傾向がみられるというように，上位の動機づけ水準は下位の水準に対してトップダウンの影響を及ぼす一方，算数の授業での没頭体験（エンゲージメント）が繰り返されることで教科としての算数に対するポジティブな学習態度が形成され，さらに全般的な学習態度が積極的なものへと変容するというように，より上位の動機づけ水準に対する下位の水準からのボトムアップな影響も生じる。

また，動機づけの各水準は生理的，心理的，社会的な要因に規定されて変化，変容していく。体調が悪ければ動機づけの強さは全体的に低下するだろうし，不安や緊張，気分の高揚といった心理状態や，教師との人間関係や学校の雰囲気といった社会的，文化的な要因に影響されて，特定の教科を好きになったり，急にやる気が低下したりすることもあるのである[18]。

(2) 動機づけの四要因
□動機と誘因

次に,動機づけを説明する原理について考えてみよう。「なぜ行為が起こるのか」という問いに対するおおまかな答えはいくつか存在するだろうが,その中でも最もナイーブで理解しやすい解答は,行為に向けて人を内面から突き動かすような「原因」が個人内にあるという考え方であろう。例えば,「本が読みたい」という「衝動」が読書という行為を引き起こすといった説明である。行為を生起させる原因として想定可能な,個人内で活性化されたこのような特定の心理状態は,一般に**動機**(motive)と呼ばれ,目標志向的な行為を引き起こす働きがあると考えられている(4章1-2)[19]。典型的には,対象に近づこうとする**接近動機**と対象から離れようとする**回避動機**の二つに大別できる。書店に入ってミステリーの新刊を手に取るというのは接近動機に基づく行為だと考えられるが,英語が嫌いなので書店の洋書コーナーから遠ざかるというのは回避動機の働きである。また,動機は必ずしも意識的であるとは限らない。例えば,ミステリーの新刊を手に取る際,「新刊書をパラパラと眺めてみよう」などといった意識が常に行為に先行しているというわけではなく,むしろ知らず識らずのうちに手足が動いてしまっていることの方が多い。このように動機はしばしば無意識的に機能する。

一方,個人外の要因が行為を引き起こすという考え方もあるだろう。例えば,夏休みの宿題として出された「読書感想文」が読書を動機づけるのだといった説明である。このような行為の原因として想定可能な環境要因は,一般に「誘因」と呼ばれる。**誘因**(incentive)とは,われわれを動機づける目標対象(goal object)であり,特定の適切な行為を要求する環境側からのシグナルとして機能する(Petri, 1996:3章1-2)[20]。

以上のように,動機づけ研究では「なぜ行為が起こるのか」という問いに対して,個人内の要因を想定する考え方と,個人外,すなわち外的な環境の要因を想定する考え方の二つが伝統的に存在している(Nuttin, 1972a)。しかし実際には,われわれの動機づけを人(個人内)か環境(個人外)のどちらか一方の要因のみによって説明するのはあまりにも単純すぎる(Deckers, 2005)。本を読みたいという動機と夏休みの課題という誘因が相乗的に働くことがあるかもしれないし,夏休みの課題だからかえって読書したい気持ちが萎えてしまうことさえありうるからだ。

今日の動機づけ理論では,動機づけを「人と環境との相互作用」の結果として

位置づけている (Heckhausen, 1991)。つまり、どのような人がどのような状況のもとでどのように振舞うかというように、動機づけの問題を個人内外の要因が表裏一体となって作用する現象として扱っているのである。とりわけ、学習のような目標指向的な行動は外的な事象と関わりあう個人内のプロセスによってダイナミックに生じると考えられている。人と状況や文脈との相互作用の中から目指すべき目標が立ち現れてくるという意味で、動機づけは基本的に創発的 (emergent) な現象なのだと理解すべきであろう (Csikszentmihalyi, 1985)。

以下では、動機づけを規定すると考えられる四要因（認知，感情，欲求，環境）について概説していきたい（図1-3）。

□個人内要因：認知，感情，欲求

動機を規定する個人内の心理学的要因として「認知」「感情」「欲求」の三つを挙げることができる (Reeve, 2001; 鹿毛, 2004)。

ここでいう**認知**（cognition）とは当人の認知内容（意識，信念など）と認知プロセス（推論，判断など）を指す。われわれの動機づけは認知のあり方（例えば、行動とそれをめぐる状況の意味づけや価値づけ）によって異なってくる。読書の例で考えてみると、「この本はレポートを書く上で役に立ちそうだ」といった認識や、「毎日一章ずつ読めば一週間で読破できる」といった見通し、「読書によって論理的思考が身につく」といった信念などによって読書に対する意欲が高まる。一方、「どうせ読んでも無駄だ」とか「あの本は長すぎて途中で挫折しそう」といっ

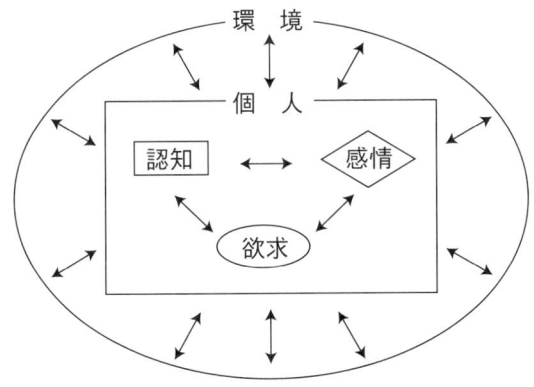

図1-3 動機づけの四要因（鹿毛, 2004）

た認識は，読書に対する意欲を削ぐことになる。このようにわれわれの動機づけは認知に規定されている。

また，われわれが様々な場面で体験する**感情**（affect）もわれわれの動機づけを規定する。感情が動機づけに及ぼす基本的なメカニズムは「快を求め，不快を避ける」という**快楽原理**だとされている（4章1-2）。例えば，楽しい体験はもっと続いて欲しいと誰もが望むだろうし，恐怖を感じるような状況に直面すれば，すぐにでもその場を逃げ出したいと思うだろう。このような感情体験はきわめて主観的でしかも一時的なものだが，現在進行形の行為のあり方に強い影響を及ぼす。また，過去の感情体験の積み重ねによって現在，あるいは将来の行為が影響されることも少なくない。例えば，読書を強制されて不快な思いばかりしてきた子どもは，「読書」と聞くだけで嫌悪感を覚え，本を読む気にならないかもしれない。このようにわれわれ人間は感情に左右される生き物であって，感情という要素を無視して動機づけを語ることは不可能である。

さらに，われわれの行為は様々な欲求に支配されている。**欲求**（need）とは「人を行動に駆り立てて，その行動を方向づける働きをもつ比較的安定した心理的エネルギー」のことを指す。わかりやすい欲求の例としては，生命体としてのわれわれの行為を根源的に左右する**生理的欲求**（食欲，睡眠欲など）を挙げることができるだろう。生理的欲求は**ホメオスタシス**（内的な平衡状態を保とうとする傾向性）に基づいて機能する。例えば，快適なバランスのとれた状態が空腹によって崩れると，そのバランスを回復しようとする方向で行為（「調理して食べる」「レストランに出かける」など）が生起する。ただ，学習意欲を考える上での重要なポイントは，このような生理的欲求のほかに，「人に好かれたい」といった社会的欲求など，生理的なメカニズムに直接依存しない**心理的欲求**（4章1-1）の存在が指摘されているという点であろう。学習意欲はむしろ心理的欲求に規定されると考えられているのである。心理的欲求についても，欲求を満たす方向に向けて行動が生起するという機能が想定されているが，それが必ずしもホメオスタシスに基づいているというわけではない。

認知，感情，欲求はそれぞれ，具体的な行為（例えば，読書）を直接的に動機づける「動機」（その時にその場で読書しようと思う気持ち）を規定する。例えば，「この本はレポートを書く上で役に立ちそうだ」と考えたり（価値の認識：2章2＝認知要因），その本のタイトルに興味がわいたり（興味：3章3＝感情要因），友だちと親交を深めるための話題づくりを期待して（関係性への欲求：4章2＝

表1−5 動機づけの三水準，個人内三要因と動機づけ理論

	個人内要因		
	認知（2章）	感情（3章）	欲求（4章）
状態レベル	期待（予測） 課題関与／自我関与 意志	情動，覚醒 ポジティブ感情 状態興味，状態不安 リバーサル理論 フロー	潜在動機 特殊的／拡散的探索 オリジン／ポーン感覚
領域レベル	信念，目標 学業的自己概念	特性興味 特性テスト不安	機能的自律 同一化的調整
特性レベル	目標階層構造，知能観 統制の位置 楽観主義	特性不安 自己目的的パーソナリティ	心理的欲求 社会的欲求（達成動機など） 統合的調整

欲求要因），今，その本を読もうとする動機が生じるのである。

ただ，これら三つは独立して機能するわけではない。むしろ，それらは相互に影響を及ぼしあっており，そこには有機的な関係があると考えるべきであろう。例えば，担任の山田先生に褒められたいという気持ち（欲求）が強く「作文が得意」という自己認識（認知）があるミドリさんは，夏休みの宿題が「読書感想文」だと知ってうれしい気持ち（感情）になって，さっそく本を選びに駅前の書店まで出かけようとする（動機：接近動機）というように認知，感情，欲求の三要因は統合的に動機を形成する。同じように山田先生に褒められたいという気持ち（欲求）は強いのだが，「作文が不得意」だと思っている（認知）カズヤ君は，夏休みの宿題が「読書感想文」だと知らされるとイヤな気持ち（感情）になり，接近動機（「宿題をして先生にほめられたい」）と回避動機（「作文を書きたくない」）の葛藤（4章1-2）に悩むかもしれない。現実場面における具体的な動機は三つの要因によってこのようにダイナミックに形成され，動機づけのプロセスを規定することになるわけである。

なお，本書の2章以降で紹介する諸理論，諸概念のうち，以上に記してきた動機づけ三水準と個人内三要因の枠組みに関連づけることが可能な理論，動機づけ要因の例を表1−5に整理したので参照されたい。

□個人外要因：環境

このような動機形成のダイナミズムは個人内のみで生じているわけではない。前述の例でいえば「夏休みの宿題」「担任の山田先生」といった誘因（個人外の

動機づけ規定因）がミドリさんやカズヤ君の読書に対する動機づけを左右している。誘因は個人の外部にある刺激であり，その意味で**環境**の要因だといえよう。ただ，動機づけを規定する環境要因は，このように具体的な刺激として特定できるものばかりではなく，そこには出来事（例えば，A大学の入学試験に不合格だったこと），状況（例えば，クラスの雰囲気，ある教師の教え方），制度（例えば，学校教育システム），文化（例えば，ある地域で共有されている特定の価値観）といった広範な内容が含まれる（5章）。

　これらの環境要因は，個人内要因である認知，感情，欲求に影響を及ぼすことを通して動機の形成を規定する。例えば，「A大学の入学試験に不合格だった」という出来事が「学業には向かない自分」といった自己認識（認知）を形成したり，今，現在のクラスの雰囲気がワクワクするような気持ち（感情）を喚起したり，運動部で体験した文化が仲間を大切にしたいという願い（欲求）を育んだりするといったことがあるかもしれない。環境要因が個人内要因に及ぼすこのような影響は即時的にその場，その時の動機形成を規定すること（上記「感情」の例）もあれば，より広範な場面における動機形成に対して，より発達的で安定的に機能すること（上記「認知」，「欲求」の例）もある。

☐**動機形成のメカニズム**

　以上のことをまとめると，行動の直接的な原因となる動機の形成は図1−4に

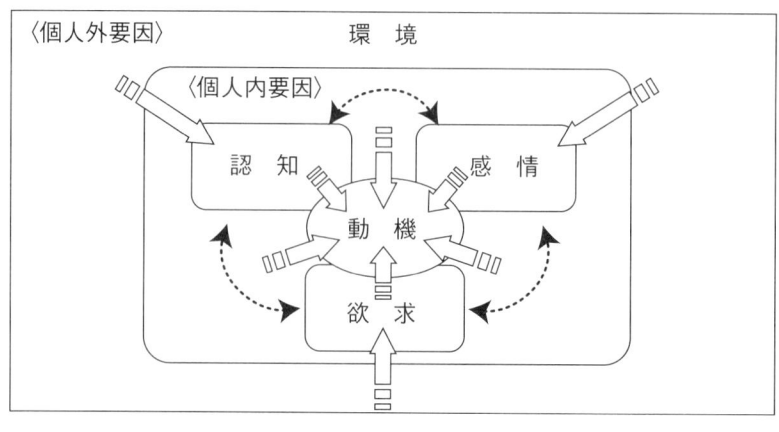

図1−4　動機形成のダイナミズム

示すような心理的メカニズムとして描くことができよう。

　教育心理学の観点から重視すべき点は，動機形成を通じて環境が動機づけに与える影響だろう。教育とはひとり一人の学びや成長を促す営みであり，彼らの学びや成長を規定する心理学的な主要要因の一つが動機づけであると考えられるため，教育する側には環境のあり方を問うことが必然的に求められる。

　一方，人は環境ばかりに左右されて行為しているわけではない。人は，環境と相互作用しながら，自らが内に持つ知・情・意の働きによって，動機づけというダイナミックな心理現象を体験しつつ，行為を生み出していく主体，すなわち**エイジェント**（agent：行為する力を備えたもの[21]）である。これまでの動機づけ研究は，環境と関わりながら行為するエイジェントとしての人間の姿を描いてきたといえるだろう。

　教育のあり方を具体的に構想する上では，環境要因のみならず，個人内要因も含めた動機づけの心理的メカニズムの総体を包括的に理解することが有益である。以上のような課題意識に立脚する点にこそ，他のアプローチと異なる「動機づけの教育心理学」の独自性を見出すことができるのだといえよう。

　本書の2章以降では，以上の問題を背景として意識しつつ，人をエイジェント（行為を生み出す主体）として捉え，動機づけの四要因にそれぞれ焦点を当てて理論を概説していくことにする[22]。

3　学習意欲の心理学

3-1　学習意欲を理解するために

　前節では心理学概念としての「動機づけ」に着目してきたが，以下では，話題を再び「学習意欲」へと戻すことにしよう。本節では「学習意欲とは何か」について，その輪郭を描いてみたい。それは本章の「まとめ」であると同時に，本書全体の大まかな「スケッチ」でもある。動機づけ各理論との対応については，次章以降を参照していただきたい。

　本章の冒頭で学習意欲を「学ぼうとする心理現象」の総称と位置づけたが，前節の内容を踏まえると，学習意欲についてあらためて以下のように説明すること

ができるだろう。すなわち，**学習意欲**とは，第一義的には「状態レベルの動機づけ」であり，「学びたいという欲求」と「その学習に関連する諸活動を成し遂げようとする意志」の複合的心理状態である。それは①認知，感情，欲求，環境という四要因に規定される「学習に対する接近動機」であり，②領域レベル，特性レベルの「ポジティブな学習態度」や現在進行形の「場のあり方」に規定される「状態レベルの動機づけ現象」として顕現化する。つまり，学習意欲とは，学習に関連する目標志向的な行動を引き起こす活性化された心理状態であり，動機づけの個人内要因と個人外要因に規定されつつ，その場，その時に顕れる，学習へと向かう積極的な心理現象なのである。しかも，学習意欲の体験は，個人内の動機づけ要因の変容を促し，それが特性レベル，領域レベルの動機づけとして機能することで，将来の学習意欲を規定していく[23]。

以下では，学習意欲を理解するためのキーワードを整理してみよう。

(1) 価値と目的

学習意欲と最も関連するキーワードは価値と目的であろう。当人が何らかの**価値**を感じなければ学習に対して意欲的にはならないだろうし，その場合，その価値の実現自体が学習の**目的**として位置づけられるからである。

いささか単純化されてはいるが，社会科の教師になりたいと考えている高校三年生のマコト君の例で考えてみよう。中学校のときの社会科担当の木村先生はマコト君が所属するサッカー部の顧問で，彼の学級担任でもあった。厳しくも熱心に部活動の指導をしてくれることに加え，担任としてクラスの雰囲気を上手に盛り上げてくれて，授業もわかりやすくて楽しく，それまであまり好きでなかった社会科が木村先生の影響でマコト君の得意教科になった。マコト君が社会科教師になることを目指しているのはこの木村先生の影響である。高校に進学し進路について考えるうちに，学校の先生という仕事が，自分にとってはもちろん，これから自分たちが生きていく社会のためにも意義のある仕事だと思えるようになってきた。今，教師になるための第一歩として大学合格に向けた受験勉強をしているマコト君の学習意欲を支えているのは，「教師になる」ということに対するマコト君の主観的な価値づけ（「教師になることが自分や社会にとって大切で意義あることだと感じていること」）であり，その価値を実現するという目的（「教師になること」）である。

（2）希望と見通し

　学習意欲は未来の展望とも密接に関連している。マコト君は，将来教壇に立って授業をしたり，サッカー部の顧問として生徒を指導したりする自分の姿を思い描くことで受験勉強に対する意欲を高めているかもしれない。「教師になりたい」という**希望**や「教師になる」という**見通し**を持っているから，当面する学習に意欲的に取り組めるのである。その未来に向けた希望と見通しを支えているのが**自信**であろう。「きっと教師になれる」という自信があるからこそ，マコト君は積極的に学習に向き合うことができるのである。自信が皆無であれば希望や見通しを持つことができず意欲的にはなれないだろう。決して自信満々である必要はない。その程度はともかくとして，最低限の自信が持てるということが学習意欲が生じるための条件なのである。

　また，「社会科の教師になるためには，○○教授のいるB大学○○学部がよい」といった進学先の情報をマコト君は熱心に調べようとするに違いない。そして，具体的な志望大学や学部，専攻を定めてそれを明確な目標として受験勉強に取り組むことになる。価値や目的，見通しや希望は**目標**として具体化され，その目標を達成しようとする方向で学習活動が生起する。

　このような学習意欲をより長期的に一貫して支える要因は，**こころざし**と呼ばれる心の働きであろう（鹿毛, 1995a; 1995b）。それは当人が実現したいと願う時間的な展望を伴った重要な目的を指し，自らの興味や関心からだけではなく社会的，文化的観点から学習の対象に価値が見出され，自分の生き方と学習意欲とが統合することによって明確化される。例えば，マコト君が志望する大学に合格し，卒業後に社会科教師として希望通り教壇に立つことができたとしよう。教師人生のプロセスでは，教師としての認識を広げ深めたり，教育についての見識や実践的な技を身に付けていったりすることが求められるだろうし，マコト君本人もそれらを希求するだろう。社会科教師としてよりよく生きていこうとするこのような意欲を，彼の「こころざし」が支えることになるのである。もちろん，その実現プロセスは決して単純なものではない。困難に直面して苦境に陥ったり，失敗の繰り返しや挫折を経験することもあろう。軌道修正や周囲との妥協が求められるかもしれない。しかし，それでもなお，ひとり一人に固有な学習意欲を一貫した方向性を保ちつつ中長期的に発達させていく動機づけ要因が「こころざし」なのである[24]。

（3）没頭と努力

　マコト君にとって，木村先生の授業で特に興味深かったのが「歴史」であった。過去の社会の様子や人々の暮らしに思いを馳せることでワクワクする気持ちになったし，「歴史を学ぶことが現在や将来の社会を考えるヒントになる」という先生の一言が心に響いた。いつの間にか歴史に関する新書や歴史小説などを進んで読むようになっていた。受験勉強も歴史については興味があるためか熱中して時の経つのも忘れて取り組めた。このように学習意欲には**没頭**という特徴がある。われわれは興味のある学習領域や内容に対しては自ずと気持ちを集中させて取り組むことができる。学びに対してまさに「のめり込む」「ひたる」といった心理状態になるのである。

　一方，マコト君の苦手な教科は英語であった。志望大学に合格するためにはどうしても英語の受験を避けて通れない。英語のための勉強時間を特別に確保したり，英語の得意な友人に効果的な勉強法を教えてもらったりするなど，意図的で計画的な努力をすることを心がけた。意欲的な学習を支える重要な要素の一つは，目的の実現に向けたこのような**努力**であり，「やり遂げよう」とする意志の一側面として位置づけることができる。努力というと「長時間，素振りの練習をする」といった行動的な側面を連想しがちだが，学習意欲を理解するためには，「あと1時間のうちにレポートを仕上げよう」「頑張って問題集をあと2ページ終わらせよう」といった精神的な側面，つまり**心的努力**（mental effort）にも着目する必要がある。

（4）状況，他者，制度

　学習意欲のキーワードは，以上のような個人内要因ばかりではない。むしろ，学習意欲とは環境と個人の相互作用の結果として生じる社会的な心理現象だともさえいえる。学習意欲に影響を及ぼす環境的要素には，物理的な側面と社会文化的な側面がある。部屋の広さや明るさ，温度や湿度，音声（例えば，騒音やBGM）など，われわれが五感で感じとる多様な刺激から，机や椅子，学習のために用いる道具（文房具，本など）といった物質的実体に至るまで，様々な物理的条件が学習意欲に直接的，間接的に影響を及ぼしていることは体験的にも理解できるだろう。例えば，マコト君は，テレビがあって弟と共有の狭い勉強部屋よりも，開放的で明るい高校の図書室での方が勉強に対して意欲的になれるかもしれない。一方，環境の社会文化的な側面が学習意欲に大きな影響を及ぼしているというの

も明らかである。マコト君が高校の図書室で意欲的に学習に取り組めるのは,「同じように真剣に勉強する他の生徒たちの姿」や「図書室で学習することを尊ぶ学校文化」がその物理的な環境とマッチして独特の状況(「図書館の雰囲気」)が創り出されているからだともいえる。**状況**とは,このように当人を取り囲む個別具体的な環境の総体を指す。しかもそれは刻一刻と変動する。例えば,その図書室でマコト君が勉強していたところに,突然,級友が現れてこれから遊びに行こうと笑顔で誘われたため学習意欲が一気に萎えてしまうということもあろう。このように学習意欲は環境が構成するダイナミックな状況に強く規定されているのである。

環境の社会文化的側面に関して特筆すべき点は,その対人的要素と制度的要素の影響であろう。マコト君の例で明らかなように,彼の学習意欲は**他者**である木村先生の影響を受けている(対人的要素)。しかも,その木村先生との対人関係は,学級担任,部活動,教科担任制といった学校の仕組み(社会システム:**制度**)によって規定されており,教師という仕事の価値や意義は文化的に意味づけられている。さらに,大学受験や教員養成といった制度も,教師を志望するマコト君の学習意欲に直接的,間接的な影響を及ぼしている(制度的要素)。このように学習意欲は本質的に社会文化的な心理現象なのだといえる。

3-2 学習意欲を支える動機づけ要因

以上の議論を踏まえると,学習意欲には「目標達成」と「課題没頭」という相互に不可分な二つの側面があることがわかる。前者は,当人が直面する課題に対して自らが積極的に意義や価値を認め,具体的な目標の達成のために努力するという**達成原理**に,後者は,興味や関心に基づいて学習に熱中するという**没頭原理**にそれぞれ基づく学習意欲の特徴である。上記のマコト君の例でいえば,同じ受験勉強に対する意欲であってもB大学○○学部の合格を目指した「英語」の勉強は**目標達成型学習意欲**に,興味のある「歴史」の学習は**課題没頭型学習意欲**に対応する[25]。しかも,それらの二つの側面は,「教師になる」という大きな目的のもとで統合している。

両側面に共通する特徴は,学習に対するポジティブで主体的な態度の反映として「自ら学ぶ」ということ,すなわち自律的な学習を促す心理現象(自律的動機づけ:櫻井,2009:4章3)である点に見出せる。また,これらの二つのタイプ

の学習意欲にはそれぞれ学習自体を促す働きがあるが、とりわけ、両者の相乗効果によって学習は広がり、深められていく。例えば、B大学〇〇学部の受験と関連して、マコト君の歴史への興味が、どのような専門分野の大学教授がいるかという情報とリンクして、広がったり、深まったりする可能性がある。また、その興味の拡大、深化に伴って、受験勉強に一層励むこともありうる。

では、学習意欲を支える動機づけはどのように説明できるだろうか。その主な動機づけ要因は五種類に区別可能だろう（図1−5）。

学習する理由は課題の内容を重視しているものと軽視しているものとに大別できる（市川，1995：2章2−2）。学習意欲は学習それ自体に対する接近動機であるが、とりわけ、その積極性、主体性、自律性に着目するなら、何のために、何を学ぶのかといった目的や課題内容と不可分の心理状態であるといえる。それを支える代表的な動機づけ要因（**課題内生的要因**：2章2−1）としては、「興味・関心」（**内発的動機づけ**：4章3−2）と「意義・コミットメント」（**自律化された動機づけ**：4章3−1）の二つが挙げられるだろう。「意義・コミットメント」とは、価値の内面化によって生じる「〇〇すべきだからしたい」という思いに基づいた意欲であり、努力、関与、責任といった心理現象と関連している。「興味・関心」（例えば、歴史に対するマコト君の興味）は課題没頭型学習意欲を、「意義・コミットメント」（例えば、教師になるという「こころざし」を背景としたB大学〇〇

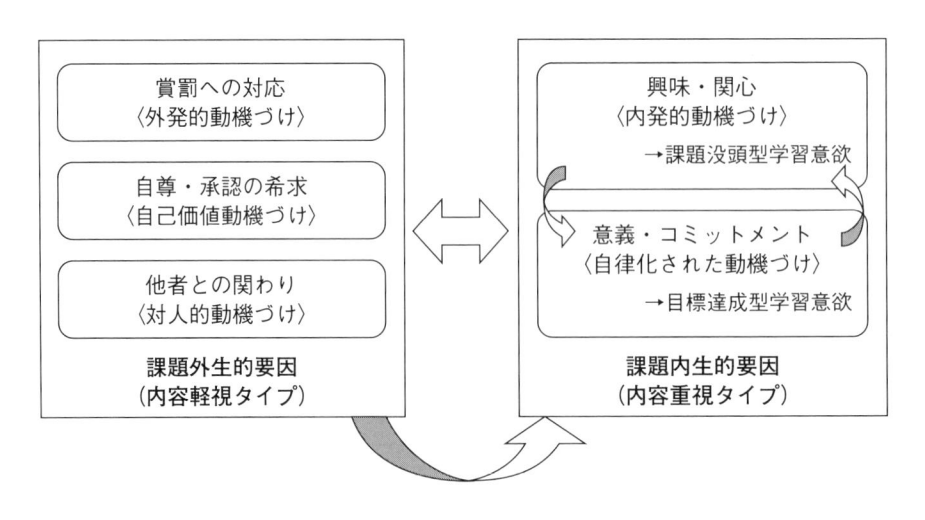

図1−5　学習意欲を支える動機づけ要因とそれらの発達

学部の合格を目指すマコト君の意識）は目標達成型学習意欲をそれぞれ直接的に引き起こす。

一方，必ずしも課題内容が重視されない動機づけ要因（**課題外生的要因**：2章2-1）としては，「賞罰への対応」（例えば，こづかい目当てで勉強する：**外発的動機づけ**：4章3-1），「自尊・承認の希求」（例えば，他者に認められるためなど，自尊心（self-esteem）の維持や高揚を目的として学習する：**自己価値動機づけ**：4章5-2），「他者との関わり」（例えば，友人の影響で学習する：**対人的動機づけ**：5章3-2）が挙げられる。これらの要因は，学習活動を動機づけるが，課題内容それ自体に対する価値づけを必ずしも伴っていない（学びたいとは思っていない）ため，原理的には学習意欲とは無関係であり学習を質的に高める働き（学習それ自体の卓越性を促進する機能）も持たない。ただ，これらの動機づけ要因は，学習体験を通じて「興味・関心」や「意義・コミットメント」と統合することで質的に転換する可能性があり，その意味で課題没頭型学習意欲，目標達成型学習意欲の生起に対して間接的に寄与する。例えば，前述のマコト君の例（「教師になること」を目的とした学習意欲）では，サッカー部の顧問で社会科教師である木村先生の影響（「他者との関わり」）が挙げられよう。また，教師として教壇に立つことを想像して肯定的な自己イメージを持つこと（「自尊・承認の希求」）が彼の学習意欲を高める可能性もある。さらに彼の進路選択の基底には，いずれは生活のために稼がなければならないという認識（「賞罰への対応」）もあるに違いない。これらはいずれも課題外生的要因ではあるが，課題内生的要因（「興味・関心」，「意義・コミットメント」）と結びつくことで，当人の学習意欲を促すことになるのである。但し，これらの課題外生的要因には「賞罰がなければ学習しない」，「自尊心を満たすことが優先され学習自体は二の次になる」，「他者ばかりに影響されて自分自身の学習に目が向かない」というようにそれぞれが自己目的的に機能して課題内生的要因と対立したり拮抗したりする傾向も強く，必ずしもそれらと統合するとは限らないという点には，学習意欲の発達を考える上で常に留意する必要があるだろう。

3-3　学習意欲のはたらき

学習意欲には学習や達成（performance）の質を高め，当人の成長を促す働きがある。だからこそ，学習意欲は教育上の重要な概念として位置づけられてきた。

学習意欲の心理的メカニズムは，前述のエンゲージメント（1章1-2）と自己調整学習（1章1-2）によって理解することができる。すなわち，学習意欲がエンゲージメントや自己調整学習という心理的機能を起動させ，とりわけ，両者の相乗効果によって学びが広がったり深まったりするとともに，パフォーマンスのレベルが向上し，ひいては当人の能力形成が促進されるのである[26]。

　学習意欲を換言するならば，「学習活動に対するエンゲージメント状態」だといえるだろう。興味や楽しさといったポジティブ感情を抱きながら，深く理解しようとしたり，ものごとに熟達しようとして努力したりするような「知情意が一体化した心理状態」がエンゲージメントであり，活動に対するそのような「心理的没入」が学習や達成の質を高めることは，われわれの経験に照らしてみれば明らかだろう。しかも，このようなエンゲージメントの体験を繰り返すことで，学習習慣（行動的および心理的習慣）や学習に対するポジティブな態度が形成され，当人のより長期的な学習，ひいては発達に好ましい影響を及ぼしていくことになる。また，自己調整学習が促されることでメタ認知に基づく活動（モニタリングやコントロール）が活性化し，目標達成を目指した問題解決プロセスが質的に向上し，結果的に達成のレベルが高められる。

　学習意欲が認知プロセスに及ぼす具体的な機能として「注意のコントロール」が挙げられよう。**注意**（attention）とは，環境の特定の側面に対して選択的に焦点が向けられた気づきの状態（awareness）を指し，その際，中枢神経システムは刺激に対する反応の準備状態にある（APA, 2007）。注意は頭の中の精神的な「スポットライト」に例えることができるという（Evans, 2001）。スポットライトは，狭い範囲をまぶしい強い光で照らし出すこともできれば，光は弱いが広い範囲を照らし出すこともできる。それと同様に，例えば，突如，注意が絞り込まれて狭い範囲に意識が焦点づけられて他の意識が締め出されるというように，対象に向けた「心理的な光」が注意によって放たれることになるわけである。とりわけ重要なポイントは，注意が学習のいわば「出発点」であり，われわれの学習は特定の事象に対して選択的な注意を向けることなしには原則的に成立しないという認知心理学的な事実であろう。注意は学習の前提条件として非常に重要な役割を担っているのである（Schunk, 2000）。学習意欲には，「ここが重要だ」「あのことも関連しているかもしれない」というように，特定の対象に対して意図的に注意を向けたり，一連の注意プロセスをコントロールしたりする働きがある。このことは，逆に学習意欲がない場合，学習すべき対象に注意を向けることさえしな

いというわれわれの経験を思い起こせば，容易に理解できよう。学習のプロセスは注意をコントロールする学習意欲の働きによってスムーズに進行することになるのである[27]。

また，学習意欲には学習や達成を単に促進するばかりでなく，それらの質（卓越性）を高める働きがある。学習意欲が，熟達や洞察を促し，創造性を高めるからである。**熟達**(mastery)とは「成果に向けた自己目的的な方向づけとコントロール」を意味し（Branson, 2000など），その意欲的側面である**マスタリー動機づけ**(mastery motivation)とは「チャレンジングなスキルや課題を習得したり問題を解決したりするために，焦点化された忍耐強い姿勢によって独力で成し遂げようとする方向へと人を促す心理的な力」（Morgan, Harmon, & Maslin-Cole, 1990）を指す。学習意欲はいわば「状態レベルのマスタリー動機づけ」であり，困難な課題に対して積極的にチャレンジし，その克服を促すことを通じて，各人の持つ能力を向上させていく。

よりミクロな認知プロセスレベルとして，「洞察」に注目してみよう。**洞察**(insight)とは，一般に「ものごとの本質を直感的に理解したり感知したりする振る舞い」（Reber, 1985）を意味するが，学習意欲，とりわけ内発的動機づけは洞察を深める上で効果的な学習方略（deep approach：**深いアプローチ／洞察的アプローチ**）を促進することがわかっている（4章3-4）。すなわち，知識の重要性を識別して新たな情報を特定したり，自らの理解度をモニターしたりするなど，学習を深める方向で自己調整学習が生じることになる。つまり，よりよく考えようと努力することを通して，「何がわかっていないか」がわかり，「わからないことがよりわかるようになっていく」という学習をめぐる問題解決プロセス（**探究**：inquiry）が自律的に展開していくのだといえよう。その結果として思考の質，理解の質が高まると考えられるのである[28]。

このような問題解決プロセスは，達成の成果そのものに反映されることになる。例えば，学習意欲は創造性を高める。**創造性**(creativity)とは，「新奇性（novelty：目新しさ）と適切性（appropriateness：有用で価値のあるふさわしさ）の両方を兼ね備えた成果（課題に対する反応）」を意味し，それが動機づけのあり方と密接に関連していることが明らかになっている（Amabile, 1996）。例えば，新奇な事象への興味や関心，ものごとにとらわれない開放的な態度，複雑さを好むこと，報酬のためではなく自己目的的に課題に取り組むことなどが創造性を促すという（Cropley, 2001）[29]。

3−4　学習意欲と教育

　「馬に水を飲ませることはできるか？」というたとえ話がある。われわれは馬を無理やり水飲み場まで引っ張って行くことは，確かにできるかもしれない。馬の口先まで水を持っていくこともできるだろう。しかし，馬に水を飲ませることそれ自体については，馬が自分から水を飲みたいと思わない限り，実はできない。それと同じように，子どもに無理やり学習させることはできない。首に縄をつけて机の前に座らせることができたとしても，子どもが学びたいと思わない限り，他者が学習させることなど原理的には不可能なのである。「水が飲みたい」という気持ちと同様，当人の学習意欲こそが学習の条件として決定的に重要なのだといえるだろう。

　したがって，「賞罰」のような外側からの直接的な働きかけにはおのずと限界がある。むしろ，われわれに求められているのは，学習意欲という心理現象を誠実に理解し，それに基づいてひとり一人の学習意欲が創発されるような教育環境を具体的に構想し，教育実践を地道に展開することだろう。

　しかし，いざ具体的な教育のあり方について考えようとすると，たちまち困難に直面する。学習意欲それ自体が複雑な心理現象だからである。第一に，学習意欲は個人内における心理過程の単なるアウトプットではなく，「場と個人の相互作用」によって立ち表れるダイナミックな心理現象であるという点である。つまり，意欲的な姿が学習者にみられないことの一因は，場のあり方にもあるのであって，その責任を学習者にのみ押しつけるのは正しい態度ではない。教育実践においては個人に対する働きかけだけでなく，教育環境や教育実践のあり方も同時に問題にしなければならないのである。第二に，教育の場における学習意欲は不安定な「波」のようなものであって，それは必ずしも持続しない。「状態レベルの心理現象」である学習意欲を他者からの働きかけや教育環境の工夫によって高い状態にとどめておくのは容易ではないのである。第三に，どのような学習内容，学習方法を好むかなど，教育のあり方との相性には個人差がある。同じ場を設定してもすべての学習者が必ず意欲的になるというわけではない。以上のように，学習意欲を育む教育を具体化するのは難題である。

　学習意欲は一朝一夕に培われるものではない。むしろ，長期的で継続的な取り組みこそが求められる。学ぶことそれ自体を大切にし，そのプロセスの充実感を味わうような「探究の文化」に浸ることによって，学習者が学習意欲を体験する。

その体験プロセスの繰り返しによってこそ,意欲的な学習態度が個人の内に「醸成」されていくのだと考えられる(例えば,Maehr, & Midgley, 1996; Blumenfeld, Kempler, & Krajcik, 2006)。

　教師にできることは「教育環境のデザイン」と「教育的な関わり」を通して,教室や学校にそのような学習それ自体を大切にする文化や風土を創り上げることであろう(5章)。そのためには,学習意欲の複雑で微妙な性質を教師自身が十分に理解し,学習者ひとり一人のユニークな姿を尊重しようとする態度が大切になるだろう。それと同時に,教師が学習者と一緒に学びを楽しむ姿勢や教師自身の学習意欲も問われるに違いない。学習者にとって教師はまさに「意欲的な学び手」のモデルなのである。

Chapter *2*

第 2 章

意味づける主体
―認知論からのアプローチ

第2章　意味づける主体―認知論からのアプローチ

1　意味づける主体としての学び手―認知のメカニズム

　人間は，ものごとを意味づけようとする動物である。われわれは日常生活で直面するヒト，モノ，コトを解釈しながら，とりわけ，自分にとって切実な対象であればあるほど真剣に意味づけようとしながら生活している。
　例えば，初対面の先生の人柄を見極めようとしたり，通信簿の成績やコメントをみて反省したり，どの参考書を買うべきか判断するために友人に意見を求めたりする。その結果,「小林先生は厳しそうだ」「今学期の努力は足りなかった」「○○という参考書がわかりやすいらしい」といった認識が生まれる。動機づけという観点からの重要なポイントは，当人の行為がそれらの認識によって規定されるという点である。小林先生の前で真面目に振る舞うようになったり，反省を生かして猛勉強したり，実際に○○という参考書を購入したりすることになるわけである。「意味づける」という人の営みは，当人の動機づけにこのような影響を及ぼしているのだ。
　以上のことから，環境が人の動機づけに与える影響プロセスは，必ずしも単純でないことがわかる。例えば，学期末に同じ「B」という成績がフィードバックされたとしても，「今学期の努力は足りなかった」と反省する生徒がいる一方で,「自分の実力はこの程度だな」と現状に安住してしまう生徒もいるだろう。この認識の違いは，次の学期の学習行動を規定するに違いない。つまり，環境が提供する同じ情報（この場合,「B」という成績）がすべての人のやる気に対して一律の効果をもたらすとはいえず，その後の行動のあり方は，環境がもたらす情報に対するひとり一人の意味解釈を媒介として決まってくるのである。
　人間をこのように「意味づける主体」としてとらえ，動機づけを「主体による意味づけの問題」として扱う立場（Molden & Dweck, 2000）が**認知論的アプローチ**であり，それは行動の原因あるいは決定因として，われわれの思考，学習の内容やプロセスに着目する研究の総称である。

1−1　認知のメカニズム

　認知論的アプローチの概略は，図2−1のように表すことができるだろう。
　外界での出来事（例えば,テストの返却時に小林先生がヒロコさんに「がんばっ

たね」と笑顔で声をかける）が当人（ヒロコさん）の感覚に影響を及ぼし，その情報が解釈される。すなわち，特定の情報（視覚的情報としての「笑顔」や聴覚的情報としての「がんばったね」）に対して選択的な注意が向けられ，それらの情報を意味づけるために長期記憶システムから具体的な記憶（例えば，過去の努力体験や小林先生に関する知識）が検索されつつ，情報が変換されたり，分類，整理されることで体系化（体制化）が生じたり，関連情報が付加されたりする（精緻化）（例えば，「小林先生は自分が努力する姿を見守ってくれていた」「やはり小林先生はいい先生だ」「いつもお母さんが言うとおり，努力は報われるものだ」など）。このような意味解釈（情報処理の活動）に基づいて，今後のプラン（「これまで通り，毎日，二時間は机に向かって勉強しよう」）や目標（「次のテストは満点を目指そう」），期待（「次も高得点がとれそうな予感がする」）や価値（「努力することは尊い」），自己概念（「自分は努力できる人間だ」）といった**認知内容**が形成，あるいは再構成され，行動選択や行動の強さ，持続性といった今後の行為（例えば，次回のテスト勉強）に影響を及ぼす。さらにその結果（成功や失敗など）を評価したり解釈したりする**認知プロセス**が，再び情報処理や認知内容に影響を及ぼすことになるのである。

　動機づけの心理学では，以上のプロセスのうち，とりわけ認知内容と認知プロセスを中心とした心理的メカニズムに焦点を当てて研究が進められてきた[1]。

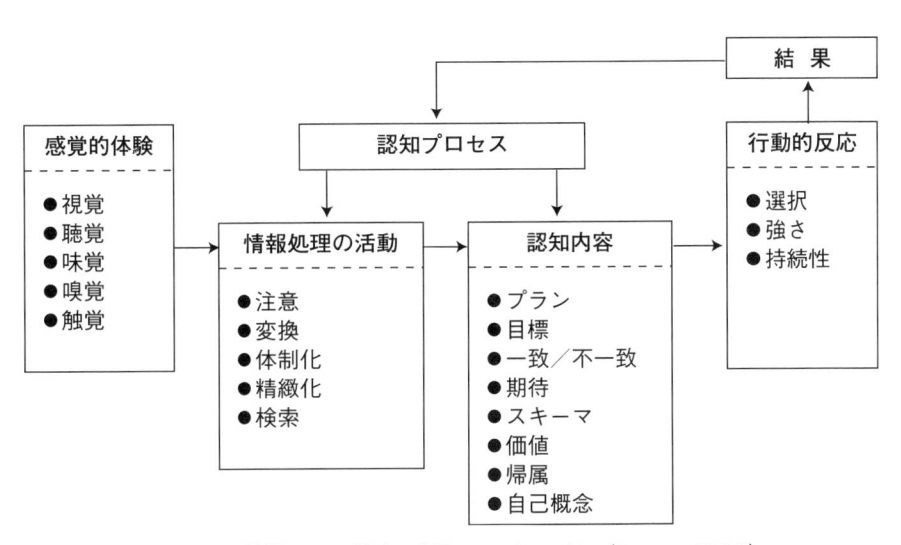

図2-1　動機づけに関する認知のメカニズム（Reeve, 2001）

1−2　認知内容としての信念

　「今後，グローバル化が一層進むから，英語は話せた方がよい」「数学の勉強は論理的思考を鍛えるために役立つ」というように，われわれは特定の対象（この例では，英語，数学という教科の学習）に対して一定の認識を持っている。このような認識は**信念**（belief）と呼ばれ，人の動機づけを規定する重要な要因の一つとされている[2]。例えば，上記のような信念を持っている人は，そうでない人に比べて「英会話教室に通おう」「数学の問題集に取り組もう」といった意欲的な気持ちになるに違いない。

　「人は様々な体験を通して多様な信念を学習しており，その学習された信念が当人の動機づけのあり方を規定する」という考え方が認知論的アプローチの中核だといえるだろう。とりわけ，学習の動機づけに影響を及ぼす信念は，「課題に関する信念」と「自己に関する信念」の二種類に大別することができる。

　例えば，われわれが持っている「英語観」は，課題に関する信念の一例である。「発音が難しく文法も複雑だ」という信念を持っている人がいる一方で，「ペラペラにしゃべれればカッコいいし，これからの時代を生き抜くために必須の言語だ」という信念を持っている人もいるだろう。このような信念は対象に関連する当人の体験に基づいて形成されたものであり，ものごとを把握したり，判断したりするための基準（フレーム）として機能するだけではなく，対象に関わる動機づけ（例えば，英語学習への意欲）に影響を及ぼす。

　一方，自己に関する信念とは「自分は○○だ」という具体的な認識とそれに付随する価値判断のことである（2章3-5）。「俺は何をやってもダメだ」といったネガティブなものから，「私はどのような課題に直面しても要領よくこなせる」といったポジティブなものまで，また，抽象的なレベルのもの（例えば「スポーツが得意」）から具体的なレベルのもの（例えば「水泳の中でも背泳ぎが得意」）まで，われわれの持っている自己に関する信念は多様である。

　もちろん，課題と自己に関する信念は相互に関連しており，例えば「英語は国際化の時代の到来によってますます大切になってくるスキルだと思うし，自分は物怖じしない性格で初対面の外国人と楽しく会話する自信もあるから，特に発音の練習に力を入れることにしよう」というように動機づけのプロセスにおいて両者は統合的に機能しているのである。

1-3 期待×価値理論

　認知論的アプローチは,「期待×価値理論」をベースとして理解することができる。**期待×価値理論**とは,信念などの認知内容（具体的には「期待」「価値」）とそれらに関連する認知プロセスを統合的に記述することによって動機づけ現象を説明する理論群のことを指す[3]。

(1)「期待」と「価値」の意味

　期待（expectancy）[4]とは,われわれの日常的な語法とはやや異なり,「主観的に認知された成功の見込み（確率）」を意味する。われわれの意欲は「できそうか」という認識（成功可能性の認知）に左右される。つまり,成功する見込み（「できそうだ」という認知）がなければ意欲は生じない。例えば,とび箱七段に挑戦しようとする意欲は,当人に「跳べるかもしれない」という知覚,あるいは「跳べそうだ」という見通しがなければ起こらないだろう。はじめから「どうせ跳べるわけない」と思っていれば,跳ぼうとは思わないのである。

　一方,われわれには「取り組むに値する行為であるからこそやる」という傾向もある。**価値**（value）とは,当人が課題（対象）やその達成（行為と結果）に対してどの程度価値（主観的な魅力や望ましさ）を認識しているかという要因を指す[5]。つまり,「何が望ましいか」について,自らの欲求や個性,あるいは社会規範などの影響を受けつつ,日常的な体験を通して形成される,ある程度安定的で一般的な信念が価値であり（Feather, 1999）,価値の種類やその強さは,当人による努力や行為の方向性や持続性,選択や感情喚起などを含めた動機づけの総体的なあり方を大きく規定する。価値を感じているほど,その実現や獲得に向かっていこうとする動機づけが高まる一方で,価値を一切感じていなければ動機づけは生じないのである。例えば,「スポーツができる方がカッコいい」とか「より困難な課題をクリアすること自体に意義がある」といった価値観を日常生活を通して身に付けている人がいるかもしれない。このような信念が特定の行為の価値（例えば,「とび箱七段を跳ぶこと」に対する当人の意味づけや意義づけ）を規定して,動機づけに影響を与える（「より高いとび箱を跳ぶことはカッコいいので,七段のとび箱を跳びたい」と思う）のである。なお,価値はこのような接近行動を促すプラスのものばかりではない。課題（対象）からの回避行動を動機づけるマイナスの価値もある。「とび箱の練習をできれば避けたい」あるいは「絶対避

けたい」と考えている場合，程度の差はあれ，いずれもマイナスの価値を感知しているといえるだろう。

(2) 期待×価値

以上のように期待と価値はそれぞれ動機づけに影響を及ぼすが，期待×価値理論のポイントは，動機づけが「積」（乗算の結果）として表現されるという点にあり，たとえ成功する見込みがあると思っていたとしてもその行為自体に価値が見出せない場合（「跳べそうだ」と感じていても「別に七段まで跳べなくても六段まででいいや」と考えている場合）や，価値がある行為であっても成功する見込みがないと思っている場合（「より高いとび箱を跳べればカッコいい」と思っていても，「どうせ跳べるわけない」と信じ込んでいる場合）には，行為が生起しないばかりか，その場を避けようとさえするのである[6]。

わかりやすい例で考えてみよう。例えば，ある人が特定のキャリアを求める動機づけの強さについて，期待（その職に就くことができると考える主観的な確率）を0から1，価値（どの程度，その職が魅力的かの判断）を－10から＋10として期待×価値理論によって予測してみると表2-1のようになる。期待と価値の両方が相対的に高い「教師」に対する動機づけ傾向が最高値を示し，「ボランティア」のように期待が高くても，「宇宙飛行士」のように価値が高くても，その職に就こうする動機づけは必ずしも高くならないということがわかる。

表2-1　期待×価値理論：キャリア選択への適用例（Reeve, 2001）

キャリア	期待	価値	期待×価値：動機づけの力
医者	0.40	＋7	＋2.80
教師	0.70	＋5	＋3.50
宇宙飛行士	0.01	＋10	＋0.10
ボランティア	0.95	－1	－0.95
政治家	0.25	－6	－1.50
プロのスポーツ選手	0.10	＋9	＋0.90
会社重役の秘書	0.45	－4	－1.80
工場労働者	0.75	＋4	＋3.00
看護師	0.45	＋7	＋3.15

値は仮想例。期待の最小値は0，最大値は1，価値の最小値は－10，最大値は＋10。

近年の代表的な期待×価値理論として Eccles, J. S. らのモデルが挙げられよう。Wigfield & Eccles（2000；2002）は，図2-2に示すような図式を提示している。そこではまず，成功に関する期待（課題がうまくできるかに関する信念）や，興味，実用性，コストといった課題に関する主観的な価値の認識が遂行，持続性，課題の選択に直接影響を及ぼすとされている。そして期待や価値は，有能さの認知，課題の困難さの認知，当人が持つ目標やセルフ・スキーマ（自分自身についての具体的な信念や考え：2章3-5）といった課題特殊な信念の影響を受けるとともに，これらの社会的な認知変数は当人に対する他者の態度や期待，当人の過去の成功・失敗経験の解釈に影響される。また，これらの背景には社会化の担い手（例えば，親）の信念や行為，さらにステレオタイプ（性役割など）といった文化環境が存在している。

Eccles らのモデルでは，より具体的な四つの主観的課題価値（subjective task value）が想定されている（Eccles, 2005）。第一は**達成価値**（attainment value）であり，当該課題をうまくやることに対する個人的な重要性を指す。この変数は

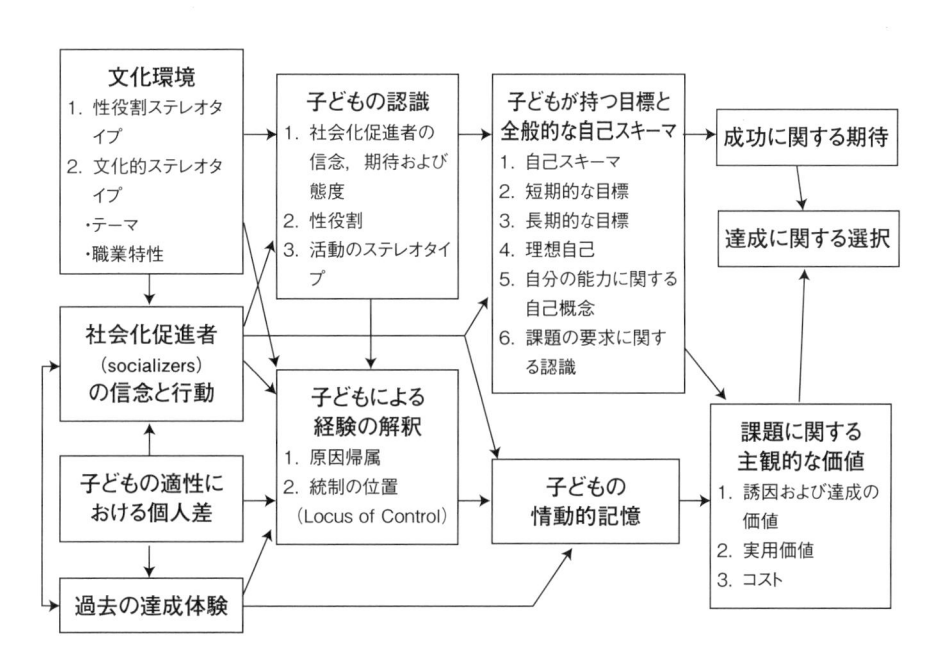

図2-2 達成動機に関する期待―価値モデル（Wigfield & Eccles, 2000）

当人のアイデンティティと密接に関連しており，セルフイメージに対応する変数だとされている。例えば，「男らしさ」を自分のアイデンティティの中核的な特徴として重視している人は，「男らしさ」という基準とどの程度フィットしているかという観点から課題を評価し，「男らしい」というセルフイメージと一致する課題や，「男らしさ」を実現する機会を提供するような課題に価値を感じることになる。その結果，社会的，文化的に「男らしい」とされる課題を選択し，「男らしくない」と見なされているような課題を避けることになる。第二は**内発的・興味価値**（intrinsic and interest value）である。われわれはその課題が楽しければやり続けるに違いない。また，楽しいかもしれないと感じる課題を選ぶだろう。内発的・興味価値とは，このように「活動遂行から得られる楽しさ，あるいは活動中に経験される楽しさの予期」を指す。フロー（3章4）や興味（3章3）と関連し，課題に内在する特徴を反映した変数として位置づけられている。第三は**実用価値**（utility value）であり，「当該課題がどの程度当人の将来の目標と関連しているか」を示す変数である。例えば，大学の講義が就きたい仕事と関連する内容を扱っていれば，その講義に対して実用価値を感知することになる。第四は**コスト**である。これは上記の三つとはやや異質で「課題従事の負の側面」を意味する変数であり，具体的には成功に必要な努力量，ある選択をすることに伴う機会の損失，成功失敗に関する不安や恐れなどを指す[7]。

2　価値と目標

2-1　価値理論

　プラスの価値は接近行動を，マイナスの価値は回避行動をそれぞれ動機づける。そのような価値の方向性をその現出状態や目下の状況との間の心理的距離に基づいて整理すると，四つのタイプの動機づけに区別できる（表2-2：Raynor & McFarlin, 1986）。

表2-2 価値の方向性と心理的距離の関数としての動機づけ
(Raynor & McFarlin, 1986)

心理的距離	価値の方向性	
	プラス	マイナス
ゼロ：価値の現出状態	**維持**：プラスの価値を維持するように思考／行為する。	**除去・撤退**：マイナスの価値を最小化したり取り除くように思考／行為する。
ゼロ以上：望まれる価値と現状とのズレ	**実現**：プラスの価値を生み出すように思考／行為する。	**抵抗・妨害**：マイナスの価値を生み出さないように思考／行為する。

　プラスの価値の場合，価値の現出状態を体験していれば，その行動を維持しようとする一方，現状とのズレを感じていれば価値の実現に向けての努力が促される。マイナスの価値の場合，価値の現出を体験している際には，マイナスの価値の原因となっている対象を除去したり，その場からの撤退が動機づけられたりする一方，現状とのズレがまだ存在しているならば，抵抗や妨害を試みてそれが現実化することを阻止するように動機づけられることになる。

　以上のような動機づけのメカニズムを前提としつつ，価値理論ではさらにひとり一人が何に価値を感じているか，すなわち，当人が達成課題をどのように価値づけているかという意味内容に着目する。例えば，同じスポーツであっても，楽しむことを重視している場合と，競争での勝ち負けにこだわる場合とでは，価値の実現過程における認知プロセスは異なっているはずである。価値理論では，当人が達成行動を価値づける実質的な意味内容に焦点を当てて，動機づけの心理的メカニズムを解明することが目指されている。

　では，人は達成課題や達成行動にどのような価値を見出しているのであろうか。その意味内容を示した例としては，前述のEcclesらのモデルが示す四つの主観的課題価値が挙げられるが，他の先行研究[8]も参考にしつつより一般化すると，人が達成課題に対して感知する価値の内容は表2-3に示すような六種類に大別することができるだろう。すなわち，課題の固有な属性に基づく三つの**課題内生的価値**（興味関連価値，実用関連価値，文化関連価値）と，課題の内容や性質に無関係な三つの**課題外生的価値**（自我関連価値，報酬関連価値，対人関連価値）とに区別できるのである[9]。

表 2-3 達成課題に対する価値の分類

		何に価値を感じているか	課題に対する典型的な評価基準
課題内生的	興味関連価値	課題の楽しさ，興味	興味深い－つまらない
	実用関連価値	目標に対しての手段的有用性	役立つ－役立たない
	文化関連価値	文化に対する適応的な意味	社会的に望ましい－望ましくない
課題外生的	自我関連価値	課題の達成に伴う自尊心 (self-esteem) の高揚，維持	自分を誇らしく感じる－自分が惨めになる
	報酬関連価値	課題の達成に伴う実利性	得をする－損をする
	対人関連価値	課題の遂行や達成に伴う人間関係上の効用	他者の期待に応える－他者が望まない

2-2　目標理論

　価値と密接に関連する概念が「目標」である。われわれは多種多様な価値を実現するために，より具体的な目標を設定し，その達成を目指して行為する。

　動機づけは古くから目標の問題として扱われてきた。例えば，「試験に合格する」という目標に向かって猛勉強するというように，「何らかの目標があるからこそ行為が起こるのだ」という発想は，素朴ではあるが極めて素直な考え方だといえるだろう。

　目標（goal）とは「人が成し遂げようと努力する最終的な事柄（対象，状態）」を指す。より心理学的に定義するなら，目標とは「望まれる最終段階」（desired endpoint）についての認知的表象（cognitive representation）であり，われわれの評価，感情，行動に影響を及ぼす心理変数を意味する（Fishbach & Ferguson, 2007; Austin & Vancouver, 1996）。ある結果を望み，それを意識し，その実現のために努力する存在として人間をとらえたとき，必然的にクローズアップされる動機づけの主要概念が「目標」なのである[10]。

　目標概念を中核に据えて動機づけを理論化した近年の研究者として，動機づけシステム理論（MST：Motivational System Theory）を提唱した Ford, M. E. を挙げることができよう。Ford (1992) は，人を生物学的，社会的，環境的な文脈に埋め込まれた分析主体であるととらえる。その上で，目標とは「行動を認知的，情動的，生化学的に制御することによって人びとが達成しようとする望まれた最終状態」，「行為の方向性を指示する認知表象」であるとし，個人が独自に持つ**主観的目標**（personal goals）こそが指示的な働きを持つ認知であり，目標選択，

目標設定，目標追求，目標達成からなる自己統制プロセスを方向づけると主張した。目標は認知内容（2章1-1）の代表的な変数であるが，認知プロセスという観点からも重要な役割を担っている。目標の動機づけ的な要素には「目標内容」と「目標プロセス」という二側面があるからである（Ford, 1992）。

目標内容とは「なぜそれをしようとするのか」を尋ねることによって得られるような「したいこと」「達成しようとしていること」や，さらには「特定の目標を目指して行為した結果として得られること」を意味する。一方，**目標プロセス**とは，目標の設定や方向づけなど，目標が行為へと結びついていく動機づけ機能を指している。目標はその実現に向けた計画を具体化させ，適切な行動を引き起こすと同時に，そのプロセスをモニターする基準となって一連の行為をガイドする。また，目標は感情と結びつき，生理的あるいは心理的欲求を満たすことに貢献する。

例えば，「落第を回避する」という目標は，「試験に関する情報を集める」「試験前は徹夜する」といった行動の計画を具体化し，それらの行動を動機づけると同時に，目標達成に向けた進捗状況を評価する基準となってその後の行為を方向づけていく（例えば「試験に関する情報が圧倒的に不足しているので，友人に尋ねる」）。また，目標実現のプロセスでは「落第したらどうしよう」といった不安を感じることもあるだろうし，目標達成時には「やった！」といった達成感や充実感を体験するに違いない。

Locke & Latham（2002）は，目標が動機づけや成果に及ぼす心理的メカニズムとして以下の四つを挙げている。すなわち，①方向づけ機能（目標に対する適切な活動に向けて注意と努力を方向づけ，不適切な活動から遠ざける），②活性化機能（低水準よりも高水準の目標の方が努力をより促進する），③維持機能（もし，課題従事の時間がコントロール可能であれば，困難な目標は努力を持続させる），④間接的な機能（覚醒を高めたり，発見に導いたりするとともに，課題に対する適切な知識や方略の使用を促進する）[11]である。

以上のような「目標」という切り口によって動機づけを解明しようとする理論群は**目標理論**と総称される。そこには，自己（self）を目標志向的なシステム（**目標システム**）[12]として位置づけることが可能だという前提がある。当人が何を目指しているのかという目標の内容や，目標達成に向けてどのような行動をいかに実現しようとしているかという実行プロセスにこそ，「その人らしさ」が反映されると考えられているのである。

(1) 目標内容アプローチ

□目標内容とは

　目標内容アプローチでは，目標の意味について，理由（なぜ），内容（何を），程度（どのくらい）という三つの視点からとらえようとする。例えば，Harackiewicz & Sansone（2000）は，「有能さを示す」「楽しむ」のような**目的目標**（purpose goal：課題に従事する目的を意味し，なぜ達成するかという「why」の問いに対する答え）と，「テストで80点をとる」といった**標的目標**（target goal：達成のガイドラインを示し，何を達成するのかという「what」の問いに対する答え）とを区別している。目的目標は理由（なぜ：例えば「楽しむ」）を，標的目標は対象（何を：例えば「テストの点数」）と程度（どのくらい：例えば「80点」）をそれぞれ意味する目標である。以上のように考えると，目標内容とは，個人が意識的，無意識的に抱いている価値（社会的価値，個人的価値）を背景として具体化される，価値と行為とを媒介する認知表象なのだといえる[13]。

　Ford（1992）は目標内容を，「情動目標」「認知目標」「主観的構成目標」「自己主張的社会関係目標」「統合的社会関係目標」「課題目標」の六つのカテゴリーから構成される24種類の目標に分類した（表2-4）。これらの目標は単一でもはたらくが，同時に複数の目標が連携したり，葛藤したりしながら機能するのだという。

□学習動機

　Ford, M. E. による上記の分類は，人の生活全般を対象とするものであるが，学習のような達成領域にテーマを絞り込んだ研究も盛んである。特に，自分の能力を高めるため（課題に熟達するため）に学ぶ場合（マスタリー目標）と自分の能力を証明するため（自尊心の維持，高揚のため）に学ぶ場合（パフォーマンス目標）とを対比して論じる後述の「達成目標理論」（2章2-3）は，目標内容アプローチによる代表的な理論である。

　とりわけ，わが国で発展してきた研究分野が**学習動機**である。そこでは「なぜ学ぶのか」「何のために学ぶのか」という学習に対する理由づけ（樋口，1985）に焦点が当てられている。

　例えば，市川伸一は，理論からトップダウン的に学習動機をとらえるのではなく，高校での学習を想定した自由記述を基盤とした分析に基づいて**学習動機の二要因モデル**を提唱している（市川，1995）。これは六種類の学習動機を，「学習内

2 価値と目標

表2-4 人間が持つ目標の分類（Ford, 1992）

望まれる個人内の結果		
情動目標（Affective Goals）		
娯楽（entertainment）		気晴らしや高水準の覚醒（arousal）を体験すること；退屈やストレスを感じるような無活動状態を避けること
平穏（tranquility）		リラックスしてくつろぐこと；ストレスを感じるような過度の覚醒を避けること
幸福（happiness）		喜び，満足感，幸福の感覚を体験すること；情動的な苦痛や不満の感覚を避けること
身体感覚（bodily sensations）		身体感覚，身体運動，身体接触に関わる満足を感じること；不快で心地よくない身体感覚を避けること
身体的健康（physical well-being）		健康的，精力的で，身体的に強健であると感じること；倦怠感，虚弱さ，不健康を感じないようにすること
認知目標（Cognitive Goals）		
探究（exploration）		個人的に意味のある事柄に関する好奇心を満たすこと；無知である，何が起こっているかわからないという感覚を避けること
理解（understanding）		知識を得ること，意味を理解すること；誤解，誤った信念，困惑の感覚を避けること
知的創造性（intellectual creativity）		独創的な思考，新奇で興味深いアイディアを含む活動に従事すること；創意工夫のない慣れ親しんだ思考様式を避けること
肯定的自己評価（positive self evaluations）		自分への信頼，プライド，自己価値の感覚を維持すること；失敗，罪，無能さの感覚を避けること
主観的構成目標（Subjective Organization Goals）		
和合（unity）		他者，自然，より偉大な力との結びつき，調和，同一性の感覚を経験すること；心理的な不和，無秩序の感覚を避けること
超越（transcendence）		最適で並外れた活動（functioning）の状態を体験すること；平凡な経験の境界に閉じ込められているというような感覚を避けること
望まれる人―環境の結果		
自己主張的社会関係目標（Self-Assertive Social Relationship Goals）		
個性（individuality）		自分をユニークで特別な他者とは違った存在であると感じること；他者との類似，一致を避けること
自己決定（self-determination）		行為や選択における自由の感覚を体験すること；プレッシャー，制約，強制といった感覚を避けること
優越（superiority）		勝利，地位，成功という観点から都合よく他者と比較すること；他者との不利な比較を避けること
資源獲得（resource acquisition）		同意，サポート，援助，アドバイス，承認を他者から得ること；社会的な非難や拒否を避けること
統合的社会関係目標（Integrative Social Relationship Goals）		
所属（belongingness）		愛着，友情，親密さ，コミュニティの感覚を築いたり維持したりすること；社会的孤立や隔離を避けること
社会的責任（social responsibility）		個人間のコミットメントを維持し，社会的役割による義務を果たし，社会的，道徳的ルールに従うこと；社会的な罪や非倫理的，不法な振る舞いを避けること
公平（equity）		公平さ，正義，互恵性，平等を促進すること；不公平，不正な行為を避けること
資源提供（resource provision）		同意，サポート，援助，アドバイス，承認を他者に与えること；自分勝手で思いやりのない行動を避けること
課題目標（Task Goals）		
熟達（mastery）		達成や改善に関するやりがいのある基準をクリアすること；無能さ，凡庸，パフォーマンスの低下を避けること
課題創造性（task creativity）		芸術的表現や創造性を含むような活動に従事すること；創造的な行為が生じる機会を提供しない課題を避けること
マネージメント（management）		日常生活の課題において，秩序，体制，生産性を維持すること；いい加減さ，非効率，無秩序を避けること
物質獲得（material gain）		金銭や財の所有を増やすこと；金銭や財の損失を避けること
安全（safety）		身体的な心配がなく，危険にさらされず，無事でいること；脅迫的，略奪的あるいは有害な状況を避けること

容の重要性」と「賞罰の直接性」という二要因によって構造化したものである（図2-3）。図2-3の上段が学習内容を重視している動機（「充実志向」「訓練志向」「実用志向」）であるのに対し，下段が軽視している動機（「関係志向」「自尊志向」「報酬志向」）である。また，「実用志向」と「報酬志向」が賞罰を直接的に期待する度合いが大きい動機であるのに対し，「充実志向」と「関係志向」はその度合いが小さく，「訓練志向」と「自尊志向」はその中間に位置している[14]。

また，鹿毛（1995a; 1995b）は，学習動機に関する一連の先行研究を概観し，その内容を①内容必然的学習意欲（○○を学びたくて学ぶという場合），②状況必然的学習意欲（状況が要求するので学ぶという場合），③自己必然的学習意欲（ポジティブな自己概念の獲得のために学ぶという場合）の三つに大別した[15]。さらに，②を関係必然的学習意欲（人間関係を源泉としている場合）と条件必然的学習意欲（社会的な手段―目的関係や報酬随伴性を源泉としている場合）に，③を向上志向的学習意欲（個人が独自に持つ絶対基準によって自己を位置づける場合）と相対比較志向的学習意欲（他者との優劣の比較に注意の焦点が向けられる場合）にそれぞれ区別し（表2-5），各先行研究を位置づけている。

以上の学習動機の研究は，学習者の学習する理由が多様であることを明らかにしている。同じように机に向かって勉強していたり，熱心に練習を繰り返していたりしても，子どもによってその理由は異なっている可能性がある。学習意欲を把握する際には，表面的な行動の特徴（例えば，熱心さ）だけにとらわれることなく，ひとり一人が内面に持つ学習動機などの目標内容に着目することが大切である。

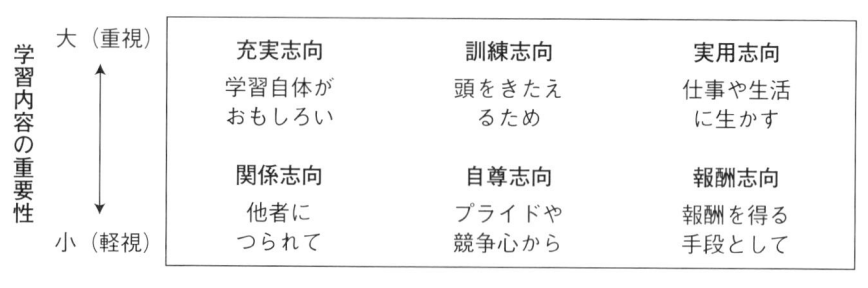

学習内容の重要性	充実志向 学習自体が おもしろい	訓練志向 頭をきたえ るため	実用志向 仕事や生活 に生かす
	関係志向 他者に つられて	自尊志向 プライドや 競争心から	報酬志向 報酬を得る 手段として

大（重視）↑　↓小（軽視）

小（間接的）　←→　大（直接的）
賞罰の直接性

図2-3　学習動機の二要因モデル（市川, 1995）

表2-5　学習動機の分類（鹿毛，1995b より作成）

■内容必然的学習意欲：○○を学びたくて学ぶ
　　例）中国の歴史に興味を持つ。
■状況必然的学習意欲：状況が要求するので学ぶ
　□関係必然的学習意欲：人間関係が原因で学ぶ
　　例）友だちと一緒のクラブ活動を選ぶ。
　□条件必然的学習意欲：社会的な手段―目的関係や報酬随伴性が原因で学ぶ
　　例）定期試験が近づいてきたのでテスト勉強をする。
■自己必然的学習意欲：ポジティブな自己概念の獲得のために学ぶ
　□向上志向的学習意欲：個人が独自に持つ絶対基準に基づいて学ぶ
　　例）自己ベストの記録を出すために練習する。
　□相対比較志向的学習意欲：他者との優劣の比較に注意の焦点が向けられて学ぶ
　　例）ライバルに勝つための対策を講じる。

（2）目標プロセスアプローチ

□目標プロセスとは

　例えば「一週間後の提出期限までにレポートを完成させるため，今日，図書館に行って関連文献をコピーして，明日，それらに目を通しながらレポートの大まかな構想を明確化して，明後日には…」というように，われわれの日常生活には，目標を設定し，計画を立てて，実行するという目標実現過程が埋め込まれている。

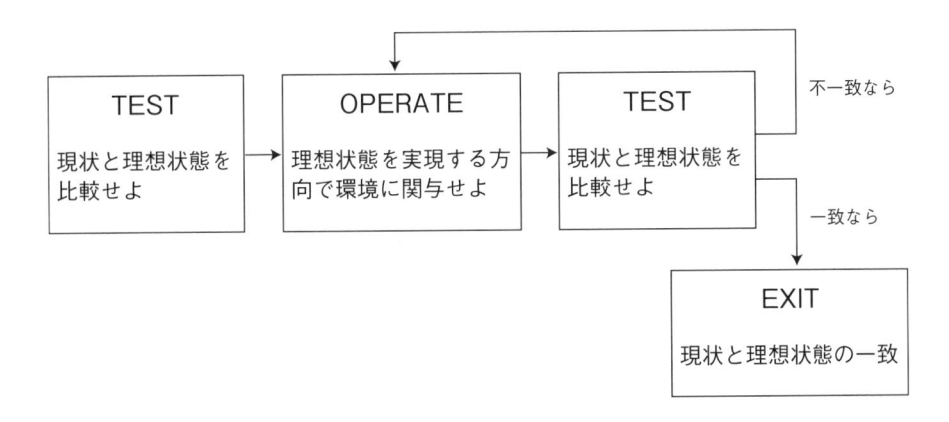

図2-4　TOTEサイクル

しかも，このプロセスは必ずしもスムーズに進行するとは限らない。「すべての文献に目を通すことができなかったので，レポートの構想は後回しにしよう」というような進捗状況の振り返りと修正も目標実現過程には含まれる。目標プロセスとは，このような「目標の設定→プランニング→努力とモニタリング→達成の評価，目標変更，継続への意思決定」という一連のサイクル（いわゆる plan → do → see → plan →…）を指す（自己調整学習：1章1-2）。

　目標プロセスが動機づけに影響を及ぼす心理的メカニズムとして，以下の二つの機能があるという（Reeve, 2001）。一つは，現状と目標とのズレを低減する働き（ズレ低減メカニズム）であり，行動は**フィードバック制御**（feedback control）によって規定される。例えば，目標とする体重に近づいているかをモニターしながらダイエットする場合がこれに該当する。フィードバック制御の典型的なモデルが **TOTE サイクル**（Test-Operate-Test-Exit：Miller, Galanter, & Pribram, 1960；図2-4）であり，動機づけ研究における認知論的アプローチの源流の一つとして位置づけられている。その心理的メカニズムは次のように描かれる。すなわち，われわれは行動，対象，出来事の理想状態に関する認知表象を持っており，現状の認識と理想状態との間にあるズレを低減する方向で行動のプランを明確化する。そして，理想の温度を保つために室温を調整するサーモスタットのように理想状態（目標）と現状とが比較され（Test），理想状態が実現するように行動が生じ（Operate），ズレがなくなる（Exit）までそのプロセスが繰り返される（Test → Operate → Test → Operate → Test →…→ Test → Exit）というのである。

　目標プロセスにおけるもう一つの心理的メカニズムは，将来に向けてより卓越した水準の目標を創り出す働き（ズレ生成メカニズム）であり，行動は事前の予測に基づく調整，すなわち**フィードフォワード制御**（feed-forward control）によって規定される（Bandura, 1990）。例えば，特定のダイエットの方法が悪影響をもたらす危険性を予想して自分の体調を健康に保つような具体的工夫をすることなどがこれに該当する。人には所与の目標の実現に向けて努力するだけではなく，当該目的の達成に関連する諸事象を予測する能力がある。事前により困難で多様な基準を柔軟に設定（あるいは修正や再設定）し，むしろ不均衡な心理状態（ズレ）を自ら創り出すことを通して，状況に適応するように動機づけられているのだといえよう。

□目標設定理論

　目標の意識が行為に影響を及ぼすという前提（Ryan, 1970）に立ち，目標（特に困難度，具体性といった要因）と遂行レベルとの関連に主に焦点を当てた目標プロセスの考え方が，Locke, E. A. と Latham, G. P. によって提唱されている**目標設定理論**（goal-setting theory）である（Locke & Latham, 2002）。特に職務動機づけ（work motivation）の分野で発展してきた理論だが，教育領域の問題に対しても示唆的である[16]。

　図 2-5 には，具体性，困難度といった目標の性質が，認知的なメカニズム（努力，方略など）と媒介変数（重要性の認知，自己効力など）の影響を受けながらパフォーマンスを規定し，その結果として体験される満足感がその後の動機づけに好影響を及ぼしていく循環プロセスが示されている。

　特に，コミットメント，フィードバック，課題の複雑さの三つが目標と遂行結果を媒介する主な変数だとされている（Locke & Latham, 2002）。人が目標にコミットする（例えば「努力に値する良い目標だと思う」「この目標を本気で受け止めている」など：Klein, Wesson, Hollenbeck, Wright, & DeShon, 2001）ほど成果は上がることが示されており，その**目標コミットメント**（goal commitment）

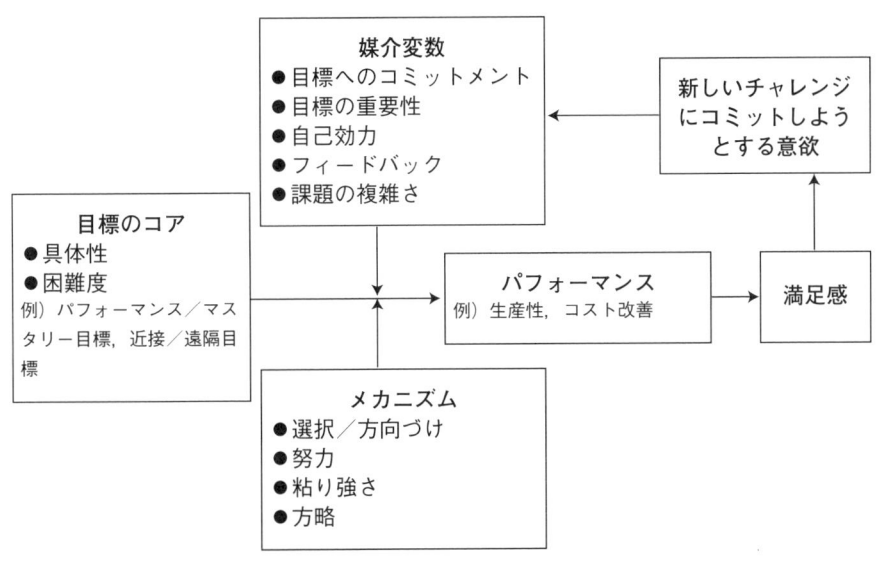

図 2-5　目標設定理論の主要な要因と高水準のパフォーマンスサイクル
（Locke & Latham, 2002 を一部改変）

を促進する要因として、①目標達成の成果として期待される結果の重要性を含め、目標達成が重要であると当人が思うこと（価値：2章2-1）、②目標達成自体が可能だという信念（自己効力：2章3-3）の二つが見出されている。**フィードバック**に関しては、目標との関連でどの程度進歩したかに関する情報提供が不可欠だとされる。もし、このようなフィードバックがなければ、努力のレベルや方向性を修正したり、目標達成に必要な方略を調整したりすることができなくなってしまうからである。課題の遂行を効果的にするためには、目標設定と課題遂行状況に関するフィードバックを表裏一体のものとして考えるべきだということがわかる。課題の複雑さに関しては、一般に複雑さが増すほど、ハイレベルなスキルや方略を新たに獲得しなければならなくなる。そのため、目標の効果は、適切な解決策を発見するような能力が当人にあるかどうかという点に左右されることになる。課題が新規で比較的複雑な場合には、近接目標（5章2-3）の設定が特に効果的であることも示されている（Latham & Seijts, 1999）。

また、目標設定理論では、パフォーマンスに及ぼす目標の特色や困難度の効果が主な検討の対象とされてきたが、そこで主に明らかになったのは、「ベストを尽くす」といったあいまいな目標よりも、困難で具体的な目標の方が基準が明確であるため結果的に遂行成績が優れているという事実である[17]。図2-6に困難で具体的な目標がパフォーマンスを高める心理的プロセスが示されているので参照されたい。

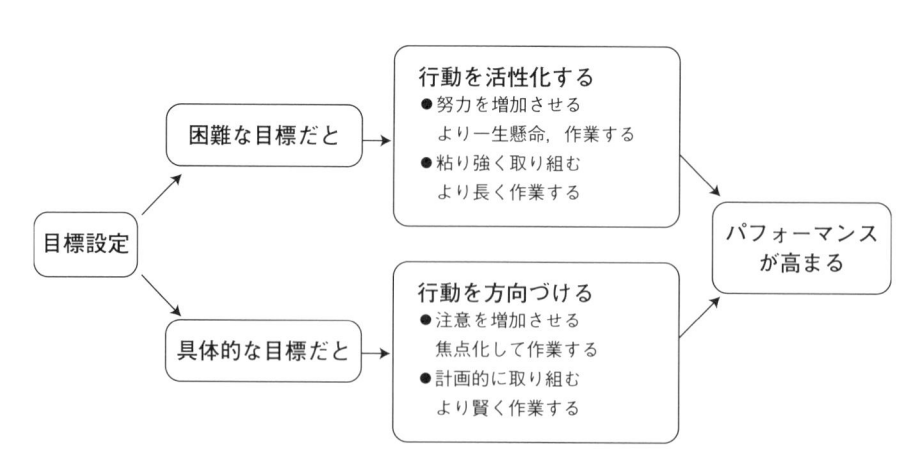

図2-6　困難で具体的な目標がパフォーマンスを高める心理的プロセス（Reeve, 2009b）

□目標階層構造

人を「目標システム」として捉えた際，われわれが抱く目標は単に並存しているのではなく，**目標構造**，とりわけ階層構造を成していると考えることができる。例えば，「教師になる」という目標の下位目標として「教員免許状を取得する」があり，そのさらに下位目標として「教育実習に行く」がある。また，「教師になる」という目標のさらに上位目標として「子どもたちと関わりたい」「教育のあり方を変えたい」といった目標があるかもしれない。目標システムについて，目的を上位，手段を下位とするこのような階層構造として描くことができるのである。

例えば，Carver, C. S. と Scheier, M. F. は，人間を情報の入出力やフィードバックによって行動が制御されるシステムとして捉えるサイバネティックスの視座から，「目標」を行動調整の基準となる価値（reference value）として位置づけ，「自己」を手段―目的関係によって相互に結びつく**目標階層構造**とみなしている（Carver & Scheier, 1998：図2-7）[18]。すなわち，目標構造には抽象度の違いによっ

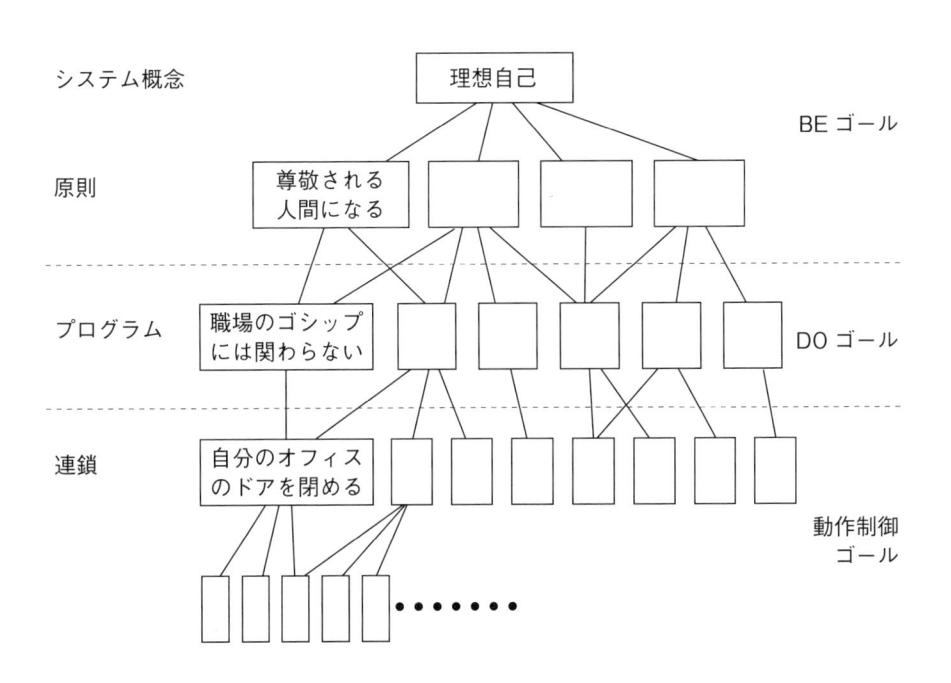

図2-7 目標階層構造（Carver & Scheier, 1998）

て上位のものから順に「システム概念」(system concepts)，「原則」(principles)，「プログラム」(programs)，「連鎖」(sequences) の四つのレベルがあり，下位の目標になればなるほど目標の内容が具体的になるというような階層構造を成しているという。また，これらは上位のものから順に **BE ゴール**（「かくありたい自己」を示す目標），**DO ゴール**（具体的な行動を指示する目標），**動作制御ゴール**（motor control goal：具体的な動作をコントロールするための目標）の三つに大別される。図2-7の例でいうと，理想的な自己像の一つとして「尊敬される人間になる」という BE ゴールを達成する手段として，「職場のゴシップには関わらない」という DO ゴールがあって，さらにその手段として「自分のオフィスのドアを閉める」といった動作制御ゴールがある。このようにより高次の目標の実現を目指して下位の目標が選択されると同時に，行動の過程や結果がモニターされ，その情報が各目標次元に同時にフィードバックされるというシステムを想定することによって目標プロセスの動機づけ機能を説明しているのである。

2-3 達成目標理論—目標志向アプローチ

1970年代後半から1980年代にかけて，二種類の達成目標（achievement goal），すなわち，行為の目的が「有能さ（competence）を身につけること」なのか，あるいは「有能さを証明すること」なのかを対置させることによって，特に達成行動に関する動機づけプロセスとパフォーマンスの質の違いについて解明しようとする研究が盛んになった。この**達成目標理論**とは目標内容アプローチの一種であり，「なぜ人は，学校や職場，あるいはスポーツなどの趣味の機会や場で達成行動を起こすのか」という問い（why の問い）に対する説明をモデル化し，人が達成状況に対してなぜ異なったアプローチをするのかについて，その背景にある信念パターンに着目して解明しようとする考え方を指す[19]。

この理論の源流としては，原因帰属理論（2章4-1）に対する批判的，発展的検討を行った三人の研究者，すなわち，Dweck, C. S., Nicholls, J. G.[20], Ames, C. によるそれぞれの理論モデルを挙げることができよう。彼らの研究は着眼点や理論化の仕方という点で相違はあるものの，扱っている現象自体がほぼ共通しているため，その後，Ames, C. らによって一つの研究枠組みに統合され（Ames & Archer, 1988 など），学習意欲などの達成動機づけを説明する有力な理論の一つとして位置づけられるようになった（村山, 2003a）。

（1）マスタリー目標とパフォーマンス目標

達成目標理論では，有能さに関連する活動（例えば，水泳の練習）の目的を，マスタリー目標（mastery goal）とパフォーマンス目標（performance goal）の二つ[21]に大別して考える。達成目標理論の特徴は，これら二つの目標を対置させて論じる点にある。

マスタリー目標とは，活動の目的が「自分の能力を発達させること」である場合（例えば，水泳のタイムを改善したいので練習する）を指す。マスタリー目標は，ものごとを理解する，技能を向上させるなど，自分の能力を高めるために学習するという目的意識を反映しているため，課題自体に当人の注意の焦点が向けられる心理状態（task-focused），すなわち，ものごとへの熟達に自分の関心が向けられる**課題関与**（task-involvement）へと導く。つまり，マスタリー目標には，理解しようとしたり，技能を高めたり，チャレンジしたりすることを通して，認識を深めたり，習熟することに対する意識（例えば，どのような身体の動きに着目すればタイムを伸ばすことができるか）を具現化する働きがあるのである[22]。

一方，**パフォーマンス目標**とは，自分の能力に対してポジティブな評価を得ること，あるいはネガティブな評価を避けることが活動の目的である場合を指す。つまり，理解や熟達が目的というよりも，例えば，水泳の大会で優勝してみんなから称賛されることを思い描きながら練習に励むというように，自分が有能であることを証明する（demonstrate）あるいは立証する（prove）ことが目指される。あるいは逆に，「あいつは 25 メートルも泳げないのか」と友人から思われたくないので，必死に水泳の練習をするといったこともあるかもしれない。この場合は，ポジティブな評価を得るというよりも，むしろネガティブな評価を避けるために活動に従事している例であろう。また，他者からどう思われるかということだけではなく，自分自身に対して自己の有能さを示したい（あるいは自己の無能さを示したくない）ので学ぶという場合も広義にはパフォーマンス目標として位置づけられる。以上のように，達成状況においてパフォーマンス目標は「自分という存在」の価値づけ（self-worth）に注意が向けられている心理状態（ego-focused），すなわち自分に能力があることを他者や自分自身に示すことに関心が向けられている**自我関与**（ego-involvement）を促す。例えば，「自分は頭がよい（あるいは「できる」）と見られているだろうか」「他者をしのぐことができるか」「どうすれば恥をかかないですむか」といった意識を生起させることになるのである[23]。

両目標が実際に適用された際の心理状態が表 2-6 に比較されているので参照

されたい。学習意欲論の観点からみた達成目標理論の意義は，二つの異なる目標から導かれるこのような心理状態を通して動機づけが学習プロセスや学習成果に及ぼす心理的メカニズムについて検討できる点にある[24]。

表2-6 マスタリー目標とパフォーマンス目標の違い（Reeve, 2009b）

マスタリー目標の実行	パフォーマンス目標の実行
自分のコンピテンスを発達させる	自分のコンピテンスを証明する
進歩，向上を目指す	能力の高さを誇示する
自己を改善する	他者をしのぐ
努力と粘り強さで困難を克服する	より少ない努力で成功する

なお，二つの達成目標は**能力概念**（concept of ability）の発達に規定されると考えられている。すなわち，能力それ自体に関心を抱くようになり，能力とはいかなるものなのかという「知識」を獲得し，自分の能力をどのような基準で判断するようになるかといった発達的要因が，達成目標の択一的な設定や起動，ひいては学習行動に影響を及ぼすことになるのだという。能力概念の発達的変化を表2-7に示した。例えば，幼児は他者との比較に興味がなく，スキルや知識をどの程度マスターしたかという絶対基準によって能力を判断し，自己評価も高いのに対し，10歳から12歳くらいになると，絶対基準だけではなく相対基準に基づいて，しかも特定の達成領域に特化してより正確に自己評価するようになり，社会的比較が動機づけに及ぼす影響が強くなる。つまり，幼児期はマスタリー目標に基づいて自己評価するのに対し，学齢期以降，マスタリー目標とパフォーマンス目標を使い分けるようになり，自己評価や動機づけへの影響が個人差を媒介して複雑化していくのである[25]。

（2）知能観と達成目標

以上の能力概念の発達理論を背景としつつ，Dweck, C. S. は，二つの達成目標のどちらを持つかは，知能（intelligence）の性質をどう考えるか，すなわち，われわれが暗黙のうちに持っている**知能観**（theory of intelligence：「知的な能力は変化するのか否か」という信念）に依存して決まると主張した（Dweck, 1986）。具体的には，「知性や能力は努力次第で伸ばすことができる」という信念（**知能増大論**：incremental theory of intelligence）がマスタリー目標[26]と関連しているのに対し，「知性や能力は変化しない」という信念（**知能実体論**：entity

表 2-7 能力概念の主要な変化（Dweck, 2002 を一部改変）

	幼児	7-8 歳	10-12 歳
能力の定義と性質			
	達成領域が未分化 →	特化された達成領域 →	他の変数と能力を区別することが可能
	スキルと知識：マスタリー基準で判断	より内的な特性：より相対的な基準で判断	安定した能力特性（capacity）：マスタリー基準，あるいは相対基準
	のちのパフォーマンスを予測しない	より安定的で予測的	潜在的に極めて安定的で予測的
学業達成がもたらす影響力			
	能力推定に影響なし	能力推定に影響あり，動機づけには影響なし	能力推定，動機づけに影響あり
社会的比較			
	興味も影響も弱い	興味が強く，能力評価に一定の影響あり	自己評価と動機づけに強い影響あり
能力の自己評価			
	不正確だが高い評価	より正確だがより低い評価；期待に影響を及ぼし始める	正確，過小評価する人がいる；動機づけにより強い影響あり

theory of intelligence）がパフォーマンス目標と関連しているという[27]。

　知能観は，自分の達成に関連する情報を解釈して評価するための認識枠組みとして機能する。すなわち，知能増大論を持っている場合，「努力すればするほど能力が伸びる」というように努力と能力には正の関連があると認識されて，自己改善しているか否かという基準によって行為の成果が評価される。そのため，仮に課題の達成に失敗したとしても，「努力が足りなかった」「次は頑張ろう」と考えて以後の意欲へとつながっていく。一方，知能実体論は「努力しても能力は固定的で変わらない」という考えであるため，自分の行為の成果が他者と比較してどのように評価されるか，そしていかに他者をしのぐかに関心が向けられる。また，「努力しないで成功すること」が能力の高さの最良の証となる一方で，「努力しても失敗してしまうこと」が能力の低さの証明になってしまう。

　以上のことから，マスタリー目標を持っている場合，自分の能力に自信があろうとなかろうと達成に向けて努力する（マスタリー志向型の行動パターン：チャレンジを求め行動が持続する）のに対し，パフォーマンス目標を持っている場合には，自分の能力に自信がある場合とない場合で達成行動への取り組みに違いが生じてくる。すなわち，自分の能力に自信がある場合はマスタリー志向型の行動

パターンを示すが，自信がない場合は，自分の無能力が露呈することを恐れるあまり，努力しなくなってしまう（無力感型の行動パターン：チャレンジを避けて行動は持続しない）（図2-8）。

　また，どちらの達成目標を持っているかによって，成功や失敗といった学習の結果をどう解釈するか，とりわけ原因帰属パターン（2章4-1）が異なってくる。マスタリー目標の場合，努力に依存して成果が決まると考えられているので，成功すれば「努力したからだ」，逆に失敗すれば「努力が足りなかったからだ」というように努力帰属がなされる。また，能力を伸ばすことそれ自体に関心があるので，誤りやできないことはむしろ成功するための「情報」として意味づけられ，それを次の学習に生かしていこうとする。それに対して，パフォーマンス目標の場合，努力しても能力は基本的に変化しないと考えられているので，成功や失敗は能力に帰属される。すなわち，成功すれば「自分に能力があったからだ」，失敗すれば逆に「能力がなかったからだ」と考えることになる。とりわけ，失敗に対する能力帰属は学習性無力感（2章3-2）の行動パターンを促すことが明らかになっている（Dweck & Leggett, 1988）。

　二種類の達成目標の相違やそれぞれが認知，感情，行動に及ぼす影響について表2-8にまとめたので参照されたい。

知的な能力に対する考え方	目標志向性	現在の能力に対する自信	行動パターン
知能実体論（知的な能力は固定的だ）	→ パフォーマンス目標（自分の能力についてプラスの評価を得ること／マイナスの評価を避けることが目標）	もし高いなら →	マスタリー志向 挑戦を求める 頑張る
		もし低いなら →	無力感 挑戦を避ける 頑張らない
知能増大論（知的な能力は変わりうる）	→ ラーニング目標（マスタリー目標）（能力を増大させることが目標）	もし高いなら →	マスタリー志向 挑戦を求める 頑張る
		もし低いなら	

図2-8　達成目標と達成行動（Dweck, 1986を一部改変）

2 価値と目標

表2-8 達成目標とその影響
(Pintrich & Schunk, 2002; Dweck & Leggett, 1988 より作成)

	マスタリー目標	パフォーマンス目標
達成目標の定義		
何が成功か？	改善，進歩，熟達，創造性，革新，学習	成績がよいこと，他者をしのぐこと，標準化されたテストでの高得点，万難を排して勝つこと
何に価値が置かれるか？	努力，チャレンジすること	失敗を避けること
努力する理由は何か？	活動に対する内発的で個人的な意味づけ	自分の値打ちを証明すること
評価基準は何か？	絶対基準，進歩したという証拠	相対基準，他者との比較
「誤り」をどう意味づけるか？	情報，学習の一部	失敗，能力がないことの証拠
達成目標の影響		
原因帰属パターン	適応的；失敗を努力しなかったことに帰属，結果が努力に随伴しているとみなされる	不適応的；失敗を能力の欠如に帰属
	努力の効力に関する信念の持続；努力に向けての自己教示，ポジティブルール（努力すればするほどパフォーマンスが高まる）の適用による努力の有効性の認識	低能力帰属によって努力の効力に関する信念が低下
感情	誇りや満足感（努力して成功したとき） うしろめたさ（努力しなかったとき） 学習に対する積極的な態度 内発的な興味	失敗した後のネガティブな感情
	感情が課題に向けられ集中する	ネガティブな感情が課題への集中を妨害し，低下させる
	努力してチャレンジすることから継続的な内発的報酬（学習の充実感）が得られる	努力あるいは進歩によって生じる内発的報酬がない
認知	深い情報処理方略（洞察的アプローチ）の使用	機械的な暗記などによる浅い学習方略（表面的アプローチ）の使用
	プラニング，気づき，セルフモニタリングを含む自己調整学習方略の使用	
	目標達成に直接貢献するような焦点化された注意	注意が目標（結果の懸念）と課題（方略の計画・実行）とに分散する
行動	自分にとってチャレンジングな課題を選択 リスクを恐れずに新しい課題にも取り組む	容易な課題を選択 リスクのある課題や新しい課題に取り組まない
	適切な援助を求める	援助を求めたがらない
	努力が課題や目標と調和する	防衛的な努力の差し控え：逆補償シェマ（努力すればするほど低能力を暗示する）の適用

（3）パフォーマンス目標と努力

　パフォーマンス目標を持っている場合，努力，能力，成果の三者関係を**逆補償シェマ**（成果に対する努力と能力の相補関係）[28]によって解釈しようとするため，一生懸命努力することは，能力がないことを暗示すると考える傾向がみられる。「努力せずに成果が上がることこそが優れた能力の証である」という信念を持っているからだ。そのため，自己価値（self-worth）の維持という観点（4章5－2）からは，努力しようとすること自体がリスクとなり，むしろ努力することを差し控えることこそが得策となる。なぜなら，努力しないで成功した方が「カッコいい」し，逆に努力して失敗した場合は「頑張ったのにできなかったのは能力がないからだ」ということが露呈して最悪の事態に陥るからである。それならむしろ，努力しないで失敗した方が自分の能力があるのかないのかを曖昧にできるだけマシなのである。このようにパフォーマンス目標を抱いている場合，努力をあえてしない方が，成功，失敗のどちらに転んでも自分が傷つかなくてすむことになる。

　以上のことは，パフォーマンス目標を持つことによって，特に自分の能力に自信のない子どもが努力することを放棄してしまう可能性を示唆している。学習意欲を高めようとして成績優秀者を発表したり，個人の能力を競争させる場面を設定したりすることが教育の現場で散見されるが，そのような場はパフォーマンス目標を促進し，少数の成績優秀者を除く生徒たちの努力を低下させる危険性があるので注意が必要である（5章2－4）。

（4）マインドセット

　マインドセット（mind-set）とは，課題の遂行を規定する認知的傾向性のことを指し，課題を分析したり実行したりするための心理的な準備状態を組織する（Gollwitzer, 1990）。Dweck, C. S. は，達成目標理論を発展させ，達成場面に直面した際に機能する能力，とりわけ知能（intelligence）を固定的あるいは成長的ととらえる信念について二種類のマインドセットとして区別し，より安定的なパーソナリティの個人差変数として位置づけている。すなわち，**固定マインドセット**（fixed mind-set）とは能力は変化しない特性だとする信念であり，**成長マインドセット**（growth mind-set）とは能力は様々なやり方によって発達するととらえる信念を指す。具体的には，「成功とは他者よりも恵まれた才能を意味する」「失敗は当人の才能の反映である」「努力は才能のない者の悪あがきである」といった信念が固定マインドセットであり，「成功とは最善を尽くすことで他者をしの

ぐことではない」「失敗は非難されるべきものではなく，成長の機会である」「努力は成功のカギである」といった信念が成長マインドセットである（Dweck, 2006）。マインドセットはいわば特性レベルの動機づけ要因（1章2-2）として，様々な学習領域における当人の学習や発達に影響を及ぼすと考えられている。どちらのマインドセットを持っているかによって課題の選択，課題の分析やその遂行プロセス，結果の解釈が異なってくるからである。

　Dweck（2010）によれば，成長マインドセットを持っている生徒の方が適応的で成績がよいという。成長マインドセットを持っている生徒は知性が発達すると考えているため，学習自体に注意を向け，努力を信じ，困難に直面しても粘り強く取り組む。それに対して，固定マインドセットを持っている生徒は賢くみえること，ミスをしないことにばかり気を取られ，学習に対して努力することは知性の欠如を意味する（例えば「頭のいい人は努力しなくてもできる」）と考えているため，困難に直面した時に防衛的になったりやる気を失ったりしてしまうのである。

（5）改訂達成目標理論：達成動機づけ階層モデル

　マスタリー目標が自己効力（2章3-3），自尊心（self-esteem：4章5-1），内発的動機づけ（4章3-2），自己調整的な学習方略などと正の関連があり，適応的な学習を促す傾向が見出されているのに対し，パフォーマンス目標の学習全般に対する効果については必ずしも一貫した研究知見が得られていなかった。そこで近年，Elliot, A. J. らが達成目標理論に「成功接近—失敗回避」（4章4-2）というより高次の基本的な欲求（need）に関わる次元を導入したことを契機として，研究知見を二次元で整理する試みが広く行われるようになった（**達成動機づけ階層モデル**：表2-9）[29]。

　とりわけ，注目を集めたのは，パフォーマンス目標を二種類に区別した点である。すなわち，「他者よりも秀でて自分の能力と優秀さをアピールする」というパフォーマンス目標の積極的な側面（自らの能力の高さを証明すること）を**パフォーマンス接近目標**（performance-approach goal）とし，「他者と比べてできないことや無能さをさらすことを避ける」というパフォーマンス目標の消極的な側面（自分の能力の欠如を露呈させないこと）を**パフォーマンス回避目標**（performance-avoidance goal）と呼んだ。例えば，「クラスで一番になることを目指して勉強する」という場合はパフォーマンス接近目標に，「泳げなくて恥ず

表2−9 改訂達成目標理論：達成志向性次元と接近―回避次元
（Pintrich & Shunk, 2002を一部改変）

	接近	回避
マスタリー志向	**マスタリー接近目標** 注意の焦点…課題熟達，学習，理解 評価基準…絶対基準：自己改善，進歩，理解の深さ	**マスタリー回避目標** 注意の焦点…誤解，課題の熟達や学習しないことの回避 評価基準…絶対基準：誤答や課題の失敗がないこと
パフォーマンス志向	**パフォーマンス接近目標** 注意の焦点…成績やパフォーマンスで他者をしのぐこと，ナンバーワンであること 評価基準…相対基準：成績最優秀，ベストパフォーマー，トップの順位	**パフォーマンス回避目標** 注意の焦点…他者と比較して低ランク，頭が悪いと思われることの回避 評価基準…相対基準：集団内での最低の成績・パフォーマンスではないこと

かしい思いをしたくないので，仮病を理由に体育の授業を休む」という場合はパフォーマンス回避目標にそれぞれ該当する。同じパフォーマンス目標であっても，接近―回避のどちらであるかによって，その心理的機能が異なると考えられている。

　例えば，Eliot & Church（1997）は，特定の場（例えば「このクラス」）での達成目標を規定する要因として，期待（2章3−1）と達成動機（4章4−2）の個人差（パーソナリティ要因）を取り上げ，これらの変数が内発的動機づけや成績に影響を及ぼす過程について大学生を被験者として分析した（図2−9）。その結果，まず，個人差が目標に及ぼす影響に関しては，達成動機がマスタリー目標とパフォーマンス接近目標に正の関連があるのに対して，失敗への恐れ（fear of failure）は二つのパフォーマンス目標（パフォーマンス接近目標とパフォーマンス回避目標）に正の関連が見出された。期待（「このクラスでうまくやっていけると思う」「このクラスで良い成績がとれると信じている」といった質問項目への回答）は達成動機と同様にマスタリー目標とパフォーマンス接近目標に正の関連があったことに加え，パフォーマンス回避目標に負の関連がみられた。また，目標が内発的動機づけと成績に及ぼす影響については，マスタリー目標が内発的動機づけに，パフォーマンス接近目標が成績にそれぞれ正の関連が見出されたのに対して，パフォーマンス回避目標は，内発的動機づけと成績の両方に負の関連がみられた。つまり，達成動機や期待の高さは，マスタリー目標を媒介して内発的動機づけを高めるか，パフォーマンス接近目標を媒介して成績を高めることが

示唆される一方で，失敗への恐れはパフォーマンス回避目標を媒介して内発的動機づけと成績の両方を低下させることが示されたのである[30]。

（6）多目標理論

　日常生活におけるわれわれの行動は必ずしも単一の目標に基づいて生起しているわけではない。むしろ，多くの異なる目標の追求や達成が同時に起こっている場合の方が一般的である（Ford, 1992）。例えば，レギュラーメンバーになるために一生懸命に部活で練習している生徒は，「上達すること」のみならず，「コーチやチームメイトから評価されること」，「チームメイトと仲良く付き合うこと」，「体調に気をつけ，ケガをしないこと」など，複数の目標を同時に達成することを目指して部活動に取り組んでいるに違いない。当人にとってより重要で高次な目標（例えば「レギュラーメンバーになる」）を核として他の目標が結びつけられた目標システムが，状況との関わりを通して個人内にダイナミックに構成されていると考えてよいだろう。つまり，日常生活における動機づけは，むしろ複数の目標を同時に実現する葛藤をはらんだ過程であり，われわれはそれらに適宜，優先順位をつけたり，相互に折り合いをつけたりしながら，自分にとって価値のある目標達成に向けた統合的で柔軟なマネジメントを試みているといえるのである。

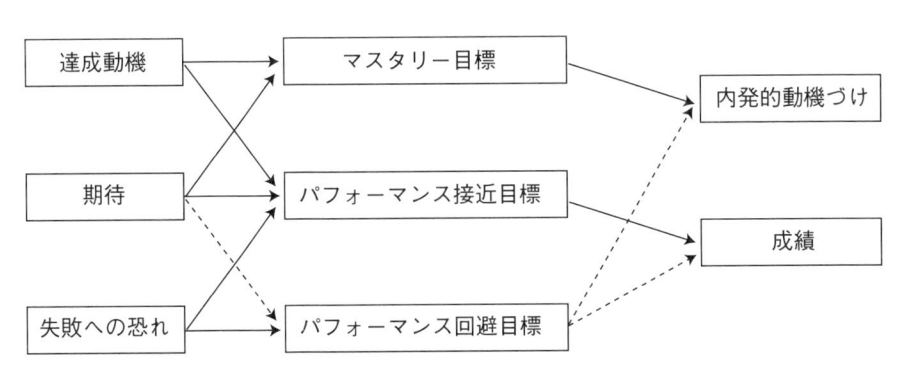

注）実線は有意な正の影響，破線は有意な負の影響を示す。

図2-9　三つの達成目標の影響プロセス（Elliot & Church, 1997より作成）

学校生活もその例外ではない。子どもたちは学業達成という課題だけではなく，部活やホームルームなどの学業以外の活動の遂行や，教師やクラスメイトとの人間関係に関わる問題などに対処しながら学校生活を送っている。したがって，学習意欲に関わる目標システムについて考察する際には，単に学業達成のみに焦点を当てるのではなく，多様な価値が錯綜する社会的な場である学校や教室において子どもたちが持つ目標の多様さにも着目する必要があるのである。**多目標理論**では，達成目標理論で主にみられるマスタリー目標とパフォーマンス目標の対比的検討を踏まえつつ，複数の種類の目標を想定し，その多様性や同時性に着目した発展的な検討が試みられている[31]。

例えば，マスタリー目標とパフォーマンス目標の他に，第三の達成目標として**外発的目標**が取り上げられる場合がある。これは達成課題の内容と無関連な目的を達成するための手段として達成活動に従事しているという意識を指す（Maehr, 1984）。例えば，「ごほうび目当てで宿題をやる」，「叱られるのが嫌だから練習する」といった意識がこれに該当する[32]。外発的目標は，「ごまかし」，援助要請の回避，セルフ・ハンディキャッピング方略（4章5-2）の使用といったネガティブな心理現象と正の関連，学習を促進するような自己調整的，認知的方略と負の関連があることが見出されている（Vansteenkiste, Lens, & Deci, 2006）。

□社会的目標

学校における学業達成以外の目標として，まず思い浮かぶのが「社会的目標」だろう。**社会的目標**（social goal）とは，社会的な特定の成果を得ること（例えば，友だちをつくること）や他者と特定の関わりをすること（例えば，問題を抱えた他者をサポートすること）が目標である場合を指す（Wentzel, 2002）。学校教育場面の例でいえば，教師，クラスメイトによって構成される対人的な環境において，他者から社会的に認められるような行為をしたいといった目標がこれに該当する[33]。

例えば，Kozeki（1985），Kozeki & Entwistle（1984）は，学校における社会的動機づけには，①教師，クラスメイトとの関係を維持するという情緒的領域，②信頼の確立，要求に従うこと，社会的責任の遂行といった道徳的領域，③独立，コンピテンス，興味といった認知的領域があるという。とりわけ，①と②の領域に関して，Wentzel, K. R. は，教師やクラスメイトとの関わりの中で援助したり，共有したり，協同したりすることを目指す**向社会的目標**（prosocial goals）や，

集団のルールや個人間の約束を守ったり，責任を果たしたりすることを目指す**社会的責任目標**（social responsibility goals）に着目し，これらの社会的目標が子どもたちの日常的な学校体験に埋め込まれていることを明らかにするとともに，それらが学校適応に重要な役割を果たしていること[34]や，その実現に向けて努力しようとすることが，学校において社会的領域，学業的領域の両面で成果を上げるための必須の条件になっていると主張する（Wentzel, 1996）。

　社会的目標についても学業的目標と同様に，マスタリー／パフォーマンス目標の枠組みでとらえようとする研究動向がある。例えば，Ryan, Kiefer, & Hopkins（2004）は改訂達成目標理論に基づき，社会的目標をマスタリー目標，パフォーマンス接近目標，パフォーマンス回避目標の三つに区別した。**社会的マスタリー目標**とは，他者とのポジティブな関係を形成，維持，発展させることを成功とみなすもの（例えば「友だちとのよりよい関係を深めていくことが重要だ」「友だちと楽しい時間を過ごすことが大切だ」など）で，あくまでも絶対基準によって自己評価され，努力する理由が個人的で内発的な場合を指す。それに対して，**社会的パフォーマンス接近目標**とは，「他者から人気者だと思われることが重要だ」「他者から重要人物だと思われたい」のように，他者からのポジティブなフィードバック，社会的名声，よい評判を得ることが成功とみなされる場合を指す。また，**社会的パフォーマンス回避目標**とは，「他者から笑われるようなことをしないようにする」「不器用なふるまいをすることを避けるようにする」のように，他者からのネガティブな判断，社会的な不器用さや無能さといった観点からの評判の悪さを回避することが目指される場合を指す。これら二種類のパフォーマンス目標では，いずれも個人間比較によって自己評価され，自分の社会的能力を証明することが努力する理由となる。中学生を対象とした調査の結果，自尊心（self-esteem）や社会的自己効力（「ほとんどのクラスメイトと会話をすることは簡単だ」「クラスメイトに自分の意見を述べることができる」といった項目によって測定される自己効力：2 章 3-3）のような適応的な指標と社会的マスタリー目標に正の関連，社会的パフォーマンス回避目標に負の関連があることなどが示されている。

　以上では，学業的目標と社会的目標を相互に独立のものとしてみなしてきたが，学業達成場面の中核である「授業」を，学業的目標と社会的目標とがダイナミックに相互作用しながら機能する社会的な場として捉える視点も重要だろう。とりわけ，**協同学習**は協同的な問題解決のプロセスで生じる認知的葛藤によって学習

が促され，理解が深められるだけではなく，グループメンバー間の関わりを通して社会性の育成にも効果があるとされる教育方法であり（Johnson & Johnson, 2009：5章2-4），特に，学業的マスタリー目標と社会的マスタリー目標の相乗効果が期待されているからである。

　Wosnitza & Volet（2009）は，この協同学習を取り上げ，グループの成員の関心が自己に向けられているか，社会的な側面に向けられているかという目標方向性次元と，マスタリー目標（learning goal：グループの学習活動を通したスキル，知識の獲得や理解が目標），パフォーマンス目標（単なる活動の完了やよい成績が目標），**ウェルビーイング目標**（well-being goals：他者からの受容や活動の楽しさなどのように，グループの学習活動における感情的側面に焦点が向けられた目標）の三つからなる多目標次元によって，社会的目標を表2-10のように精緻化している。

表2-10　協同学習場面における社会的目標（Wosnitza & Volet, 2009より作成）

目標方向性次元	自己／他者の役割	多目標次元		
		パフォーマンス目標	マスタリー目標	ウェルビーイング目標
自己	自己優勢	（個人的に）よい成績をとる	（個人的に）学習内容をよく理解する	グループ活動を楽しむ
	自己のための他者利用	他者の力によってよい成績をとる	他者から多くのことを学ぶ	グループメンバーから認められる
社会的側面	他者への貢献	グループがよい成績をとるために（自分が）ベストを尽くす	グループメンバーの理解を助ける	グループメンバーの気持ちが混乱しないようにする
	自己と他者の協同	グループがトップの成績をとるようにする	お互いに学び合うようにする	よい雰囲気で学び合えるようにお互いに努力する

注）表に示されているのは項目内容例。

3　期待と自己概念

3-1　期待理論

期待とは「ある出来事がどの程度起こりそうかということに関する主観的な予測」を指す。とりわけ，達成に関する動機づけ理論として重要な期待概念は，自らの成功可能性（特に，行動や結果を自分がコントロールできるか）に関する主観的な予測やそれに関連する信念を意味している[35]。

例えば，クロールで25メートルを泳ぐことができない子どもがいるとしよう。彼は今後，自分が泳げるようになると思っているだろうか。「不自由なく英会話ができるようになるといいのに」と願っている大人は少なくないだろう。彼らは，実際に，どの程度，英語をペラペラに話せるようになると思っているであろうか。期待とは，このような自分の達成可能性に関する主観的な予測のことなのである。

明確に意識しているかどうかはともかく，われわれは「成功する」と思っているからこそ何らかの行動を起こすのであって，初めから成功する可能性がゼロだと感じていればそもそも行動を起こさない。期待理論ではこのような期待の有無や程度，その質が人の動機づけを規定すると考える。つまり，将来，泳げるようになったり，英会話が上達すると信じているからこそ意欲的になるのであって，はじめから「できない」と思っていればやる気は生じないのである。

期待は当人の過去の経験に規定されている。例えば，「平泳ぎで25メートルが泳げるのだからクロールも泳げるはずだ」「学校での英語の成績が悪かったから，どうせ英会話など上達するはずがない」というように，期待は自らの経験とそれ

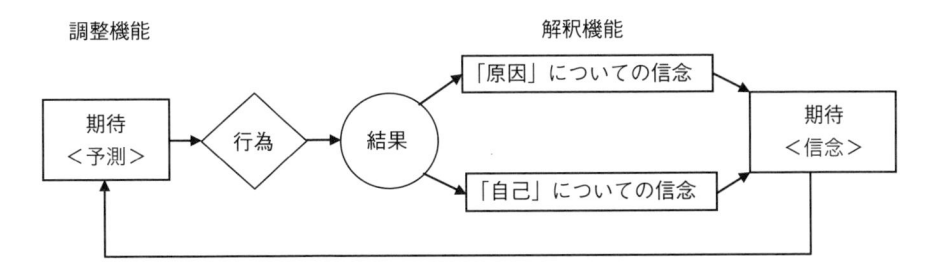

図2-10　期待の形成プロセス（Skinner, 1995より作成）

らの解釈に影響されながら形成されていくのである。

このような期待の形成プロセスは図2-10のように理解することができる。行為はこれまでに学習された信念としての期待に規定されるが，その行為の結果をさらに解釈することによって原因や自己に関する信念が変化し，期待は修正されていく。例えば「平泳ぎで25メートルが泳げるのだからクロールも泳げるはずだ」という期待を持っている子どもがいざクロールの練習（行為）を始めてみると息つぎが上手にできなかった（結果）としよう。そこで自分はスポーツが得意（自己についての信念）で，息つぎのコツを教えてもらっていなかった（原因についての信念）ためにうまくできなかっただけだと解釈した場合は，その後も高い期待を維持する（例えば「息つぎのコツさえ習えば泳げるようになる」と考える）に違いない。一方，運動技能全般に自信がなく，自分の能力不足のせいで息つぎができないのだと考えた場合（原因帰属：2章4-1），「自分にはクロールは無理かもしれない」と期待を低下させてしまう可能性がある。

Bandura, A. は，この期待概念を結果期待（outcome expectation）と効力期待（efficacy expectation）とに区別した（Bandura, 1977; 1997：図2-11）。**結果期待**とは，ある行動が特定の結果を生じさせるであろうという予測，すなわち，随伴性認知（2章3-2）のことをさす。一方，特定のパフォーマンスを達成するための一連の行動を効果的に遂行できるかという観点からみた自分の実行能力に関する主観的な判断を**効力期待**（自己効力／セルフ・エフィカシー：2章3-3）と呼んだ[36]。例えば，図2-11に示すように，ラジオで英会話を学ぼうとする意欲は，「ラジオ番組を聴き続ければ英会話力が身に付くだろう」という結果期待と「毎日，ラジオの英会話番組を聴き続けることができる」という効力期待に基づいて生じているといえる。

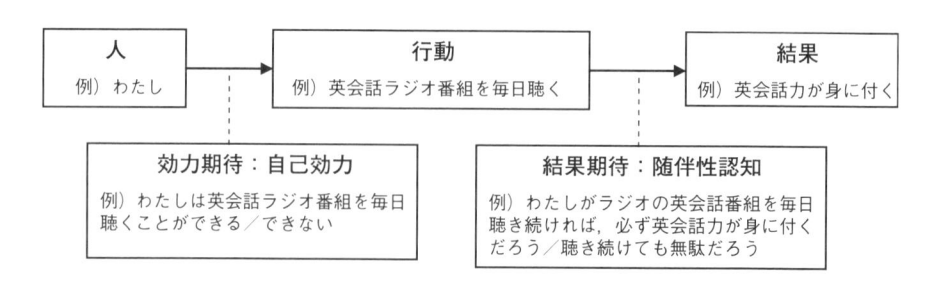

図2-11　結果期待と効力期待（Bandura, 1977 より作成）

効力期待の方が結果期待よりも因果的な先行条件として機能することから，より基礎的な動機づけ要因だといえる。例えば「毎日，ラジオの英会話番組を聴き続ければ，必ず英語力が身に付く」とわかっていても，「明日から毎日ラジオ番組を聴くなんて自分には到底できない」と思っていれば，結果を実現させるための大前提であるラジオを聴くという行動自体が起こらない。結果期待（番組を聴き続ければ，英語力がつくという予測的認知）はあっても，効力期待（ラジオ番組を聴くことができるという自信）がなければ，行動自体が生じないのである。

Bandura（1997）は二種類の期待の組み合わせによって行動が規定されることを表2-11のように示している。

表2-11 結果期待と効力期待の組み合わせによって規定される行動
（Bandura, 1997; 坂野, 2002を一部改変）

		結果期待 (+)	結果期待 (−)
効力期待	(+)	自信に満ちた適切な行動をする 積極的に行動する	社会的活動をする 挑戦する・抗議する 説得する 不平・不満を言う 生活環境を変える
効力期待	(−)	失望する・落胆する 自己卑下する 劣等感に陥る	無気力・無感動・無関心になる あきらめる 抑うつ状態になる

3-2 結果期待：随伴性認知

人を励ます常套句の一つに「やればできるよ！」というのがある。目標の達成に向けて努力しさえすれば必ず報われるはずだという考え方である。結果期待とは，このように「ある行動をすれば特定の結果が生じる」と思うこと（行動に結果が随伴しているという認識），すなわち**随伴性認知**（perceived contingency：結果期待）のことであり，例えば「自分には結果をコントロールすることが可能だ」という知覚，またはその信念を意味する。それに対して，「どうせやっても無駄だ」という考えをもつこともある。これは自分が何をしたとしても結果とは無関係だという信念（非随伴性認知）だといえる。

「どうせやっても無駄だ」と思うよりも「やればできる」と信じている方がや

る気が生じやすいであろうことは想像に難くない。随伴性認知は当人の動機づけを規定する重要な要因の一つなのである[37]。

(1) 学習性無力感

「どうせやっても無駄だ」という信念が学習されてしまうことによって意欲が喪失してしまうという現象が見出されている。

Seligman, M. E. P. らは，イヌを三群に分けて次のような動物実験を行った（Seligman & Maier, 1967）。まず，イヌを動けないように固定して電気ショックを予告なしに与えるのだが，第一のグループは鼻先にあるパネルを押すと電気ショックを止めることのできる「逃避可能群」で，第二のグループは，何をしてもショックを回避できない「逃避不可能群」であった。第三のグループは，このような訓練を受けない「統制群」である。次に，柵を境に二つの部屋に分けられている実験箱にこれらのイヌを入れ，再び電気ショックを与えるのだが，今度は前と異なり「信号」（ショックに先立って明かりが暗くなる）が与えられる。したがって，その信号に反応して柵を飛び越えれば，電気ショックが避けられるようになっていた。実験の結果，見出されたのは，電気ショックを回避することができなかった「逃避不可能群」のイヌが，たとえ信号が与えられたとしても逃げることをあきらめ，電気ショックにじっと耐えている姿だった。

このショッキングな実験結果は，以下のように解釈された。すなわち，逃避可能群のイヌには，パネルを押すという自分の行動によって電気ショックを避けることができたという先行経験（随伴的経験）があり，自らの行動に依存して結果が生じるという予期（随伴性認知）が維持されていたのに対し，逃避不可能群のイヌはいくらもがいても電気ショックから逃れられない（電気ショックがなくなることは自分の行動とは無関係である）という先行経験（非随伴的経験）があり，いざ避けることのできる状況になっても，柵を飛び越えてショックを回避しようとするやる気が起きなかった。これは，いくら自分が行動しても望む結果が得られないという体験の積み重ねによって「どうせ行動しても無駄だ」という非随伴性認知を学習してしまったために無力感に陥ったことを示唆している。このように体験を通して無気力を学習してしまう現象は **学習性無力感**（learned helplessness）と呼ばれている[38]。

われわれにも似たような経験はないだろうか。例えば，いくら努力しても，テストで繰り返し悪い点ばかりとっていれば，努力しても無駄だという学習性無力

感を身に付け，やる気を失ってしまうであろう。随伴性認知が形成されるには，達成に向けての努力に対して相応の成果が伴われる必要があるのである。

　コントロール不可能な体験をしたとしても，学習性無力感に陥るかどうかには個人差があるという。例えば，価値（コントロールできなかった結果がどの程度当人にとって重要であるか）や期待（一般に自分が結果をコントロールできると思っているか）といった個人差とコントロールできない実際の体験量との相互関係によって，無力感に陥るかどうかが決定されるという「統合モデル」が提唱されている（Wortman & Brehm, 1975）。価値や（一般的な）期待の高さはむしろ**リアクタンス**（心理的抵抗）を引き起こし，コントロール不可能な状況を体験した後には，むしろ結果をコントロールしたいという気持ちが高まりその課題に対する動機づけが促進される。但し，そのような人であってもコントロールできない体験が長期間にわたって続けば，無力感に陥ってしまうのだという。

（2）内的—外的統制

　一般化された結果期待について特性レベルの動機づけ要因（個人差：1章2-2）として捉えた概念が「統制の位置」である。

　Rotter, J. B. は，社会的学習理論[39]を拡張して統制の位置を提唱し，それが学習や動機づけに影響を及ぼすと主張した（Rotter, 1966）。**統制の位置**（Locus of Control：LOC）とは，どの程度，自分の行為が成功，失敗といった結果に影響すると考えているかという信念を指す[40]。すなわち，ある行為の後に強化（例えば，成功）がもたらされた場合に，この出来事がその行為と無関係に起こった（例えば，運，偶然，運命，他者のおかげ，あまりに複雑すぎて予測できない何かが原因で生じた）と考えるような傾向性を**外的統制**（external control）と呼ぶ。一方，この出来事が自分自身の行為，あるいは自分の（比較的永続的な）特性に随伴して生じたと考えるような傾向性を**内的統制**（internal control）と呼ぶ。例えば，テストの点数が運に左右されていたと考える傾向は外的統制，自分の能力の反映だと考える傾向は内的統制である。

　内的—外的統制の個人差は安定的な認知的特性と考えられており，測定尺度も開発されている。例えば，鎌原・樋口・清水（1982）による一般的LOC尺度では，「あなたが，幸福になるか不幸になるかは，偶然によって決まると思いますか」「あなたが努力するかどうかと，あなたが成功するかどうかとは，あまり関係がないと思いますか」などが外的統制の，「あなたが幸福になるか不幸にな

るかは，あなたの努力しだいだと思いますか」「あなたは，努力すれば，どんなことでも自分の力でできると思いますか」などが内的統制のそれぞれ測定項目とされている[41]。

3-3 効力期待：自己効力

(1) 自己効力とは何か

　効力期待，すなわち**自己効力**（セルフ・エフィカシー：self-efficacy）とは，「特定のパフォーマンスを達成するために求められる一連の行動を計画し，遂行できるかという点に関する自分の能力についての判断」（Bandura, 1986）を指す。換言するなら「〇〇という（具体的な）行動ができるという見通し（自信）」を意味しているといえよう。人はこのような自信が強ければ強いほど，その行動に対して努力する。例えば，「毎日，ラジオの英会話番組を聴き続けることができる」という自信のある人ほど，実際に聴き続けようとするというのである[42]。

　自己効力は以下の四つの情報源に基づいて変化する。すなわち，①行為的情報（実際に課題を遂行することを通して成功体験をすると自己効力が高まる一方で，失敗体験によって自己効力が低まる），②代理的情報（他者による課題の遂行を観察することによって「自分にもできそうだ／無理だ」などと感じ，自己効力が変化する），③言語的説得の情報（他者からの言葉による説得や自己暗示などが自己効力に影響を及ぼす），④情動的喚起の情報（ドキドキする，不安になるといった身体的，生理的反応の知覚が自己効力に影響を及ぼす）であり，①が最も強力な情報源とされている。

　例えば，リエコさんが体育の授業でとび箱を跳ばなければならないという場面に直面しているとしよう。彼女の自己効力（とび箱を跳べるという自信）は，過去にとび箱が跳べたという成功体験があれば高いだろうし，跳べなかったという失敗体験があれば低いであろう（上記①）。また，友だちが次から次へととび箱を跳んでいく様子を見ていると，彼らの姿に影響されてリエコさんの自己効力が高まる一方，何人も連続して失敗していく場面を見てしまうと逆に低まってしまう（上記②）。先生から「リエコなら絶対跳べるから自信を持って頑張れ！」などと励まされたり，「自分を信じて挑戦しよう」などと自己暗示をかけたりすれば自己効力は高まる（上記③）。また，心臓の鼓動が高鳴っていたり，緊張していたり，不安な気持ちになると自己効力が低下してしまう可能性がある（上記④）。

また，自己効力には以下の三つの次元があるとされ，それぞれについて測定方法が開発されている。すなわち，①レベル（magnitude：どのくらい困難な水準の課題まで遂行可能だと思うか），②強度（strength：特定の行動（群）をどの程度確実にできると思うか），③一般性（generality：ある場面における特定の行動に対する自己効力がどの程度別の場面に対して一般化しているか：個人の一般的な特性としての自己効力）である。例えば，とび箱を何段まで跳べると思うかがレベルに相当し，五段は100％，六段は60％，七段は20％の割合でそれぞれ跳べそうだといった主観的な確率が強度である。また，とび箱だけでなく，マット運動や鉄棒のような器械体操全般，さらにはスポーツ全般に対する遂行が可能であると思うかというように，ある課題に関する自己効力が，どの程度まで，対象，状況，行動を超えて広がりを持つかという次元が一般性である。

（2）学業達成場面での自己効力

　教育場面における学業達成と自己効力の関係については，Schunk, D. H. を中心として研究が積み重ねられてきており，学業達成場面での目標設定，モデリング，原因帰属フィードバック，情報処理プロセス（方略使用など）が自己効力と関連していることが明らかになっている[43]。

　まず，目標設定については，主に，具体性，近接性，困難度の三つの要因が自己効力や動機づけを規定する（Schunk, 1991）。自己効力を高めるための重要な要因は，「進歩の度合いを自分自身で容易に判断できること」であり，その観点から，一般的目標（例えば「ベストを尽くす」）よりも具体的目標（例えば「1分以内に3問解く」）の方が，また，**遠隔目標**（distal goal：例えば「問題集を42ページやること」）よりも**近接目標**（proximal goal：例えば「問題集を6ページやること」）の方がそれぞれ効果的である（Bandura & Schunk, 1981）。困難度に関しては，容易な目標はスキル習得の初期段階では有効かもしれないが，困難な目標の方がその達成によって自分の能力に関するより多くの情報が提供されることになるため，スキルの発達という観点から有効だという[44]。

　ここでいう**モデリング**（前述の「代理的情報」に基づく学習：**観察学習**）とは，他者の遂行に関する情報から自分自身の成功可能性についての情報を得る経験を指し，自己効力を左右すると考えられている（Schunk, 1991）[45]。例えば，パズルに失敗しながらも自信を維持する気持ちを言語表現しながら取り組むモデルを観察した子どもは，悲観的な気持ちを表現するモデルを観察した子どもに比べて

自己効力が高いことが報告されている（Zimmerman & Ringle, 1981）。また，大人が問題の解き方を声に出しながら解決する様子を観察した子どもの自己効力が高く，粘り強く問題に取り組む傾向もみられること（Schunk, 1981），教師モデルよりもピア（子ども）モデルを観察した場合の方が自己効力が高いこと（Schunk & Hanson, 1985），自分が問題を解いているビデオを観るセルフ・モデリングが効果的であること（Schunk & Hanson, 1989）などが示されている。

原因帰属フィードバック（5章2-3）については，特に学習初期の成功に対する努力帰属フィードバックが，進歩の認識を高め学習に対する自己効力を高めることが示唆されている（Schunk, 1991）[46]。

さらに，自己効力が情報処理プロセス，とりわけ，主観的な努力の程度（Salomon, 1984）や学習方略の使用（Pintrich & DeGroot, 1990; Zimmerman & Martinez-Pons, 1990）と関連しており，それらを介して動機づけや学習を促進することが示唆されている（Schunk, 1991）。つまり，特定の課題ができるという自信が，努力の意識を高め，効果的な学習方略の活用（例えば，努力のマネジメントや維持）を促進することを通して学習意欲や学習成果を高める可能性があるという。一方，学習方略を教えることによって自己効力が高まることも明らかにされている。とりわけ，計算の解法の手続き（ストラテジー）を声に出すこと（Schunk & Cox, 1986）や方略の使用とモデリングを組み合わせて提示すること（Schunk & Gunn, 1985）などが自己効力とスキル習得の促進に有効だという。

3-4　期待の統合的機能

（1）統制感モデル

期待概念を整理し，それを包括的に捉えるための理論的枠組みとして，統制感（perceived control）に関するモデル（**統制感モデル**）が提唱されている。その代表例として，Skinner, E. A. による**活動理論**（action theory）が挙げられよう[47]。Skinner（1995）は動機づけを説明するための構成要素として，主体（agent），目的（ends），手段（means）を挙げ，三者の相互関係に対応する独立した三つの期待が存在すると主張した（図2-12）。この理論の統合化によって，個人が持つ一般化された期待をより分析的に把握することが可能になるという。

統制信念（control beliefs）とは，望ましい出来事を生み出したり，望ましくない出来事を回避したりすることが，どの程度自分にできるかという点に関する

一般化された期待，**方略信念**（strategy beliefs）とは，特定の手段や原因が目的や結果の実現のための条件としてどの程度十分であるかという点に関する一般化された期待，**能力信念**（capacity beliefs）とは，特定の手段や原因をどの程度，自分が備えているか（あるいは取得可能であるか）という点に関する一般化された期待をそれぞれ意味している。具体例を表2-12に示したので参照されたい。

表2-12 統制信念，方略信念，能力信念の違い（Skinner, 1995）

信念のタイプ	ポジティブな場合	ネガティブな場合
統制信念	私は，望むときはいつでも成功することができる。 例）私は自分の希望通り学校でうまくやっていける。	たとえ一生懸命努力したとしても，私は失敗を避けることができない。 例）たとえ努力したとしても，友人とのケンカをやめることができない。
方略信念	成功を望むならその「原因」が存在していなければならない。 例）学校でうまくやっていくためには，私が賢くなければならない	その「原因」が存在していなければ，私は失敗するだろう。 例）人気のある友だちと一緒にいないと，私には友だちが一人もできないだろう。
能力信念	私にはその「原因」がある。 例）私は学校で一生懸命努力することができる。	私にはその「原因」がない。 例）私には学校でうまくやっていけるだけの頭脳がない。

方略信念と能力信念については，さらに，下位カテゴリーとして努力（effort），能力（ability），影響力のある他者（powerful others），運（luck）の四つの原因に関する認識がそれぞれ想定されている（方略信念は不明〔unknown〕を加えた五つのカテゴリー）。表2-13に学業領域の例が示されているので参照されたい[48]。

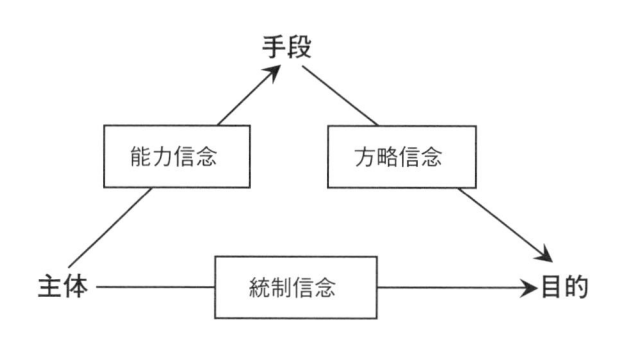

図2-12 三種類の期待信念（Skinner, 1995）

表2-13 学業領域における方略信念と能力信念（Skinner, 1995より作成）

方略信念：学校での成功／失敗回避をもたらす原因は何か	努力：私にとって，それは努力することだ 能力：私にとって，それは「頭がよい」ということだ 影響力のある他者：私にとって，それは「先生に好かれている」ということだ 運：それは運次第だと私は思う。 不明：わからない
能力信念：学校での成功／失敗回避のためのスキルが私にあるか	努力：私は一生懸命努力できる 能力：私は賢い 影響力のある他者：私は先生に好かれる 運：私は運に恵まれている

（2）楽観主義―悲観主義

いわゆる**ポジティブ心理学**[49]の流れの中で，「楽観主義」が注目されるようになった。期待理論によれば，楽観主義は場面や領域を超えたより全般的なレベルの期待に関する個人差として捉えることができるのだという。すなわち，**楽観主義**（optimism）とは「一般化された自信」を指し，何かチャレンジすべき事態に直面した際に，（たとえ，進捗状況が思わしくなくても）自信を維持して粘り強い姿勢をみせる傾向のある人が楽観主義者であり，疑念や躊躇を示す人が悲観主義者だとされる（Carver & Scheier, 2005）。しかも，深刻な状況であればあるほど，両者の違いが増幅されるのだという。楽観主義者はその深刻な状況にうまく対処できると考えるのに対し，悲観主義者は，大失敗や大惨事を予期してしまうのである。人生の困難に直面したとき，悲観主義者に比べ楽観主義者の方が苦痛を感じないということが明らかになっており，楽観主義が快適な感情，根気強さ，達成や成果，身体的な健康といった指標と正の関連があることも示されている（Peterson, 2000）[50]。

但し，ものごとを悪い方向に考える悲観主義者であっても適応的で成功する人たちが存在することが明らかにされている。Norem, J. K.らは，彼らの認知的性質を気質的な悲観主義と区別し「防衛的悲観主義」と呼んだ（Norem & Chang, 2002）。**防衛的悲観主義**（defensive pessimism）とは，失敗を避けるために潜在的な失敗可能性に対する準備をし，努力する方向に向けて自分自身を動機づけるためにあらかじめ期待を低める方略のことを指す（Norem & Canter, 1986）。それは「これから起こることを考えるときには徹底的にネガティブシンキングで不安を持ちやすく，最悪の事態をあらゆる角度から想像して失敗を確信するのだが，

結果的にはうまくいく作戦」(Norem, 2001)であり，**方略的楽観主義**（strategic optimism：何事もうまくいくと考え，不安になることを回避する方略）と対比される。防衛的悲観主義の特徴は，期待をネガティブに考える点と省察性（reflectivity：達成が問われる機会の前にありうるすべての結果について考えようとすること）にある（Norem & Illingworth, 1993）。すなわち，より困難ではない達成レベルと不安を抑制するような現実的な基準を設定することで自己価値（self-worth：4章5-2）を防衛すると同時に思考を活性化させて，起こりうる事態を想定した計画を立てるのだという。両者の本質的な違いは不安に向き合う対処法にあり，方略的楽観主義が不安を避けることで成功しようとする方略であるのに対し，防衛的悲観主義とは不安を避けるのではなく，むしろそれを利用してパフォーマンスを高める方略なのである[51]。

3-5 自己概念

(1) 自己概念とその構造

　動機づけの教育心理学が明らかにしてきた主要な知見の一つが，学習者の持つ自己概念が動機づけに影響を及ぼすという大原則である。例えば「自分は泳ぐのが苦手だ」と思っていれば，水泳の授業に参加することをできれば避けたいと考えるだろう。重要なポイントは，「実際に当人がそうである」という客観的な事実というよりも，「当人がそう思っている」という主観的な自己認識に基づいて個人の行為（選択，努力など）が規定されるという点であろう。自己概念を重視する論者は「人は自分自身を好意的に自己評価する方向に向けて動機づけられる」，すなわち，自分の価値が脅威にさらされる状況において，自分についての価値の感覚を高めようとしたり，低下しないようにする方向で行動すると考えている（Skaalvik, 1997）。

　自己概念とは「自己を対象化して言及する際の当人の考えや感情（feeling）の総体」（Rosenberg, 1979）とされるが，主にはその認識的側面，すなわち，様々な領域においてわれわれが自分について持っている諸概念の集合体（知識構造のシステム）を意味している。そこには自己に関する記述的な側面（例えば「私の身長は日本人男性として平均的だ」）だけではなく，自信，自己価値，自己受容の感覚（例えば「自分に満足している」）や，自分自身のコンピテンスや能力に関する知覚（例えば「英語が得意だ」）なども含まれる。自己概念とは，自分自

身に関する記述的，評価的，感情的認識なのだといえよう[52]。

自己概念は，自らの体験や環境の解釈を通して形成され，特に，重要な他者による評価，強化，原因帰属（2章4-1）の影響を受ける（Marsh & Scalas, 2010）。例えば，親から「歌が上手だ」とほめられたことで「音楽が得意だ」と認識したり，テストで悪い点だった原因を能力の欠如に帰属する体験が繰り返されることで「自分は頭が悪い」と信じ込んだりすることになるかもしれない。このようにひとり一人に形成された自己概念それ自体が心理学的に価値のあるテーマであり，自己概念は多様な心理現象（例えば，動機づけ）を説明する重要な媒介変数としても位置づけられている（Shavelson, Hubner, & Stanton, 1976）。「音楽が得意だ」「自分は頭が悪い」といった自己概念は期待（2章3-1）や統制感（2章3-4），あるいは興味（3章3）などを規定し，学習の動機づけに影響を及ぼしているのである。

□学業的自己概念

より具体的にいうならば，自己概念とは，自己という領域に関する知識の体系であり，自分自身についての具体的な信念や考え（**セルフ・スキーマ**）によって構成されている。ただ，特殊的なレベル（「私は英単語を覚えることが得意だ」）から一般的なレベル（「学校での勉強が得意だ」）までその具体性の程度には差がある。また，自己概念は構造的であり，上位概念（「私はスポーツマンだ」）と下位概念（「私はサッカーが得意だ」）が相互に結びついた階層を成していると考えられている。

学業的自己概念に着目したShavelson, R. J. らは，自己概念のこのような構造について論じている（Shavelson, Hubner, & Stanton, 1976）。すなわち，自己概念は，全体的な認知である「一般的自己概念」を最上位とし，現実における行動の評価を最下位とする階層構造を成しており，階層の上位から下位になるにつれてその構造は分化しているという。図2-13に示されているように，全体的な自己概念は，学業的と非学業的（身体的，社会的，情緒的）の二つに大別され，さらにそれぞれ特定の要素に細分化されている。また，自己認知は特定の行動の評価に基づいているため，自己概念は，下位から上位に向けて形成されるのだという。例えば，具体的な行動の評価を通じて形成される「数学」に関する自己概念は，学業的自己概念を形成する原因となり，さらに，学業的自己概念は一般的自己概念を形成する原因になるのである。ポジティブな学業的自己概念は，当人の

学習を促進する心理的要因として極めて重要であり，それ自体を望ましい教育目標として位置づけるべきだと主張されている（Marsh & Scalas, 2010）[53]。

では，学業的自己概念は具体的にどのように形成されるのだろうか。そのプロセスを説明するために，Marsh, H. W. は自己評価の準拠枠（frame of reference）に着目し，「個人内／個人間比較モデル」を提唱した（Marsh, 1993）。学業的自己概念に関する実証研究によって「数学と国語の成績の相関が高いのに，それらの学業的自己概念は無相関である」ことが明らかにされてきたが，個人内／個人間比較モデルによってその理由が解釈できるという。例えば，社会的比較（個人間比較）によって数学と国語の成績がクラスの平均以下であっても，当人自身が「数学より国語の方がマシ」だと思っている（個人内比較）ということはあるだろう。このような個人内での相対比較による自己評価が学業的自己概念を規定するのだという。また，個人間比較に関連して，学業的自己概念の形成プロセスでは，身近な他者グループを準拠枠とした自己評価の影響が強く，たとえ同じ学業成績の子どもであっても，彼らの学業的自己概念は，自分よりできる子どもたちと比較すると低まり，自分よりできの悪い子どもと比較すると高まることが示されている。これは**小さな池の大きな魚効果**（The Big Fish Little Pond effect; Marsh & Parker, 1984）と呼ばれ，例えば，学力レベルの高い学校に進学した生徒は自分を優秀なクラスメイトと比較することで有能感が低下し，動機づけやパ

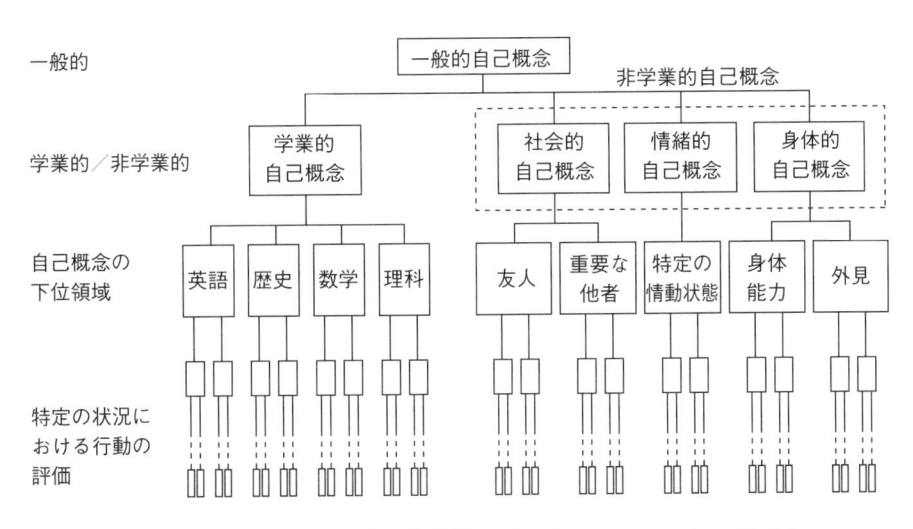

図2-13　自己概念の多次元的階層モデル（Marsh & Scalas, 2010）

フォーマンスに悪影響がもたらされる可能性が示唆されている。身近な他者が自己評価の準拠枠として機能することによって、実力が伴わなくても自己概念は高かったり、実力があっても自己概念が低かったりということが生じるわけである[54]。

（2）自己概念のはたらき
□自己不一致理論

　Higgins, E. T. は、自己に関する信念を領域と観点という二つの要因によって整理し、その動機づけ的機能を明らかにする**自己不一致理論**（self-discrepancy theory）を提唱している（Higgins, 1987）。自己の領域として、①**現実自己**（actual self：当人が実際に所有していると思っている属性に関する表象）、②**理想自己**（ideal self：当人が所有したいと思う属性に関する表象、すなわち、希望、願望、抱負に関する表象）、③**義務自己**（ought self：当人が所有すべきと思っている属性に関する表象、すなわち、義務や責任の感覚に関する表象）の三領域、観点として①自分自身、②重要な他者（例えば、両親、親友など）の二つがある。領域と観点の組み合わせによって、現実／自分自身、現実／他者、理想／自分自身、理想／他者、義務／自分自身、義務／他者という六種類の自己の表象が想定できる。

　この理論によれば、現実／自分自身（現実状態）以外の表象が「価値ある自己の状態」、すなわち、自己指針（self guide）として機能して自己評価の基準となり、現実状態と自己指針のズレを低減するように動機づけが生じるのだという。つまり、われわれは自己指針を活用することを通して改善や進歩をモニター、評価して、行為や自分の特徴を自己調整する。例えば「D大学で○○学を勉強する私」（理想／自分自身）や「母親が期待する勤勉な私」（義務／他者）といった表象が基準となって現状とのズレが評価され、そのズレを解消する方向で行為（「D大学に入学するための情報を集める」「家でお手伝いをする」など）が起こるのである。

　また、ズレの種類の違いは心理状況（感情／動機づけ状態）の質に反映される。例えば、現実状態と理想自己指針とのズレはポジティブな結果の不在（希望や願望が実現されていないこと）を意味し、不満、落胆、悲しみといった感情を引き起こし、憂鬱な気持ちと関連する。また、現実状態と義務自己指針とのズレはネガティブな結果の存在（義務を果たしていないことによる罰の予期）を意味し、心配、脅威といった感情を喚起し、動揺する気持ちと関連するのだという。

3 期待と自己概念

□可能自己

　自己認知の動機づけ機能を強調した概念の一つとして，Markus, H. らが提唱した「可能自己」を挙げることができるだろう。**可能自己**（possible self）とは，自らの潜在可能性の認知を反映した自己概念の構成要素であり，「なれるかもしれない自己」や「なりたい自己」（例えば「他者から尊敬される自分」，「創造性を発揮する自分」），あるいは「なりたくない自己」（例えば「友だちが少ない自分」，「気分が落ち込んでいる自分」）のことを指す（Cantor, Markus, Niedenthal, & Nurius, 1986; Markus & Nurius, 1986）。可能自己は，感情（「友だちが少ないとさみしい」）や希望（「創造性を発揮したい」）と密接に関連しているため，自己概念を動機づけとリンクさせる認知的概念として位置づけられるのだという[55]。

　可能自己という自己概念がもつユニークな特徴は，将来に向けての成長や変化に関する潜在可能性や，自分の将来ありうる状態に付随した価値に着目している点と，現在進行形の状況における思考プロセスで活性化されるダイナミックな「機能する自己概念」（working self-concept）である点にある（Markus & Nurius, 1986）。例えば，明日までに仕上げなければならない宿題があるにもかかわらず気分が乗らないとき，「いつも宿題をきちんとこなす自分」といったポジティブな自己の側面や「いやなことをグズグズと引き延ばす自分」といった「なりたくない自分の姿」が活性化され，宿題に取り組もうとする気持ちを後押しするかもしれない。

　Markus & Nurius（1986）は，可能自己の重要な心理的機能として特に以下の二点を指摘している。一つは，将来の行動に対する誘因（incentive）としての動機づけ機能である。すなわち，可能自己とは希望，こころざし，目標，懸念，脅威といった心理的な要素が反映された「感情―認知構造」（affective-cognitive structure）であり，当人にとって重要で具体的な意味や方向性を示す表象であるため，対象への接近や回避を規定する。もう一つは，現在の自分の可能性を解釈したり評価したりする文脈を提供する機能である。可能自己とは達成したり努力したりしようとする対象への関心を反映したものであるため，自分自身に関する情報処理に対してシステマティックに影響を及ぼす。特定の領域において精緻化された可能自己は期待を形成すると同時に，どのような刺激に注意を向けるべきか，何を覚えるべきか，どのような推論を導き出すべきかといった認知プロセスを決定するというのである。

4　認知プロセスと動機づけ

これまで認知内容に主に着目する考え方を取り上げてきたが，以下では，認知プロセスを強調する主要な理論を取り上げたい。

4-1　原因帰属理論

（1）原因帰属とは何か

原因帰属（causal attribution）とは，人が「なぜ？」と問い，その結果，「○○が原因だ」と推測，判断する思考プロセスを指す。特に社会的な事象に関わる原因について人が推論，判断する認知過程に焦点を当てた原因帰属理論は，社会的認知の一大研究領域として位置づけられてきた。

日常的にわれわれが原因帰属的思考をしていることは明らかだろう。例えば「彼はなぜ無口なのか」「あの職場はなぜ活気があるのか」というように，様々な現象の原因や理由についてふと思いを巡らせてしまう体験は誰にでもあるに違いない。とりわけ，大きな失敗をしたときや，予期せぬことが起こったとき，自分にとって重要な出来事であるときにはその原因を真剣に考えるし，原因帰属から得られた情報を自分自身の生活の改善に生かしたり，環境と関わる際の参考にしたりしてわれわれは生活しているのである。

原因帰属の心理学的な意義に最初に着目したHeider, F.によれば，**帰属**（attribution）とは「ある事象をその背後にある条件と結びつけること」を指し，成功の条件が人に属すると推測されれば人が原因だとみなされる一方，成功が環境と結びつけられれば環境が原因だと判断されるのだという。個人の要因として例えば能力，努力の程度が，環境の要因としては，課題の困難さ，他者の成功状況などが関連し，これらの複数の要因の共変関係から原因は推論される（Heider, 1958）。例えば，一定の努力をしている集団で一人だけが成功すれば，その人の能力が原因だと考えるだろうし，ほとんどの人が成功すれば，課題が容易だったと考えるだろう[56]。

Heider（1958）は，行動が個人と（当人の心理的な）環境の関数であるとしたLewin, K.の考え方（$B = f(P, E)$）を基盤としながら，人の行為について推論し理解し予測する枠組みとして帰属理論を精緻化していった。図2-14には，個人

の要因（能力，努力など）と環境の要因（課題の困難さ，運など）が動機づけ（trying）や可能性（can）を媒介して行為や結果にどのように結びついていくのかという基本的な考え方が表されている。動機づけは**意図**（intention：特定の仕方で振る舞うための認知的プラン）と**努力**（exertion：当該行動に対して努力しようと思っている量）の積であり，同じ個人の要因である能力（ability）と区別されている点に留意されたい。また，可能性は能力から困難さを引いた差だと考えられている。

とりわけ，注目すべきなのは，動機づけの本質が「意図」にあると Heider（1958）が指摘している点であろう。彼は，**自己原因性**（personal causation）と非自己原因性（impersonal causation）とを区別する。例えば，「その椅子を壊したのは彼である」という場合，彼の体重が重過ぎたなど何かのはずみで壊れてしまったケース，すなわち，「壊そう」という彼の意図によって壊れたわけではないケースもそこには含まれる。つまり，彼は椅子が壊れてしまったという「結果」に対する「原因」であるかもしれないが，彼が椅子を壊すことに動機づけられていたわけではない。自己原因性とは，「原因」と「結果」を「意図」（例えば，椅子を壊そうと思うこと）が媒介する場合を指す。それに対して意図が媒介しない因果関係は非自己原因性と呼ばれる。要するに，ある人がある行為を引き起こすことを目的としてその行為を試みること，すなわち，意図によって媒介された行為のみが真の意味で動機づけられていると呼べるというのである。

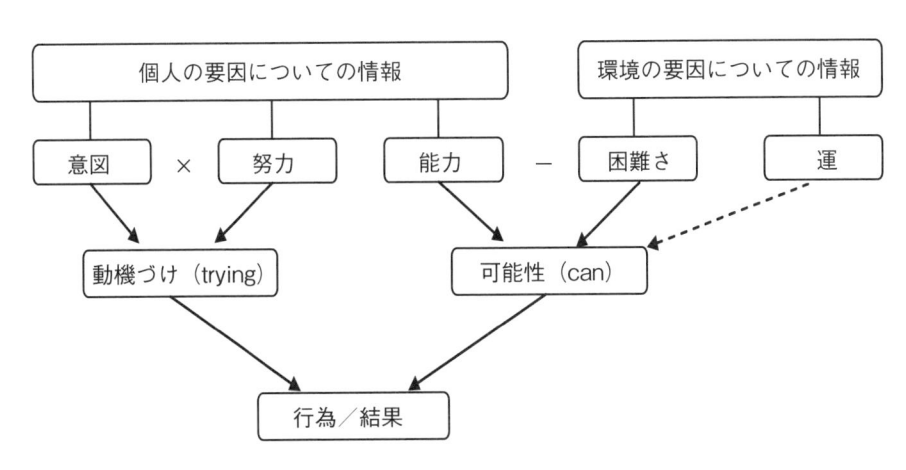

図2-14 Heider による行為の分析（Stiensmeier-Pelster & Heckhausen, 2008）

(2) 原因帰属と動機づけ

　とりわけ，動機づけ研究として重要な研究領域は，社会的な達成状況（例えば，テスト場面）における原因帰属である。例えば「テストの点が悪かったのは，前の晩に遅くまでテレビを観てしまったからだ」というように，人は成功や失敗の理由について，つい考えてしまう。自らの行為の原因だけではない。例えば教師であれば特定の子どものテストの出来不出来について，「ケイコさんは最近，日々の勉強がおろそかだった」とか「マコト君には問題が難しすぎた」というように，他者の成功や失敗についても，われわれはその原因を推測し，判断しようとする。注目すべきポイントは，このような達成に関する原因帰属のあり方が当人のその後の達成行動に影響を及ぼすという点であろう。例えば，前の晩に遅くまでテレビを観たためにテストの点が悪かったと考えていれば，次のテストのときは，テレビを観ないように我慢するかもしれない。このように原因帰属という認知プロセスは動機づけと密接に関連している。因果関係を主観的に意味づけることが基盤となって，当人のその後の動機づけが規定されるのである。

　原因帰属理論の概要は図2-15の通りである。環境および個人要因が行為に及ぼす影響プロセスは，知覚された原因（perceived causes：**帰属因**）やその原因の次元（causal dimensions）等の変数によって説明される。

(3) 原因帰属プロセス

　まず，環境および個人要因が帰属因の推論に影響を与える過程は**原因帰属プロセス**（attribution process）と呼ばれる（図2-15）。これは基本的に，当人が原因と結果の共変関係を見いだすという課題（Heider, 1958）であり，その結果，特定の出来事（例えば，達成状況での成功や失敗）の原因の種類が推論されることになる。但し，これはあくまでも主観的なもので，必ずしも真の原因を特定するような客観的な検証を意味しているわけではない。

　原因帰属プロセスの規定要因は，環境要因と個人要因に大別される。環境要因とは，「思っていた以上に時間のかかる問題だった」「あの資格試験は難しい」といった課題の特徴，「試験会場が寒かった」といった環境の特徴，「君は日頃からコツコツと勉強しないからテストでよい点が取れないんだよ」といった他者（教師や親，友だちなど）からのフィードバック情報などを指す。個人要因には，状況や自分自身に関する既有知識（例えば「私はテストが苦手だ」），因果関係に関する理解（例えば「テストの点数は努力の量に比例するはずだ」）などが含まれ

ている。

　特筆すべきなのは，われわれが因果関係を判断する際，特定の知識やルールを利用しているという事実であろう。例えば，われわれは「原因は結果に先立って存在する」といった知識や信念を身に付けており，それらを活用して因果関係を判断している。達成場面の例でいえば，われわれは「努力は能力を補う」というスキーマを持っているので，たとえ算数の能力がないと思っていたとしても，努力によって克服できると考えがちだ。そのため，算数が苦手だと思っていたユミさんのテストの点数がよければ，その成功を彼女の努力に帰属するし，逆に点数が悪ければ，ユミさんの努力不足というよりも能力が足りないせいだと推論する傾向がみられるのである。

　Kelly, H. H. は，原因帰属の推論過程について①人の要因（ある対象に接した人は誰でも同じ反応を示すかどうか＝合意性：consensus），②時間や状況の要因（ある対象にいつ，どのような状況においても同じ反応を示すかどうか＝一貫性：consistency），③当人が反応する対象の要因（その対象に対してのみその反応が生起し，他の対象に対してはその反応が生じないかどうか＝弁別性：distinctiveness）の三つが結果に及ぼす影響についてそれぞれ吟味するような因

先行条件	知覚された原因	原因の次元	心理学的結果	行動的結果
環境要因	帰属因			
●特定の情報	●能力	●安定性	●成功への期待	●選択
●社会的基準	●努力			
●状況の特徴	●運			●持続性
個人要因	●課題の困難さ	●位置	●自己効力	
●因果スキーマ	●教師			●努力のレベル
●帰属バイアス	●気分			
●先行知識	●健康	●統制可能性	●感情	●達成
●個人差	●疲労			

　　　原因帰属プロセス　　　　　　　帰属影響プロセス

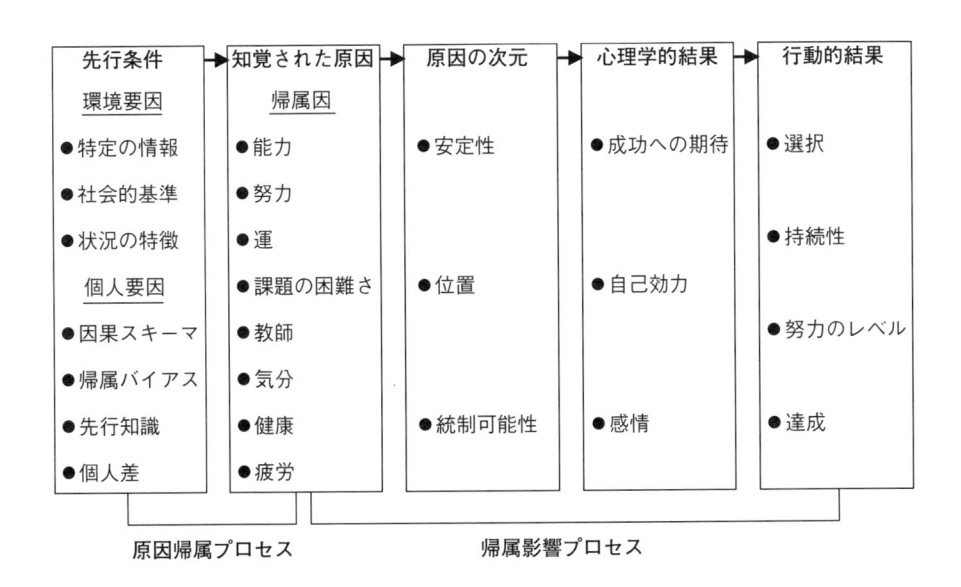

図 2-15　原因帰属モデルの概要（Pintrich & Schunk, 2002）

果推論をわれわれが合理的に行っていると指摘する (Kelly, 1967)。例えば,「タケシ君が授業妨害をして困る」と鈴木先生がボヤいていたとしよう。あなたはタケシ君（人）が鈴木先生の授業（対象）に対して妨害する行動の原因についてどのような推論をするだろうか。もし,タケシ君がすべての授業ではなく,鈴木先生の授業だけで妨害しているなら（つまり,弁別性が高ければ）,また,いつも鈴木先生の授業を妨害しているなら（つまり,一貫性が高ければ）,タケシ君が授業妨害をする原因を鈴木先生の授業（対象）に帰属するだろう。それに対して,タケシ君が鈴木先生の授業だけではなく他の先生の授業でも騒いでいたり（つまり,弁別性が低く）,鈴木先生の授業であっても他の生徒が静かで真面目であったりすれば（つまり,合意性が低ければ）,その原因をタケシ君（人）に帰属するだろう。このように弁別性,合意性,一貫性が高ければ対象（鈴木先生の授業）への帰属が強められ,それらが低ければ人（タケシ君）への帰属が強められるのである[57]。

□**帰属バイアス**

誤った帰属に導いてしまいがちな信念をわれわれが持っているという点にも十分な注意を払う必要がある。それらは**帰属バイアス**と呼ばれており,特に子どもと教師がそれぞれ陥りがちな帰属バイアスについて表2-14に示した。このような偏った帰属が教師―生徒間の関わりやコミュニケーションに悪影響を与え,双方の動機づけのみならず,学習活動,教育活動全般に好ましくない効果をもたらす恐れがある。

□**説明スタイル**

同じ出来事についての原因推論が人によって異なる可能性もある。例えば,「とび箱が跳べない」という事態を,単なる一時的な失敗にすぎないと考えてあまり気にしない楽観的な子どもがいる一方で,とび箱のみならず,器械体操全般,さらには体育という教科自体が苦手なのだと,悲観的な見方を増幅させてしまう子どももいるだろう。このような解釈の個人差を Seligman, M. E. P. らは**説明スタイル**（explanatory style）と呼び,原因帰属の観点から人を「悲観主義者」と「楽観主義者」に大別できるとした (Buchanan & Seligman, 1995；Seligman, 1991)。すなわち**悲観主義者**（pessimist）は,ネガティブな出来事（失敗）を内的で永続的（安定的）,普遍的（全般的）な理由（例えば「俺は何をやってもダメな奴だ」）

表2−14 日常的に生じる帰属バイアス：子ども／教師の視点から
（Pintrich & Shunk, 2002 を一部改変）

帰属バイアス	子どもの視点から	教師の視点から
基本的帰属エラー 他者の行動を気質や特性に帰属しがちである。	子どもが教師のすべての行動を特定の気質に起因するものと認識する 例）野村先生はいつも意地悪だ／佐藤先生は女性に対して偏見を持っている。	教師が子どものすべての行動を特定の気質に起因するものと認識する 例）タケシ君は単なる怠け者で決して努力しようとしない／ミカさんには理科の能力がない。
行為者─観察者バイアス 他者の行動は気質・特性に，自分自身の行動は状況に帰属しがちである。	子どもは自分の行動を状況のせいだと考える一方，教師の行動を気質・特性のせいだと認識する。 例）俺に嫌がらせをしたからあいつを殴っただけなのに，先生は俺のことが嫌いでいつも目を付けていたから，いま懲らしめようとしている。	教師は自分の行動を教室の状況のせいだと考える一方，子どもの行動を気質・特性のせいだと認識する。 例）君は攻撃的でケンカ好きだ。私は単にクラスの秩序を保とうとしているだけだ。
セルフサービング（self-serving）バイアス 成功に対する責任は受け入れるが，失敗に対する責任を否定する傾向がある。	子どもは自分の成功を自らの行動によるものと考え，失敗を他の要因よって生じたと認識する。 例）私は算数の才能があるからよくできたけど，国語は先生の教え方がひどいので出来が悪かった。	教師は自分の成功を自らの行動によるものと考え，失敗を他の要因よって生じたと認識する。 例）私の算数の授業はすばらしかったが，国語の授業では子どもたちの学習意欲が不十分だった。
自己中心性（self-centered）バイアス 共同で成し遂げた結果に対しては，その成功，失敗に関わらず，個人的な責任を認める傾向がある。	当人と他者の両方の行動に原因がある場合であっても子どもはその結果に対して自分自身の責任をより認識する。 例）グループの他の生徒よりも私はこのプロジェクトに労力を注いだ。	当人と他者の両方の行動に原因がある場合であっても教師はその結果に対して自分自身の責任をより認識する。 例）3時間目のクラス討論はすばらしかった。私が彼らの議論を上手に導いたからだ。
合意性バイアス （false consensus effect） 自分の信念や行動が他のほとんどの人と同様で典型的だと考えがちである。	子どもは自分の信念や行動が子どもたちの代表的なものだと考える。 例）私は数学が大嫌いだけど，みんなそうだ／みんなカンニングしているので，僕もしてもよい。	教師は自分の信念や行動が教師たちの代表的なものだと考える。 例）この学校の他のすべての先生と同じように，私は子どもたちの意欲が低いことが本校の最大の問題だと思っている。

によって，ポジティブな出来事（成功）を外的で一時的（不安定的），特定的（特殊的）な理由（例えば「たまたま友だちが見せてくれたノートの問題が出題されたので点が取れた」）によってそれぞれ説明する傾向があるのに対し，**楽観主義者**（optimist）はそれと正反対に，ネガティブな出来事を外的，一時的，特定的な理由（例えば「先生が気まぐれで変な問題を出題したので得点できなかった」）によって，ポジティブな出来事を内的，永続的，普遍的な理由（例えば「俺は何をやってもうまくいく」）によってそれぞれ説明する傾向があるという（上記の帰属の次元については後述の表2-16を参照されたい）[58]。

（4）帰属影響プロセス

　実は，以上に述べた「原因帰属プロセス」それ自体は，人が原因を理解する過程を説明する枠組みにすぎず，動機づけの理論とはいえない。むしろ，着目すべきなのは，推論され特定された原因の認識が当人の動機づけにどのような影響を与えるかという点であろう。この動機づけへの影響過程，すなわち，帰属因が原因次元と対応づけられ，それが成功への期待や自己効力（2章3-3），感情などに影響を及ぼし，のちの行為へと結びついていく心理的プロセスは**帰属影響プロセス**（attributional process）と呼ばれ，前述の原因帰属プロセスと区別されている（図2-15）。

　原因帰属という心理現象を達成動機づけ理論として積極的に位置づけたのがWeiner, B. である。彼の理論では，まず，原因を三つの次元，すなわち，**位置の次元**（locus：内的／外的：個人内の原因か個人外の原因か），**安定性の次元**（stability：安定／不安定：時間的に安定している原因か不安定な原因か），**統制可能性の次元**（controllability：統制可能／統制不可能：コントロール可能な原因か，コントロール不可能な原因か）によって構造的にとらえる（表2-15）。その上で，当人が何を成功や失敗の原因と考えるかによって，のちの行動に対する期待や喚起される感情（とりわけ達成関連感情：3章2-1）が規定され，その期待と感情を媒介としてのちの行動が決まるとされた。

表2−15 原因帰属の三次元:テニスの試合での成功(勝利)／失敗(敗北)の例 (Beck, 2004)

	安定		不安定	
	統制可能	統制不可能	統制可能	統制不可能
内的	私の体験 成功:普段からよく練習しているから 失敗:日常的に練習をあまりしていないから	私の能力 成功:ありのままの実力だから 失敗:身体の動きがぎこちないから	私の努力 成功:努力したから 失敗:気持ちが集中しなかったから	私の疲労／病気など 成功:気分がよかったから 失敗:疲れすぎていたから
外的	他者のスキル 成功:対戦相手がレッスンを受けていないから 失敗:対戦相手がよい指導を受けていたから	課題の困難さ 成功:対戦相手が下手だったから 失敗:テニスは私にとって難しすぎるから	他者の努力 成功:対戦相手が私を甘く見すぎていたから 失敗:対戦相手が一生懸命練習したから	運 成功:サーブが運よく決まったから 失敗:審判の判定が不利に働いたから

　テストで成功あるいは失敗した場合に，その原因を能力，あるいは努力にそれぞれ帰属した場合を想定して具体的に考えてみよう(図2−16)。例えば，「テストの点が悪かったのはボクの頭が悪いからだ」というように，失敗を能力に帰属した場合(図2−16③)，自分が原因で失敗した(位置が内的)ということから「恥」を感じる一方で，「能力」は時間的に安定している要因なので，主観的成功確率(期待)が今回の結果に規定され「次も同じように悪い点だろう」と考える。その結果，「もう勉強するのをやめた」とサジを投げてしまう。一方，「テストの点が悪かったのは努力が足りなかったからだ」というように，同じ失敗でも努力に原因を帰属すると(図2−16④)，「努力」が時間的に不安定な要因であるため「次はどうなるかわからない」と認知され，「恥」が逆にバネとなって「次は汚名を返上するぞ」と奮起する。

　このように，帰属影響プロセスでは，感情(例えば，誇りや恥)と期待という二つの変数が動機づけを規定する。とりわけ，感情は認知的判断の結果に依存して生じる媒介変数として位置づけられ，それらは図2−17に示すように**結果依存感情**(成功，失敗といった結果に依存して生じる感情)と**帰属依存感情**(原因帰属の次元に依存して生じる感情)に大別されている[59]。

①テストの成功を能力に帰属した場合

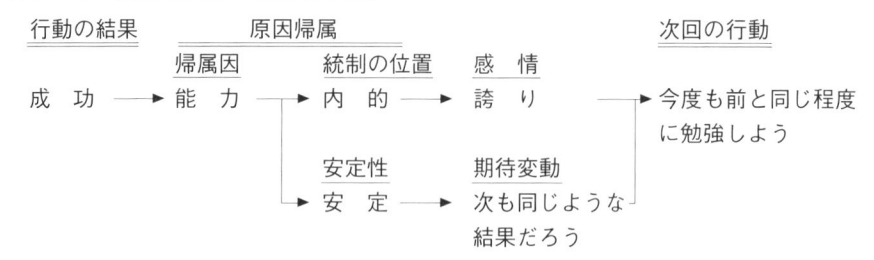

行動の結果	原因帰属			次回の行動
	帰属因	統制の位置	感 情	
成 功 →	能 力 →	内 的 →	誇 り	→ 今度も前と同じ程度に勉強しよう
		安定性	期待変動	
		→ 安 定 →	次も同じような結果だろう	

②テストの成功を努力に帰属した場合

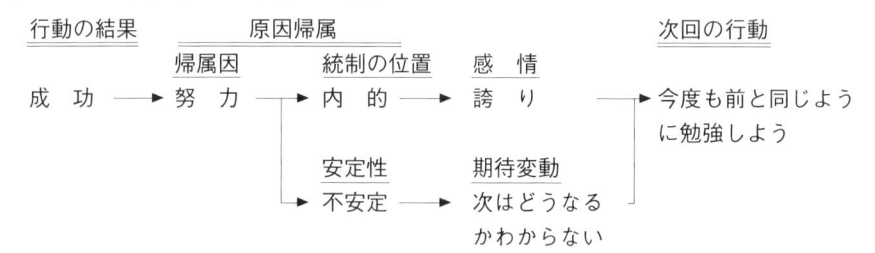

行動の結果	原因帰属			次回の行動
	帰属因	統制の位置	感 情	
成 功 →	努 力 →	内 的 →	誇 り	→ 今度も前と同じように勉強しよう
		安定性	期待変動	
		→ 不安定 →	次はどうなるかわからない	

③テストの失敗を能力に帰属した場合

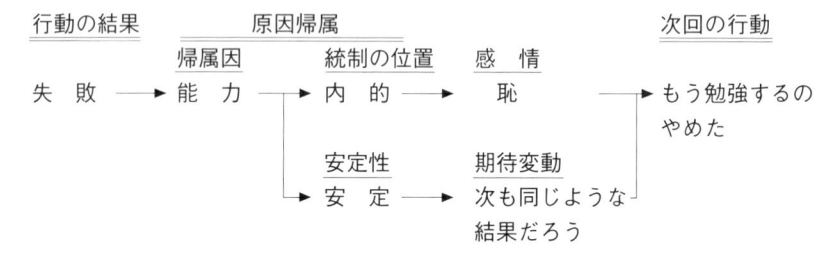

行動の結果	原因帰属			次回の行動
	帰属因	統制の位置	感 情	
失 敗 →	能 力 →	内 的 →	恥	→ もう勉強するのやめた
		安定性	期待変動	
		→ 安 定 →	次も同じような結果だろう	

④テストの失敗を努力に帰属した場合

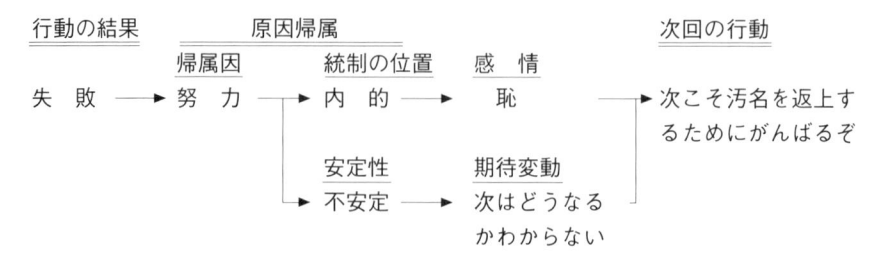

行動の結果	原因帰属			次回の行動
	帰属因	統制の位置	感 情	
失 敗 →	努 力 →	内 的 →	恥	→ 次こそ汚名を返上するためにがんばるぞ
		安定性	期待変動	
		→ 不安定 →	次はどうなるかわからない	

図2−16 原因帰属の影響過程

（5） 改訂学習性無力感理論

学習性無力感（2章3-2）の考え方は，人の抑うつを説明するモデルとして精緻化されてきた。特に，原因帰属理論を導入し，統制不可能で望ましくない出来事を個人がどのように説明するかに焦点を当てた理論は**改訂学習性無力感理論**（reformulated helpless theory）と呼ばれる（Abramson, Seligman, & Teasdale, 1978）。この理論の概略を図2-18に示す。

従来の学習性無力感理論では，図2-18のⅠ→Ⅳ→Ⅴという流れが想定されていたが，それだけでは必ずしも抑うつにならないと指摘されたことなどから，改訂理論ではⅡとⅢの過程が追加された（坂本, 2005）。とりわけ，内在性（internality），安定性（stability）の二つに全般性（globality）を加えた三次元による原因帰属の枠組みによって無力感の生起を説明した点に特徴がある。**全般性の次元**とは，コントロール不可能な状況の原因が，どのような場合にでも起こりうると考える全般的帰属と，その場合に特有であると考える特殊的帰属とを区別する枠組みである。例えば，ネガティブな結果について「なぜ自分にこのことが起こったのか」を問いかけた際，外的ではなく内的（「自分のせいだ」）に，一時的ではなく安定的（「これからも続くだろう」）に，特殊的ではなく全般的（「あ

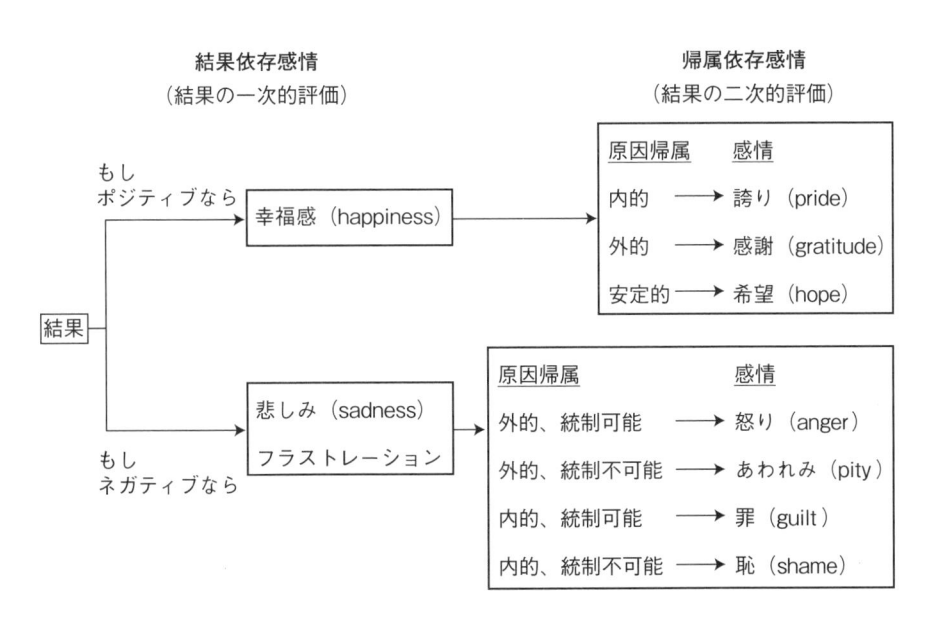

図2-17　原因帰属と感情（Reeve, 2001を一部改変）

らゆる局面で生じるだろう」）に原因帰属することが「無力感期待」を形成する。**無力感期待**とは，ネガティブな結果期待（今後，ネガティブな出来事が起こるだろうという信念）とコントロール不能性についての期待（今後もコントロールは不能だろうという信念）であり，これらが原因帰属（とりわけ，無力感に陥りやすい傾向が高いのが前述の「悲観主義者」の原因帰属パターン）とともに無力感抑うつの諸症状を引き起こすのだという。学業成績が振るわなかった子どもの原因帰属の具体例を表2-16に示したので参照されたい。

表2-16 学業成績が振るわなかった子どもの原因帰属の例（加藤, 2007）

次元	内的		外的	
	安定的	不安定的	安定的	不安定的
全般的	知能が低い	体調が悪かった	ペーパーテストでは，仏滅だった私の学力を測定できない	
特殊的	不得意な教科だった	その問題だけ勉強していなかった	学校ではテストに集中できない（塾だと集中できる）	隣の席の貧乏ゆすりが気になって集中きなかった

　改訂学習性無力感理論は，無力感に陥りやすい素質（前述の「悲観主義者」）に加えてネガティブな出来事（ストレス）を体験することで抑うつが起こるとする**素質―ストレス要因**（diathesis-stress component; Metalsky, Halberstadt, & Abramson, 1987）を組み込んだモデルとして発展し，**絶望感理論**（hopelessness theory; Abramson, Metalsky & Alloy, 1989）へと改編されることになる。**絶望感**（hopelessness）とはネガティブな結果から逃れることが不可能で，完全に望

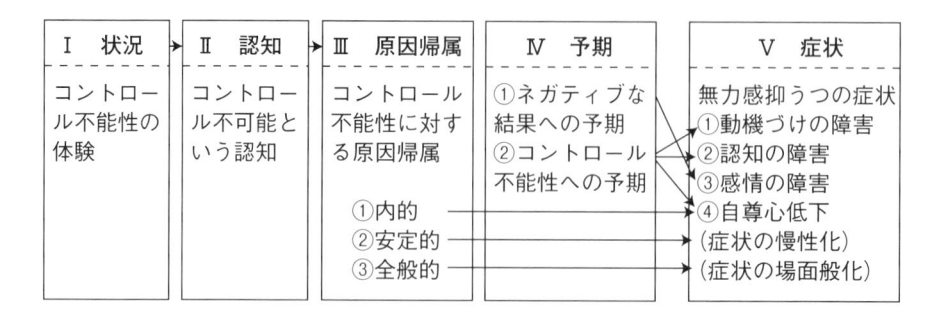

Ⅰ 状況	Ⅱ 認知	Ⅲ 原因帰属	Ⅳ 予期	Ⅴ 症状
コントロール不能性の体験	コントロール不可能という認知	コントロール不能性に対する原因帰属 ①内的 ②安定的 ③全般的	①ネガティブな結果への予期 ②コントロール不能性への予期	無力感抑うつの症状 ①動機づけの障害 ②認知の障害 ③感情の障害 ④自尊心低下 （症状の慢性化） （症状の場面般化）

図2-18 改訂学習性無力感理論の概略（坂本, 2005を一部改変）

みのない心理状態を指す。絶望感は図2-19に示されるようなプロセスで生じる[60]。

絶望的抑うつの諸症状（Ⅶ）を引き起こす絶望感の予期（Ⅴ）はネガティブな体験に対する安定的，全般的帰属（Ⅳの①と②）と自分にとっての重要度（Ⅳの③）によってもたらされるが，安定的，全般的帰属は，ネガティブな体験としてのストレス（Ⅰ），当人の特性としての悲観主義的な帰属スタイル（Ⅱ）に加えて状況的手がかり（Ⅲ）によって規定される。ここでいう状況的手がかりとは前述の Kelly, H.H. による因果推論の枠組みに基づくもので，状況から得られる情報について低合意性（例えば「この課題に他の人は成功しているのに自分だけ失敗した」），高一貫性（例えば「この課題に自分はいつも失敗した」），低弁別性（例えば「自分はこの課題だけではなく他の課題にも失敗した」）に特徴づけられた解釈をすると，安定的，全般的な原因に帰属されるという認知プロセスを指す。また，例えば「自分の周りに手助けしてくれる人がいなかった」といったソーシャル・サポートの欠如など，他の寄与要因（Ⅵ）によっても絶望感は規定される[61]。

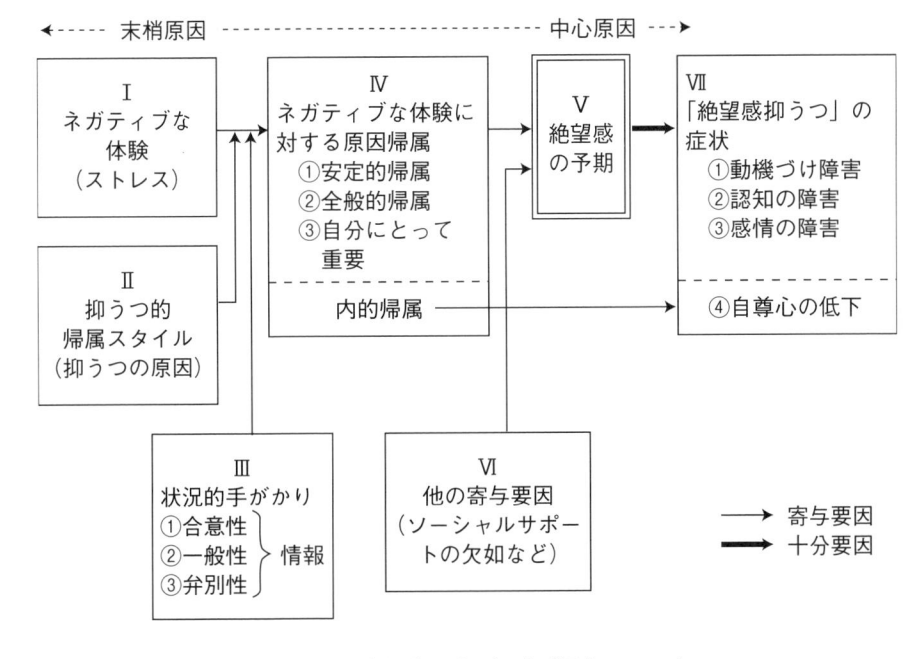

図2-19　絶望感理論の概略（坂本, 2005）

4-2　意志と非意識過程

（1）心理学概念としての「意志」

　目標実現に欠かせない心理的な働きが「意志」である。「あの人は意志が強い」などと人を評することがあるように，意志という言葉はわれわれの日常用語になっている。ちなみに辞書を引いてみると「ある行動をとることを決意し，かつそれを生起させ，持続させる心的機能」「ものごとをなしとげようとする，積極的な志」（いずれも『広辞苑（第五版）』）といった意味が示されている。このように意志は動機づけと関連の深い言葉ではあるが，両者の区別は必ずしも明確でない。心理学においても意志は動機づけと同義，あるいは類似の言葉として扱われてきたが，近年，**意志**（volition）が持つ独自の意味を明らかにしようとする研究が行われるようになってきた。

　意志という心理現象を的確に説明した研究者の一人が James, W. であろう。James（1892）は意志を自発的な意思決定の日常的な現象として記述している。すなわち，意志とは特定の行為を望み，自らの力でその行為を実行できると信じている心の状態であり，行為を自発的に引き起こす働きを持つとした。その例として，寒い朝に暖房のない部屋で起床する体験を挙げている。われわれは，しばしば布団にくるまっていつまでもグズグズしていたりする一方で，思い切って決断したりすることなしに，突然，自ずと起きてしまっているということがある。そこには，意識の「幸運な喪失」がある。つまり，寝床の暖かさも部屋の寒さも忘れて，その日の生活を想い，「さあ，もう寝てはいられない」という気持ちがひらめく。このような心の状態が即座に行為を引き起こすというのである。逆に，なかなか起きられないのは，寝床の暖かい心地よさや部屋の寒さにばかりに意識が向けられるために，「起きる」という行為が単なる願望にとどまって，意志の状態に置かれなかったためだと説明される。以上の例は，動機づけの説明要因として目標のような認知的表象だけでは不十分で，行為の実現に導くような「指令」の機能が必須であることを明確に示している。

　以上のことから，意志とは，意図を行為に変えるプロセスを左右する決定的な要因であることがわかる。例えば，「禁煙しよう」という願望（意図，目標）はあっても，実際に禁煙する（タバコを吸わない）という具体的な行為ができなければ「意志が弱い」ということになる。「やろう」あるいは「やらなければならない」と思っているのに，なかなか取り組めないという場合，われわれに欠けているの

が意志なのだ[62]。

　この意志の過程には，単なる願望であったものが実際の行為へと変換される転換点が存在する。われわれは意を決して「よしっ」とか「さあっ」といった掛け声とともに行動を起こすことがあるが，言葉に出すか否かはともかく，このように心身に弾みをつける瞬間の体験は誰にでもあるだろう。その瞬間こそ，願望から行為への転換点なのである。

　Heckhausen, H. は，行為プロセスと意志の機能を有名な古代ローマのエピソードに例えた**ルビコンモデル**（the Rubicon model）を提唱し，目標設定段階から目標実現段階への飛躍的転換を描いた（Heckhausen, 1991；Heckhausen, 1999）。このモデルでは，一連の行為プロセスを①決意前の動機づけ，②行為前の意志，③行為中の意志，④行為後の動機づけに区別する。まず，あらゆる行為の可能性についてその長短など含めて考える段階（①）がある。それは「何をするか」（what to do）を考える意思決定前の段階を指す。そこでいったん目標意図（goal intention）が形成されるとあれこれ思考する段階は通り過ぎて「決意のルビコン川」を渡り，目標実現に向けて実際に動き出す意志段階（volitional phase：②，③）に突入する。そして「ルビコン後」（post-Rubicon）においては，特定の目標を達成するために「いつ，どのようにするか」（how and when to do）といった点に意識が焦点化し，具体的な行為計画を設定，実行するために意志の力が最大限投入されることになる。一連の行為が完了すると，その成功の如何に関わらず，行為の成果が評価され将来の行為が構想される（④）。このルビコンモデルは，われわれの行為は単に願望するだけでは生起せず，そこには意志プロセスが必要不可欠であること，とりわけ，「決意のルビコン川」を乗り越えてこそ願望が行為として現実化することを鮮やかに描き出している。勉強をしようと思ってもなかなか勉強する気にならないということはよくあることだ。それはまだ「決意のルビコン川」を渡っていないのである。

（2）行為のコントロール

　意志の働きについて情報処理理論の観点から再吟味した Kuhl（1985）は，意志とは「行為のコントロール（action control）」であり，意図した行為を生起させ，維持することを活性化する「決意後の自己調整プロセス」として位置づけた。「決意後」が強調されているのは，前述の通り，意志とは「課題に取り組もう」などと当人が決心した後のプロセスだからである。

意志理論の研究者によれば、「動機づけ」のプロセスが、学習したり、課題に取り組もうとしたりする意図を促進するのに対し、意志のプロセスにはその学習しようとする意図を、別の行為を生起させようとする他の競合する傾向性(例えば「友人と遊びたいという気持ち」)や、気が散る可能性のある要因(例えば、当人の近くに置かれた雑誌、お菓子など)から保護する働きがあるのだという(Corno, 2001)。学習に取り組もうとする気持ちはしばしば脆弱であり、ときに揺れ動くものであるため、意図された学習行動を実際に生起させるには、当人の能力や「動機づけ」だけでは不十分であり、別の行為の傾向性や可能性を排除しようとする意志が必要になるのである[63]。

また、行為がコントロールされるプロセスに影響を及ぼす心理状態として、Kuhl, J. は、行為志向(action orientation)と状態志向(state orientation)という二つのモードを区別している(Kuhl, 1987)。行為志向のモードにおいては、直面している行為のプランに注意が向けられているため、意図の実行と維持が促進される。それに対して、状態志向のモードとは、活動の繰り返し、統制不可能な失敗、非現実的な指示などによって生じる現在の状態、あるいは過去の状態(特に「失敗」)や未来の状態(特に「非現実的な目標」)に注意が向けられている心理状態であり、課題遂行に対して非効率的に働くとされている。これら二つのモードは特定の状況における心理状態であるが、同時に特性の個人差の反映でもあるという[64]。

なお、意志はトレーニング可能だとされている。**意志コントロール方略**のリスト(表2-17)を参照されたい。

(3) 行為の自動化と自動動機

動機づけ研究では、環境と個人の行為を媒介する変数として「原因としての自己」(causal self: Bargh & Chartrand, 1999)が自明視され、当人の「意識」(例えば、目標、価値、期待などに関連する意識)に研究の焦点が当てられてきた。しかし、われわれの日常生活での動機づけ、とりわけ、目標達成のプロセスを振り返ってみれば明らかなように、実際には無意識のうちに行為が起こっていることも多い。むしろ日常生活のほとんどは、意識的な意図や熟考を経た選択に基づいているというよりも、「環境の特徴に反応する」といった意識に基づかない「自動的」な心理的プロセスによって決定されているとさえいえるのである(Bargh & Chartrand, 1999)。主に社会心理学を中心として、近年の心理学では人間のこ

表 2-17 意志のコントロール：そのカテゴリーと方略（Corno, 2001 を一部改変）

Ⅰ　セルフ・コントロールの潜在的プロセス

A. 認知のコントロール
1. 注意のコントロール：例えば，授業中にふざけているクラスメイトから目をそらす
2. 符号化のコントロール：目標の達成を促すような課題の諸側面のみを考えるようにすること
3. 情報処理のコントロール

B. 感情のコントロール
課題に従事し続けるようなポジティブな自己内発話（例えば「こんなことを心配する必要はない」）をすること

C. 動機づけのコントロール
1. 期待される結果と価値のコントロール：競合する複数の意図に対して優先順位をつけること（例えば，友だちと遊ぶ前に宿題を終わらせる）
2. 帰属のコントロール：原因について正確に分析すること（例えば「僕はこの問題に対するアプローチを知っている」「今回は失敗したけど，うまくやりさえすれば次回は成功できる」）
3. 自己教示のコントロール：有効な自己教示をすること（例えば「今回，ほとんど見落としていたので，テキストを念入りに読んでノートを取ろう」）

Ⅱ　セルフ・コントロールの顕在的プロセス：環境のコントロール

A. 課題状況のコントロール
1. 課題のコントロール：課題自体を変えること
2. 環境設定のコントロール：どこで，いつ課題に取り組むかを変えること

B. 課題設定における他者のコントロール
課題の遂行をサポートする他者（例えば，クラスメイト，教師）の行動を変えること

のような非意識的プロセスの働きに着目した**自動性**（automaticity）に関する研究が脚光を浴びており，動機づけ研究にも影響を与えている[65]。前述した「意志」の働きも，その多くがこのような非意識的な自動性に基づく心理プロセスだといえるだろう。

　自動的プロセスには①覚知（意識）の欠如，②意図の欠如，③効率のよさ，④コントール可能性の欠如（コントロールできない）という特徴があり（Bargh, 1994），意識や意図を伴い，効率は劣るがコントロール可能な**統制的プロセス**と対比される。両者は動機づけプロセスにおいて択一的に働くというよりも，双方が共同的，同時的に機能することが一般的である。この動機づけの二重プロセス（dual-process：Chaiken & Trope, 1999）について，Bargh, J. A. らは，「知覚（perception）と行動のリンク」という発想，すなわち，環境─知覚─行動が相互につながる（連合する）体験を繰り返すことによって無意識的な動機づけプロ

セスが形成される（自動化する）という考え方によって説明している（Chartrand & Bargh, 1999）。初めは，望まれた行動を遂行したり望むことを実現したりするために，特定の見通しに基づいた意識的で意図的な選択や方向づけが必要だが，同様の見通しが立つ場合や同じ行動が繰り返し生じるような場合，あるいは同じ状況で同じ目標やプランが選択される場合には，意識的な選択が不必要になり消失する。しかも，この自動化プロセス自体が自動的に起こるのだという。自動化に必要不可欠な要素は，特定の状況下における特定の心理的プロセスの「頻度」と「一貫性」なのである。

いったん自動化が起こると，「意志のバイパス（迂回）」が可能になり，状況（環境）が「引き金」となって行動が生じるようになる。当初，意識的な選択を介して目標が活性化し，その目標が遂行されていたのに対し，状況が直接，目標を活性化するようになり，意識を媒介せずに目標が遂行されるようになるという。なぜなら，行為の目標や理由，計画や方略といった動機づけに関わる表象が当人の記憶内に存在しており，特定の状況の表象がこの種の表象と連合することが非意識的な動機づけの基盤となるからだ（Bargh, 1990）。このように，ある状況が特定の動機状態を活性化して当人の自覚なしに目標遂行プロセスを生じさせるという現象は，**自動動機**（auto-motive）と呼ばれている[66]。

いわゆる**習慣**による動機づけとは，このような自動動機に基づいているのだと理解することができるだろう。環境側の何らかの手がかりを契機として目標表象が活性化することによって，目標の達成に向けて意識を介さずに，モニタリング，手段の選択，手続きの実行などが効率的に行われるのである。習慣を説明する理論は複数存在する（例えば，感情論に基づく感情の随伴体験による形成モデルが3章1-2に，欲求論に基づく統合的なモデルが4章3-4にそれぞれ示されている）が，自動性研究では同じ行動の意図的な繰り返しによって**習慣形成**が起こるとしている[67]。例えば，混雑している図書館では思うように試験勉強がはかどらないので，集中して取り組むために（＝意図），ある日，人の少ない近所のカフェを選んでコーヒーを飲みながら（＝状況），試験勉強（＝行動）をしたとしよう。その後，毎日，同じカフェで試験勉強を繰り返すと，席に着いてコーヒーを注文するやいなや，特別な意識（例えば「今日も集中して勉強しよう」）を持つことなくスムーズに試験勉強を始めることが可能になる。これが習慣なのである。

（4）実行意図

　このような自動動機に基づく動機づけ現象の例として「実行意図」が挙げられる。

　「ベストを尽くす」という目標を立ててみたからといって「ベストを尽くす」という行為が実際に起こるとは限らない。前述の意志理論が強調する通り，実際の行動が生起するには，望ましい意図（intention）を持っていたり，理想的な目標を意識したりするだけでは不十分なのである。

　Gollwitzer, P. M. は，人が望む特定の最終状態（パフォーマンスや結果）であるこのような目標意図（goal intention）を実行意図（implementation intention）と区別した（Gollwitzer, 1999）。**実行意図**とは，目標達成に導くような反応をいつ，どこで，どのように生起させるかについて特定するような意図を指し，目標意図に従属しつつそれを補助する働きがある。**目標意図**が「X（行為や結果）に到達するつもりだ」という構造を持っているのに対して，実行意図は「Yという状況になったら，Zという反応をする」というように「予期される機会」と「目標に向けての行動」をつなげるような構造になっているので，特定の状況に対して特定のやり方で反応することが可能になるのだという。つまり，状況と行動の随伴性に基づいているため，適切な行為が機会を逃さずに方略的に生起することになり，しかもそれらの機会に直面すると即座に自動的に生起するのである。

　以上のことから，実行意図という考え方は，われわれの意志の働きの少なくとも一部をまさに説明していることがわかる。実行意図とは，環境の手がかりをもとに，自動的に，非意識的に行為を生起させる認知的メカニズムなのである。

　実行意図という発想に立つと，実際に行動を起こすためには，望ましい結果を目標として意識化するだけでは不十分で，事前により具体的な計画を立案しておくことこそが有効だということが理解できる。例えば，心理学についての課題レポートを提出する場合，漠然と「優れたレポートを書く」と考えるのではなく，「明日，図書館で理解しやすい文献，特に『動機づけ理論の概説書』を探し出して必要箇所をコピーし，その後の空き時間を利用してパソコン室で，その要点をワープロに打ち込む」というように「いつ，どこで，どのように」を明確にした実行意図を事前に意識化することによって行為がスムーズに起こることになるのである。

（5）学習動機づけのプロセスモデル

　学習者の状態レベルの動機づけ（1章 2-2）は時間の経過に伴って現在進行形で進行するダイナミックなプロセスであり，意識的あるいは非意識的に機能し，

自己調整学習（1章1-2）のプロセスによって方向づけられる。

　Dörnyei, Z.は，このような状態レベルの動機づけの発展的な心理プロセスを「時間軸」に沿ってモデル化している（Dörnyei, 2000：図2-20）。そのプロセスは①計画したり目標を設定するなどの意思決定を行う**選択動機づけ**（choice motivation）としての「活動前段階」，②生起した活動を維持し，コントロールしながら目標を追求する**実行動機づけ**（executive motivation）としての「活動段階」，③基準や方略の再考や修正，原因帰属を含む「活動後段階」から成る一連の流れとして表現されている。活動前段階は，さらに目標の設定から意図の形成を経て意図の実現開始へと至る段階的なプロセスとされている。

　図2-20に示されているように，動機づけは，活動前段階では目標設定，意図形成，意図実現開始に，活動段階では活動の実行それ自体に，活動後段階では事後評価にそれぞれ心理的なエネルギーを供給する。この動機づけの影響を受けながら内面的，外顕的行為はダイナミックに連鎖していく。すなわち，活動前の第一段階では，「希望」，「願望」，「機会」といった要因によって目標設定が促され，その結果，「目標」（特定された課題）が選択される。引き続き起こる活動前の第二段階ではその選択された「目標」が「活動の計画」や「コミットメント（順守）」といった要因とともに意図形成を促し，さらにそこで形成された「意図」が「手段・リソース」や「開始条件」とともに活動前の第三段階における意図実現開始の規定因となる。そして，「動機づけの圧力」や「活動の実現に向けた衝動」を受け，「決意のルビコン川」を越えて行為が外顕化し，活動段階に突入する。そこでは下位課題の生成と実行から始まり，達成プロセスの進捗状況を評価したり，目標達成のためのリソースを活用して活動を調整したり，成果に応じて目標自体を修正しながら一連の活動が進行していく。目標達成あるいは活動終了後の活動後段階では，より広い視野に立った成果の評価や，将来の活動についての推測的な思索が起こる。そこでは原因帰属，基準や方略の見直しと精緻化といった省察が起こると同時に，将来のプラニングが具体化されることに伴って，それまでの一連の行為を規定した当初の意図が消失する。

　以上のように，学習動機づけのプロセスモデルでは，ミクロでダイナミックな学習の進行過程における動機づけの働きについて，意図の形成と目標達成に向けた実行のプロセスとして統合的に描き出しているのである。

4　認知プロセスと動機づけ

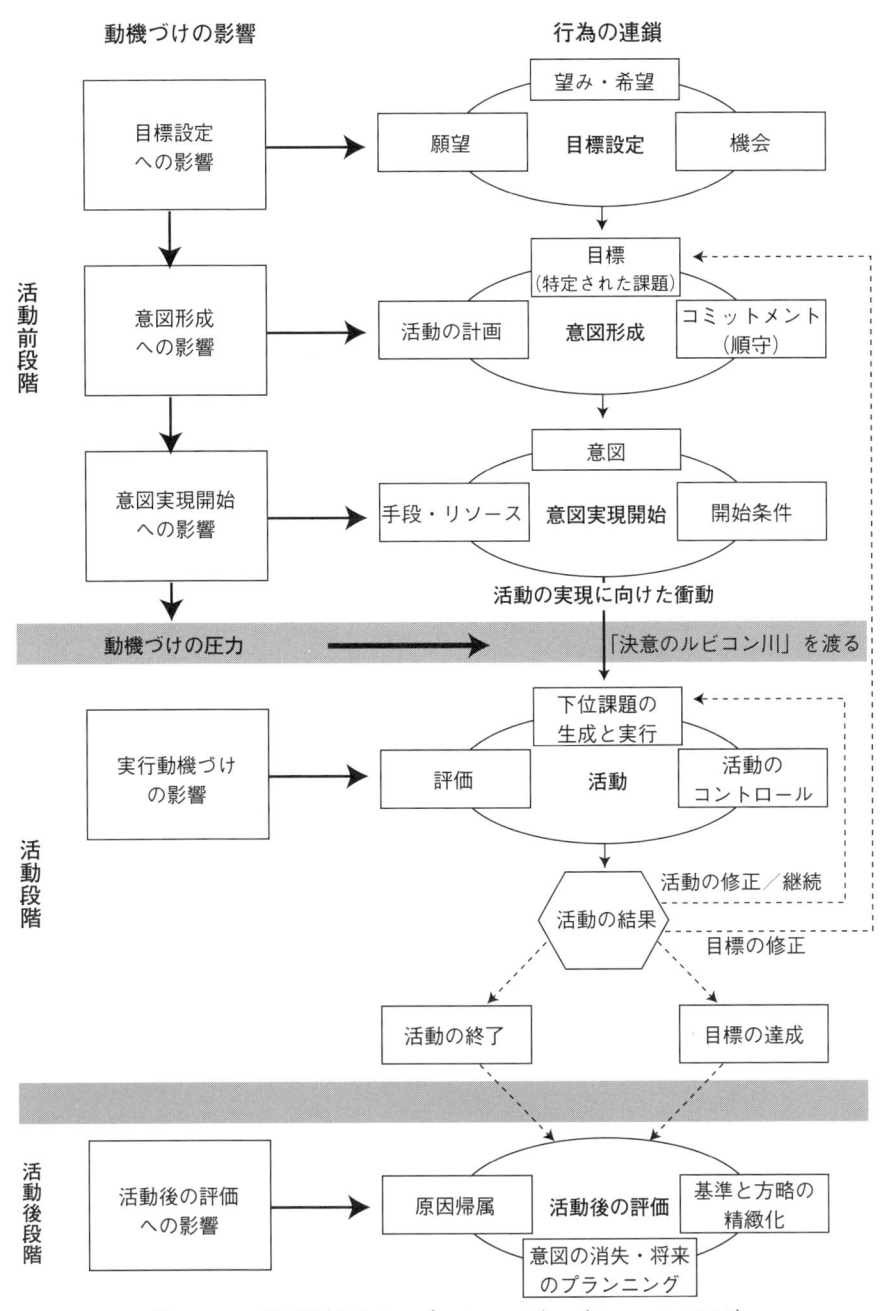

図2−20　学習動機づけのプロセスモデル（Dörnyei, 2000）

Chapter *3*

第3章
感応する主体
　──感情論からのアプローチ

第3章　感応する主体—感情論からのアプローチ

1　感応する主体としての学び手—感情のメカニズム

　われわれは様々な場面で「うれしい」「悲しい」「悔しい」「恥ずかしい」「不安だ」といった多様な感情を体験している。このような感情がわれわれの動機づけに影響を及ぼしていることは容易に想像できるだろう。例えば，うれしい気持ちは活動的にさせるだろうし，不安な気持ちから躊躇するというように，感情は人の行動を大きく規定する。われわれは特定の状況に身を置くことで様々な感情を体験しつつ，それらに即座に応じながら生活しているのである。その意味でわれわれは「感応する主体」なのだといえるだろう[1]。

　「スキー」を具体的な事例として考えてみよう。ゲレンデでスキーをしている最中に「ワクワクして楽しい」と感じれば，もっと滑り続けていたいと思うだろう。あるいは急斜面に直面して「怖い」と感じれば，立ちすくんでしまったり，迂回して滑ろうとしたりするかもしれない。その場，その時に体験するこのような感情は現在進行形のプロセスで行動を規定する。感情には行動を推進したり方向づけたりする働きがあるのである。

　また，過去の感情体験がその後の行為を左右することもある。スキーが上手に滑れるようになって「うれしかった」というかつての経験があれば再びスキーに行きたいと思うだろうが，いつも転んでばかりで少しも上達せずただ寒いだけの体験でしかなかった場合，スキーに対する「嫌悪感」からむしろ「二度とスキーなんかするものか」と考えるに違いない。このように，感情は過去の行動に対する結果として生じ，回想などを通してその後の行為を規定するのである。

　あるいはこれまでにスキーをしたことがない人であっても，友人の楽しそうな体験談を聞いたりテレビや広告などでスキーに関する魅力的な情報を得たりするうちに「楽しそうだ」と想像してスキーに行くことを決意することもあるだろう。未来に体験するであろう感情を予期することによって行為が生じることもあるのである。

　以上のことから，「現在の感情」「過去に経験した感情」「未来の体験として予期される感情」がわれわれの動機づけにそれぞれ影響を及ぼす規定因であることがわかる。しかも，感情は行為を引き起こす単なる原因ではない。感情には現在進行形の行動を推進し方向づける働きがある。また，行為の原因であると同時に結果であり，その結果がさらにその後の行為を規定するというような動機づけプ

ロセスの主要な構成要因なのである。

　教育場面で考えてみよう。学校生活において，子どもたちは，授業のみならず，行事やクラブ活動，休み時間や放課後などの様々な場面で多種多様な感情を体験しながら過ごしているに違いない。そしてそれらの感情は行為の結果として生じたり，あるいは行為の原因として機能したりしていると同時に，授業で学んでいる最中など，現在進行形の行動プロセスにおいても特定の感情が体験され，それらによって行為が方向づけられているはずである。

　例えば，授業中に退屈したり，テストの前に不安になったり，うまく発表できてホッとしたりといった気持ちが挙げられるだろう。これらの感情は,「うれしい」といったポジティブなものもあるし,「がっかり（落胆）」といったネガティブなものもある。表3-1には，このような**学業関連感情**（academic emotions）が整理されて示されている。

表3-1　学業関連感情の領域と例（Pekrun, Goetz, Titz, & Perry, 2002）

	ポジティブ	ネガティブ
課題関連／自己関連		
プロセスで体験する感情	楽しさ（enjoyment）	退屈（boredom）
将来と関連して体験する感情	予期的うれしさ（anticipatory joy）	絶望（hopelessness）
	希望（hope）	不安（anxiety）
回想として体験する感情	成功したうれしさ（joy about success）	悲しみ（sadness）
	満足（satisfaction）	落胆（disappointment）
	誇らしさ（pride）	恥・罪（shame and guilt）
	安堵（relief）	
社会関連		
	感謝（gratitude）	怒り（anger）
	共感（empathy）	嫉妬・ねたみ（jealousy and envy）
	感嘆（admiration）	軽蔑（contempt）
	同情・愛（sympathy and love）	反感・嫌悪（antipathy and hate）

　これらの感情が,「課題」や「自己」との関連で，また「社会的な関わり」の中で文脈と密接に関連しながら生じているという点に留意したい。「木村先生の授業はいつもつまらなくて退屈する」「私のクラスが体育大会で優勝して誇らしく思った」「友人にみんなの前でからかわれ怒りがこみ上げてきた」「佐藤先生の

若いときの経験談を聞いて共感を覚えた」など，具体的な状況や場において，多様で複雑な感情を子どもたちは体験しているのである。むしろ，子どもたちの学校での日常生活そのものが感情体験であるといっても過言ではない[2]。

1－1　感情とは何か

（1）感情という心理現象

「感情」とはあまりにも漠然とした用語である。われわれはそれを主観的，体験的にはよくわかっているが，いざ説明したり定義したりするとなるとたちまち困難に直面する（Fehr & Russell, 1984）。そもそも感情とは何なのだろうか。実のところ，心理学においても標準的な定義は存在せず，多くの概論書が指摘する通り，「感情の定義が難しい」という言明自体がもはや「定説」になっているというのが現状である[3]。

以下は，比較的分かりやすい定義である。すなわち，感情（情動：emotion）とは「人がある（いい意味でも悪い意味でも）重要な出来事に接した際に，主観的・経験的側面，生理的・身体的側面，表出的側面といった三つの側面が，多くの場合，不可分に絡み合いながら発動される一過性の反応プロセス」（遠藤，2001）だという。例えば，人前でほめられる（あるいは叱られる）といった当人にとって無視のできない重要な場面で，うれしい（あるいは悔しい）という反応が起こる。しかも，それは主観的な体験であると同時に，「身体がほてる」といった生理的な反応や，笑顔（あるいはしかめ面）といった表情を伴っており，このような心理現象は多くの場合，短時間しか続かない。このうれしい（あるいは悔しい）という反応プロセスこそが感情なのである。

なお，感情心理学では，いわゆる「感情」を「情動」と「気分」とに区別することが一般的である（遠藤，1996）。**情動**（emotion）とは，怒りや悲しみのように「比較的対象，原因が明確である一時的な強い感情」を指す。一方，「今日は気分がよい」とか，「天気が悪くて憂鬱だ」というような「比較的持続的で，認知の背景にあるような弱い感情状態」を**気分**（ムード：mood）と呼ぶ（北村・木村，2006）。つまり，情動と気分は「強さ」（intensity）と「持続性」（duration）によって区別されるのである（Rosenberg, 1998）。例えば，「怒り」は強烈な心理状態だが数秒からせいぜい数分間の短時間しか持続しない情動であり，「不安」は数時間から数日間続くが，比較的弱い気分である。一般に**感情**（affect）とは，

この情動と気分の両者を包括した用語だとされている[4]。

　感情は複数の側面から捉えることができる。一番わかりやすいのは，われわれの主観的体験（顕在的，自覚的な感情）であろう。これは日常生活の中で自分自身がまさに意識できる「喜怒哀楽」といった側面であるが，それは特に**主観的感情経験**（feeling）と呼ばれている。また，緊張して脈拍が上がったり，恥ずかしくて汗をかいたりといった生理的な側面や，表情，ジェスチャー（身振り），声の調子など，社会的な表出の側面から感情を捉えることもできる。このような生理的側面や社会的側面は必ずしも当人に意識されているわけではなく，潜在的（無自覚的）な側面だといえるだろう。

　感情について，その生起と影響プロセスに着目して一般化すると表3−2のように表すことができるだろう。例えば，授業中に先生に叱られたこと（環境的な出来事）が嫌悪といったネガティブ感情を引き起こし，その気持ちが「ムッ」とした表情（外顕的行動）に出てしまったり，学習に対する集中力（認知プロセス）を妨げたりする。このように感情は個体内外の状況と行動を媒介する変数として位置づけることができるのである。

表3−2　媒介変数としての感情（Beck, 2004 を一部改変）

先行条件 →	媒介変数 →	結果
特定の感情を生起させる原因は何か	どのような感情を先行条件と結果から特定できるか	感情はどのような効果をもたらすか
環境的な出来事 例）先生に叱られる，親友が大喜びする，学校の野球部が大会で優勝する **認知的な出来事** ● 記憶　● 出来事の評価 **身体変化** ● 生化学的変化（薬物服用など） ● 疲労・病気 ● 身体活動（ジョギングなど）	**ポジティブ感情** 例）幸福感，興味，愛情 **ネガティブ感情** 例）恐れ，悲しみ，怒り，嫌悪	**感覚**（feelings） **行動** 外顕的行動 ● 表情　● 身体表現 課題遂行に対する接近／回避 （仕事，スポーツなど） **認知プロセス** ● 注意　● 思考　● 学習　● 記憶 **生理的な出来事** ● 中枢神経系　・自律神経系 ● 神経伝達物質（ドーパミンなど）

　感情は，ともすると思考や判断を妨害する非合理的な要因としてとらえられ，われわれの理性と対立し，知性による抑圧が必要となるような非適応的な心理的要素としてこれまで描かれがちであった。しかし今日では，人間のみならず動物が環境に適応して生きていくために進化の過程で発達してきた心理的機能の一つ

として位置づけられている（遠藤, 2007）。すなわち,「この環境は安全か危険か」といった情報を提供するシグナルとして感情が意味づけられ，人の適応に必須のメカニズムとして理解されるようになった（戸田, 1992）。例えば，ネガティブな感情は「何か悪いことが起こるかもしれない」というシグナルとして機能し，ものごとに対してより慎重に注意を向けさせたり，思慮深いアプローチを促したりすることになる。感情が理性を妨げるとは限らないのである[5]。

Pinker（1997）は，このような感情（特に情動）の適応的な性質について，直面する課題に対して心と体に準備態勢をとらせる統合的なシステムとして描いている。例えば，「恐怖」は「闘争か逃走か」といった択一的な動機づけシステムを起動する。すなわち感情は，まるで身体に行動の準備態勢をとらせるスイッチを押すかのような「脳の最高次の目標を設定するメカニズム」であり，「いったん引き金がひかれると，その情動によって私たちが思考，行動と呼ぶ下位目標やさらに下位の目標のカスケード（cascade：連鎖反応）[6]が引き起こされる」のだという。しかも，そのメカニズムにおいては「感情と思考を区別する明確な線はないし，思考が必ず感情に先行する，あるいは逆に感情が必ず思考に先行するといったこともない」という。感情とは，このような「全心身を巻き込んだ総合機能」（戸田, 1992）なのである[7]。

（2）感情のはたらき

以上について動機づけ研究の観点から考えると，感情の主要な働きは以下の三つにまとめることができよう（Deckers, 2005）。

第一に，当人に対する認知的な「合図」としての機能（**認知的シグナル機能**）がある。前述の「恐怖」の例のように，感情は状況を瞬時に把握するための情報的な基盤となり，認知的な判断に影響を及ぼす（後述の「認知的評価説」参照）。

第二に，行為の準備状態（action readiness）を形成する働き（**動機づけ機能**）がある。行為の準備状態とは，外界と自分自身の関係を維持したり修正したりするために行為を設定状態にしておくことを指し（Frijda, 2008），例えば，ポジティブ感情（楽しさ，希望など）が難しい課題に挑戦するといった積極的な行為の推進力になったり，ネガティブ感情（不安，落胆など）がチャレンジを回避するといった行為の抑止力として機能したりするのである。感情は特定のゴールに向かう行為の傾向性（action tendency）を高めるのだといえよう。表3-3にうれしさ，悲しみ，恐れといった代表的な情動の動機づけ機能がまとめられている。

表 3-3 情動のゴールとそれらに対応して動機づけられる行為 (Deckers, 2005)

情動	ゴール	行為の傾向性
喜び (joy)	● 目標達成に報いること ● 消費的行動（摂食など）を動機づけること ● 社会的相互作用を維持すること	目標を達成したり，消費的行動や社会的相互作用を導くあらゆる手段的行為をする。
悲しみ (sadness)	● 損害や損失に耐えられるように援助を求めること ● 人々を和解させること ● 悲しみの原因を吟味すること ● 失った対象や人物から心理的に離れていくこと	行動や思考活動が減速する。悲しみの表情が他者の援助を促すシグナルになる。
恐れ (fear)	● 危険を回避すること ● 危険な刺激に注意を向けること	刺激や状況に応じて回避，退避する。あるいは，ぞっとして動けなくなる (freeze)。
怒り (anger)	● 目標を妨害している障害を除去すること ● 他者の怒りや攻撃を妨げること	実際に目標を妨害している障害を取り除く。当人の怒りの状態が他者の攻撃を妨げる。
嫌悪 (disgust)	● 生き残り (survival) に寄与するような清潔な環境を維持すること ● 有害な対象から距離をとること	吐き気やむかつき，嘔吐。有害な対象から顔を背けたり遠ざかったりする。

　第三に，他者に当人の感情を伝える働き（**表情表出機能**）がある。例えば，教師の表情を見て子どもたちはその教師の感情をとっさに推察すること（「今日は機嫌がよさそうだ」「先生を怒らせちゃった」など）ができる。感情はこのように日常的生活における非言語的コミュニケーションの心理的基盤になっているのである。

　以上のことを踏まえると，感情には適応を促す二つの優れた機能，すなわち，個人的機能（**コーピング機能**）と対人的機能（**社会的機能**）という働きがあることがあらためてみえてくる[8]。

　コーピング（対処）機能とは，状況に対する適応的対応であり，動機づけに方向性を与える働きである（Reeve, 2001）。例えば，脅威を与える刺激は「恐怖」という感情を喚起し，走って逃げる，隠れるといった行動を生じさせる（防衛機能）し，障害だと感じさせる刺激によって「怒り」という感情が生じ，それを除去するような行動（こわす，退けるなど）が生じる（破壊機能）。このように異なった種類の刺激が特定の感情を生起させ，それに対応した行動を引き起こすような身体システムがわれわれには備わっているのである[9]。

　また，ともすると感情は個人内の現象として論じられがちだが，対人的な体験に基づく社会的現象だという視点も重要である（Weiner, 2007）。感情は当人の

動機づけに影響を与える（個人内機能）と同時に，他者がその表出を情報として解釈することを通して，他者の行動をも特定の方向に向けて動機づける（対人的機能）。例えば，深い悲しみを感じると「何もする気が起きなくなる」というように当人の活動を抑制する（個人内機能）が，その様子を察知した他者は，自分も悲しい気持ちになったり，「何かしてあげたい気持ち」になったりする（対人的機能）かもしれない。また，笑顔が他者の行為（接近など）を誘発するというように，感情が社会的な相互交渉を生み出したり，促進したりすることもある。このように感情には対人的な相互作用（コミュニケーション，ソーシャルサポートなど）に影響を及ぼす機能（社会的機能）があり，人間関係の維持や促進，個人の社会的適応に寄与しているのである。表3-4には，各感情が持つ個人内機能と対人的機能がまとめられている。

表3-4　各種の情動の個人内機能・対人的（個人間）機能
(Malatesta & Wilson, 1988; 遠藤, 2001)

情動	個人内機能	対人的機能
怒り	目標達成の妨げとなっている障害を除去する	今まさに攻撃するかもしれないという警告を発する
悲しみ	低レベルでは他者に対する共感を促し，高レベルでは活動を抑止する	他者から養護・共感・援助を引き出す
恐れ	脅威が何かを同定し，逃走あるいは闘争体勢をとらせる	服従のシグナルを発し，他者から攻撃されるのを回避する
軽蔑	社会的地位・支配・優越感を確立・維持する	他者に対して支配・優越のシグナルを発する
恥／気恥ずかしさ	今以上のプライバシー侵害から自己を護る行動を発動する	プライバシーを保護されたいというシグナルを発する
罪	償い・修復行為を促進する	服従姿勢をとらせ，攻撃される確率を減らす
嫌悪	不快・有害物質（人物）を除去したり遠ざけたりする	受容する意図がないことのシグナルを発する
興味／興奮	情報を取り込むための感覚システムを作動させる	受容する意図があることのシグナルを発する
喜び	現在の活動の維持・継続を促す	良好な主観的感覚を伝染させ，社会的絆を促進する
驚き	新たな経験に対して準備体勢をとらせる	自らが無知であったり未経験だったりすることを示し，他者からの攻撃から我が身を防御する

（3）感情の種類と構造
□基本情動

われわれは複数の感情が存在していることを体験的に知っている。はたして何種類の感情が存在するのだろうか。まず素朴に考えてみると、どの国、どの地域に住んでいたとしても、人の感情は共通であるように思える。このような発想に基づく研究アプローチが**基本情動説**である。そこでは、人間が生得的に持っており、どの文化にも共通する人類に普遍的な情動、すなわち**基本情動**（basic emotions）に着目し、その種類を特定しようと試みている。具体的に何が基本情動なのかという見解は論者によって異なっているが、表情の判断に関する文化比較研究などの結果、喜び（joy）、怒り（anger）、悲しみ（sadness）、恐れ（fear）、嫌悪（disgust）、驚き（surprise）の六つが基本情動だというコンセンサスができつつあるという（Evans, 2001）。それぞれの基本情動には、対応する諸要素（評価、生理パターン、表出、行為傾向）のセットが分離不可能なかたちで生得的に存在しており、これらが全体的に発動するとされている[10]。

□感情の次元：誘意性と覚醒

基本情動説は感情の種類を生得性、普遍性という観点から最小限に限定しようとするアプローチである。ただ、基本情動といってもその心理的な意味や機能が一つに決まっているわけではない。例えば、恐れと一口にいっても、クマに遭遇して逃げる場合と、ホラー映画を観てまた同様の映画が見たくなる場合とでは全く異なっている（Russell, 2003）。感情の種類を特定しようとする基本情動説に対して、各感情の背後にあるより基本的な次元を見出して感情の質を構造的に整理しようとする研究アプローチは**次元説**と呼ばれている。

近代心理学の創始者として知られるWundt, W.によれば、感情はその主要な特徴という観点から三つの次元、すなわち、①快―不快、②興奮―沈静、③緊張―弛緩によって分類できるという（Wundt, 1902；Ferguson, 2000）。例えば、喜び（joy）は快でかつ興奮を伴う感情として、心配（sorrow）は不快で沈静した性質を持っているが緊張を伴うものにも変化しうる感情として位置づけられるという。

近年の研究アプローチとして、**誘意性**（valence：快―不快）[11]と**活性化**（activation：高活性―低活性）の二次元による分類（Feldman Barrett & Russell, 1998）が挙げられる（図3-1）。

第3章 感応する主体—感情論からのアプローチ

　誘意性とは快楽原理（4章1-2）に関連する次元で，快を求め，不快を避けるような動機づけを促す。動機づけ研究において感情の最も基本的な次元として位置づけられてきたのが快—不快であり，快の体験は接近行動を，不快は回避行動をそれぞれ動機づけるとされてきた[12]。

　一方，活性化とは，**覚醒**（arousal：喚起，前述の「興奮—沈静」）に相当する次元である。例えば，授業中に「うとうと」していたときに，突然，「ここは試験に出すのでよく理解しておくように」と先生がしゃべった瞬間，「ハッ」として意識がめざめたといった経験はないだろうか。例えば，このような眠気や意識の「冴え」の度合い（「うとうと」している状態から意識が研ぎ澄まされた状態に至る程度）を覚醒という。すなわち，覚醒とは，動機づけのエネルギー性（1章2-1）に関わる指標で，興奮の強さあるいはエネルギーを動員する強さを意味する（Ferguson, 2000）。意識が冴えて興奮しているときは，覚醒水準が高いのに対し，眠気に襲われ意識がもうろうとしているときは覚醒水準が低い。覚醒しているとき，われわれの脳と身体は活性化されており，適応的に行動する準備状態にあるのだといえる（Franken, 1998）。**覚醒水準**は，感情の主な次元である

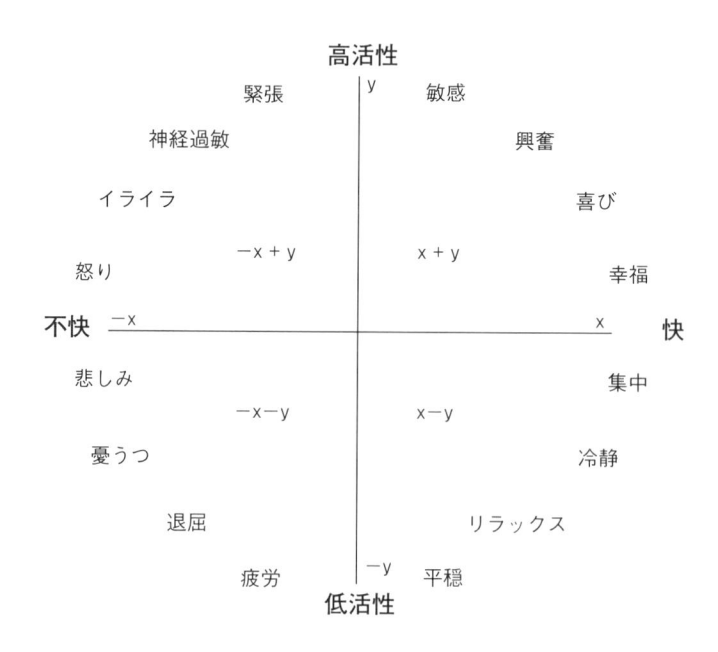

図3-1　感情の次元（Feldman Barrett & Russell, 1998）

と同時に，動機づけのエネルギー的な側面と密接に関連する心理変数なのである。ただ，覚醒が動機づけに関係があり，覚醒水準が低いと行動が起こりにくいことは容易に理解することができるが，覚醒水準が高いほど，パフォーマンスが高まるというわけでは必ずしもない。覚醒水準とパフォーマンスの関係は，図3-2のような逆U字型の関数だといわれている（Yerkes-Dodsonの法則：3章5-1）。覚醒には，パフォーマンスを最高にするこのような「最適水準」（optimal arousal）があると考えられているのである（Hebb, 1955）。

　このように感情の働きについて誘意性と活性化の両次元を組み合わせて考慮することで，動機づけのより質的な検討が可能になる。例えば，同じ不快な感情であっても，例えば緊張，怒り，悲しみ，退屈という順に，活動に取り組む度合いが弱まることがわかる（図3-1）[13]。

□感情特性と感情状態

　われわれの感情は，特性（trait）と状態（state）の二水準で捉えることができると考えられている（例えば，Rosenberg, 1998, Spielberger, 1966）。**感情特性**（affective trait）とは，特定のタイプの感情反応を示す安定的な傾向性のことを指す（Rosenberg, 1998）。つまり，時間を越えて比較的安定した外界に対する感情的な反応の個人差（感情の特性的側面：特定の情動を体験する個人的傾向）を意味し，パーソナリティの構成要素として位置づけることができる。例えば，

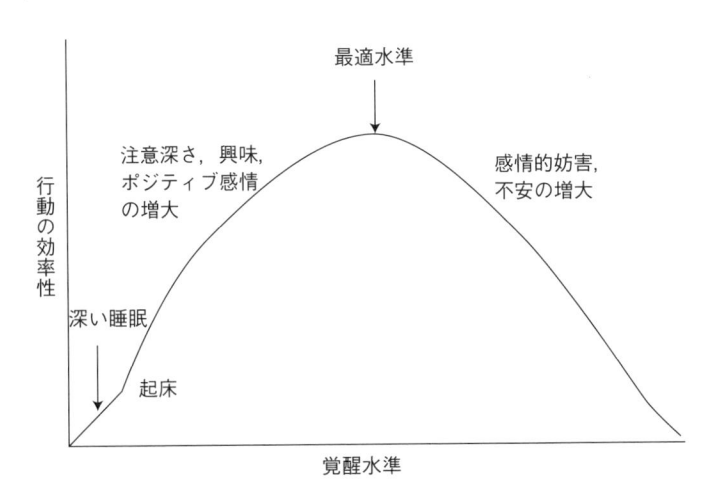

図3-2　覚醒水準とパフォーマンス（Franken, 1998; Hebb, 1955）

一週間後にテストが迫ってきて不安や緊張が高まる人がいる一方で、平然としている人もいる。この場合、特性不安（テスト不安：3章5-2）が前者は高く、後者は低いといえる[14]。

　それに対して、**感情状態**（affective state）とは、環境に応じて生じる、状況に依存した反応としての感情の側面を指す。とりわけ、限られた時間に体験される特定の情動を意味している。例えば、テストの前日になれば、誰でも多かれ少なかれ不安や緊張を感じるに違いない。状況の性質が万人に対して特定の感情（この場合、状態不安）を生起させることになるのである[15]。

　感情特性と感情状態の区別は、興味（3章3）や不安（3章5-1）といった特定の感情の水準を区別する基本的な枠組みであり、特性興味や特性不安といった感情特性は、何に興味を持ちやすく、どんな時に不安を感じやすいかといった特性レベルの動機づけ（1章2-2）に、状態興味や状態不安といった感情状態（気分、情動）は、どのような学習環境が興味あるいは不安を喚起しやすいかといった状態レベルの動機づけ（1章2-2）にそれぞれ関連しているといえるだろう。

（4）感情生起のメカニズム：認知的評価説

　では、感情はどのような心理的メカニズムによって生起するのであろうか。感情に関わる情報処理プロセスを重視する**認知的評価説**によると、感情体験は自分にとってその状況がどういう意味を持っているかを瞬時に評価（appraisal）することによって引き起こされるのだという[16]。

　認知的評価説の初期の論者であるArnold（1960）は、感情とはわれわれの体験に対する評価反応であり、われわれは外界の刺激である出来事や対象がポジティブ（良い）なのか、ネガティブ（悪い）なのかをまず直感的に評価するのだと主張した。つまり、環境のあらゆる出来事に関して感覚を通して得た情報について脳のしくみ（辺縁系）がその快―不快を瞬時にとらえるというのである。例えば、花の香りはポジティブ（快）、騒音はネガティブ（不快）と判断される。このようにポジティブかネガティブかが評価された後、それぞれに応じて即座にしかも自動的に好き、嫌いという感情体験が生じ、好きという感情体験がその対象への接近行動を、嫌いという感情体験はその対象からの回避行動をそれぞれ引き起こすのだという。

　このような認知的評価説をさらに精緻化したのが、Lazarus, R. S.である。Lazarus（1991）は二段階の評価プロセスを想定している。「一次的評価」（primary appraisal）とは，自分の目標や利害に関わっているととっさに感知するなど，自らの身体的，心理的，社会的なウェルビーイング（well-being：心理的福利）に関する個人的な妥当性（personal relevance）を基準とした，直面する状況に関する無意識的，自動的評価を指す。状況のポジティブな（良い）側面については利益（benefit）として，ネガティブな（悪い）側面については，損害（harm）や脅威（threat）として感知され，そのそれぞれに対応して特定の感情が生じるのだという（図3-3）。それに対して，「二次的評価」（secondary appraisal）とは，その状況に対するコーピング（対処）に関する意識的で高次な情報処理をともなう評価を意味する。図3-4に認知的評価プロセスの概略を示したので参照されたい。

例えば入試が不合格だったことを知った瞬間，即座に強い悲しみにおそわれる

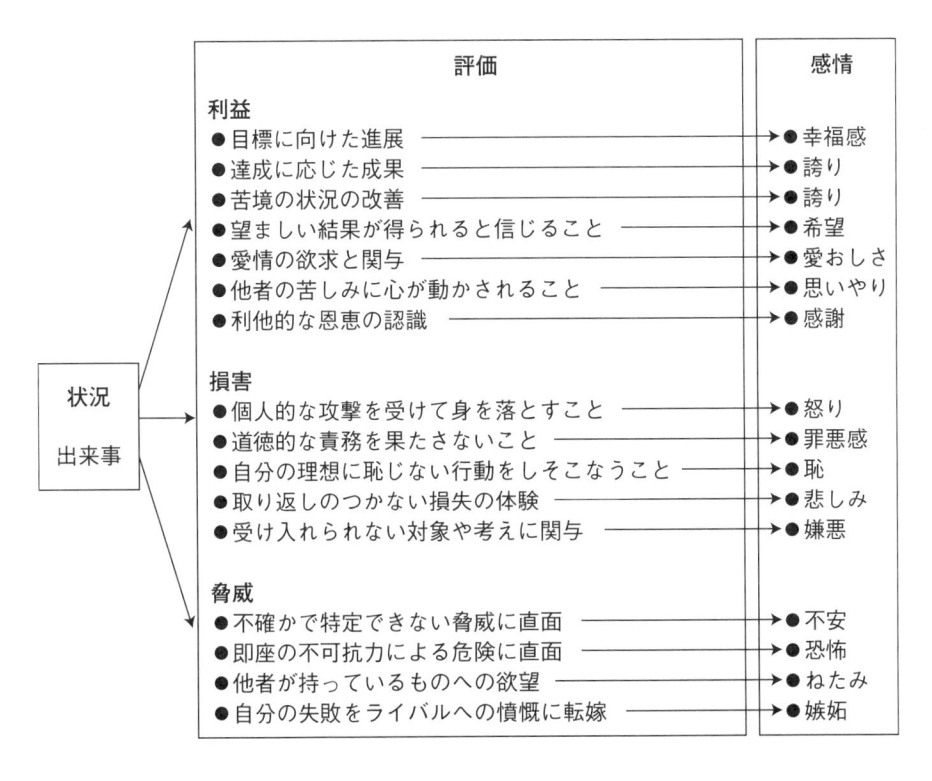

評価	感情
利益	
●目標に向けた進展	●幸福感
●達成に応じた成果	●誇り
●苦境の状況の改善	●誇り
●望ましい結果が得られると信じること	●希望
●愛情の欲求と関与	●愛おしさ
●他者の苦しみに心が動かされること	●思いやり
●利他的な恩恵の認識	●感謝
損害	
●個人的な攻撃を受けて身を落とすこと	●怒り
●道徳的な責務を果たさないこと	●罪悪感
●自分の理想に恥じない行動をしそこなうこと	●恥
●取り返しのつかない損失の体験	●悲しみ
●受け入れられない対象や考えに関与	●嫌悪
脅威	
●不確かで特定できない脅威に直面	●不安
●即座の不可抗力による危険に直面	●恐怖
●他者が持っているものへの欲望	●ねたみ
●自分の失敗をライバルへの憤慨に転嫁	●嫉妬

状況・出来事 →

図3-3　一次的評価とそれに対応して生じる感情（Reeve, 2009bを一部改変）

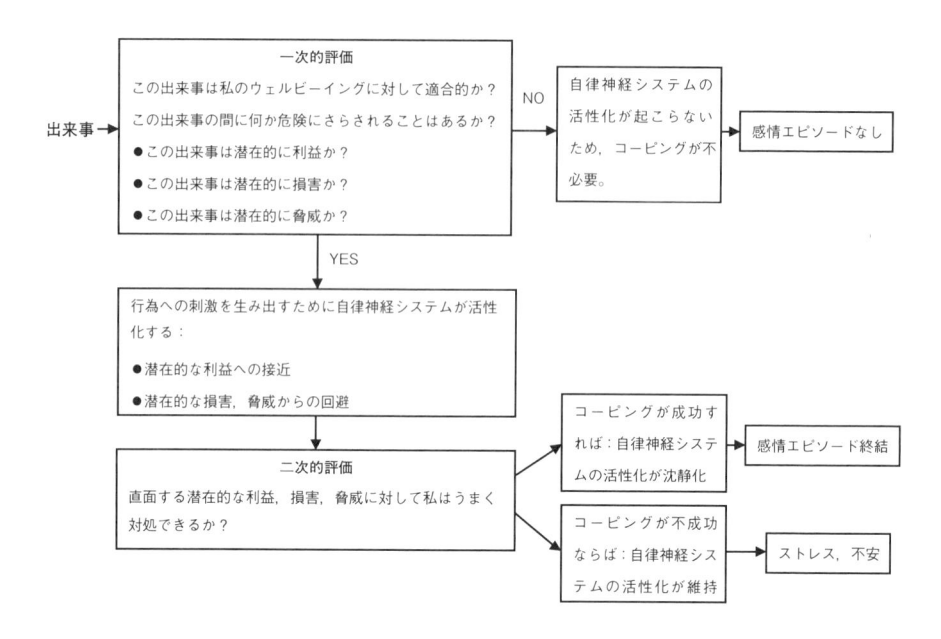

```
                    ┌─────────────────────────────┐
                    │         一次的評価           │
                    │ この出来事は私のウェルビーイング│
                    │ に対して適合的か？           │           ┌──────────────┐       ┌──────────────┐
                    │ この出来事の間に何か危険にさら │   NO      │自律神経システムの│       │              │
出来事 ─────────────▶│ されることはあるか？        │──────────▶│活性化が起こらない│──────▶│感情エピソードなし│
                    │ ● この出来事は潜在的に利益か？│           │ため，コーピングが不│       │              │
                    │ ● この出来事は潜在的に損害か？│           │必要。         │       └──────────────┘
                    │ ● この出来事は潜在的に脅威か？│           └──────────────┘
                    └─────────────────────────────┘
                                  │ YES
                                  ▼
                    ┌─────────────────────────────┐
                    │行為への刺激を生み出すために自律│
                    │神経システムが活性化する：     │
                    │ ● 潜在的な利益への接近       │
                    │ ● 潜在的な損害，脅威からの回避│
                    └─────────────────────────────┘
                                  │
                                  ▼
                    ┌─────────────────────────────┐           ┌──────────────┐       ┌──────────────┐
                    │         二次的評価           │           │コーピングが成功す│       │              │
                    │直面する潜在的な利益，損害，   │──────────▶│れば：自律神経シス│──────▶│感情エピソード終結│
                    │脅威に対して私はうまく        │           │テムの活性化が沈静化│       │              │
                    │対処できるか？               │           └──────────────┘       └──────────────┘
                    └─────────────────────────────┘           ┌──────────────┐       ┌──────────────┐
                                                              │コーピングが不成功│       │              │
                                                              │ならば：自律神経シス│──────▶│ストレス，不安 │
                                                              │テムの活性化が維持│       │              │
                                                              └──────────────┘       └──────────────┘
```

図3−4　認知的評価のプロセス（Reeve, 2009b）

（一次的評価）が，「入試など人生のほんの一側面にすぎない」とその出来事の重要性の認識を低めたり，「不合格という経験自体が長い人生経験では今後の糧となる」と評価自体を変化させたりして意味づけ直すこと（コーピング）ができれば，心が平穏になって安堵し，自律神経システムが沈静化する。しかし，コーピングがうまくいかなければ，将来への不安や後悔の念が高まるなど，自律神経システムの活性化が維持される。この例の場合，悲しみは一次的評価によって，安堵，不安，後悔は二次的評価によってそれぞれ生じる感情だということになる。

1−2　感情の動機づけ機能

（1）動機づけ要因としての感情

　本章の冒頭に記した通り，感情は行動の原因であると同時に結果でもある。また，遂行中の行動を方向づける要因でもある。そのため，感情が動機づけに及ぼす働きを時間軸上で整理すると，以下の三つに大別することができる。すなわち，①感情の経験機能（過去の感情体験がその後の動機づけを規定する働き），②感

情のプロセス機能（目下の感情体験が現在進行形の動機づけを規定する働き），③感情の予期機能（将来体験するだろうと予想される感情が現在の動機づけを規定する働き）である（図3−5）。

例えば，英語の授業でスピーチの課題があって，いざ発表の時にあがってしまって，極度の焦りと緊張で散々の出来だったとしよう。まず，このようなパフォーマンスの最中，その感情体験は動機づけの量（発話の多さなど）や質（発話のスタイルなど）に影響を及ぼすはずである（**プロセス機能**）。また，この英語スピーチの経験は，その後，英語を話すことに対する不安や恥の記憶を常に喚起することになるかもしれない。そのため，英語を話す機会を回避したり，英語の学習自体に対するその後の意欲が低下したりする可能性がある（**経験機能**）[17]。さらに，英語のスピーチではなくても，何か人前で発表したりする可能性がある機会に接すると，焦りと緊張と不安を感じるに違いないと想像し，そのような場を何とか回避しようとするかもしれないのである（**予期機能**）[18]。

このように感情に動機づけの働きがあることは明白であるが，近年の動機づけ心理学では，認知論的アプローチ（2章1）が隆盛で，動機づけ要因としての感情が必ずしも重要視されてきたとは言い難い。それに対して，Izard（1991）は認知論的アプローチの限界を以下のように明快に指摘している。

行動を説明する概念というのは，あなたがしたいこと，計画すること，目標を立てること，それに向かうことを考えることだと信じているかもしれない。しかし，計画とか目標は，そこに情動が注がれていなければ，単に冷たくて空虚な言葉の集りにすぎない。もしあなたが目標をもっていても何も感じなければ，それについて努力することがあるだろうか（イザード，1996; pp. 33-34）。

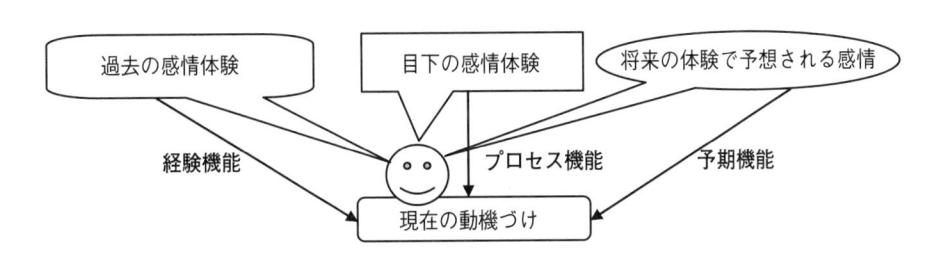

図3−5 感情の三つの動機づけ機能

さらに次のように述べ,「何かを感じる」ことは単に行動について説明するばかりでなく,行動全体のあり方や体験の質をも左右するという事実を指摘する。

> ある人があるときに経験する情動あるいは情動のパターンは,事実上その人がすること,つまり仕事,勉強,遊びのほとんどすべてに影響する。ある課題に強い興味を抱くと,それを深く追求したいと願うし,逆にまたうんざりすれば拒絶したくなる。面白くてわくわくする教科をたくさんうまくこなしている学生と,失敗しないか,落とされないかという恐れが先にあって勉強している学生の教育体験の差を少し考えてみるとよい(イザード,1996; p. 40)。

代表的な認知論的アプローチの一つである達成目標理論(2章2-3)によれば,上記の学生の例は「マスタリー目標」と「パフォーマンス目標(パフォーマンス回避目標)」との比較ということになるであろう。ものごとに熟達することが目標か,自己評価を低めないことが目標かといった冷静な認知的要因によって動機づけの質の違いがそこでは説明されている。それに対して感情論的アプローチでは,「わくわく」するような興味や「びくびく」「ヒヤヒヤ」するような恐れといった感情をクローズアップすることによって,われわれの動機づけ体験がより活き活きと描写されることになるのである。

(2) 誘因理論

動機づけ理論において,感情は動機(motive:1章2-2)を形成する主要な要因として位置づけられてきた。前述の個人的機能及び対人的機能といった感情の持つ働きは,日常生活の中で出会う対象や体験する出来事と感情とが連合することによって,誘因としての価値(**誘意性**:valence／incentive value)が学習され,のちの動機づけを規定するとされてきた。このような感情との連合学習に基づく動機づけの説明は**誘因理論**と総称される。

誘因(incentive)とは,特定の行為に向けて(あるいはそれから離れる方向で)人を引きつけたり反発させたりするような外界の事象を指す(Reeve, 2001)。ただし,その誘意性は個人的な感情体験を通して学習されたものである。例えば,「理科の実験」に対して,それが未体験の子どもは何の感情も抱かない。しかし,小学校,そして中学校と理科の実験の授業を繰り返し体験するプロセスを通して,リョウタ君は楽しい,ワクワクするといったポジティブな感情と連合し正の誘意性を持つ対象として意味づけられるのに対し,ユキコさんにとっては,薬品のにおいが不快だったり,実験レポートの作成が面倒だったりというネガティブな感

情体験と結びついて負の誘意性をもつ対象となるかもしれない。その結果，リョウタ君は理科の実験に積極的に参加しようという意欲が高まるのに対して，ユキコさんは「できれば実験は避けたい」と思うようになるわけである。いわゆる**習慣**は，このような感情の随伴体験の繰り返しによって形成されると考えられている。

以上のことからわかるように，厳密にいうと，誘因それ自体は行動の原因ではない。誘因は主体に状況的手がかりを提供することを通して，心理的なメカニズムを媒介として，行動生起の可能性を規定するのである[19]。

(3) 感情喚起理論

刺激や状況が快，不快の感情と連合することによって，のちの動機づけが規定されるという考え方は，特に**感情喚起理論**と呼ばれている（鹿毛，1997）。McClelland, D. C. はこの理論を基盤として，達成動機づけ理論（4章4-2）を提唱した。

McClelland は，動機（motive）を感情と状況とが連合して形成される個人差を反映した「特性」として位置づけている（McClelland, 1985）。すなわち，過去において快や不快の感情と連合した状況（先行経験）が手がかり（誘因）となって動機は活性化し，その後の動機づけを規定するとした（McClelland, Atkinson, Clark, & Lowell, 1953; McClelland, 1965）[20]。例えば**達成動機**は，人が「卓越さの基準」を内面化し，それによって自分の達成を自己評価し，その結果，ポジティブな感情（快）やネガティブな感情（不快）を抱く一連の心理的プロセスによって発達していくとともに，のちに直面する同様の状況における接近あるいは回避行動を規定する。すなわち，期待（卓越さの基準）と知覚（実際の達成がどうだったのかという認識）とのズレによって生じるのが感情（快―不快）であり，動機とは特定の手がかり（誘因）とそれらの感情とが結びついた結果として学習される「復元された感情の状態」だという。その際，状況は特定の感情を復元する誘因として機能するのである。

例えば，「卓越さの基準」として「サッカーチームでレギュラー選手になる」という目標を持つようになったユウジ君は，実際にレギュラー選手に選ばれればうれしい気持ちがするだろうし，逆に選ばれなければガッカリするであろう。このように卓越さの基準に基づく自己評価によって成功，失敗が判断され，それに応じて異なった感情（快―不快）が体験されることになる。また，このような

感情喚起の体験が積み重ねられることによって，誘因（サッカーチームでの活動）と感情（うれしい／ガッカリ）とが結びつき，その結果として達成動機が発達する。そして，特定の状況において，誘因が達成動機を活性化し，対象に接近する（ユウジ君がサッカーチームでの活動に積極的に参加する）あるいは回避する（ユウジ君がサッカーチームの練習をズル休みする）といった動機づけが生じるというのである。

（4）ポジティブ感情

ポジティブ感情とは，快の感情に区分される諸感情（楽しさ，うれしさ，満足など）の総称である（表3-1）。感情研究においては，これまで心理的不適応とその問題解決が重要視されてきた学史的経緯もあって，ともするとネガティブ感情（不安や怒りなど）に注目が集まりがちだったが，「ポジティブ心理学」（2章注49）の隆盛とともにポジティブ感情にも関心が向けられるようになってきた（Seligman & Csikszentmihalyi, 2000）[21]。

一般に，ポジティブ感情は，接近行動を促進し，行為を維持する。ポジティブな感情体験は環境との関わりや活動への参加を促すため，個人にとっても社会や人類にとっても適応的だという（Fredrickson & Cohn, 2008）。例えば，幸福感のようなポジティブ感情は，他者への援助，他者との会話や協同的な問題解決行動を促すというように，社会的行動に好影響を与えることがわかっている（Isen, 1987）。

Fredrickson（1998）は**拡張―構築理論**（broaden-and-build theory）を提唱し，ポジティブ感情が，当人の「思考―行為のレパートリー」を広げ，持続的な個人的リソースを構築すると主張した。ネガティブ感情が特定の反応態勢を即座に整えるために，思考―行為のレパートリーを狭める傾向があるのに対し，ポジティブ感情の場合，喫緊の状況下に置かれているわけではないこともあり，より広範で柔軟な反応傾向が促される。すなわち，注意や認識の範囲，行動の自由度が広がるのである。例えば，よろこび（joy）は，愉快に過ごす，限界を突破する，クリエイティブになるといった衝動を生み出し，社会的，身体的行動のみならず知的，芸術的な行動をも動機づけるのだという。

また，ネガティブ感情の適応的利点が直接的かつ即時的であるのに対し，ポジティブ感情の場合は，より間接的で長期的だという。ポジティブ感情の体験が繰り返されることによって，適応的に生活していくための身体的，知的，社会的リ

ソース（コンピテンスや良好な人間関係など）が構築される。例えば，興味に触発された探索活動が繰り返されることで知識構造が精緻化され，知性が高められる。また，楽しさや笑顔を特定の他者と共有することがその人（たち）との心の絆を育むことになるのである。

拡張―構築理論では，以上のような拡張，構築によるウェルビーイングの促進プロセスを想定することによってポジティブ感情の適応的な相乗効果を描き出している（図3-6）[22]。

（5）リバーサル理論

現象学的アプローチ（心理的事象の理解のために主観的体験を重視する方法）によって動機づけの理論化を目指したApter, M. J.は，**リバーサル理論**（reversal theory）を提唱している（Apter, 1989; 2001）。例えば，水泳の大会を想像してみよう。飛び込む直前の不安で緊張に満ちた心理状態から，スタート直後には精神と身体が泳ぐ行為へと集中する心理状態へと即座に変化しているに違いない。リバーサル理論では，このように特定の時点を境として，ある心理状態が別の心

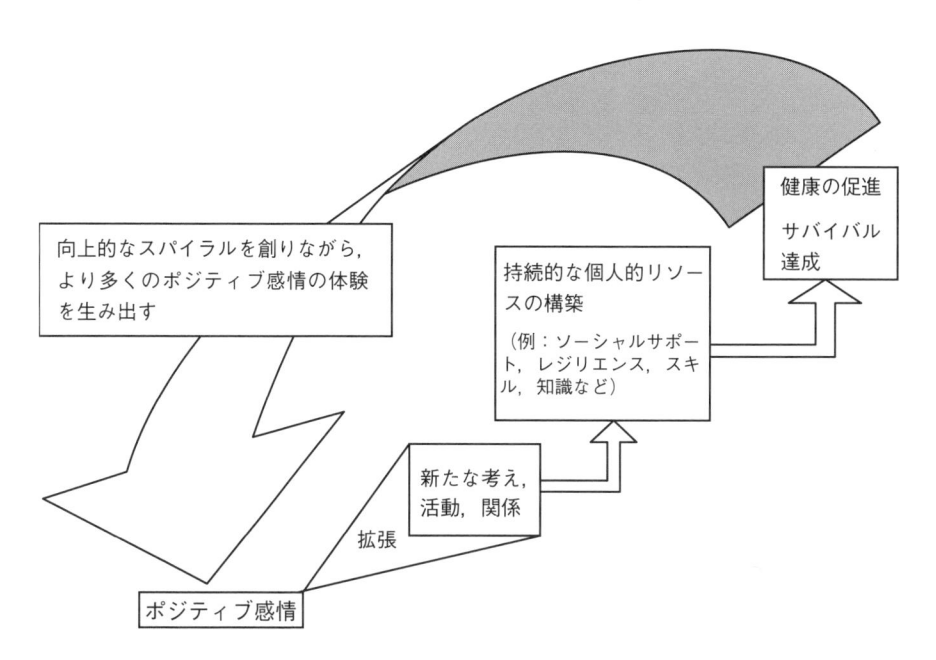

図3-6　ポジティブ感情の拡張―構築理論（Fredrickson & Cohn, 2008）

理状態へと切り替わるという現象（反転：reversal）に焦点を当てて，主に状態レベルの動機づけ（1章2-2）を説明している[23]。

□ メタ動機づけ状態と感情体験

リバーサル理論によれば，主観的体験の四領域にそれぞれ二つの**メタ動機づけ状態**があるという（図3-7）。その四領域とは，①手段―目的（means-ends），②ルール（rules），③処理（transactions），④関係（relationships）であり，四領域には相反する二つの体験がそれぞれ存在する。しかも同じ領域で二つを同時

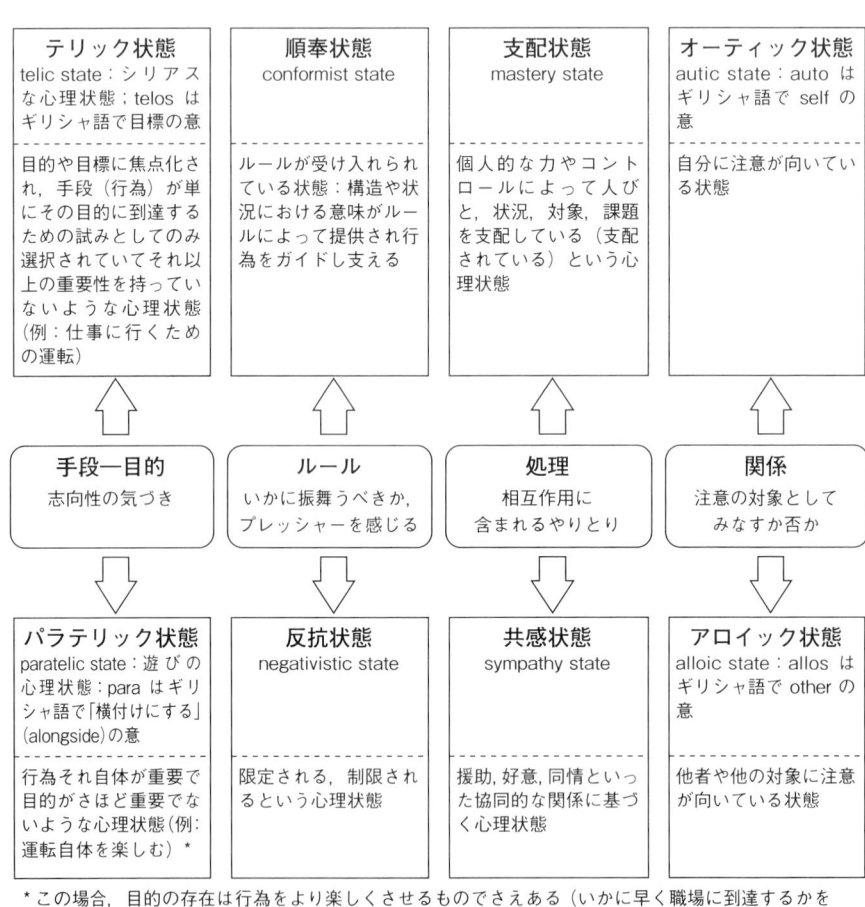

テリック状態 telic state：シリアスな心理状態；telos はギリシャ語で目標の意	順奉状態 conformist state	支配状態 mastery state	オーティック状態 autic state：auto はギリシャ語で self の意
目的や目標に焦点化され，手段（行為）が単にその目的に到達するための試みとしてのみ選択されていてそれ以上の重要性を持っていないような心理状態（例：仕事に行くための運転）	ルールが受け入れられている状態：構造や状況における意味がルールによって提供され行為をガイドし支える	個人的な力やコントロールによって人びと，状況，対象，課題を支配している（支配されている）という心理状態	自分に注意が向いている状態

手段―目的 志向性の気づき	ルール いかに振舞うべきか，プレッシャーを感じる	処理 相互作用に含まれるやりとり	関係 注意の対象としてみなすか否か

パラテリック状態 paratelic state：遊びの心理状態；para はギリシャ語で「横付けにする」（alongside）の意	反抗状態 negativistic state	共感状態 sympathy state	アロイック状態 alloic state：allos はギリシャ語で other の意
行為それ自体が重要で目的がさほど重要でないような心理状態（例：運転自体を楽しむ）*	限定される，制限されるという心理状態	援助，好意，同情といった協同的な関係に基づく心理状態	他者や他の対象に注意が向いている状態

*この場合，目的の存在は行為をより楽しくさせるものでさえある（いかに早く職場に到達するかを工夫する，気分の良い道を選んでドライブする）。

図3-7　主観的体験の四領域と八つのメタ動機づけ状態

に体験することはできず，時と場合に応じて一方から他方へとスイッチ（ジャンプ）する。それは図3-8のように，あたかも図と地の関係が反転するような心理現象であることからリバーサル（反転）理論と命名されているのである。

それぞれのメタ動機づけ状態の背後にはコアとなる欲求（動機づけ的価値：motivational value）があり，それが満足のタイプ（望まれる感情）を規定し，具体的な体験に導くことになる（表3-5）。例えば，テリック状態の背後には達成（achievement）の欲求が存在し，行為それ自体というよりも重要なことを成し遂げているというプロセスや結果に対して満足感を感じたいと思っているため，真剣，本気（serious）といった体験をするのだという。また，共感状態の背後には，愛（love），親切（kindness），思いやり（caring）といった欲求が存在し，感受性や優しさといった感情が希求され，愛情のこもった（affectionate）心理状態を体験するとされている。

表3-5 メタ動機づけ状態の性質（Apter, 2001）

メタ動機づけ状態	コアとなる動機づけ的価値	望まれる感情	体験
テリック	達成	高レベルの重要性（significance）	真剣
パラテリック	楽しみ	低レベルの重要性	陽気さ（playful）
順奉	調和	低レベルの反抗心（negativism）	順応
反抗	自由	高レベルの反抗心	チャレンジ
支配	権力	高レベルの粘り強さ（toughness）	競争
共感	愛情	低レベルの粘り強さ	やさしさ
オーティック	独自性	低レベルの一体感（identification）	自己志向
アロイック	越境（transcendence）	高レベルの一体感	他者指向

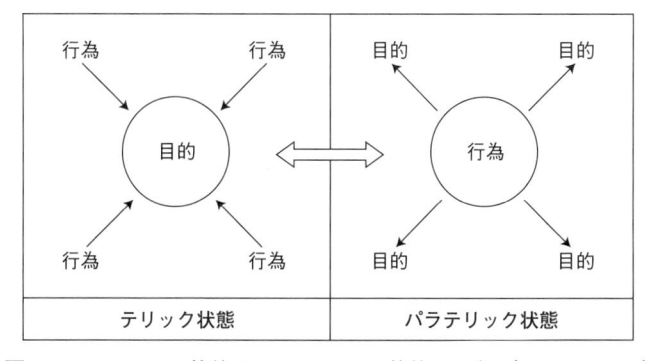

図3-8 テリック状態とパラテリック状態の反転（Apter, 1989）

より具体的に「手段―目的」の領域についてみてみよう。この領域には、シリアスな心理状態である「テリック状態」と遊びの心理状態である「パラテリック状態」という相反する二つのメタ動機づけ状態があるという。**テリック状態**とは、特定の目標を志向する必要性を感じている心理状態を指す。例えば、「平泳ぎで1キロ泳ぎきる」「見知らぬ花を調べるために図鑑をみる」といった場合のように、行為（平泳ぎでの水泳、図鑑をみる）が単にその目的（1キロ泳ぎきる、見知らぬ花を調べる）を達成するための手段としてのみ選択されており、それ以上の重要性を持っていないような心理状態のことである。それに対して、**パラテリック状態**とは現在進行形の行為のある側面とそれに関連する感覚（sensation）を志向する状態（例えば「平泳ぎで水の中を進んでいる感覚を楽しむ」「図鑑を心の赴くままに眺める」など）であり、行為それ自体が重要で、目的がさほど重要視されないような心理状態を指す。

テリック状態とパラテリック状態は一方から他方へと転換するという関係にある。例えば、1キロを目標として泳ぎ始める（テリック状態）うちに、太陽の光にきらきらと輝くプールの水の美しさに気づき、ひんやりとした水の中を進んでいく気持ちのよい身体感覚を楽しむようになる（パラテリック状態）。しかし、しばらくすると1キロ泳ぎきることができるか不安になってあせってくる（テリック状態）かもしれない。テリック状態では「1キロ完泳」という目標が中核にあって活動はそのための手段として位置づいているが、「パラテリック状態」ではむしろ「平泳ぎ」という活動自体が中核となり目標は背景に退いている。このように一方から他方へと心理状態がジャンプすることが、図と地の反転なのである（図3-8）[24]。

□反転の心理的メカニズム

確かにわれわれはこのような心理的反転を体験する。では、なぜ心理的反転が起こるのだろうか。Apter（2001）は反転を引き起こす原因として、①環境（状況、出来事）、②フラストレーション、③心理的飽和（satiation）を挙げている。例えば、達成が求められる状況ではテリック状態が、不公平な出来事を体験すると反抗状態がそれぞれ生じるというように、環境の変化に応じて反転は生じる。また、特定のメタ動機づけ状態でフラストレーションを感じると反転が起こることがある。例えば、真剣にレポートを書こうと努力していても、なかなかうまくいかない（テリック状態）とき、急に気晴らしを求める心境（パラテリック状態）

になるかもしれない。さらに，時間の経過とともに自ずと反転が生じる場合もある。これは同じ体験が続くことによる心理的飽和に基づいているのだという。例えば，のんびりとリラックスしつづける（パラテリック状態）と次第に飽きてきて，ある時点から何かをしようという気になる（テリック状態）はずだ。

また，メタ状態の組み合わせによって多様な感情が体験されるという。すなわち，覚醒の感覚（felt arousal），処理結果の感覚（felt transactional outcome：交渉や会話などによって利益や威信を得たり失ったりする感覚）という二つの感情変数に着目し，前者が「手段―目的」と「ルール」，後者が「処理」と「関係」の領域に関連するとした上で，メタ動機づけ状態の組み合わせ，感情変数，

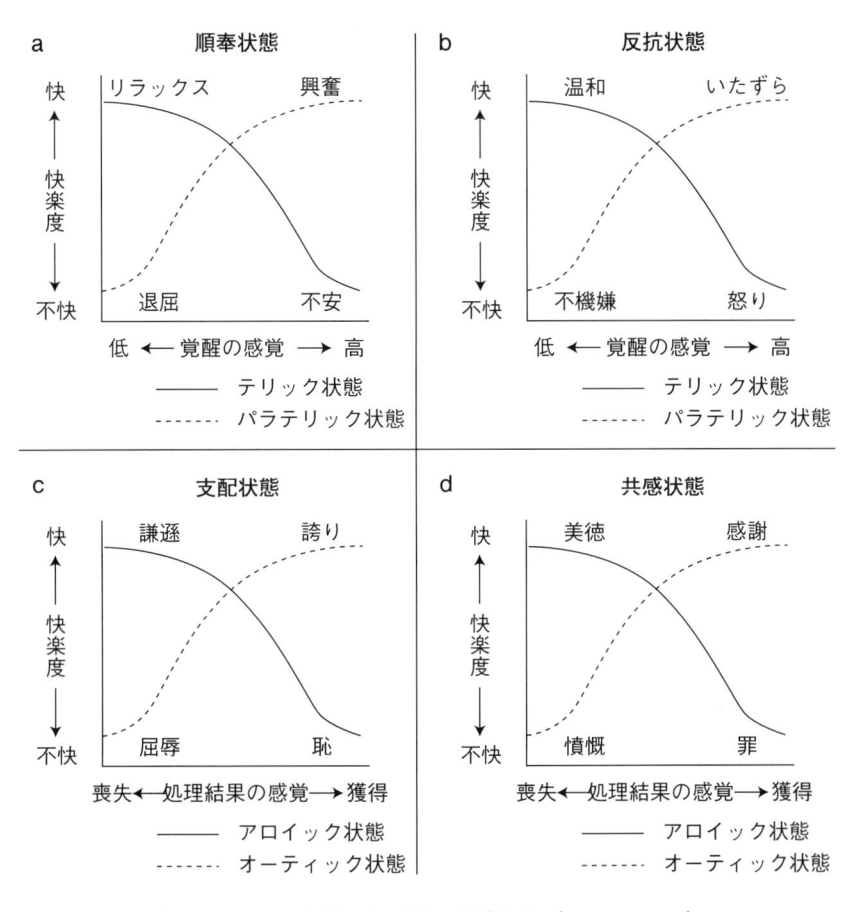

図3-9 メタ動機づけ状態と感情体験（Apter, 2001）

快—不快（hedonic tone）の三つの要因が感情体験を規定するという（図3-9）。
　例えば，覚醒が高まると，テリックかつ順奉状態の場合，感情がリラックスから不安へと変化し，パラテリックかつ順奉状態の場合，退屈から興奮へと変化する（図3-9a）。また，処理結果の感覚が「喪失」から「獲得」へと変化すると，オーティックかつ共感状態の場合，憤慨から感謝へ，アロイックかつ共感状態の場合，美徳から罪へと感情がそれぞれ転換する（図3-9d）。
　図3-9aにおける心理的反転を具体的に説明すると以下のようになるだろう。状況を受け入れる素直な気持ち（順奉状態）でいるマサオ君が自宅で時間を持て余していたところ（パラテリック状態で覚醒が低く「退屈」），友人から電話があり，しばらく会話を楽しむ（パラテリック状態で覚醒が高まり「興奮」）。しかし，電話を切った直後に，明日までに提出しなければならない宿題があったことに気づき，今晩中に仕上げられるか心配になる（覚醒が高いままでテリック状態に変化し「不安」）。そこで手持ちの参考書をあわてて調べてみると，ヒントになることが詳しく書かれていたのでホッとする（テリック状態で覚醒が低下し「リラックス」）。
　実際のわれわれの日常生活では，八つのメタ動機づけ状態の組み合わせによって，多様な感情をダイナミックに体験することになる。例えば，グループでの学習活動で司会役をしているアヤコさんについて考えてみよう。彼女は活動をうまく進めていこうと努力していて覚醒が高く，当初，同時にテリック状態，順奉状態，支配状態，オーティック状態にあって，不安と同時にプライドといった快感情も体験していた。しかし，活動に協力しないタツヤ君の姿をみて処理結果の感覚が喪失し，屈辱といった不快感情を体験したり，協力的なメグミさんの姿をみて支配状態が共感状態へと反転し，感謝の念を抱いたりというように気持ちがダイナミックに変容する。このように刻一刻とした状況の変化に応じて感情は反転する。また，この例からもわかるように，社会的な場面では他者の振る舞いや感情の表出などによって当人の感情が左右され，個人間で複雑でダイナミックな感情の相互作用が現在進行形で起こっているのである。このようにリバーサル理論では，「今，ここ」（here and now）でのわれわれの感情体験の質について「反転」という心理現象に注目しながら理論化し，感情のプロセス機能（図3-5）を解明しているのだといえるだろう[25]。

2　学習意欲に埋め込まれた感情：教室での感情体験

　子どもたちにとって学校はまさに生活の場であり，その日常を通して彼らは多種多様な感情を体験している。とりわけ学業場面では，課題をやり遂げて「満足感」を感じたり，授業に「退屈」したり，テスト前に「不安」になったり，失敗して「落胆」したりと，ポジティブ感情，ネガティブ感情の両面を体験しているに違いない（表3-1）。また，好きな先生の教科自体が得意科目となって自ずと意欲的に学ぶようになるといったことも多い。学校や教室で体験する感情は，このように学習意欲をも規定するのである。

　本節では，学習意欲と密接に関わるこのような諸感情に着目し，それらを概観してみたい。なお，その代表的な研究領域である「興味」，「フロー」，「評価不安」については次節以降でより詳しく扱うことにする。

2-1　達成関連感情：コントロール―価値理論

　学習意欲に関係する代表的な感情は**達成関連感情**（achievement emotions：達成行動や達成の結果に関わる感情）であろう。Pekrun, R. ら（Pekrun, Frenzel, Goez, & Perry, 2007 など）によれば，達成関連感情は，誘意性（valence：快―不快），活性化（activation：活性化―不活性化），焦点（object focus：活動―結果）の三次元によって整理することができるという（表3-6）。例えば，入試に合格するといった目標が達成されると，**結果関連達成感情**（outcome-related achievement emotions）である喜びや誇らしさなどの感情を体験する。また，何かを調べている最中に楽しみを感じたり，講義の途中で退屈したりというように，活動のプロセスでは**活動関連達成感情**（activity-related achievement emotions）が体験されるという。

　Pekrun, Frenzel, Goez, & Perry（2007）は，このような達成関連感情が学習意欲や達成行動に及ぼすダイナミックな影響について包括的に説明するため，**コントロール―価値理論**（control-value theory）を提唱している（図3-10）。これは期待×価値理論（2章1-3）と原因帰属理論（2章4-1）を感情理論として統合したモデルだといえるだろう。

表3-6 達成関連感情（Pekrun, Frenzel, Goez, & Perry, 2007）

焦点	快		不快	
	活性化	不活性化	活性化	不活性化
活動	楽しさ	リラックス	怒り	退屈
			フラストレーション	
結果	喜び	安らぎ	不安	悲しみ
	希望	安堵	恥	落胆
	誇らしさ		怒り	絶望
	感謝			

　この理論で重要なポイントとして位置づけられているのが，現在進行中の活動および過去と将来の結果に関する評価（appraisal）である。現在進行中の活動および将来の結果に関する評価については，価値評価（主観的に重要視しているか）とコントロール評価（達成行動や達成の結果をコントロールしていると感じているか）という二つの評価が，過去の結果に関する評価については原因帰属がそれぞれ達成関連感情を規定するという（前者は図3-10の矢印①，後者は矢印⑦）。

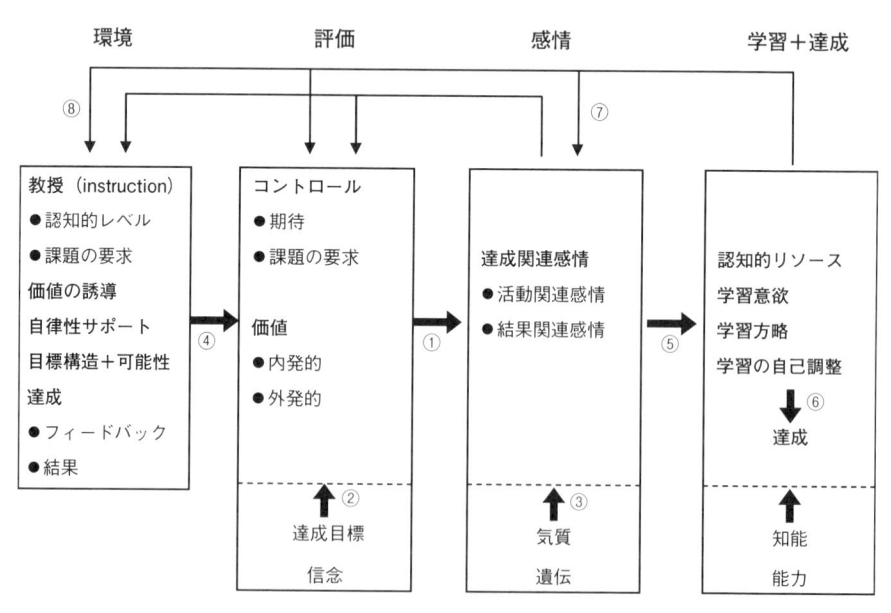

図3-10　コントロール―価値理論
（Pekrun, Frenzel, Goez, & Perry, 2007を一部改変）

価値評価は，内発的価値（活動それ自体を価値づけること）と外発的価値（活動を手段として価値づけること）に大別され，コントロール評価には，因果関係に関する期待，すなわち，行為―コントロール期待（action-control expectation：いわゆる「効力期待」：2章3-3）と行為―結果期待（action-outcome expectation：いわゆる「結果期待」：2章3-2）が含まれる。それらの評価を背後で規定する個人内要因が達成に関する目標や信念（図3-10の矢印②）であり，環境要因が教室での相互作用，社会的な環境，社会―歴史的文脈である（図3-10の矢印④）。

一方，達成関連感情は，以上のような評価を媒介とした影響ばかりでなく，気質，遺伝といった個人内要因によっても規定される（図3-10の矢印③）。また，この理論では，達成関連感情が学業への従事や学習成果に及ぼす影響（図3-10の矢印⑤，⑥）にも焦点が当てられており，さらにその学習成果が環境や感情に影響を及ぼすというサイクル（図3-10の矢印⑦，⑧）も想定されている。

価値評価とコントロール評価がどのような達成関連感情を具体的に引き起こすか（図3-10の矢印①）について表3-7に示したので参照されたい[26]。

例えば，オサム君が「リレーの選手に選ばれた」と伝えられた（達成結果のフィードバック）としよう。オサム君がこの結果を自分自身の努力や能力に原因帰属す

表3-7 コントロール―価値理論：コントロール，価値，達成関連感情に関する基本的な考え（Pekrun, Frenzel, Goez, & Perry, 2007）

焦点	評価		感情
	価値	コントロール	
結果／将来	ポジティブ（成功）	高	予期的うれしさ
		中	希望
		低	絶望
	ネガティブ（失敗）	高	予期的安堵
		中	不安
		低	絶望
結果／回顧	ポジティブ（成功）	帰属と無関連	うれしさ
		自分自身に帰属	誇らしさ
		他者に帰属	感謝
	ネガティブ（失敗）	帰属と無関連	悲しみ
		自分自身に帰属	恥
		他者に帰属	怒り
活動	ポジティブ	高	楽しさ
	ネガティブ	高	怒り
	ポジティブ／ネガティブ	低	フラストレーション
	なし	高／低	退屈

ると「誇らしさ」，先生や先輩といった他者の指導や応援のおかげだと考えるなら「感謝」の気持ちを持つ。このように選手に選ばれたことを知った時の感情は，過去の結果に関する評価（原因帰属）に規定される。また同時に，オサム君が走ることに自信を持っていたり，頑張ればチームに貢献できると思っている（将来の結果に関するコントロール評価が高い）なら「予期的なうれしさ」を感じるのに対し，リレーで活躍するなんて無理だと思っている（将来の結果に関するコントロール評価が低い）なら「絶望」を感じる。そして図3-10に示されるように，このような達成関連感情はその後の学習（例えば，リレーのスキル）や達成（大会での実際の順位）を規定し，さらには将来の感情やその評価のあり方（走る楽しさ，スポーツに対する価値づけや期待など），当人をめぐる環境のあり方（教師のオサム君への期待やサポートなど）に対しても中長期的影響を及ぼすことになるのである。

2-2 道徳関連感情

　学校教育場面では，達成それ自体に関する感情のみならず，「友人から拒絶されて悲しい」といった**親和関連感情**（affiliative-related emotions）や「友人に馬鹿にされてくやしい」「失恋した友達に共感する」などの**他者指向的感情**（other-directed emotions：他者に向けられる感情）が，子どもたちの学校生活への適応をめぐって重要な役割を演じている（Weiner, 2007）。

　例えば，社会的な場である学校や教室では**道徳関連感情**（moral emotions）が体験されているに違いない。原因帰属理論（2章4-1）の観点からWeiner（2007）は，結果に関する統制可能性の有無と自己指向的／他者指向的感情の区別に着目し，教育場面で生起する道徳関連感情について表3-8のように整理している。

　学習意欲に対する感情の働きについては，達成関連感情だけでは十分に説明することができない。ほとんどの場合，学びは社会的な場における営みとして成立し，学習意欲は対人関係や社会的環境の影響を必然的に受けることになるからである。例えば，同情を感じて友人に勉強を教えてあげようと思ったり，教師が特定の生徒をひいきすることに対する怒りが勉強しようとする意欲を削いだりするなど，友人関係や社会規範などとの関連で体験する道徳関連感情が，直接的，間接的に学習活動に対する動機づけに影響を及ぼしているのである[27]。

表3-8 道徳関連感情（Weiner, 2007より作成）

統制不可能な帰属因に関係する道徳関連感情	
他者指向的感情	
ねたみ（envy）	自分にはない他者の優越性（例えば，美しさ，知性のように努力しても手に入らないもの）を強く欲する際に生じる。相手への反感を生起させ，反社会的行動（攻撃など）を誘発する。
軽蔑（scorn／contempt）	他者が「できない」ことで生じる。反社会的行動（いじめなど）を誘発する。
同情（sympathy／pity）	統制不可能な原因によって窮地に陥っている他者に対して感じる。向社会的行動（援助など）を誘発する。
自己指向的感情	
恥（shame）	自分の欠陥が他者に露呈されることで生じる。事態からの逃避を促す

統制可能な帰属因に関係する道徳関連感情	
他者指向的感情	
敬服（admiration）	統制可能な行動（懸命な努力など）による価値のある成功に対して生じる。肯定的な他者の反応（社会的承認など）を引き出す。
怒り（anger）	ある「罪」や「違反」に対する当人の責任に関する判断（「それ以外のやり方もありえたし，そうすべきだった」という信念に基づく価値判断）によって生じる。
感謝（gratitude）	親切な行為を受けたことに対する安堵感を伴った認識によって生じる。返礼としての行為を促す。
嫉妬（jealousy）	最愛の人からの愛情の受け手であるという立場が他者に取って代わられてしまうのではないかという恐れを感じた際に生じる。他者の非難といった行為に関連する。例えば，優等生が転校してきて，好きな担任の先生に気にかけてもらっているという座を奪われるのではないかと恐れる。
自己指向的感情	
罪悪感（guilt）	悪いことをした責任を自認することによって生じる。改心を促す。
憤慨（indignation）	危害に関する統制可能性に関連し，危害を及ぼす人に対して責任を認知した際に道徳的な観点から生じる。
後悔（regret）	もし，よりよい選択をすれば，結果はもっとよかったはずだと悟ったときに感じる。単なる落胆（disappointment）とは異なり，当人の責任性の認知が関与している。
他者の不幸を喜ぶ（schadenfreude）	他者の苦境や不幸によって喜びを感じること（「他人の不幸は蜜の味」）。先行する要因として，ねたみ，社会的比較，それだけの報いに値することが存在する。例えば，不正（報いに値すること）を行ってクラストップ（社会的比較）の成績をとった生徒（ねたみを生じさせる）が，次の試験で失敗した際に，他の生徒はこの感情を感じるだろう。

2-3 達成目標と感情

　達成課題に直面すると，人は基本的にそれを挑戦（challenge），あるいは脅威（threat）として解釈する。挑戦と解釈した場合，熱意（eagerness），希望（hopefulness）といったポジティブな予期的感情を，脅威と解釈した場合，恐れ（fear）や不安（anxiety）といったネガティブな予期的感情をそれぞれ体験する（Elliot & Pekrun, 2007）。また，接近目標はポジティブな可能性，回避目標はネガティブな可能性に焦点を当てるため，マスタリー目標を持っている場合，挑戦に関連した感情を，パフォーマンス回避目標を持っている場合，脅威に関連した感情をそれぞれ体験する一方で，パフォーマンス接近目標についてはそのような明確な傾向性がみられないことが明らかになっている（McGregor & Elliot, 2002）。このように感情研究を達成目標理論（2章2-3）と統合することによって動機づけを説明しようとする一連の研究アプローチがある。

　Linnenbrink（2007）によれば，われわれは基本的に目標に近づいていく達成のプロセスにおいて「気持ちが弾むような喜ばしい気持ち」（elation）を体験し，うまく進行していない際には「悲しさ」（sadness）を感じるが，マスタリー目標とパフォーマンス目標では，その感情体験が異なっているという。マスタリー目標の達成に近づいているときには，その評価基準が改善や学習そのものであるた

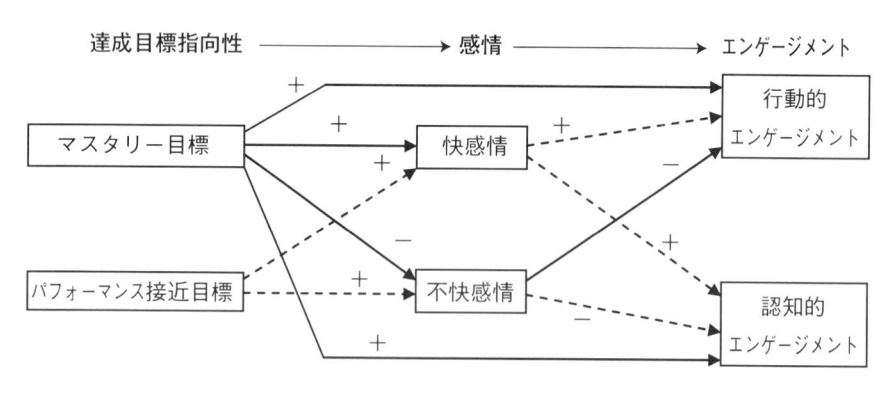

原注）実線は一貫して実証されてきた結果を，点線は必ずしも十分に実証されてはいない一般的結果をそれぞれ示している。
訳注）＋は正の影響（高める効果），－は負の影響（低める効果）を意味する。

図3-11　達成目標が感情とエンゲージメントに及ぼす影響（Linnenbrink, 2007）

め，より大きな快を感じる。そして進歩が不十分であっても，それを努力不足のためだと解釈し，強い不快な感情は抱かない。自分自身の能力評価の反映だと考えないからである。それに対して，パフォーマンス目標の場合，他者との比較という相対基準が用いられ，限られた人のみ「成功」することになるため，必ずしも十分に進歩したと実感することができず，不快な気持ちを体験しがちになる。また，能力を証明すること自体が目的となっているので，「自己」に対する感覚が敏感になり，不安が喚起されやすくなる。自分の高い能力を示せたと信じることができるほどの十分な達成を成し遂げた者だけが，喜びと誇らしさを体験できるのだという。

　以上の考え方を踏まえ，Linnenbrink（2007）は，快―不快の感情がエンゲージメント（1章1-2）に及ぼす影響に関する統合モデルを提案している（図3-11）。そこには達成目標の違いが感情を媒介として行動に異なった影響を及ぼす可能性が示唆されている。とりわけ，マスタリー目標が快感情を高めると同時に不快感情を低減させ，直接的，間接的にエンゲージメント（特に，行動的エンゲージメント）を向上させるという[28]。

3　興味

3-1　興味とは何か

(1) 対象特殊な動機づけ現象

　「興味がある」「興味深い」「興味が惹かれた」など，われわれは，動機づけ現象を説明するために「興味」という言葉を日常的に使っている。**興味**（interest）とは，ある特定の対象に注意を向け，それに対して積極的に関与しようとする心理状態を意味する用語である。例えば，毎晩，寝る前に熱心にミステリー小説ばかり読んでいるマサル君について「ミステリーに興味がある」とわれわれは判断するだろう。誰から強制されるわけでもなく継続的に，しかも熱心に読書しているマサル君の姿や，彼が数ある小説ジャンルの中から特にミステリーを選んでいる事実からそのように推測するのである。つまり，興味は，外的なプレッシャーがない状況下で特定の選択を行う時間的に安定した行動パターンとして顕れ，特

定の活動に対して自発的に関わろうとする時間や頻度に反映されるのである（Rust, 1977）。このように興味とは，ある人が注意と集中力を投入することで特定の対象に対する積極的な相互作用（specific person-object relationship：Krapp, 2002）が生じている間のユニークな心理状態を指す動機づけ要因だといえる（Hidi, 2006）。

とりわけ，動機づけ概念としてのユニークな特徴は対象（内容・領域）特殊な心理現象を記述している点にある（Krapp, 2005; Schiefele, 2009）。前述のマサル君にとってはあくまでも「ミステリー」というジャンル自体に意味がある。「歴史小説」や「伝記」といった他のジャンル，あるいは読書活動一般といったより抽象的な枠組みによって彼の動機づけを説明することはできない。興味の本質は，特定の内容や領域への「こだわり」にあるからである。つまり，興味とは「学習内容・領域と向き合う意欲」（領域レベルの動機づけ：1章2-2）を直接的に説明する概念であり，学習内容それ自体に着目した概念だという点に，興味という学術用語の持つ独自性を見出すことができるのである。

一方，興味は，人と対象の相互作用，すなわち，特定の対象と特定の個人とのいわば「出会い」によって引き起こされる極めて特殊で微妙な現象でもある。興味とは，人の欲求と対象のアフォーダンス[29]とのマッチングによって生じる心理状態なのである（Deci, 1992）。例えば，ミステリーを楽しみたいという欲求を持つマサル君が，ミステリーの情報を提供する機会や場（例えば，本屋，映画広告，テレビ番組など）に出会った際に彼の興味が立ち現れることになる。人の欲求もアフォーダンスも変動的であるために，興味には，現在進行形の日常生活の中で顕れては消えていくダイナミックで不安定な心理現象（状態レベルの動機づけ：1章2-2）だという特徴がある。

心理学において，興味は感情の一種として主に位置づけられてきた。すなわち，興味とは安全な状況下で，新奇性や変化に直面したり，可能性の感覚を抱いたりする際に生じる情動であり，われわれが最も頻繁に体験する基本情動の一つだとされている（Izard, 1977）[30]。また，興味は焦点化された注意とポジティブな気持ち（positive feeling）から成る「好き」（liking）という感覚（Hidi & Renninger, 2006）であり，近年ではポジティブ感情（3章1-2）の一つとして分類されることも多い[31]。

(2) 学習意欲としての興味

　学習意欲という観点から注目すべきなのは、興味が、①探究活動を促す認知的な機能と一体化した「状態レベル」の動機づけ現象であると同時に、②「領域レベル」の動機づけの主要要因としても位置づけることができるという点であろう。

　まず①に関しては、創造性、学習、好奇心、コンピテンスと密接に関連する情動が興味であり (Silvia, 2006)、しかも興味は、注意、目標といった認知変数、洞察的アプローチ (deep approach：4章3-4) といった認知プロセス、特定の学習内容に対する学習持続時間などを媒介して学習成果の質を高めることが先行研究によって明らかにされている (Hidi & Renninger, 2006 など)。つまり、興味には、特定の内容や領域に対する学習活動を生起させたり方向づけたりする動機づけ機能があり、興味に基づく活動は、注意、集中、粘り強さといった特徴を持ち、知識の獲得や価値認識の形成を促進するのである (Hidi, 1990)。もちろん興味に基づく多種多様な行動は原則的に賞罰とは無関係で自発的なものばかりである。その意味において興味に基づく行動は本質的に「主体的」であり、これまでも内発的動機づけ (4章3-2) の中核概念として位置づけられてきた。また、エンゲージメント (1章1-2) を説明する要因の一つとして理解することも可能で、その点からも興味に学習のプロセスや成果の質を高める心理機能があることが認められるのである。

　②に関しては、特定の領域に対する興味の発達がキャリア形成など当人の成長や生き方を規定する重要な要因であり、創造性を発揮させ、知性を培い、人間的成長の基盤になるとされている (Fredrickson, 1998)。つまり、興味は動機づけや学習、パーソナリティなどの発達に影響を及ぼす領域・内容特殊な個人差要因 (後述の「特性興味」) なのである。元来、興味には個人差 (人によって興味が異なること) や集団差 (男女差のようにグループによって興味が異なること) があると考えられており、例えば、「男の子だから乗り物のおもちゃで遊ぶだろう」というように、特定の個人や集団の行動を予測する根拠とされる場合も多い。一方、興味の発達は個人内要因のみによって規定されているわけでもない。当初、全く関心がなかった事柄に対して、環境が提供する情報 (例えば、授業中の教師による雑談) がきっかけとなって興味が芽生えるといったことも多い。このように興味は、個人と環境の相互作用によって発達していく動機づけの個人差であり、ある程度安定した特性として位置づけることができよう。

　以上のことからわかるように、興味も他の感情と同様に、心理的な状態 (状態

興味）と個人の特性（特性興味：但し，領域レベルの動機づけ要因）の二水準で把握することが可能である（Hidi, 2000）。図3-12に，状態興味，特性興味（内的条件），状況や環境の性質（外的条件），動機づけ的効果の相互関係を示したので参照されたい[32]。

3-2 状態興味

(1) 状態興味のメカニズム

状態興味（psychological state of interest）とは，あまり努力を必要とせずに焦点の定まった持続的な注意が注がれるといった一時的な心理状態のことで，そこには楽しみ（pleasure）と集中（concentration）の感覚が伴われ，動機づけを高める働きがある（Krapp, Hidi & Renninger, 1992）。また，それは内的条件と外的条件の相互作用によって生じるとされている（Hidi & Baird, 1986; 1988；図3-12）。内的条件とは，性格，態度，一般的志向性といった個人差であり，とりわけ重要な要因として後述の特性興味（3章3-3）が挙げられる。一方，外的条件とは，特定の刺激や条件を含んだ状況要因（文脈／状況の性質：課題や活動な

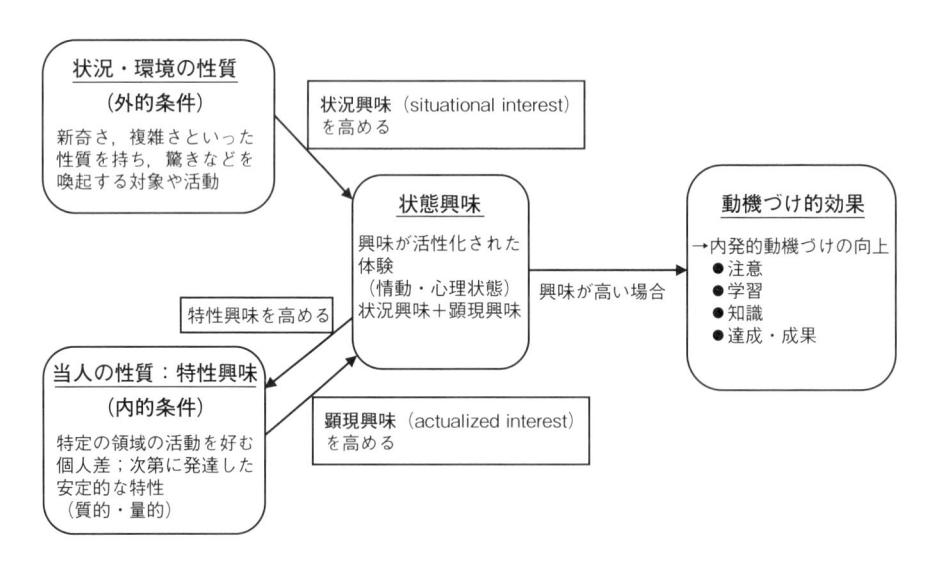

図3-12 興味，状況，動機づけ的効果の関係
（Krapp, Hidi, & Renninger, 1992, Schiefele, 2009, Reeve, 2009b より作成）

どに内在する刺激特性や教育的・社会的要因）を指す。とりわけ，対象の新奇さ（novelty），複雑さ（complexity），曖昧さ（uncertainty），不一致（conflict）の四つは，対照変数（collative variables）と呼ばれ，興味が喚起される先行要因として位置づけられている（Berlyne, 1960；Silvia, 2006：4章3-2，5章2-2）。環境にある特定の対象（例えば文章，映画など）の刺激特性（新奇さ，複雑さ）によって引き起こされる興味への効果は比較的短期で，このメカニズムは基本的に全ての人に共通していると考えられている。例えば，ベストセラー小説の面白さなど，多くの人に共通だと考えられる外的要因の特徴（interestingness）は後述のように「テキストベースの興味」と呼ばれている（Hidi & Baird, 1988）。ミステリーの「どんでん返し」などは，その一例であろう。このような対象自体の特徴（例えば，文章の内容）だけでなく，教育的な条件（例えば，授業の教育方法）や社会的な関係（例えば，友人や教師との関わり方）なども状態興味を規定する外的要因に含まれる[33]。

　以上のことから，状態興味は，内的条件（主に特性興味）によって生起する**顕現興味**（actualized interest：活性化された特性興味）と，外的条件（環境の刺激特性）によって引き起こされる**状況興味**（situational interest）とに区別できるという（Silvia, 2006）。例えば，そもそも歴史に興味を持っている生徒が歴史上の人物やその時代について熱心に調べている心理状態が顕現興味であり，教師が授業中に紹介した歴史上の人物に関するエピソードに興味が惹かれている状態が状況興味であるといえる[34]。但し，実際には両者を厳密に区別することは困難である（Schiefele, 2009）。状態興味が生じる原因は内的，外的の両方であることがほとんどであるし，そのいずれかに特定することは事実上不可能だからである。

（2）テキストベースの興味

　興味理論は，「テキストを読む」という活動に焦点を当てた研究（text-based interest の研究）を中核として発展してきたという経緯がある。とりわけ，状況興味（図3-12）の理論はその一連の研究に基づいて進展してきたといっても過言ではない（Schiefele, 2009）。そこでは主に二つの問題，すなわち，①どのような要因がテキストへの興味を引き起こすか，②興味が学習の認知的プロセスにどのような影響を及ぼすかが追究されてきた（Silvia, 2006）。

　①に関して，Silvia（2006）は感情の認知的評価説（3章1-1）をベースとして，テキストの性質について二つの評価要因（components of interest appraisal），

すなわち，新奇さや複雑さの評価及び理解能力の評価という観点から分析し，興味を喚起するテキストの性質を表3-9のように整理している。

表3-9　興味を喚起するテキストの要素（Silvia, 2006）

新奇性―複雑性の評価	理解能力の評価
● 迫真さ（vividness）	● 理路整然性（coherence）
● 意外さ（surprisingness）	● 理解の容易さ（ease of comprehension）
● 予期しないこと（unexpectedness）	● 先行知識（prior knowledge）
● 先がどうなるかわからないこと（suspense）	● 具体性（concreteness）
● 人を引きつけるテーマ（死，権力など）（engaging themes）	● 読者との関連性（readers' connection）
● 感情に訴えること（emotiveness）	● 有意義性（meaningfulness）
● イメージ形成（imagery）	● シンプルな語彙（simple vocabulary）
● 筆者の「声」（author voice）	● 登場人物の識別・同定（character identification）

②に関しては，興味によって学習が促進されることが多くの先行研究によって示されてきた。これは興味が洞察的アプローチ（deep approach：4章3-4）を促すためだと考えられている。すなわち，退屈な気持ちで読解活動をするとテキストの表面的な側面に焦点が向けられがちなのに対して，興味を持って取り組む場合はテキストの意味に着目するようになり，情報を統合して解釈しようとする動機づけが働くため，理解が促進されるのである（Schiefele, 1999）。興味とは，努力を伴わずに自動的な注意が対象に注がれる心理活動（行為，思考，観察など）であり，その注意こそが興味と学習を媒介する変数なのだといえるだろう（Hidi, Renninger, & Krapp, 2004）[35]。

3-3　特性興味

特性興味（individual interest）とは，特定の領域に対する興味の傾向性（Renninger, 2000），すなわち，特定の対象，出来事，アイデアなどに専心し，その内容に対してアプローチする活動に何度も取り組むような持続的な傾向性であり，時とともに発達していく個人の安定的な特性としての興味の側面（Hidi, 2006）を指す。その概念化については，感情―評価傾向（affective-evaluative orientation）としてとらえるアプローチと，興味の発達の程度を質的に特定しようとするアプローチの二つがある（Schiefele, 2009）。

（1） 感情—評価傾向

　興味は，感情に関連した興味（feeling-related interest）と価値に関連した興味（value-related interest）とに区別できるという（Schiefele, 1991）。感情—評価傾向とは，後述するような感情あるいは価値に関連した誘意性（valence：3章1-2）の信念体系（Schiefele, 2001）であり，特定の内容領域に関する感情（興奮，フローなど）や個人的な重要性を意味する。例えば，「ミステリーを読むことは楽しいし，私の息抜きとして大切な趣味だ」と考えていることが特性興味だということになる。また，感情に関連する側面はより無意識なレベルで，価値に関連する側面はより意識的なレベルで行動に影響すると考えられている（Krapp, 2002）。

　Schiefele（2001）は，認知的観点から特定の対象と評価的な属性（attribute）の連合（association）を特性興味としてとらえ，特定の知識内容領域（対象）と誘意性信念（属性）との関係によって興味形成のメカニズムを説明している（図3-13）。評価的な属性には感情関連誘意性信念（feeling-related attribute）と価値関連誘意性信念（value-related attribute）の二種類があり，前者は対象によって引き起こされる感情（興奮など），後者は対象に対する個人的な意義づけ（自己実現など）をそれぞれ意味している。例えば，スキーの体験によるワクワクした感情によって対象（スキー）と感情関連誘意性（興奮）の連合が，サイエンスの勉強が将来のキャリア形成として当人に意義づけられることで対象（サイエンス）と価値関連誘意性（自己実現）の連合がそれぞれ促され，より安定した特性興味が形成されるのだという。このような特性興味は，知識の量やポジティブな感情，価値の認識などと関連しながら個人が持つ価値体系や自己概念に組み込まれ，統合的に発達していくと考えられている（Krapp, Hidi & Renninger, 1992）。

　個人差としての興味についてはこれまでに多くの測定尺度が開発されてきた[36]。例えば，特性興味は**職業興味**として捉えることもでき，職業興味検査（Vocational Preference Inventory: VPI）によって測定可能だという。個人のパーソナリティタイプと職業のタイプの一致が適合状態だとする人間—環境適合理論（P-E fit theory）に基づくRIASECモデル（六角形モデル：Holland, 1973）によれば，個人は六つのパーソナリティタイプ，すなわち，現実的（realistic），研究的（investigative），芸術的（artistic），社会的（social），冒険的（enterprising），慣習的（conventional）に分類でき，これらをこの順番でそれぞれを頂点とする正六角形に布置した際，近接したタイプ同士の関連性が高いとされた[37]。

このような特性論が社会心理学的な態度論（1章1-2）と結びつくと，興味は個人特殊的な志向性，価値づけ，行為可能性への気づきなどを表すものとして位置づけられ，自由な状況下での個人の行為の目標カテゴリーをそこから理解できるのだという。また，人と興味の対象との長期間の結びつきは，個人が持つ価値の体系や自己概念に組み込まれて統合化されるという（Fink, 1991）。以上のような考え方に至ってはじめて，特性興味は領域レベルを超え，特性レベルの動機づけ要因（行為への一般的な傾向性：1章2-2）を意味することになる。

（2）興味発達の四局面モデル

一方，興味の発達の程度を質的に位置づけようとする代表的な理論としてHidi, S. と Renninger, K. A. による考え方（Renninger, 2000 など）を挙げることができる。彼らによれば，一般に興味は「惹きつけられる局面」(catch phase) から「維持される局面 (hold phase)」へと発達していくという（二局面モデル：Hidi & Baird, 1988; Mitchell, 1993）。これは状態興味が特性興味へと発達する道筋を大まかに示した考え方だといえる。興味発達の初期段階は，注意の焦点化とポジティブ感情（positive feeling）に特徴づけられた感情的な側面が優位であるのに対し，より進んだ段階ではこのような感情的側面に加え，価値の認識形成や

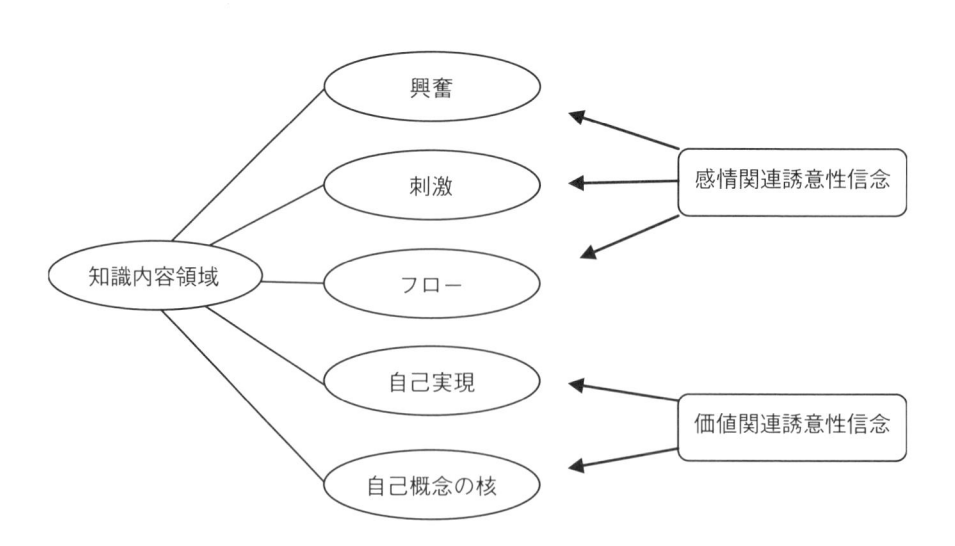

図3-13　認知的観点からみた特性興味（Schiefele, 2001）

知識の蓄積といった認知的側面も特徴的になってくる（Hidi, & Renninger, 2006）。

この二局面モデルをより精緻化したものが**興味発達の四局面モデル**（the four-phase model of interest development：Hidi, & Renninger, 2006）である（表3-10）。このモデルには状況興味（3章3-2）が特性興味の発達を促すという前提があり，環境によって状況興味が誘発され（triggered），特性興味へと至る道筋が描かれている[38]。

表3-10　興味発達の四局面モデル（Hidi, & Renninger, 2006 より作成）

■**第一局面：状況興味の誘発**
感情的，認知的プロセスにおける短期間の変化によって興味が引き起こされる。
例）ピアノを弾いておもしろいと感じる。
- 意外な情報，内容・対象との個人的な関連性／適切性といった環境特性が「引き金」になる。
- 外的なサポートが存在することも多い。
- 教育環境（グループワーク，コンピュータ，パズルのような課題など）に誘発されうる。

■**第二局面：状況興味の維持**
注意が持続的に対象に向けられ粘り強く取り組む。このような心理状態が再び生じる。
例）ピアノを弾くのはおもしろい。
- 課題関与，個人的関与による意味づけを通して興味が持続する。
- 外的なサポートが存在することも多い。
- 教育環境（プロジェクト学習，協同的グループワーク，個別指導など）が寄与しうる。

■**第三局面：特性興味（individual interest）の発現**
状態興味に加え，特定の内容領域・活動に対して繰り返し取り組もうとする安定的な傾向性が現れる。
例）私はピアノを弾くことに興味がある。
- ポジティブ感情，知識と価値づけの蓄積に特徴づけられる。
- 基本的に自己生成的（self-generated）であるが，外的なサポート（モデルとしての他者，チャレンジする機会の提供，他者からの励ましなど）も有益である。
- 教育環境が寄与しうる。

■**第四局面：特性興味が発達した状態**
状態興味に加え，特定の内容領域・活動に対して繰り返し取り組もうとする安定的な傾向性が確立する。
例）私はピアニストである。
- ポジティブ感情と（第三局面以上の）知識と価値づけの蓄積に特徴づけられる。
- 基本的に自己生成的（self-generated）であるが，外的なサポート（モデルとしての他者など）も有益である。
- 教育環境（知識や技能を獲得するための相互作用やチャレンジを含むような機会の提供）が寄与しうる。

4 フロー

4−1 没頭するという体験

　われわれは何かに没頭しているとき，独特な心理状態を体験する。例えば，時を忘れて読書しているとき，神経を集中させてスポーツをしているとき，夢中になって友達と会話しているとき，われわれはその活動にのめり込んでいる。そのような心理状態を Csikszentmihalyi, M. は「フロー」と呼んだ。すなわち，**フロー**（flow）とは「自然に気分が集中し努力感を伴わずに活動に没頭できる」といった，目標と現実とが調和した心理状態を指し，その際，活動はなめらかに進行して効率的であるばかりでなく，当人の能力を伸ばす方向に向けて行為が発展していくのだという。近年はポジティブ心理学（2章注49）の核となる概念の一つとして位置づけられるようになっている[39]。

　元来，フローとは，「遊び」のような内発的動機づけ（4章3−2）に基づく行為を主観的な体験として描き出す中で見出された心理現象であるが，現在では「遊び」であれ「仕事」であれ，条件が整いさえすればフローを体験できるとされている。フローの構成要素（フロー体験の特徴と生起条件）を表3−11に示したので参照されたい。

表3−11　フローの構成要素（Kawabata & Mallett, 2011 等より作成）

フロー体験の特徴
- 行為―意識への没入：活動に深く没頭しているため，行為が自発的，自動的に生起する。
- その場の課題への集中：現在していることに対して神経を集中している。
- コントロールの感覚：状況に対処可能であるという感覚がある。
- 自意識の喪失：自分自身について気がかりに感じたり，心配したりすることがない。
- 時間感覚の変容：時間が経過する感覚が歪められる（通常，あっという間に過ぎる）。
- オートテリック体験：その活動をすること自体に価値を感じる。

フローの近接条件*
- 挑戦―スキルバランス：現在の能力に見合ったチャレンジをしていると感じる。
- 明確な目標：何をすべきかを明確に感じる。
- 明快なフィードバック：自分自身の行為に関する明確な即座のフィードバックがある。

*それが満たされるとフロー状態になるという条件

4-2　フロー体験のダイナミズム

「フロー理論」（Nakamura & Csikszentmihalyi, 2002 など）によれば，われわれの心理状態は，「知覚された挑戦（challenge）レベル」と「知覚された技能（skill）のレベル」に規定されるという。そして機会が提供する挑戦レベルと自分の技能レベルをそれぞれどのように知覚するかという組みあわせによって，われわれの体験は八種類の心理状態に区別される（図3-14）。

能力と機会の間にハイレベルなバランスが保たれている一種の均衡状態にあるときにわれわれはフローを体験する。例えば，急斜面（ゲレンデA）をスキーで滑るという困難度の高い機会にマッチしたハイレベルな能力を持っていると知覚している場合，両者はバランスがとれていて当人はフローを体験することになる。しかしこのバランスは安定したものではなく，均衡状態が崩れると他の心理

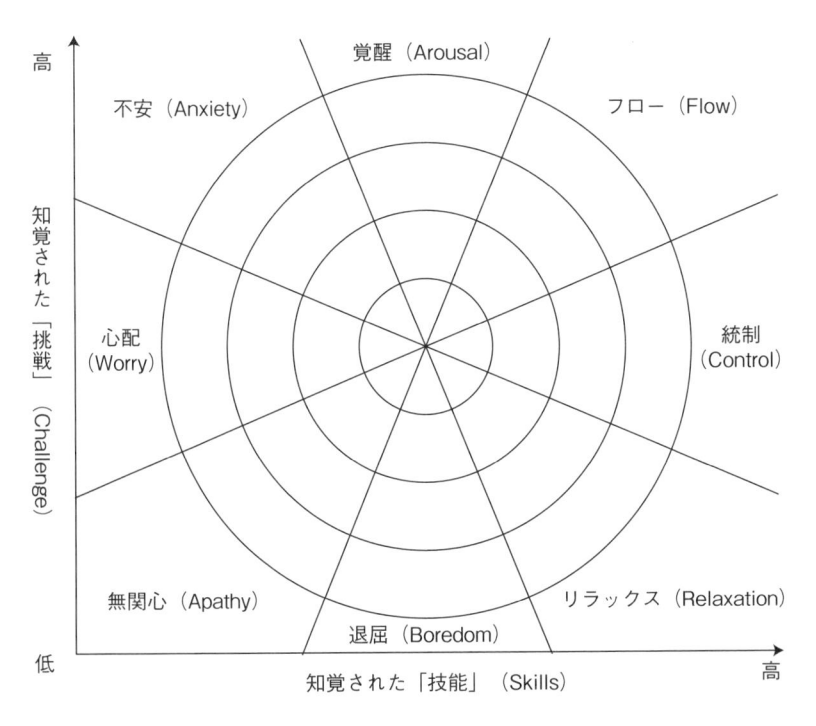

図3-14　フロー理論による8種類の心理状態
（Nakamura & Csikszentmihalyi, 2002）

状態にシフトしていく。例えば，ゲレンデAよりさらに急な斜面（ゲレンデB）を滑らなくてはならなくなった場合のように，機会が提供する挑戦のレベルが自分の技能のレベルを上回ると人は用心深くなり，さらには不安を抱くようになる（図3-14右上から左上への変化）。

　また，フローを求め続けることでわれわれの学習や発達が促進されるという。例えば，ゲレンデAでフローを体験しながらスキーを楽しんでいるうちに，スキーの技能が高まると同時に知覚される挑戦のレベルが低くなり，主観的体験がフローからリラックス，さらには退屈へと変化していく（図3-14右上から下への変化）。技能レベルが高まることによって同じ挑戦レベルでは飽き足りなくなるわけだ。フローを持続しようとするならば，挑戦レベルを高める必要がある。そこでゲレンデAよりも急斜面のゲレンデBに挑むことによって，（しばしば不安や覚醒という心理状態を経るかもしれないが）フローを再び体験することができるのである（図3-14左上から右上への変化）。このようなプロセスの繰り返しによって，われわれの技能は高まっていくのだという。その意味において，フロー理論は楽しさが自己成長へとつながっていく現象を説明する人間の発達モデルだと主張されている（浅川, 2003）。

　フロー理論は，われわれが現在進行形で体験している主観的な心理状態（状態レベルの動機づけ）を記述するとともに，そのような心理状態が生じる条件やメカニズムをも明らかにしようとしている。とりわけ，フローを最適状態として価値づけることによって，われわれの生活の質を問う切り口を提供しているのだといえよう。

4-3　フローの測定

　このような現在進行形の心理現象を研究データとして把握することはきわめて困難だが，フロー研究ではその測定法が工夫されている。すなわち，当人に体験されている集中（concentration），没頭（involvement），楽しさ（enjoyment）のそれぞれの程度の総和を「フロー体験」として量的に表すことが可能だとされている（Nakamura & Csikszentmihalyi, 2002）。具体的には，現在進行形の心理状態を測定するために，一日に7，8回，ランダムにポケットベルを鳴らし，その時の心理状態を質問紙に回答してもらうという方法（ESM：Experience Sampling Method）が開発されている（Massimini & Carli, 1988）。

表 3-12 にフローを測定する項目例（簡易版：10 項目）を挙げた。Rheinberg (2008) によれば，この尺度は ESM のみならず，完了した課題に対しても用いることができるという。

表 3-12　フロー尺度の例 (Rheinberg, 2008)

1. ちょうどよいチャレンジ感を体験している。
2. 私の考え／活動が流れるようにスムーズに進んでいる。
3. 時間が経っていくことに気づかない。
4. 集中することが困難ではない。
5. 意識がはっきりしている。
6. 今，やっていることに完全に没頭している。
7. 適切な考え／動きが自然に起こる。
8. 進むべきステップがわかっている。
9. すべてがコントロールできている。
10. 考えにふけっている。

注）各項目は「あてはまる―あてはまらない」の 7 件法によって評定される。

4-4　自己目的的パーソナリティ

　フローを体験しやすい人とそうでない人がいるという。そのような個人差を説明する概念が**自己目的的パーソナリティ**（autotelic personality）であり，それは外から与えられた目的（例えば，報酬，社会的評価など）のためというよりも，その行為そのものに喜びや楽しみを見出しやすいという個人の傾向性を指す（Csikszentmihalyi, 1997）。自己目的的パーソナリティを持つ人は，しばしばフローを体験し，よりポジティブな心理状態を報告し，自分の生活がより目的的で意義があると感じる傾向があるという（Csikszentmihalyi, 1999）。

　例えば，大学生の一週間の体験に着目した研究（Asakawa, 2004；浅川, 2003）によると，自己目的的パーソナリティを持つ人（フロー状態の体験頻度が高い人）はそうでない人より，より高い集中力を示し，より日常の活動を楽しみ，より積極的に活動に取り組み，より高いレベルの満足感と状況のコントロール感を経験し，活動の中に将来の重要性を強く意識しながら自分が取り組むべき活動に多くの心理的エネルギーを注いで生活しているという。また，挑戦のレベルが高くなればなるほどその活動に集中して積極的に楽しみながら取り組み，より高いレベ

ルの幸福感や満足感を経験していた。人間が一定の時間に処理できる情報量には制限があることから，自己目的的パーソナリティを持つ人たちは，限られた心理的エネルギーを日常生活に内在するネガティブな情報や雑多な情報に費やすことなく目の前の最優先すべき活動に容易に集中させることができ，その活動自体に行為の報酬を見出すことが可能なのだという（浅川, 2003）。

5　評価不安

5-1　評価不安とは何か

(1) 不安のしくみとはたらき

われわれが日常的に体験する馴染みの深い感情の一つが不安である。**不安**（anxiety）とは，特定の状況や出来事について当人を脅かすもの，危険なもの，有害なものと知覚した際に喚起される感情であり，緊張や懸念といった不快な感覚，くよくよ悩んだり自分自身について考え込んでしまうといった認知，自律神経システムに基づく生理的活動（動悸，発汗，身体のこわばりなど）を活性化して覚醒（3章1-1）を高める働きがある（Zeidner, 2008）[40]。

□状態不安と特性不安

不安は，特定の状況に対する一時的な反応としての「状態不安」と比較的安定したパーソナリティ特性としての「特性不安」とに区別でき，状態不安は特性不安と現在の状況との相互作用によって生じる（Spielberger, 1966）。

状態不安（state anxiety）とは，その状況を有害で脅迫的だと当人が感じた際に生じる一時的な感情状態を指す（Zeidner, 1998）。それは脅威の知覚に対する反応であり，特定の状況において，危機やチャレンジに対処できないと感じることから生じる。状態不安の体験には以下のような性質がある（Sarason, 1980a）。すなわち，①その状況を困難で，チャレンジングで，脅迫的なものと感じている，②その課題に対処することができる効果的で十分な能力がないと思っている，③自らの能力不足によって生じる望ましくない結果に気持ちが向いてしまっている，④自己を非難するような思考パターンに陥り，課題遂行のための適切な認知活動

が妨害される，⑤失敗や他者からの評価を失うことを予期する。

　一方，**特性不安**（trait anxiety）とはパーソナリティ特性としての「不安になりやすさ」を指し，特定の場や状況を超えたより一般的で安定した個人差を意味する。特性不安が高い人は低い人よりも同じ場面に直面した際により高い状態不安を感じるだろうし，他の人が不安に感じない場面でも不安になるというように多くの場面で状態不安を感じるに違いない。このように，特性不安は状態不安の強力な規定因なのである[41]。

□促進不安と抑制不安

　一般に，不安は回避行動を促しパフォーマンスを妨害すると考えられてきた。しかし，不安が高まれば高まるほどパフォーマンスが低下するという直線的な関係は本当に存在するのだろうか。

　古典的な研究としてよく知られているのが，覚醒とパフォーマンスの関係が逆U字の関数になっていることを示唆した **Yerkes-Dodson の法則**（Yerkes & Dodson, 1908）である（図3-2）。この法則に基づくなら，覚醒水準に対応する変数だとされる不安は高すぎても低すぎてもパフォーマンスが低下することから，不安には最適水準があるということになる。このように不安にはパフォーマンスを抑制するだけではなく促進する働きもあるという可能性は古くから示唆されていた。とりわけ，不安の高低と課題の困難度には交互作用があり，容易な課題では高不安者の，困難な課題では低不安者の成績が高いことが示されてきた（例えば，Spence, Faber, & McFann, 1956, Castaneda & Mccandless, 1956）。

　課題遂行にネガティブな効果をもたらす**抑制不安**（debilitating anxiety）に対して，課題に対する適切な行動を促す不安は**促進不安**（facilitating anxiety）と呼ばれている。しかも，促進不安と抑制不安は個人差（特性不安）としてとらえられるという。例えば，テストに対する不安（テスト不安：3章5-2）については「不安によって試験やテストがうまくいく」と思う人と「試験やテスト中に不安を感じるとうまくいかない」と思う人がいて，しかも両者は相互に独立であり，両方が高い人，片方が高い人，両方とも低い人がいるとされている。先行研究によれば，抑制不安の高い人のパフォーマンスが相対的に低いのに対して，促進不安の高い人のパフォーマンスはよいことが示唆されている（Zeidner, 1998）[42]。

　今日では，不安とパフォーマンスの関係はこのような個人差に加えて，媒介変

数（注意拡散などの認知的，感情的，動機づけ的変数）や調整変数（「テストの雰囲気」や「課題の性質」などの環境条件）によって規定されると考えられている（Zeidner, 1998）。例えば，テスト不安の高い人は，統制条件に比べ，知能の重要な側面を測定するテストだと告げられる評価的条件で成績が悪かったり（Sarason, 1986），テストについての悩みや意見についてグループワークによって交流する機会のあるソーシャルサポート条件で成績が改善される（Sarason, 1981）といった報告がある。

(2) 評価状況と不安

われわれの社会では「評価」が頻繁に行われている。メンバーに対する業績評価が組織運営の一環として定期的に実施されることもあれば，具体的な様々な場面の様子を通して仕事ぶりがインフォーマルに評価されるということもあるだろう。学校などの教育場面も例外ではない。入試，定期テスト，通知表といったシステムが整備されているし，学校の日常生活での様々な場面（授業中や休み時間，課外活動など）を通して，ひとり一人の子どもたちの多様な側面が教師やクラスメイトからトータルに評価されている。その意味では学校教育場面全体が評価状況なのであり，子どもたちは絶えず評価ストレスにさらされているとさえいえるかもしれない。評価をめぐるこのような環境によって子どもたちの動機づけが左右されていることは想像に難くない（5章2-4）。

一般に，このような評価状況は「（他者や社会から）自分がどう思われるか」に注意が向けられる自我関与（2章2-3）を促し，不安を高める。テスト場面だけではなく，大勢の前で発表する，演技を披露するなど，自分のパフォーマンスが他者の目にさらされる場面で不安を感じる傾向性をわれわれは持っており，そのような「評価される状況」に身を置くと，「失敗したらどうしよう」と心配になったり，自然に心臓がドキドキと高鳴ったりするといった独特の感覚を体験するのである。このような心理現象は「評価不安」と総称されている。すなわち，**評価不安**とは，自我や自尊心（self-esteem）が脅かされるような評価的あるいは競争的な場面に直面した際に生じる状態不安を指し，ネガティブな自己に関する信念や自分に関することばかり考えてしまうといった「とらわれ」によって，心配やネガティブな感情，回避目標が生起する心理現象を意味している（Zeidner & Matthews, 2005）。前述のテスト不安がその典型であるが，他にも**数学不安**[43]，**コンピュータ不安**[44]，**社会的評価不安**[45]，**スポーツ不安**[46]といった評価不安が

具体的に見出されている。これらはいずれも領域特殊的な不安であるが、それらの共通点は、社会的な文脈下で生じる「評価される」というストレスが不安を引き起こすという心理的メカニズムである。

5-2　テスト不安

（1）テスト不安の心理的メカニズム

　代表的な評価不安として、以下ではテスト不安を取り上げて詳しくみていくことにしよう。

　テスト不安という独自の研究領域を確立したのは Mandler, G. と Sarason, S. B. および Sarason, I. G. である（Mandler & Sarason, 1952）。彼らは、個人差を測定するためのテスト不安尺度を開発するとともに、例えば、テスト不安を二つの要素、すなわち、「課題遂行を促進する反応を引き起こす側面」と「課題遂行とは無関係な反応を生起させて課題遂行を妨害する側面」とに区別し、その後の認知的評価プロセスを重視する研究アプローチの隆盛へと導いた。

　テスト不安とは、「テストのプロセスにおける評価を察知する体験」（Spielberger & Vagg, 1995）に基づいた現象であり、評価状況において、ネガティブな結果あるいは失敗の可能性についての懸念に付随して生じる一連の心理現象的、生理的、行動的反応を意味する（Zeidner, 2007）。テスト不安は典型的な状態不安なのである（藤井, 1995）[47]。

　一般に、テストによる評価状況は当人のストレス要因となってテスト不安を喚起し、認知的パフォーマンスや学業達成を低下させたり、心理的な苦痛や不健康な心身の状態を引き起こしたりする。テスト不安が能力を十分に発揮することを阻害して、結果的にテストの得点が低くなってしまうという現象が生じるのである。Cizek & Burg（2006）は、テスト不安が生徒に及ぼすこのような一般的な影響について、以下のようにまとめている。まず、テスト不安は、ストレスの兆候（言語化、問題行動、泣き叫ぶことなど）に表れると同時に、努力を低下させ、テストに対する無気力状態を高めたり、自尊心（self-esteem）を低下させ「私には能力がない」「私は頭が悪い」といった不正確でネガティブな自己評価を促進してそれらを強化したりするなど、テストや自分自身に対する態度に悪影響を及ぼす。また、学習意欲の低下や、成績の維持が困難になることによって落第や退学といった事態を招く危険性など動機づけに対しても悪影響を及ぼしたり、カン

ニングなどの不正行為を誘発するといった不適応行動を生じさせたりすることもある。さらに、テスト不安によってパフォーマンスが低下してますますテスト不安が高まるといった悪循環をも引き起こす。

　テスト不安には「心配」と「情動性」という二つの要因があり、両者を区別することでテスト不安が動機づけに及ぼす心理的機能を理解することが容易になる（Liebert & Morris, 1967; Deffenbacher, 1980）。**心配**（worry）とはテスト不安の認知的側面であり、テストの前や最中に「当該のテストに失敗してしまったり、低レベルのパフォーマンスにとどまってしまったりしたらどうしようという思い」に心を奪われてしまっている状態、つまり、失敗によって引き起こされるネガティブな結果に対する懸念を指す。一方、**情動性**（emotionality）とは、テスト不安の生理的側面であり、例えば、神経が過敏になったり、心拍数や発汗が増したりといったテスト状況に対する特定の身体的反応として表れる（Cizek & Burg, 2006）。一般に、パフォーマンスの低下を招く要因は情動性というよりも心配であることが明らかにされている（例えば、Hembree, 1988; Seipp, 1991）[48]。

　では、なぜ、テスト不安が学習成果を低下させるのであろうか。その心理的メカニズムを説明する考え方は、認知説とスキル説とに大別される（大芦, 1995）。認知説は、不安が課題遂行と無関係な思考を促すことでパフォーマンスを低下させるとする考え方（**妨害モデル**）である。テスト不安は記憶、再生、情報処理などのプロセスを妨害するため、テストのパフォーマンスを低下させるというのである。具体的には、不安の高い人は自分自身に注意の焦点を向ける（例えば、自分に対する過度の懸念や自己非難などを生起させる）傾向性があるため、テスト課題に対して注意散漫になって成績が低下するという**注意配分理論**（attentional theory：Wine, 1971）や、テスト不安が課題遂行と無関係の思考（失敗するかもしれないといった懸念、自分の能力への不信、課題と無関係の出来事などを思い浮かべるなど）を引き起こすことでパフォーマンスが低下するとした**認知的妨害理論**（cognitive interference theory：Sarason, 1984）がそれに該当する。それに対して、スキル説とは、高テスト不安者には自分の能力レベルを十分に発揮するために不可欠な知識やスキル（例えば、適切な学習習慣やテストスキル）が欠けているためにネガティブな効果が生じるという考え方（**欠乏モデル**）を指す。認知説はテスト中、スキル説はテスト準備段階にそれぞれ焦点を当てた考え方であり、相互に対立しているというよりも相補的、統合的に理解すべきだといえるだろう[49]。

5　評価不安

（2）テスト不安の処理プロセスモデル

　近年のテスト不安研究では，認知説やスキル説では複雑なプロセスを十分に説明できないとされ，思考，行動，反応のプロセスあるいはサイクルとしてテスト不安を説明する「処理プロセスモデル」が有力な説明枠組みとして提案されている。**処理プロセスモデル**（transaction model：Spielberger & Vagg, 1995 など）によれば，テスト不安の生起と対処プロセスは図3-15のような概略図として表すことができるという。例えば，ピリピリしたテスト場面の雰囲気（評価状況）によって脅威を感じ（テスト状況の知覚），「失敗したらどうしよう」と心配になる（状態テスト不安）が，「これまでやってきたことに自信を持てば大丈夫」と自分に言い聞かせて（コーピング反応）取り組んだ結果，気分も落ち着き実力を発揮することができた（適応的結果）といった体験はないだろうか。このような一連の心理的プロセスは，特性テスト不安，自己効力，試験方略知識（test wiseness）といった個人差変数の影響を受けている。例えば，特性テスト不安が高いほど，適応的結果に至るまでのハードルは高くなるだろうし，テスト課題に

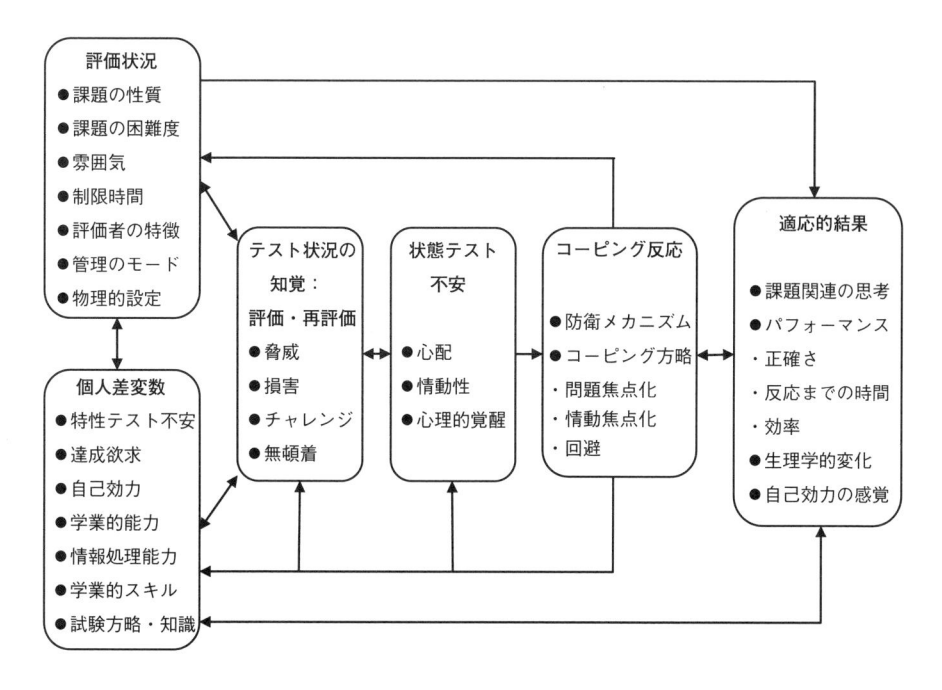

図3-15　テスト不安の処理プロセスモデル（Zeidner, 1998）

対する自信（自己効力：2章3-3）があったり，「この種のテストにはこう対処すればよい」といったコツを知っていたりすれば，状態テスト不安が低められ冷静に取り組むことができるのある[50]。

5-3　評価状況における自己調整

(1) 感情調整プロセスとしてのテスト体験

　以上のようなテスト不安のコントロールは感情調整プロセスだといえる。**感情調整**（affect regulation）とは，自己調整（1章注10）の一種で，感情が調整される複雑な一連のプロセスを指す。テストの前後やテスト中には不安のみならず，イライラや焦燥感，悔しさや後悔など，多様な感情を体験するに違いない。試験勉強中の焦燥感をコーヒーで紛らわしたり，試験結果に対する悔しさをばねにして猛勉強するなど，われわれのテスト体験とはこのような感情に向き合いながらそれらをコントロールする感情調整のプロセスだといえるのである[51]。

　テスト状況におけるよりミクロな感情調整プロセスに注目してみよう。テストを受けている最中の感情は一連の調整プロセスに依存した反応として説明することができる（Schutz & Davis, 2000）。テスト状況は目標と状況とが照合，比較されながら方略的な行動が生起するような当人と環境の相互影響プロセスであり，そこでは，三つのプロセス，すなわち，認知的評価プロセス，課題焦点化プロセス，感情焦点化プロセスを通して感情が調整されていく（図3-16）。

　まず，**認知的評価プロセス**，すなわち，目標と状況を比較してテストの価値判断が行われる。但し，これらは必ずしも意識的であるとは限らない。具体的には，①テストに関してその重要性や目標の妥当性についての評価（「このテストは私の目標や関心からみてどのくらい重要か」）が行われる。もし，重要でないと判断されれば，感情的な反応は起こりにくい。②目標と現状の適合度（「現在のテスト中に起こっていることによって私の目標達成に近づくか」）が評価され，答えが「No」であれば怒り，不安といった目標不適合感情が，「Yes」であれば喜び，誇りといった目標適合感情がそれぞれ生じることになる。②に関連して，さらに③テスト状況における出来事をコントロールすることができる主体（agency：「私は自分自身がこのテスト状況をコントロールできると思っているか」）が評価される。原因帰属理論（2章4-1）によれば，テストが自分の目標と適合的であるがうまく進んでおらず，それが他者の責任であると判断されると怒りが，自分の

責任であると判断されると罪悪感が生起することになる。最後に④テスト中に生起する問題に対する対処可能な能力（efficacy）の有無（「私はテスト中に起こることを適切に処理できるか」）が評価される。これはいわゆる期待（2章1-3）に関連する判断であり，例えば目標は自分にとって重要だが，現在うまくいっていない場合，自分に対処する能力がないと感じていると不安が，能力があると感じていれば挑戦感（challenge）や望み（hope）といった感情が喚起される。

　また，われわれがテスト中に行っている感情調整は，課題焦点化プロセスと感情焦点化プロセスとに大別される。**課題焦点化プロセス**には，①課題焦点化活動（「時間を管理する」「設問に対するアイデアを見つける」など，テストに意識を集中させ，課題遂行を妨害するようなネガティブな考えを排除する活動），②重要性再検討（例えば「このテストは成績の一部に過ぎない」と考えてみたり，あるいは「このテストは将来の夢の実現に向けたステップだ」などとその意義を確認したりすることによって，自意識に注意が向けられがちな気持ちを課題に集中する気持ちへとシフトさせるプロセス），③緊張低減（ゆっくり深呼吸する，少し中断して伸びをするなど，気持ちを切り替えて再びテストに集中できるような

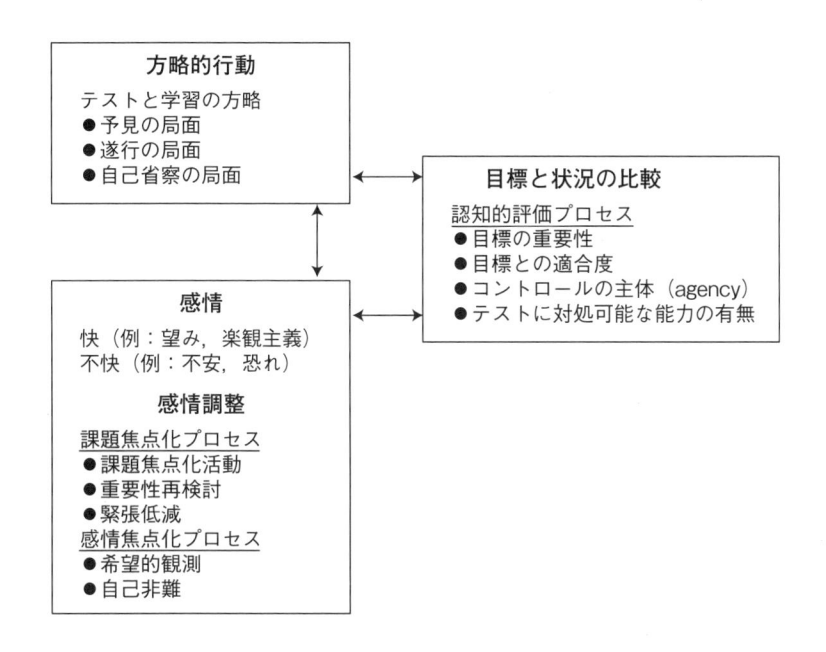

図3-16　テスト状況における感情調整（Schutz & Davis, 2000）

条件を整えるプロセス）がある。一方，**感情焦点化プロセス**には，①希望的観測（wishful thinking：「この問題がなければよいのに」「先生がこのテストの点数を成績に含めないといいな」などと考える）と，②自己非難（テスト問題にうまく対処できない現状や十分に準備をしなかったことなどについて，自分自身を責める）が含まれる。一般に，課題焦点化プロセスがパフォーマンスを高める働きをするのに対し，感情焦点化プロセスは妨害的に機能する。

さらに，テストをめぐる感情調整には，自己調整学習（1章1-2）の一般的なモデル（図1-1）に対応した時間的な展開がある。まず，予見の局面においては，脅迫感（不安，恐れ，苦悩）と挑戦感（自信，希望，楽観）の両方を感じていることが一般的であり（Smith & Ellsworth, 1987），自分にテスト問題解決能力があると信じていれば挑戦感をより強く感じるのに対し，自分の能力に自信がないほど脅迫感を感じる傾向がある。したがって，受験するテストに含まれる課題の性質を十分に理解し，テストに対する対処法を明確化するといった方略をとることによって，当該テストに対する自信を高めることが効果的だとわかる。

実際のテスト受験中にあたる遂行の局面では，課題焦点化プロセスを促進し，感情焦点化プロセスを最小化することが効果的である。また，この段階でもテスト課題を重要なものと考え，テストに対する自信を持つことが重要だとされている。

自己省察の局面では，テスト結果に応じてネガティブ（悲しさ，怒り，落胆）あるいはポジティブ（うきうきする，幸福感，大喜び）な感情を体験するが，この段階で今後のテストに対する建設的な分析（何がどのように成功し，失敗したかに関する考察）がなされると理想的であり，その際の努力帰属及び方略帰属が効果的だとされている。

状態レベルの動機づけを規定するこのような感情調整プロセスにおいては，自己教示も有効だとされている。例えば，テスト準備のときには「試験で成功するかどうかなんて気にするな。心配をしたからって成績が上がるわけじゃない」「試験で最善の結果を得るために必要なことだけを考えろ」など，試験状況に直面している際には「心構えを整えて試験だけに集中せよ。必ず対処可能だ」「リラックスせよ。この試験状況をうまくコントロールできている。深呼吸すれば，きっと気分がよくなる」など，試験中に不安な気持ちに押しつぶされそうになったら，「テストに集中せよ。今すべきことは何だ？」「この難しいテストはあと数分で終わる。だから落ち着いて」などと，それぞれ自分に向けて心の中で呟くことが効

果的だという（Zeidner, 1998）。

（2）自己参照モデル

Zeidner & Matthews（2005）は，情報処理を基盤とした自己調整プロセスを重視し，評価不安の心理的メカニズムを統合的に説明する**自己参照モデル**（S-REFモデル）を提案している（図3-17）。

自己参照過程は，外的な刺激（あるいは内的な思考）によって生み出された当人を脅かすような認知やイメージの「侵入」（intrusion）によって開始される。それが評価状況における失敗の可能性について考えさせることになり，適切に対処しようとする実行プロセスを活性化することになる。対処方略の選択は，自分に関連した知識や行動プランに関する長期記憶からの検索に依存し，短期的にみると，ネガティブな自己信念（例えば，自分の学力の欠如）を想起したり，学業面の自分の欠点に注意を向けてしまうような非生産的な対処方略（例えば，自己非難，回避）を選択したりすることによって，苦痛や心配が引き起こされる。特

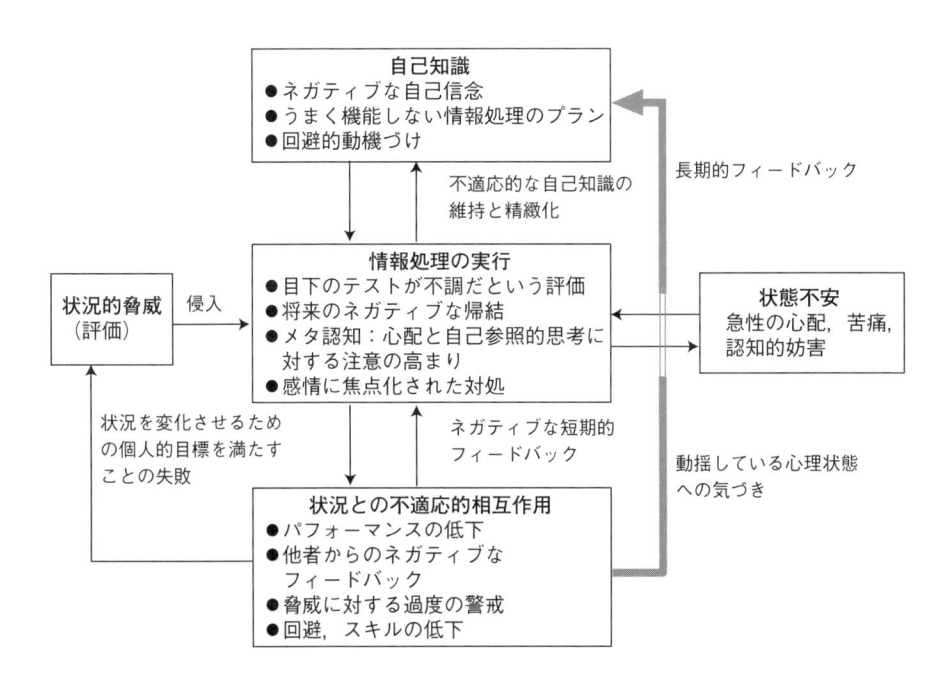

図3-17 評価不安の自己参照モデル（Zeidner & Matthews, 2005）

に重要な要因は，ネガティブな自己参照的思考を維持させるメタ認知信念である。長期的には，当人と環境の相互作用の機能不全によって苦痛は持続することになる。適応的な人は，現実に合わせて自己に関する知識を修正したり，より効果的な対処方略（「試験の成績が悪ければ一層勉強に励む」など）を学習したりする。しかし，根強い心配はネガティブな自己に関する信念（「自分には試験を乗り切る能力などない」など）を補強することになりかねない。また，回避的な対処方略は，課題に適切なスキルを向上させる機会自体を失うという結果を招き，評価不安の高い生徒の学習意欲の低下に拍車をかけることになる。

Chapter *4*

第 4 章
躍動する主体
―欲求論からのアプローチ

1 躍動する主体としての学び手―欲求のメカニズム

　われわれは空腹のとき，何かが食べたくなってレストランを探したり，自分で調理したりするなどの行動を起こす。このような日常的な心理現象は，食欲という「欲求」をわれわれが持っており，その欲求を満たすために一連の行動（食材を買って料理するなど）が引き起こされると考えることによって理解できる。欲求論的アプローチとは，このように行動を活性化して方向づける原因として欲求という個人内要因を仮定することによって動機づけのメカニズムを説明する諸理論を指す。

　学習意欲もこの欲求という観点から説明することができる。例えば，「これ何？」「なぜ？」と立て続けに親に問いかける好奇心旺盛な子どもは，身の回りにあることに興味を持ち，理解したいという欲求があるので質問しているのだと解釈可能だ。子どもだけではなく，大人であっても新聞でニュースを読んだりするのは，ものごとを知ったり，理解したりしようとする欲求を持っているからだといえるし，また，向上心を抱いてチャレンジする姿の背後には，自分の能力を伸ばそうとする欲求を仮定することもできる。このように，われわれの学習意欲は学習を生起させ方向づける欲求によって生じていると考えられるのである[1]。

1－1　欲求とは何か

　われわれの行動は自己の内部に深く埋め込まれている多種多様な欲求に基づいて方向づけられ，それらに突き動かされるように生起する。**欲求**（need）とは「個人の内側から行為を引き起こす心理的エネルギー」を意味する心理学的構成概念であり，それには人を特定の行動に駆り立て，その行動を方向づける働きがある。また，それは生命を維持したり，成長や健康を促進したりするために不可欠な個人内の要因でもある（Ryan, 1995）。欲求が満たされれば個体は環境に適応する一方で，満たされないならばフラストレーションを感じて不適応状態に陥るなど，心身の健康を損ない，最悪の場合は死に至る[2]。

　欲求やそれに基づく動機づけプロセスは必ずしも当人に意識されているわけではない。例えば，「達成欲求」（4章4－1）に基づく競争状況での行動（例えば，スポーツの試合での攻撃や防御などの行為）について考えてみると，それらの行

為は常に「勝ちたい」という「意識」が原因となっているというよりも，チャレンジしようとする構えが無意識のうちに生じて身体が自ずと動いている現象だと理解できる。つまり，欲求は意識的なプロセスだけではなく，無意識的なプロセスをも起動し，行動ポテンシャル（特定の行動を生起可能にする内的状態＝動機：4章1-2）を組織し，具体的な行動を引き起こすのである。

　欲求論のように行為の原因を個体の内部に求める発想の源流は Woodworth, R. S. の考え方に見出すことができる。Woodworth（1918）は**生命体**（organism）を行動に駆り立てるエネルギーを**動因**（drive）と呼び，それを専門用語として心理学に導入した。彼は動機づけの問題について，「どのように行為が起こるのか」というメカニズムの問題（how の問い）と，「なぜ行為が起こるのか」という動因の問題（why の問い）を区別した。人間を「機械」に例えるなら，どのようにつくられているかがメカニズムの問題であり，機械に供給される動力が動因の問題なのだという。そして，「動力なしのメカニズムは動かないし，死んだも同然である」と指摘することによって，動因の重要性を強調したのである。

（1）本能から欲求へ

　行為を引き起こす個人内の要因として，まず注目された概念が「本能」である。**本能**（instinct）とは，特定の刺激が存在するとそれに応じた行動が特定の仕方で生起するようにプログラムされている遺伝子上の性質のことで，種の生存に必要な生得的な傾向性のことを指す。例えば，逃走（flight），拒絶（repulsion），好奇心（curiosity），闘争（pugnacity），服従（subjection）といった本能が，それぞれ特定の対象に対する知覚や注意を促し，その知覚に応じた特定の情動体験を規定し，行為を方向づけるのだという（McDougall, 1908）。1920 年代当時の心理学界では McDougall, W. による本能論の影響を受け，全体で 14,046 種類もの本能が存在すると報告されていた（Heckhausen, 1991）。このことが示唆するように，「行動 A が生じるのは本能 A があるからだ」「行動 B が生じるのは本能 B があるからだ」「行動 C が生じるのは…」といったトートロジー（同語反復的説明）に本能論は陥ってしまい，結果的に理論としての価値が薄らいでいった[3]。

　本能にかわって，個体内の動機づけ要因として有力になった概念が「欲求」である。欲求は，生体を維持するために不可欠な**生理的欲求**（例えば，食欲や身体的快適さを求める欲求）と，生理的な過程に直接依存しないが当人の環境への適応や心理的健康を大きく左右する**心理的欲求**（例えば，達成欲求や自尊欲求）と

に大別される（Reeve, 2001）[4]。

（2）動因理論

　生理的欲求を重視した動機づけメカニズムを説明する代表的な考え方が，Hull, C. L. によって提唱された**動因理論**（**動因低減説**：drive reduction theory）である。新行動主義[5]の系譜に位置づけられるこの理論は，1940年代から50年代にかけての動機づけ研究を席巻した。

　動因理論によれば，生理的なアンバランス（飢え，渇きなど）を体験すると，**ホメオスタシス**（生体を正常な状態に保つための自律的な身体的機能）が働いて，生理的にバランスが保たれた状態を回復するための行動が起こるとされ，そのような行動の原因となる不快な緊張状態こそが**動因**（drive）とされた。また，動因が低減されてバランスが回復するプロセスでは生理的な満足感（快）が体験されるとした。つまり，動因とは生理学的に最適な均衡状態を維持する方向で行動を引き起こすような内的要因であり，快や不快といった感情喚起メカニズムに基づいて身体的な欲求を満たすための手段的行動を動機づける。例えば，空腹になると動因（不快な緊張状態）が高まり，その動因を低減させる方向で「料理を作る」などの諸行動が起こるというわけである[6]。

　このように動因理論とは，主に行動を生起させるエネルギー的な側面について，ホメオスタシスと快楽原理（快を求め不快を避けるように行動が生じること：4章1-2）を基盤としてその機能的なメカニズムを説明する考え方だといえるだろう。その後，この理論はいわゆる「外発的動機づけ」（4章3-1）の論拠として位置づけられるようになる[7]。

（3）力動論：生命体としての個人

　動機づけへの欲求論的アプローチとは，多様な欲求の質とその強さに着目して，欲求が満たされない状態や欲求の充足を目指す傾向性に基づく動機づけの心理的メカニズムについて，その個人差やパーソナリティ特性にも着目しつつ描き出そうとする理論の総称だといえるだろう。

　もちろん，前述の動因理論も欲求論的アプローチではあるが，生理的欲求のみに焦点を当てているという意味で異質である。むしろ，欲求論的アプローチの主流は，心理的欲求を中核に据えて個体内の心理的なエネルギーやダイナミズムを重視する**精神力動論**（psychodynamics：力動論）であり，その観点から個人を

理解しようとする点こそが認知論的アプローチや感情論的アプローチと異なる顕著な特徴なのである[8]。

例えば，Allport（1937）は，パーソナリティを「行動の傾向性」として捉えている。「その人が何をしようとしているか」，すなわち，その人が成し遂げようとしている目的，あるいは目的群によってひとり一人のパーソナリティを理解することが可能だと主張する。また，Murray, H. A. は，個人を「まるごと全体」としてとらえ，各部分が全体から分化していく生命体として理解することが重要だという（Murray, 1938）。つまり，ある人の全体を理解するには各部分の理解が必要であるし，各部分の理解のためには全体の理解が必要だということになる。動機づけ研究における力動論とは，このように生命体としての個人を全体的存在として理解すること（**全体論**：holism）を前提として，ひとり一人の「目標指向的側面」を解釈しようとするアプローチの総称なのである。

1-2　欲求のはたらき

（1）欲求のメカニズム
□欲求と動機

人の行動や動機づけを理解する際に，「動機」という言葉が日常的に用いられている。動機とは「行動や行為を決定する意識的または無意識的原因」（『広辞苑（第五版）』）であり，例えば「犯行の動機は○○だ」というように，行為の理由という意味で使われることも多い。

動機づけの心理学でも，動機（motive）という用語が用いられることがある。ただその場合，必ずしも「動機」の意味が明確に定義されていない場合も多く，「動機づけを規定する個人内要因」といった漠然とした意味合いで用いられ，動機が欲求とほぼ同義の概念として扱われることも少なくない。あえて両者の違いを指摘するなら，欲求が主に生得的基盤に基づく安定した要因を指しているのに対し，動機は当人のそれまでの学習に依存しつつ，状況の影響を受ける一時的な要因を意味していることが多い。つまり，**動機**とは「ある特定の生理的，心理的な覚醒状態であり，生命体のエネルギーをある目標へと向かわせる働きを持つ心理学的構成概念」（APA, 2007）だといえるだろう（1章2-2）。

欲求と動機という未分化な用語をあえて区別することによって，ともすると思弁的と思われがちだった欲求論的アプローチを理論的に精緻化する可能性が開か

れる。例えば、Carver & Scheier (2008) は、Murray, H. A. の動機づけ論 (4章2-1; 4-1) を紹介する中で、行動を動機づける「不満足な内的状態」が欲求であり、外界が当人に及ぼす促進的あるいは妨害的な刺激である「圧力」(press) とともに欲求は動機、すなわち、「望ましいあるいは望ましくない目標に関する意識」を形成すると述べている。つまり、欲求は動機の背景にある要因であり、行動を直接規定する意識可能な要因を動機として位置づけているのである[9]。

欲求と動機の区別を明確化するにあたって、力動論の観点から動機づけの理論的枠組みを整理した黒沢 (1998) が参考になる。そこではまず、当人と環境とがダイナミックに関わりあいながら、当人と環境を含む全体が連続的に変化し展開していくプロセスを動機づけ現象として描く。その上で、欲求とは、比較的安定している内的な特性で、すべての人に共通する特定の行動、結果、効果を求める傾向性だとし、その強さには個人差があるという。特に、心理的欲求については当人の経験や文化的な影響を受けて個人差が大きくなる。それに対して、動機とは行動を直接規定する変化しやすい「内的な状態」であり、当人の欲求のあり方と当人の置かれた状況によって規定されるプロセスで生じる変数として位置づけられている。このような考え方は**プロセス相互作用主義**(Kurosawa, 1995) と呼ばれている。

以上の議論を踏まえると、欲求論的アプローチの概要は図4-1のように描くことができるだろう。欲求と状況(環境の刺激：圧力) によって具体的な動機 (motive) が形成され行動を規定する[10]。しかも、その行動のエネルギーや方向

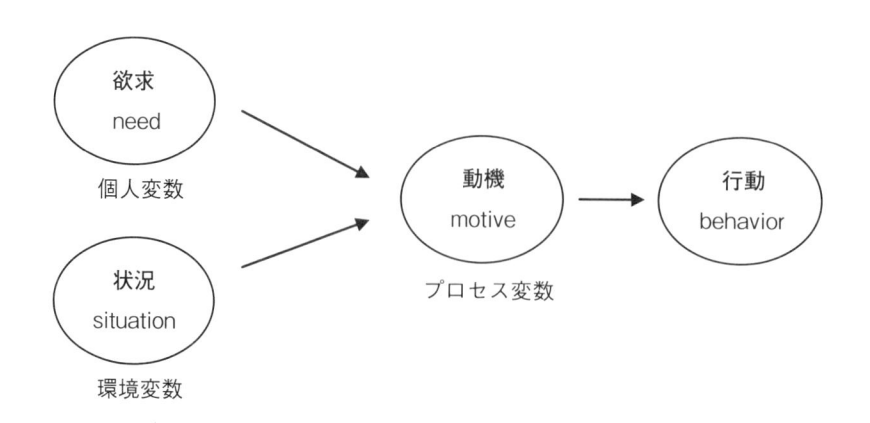

図4-1 欲求論的アプローチの理論的枠組み (Carver & Scheier, 2008 を一部改変)

性は欲求の個人差（質と量）に規定される。とりわけ心理的欲求の量的，質的，あるいは構造的な個人差はパーソナリティ特性として位置づけることができる。なお，この欲求に基づく動機づけプロセスは必ずしも意識的であるとは限らず，非意識的に機能することも多い（4章3-4）。

具体的な例で考えてみよう。達成欲求（4章4-1）が動機として具現化し，現在進行形でダイナミックに機能する様子とその個人差は図4-2のように表すことができる。

マサト君は達成欲求が高いのに対して，ケンタ君は低い。もし二人の達成欲求が経時的に同じパターンで変動し，二人の他の二つの欲求（欲求Xと欲求Y）の水準が全く同じで変動のパターンも同じであるとした場合，達成欲求の個人差の水準が行動の違いとして顕著に現れることがわかる。つまり，実際の動機の相対的強さに応じて，マサト君はケンタ君に比べて，達成行動（達成欲求に基づく行動）に従事する時間が長くなるのである。われわれの行動はこのように多様な欲求に応じて顕れる複数の動機の相対的な強さによって規定されているのだといえよう。

□快楽原理

われわれは，欲求が満たされると快を感じ，満たされないと不快を感じる。欲求はこのような感情体験を媒介として行動に影響を及ぼすと考えられてきた。前述の動因理論によって強調されたように，欲求に基づいた行動は，「快を求め，

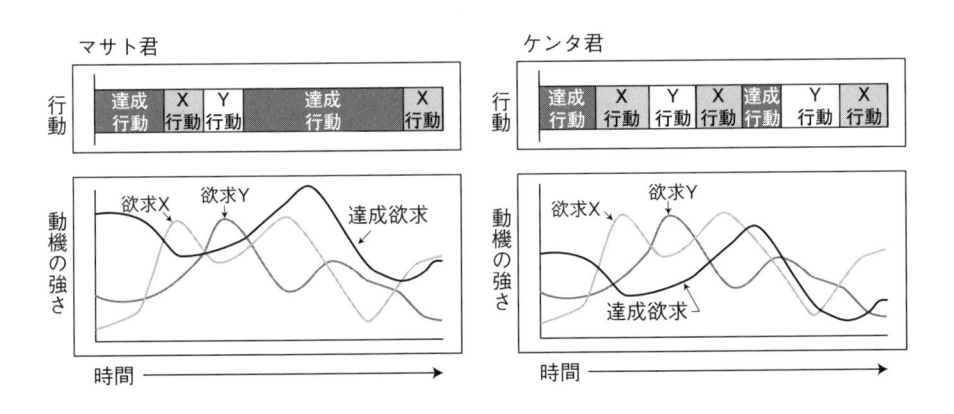

図4-2 欲求の個人差と行動生起（Carver & Scheier, 2008 を一部改変）

不快を避ける」という**快楽原理**によって生起するというのである[11]。

例えば，われわれは寒いと感じると意識的，あるいは無意識のうちに上着を着たり，暖かい場所に移動したりするに違いない。この場合，寒さが「不快」で暖かさが「快」に該当する。また，過去の快―不快体験にガイドされて未来の状況を予期し，達成すべき目標を具体的に意識して行為することもある。例えば，実際に寒さを体験していなくても，寒いだろうと予期してあらかじめ厚着をしたり，帰宅時間にあわせて暖房のタイマーをセットしておいたりする。このように生理的欲求に基づいて快・不快の感情喚起メカニズムが機能して，意識的，無意識的なプロセスを経て特定の行動（上の例でいえば着衣，移動など）が生起すると考えられるのである（3章1-2）。

生理的欲求だけではない。心理的欲求にも同様のはたらきがある。例えば，何かに挑戦しなければならない場面に遭遇した場合，過去の鮮烈な体験(例えば，「一生懸命に努力した結果，大成功して感動した」という経験) が「快」の記憶（ポジティブな認知表象）としてよみがえってきて「よしっ！頑張ろう！」と奮起することがあるかもしれない。これは達成欲求（4章4-1）の例だと考えられるが，われわれの行動はこのような心理的欲求に基づく感情状態（この場合「大成功の感動」）にも規定されるのである。

以上のような心理的欲求をも含めて考えると，「快」「不快」という言葉について，生理的欲求を起源とする快楽原理という観点からとらえた狭義の意味に限定することなく，例えば，「ポジティブ（あるいはネガティブ）な感情的，認知的体験」という視点から広く解釈すべきであることがわかる。われわれは，生理的欲求および多様な心理的欲求を基盤として「何がポジティブで，何がネガティブか」ということについて日常生活を通じて学習し[12]，ひとり一人に固有な欲求システムを発達させている。そして，環境に応じてその欲求システムが起動し，認知的，感情的な心理的メカニズムと統合的に機能することを通して様々な行動が生起するのだといえよう。

☐接近と回避

欲求は，目標状態に到達する方向に向けて機能する**ポジティブな欲求**と，初期状態から遠ざかる方向に向けて機能する**ネガティブな欲求**とに区別されることがある（Murray, 1938）。例えば，卓越したパフォーマンスを目指す達成欲求は，達成する機会や場を求め，達成に向けたそこでの行為を促すようなポジティブな

欲求である。それに対して，屈辱回避欲求[13]は，屈辱を感じる可能性のある機会や場（初期状態）それ自体を避ける行為を促すネガティブな欲求の例である。

ポジティブな欲求は接近行動を，ネガティブな欲求は回避行動を引き起こす。前者が接近動機づけ，後者が回避動機づけである。すなわち，**接近動機づけ**とは，ポジティブな刺激（対象，出来事，可能性）が原因となって，それらの刺激に向かっていく方向で行動が活性化することであるのに対し，**回避動機づけ**とは，ネガティブな刺激（対象，出来事，可能性）が原因となって，それらの刺激から遠ざかる方向で行動が活性化することを指す（Lewin, 1935；Elliot, 2008）[14]。

特に，達成行動（学習など）の領域では，「成功」と「失敗」に重要な意味がある。成功が「誇り」といった快（ポジティブ）の感情を，失敗が「恥」のような不快（ネガティブ）な感情をそれぞれ喚起するからである。そのため，成功への接近，失敗の回避を求める欲求がその場に適応的な動機を形成し具体的な行動を規定することになる。例えば，発表者を決める場（環境の刺激）に直面した際，達成欲求が高ければ，接近動機（接近の傾向性）が形成されて「発表者に立候補する」などの接近行動が生起するのに対し，屈辱回避欲求が高ければ，回避動機（回避の傾向性）が生じ，「発表を避けるための合理的な言い訳を考える」といった回避行動が起こることになる（達成動機づけ理論：4章4-2）。

（2）欲求のダイナミズム
□欲求の融合と従属

われわれの日常生活では，一つの行動で複数の欲求が同時に満たされることがある。これを**欲求の融合**と呼ぶ（Murray, 1938）。例えば，チームで行うスポーツ競技の選手について考えてみよう。達成欲求と親和欲求（4章2-1）が融合する場合，他のチームメイトの立場を考えつつ，彼らとうまく協同しながらチームの勝利に向けて努力しようとするだろう。あるいは，達成欲求と権力欲求（4章2-1）とが融合する場合，チームのリーダーになって他のメンバーに対する主導権を握りながらチームを勝利へと導こうとするかもしれない。さらに，達成欲求，親和欲求，権力欲求の三つが融合し，それらすべてを満たそうとして特定の行動（例えば，試合前のミーティングの際に，リーダーとしてメンバーの協力を訴えるスピーチをする）が起こる可能性もある。

ある欲求を満たすための手段として別の欲求が生じることもある。例えば，「勝ちたい」という達成欲求を満たすために，チームリーダーとしての主導権を握ろ

うとする権力欲求が発動する場合がそれに該当する。逆に，他者に対して采配を揮いたいという権力欲求を満たすための手段として，チームの勝利を目指そうとする達成欲求が生じることもあるだろう。このように，ある欲求を満足させるために，他の欲求が発現するとき，後者が前者に従属するという（**欲求の従属**：Murray, 1938）。

□動機の競合と葛藤

われわれの欲求が満たされるプロセスは，常にスムーズであるとは限らない。達成したい目標があっても，その目標実現のために必要な行動に対する障害（物理的・社会的環境，素質的欠陥）が存在する状況（**フラストレーション**）に陥ることも多く，その場合，攻撃，無感動，空想，行動の固着，退行といったフラストレーション反応が生じることが知られている。

また，「仕事を優先すべきか，友人との付き合いを優先すべきか」というように，われわれの日常生活では，両立困難な複数の動機がしばしば競合し，**葛藤**（conflict）を引き起こす。接近と回避という観点から，葛藤は三つの基本形，すなわち，①接近—接近型，②回避—回避型，③接近—回避型に区別できるという（Lewin, 1935；Miller, 1959）。

接近—接近型は，二つの魅力的な対象（報酬など）が存在し，一方を選ぶと他方を断念しなければならない場合に生じる葛藤のことで，例えば，どちらも魅力的で甲乙つけがたい二つの大学に合格した受験生の心境がこれに該当する。この種の葛藤はどちらかを思い切って選択することによって比較的容易に解決するので「幸福」なケースだといえるだろう。それに対して，**回避—回避型**は，どちらも回避したい二つの対象が存在していて，必ずどちらかを選ばなければならないという「不幸」な葛藤である。例えば，「全校生徒の前でのスピーチはやりたくないが，やらないと罰せられる」というようなケースである。この場合，その状況自体を回避できればベストだが，それが不可能だといつまでたっても生産的な解決へと至らずに不快な感情や緊張状態が持続する。

接近—回避型は，一つの目標が同時にポジティブな結果とネガティブな結果の両方を生み出す場合に生じる葛藤である。例えば，Lewin（1935）は，水に恐怖心を抱く子どもが波打ち際に漂う「ゴム製のおもちゃ」をとりたがっているという事例を挙げている。波打ち際まで行くという目標が，おもちゃを手に入れるというポジティブな結果と，恐怖の対象である水に近づくというネガティブな結

果の両方を生じさせることになる。この場合，近づいては遠ざかるといった中途半端に揺れ動く気持ちや行動が顕著になり，容易に葛藤を解消することができない。学習意欲に関連する例としては，「諸刃の剣」としての努力（努力すれば教師によって罰せられずにすむ一方で，努力すると自分の能力不足が露呈して恥ずかしい思いをさせられる：4章5-2）がこれに該当する。

□動機の変容：機能的自律

　例えば，食欲を満たすために仕方なく自炊していた人が，料理すること自体に対する興味を次第に抱くようになり，現在では自慢の手料理を他者に振る舞うことに喜びを感じるようになるというように，当初は目的達成の手段にすぎなかった活動や対象が，のちに目的そのものへと変化することがある。現在の動機は過去の動機から発達してきたものではあるが，過去の状況とは無関係に自律的に機能するようになることがあるのだ。個性の発達を力動論の立場から説明しようとした Allport, G. W. は，このような動機（欲求）の変容を「機能的自律」と呼んだ（Allport, 1937a）。**機能的自律**（functional autonomy）とは，最初は他の目的の手段であり，非本質的であった要因が，本質的で自発的な推進力へと変化するという動機づけ現象を指す[15]。

　機能的自律の典型例として「職人気質」が挙げられている。彼らの仕事に対する当初の動機づけは，生活を維持するための収入を得るためだったかもしれないが，地位が安定し，賞賛が得られるようになったとしても，きちんとした良い仕事をしなければ気が済まず，決して仕事をいい加減にはできなくなる。当初の実際的な動機が消え去ってしまうという動機の変容がそこにみられるのである。必修だからという理由でしぶしぶ履修した講義に参加しているうちに，いつの間にか興味を持って授業を受けるようになっていたというように，機能的自律は学習領域においてもしばしば観察される現象である。

2　学習を促す欲求の種類と構造

　以下では，特に学習意欲に関連する心理的欲求の種類やそれらの構造，機能について考えてみよう。学習や成長を直接的，間接的に規定する要因を扱う主な欲求論として，社会的欲求，自己実現，コンピテンス，自己決定理論が挙げられる。

２-１　社会的欲求

（１）社会的欲求のリスト
　Murray, H. A. は，心理的欲求の種類についてリストアップし，それらをひとり一人のパーソナリティを解釈するための要因として位置づけた（Murray, 1938：表4-1）。リスト化されたこれらの欲求群は羅列的であり，断片的あるいは相互に未分化ではあるが，その後，欲求論的アプローチが発展していく上での拠り所となった[16]。

　これらの心理的欲求（特に，物的対象領域の欲求以外）には，現実の社会生活で機能し，当人の精神的，情緒的満足が社会との関わりの中で目指されるという特徴がみられることから，のちに**社会的欲求**（**社会的動機**）と総称されるようになる（例えば，Murray, 1964）。

　欲求論的アプローチの今日的な研究動向を踏まえ，Reeve（2001）は社会的欲求を獲得性の欲求（生得的なものではなく，生後の生活体験を通して身につけたもの）として位置づけた上で，それらを**達成欲求**（個人的な有能さを示すためにうまくやることに動機づけられる），**親和欲求**（「他者を喜ばせたり他者の承認を得たりするような機会」「思いやりのある安定的な人間関係」に動機づけられる）[17]，**権力欲求**（他者に影響を与えることに動機づけられる）の三つに大別している。また，Kuhl（2008）は，欲求を測定する概念枠組みをもとに，これら三つの欲求の発現パターンについて整理している（表4-2）。同じ欲求であっても，感情や認知のあり方によって生起する行動の傾向が異なってくることがわかる。

表4-1　主な心理的欲求 (Murray, 1938, Carver & Scheier, 2008 より作成)

領域	欲求	典型的な行動
物的対象 (inanimate objects)	獲得 (acquisition) 秩序 (order) 保持 (retention) 構成 (construction)	いろいろなものを手に入れる 整理整頓し，清潔さ，正確さを保つ ものを持ち続けたり，貯めたりする ものを組み立てる
野心 (ambition)	達成 (achievement) * 承認 (recognition) 顕示 (exhibition)	困難なことを成し遂げる 自分の業績を誇示する 他者に自分を強く印象づける
地位防衛 (defense of status)	屈辱回避 (infavoidance) 防衛 (defendance) 中和 (counteraction)	自分の欠点や失敗を隠す 自分を守るために説明したり，言い訳したりする 汚名を返上したり，名誉を挽回しようとする
権力 (human power)	支配 (dominance) * 恭順 (deference) 自律 (autonomy) 攻撃 (aggression)	他者をコントロールしようとする 優越している人に対してすすんで服従する 権威や強制に対して抵抗する 他者を傷つけたり非難したりする
対人感情 (affection between people)	親和 (affiliation) * 排除 (rejection) 養育 (nurturance) * 救援 (succorance) 遊戯 (play) **	他者と友好関係を築いて一緒に過ごす 他者を無視したり，冷淡に扱う 他者の世話をしたり援助したりする 他者からの援助や同情を求める 気晴らしや娯楽を求める
情報交流 (exchange of information)	認識 (cognizance) 説明 (exposition)	詮索するために他者に尋ねる 他者に解釈や情報を伝えようとする

* これまで盛んに研究が行われてきた欲求。達成欲求については4章4-1参照。
** Murray (1938) は対人感情領域に含めることについて一定の疑義を表明している。

(2) 潜在動機

　欲求が発動するプロセスは意識的であるとは限らない。われわれは無意識のうちに何かを求めたり避けたりするように行動しており，それを規定するのも欲求だと考えられるのである。この点を強調する Schultheiss (2008) は，意識を伴わずに正の誘因 (incentive) への接近，負の誘因 (disincentive) の回避を目指す動機づけの傾向性を**潜在動機** (implicit motive) と呼び，三つの社会的欲求 (達成，親和，権力) をその代表例として挙げている[18]。

　自動性 (2章4-2) に基づく情報処理の観点から，Schultheiss (2008) は，われわれの動機づけプロセスには「二重性」，すなわち，非意識的な潜在動機によるプロセスと意識的な顕在動機によるプロセスが独立して存在していると主張する。潜在動機は非言語的な刺激や誘因を手がかりとして発動し，非叙述的

表4-2 社会的欲求の発現パターン（Kuhl, 2008を一部改変）

フラストレーションの種類 メカニズム	達成欲求 目標達成	親和欲求 親密さへの願望	権力欲求 支配／構造への願望
レベル1）自己＋ポジティブ感情：自己への接近・深さ	フロー：課題への没頭，特定の学習	親密さ：暖かさ，愛，喜びに満ちた交流	指導：他者に影響を与えること；説明，援助など
レベル2）誘因＋ポジティブ感情：外発性（対象認識）	卓越さの基準：うまくやること，ポジティブな目標	社交性：一緒に楽しむこと，娯楽	承認：注目の的であること；地位，評価
レベル3）自己＋ネガティブ感情：問題への積極的対処	失敗への対処：誤りや問題の特定，解決の希求	ネットワークづくり：人間関係の中での問題の克服	自己主張：他者による抵抗の克服，決断
レベル4）行為＋ネガティブ感情：積極的回避，立案，根気強さ	プレッシャー：ストレス状況での忍耐，競争，他者と比較した優越	親和：安心の希求，親密さの希求	支配：権力の負の側面の認識，一方的コントロール
レベル5）自己抑制＋ネガティブ感情：ネガティブな感情と誘因の意識化，麻痺	自己批判：誤りの自認，失敗後の受動化，援助の受容	依存：孤独体験と不安，他者との距離感覚，援助の希求，他者との密着	服従：無力の体験，自分自身の従属化，他者への委譲

（nondeclarative）な動機づけ指標（例えば，血圧や心拍数といった身体的反応や，刺激と刺激の結び付きによって成立する連合学習のような言語的表現を媒介としない行動指標）を規定するのに対し，顕在動機は言語的，記号的な刺激や誘因を手がかりとして発動し，叙述的（declarative）な動機づけ指標（言語的に表現される自己概念や態度，判断，目標など）を規定するのだという[19]。

また，潜在動機は原則的に快を求め不快を避けるという快楽原理（4章1-2）

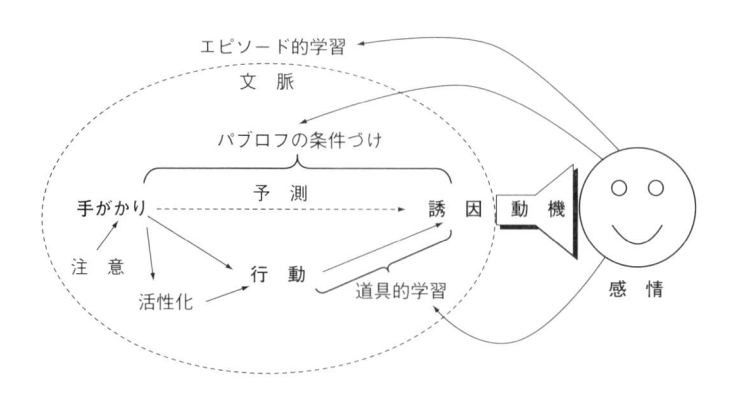

図4-3 潜在動機が感情，学習，注意，動機づけに及ぼす影響（Shultheiss, 2008）

に基づいて機能すると考えられており、①正の誘因への接近、あるいは負の誘因からの回避を目的とした道具的な行動が遂行されるか、②報酬と罰のどちらと連合しているかという二つの観点から、三つの基本的な動機づけのモード、すなわち、**積極的接近動機**（active approach motive）、**積極的回避動機**（active avoidance motive）、**消極的回避動機**（passive avoidance motive）に分類できるという（表4-3）。接近動機は望み（hope）に、回避動機は恐れ（fear）にそれぞれ特徴づけられている。

表4-3 三つの動機づけモード：潜在動機の望み／恐れの諸側面
（Schultheiss, 2008）

	報酬がもたらされる	罰がもたらされる
行動が遂行される	**積極的接近動機**	**消極的回避動機**
□達成動機	成功に関する望み	成功に関する恐れ
○親和動機	親密さに関する望み	親密さに関する恐れ
△権力動機	権力に関する望み	権力に関する恐れ
行動が遂行されない		**積極的回避動機**
□達成動機		失敗に関する恐れ
○親和動機		拒絶に関する恐れ
△権力動機		弱点に関する恐れ

図4-3は、潜在動機が感情、学習、注意、行動に及ぼす影響について図示したものである。潜在動機には、①誘因に対する感情反応を増大させ、②誘因によって引き起こされる学習過程を方向づけ、③誘因に関わる手がかり（cue）に注意を向けさせ、④目的達成（正の誘因の獲得や負の誘因の回避）に向けての行動を活性化する働きがあるという（Schultheiss, 2008）。

まず①に関して、潜在動機には、快や不快の感情を増大させることによって報酬と罰の効果を割り増しするような**感情増幅機能**（affect amplifier）があるという。例えば、親和動機の高い人はそうでない人に比べ、友好的な態度で接する他者と出会った際、より笑顔をみせるのに対して、非友好的な他者とに対してはより「しかめつら」になる。潜在的な親和動機が他者の属性という手がかりに対する快、不快の感情を増幅させて表情に影響を及ぼすというのである。また、達成動機の高い人が容易な課題より困難な課題をマスターした際により大きな喜びを感じるという知見（Brunstein & Maier, 2005）も潜在動機の感情増幅機能によると考えられる。

②に関しては，メトロノームの音によって食欲が刺激されることを示唆した「パブロフの条件づけ」のように，潜在動機は目的達成と連合し，それを予測する手がかりによって喚起されるという。また，潜在動機は，目的達成のための道具的行動の学習や正と負の誘因が生じる文脈に関するエピソード記憶（達成動機の高い人は未完の課題について思い出しやすいなど，自伝的記憶を含む）を促す。
　③と④に関しては，潜在動機によって人はその動機に関連する誘因を想起させる手がかりに対して敏感になって自動的にそれらに注意を向けるようになり，効果的で迅速な行動を活性化することになるという。

2-2　自己実現

（1）自己実現の欲求

　人の学習や成長を促す代表的な欲求として Rogers, C. R. や Maslow, A. H. が強調した「自己実現」を挙げることができるだろう。
　Rogers と Maslow は**人間主義心理学**（humanistic psychology）を代表する研究者であるが，彼らのスタンスの基調は，機械論的な「行動主義」及び人の負の側面に主に焦点を当てた「精神分析」に対する反論として，**成長仮説**（growth hypothesis），すなわち，「人間は成長の過程にある存在（a being in the process of becoming）である」という考え方に立脚して人間性を理解しようとする点にある（DeCarvalho, 1991）。
　人間の心理的成長について，ひとり一人が持つ潜在可能性の十分な実現に向けて発達する傾向性という観点から理解しようとするこの立場では，人間を「可能な限り有能で創造的で想像力に富んだ存在であろうと努力する存在」ととらえる。すなわち，「自己向上」が動機づけの究極の目標として位置づけられ，**成長欲求**（人が持つ成長と達成へ向けての原動力）の役割が強調されることになるのである。とりわけ，最高次元の欲求として価値づけられているのが**自己実現**（self-actualization）である[20]。

（2）十全に機能する人間

　「非指示的カウンセリング」や「来談者中心療法」で知られる Rogers, C. R. は，「人間の本性が自由に機能しているならば，それは建設的なものであり，信頼すべきものである」という信念を背景としつつ，「人は，自由で価値ある存在，意

味のある存在として扱われさえすれば，自分自身を理解し，心理的成長と成熟に向かって変化する能力を持っている」と主張した（DeCarvalho, 1991）[21]。彼は，生物に生まれながら備わっている「能力を発達させようとする傾向性」を**実現傾向**（actualizing tendency：充足，実現へと向かう傾向，生命体の維持と促進に向かう傾向）と名付けた（Rogers, 1963）が，とりわけ人間には自己実現しようとする動機が存在することを自らの心理臨床活動を通して見出した。すなわち，人間の場合，年齢とともに成長し自己が発達すると，その人独自の心理的特徴や可能性を発達させる過程が現れる。これが自己実現の傾向性であり，その過程は生涯にわたって持続する。そしてこれらの知見を通して，自己実現こそが人の人生におけるもっとも重要な目標だと主張したのである（Schultz, 1977）。

　Schultz（1977）は，Rogersによる自己実現の概念の特徴として以下の三点を指摘している。すなわち，①自己実現はある特定の状態ではなく「過程」であり，到達点ではなく「方向」であるという点，②困難で同時に苦痛をも伴う過程であるという点[22]，③自分を偽ったり，「仮面」をつけたり，見せかけの自分を演じたりするのではなく，「真の自分自身」であるという点である。

　このような自己実現の過程が進行しはじめると，人は究極の目標，すなわち，「**十全に機能する人間**（a fully functioning person）になること」を目指して成長を続けることになる。「十全に機能する人間」の特徴は表4-4の通りである。

表4-4 「十全に機能する人間」の特徴（Schultz, 1977）

①**経験に対して開かれていること**（an openness to experience） 何かあるいは誰かに対して防衛的であったり，脅かされていたりするわけではないので，あらゆる感情や態度を自由に体験できる。性格が柔軟で，生活上の経験を受容することができ，認識や表現を切り開くためにそれらの経験を活用することができる。
②**実存的生活**（existential living） 日常生活のあらゆる瞬間を十分に生きている。どの経験も新鮮でワクワクするものとして感じ取れる。
③**「生命体としての自分」への信頼**（a trust in one's own organism） 理性に偏ることなく，情動的な要因も含めた全人的な感覚に基づいて，直感的に瞬時の判断を下したり，行動したりすることができる。
④**自由の感覚**（a sense of freedom） 強制や妨害がなければ自由に行為を選び取ることができるし，人生に関わる自らの力の感覚を楽しみ，将来を自分自身が左右するということを信じている。このように自由と力の感覚を感じているため，人生には多くの選択肢があると考え，したいことを実現することは不可能ではないと思っている。
⑤**創造性**（creativity） ①から④の特徴から帰結することだが，創造性が極めて高く，環境からの刺激に反応することで自らを変化させ，成長させ，自身の能力を発展させていく。

(3) 欲求階層説

　よく知られた格言の一つに「衣食足りて礼節を知る」がある。「衣類・食料などに不足なく，生活に余裕ができて，はじめて人は正義や節度ある行動をわきまえるようになるということ」(時田昌瑞編『岩波ことわざ辞典』2000) を意味するわけだが，これは Maslow, A. H. が提唱した「欲求階層説」に通じる考え方だといえるだろう。生きる上で基盤となる欲求（生理的欲求など）が満たされてこそ，より高次な社会的欲求を満たそうとする意欲が生じることを欲求階層説は強調しているからである。

　Maslow は「統合された全体像としての個人」(the individual as an integrated whole)[23] を前提としたパーソナリティの理論を構築した。人間の動機づけを論じるには，生理的欲求，あるいはそこから派生する欲求（二次的欲求）に基づいた動機づけ理論だけではあまりにも不十分であることを指摘しつつ，単に動因や欲求のリストを明らかにするのではなく，動因理論，Adler, A. による自尊に関する理論，Goldstein, K. による自己実現の概念[24]などの先行研究を取り込みながら，包括的かつ統合的な欲求階層説を提示したのである (Wilson, 1972)。そこで最高次元の生得的欲求として位置づけられたのが「自己実現への欲求」であった。Maslow (1970) によれば，**自己実現への欲求**（need for self-actualization）とは，「自己を成就しようとすること (self-fulfillment) への願望 (desire)，すなわち，その人が潜在的にもっている可能性を実現しようとする傾向性」であり，「より一層，自分自身であろうとし，自分がなりうるすべてのものになろうとする願望」を指す[25]。

　欲求階層説では，**生理的欲求**（physiological needs），**安全の欲求**（safety needs），**所属と愛情の欲求**（belongingness and love needs）[26]，**自尊の欲求**（esteem needs）[27]，**自己実現への欲求**の五つを生得的な基本的欲求として仮定した上で，それらが階層的に配置され（表4-5），以下のような動機づけメカニズムが想定されている。

　われわれは特定の瞬間に特定の欲求によって動機づけられている。そのような動機づけは他の欲求の満足にも依存している。例えば，何かを達成しようという気持ちになっているときには，別の欲求（例えば，「生理的欲求」や「安全の欲求」）が満たされているといえる。また，各欲求はその相対的優勢さによって階層を構成しており，下位の欲求ほど強力で支配的な動機づけ要因である。つまり，われわれの日常生活において，「生理的欲求」が相対的に一番強い動機として，「自己

表4−5 欲求階層説

階層		欲求階層説 (Maslow, A. H.)	ERG理論 (Alderfer, C. P.)
低次 ↕ 高次	欠乏欲求	**生理的欲求** ホメオスタシスに基づく身体的な欲求 (食物, 水, 空気, 睡眠, 性への欲求)	**存在欲求** 身体的な欲求 物的な欲求
		安全の欲求 安全, 安定, 保護, 秩序を求める欲求 恐れ, 不安からの自由を求める欲求	**関係欲求** 重要な他者との人間関係に関する欲求
		所属と愛情の欲求 愛, やさしさ, 共同に対する欲求	
		自尊の欲求 達成, 尊敬, 承認に対する欲求	**成長欲求** 自分自身や環境に対する創造的, 生産的な効果に関する欲求
	成長欲求	**自己実現への欲求** 自己成就感, 自己の可能性への気づき, 理解や洞察への欲求	

実現への欲求」が一番弱い動機として機能している。そして，低次の欲求が満たされると，より高次の欲求が発現し，それが低次の欲求に替わって優位に立ちその充足を求めるようになる。例えば，「自尊の欲求」を満たそうとする動機づけが生じるためには，それより下位の欲求（生理的欲求，安全の欲求，所属と愛情の欲求）が満たされていなければならないというように，下位の欲求の充足は上位の欲求が発現する条件として位置づけられているのである[28]。

<small>もし幸福であるなら，音楽家は音楽を創り出し，芸術家は絵を描き，詩人は詩を書くのである（Maslow, 1943, p. 382）。</small>

　人は下位の欲求を充足するためだけに生きているわけではない。下位の欲求が満たされれば，自ずと人は自らの能力を創造的に発揮するようになる。Maslowにとって「自己実現への欲求」とは他の欲求と一線を画した特別な欲求であり，そもそも欲求の発動原理が異なっているという。つまり，「自尊の欲求」を含むそれより下位の欲求は，欲求を満たすことそれ自体が目標になっており，欲求が満たされないと，それを充足する方向に向けて行動が生起し，満たされると行動が終了する（**欠乏動機づけ**）。このような機能を持つ諸欲求は**欠乏欲求**（deficit needs）と呼ばれた。それに対して，「自己実現への欲求」に基づく動機づけは，欲求が充足されることで行為が終結するというよりも，むしろ行為がさらに発展的に継続していく。より高次の目標の実現過程が自生的に展開していくこのよう

な機能(**成長動機づけ**)を持つ欲求は**成長欲求**(growth needs)とよばれ,欠乏欲求と明確に区別されたのである[29]。

(4) ERG理論

「存在」(existence),「関係」(relatedness),「成長」(growth)という三つの欲求を特定し,それぞれの頭文字をとって名付けた**ERG理論**(E.R.G. theory)を提唱することによって欲求階層説に修正を加えたのがAlderfer, C. P. である(Alderfer, 1969:表4−5)。**存在欲求**(existence needs)とは物理的,生理的な欲求を指し,Maslow, A. H. のいう「生理的欲求」と,「安全の欲求」のうち身体的,物質(例えば,金銭)的な欲求の側面がここに含まれる。**関係欲求**(relatedness needs)とは,家族,友人,上司,同僚といった重要な他者(significant others)との相互関係や分かち合いのプロセスによって充足されるような欲求の総称である。Maslowのいう「安全の欲求」の対人的な欲求の側面と「所属と愛情の欲求」,「自尊の欲求」のうち他者の反応と関連する欲求の側面がここに含まれる。**成長欲求**(growth needs)とは,自分自身や環境に創造的あるいは生産的な効果をもたらすことによって充足されるような欲求の総称である。ここには自己充足的で自律的な「自尊の欲求」と「自己実現への欲求」が含まれている。

それぞれの欲求の充足が欲求階層全体に影響を及ぼすダイナミックなプロセスが図4−4に示されている。ERG理論では,フラストレーション(欲求不満)が動機を強め,欲求の満足が動機を弱めるという欲求のメカニズムを前提として,三種類の欲求の充足と動機(desire)の強さとのダイナミックな関連を以下の七つの原理によって説明する。

①存在欲求が満たされないと,それを充足しようとする動機が強まる(P1)。
②関係欲求が満たされないと,存在欲求を充足しようとする動機が強まる(P2)。
③存在欲求が満たされると,関係欲求を充足しようとする動機が強まる(P3)。
④関係欲求が満たされないと,それを充足しようとする動機が強まる(P4)。
⑤成長欲求が満たされないと,関係欲求を充足しようとする動機が強まる(P5)。
⑥関係欲求が満たされると,成長欲求を充足しようとする動機が強まる(P6)。
⑦成長欲求が満たされると,さらにそれを充足しようとする動機が強まる(P7)。

このモデルでは,ある欲求のフラストレーションや充足が他の欲求に基づく動

機を発動することが想定されており，複数の欲求の動機づけメカニズムがダイナミックに描かれている。とりわけ，成長欲求のみが他の欲求のメカニズムと異なりその満足が当該動機を自己強化する機能を持つ（成長動機づけ）とした点にMaslowの発想の本質が継承されている。欲求の種類を整理し，そのメカニズムを精緻化したERG理論によって，欲求階層説が再定義されたのである[30]。

2-3 コンピテンス

(1) 能力と意欲の複合体としてのコンピテンス

「学習意欲」と最も密接に関連する欲求概念として「コンピテンス」を挙げることができるだろう。コンピテンス（competence）とは「熟達」（mastery）を中核として動機づけを説明するキーワードであり，自分の有能さを発達させたり，証明したりするために，特定の方向に向けて行為を起こす力を意味している（Urdan & Turner, 2005）。欲求概念であると同時に，能力概念でもあるという点が特徴的であり，内発的動機づけ（4章3-2）の有力な論拠として位置づけられている。以下では，まず，コンピテンス概念の成立から振り返ってみよう。

前述の通り，1940年代から50年代にかけて動因理論（4章1-1）に基づく動

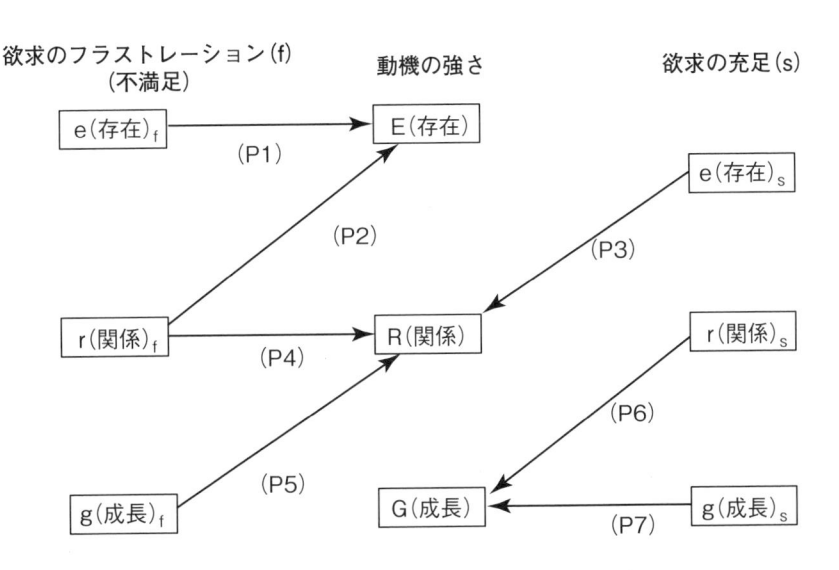

図4-4　ERG理論の原理（Alderfer, 1969）

機づけ研究が盛んであったが、ホメオスタシスと快楽原理に基づいた「動因」による動機づけの説明（動因低減説：4章1-1）だけでは不十分であることが次第に明らかになってきた。例えば、生理的欲求が十分に満たされているにも関わらず、サルが組み立てパズルを何度も熱心に解こうとして次第に習熟していく現象（Harlow, 1950）や、外の景色を見る機会を与えることがいわば「報酬」として機能して、箱に閉じ込められたサルが青と黄色の区別を学習する姿（Butler, 1953）などが確認された。つまり、ものを操作して熟達したり、積極的に情報を求めるといった行為を動因理論によって説明することは不可能だったのである。これらの行為は、生理的欲求やその不満足に基づくものではない。食欲のような反応の完了もないし、不快な心理的状態に突き動かされて生じるわけでもないからである[31]。

以上のような一連の知見に基づいて、精神分析や行動主義の理論とは異なる新しい動機づけ概念としてコンピテンスを提唱したのが White, R. W. である。彼は動機づけを論じるにあたって進化論的、生物学的な基盤を重視し、すべての生命体に共通な動機づけシステムの根源として、成長（growth）、維持（maintenance）、生殖（reproduction）の三つを挙げた（White, 1972）。このうち維持と生殖は生理的欲求に基づいているが、とりわけ人間にとって重要なのは、人が環境と関わりながら知識や技能を獲得して自ら発達していく成長の側面であり、そのプロセスを支える新たな動機づけの概念として「コンピテンス」を提唱したのである。

White によれば、**コンピテンス**とは生命体が生まれながらにして持っている、環境と効果的に相互交渉しようとする動機づけに特徴づけられる能力である（White, 1959）と同時に、「学習履歴を反映する累積結果としての能力の総体」を指す（White, 1963）。つまり、生命体、とりわけ高等動物は、生得的な「動機づけと能力の複合体」としてのコンピテンスを基盤としつつ、環境と関わりながら知識や技能を獲得し、そのことによってコンピテンスをさらに高めていくという心理学的なメカニズムを備えていて、それは同時に生命体が環境に適応することを支えるような生物学的、進化論的な働きであると主張したのである。コンピテンス概念によって、人が生まれながらにして「自ら学びとりつつ成長していく力」（学習や発達に向けた動機づけ的基盤）を備えていることが理念的に明確化されたといえるだろう[32]。

（2）イフェクタンス動機づけ

とりわけ，コンピテンスの動機づけ的側面，すなわち，環境に関わりながら成長を指向する生来的な欲求（**コンピテンスへの欲求**：need for competence）を満たすような動機づけは**イフェクタンス動機づけ**（effectance motivation）と呼ばれ，このイフェクタンスが満たされた際の主観的で感情的な側面，すなわち，環境との効果的な関わり合いがもたらす快い体験は**効力感**（feeling of efficacy）と名付けられた（White, 1959）。また，イフェクタンス動機づけに基づく行為は，持続的で焦点化された意図的な努力に特徴づけられるという。

イフェクタンス動機づけの原型は，子どもの好奇心旺盛な姿であろう。例えば，おもちゃ（「ガラガラ」）を振ると音が出ることがわかると，何度も振ってみて音を出しては喜ぶ乳幼児の姿をみかけるに違いない。「ガラガラ」の音をたてるといった感覚的な変化の体験が彼らに効力感を感じさせているのである。すなわち，イフェクタンス動機づけとはこのような効力感の充足を求める動機づけであり，結果として学習（上の例では「ガラガラを振ると音が鳴る」という体験的な理解）を引き起こす。効力感は，ある目的（例えば，知識や技能を身に付ける）が達成された際というよりも，一連の環境との相互作用の継続的過程（状態レベルの動機づけ：1章2-2）として生じるとされている点が重要である。あくまでも環境との相互作用のプロセスで体験される感情が効力感なのである。なお，White (1959)によれば，このイフェクタンス動機づけは幼児や児童の段階ではまだ未分化であり，のちに認識，創造，熟達，達成といった動機に分化していくという。また，効力感の充足が興味の分化，形成にも影響を及ぼすとされている[33]。

以上のことから，コンピテンスへの欲求は，達成への傾向性やものごとに対する興味の発達などを規定し，ひとり一人の個性的な成長のあり方を左右するため，パーソナリティ形成の動機づけ的基盤として位置づけることも可能である（White, 1972）。コンピテンスは環境との相互交渉の結果，他の欲求に基づく動機づけプロセスと関連しあいながら構築されつづける「能力・意欲」であり，その意味でパーソナリティと切り離せない概念なのである（White, 1960）[34]。

（3）コンピテンスの発達

White, R. W. の理論がともすると思弁的な印象を与えるのに対して，コンピテンスの発達に関する心理的メカニズムをより具体的にモデル化したのがHarter, S. である。図4-5には，イフェクタンス動機づけが学習活動を動機づけるだけ

ではなく，その結果（成功・失敗）や環境からのフィードバックによってそれが規定されることが示されている（Harter, 1978）。

易しすぎず難しすぎないような最適な困難度の課題（challenging task）に成功した場合，内発的喜びを感じイフェクタンス動機づけが高まるのに対し，課題達成に失敗すると学習場面での不安が生じてイフェクタンス動機づけは逆に低まる。また，成功や失敗の直接的な体験だけでなく，教師による「ほめ言葉」のような社会的な強化フィードバックシステムもイフェクタンス動機づけに影響を及ぼす。すなわち，学習行動に対して独力で成果を出そうとする試みに対する正のフィードバック（ほめるなど）や承認，または，そのような場面の観察学習，あるいは，誰かに依存して達成しようとすることに対する強化の欠如といった体験によって，社会的な強化フィードバックシステムや達成目標が内面化され，**有能感**（perceived competence）や内的統制の感覚（internal perception of control：2章3-2）が高まり，イフェクタンス動機づけが高められる。それに対して，独力で学習を進めていこうとする行為に対して強化や承認が与えられなかったり，そのような場面を観察学習したり，大人に頼って学習を進めていくことに対して

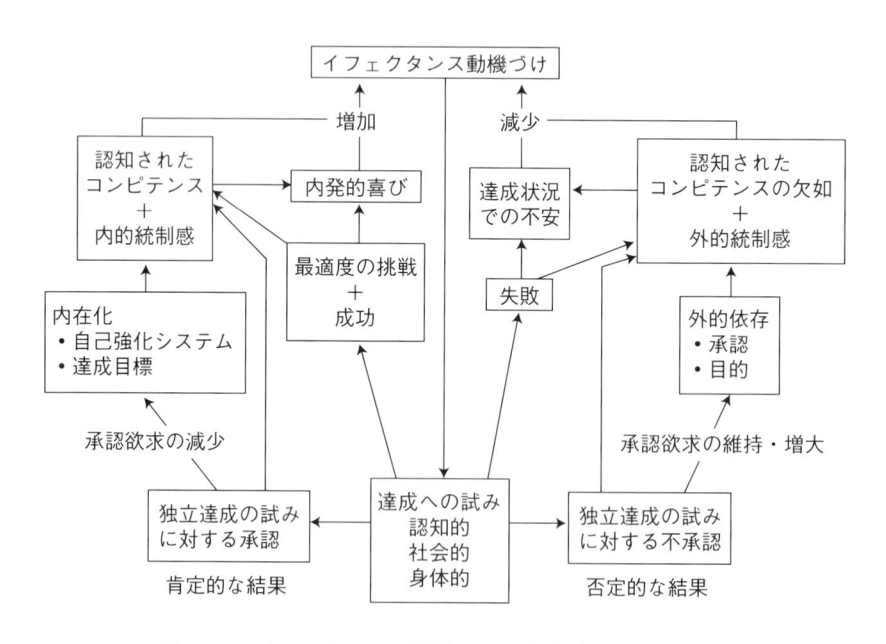

図4-5　イフェクタンス動機づけの発達（Harter, 1978）

強化が与えられると，外的な承認や目標に依存する態度が形成されて有能感が低まると同時に外的統制の感覚（external perception of control：2章3-2）が高まり，イフェクタンス動機づけが低められる。

この Harter の理論では独力で達成するということが重要視され，イフェクタンス動機づけが社会的な強化システムに依存して発達していく過程が，社会的学習（social learning）や社会的認知（social cognition）の立場から描かれているという点が特徴的である。

なお，Harter（1990）は，コンピテンスの領域と種類について，自己概念とその形成という観点から，ライフスパンの各段階に対応させて整理している（表4-6）[35]。

表4-6 ライフスパンの各段階における自己概念の領域（Harter, 1990 を一部改変）

幼児期	児童期	思春期	青年期	成人期
認知コンピテンス	学業コンピテンス	学業コンピテンス	学業コンピテンス 知的能力 創造性	知性（intelligence）
		職業コンピテンス	職業コンピテンス	職業コンピテンス
身体コンピテンス	運動コンピテンス 身体コンピテンス	運動コンピテンス 身体コンピテンス	運動コンピテンス 身体コンピテンス	運動コンピテンス 身体コンピテンス
仲間からの受容	仲間からの受容	仲間からの受容 親しい友人関係 恋愛関係	仲間からの受容 親しい友人関係 恋愛関係	社会性 親しい友人関係 親密な関係
道徳的ふるまい	道徳的ふるまい	道徳的ふるまい／道徳性	道徳性 ユーモアのセンス	道徳性 ユーモアのセンス 養育 家庭のマネジメント 家庭人としての適性
	全体的な自己価値	全体的な自己価値	全体的な自己価値	全体的な自己価値

（4）コンピテンス動機づけ

Elliot, McGregor, & Thrash（2002）は，それまでの議論を整理し，コンピテンスへの欲求に基づく動機づけを**コンピテンス動機づけ**と総称し，その一部にイフェクタンス動機づけを位置づけた。環境と関わる過程で得られるフィードバックの質や発達的特徴に着目すると，コンピテンス動機づけは以下の三つに大別できるという。

第一に，**課題参照型コンピテンス動機づけ**（task-referential competence motivation）である。これは課題自体を単に達成する動機づけであり，課題従事のプロセスあるいは直後にフィードバックが直接得られる場合を指す。発達の早い時期から大人に至るまでみられる動機づけのタイプであり，White, R. W. のいうイフェクタンス動機づけはこれに該当するという。

　第二に，**過去参照型コンピテンス動機づけ**（past-referential competence motivation）である。18ヶ月ごろから徐々に自己を対象化できるようになるため，課題に熟達することによって単なる喜び（joy）のみならず「できる自分の姿」の知覚を通じた誇り（pride）をも含んだ感情（joyful pride：Heckhausen, 1987）を体験するようになる。また，4歳くらいになると，具体的な行動の達成だけではなく，その背後に想定されるより抽象的なスキルや能力に着目することができるようになる。これらの認知的発達に伴って，過去との比較，すなわち進歩（improvement）や発達（development）といった観点から課題の達成を自己評価できるようになるのである。このような進歩や発達を求める動機づけタイプが過去参照型である。

　第三に，**他者参照型コンピテンス動機づけ**（other-referential competence motivation）である。自己を対象化できるようになることを基盤として，原初的には3歳頃から，6, 7歳頃からはより顕著なかたちで他者のパフォーマンスとの比較で自己評価するようになる。このような他者との比較に基づく有能さを求める動機づけタイプが他者参照型である。

　個人が個性化，社会化する過程で，社会的，文化的環境と関わる具体的な体験を通して得られるフィードバックのあり方が，以上の三つのコンピテンス動機づけに影響を及ぼし，個人のトータルなコンピテンス動機づけの発達を中長期的に左右すると同時に，その様相は動機づけの個人差となって現れると考えられている[36]。

2-4　自己決定理論

(1) 自己決定理論と五つのミニ理論

　1970年代以降における最も有力な欲求論は，Deci, E. L. と Ryan, R. M. によって提唱されている「自己決定理論」であろう。**自己決定理論**（self-determination theory：SDT）とは，成長と統合へと向かう自己の傾向性および，より統合され

た自己の感覚を発達させていく傾向性(Deci & Ryan, 1991)を生得的に備えているとする生命体論的視座(organismic viewpoint)に立脚した動機づけの考え方(Ryan & Deci, 2000b; Deci & Ryan, 2000; Deci & Ryan, 2002)であり,その下位理論として複数のミニ理論(Vansteenkiste, Niemiec, & Soenens, 2010)が位置づけられている。現時点では五つのミニ理論,すなわち,認知的評価理論(4章3-3),有機的統合理論(4章3-1),因果志向性理論(4章6-2),基本的心理欲求理論(後述),目標内容理論(4章6-2)がある(以上は提案順)[37]。

自己決定理論によれば,人は生得的な欲求と成長に向けた傾向性を持っていて

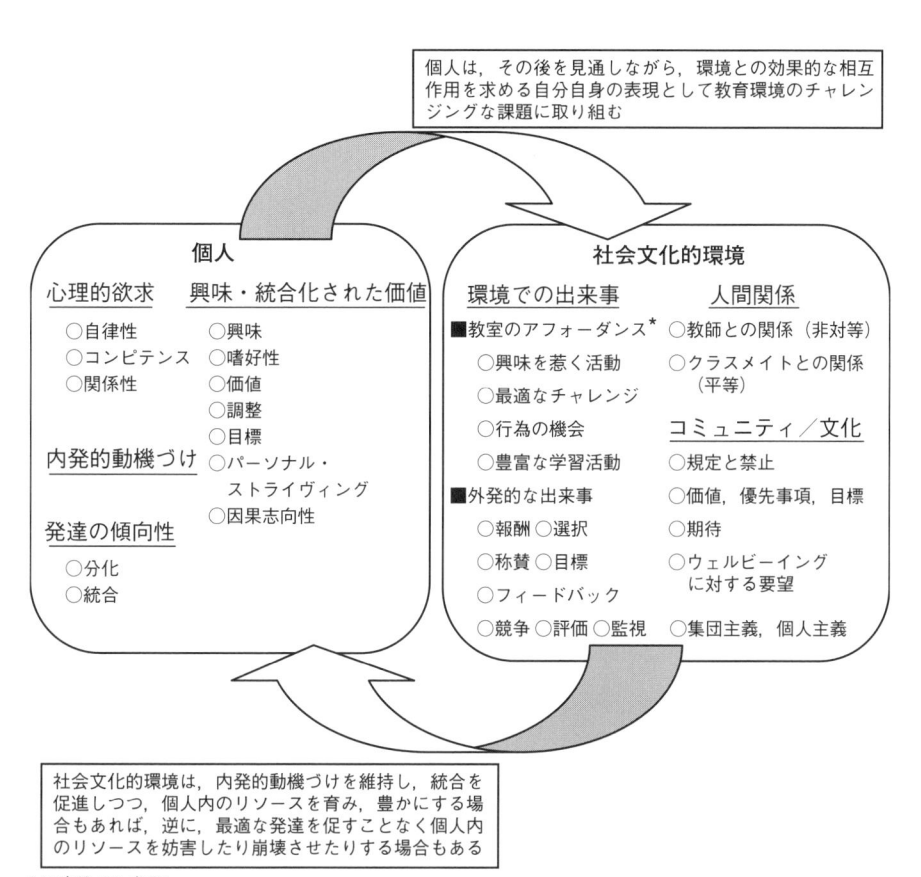

個人は,その後を見通しながら,環境との効果的な相互作用を求める自分自身の表現として教育環境のチャレンジングな課題に取り組む

個人

心理的欲求　興味・統合化された価値
○自律性　　○興味
○コンピテンス　○嗜好性
○関係性　　○価値
　　　　　　○調整
　　　　　　○目標
内発的動機づけ　○パーソナル・
　　　　　　　　ストライヴィング
　　　　　　○因果志向性
発達の傾向性
○分化
○統合

社会文化的環境

環境での出来事　　人間関係
■教室のアフォーダンス*　○教師との関係(非対等)
　○興味を惹く活動　○クラスメイトとの関係
　○最適なチャレンジ　　(平等)
　○行為の機会　　コミュニティ/文化
　○豊富な学習活動　○規定と禁止
■外発的な出来事　○価値,優先事項,目標
　○報酬 ○選択　○期待
　○称賛 ○目標　○ウェルビーイング
　○フィードバック　に対する要望
　○競争 ○評価 ○監視　○集団主義,個人主義

社会文化的環境は,内発的動機づけを維持し,統合を促進しつつ,個人内のリソースを育み,豊かにする場合もあれば,逆に,最適な発達を促すことなく個人内のリソースを妨害したり崩壊させたりする場合もある

*3章注29参照。

図4-6　パーソナリティの成長・発達に関する弁証法的枠組み
(Reeve, Deci, & Ryan, 2004を一部改変)

社会文化的な環境に対して関わろうとする一方，その社会文化的な環境はその個人の動機づけに対して支援的，あるいは妨害的に機能するのだという。そして，このような個人と環境の間の「弁証法的」(dialectical) な相互作用（葛藤，対立，矛盾を経て高次の段階へと発展していくプロセス）によって学習や成長といった教育の成果が規定されることになる（Reeve, Deci, & Ryan, 2004）。例えば，子どもが自分自身を表現したり，学習課題へのチャレンジを通して成長したりすることを十分に許容する教育環境であればあるほど，統合的な成長（自律性やウェルビーイング）が促されるのに対して，過剰なコントロールによってやる気が削がれるような環境だと望ましい教育成果が生み出されない。自己決定理論によるこのような弁証法的な概念枠組み（学校教育領域の例）を図4-6に示した。

（2）基本的心理欲求理論

　ミニ理論のうち，自己決定理論の「土台」として位置づけられている考え方が「基本的心理欲求理論」である。**基本的心理欲求理論**（basic psychological needs theory）とは，人の成長，統合的な発達，ウェルビーイングのために必要不可欠な三つの生得的な心理的欲求（Deci & Ryan, 2000）の充足を重要視する考え方を指す。その三つとは，①**コンピテンスへの欲求**（need for competence：環境と効果的に関わりながら学んでいこうとする傾向性），②**自律性への欲求**（need for autonomy：行為を自ら起こそうとする傾向性），③**関係性への欲求**（need for relatedness：他者やコミュニティと関わろうとする傾向性）である。これら三つの欲求はいずれも当人の成長と人格的統合に向けた生得的な傾向性であり，これらの欲求が同時に満たされるような条件のもとで人は意欲的になりパーソナリティが統合的に発達していくのに対し，これらの欲求が満たされないと意欲や心理的な健康が損なわれるという（Ryan & Deci, 2000b）[38]。

　Reeve（2009b）は，以上の三つの心理的欲求を満たすような社会的文脈及びそれらの欲求の充足がエンゲージメント（1章1-2）に及ぼす過程について概括的に示している（図4-7）。そこでは社会的文脈の要因として，自律性サポート（5章3-2），構造（5章2-3），関わりあい（5章3-2）の三つが重視され，それらが自律性，コンピテンス，関係性の各欲求の充足をそれぞれ促し，三つの欲求が同時に満たされることによってエンゲージメントが高められるとされている。すなわち，当人の行動をコントロールしようとしたり強制したりするのではなく，彼らの自律性を支援しようとすること（**自律性サポート**：autonomy support），

環境側の提供する情報が無秩序でも不明瞭でもなく，達成結果へと導くプロセスに関する有意味な情報と達成へのサポートを提供するような特徴を備えていること（**構造**[39]：structure），対人関係が敵対的ではなく，思いやりのあるものであること（**関わりあい**：involvement）が，基本的な三つの心理的欲求をそれぞれ充足するために必要であり，各欲求が満たされることによって動機づけや適応が促され，ひいては社会的，認知的，人格的な発達へと結びついていくと考えられている（Connell & Wellborn, 1991）。

自律性サポート（autonomy support）
- 傾聴し，他者が自分自身のやり方で振る舞うことを許容する
- 内面にある動機づけリソースを育む
- 情報的な言葉（informational language）を重視する
- 価値づけを促す
- ネガティブ感情の表出を認め，受け入れる

→ **自律性への欲求**の充足・促進

構造（structure）
- 明確な期待と手続きについて伝える
- 最適のチャレンジを提供する
- 進歩するための励まし，コツ，ヒントを提供する
- 豊かな情報を含みスキルを高めるようなガイダンスを提供する
- 適時的で，行動に随伴した，予測を可能にするような一貫性のあるフィードバックを実施する

→ **コンピテンスへの欲求**の充足・促進

関わりあい（involvement）
- 他者の関心事につきあう
- 他者を気づかう配慮（care）を示す
- 他者に関する詳しい知識を持ち，日常的に何が起こっているかを把握する
- 愛情，好意，敬意を表現する
- 一緒にいることを心から楽しむ
- 個人的リソース（時間，注意，心的エネルギー，興味，情緒的サポートなど）をシェアする

→ **関係性への欲求**の充足・促進

→ **エンゲージメントの程度**
- 行動的エンゲージメント
- 感情的エンゲージメント
- 認知的エンゲージメント

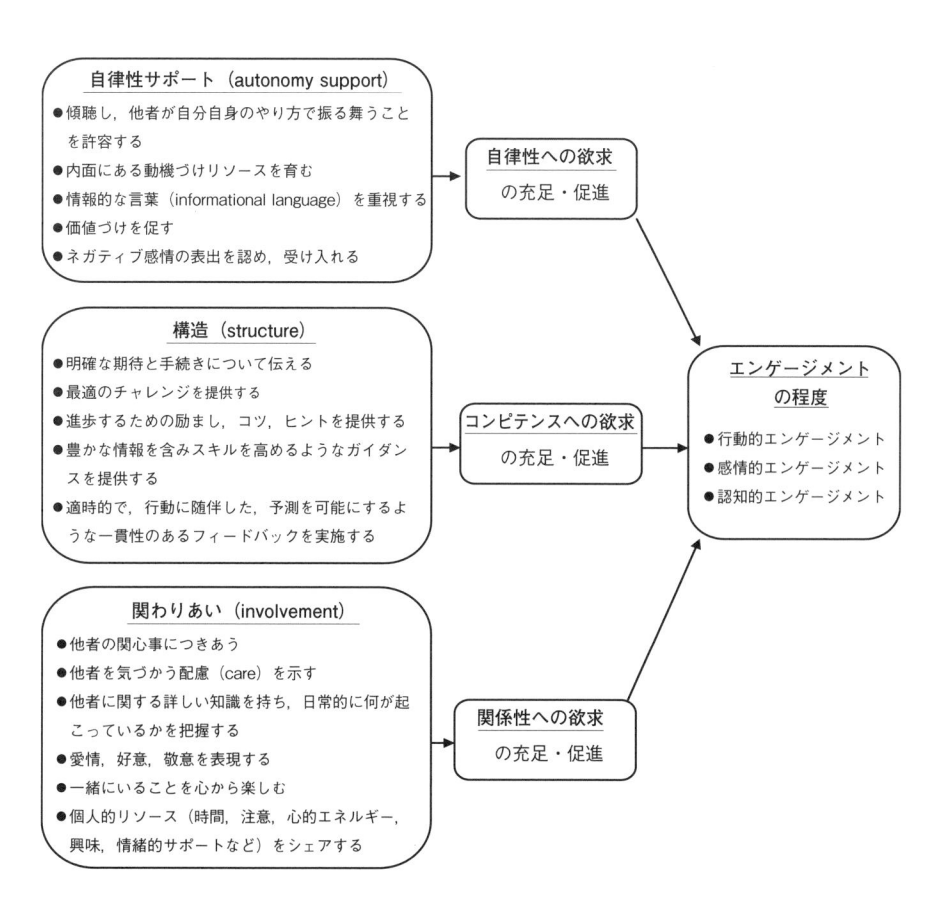

図4-7 エンゲージメントモデル：自律性サポート，構造，関わりあいの重要性
（Connel & Wellborn, 1991; Reeve, 2009b を一部改変）

3　内発的動機づけと外発的動機づけ

　動機づけの分類として「内発的動機づけ」と「外発的動機づけ」の区別がよく知られている。
　例えば，「読書そのものに楽しみや喜びを感じている」という場合のように，ある活動（この場合，読書）そのものを「目的」として位置づけることができる心理現象が内発的動機づけ（intrinsic motivation）である。それに対して，「読書感想文の宿題をこなすために本を読む」というように，「手段」としてある活動に取り組んでいる心理現象を外発的動機づけ（extrinsic motivation）と呼ぶ。原則として，内発的か外発的かという区別は，このように「目的―手段」という枠組みによる分類だといえる。
　一方，「自発性」の違いによって両者が定義されることもある。例えば，宿題に自ら進んで取り組む場合もあれば，宿題をやらないと親や先生に叱られるのでイヤイヤながら取り組んでいる場合もあろう。前者が内発的動機づけで，後者が外発的動機づけに該当する。この例では「自律―他律」という枠組み，すなわち，「自ら進んでやるか，やらされているか」という違いによって内発的，外発的が区別されている。
　ただ，やっかいなことに，「宿題自体に興味はないが，やらなければならないことを自覚して進んで取り組む」という場合のように，目的として取り組んでいるわけではないが自ら進んで行為するという場合もありうる。後述する有機的統合理論では，このような「自律的な外発的動機づけ」が描き出されている。
　以上の論点を踏まえて，「目的―手段」と「自律―他律」という二つの基準によって内発的動機づけと外発的動機づけを分類すると表4-7のように表すことができるだろう（櫻井, 2009）[40]。

3-1　外発的動機づけ

　外発的動機づけを端的に表現するならば「賞罰に基づく意欲」だといえるだろう。「ごほうび目当てに頑張る」「叱られるのがイヤだからやる」といったやる気は，子どもばかりではなく大人にもみられる日常的な心理現象である。
　外発的動機づけとは，原則的に，その活動と内容的に無関係な目標のための手

3 内発的動機づけと外発的動機づけ

表4-7 内発的動機づけと外発的動機づけの分類（櫻井, 2009 より作成）

分類の観点	目的	手段
自律	**内発的動機づけ** ＜学習が目的で自律的な取り組み＞ 例）興味があるので自ら進んで学ぶ。	**外発的動機づけ＜自律的＞** ＜学習は手段だが自律的な取り組み＞ 例）志望校に合格するために自発的に学ぶ。
他律		**外発的動機づけ＜他律的＞** ＜学習が手段で他律的な取り組み＞ 例）先生がやりなさいと言うので仕方なく学ぶ。

段としてその活動に取り組む場合を指す。その行為の目標としては一般に「賞罰」が想定されており，賞の獲得あるいは罰の回避が目指されることになる。したがって，外発的動機づけによる学習とは，学習内容と直接には無関係な目標，例えば「ごほうびを得ること」や「罰を避けること」のために，学習が起こったり，維持されたり，方向づけたりする一連の過程を意味している。その状況には特定の「条件」（例えば「期末テストで満点をとったら特別にプレゼントがもらえる」「ピアノを毎日練習しなければ，こづかいが下がる」）が存在し，それに対応する方向で行為が生じるわけである。

つまり，外発的動機づけとは，いわゆる「アメとムチ」によって生じる動機づけなのだといえる。その場合，テストの勉強とプレゼント，ピアノとこづかい（お金）の間に内容的な関連が全くないという点に留意されたい。両者は人為的に手段―目的関係で結び付けられ，それが社会的な条件として意味づけられているにすぎない[41]。

(1) 外発的動機づけの理論的背景

外発的動機づけとは，元来，快楽原理に根拠づけられた動因理論（4章1-1）を基盤とした理論群の総称であった（鹿毛, 1994）。動因は，飢えや渇きといった生理的欲求だけでなく，それらと条件づけられた派生的欲求からも生じる（4章注4）。例えば，おもちゃのお金（ポーカーのチップ）と食べ物が交換できることを学んだチンパンジーが，おもちゃのお金を獲得するために身体的あるいは知的な作業や学習といった「仕事」をし，そのお金を「貯金」までするという現象が知られている（例えば，Wolfe, 1936；Sousa & Matsuzawa, 2001）。生理的欲求に基づく動因を直接低減する「食べ物」と，元来動因を低減する働きはない「おもちゃのお金」とが結びついた結果，「おもちゃのお金」に対する派生的欲求

が生じ,それを獲得することに動機づけられるようになったのだと解釈できる。外発的動機づけはこのような心理的メカニズムを前提としている。

以上の考え方に基づくと,そもそも学習とは生理的欲求やそこから派生した欲求(賞を求める,罰を避けるなど)によって起こるものであり,逆にいうなら,賞や罰などの条件が与えられない限り学習は起こらないということになる。そのため,このような「(人を含む)動物は本来怠けものであって,何らかの不都合が生じない限り,活動的にはならない」という前提に立つ外発的動機づけの発想は「怠けものの心理学」(波多野・稲垣,1973)などと呼ばれてきたのである。

(2) 強化メカニズムと予期メカニズム

外発的動機づけの原理は,過去の学習に基づく「強化メカニズム」と,将来の予期に基づく「予期メカニズム」の二つに大別される。外発的動機づけの規定要因である賞と罰についてこの観点からとらえ直すなら,それらは強化メカニズムにおける強化刺激,罰刺激と,予期メカニズムにおけるポジティブあるいはネガティブな誘因とに分類できる(Deckers, 2005:表4-8)。

表4-8　賞と罰の分類(Deckers, 2005を一部改変)

	行動の結果：過去の出来事	行動の結果の予期：将来の出来事
賞 <ポジティブな刺激>	強化刺激：強化刺激のために特定の行動が選択され,当該行動が生起しやすくなる。 例)過去のよい成績,両親の承認,満足感	ポジティブな誘因：誘因を獲得するための接近行動を動機づける。 例)予期されるよい成績,両親の承認,満足感
罰 <ネガティブな刺激>	罰刺激：罰刺激に対抗して特定の行動が選択され,当該行動が生じにくくなる。 例)過去の悪い成績,両親からの非難,恥	ネガティブな誘因：誘因を阻止するための回避行動を動機づける。 例)予期される悪い成績,両親からの非難,恥

強化メカニズムはオペラント条件づけに基づくもので,過去の特定の状況(例えば,授業中)においてある行動(例えば,丁寧にノートをとること/居眠りすること)に対応する結果(例えば,よい成績/落第)が随伴することによって,のちの当該行動の頻度が規定される(例えば,丁寧にノートをとることが増える/居眠りすることが減る)という動機づけプロセスを指す。のちの行動頻度が高まる場合を強化刺激(reinforcer:ポジティブな強化子),低まる場合を罰刺激

（punisher：ネガティブな強化子）と呼ぶ。つまり，強化刺激によって「何をすべきか」が，罰刺激によって「何をすべきでないか」が学ばれ，その学習経験がのちに同様の状況下におかれた際の行動の選択，生起に影響を及ぼすのである。強化と罰に関して，表4－9に「生徒のやりたがらない課題を教師がやらせる場合」の例が整理されているので参照されたい。

表4－9　強化と罰（Schunk, Pintrich, & Meece, 2008）

出来事	刺激	反応	結果
ポジティブな（正の）強化：強化刺激の提示	教師が生徒にやるべき課題を与える	生徒が課題を遂行する	「よくやった」と教師が生徒をほめる
ネガティブな（負の）強化：罰刺激の撤去	教師が生徒にやるべき課題を与える	生徒が課題を遂行する	教師が生徒に「もう課題をやる必要がない」という。
罰：強化刺激の撤去	教師が生徒にやるべき課題を与える	生徒が時間を無駄にする	教師が生徒の自由時間を無効にする。
罰：罰刺激の提示	教師が生徒にやるべき課題を与える	生徒が時間を無駄にする	教師が宿題を課す。

予期メカニズムは環境側の要因や目標をより重視する考え方で，将来の賞罰を予期することによって現在の行動が規定されるという動機づけプロセスを指す。例えば，大学生が卒業するために卒業論文に精力を注いだり，留年しないために試験に関する情報収集に努めたりすることがある。この場合，手段的な行動（卒論に労力を注ぐこと）を動機づける達成や獲得の対象（卒業）を**ポジティブな誘因**，回避的な行動（必修授業の試験に関する情報収集）を動機づける，避けたり未然に防いだりすべき対象（留年）を**ネガティブな誘因**と呼ぶ[42]。

（3）報酬の弊害と効用

　以上にみてきたように，外発的動機づけの本質は報酬と罰によって行動がコントロールされる点にある。一般に，教育場面においては罰よりも報酬の方が望ましいとされており，例えば「通信簿の成績が上がったらごほうびを買ってあげる」「このプリントの問題が全部できたら休み時間にしてよい」といった「これをすれば，あれをあげるよ」式の約束が，学校や家庭などの教育場面で頻繁に見られる。教師や親たちは，有形無形の報酬を「ニンジン」としてちらつかせて，子ど

もたちに勉強をさせようとしているわけである。

報酬も罰も本質的な特徴は同質であり，コインの裏表の関係にすぎないと主張する Kohn, A. は，報酬の提供，すなわち「人が欲しがったり必要としたりするものを，ある条件のもとで提供し，それによって行動をコントロールすること」の背後にある思想を**通俗行動主義**と呼び，この考え方が世の中に遍在していることを指摘するとともに，その弊害について警鐘を鳴らしている（Kohn, 1993）。自己決定理論の立場から同様に外的制御の問題点を指摘した Deci & Flaste（1995）の見解をあわせると，報酬の弊害は表4-10のようにまとめることができるだろう。

表4-10 報酬の弊害（Kohn, 1993, Deci & Flaste 1995 より作成）

①**報酬は罰になる**：「コントロールされる体験」という意味において報酬も罰も本質的には同じである。報酬は，それを期待していたにもかかわらずもらえない人を生み出し，それは罰と同等の効果をもたらす。
②**報酬は人間関係を破壊する**：猜疑心や敵意，軽蔑や嫉妬，扱いが不公平だと感じる不満，「よい子のふり」をすることなどが蔓延する危険性がある。とりわけ，教師あるいは親と子どもといった「上下関係」にオープンな信頼関係を構築することが困難になり，問題を隠蔽したり，機嫌を伺ったりするような行動パターンを生み出す。
③**報酬は理由を無視する**：報酬を与える側は，与えられる側の「問題行動」の理由（例えば，なぜ勉強しないのか）を真剣に考える必要がないため，一時的で表面的な「改善」が見られたとしても，真の問題解決には至らない。
④**報酬は冒険に水をさす**：報酬が目当ての場合，報酬を得るのにちょうど必要なだけの行動を行い，それ以上はやらない。報酬は「探究の敵」である。
⑤**報酬は手っ取り早い最短の方法を選ばせる**：④と表裏一体の現象だが，労力を最小にしつつ最大の報酬を得ることが目指されるので，「手抜き」や「取り繕い」が横行する。
⑥**報酬は興味を損なう**：興味のある活動に対して報酬を導入すると，のちの興味を低下させる（アンダーマイニング効果：4章3-3）。
⑦**報酬を使い出したら簡単にやめられない**：報酬が与えられている間だけ行動が続くので，行動を続けさせようと思えば，報酬を与え続けなければならない。

Kohn（1993）は，「報酬は動機づけになるか」と自問して端的に自答している。「完璧になる。報酬をめざす動機づけとなる」と。賞を得ることが最優先の目的になって学習自体が二の次になるため，学習やパフォーマンスの質は低下する。報酬などを用いて他者を動機づけようとしている人（例えば，親，上司など）は，この種の「報酬をめざす動機づけ」を子どもや部下に望んでいるわけでは必ずしもないはずだ。外発的動機づけをめぐっては「やる気を出させようとアメを差し

出したばかりにパフォーマンスの質を低下させてしまった」という皮肉な現象が生じているかもしれないのである。

　但し，外発的動機づけが学習や成長にプラスの効果をもたらす可能性にも目を向ける必要があるだろう。外発的動機づけシステムの導入によって，まずは行動が現実化するという点がポイントである。つまり，学習者にとってあまり（あるいは全く）興味のない行動を実際に体験する機会を提供することになるというメリットは着目に値する。この観点から少なくとも以下の三つの効用が指摘できる。第一に，「習慣化」（1 章 1-2）である。外発的動機づけによる行動が自動化される（4 章 3-4）ことによって，意識や意図を媒介せずに特定の行動が生起するようになる。その際，当該行動が学習者当人の学習や成長にとって望ましいと判断できれば，この習慣化は外発的動機づけの教育的効果といえる。第二に，「内発的動機づけへの転化」である。機能的自律（4 章 1-2）のように，当該行動を体験することを通して興味が芽生えるなど，内発的動機づけへと転換する契機になれば，結果として学習や成長に寄与する可能性がある。第三に，「意義や価値の理解による自律化」である。この点については次に述べる有機的統合理論によって説明されている。

（4）有機的統合理論：外発的動機づけの自律化

　外発的動機づけの場合，その対象となる行動は基本的に当人にとって興味深いものではない。そのため，当人の置かれた環境条件（教師や親といった人的環境，受験や就職といった社会的条件など）が原因となってやらされるあるいは仕方なくやることになる。外発的動機づけとは，元来このような他律的な意欲（表4-7の右下：外発的動機づけ＜他律的＞）を記述する用語なのである。

　しかし，その行為の価値が当人に内面化され，意味づけられたとき，それは必ずしも「やらされている」といった消極的な心理現象ではなく，自ら進んで取り組むといった積極的なもの（表4-7の右上：外発的動機づけ＜自律的＞）になる。例えば，学校での掃除当番の仕事に対して，初めは先生にサボっているところが見つかったら叱られるのでイヤイヤ取り組んでいたとしても，掃除することの意義を納得したり，教室を清潔に保つことの快さが実感できるようになったりすると，掃除という作業そのものに興味が惹かれるとまではいかないものの，自ら進んで取り組むようになっていく可能性がある。つまり，価値を内面化し，行為の意味や意義を理解することによって，自己決定的に行為するようになるわけであ

る。このように外発的動機づけが他律的なものから自己決定的なものに変化していく段階や過程（自律化）について自己決定理論（4章2-4）では詳細に検討している。

自律化とは，価値や調整（regulation）を自分の内に取り込んでいく「内面化」と，当人が自らの行動を調整する主体として位置づけられて自己の感覚を起源として行為が生じるような「統合」が生じるプロセスである。それは子どもの社会化のプロセスで生じる心理的メカニズムと同じだともいえるが，動機づけの観点からすると子どもに限らず，人生のいつでも，どの領域でも起こりうる現象だとされている（Ryan & Deci, 2000b）。

自己決定理論のミニ理論の一つである**有機的統合理論**（organismic integration theory：Ryan & Deci, 2000b）によれば，外発的動機づけには自律化の程度に応じて四つの段階があるという（図4-8）。

まず，最も他律的な外発的動機づけは**外的調整**（external regulation）である。これは外的な要求を満たすため，あるいは報酬随伴性に応じるために行為するような場合を指す。例えば，教師や親といった権威者の指示や「アメとムチ」を明示するような条件に対して受動的に従うような心理状態である。外発的動機づけとは，一般にこのような外的調整のことを意味している。また，これは目標理論でいえば，外発的目標（2章2-3）を抱いている心理状態である。外的調整の動機づけ状態では，多くの場合，他者や状況によってコントロールされているというポーン感覚（4章3-2）が伴われている。

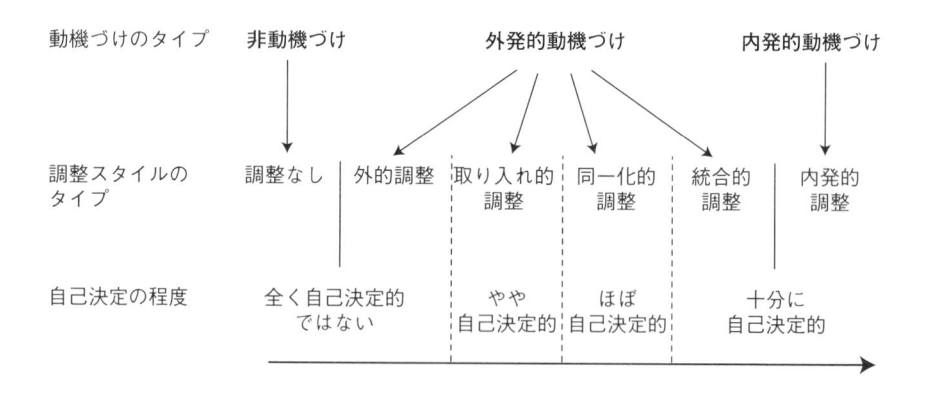

動機づけのタイプ	非動機づけ	外発的動機づけ				内発的動機づけ
調整スタイルのタイプ	調整なし	外的調整	取り入れ的調整	同一化的調整	統合的調整	内発的調整
自己決定の程度	全く自己決定的ではない		やや自己決定的	ほぼ自己決定的	十分に自己決定的	

図4-8　自己決定の連続体としての動機づけタイプ（Reeve, Deci & Ryan, 2004）

やや自律的な次の段階は，**取り入れ的調整**（introjected regulation）である。これは外的な調整を自己の内部に取り込んではいるのだが，それが自分のものとして十分に受け入れられてはいない段階である。具体的には，罪の意識や不安を避けるために行為する場合（例えば，「掃除をサボることは悪いことだから」という気持ちで取り組む），あるいは誇らしさのような自尊心（self-esteem）を高めるために行為する場合（例えば，掃除に一所懸命取り組んでいる姿を先生にほめてもらいたいから頑張る）を指している。このような取り入れ的調整は，「自己価値の随伴性」（4章5-2）あるいは自我関与（ego-involvement：2章2-3）に基づく心理的機能だといえる（Ryan & Deci, 2000b）。「自分という存在」の価値を保つために，自分が有能であることを示したり，失敗を避けたりしようとする心の働きに基づいているのである。自己決定理論によれば，この種の心理現象は十分に自律的ではない内部制御的な（internally controlling）状態であり，当人はプレッシャーや緊張を体験していることになる（4章3-3）。

さらに自律化が進んだ段階が**同一化的調整**（identified regulation）である。これは行為の目標やコントロールを意識的に価値づけ，その行為自体が自己の内部に受容され，個人的にも重要なものとして認識されているような心理状態を指す。例えば，清潔な環境を保つことの意義を心から納得して受け入れ，清掃活動に対して自発的に取り組むといった様子を指す。

最も自律的な外発的動機づけの段階は**統合的調整**（integrated regulation）と呼ばれる。これは同一化的調整が自己の中に完全に吸収され，自分が持っている他の価値や欲求と相互に矛盾することなく折り合いがついているような調和的な状態，すなわち首尾一貫した自己の感覚を指す。例えば，子どもに対して教育的に接しなければならないと信じていると同時に友だちのような親和的な関係を保ちたいと考えている親が，子どもに対して関心を向けて受容的ではあるが，同時に制限や制約も与えるようになるというように，個人内の葛藤を創造的に統合することによって，複数の価値を調和させ心理的なストレスが緩和された状態のことを指す（Rigby, Deci, Patrick & Ryan, 1992）。

なお，図4-8では，外発的動機づけの統合的調整よりも内発的動機づけの方が自律性の程度の高い動機づけとして，外発的動機づけの自律化プロセスと独立して位置づけられている点に留意されたい。統合的調整においてはなお，行為自体ではなく，それとは分離された遂行結果のための手段として活動に従事するという側面が残るためである。それに対して**内発的調整**（intrinsic regulation）では，

あくまでも行為に従事することそれ自体が目的となっている。清掃の例でいうなら，そのような自律的な行為が自然に生じたとしても，掃除という行為それ自体が興味深いというよりも，あくまでも掃除自体は手段的行為であり，清潔な環境という活動の目的に意義や価値が見出されている心理状態が自律的な外発的動機づけである。その意味において内発的動機づけと厳密に区別されているのである[43]。なお，前述した外発的動機づけの四段階（四つのタイプ）の違いと具体例について表4-11に示したので参照されたい。

表4-11 外発的動機づけの四つのタイプ（Reeve, 2009b）

外発的動機づけのタイプ	問題となる外的随伴性	「リサイクル」の例 私がリサイクルする理由は…	実例として…
外的調整	誘因，結果	「結果を得るためだ」	「缶一つにつき5セント儲かるから私はリサイクルする」
取り入れ的調整	罪悪感の回避，自尊心（self-esteem）の回復・高揚	「なぜなら，すべきだから」	「リサイクルすることで罪の意識を感じずに，むしろ自分自身がよい人だと思えるから，私はすべきだと思う」
同一化的調整	価値づけ，重要性の感覚	「なぜなら，重要だから」	「環境保全のために重要だと思うから私はリサイクルする」
統合的調整	価値の調和	「なぜなら，私の価値観にあっているから」	「私らしいし，私の信念に合っているからリサイクルする」

一方，図4-8の最も左の端には自律性が全く存在しない状態として**非動機づけ**（amotivation）が位置づけられている。これは，活動に全く価値が見出されていなかったり，その活動を遂行する能力が欠如していると感じていたり，その活動をしても望ましい結果が得られないと思っていたりすることによって，行為しようとする意図が全く欠如している様子を指す。期待（2章3-1）や価値（2章2-1）が全く認知されない無気力な心理状態だといえよう。

では，どのような条件のもとで外発的動機づけの自律化が促進されるのであろうか。Reeve（2002）は，教師などが配慮すべきポイントとして以下の三点を指摘している。すなわち，①なぜその課題，その授業，その行為が重要で，自分の成長にとって必要なことであるのかという点に対する意味のある根拠（rationale）

を提供すること，②コントロールしたりプレッシャーを与えたりするのではなく，選択や柔軟さに特徴づけられるような対人関係を確立すること，③困難な課題に取り組むこと自体にネガティブな感覚が伴うことを認め，当人のそのような気持ちを受容することである。

　学校での課題が常に全ての学習者にとって興味深いというわけではない。教師がいくらその課題が重要で，是非学んで欲しいと思ったとしても，子どもがその課題の魅力だけで意欲的に学ぶようになるといったことは必ずしも多くない。課題自体の重要性や意義を学習者が認識することの大切さを強調する外発的動機づけの自律化という考え方は，学習者の動機づけが困難な教育の現状に対する有力な解決の方向性を示唆するものだといえるだろう[44]。

3-2　内発的動機づけ

　われわれは常にアメとムチによって動機づけられているわけではない。そのような賞罰がなくても楽しさや興味が感じられるような活動に対しては自ら進んで積極的に取り組むことをわれわれは体験的に知っている。内発的動機づけとは，このような動機づけの側面を説明する用語であり，外発的動機づけの対立概念として歴史的に位置づけられてきた。外発的動機づけが動因理論（4章1-1）を基盤としているのに対し，内発的動機づけの考え方は，生命体の能動性を強調するコンピテンス概念（4章2-3）を背景としているという意味でも両者は対照的である。学史的観点から振り返ると，内発的動機づけは，動因理論を中核とした外発的動機づけの考え方への反論として出現した理論群なのである（鹿毛，1996）[45]。

　内発的動機づけとは「自己目的的な行動の生起，維持，発展過程」だといえよう。学習意欲の観点からは「自己目的的な学習の動機づけ」という意味になる。例えば，「もっと知りたいから調べてみる」，「もっと上達したいから練習する」というように学習そのものが目的となっている動機づけを指している[46]。つまり，内発的動機づけとは，新しいことやチャレンジを求めたり，探索したり，学んだりすることを通して自分の能力を高めようとする生来的な傾向性に基づいて生起する現象であり，われわれの認知的，社会的な発達にとって不可欠な動機づけ要因として位置づけられると同時に，人生の楽しみやバイタリティーの主な源泉となる意欲のあり方の総称だといえるだろう（Ryan & Deci, 2000b）。これまで内

発的動機づけが教育心理学の重要概念として位置づけられてきた理由は,「主体的な学び」を支え促す以上のような性質に教育的な意義が認められてきたからにほかならない(鹿毛,1996)。

鹿毛(1994)は,内発的に動機づけられた行為の性質として,**熟達指向性**(認識を深めたり技能を高めたりする方向性)と**自律性**(外的に強いられているのではなく,自ら進んで取り組んでいるという心理状態)の二つを指摘している。それらの理論的な源流はそれぞれ「認知的動機づけ理論」と「オリジン・ポーン理論」に見出すことができよう[47]。

(1) 認知的動機づけ理論:知的好奇心

われわれは多種多様な情報に囲まれて暮らしている。新聞の広告や駅のポスターに目を向けたり,ニュース番組の報道に関心を寄せたりするなど,われわれは様々な事象に興味を抱き,それらを理解しようとしながら生活しているのである。環境に存在する多様な刺激を認知するこのようなプロセスにおいて,新奇性,複雑さ,曖昧さ,驚きといった感覚(Berlyne, 1971)がわれわれに生じ,もっと知りたくなったり,さらに調べたくなったりする気持ちが自ずと生まれてくる。**知的好奇心**(curiosity)とは,このような新奇な刺激や未知の情報を求める傾向性によって生じる「情報処理プロセスに固有の動機づけ」(Hunt, 1963)を意味している。1960年代までは,活動の自己目的性を象徴する現象として,内発的動機づけの最も本質的な要因として位置づけられてきた(Day, Berlyne, & Hunt, 1971)。

知的好奇心は,古くから哲学的にも注目されてきた概念で,歴史的には,情報を求める内発的で生理的,精神的な欲求,あるいは動機づけ的な強度をもつ「パッション」として理解されてきたが,心理学的には1950年代初頭以降,Berlyne, D. E. によって「知覚的好奇心―認識的好奇心」および「特殊的好奇心―拡散的好奇心」という二次元によってその現象が分類・整理され,理論化が進んだ(Loewenstein, 1994)。

Berlyne(1963)によれば,知的好奇心は,対象に向けられる注意の喚起や持続に関する**知覚的好奇心**(perceptual curiosity)と,知識の探究に関わる**認識的好奇心**(epistemic curiosity)の二つに区別できるという。意外なことに直面して「おやっ?」と思ったり,「どういうことかな?」と疑問を抱いて対象に注意を向けるプロセスが前者であり,疑問を解決するために情報を集め,これまでの

誤解に気づいたり，さらに理解を深めたりするプロセスが後者である。知的好奇心とは，注意をコントロールするミクロな認知プロセスと，興味のあるテーマをめぐって知識が構築されるマクロな学習プロセスの両方を包含した概念なのである[48]。

人には，情報を体系化して理解していく以上のような学習システムが生まれつき備わっている。これが内発的動機づけ理論の大前提である。具体的には，「ズレ」をキーワードとした次のような心理的メカニズムが想定されている。すなわち，人が環境と関わる際の情報処理過程においては，環境から受け取る新しい情報と日常的に活用している既有の認識枠組み（認知標準）との**ズレ（不一致：discrepancy）**が感知され，その解消プロセスが学習を引き起こす（Hunt, 1965; Berlyne, 1971）。つまり，このズレによって知覚的好奇心が生じ，新たな知識を獲得したり，新奇な情報と既有知識とのギャップを埋めるために自らが持つ知識構造を修正したり，場合によってはダイナミックにそれらを再構成していくというような認識的好奇心へと発展する。例えば，われわれが新聞を読むプロセスにおいては，紙面を通して多彩な情報が提供されることによって，認知的なズレがダイナミックに生じ，今まで全く知らなかった情報に関心が生じて知識が増えたり，誤解や偏見が解消されたり，ものの見方や考え方が転換して認識が改められたりする。

このような認知的なズレが学習行動を引き起こすという考え方は**認知的動機づけ**（波多野・稲垣，1971）と呼ばれている。内発的動機づけ概念は「理解への動機づけ」（稲垣，1984）を説明するこのような知識獲得メカニズムに関する学習理論の一部として成立したのである（鹿毛，1994）。

知的好奇心には，以上のようなズレを低減するプロセスだけではなく，ズレを求めるプロセスもあるという。Berlyne（1971）は，人がわずかな刺激しか経験していないとき，適度の刺激を求めるように行為が起こる過程を**拡散的探索**と呼び，前述のようなズレを低減する方向で行為が起こる過程である**特殊的探索**と区別した。しかも，そのズレが小さすぎると刺激に接近しないし，大きすぎると刺激を回避することから，最適度のズレが求められるという[49]。

確かに，われわれは退屈なときに新聞や雑誌を手に取るなど，自ら刺激を求めて行動する。思い切って旅に出ようと考える場合もあろう。但し，その旅先としては，自分の日常の延長でしかないような場所や，逆にあまりにもそれと懸け離れた生活が強いられるような場所は避けるに違いない。日常とのズレが適度な場

所を旅先として選ぶのではないだろうか。

波多野誼余夫と稲垣佳代子は、これら二つの探索プロセスに対応させ、知的好奇心を**拡散的好奇心**（特定の内容に対する方向性は持たず、幅広く情報を求めようとする動機で、情報処理の最適水準を回復するのに十分な情報が得られれば充足される）と**特殊的好奇心**（既有の認知構造と新しく得られた情報との間に不調和が引き起こされたとき、その内容に対する特定の情報の取得を目指す方向性を伴った動機で、不調和の低減が目的となる）とに区別している（波多野・稲垣、1971）。人には、常に学ぼうとするアンテナを張りつつ、いざ特定の内容に焦点を定めたなら、そのテーマについてより深く理解しようと努力する傾向性が備わっているのである。

（2）オリジン・ポーン理論

以上の認知的動機づけ理論とともに、内発的動機づけ概念の形成に影響を与えた考え方が deCharms, R. によって提唱された**オリジン・ポーン理論**である。

deCharms（1968）は、コンピテンス動機づけ（4章2-3）の立場、すなわち「人間には環境に変化をもたらすことに効果的であろうとする基本的な動機づけ傾向がある」という考え方に立脚しながらも、White, R. W. の理論では個々の行動の予測ができないと指摘しつつ、Heider（1958）による**自己原因性**（personal causation：2章4-1）の概念を発展させてユニークな動機づけ論を創出した。deCharms（1968）によれば、人間は、環境側からエネルギーが与えられない限り動かないような「石」ではない。自動的に一定の動きをするが他者から操作される必要のある「機械」でもない。人間は自分自身の行動を生み出す原因そのもの、すなわち「オリジン」なのだと主張する。

自己原因性とは「環境に変化をもたらそうとして行為を意図的に起こすこと」を意味するが、帰属理論に基づいて原因の位置（locus of causality）が「内的」な「意図」を伴った行為である点を自己原因性の特徴であるとした Heider, F. に対し、deCharms はさらに主観的な体験としてこの概念を精緻化した（deCharms, 1984）。すなわち、自分の行為を引き起こす原因が自己の内側にあると感じている状態（原因性の位置が内的：内的原因性 internal locus of causality）を**オリジン**（origin）と呼び、逆に自分の行為を引き起こす原因が自己の外側にあると感じている状態（原因性の位置が外的：外的原因性 external locus of causality）を**ポーン**（pawn）と名付けた。つまり、意図的な行為をオリジンとポーンの二つ

に大別したのである[50]。

　具体的に考えてみよう。教室の掃除に取り組んでいる子どもは，本人が意図的に行為を起こしているという意味で「自己原因性に基づいた動機づけ」の実例だといえる。しかし，その原因の位置には個人差がみられるかもしれない。清掃活動が好きだったり，それに意義を見出していたりすれば，行為の原因が個人内に存在することになり，自ら進んで取り組む状態，すなわちオリジンだといえる。一方，先生に命じられたから取り組むというように，個人の外側の原因によって行為が起こっていると感じている場合は，やらされているという心理状態，すなわちポーンである。

　人は自らが行為の原因としてのエイジェントであろうとする。外的な力によって制限されたり拘束されたりすることに対して抵抗しようとする。このような人間観に基づいて deCharms（1968）はオリジン状態を内発的動機づけ，ポーン状態を外発的動機づけと定義した。前述した通り，「自律性」が内発的動機づけの本質的特徴の一つとして位置づけられるようになったのは，この deCharms による概念化に負うところが大きい[51]。

　deCharms はさらにオリジン・ポーンの区別を個人差変数としても位置づけている。すなわち，オリジンとは自分の行為が自らの選択によって決定されたと感じている人，自分の行為の原因が自分の内側にあると感じている人を意味するのに対し，ポーンとは自らがコントロールできる範囲を超えた外的な力によって自分の行為が決定されていると感じている人，自分は他者などの外部の力によって操られているにすぎないと感じている人のことを指す。しかも，このような感覚はあくまでも主観的なものであり，それは連続的で相対的な変数として捉えられるのだという。ある人がある状況でよりオリジンの感覚を持つのに対し，別の状況ではよりポーンの感覚を持つということがありうるのである。

　当然，このような二つの心理状態は動機づけに影響を及ぼすことになる。オリジンであると感じている人は積極的で，自信を持っており，チャレンジしようとするが，ポーンであると感じている人は，消極的で，自己防衛的であり，チャレンジを避ける。オリジンは自分に潜在的な力があると感じている一方で，ポーンは無力感を抱いているという[52]。

　では，実際にオリジン感覚，ポーン感覚とはどのような経験なのだろうか。deCharms（1984）によれば，自分自身の行為を創発することは選択の感覚を伴い，その選択に関連する行為に対する責任を感じるとともに当該の行為が自分自身の

ものであるという感覚（**オリジン感覚**）が高まる。逆に強制される行為は選択の感覚を損なわせ，束縛されるという知覚（**ポーン感覚**）を高める一方，行為を他人事としてとらえることを促し責任感から解放することになる。この点に関連してReeve（2002）は，自己決定の体験を構成する要素として，自己原因性の知覚（その行為が環境によってではなく自己によって引き起こされ，調整可能であるという感覚），意志（volition：プレッシャーなしに進んでやっているという自由な感覚），選択の感覚（意思決定の柔軟性と何をするかを選ぶ機会があったという認識から生じる感覚）の三つを挙げている。

3-3 アンダーマイニング効果

(1)「ごほうび目当て」の動機づけ

　自発的に行っていたこと（例えば，読書）に「ごほうび」（例えば，賞状）が提供されるというように，もともと内発的動機づけに基づいて取り組んでいた行為に対して，さらに外発的な理由が加わった場合，その後の意欲はどう変化するだろうか。

　「報酬がやる気を高める」というのはわれわれの通念であり，いわば「常識」であろう。しかし，1970年代から報酬は逆に意欲を低下させる可能性があるという一連の心理学的知見が公表されるようになった。すなわち，もともと意欲的に取り組んでいる活動に対して外的な報酬を与えるという条件を提示すると，報酬が与えられなくなった後の，その活動に対する内発的動機づけが低下するという現象が見出されたのである。「報酬がやる気を高める」という通念に反するこのような内発的動機づけに対する報酬のネガティブな影響を**アンダーマイニング効果**（undermining effect）と呼ぶ。

　初期の代表的な知見としてLepper, M. R.らによる次のような研究（Lepper, Greene, & Nisbett, 1973）が挙げられる[53]。幼稚園児に，①「絵を描けばごほうびをあげる」と約束して絵を描いてもらう条件（ごほうび約束群），②このような約束をせずに絵を描いてもらった後でごほうびをあげる条件（ごほうび約束なし群），③単に絵を描いてもらう条件（統制群）の三条件が設定された。その後，自由時間に幼稚園児たちが自発的に絵を描く姿が観察され，その描画時間が条件間で比較された。その結果，他の二群に比べて「ごほうび約束群」の幼児の絵を描く時間が短かったというのである。

この結果は，報酬の効果に関する「常識」を覆すものとして注目を集めた。とりわけ，「ごほうび約束なし群」との比較から，「ごほうびの提供」それ自体ではなく，「ごほうびを事前に約束すること」が絵を自発的に描く意欲を低下させたという点がポイントである。子どもがごほうび目当てで絵を描く体験が内発的動機づけを低めたと考えられるからである。

のちに，報酬のみならず，監視状況，期限の設定，評価教示といった外的拘束によっても同様の現象が生じることもわかってきた。一方で，言語報酬（ほめ言葉）などは逆に内発的動機づけを高める場合（**エンハンシング効果**：enhancing effect）があることも示されたのである（Morgan, 1984）[54]。

「内発的動機づけと外発的動機づけは加算的か否か？」という問いをめぐるこのような研究が，1970年代以降，盛んに行われるようになり，報酬と内発的動機づけの関係をめぐる心理現象は一大論争へと発展していった。とりわけ，1990年中盤から後半にかけて，アンダーマイニング現象が「ない」と主張する強化論者と「ある」と主張する認知論者，欲求論者との間で論争が繰り広げられた。今日では，双方によるメタ分析（Deci, Koestner, & Ryan, 1999; Cameron, Banko, & Pierce, 2001）の結果，一定の結論が得られている。すなわち，①報酬が予期せずに与えられた場合，②言語報酬（ほめ言葉）の場合，③課題がそもそも興味深いものではない場合には，報酬が内発的動機づけを低めることはない（むしろ高めることがある）が，有形の報酬（金銭や商品のような物的報酬や賞状のようなシンボリックな報酬），特に当人がその報酬を予期する場合には内発的動機づけに対して悪影響を及ぼすのだという[55]。

では，なぜアンダーマイニング効果が生じるのであろうか。これまでにいくつかの説明が試みられてきたが，帰属理論に依拠する認知論による説明と自己決定理論に基づく欲求論による説明（後述の「認知的評価理論」）が代表的である。前者にはいくつかの説があるが，例えば，「内生的（endogenous）―外生的（exogenous）帰属説」を主張したKruglanski, A. W.によれば，行為の理由が行為自身に帰属され，行為それ自身が「目的」であると知覚される**内生的帰属**がポジティブな感情を感知させる一方，行為がある目的を達成する手段として知覚される**外生的帰属**はネガティブな感情を感知させるという（Kruglanski, 1978）。そして，報酬のような外的拘束が外生的帰属を促し，その帰属（認知）が当該行為やネガティブな感情と連合することによって，のちの当該行動が起こらなくなる（アンダーマイニング効果が生じる）のだと説明する。また，エンハンシング効

果や課題遂行の質（例えば，なぜ内発的動機づけの遂行の質が高いか）についても外生的帰属による説明と逆のメカニズムによって解釈可能だとされた[56]。

（2）認知的評価理論

　アンダーマイニング効果のみならず，エンハンシング効果をも包括的に説明する代表的な理論は，自己決定理論（4章2-4）のミニ理論として位置づけられている「認知的評価理論」であろう（Deci, 1975; Deci & Ryan, 1985a）。

　認知的評価理論（cognitive evaluation theory）によれば，人は自己決定（自律性）と有能さへの欲求を持っており，外的な環境は当人の自己決定と有能さの認知を媒介として内発的動機づけを規定するという。すなわち，自己決定の認知が高まる（低まる）と内発的動機づけも高まり（低まり），有能さの認知が高まる（低まる）と内発的動機づけも高まる（低まる）。したがって，報酬のような外的事象には次の二つの側面があることになる。一つは当人の自己決定的な有能さ（self-determined competence）の情報[57]を伝えることによって内発的動機づけを高めるような**情報的側面**（informational aspect）であり，もう一つは自己決定の認知を低めることによって内発的動機づけを低めるような**制御的側面**（controlling aspect）である（Deci, Koestner, & Ryan, 2001）[58]。

　この理論によれば，まず，人がコンピテンス感覚（feeling of competence）を感じるように導く社会―状況的な事象（フィードバック，コミュニケーション，報酬など）が内発的動機づけを高めるとする。例えば，最適なチャレンジ，能力を促進するようなフィードバック，当人の自尊心（self-esteem）を傷つけるような評価を避けることなどはすべて内発的動機づけを促すことが明らかになっている。また，肯定的あるいは否定的なフィードバックの効果は，当人のコンピテンス感覚を媒介として内発的動機づけへの影響を規定する（Vallerand & Reid, 1984）。但し，コンピテンス感覚があれば必ず内発的動機づけが高まるというわけではない。それには自律性の感覚，すなわち，オリジン感覚（4章3-2）が伴われている必要があるという。

　報酬の提供のみならず，競争状況，締め切りの設定，評価されるというプレッシャー，命令などが自律性の感覚を損ねるために内発的動機づけを低めるのに対して，選択の提供，各自のユニークな感覚を認めてあげることなどは自律性の感覚を促すため，内発的動機づけを高めることが明らかになっている（Deci & Ryan, 1985a）。

Deci & Ryan (1985a) は，外的な状況が内発的動機づけに及ぼす影響についてより精緻に説明するために，当人内部の心理状態を変数化することによって，認知的評価理論を改訂した。そこでは，個人内に「内部制御的」と「内部情報的」という対照的な心理状態を仮定する。**内部制御的**（internally controlling）な心理状態では，圧迫感（pressure），緊張，不安などの感情体験を伴うのに対し，**内部情報的**（internally informational）な状態では，環境と効果的な相互交渉を行った結果としての事象の理解や技能の上達によって得られた有能感や満足感が体験される。当人に内部制御的な状態を喚起する外的な要因は**制御的事象**（controlling event）と呼ばれ，内発的動機づけを低下させる一方，内部情報的な状態を喚起する外的な要因は**情報的事象**（informational event）と呼ばれ，内発的動機づけを高めるとしたのである。

（3）外的報酬の複合的機能

Lepper & Hodell (1989) は，報酬の提供する情報が心理的媒介変数を介して

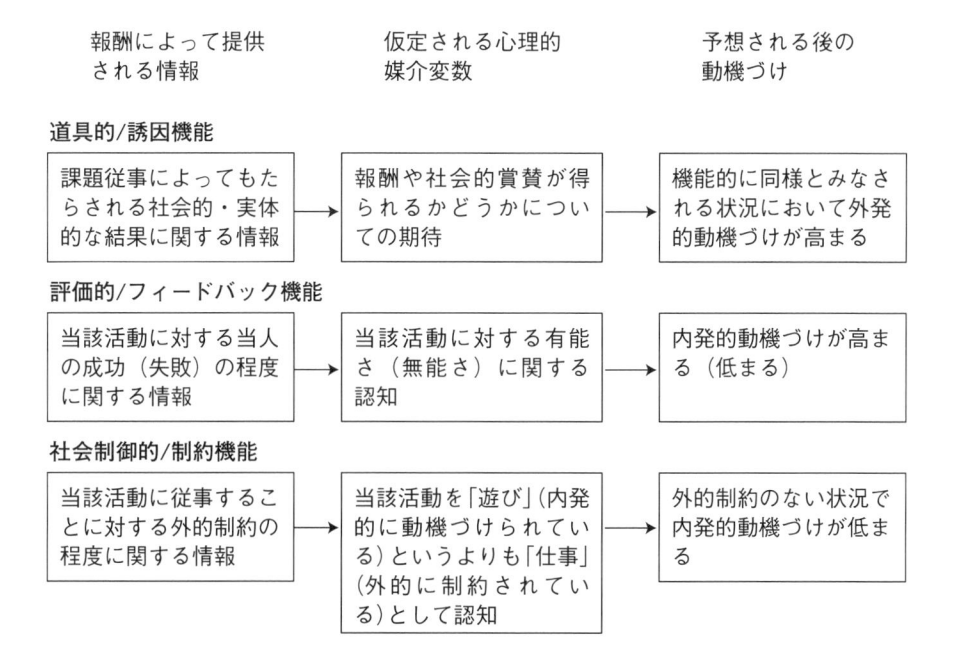

報酬によって提供される情報	仮定される心理的媒介変数	予想される後の動機づけ
道具的/誘因機能		
課題従事によってもたらされる社会的・実体的な結果に関する情報	→ 報酬や社会的賞賛が得られるかどうかについての期待	→ 機能的に同様とみなされる状況において外発的動機づけが高まる
評価的/フィードバック機能		
当該活動に対する当人の成功（失敗）の程度に関する情報	→ 当該活動に対する有能さ（無能さ）に関する認知	→ 内発的動機づけが高まる（低まる）
社会制御的/制約機能		
当該活動に従事することに対する外的制約の程度に関する情報	→ 当該活動を「遊び」（内発的に動機づけられている）というよりも「仕事」（外的に制約されている）として認知	→ 外的制約のない状況で内発的動機づけが低まる

図4-9 報酬の複合的機能 (Lepper & Hodell, 1989)

のちの動機づけに影響を及ぼすプロセスに着目し，報酬の機能を図4-9のように三つに整理している。

外的報酬の例として「賞状」について考えてみよう。例えば，スピーチコンテストでの優れた結果に対して賞状が授与されるという情報を得たとしよう。その場合，賞状がもらえるという自信（期待：2章1-3）があれば「賞状をもらうために頑張る」という外発的動機づけが高まる（**道具的／誘因機能**）。また，例えば，一位，二位，三位というようにその賞状にランクがある場合，「トップの成績をとった」，「ベスト3に入れなかった」といった結果が当人の有能さや無能さに関する評価情報として理解され，有能さの認知が高まる場合にはスピーチに対する内発的動機づけが高まる一方，無能さの知覚が高まる場合にはその内発的動機づけが低まる（**評価的／フィードバック機能**）。さらに，賞状がボーナスに反映するというように特定の外的条件がリンクしている状況（「仕事」）と，純粋に好きだから活動していて結果的に賞状をもらう場合（「遊び」）とでは違いがある。前者の場合，その後，条件が変わって賞状がボーナスに反映しなくなると，スピーチという活動自体に対する内発的動機づけが低下する（**社会制御的／制約機能**）。

3-4 内発的／外発的動機づけと学習

（1）行動の自動化：習慣形成

われわれの動機づけプロセスは常に意識的だというわけではない。例えば，朝の通勤前の慌しい時間に，特に意識的な努力をしなくても自然と「歯磨き」や「洗顔」をしているといったことがある。一般に**習慣**と呼ばれるこのような現象は，行動が自動化された非意識的な動機づけプロセスだといえる（1章1-2）。学習場面においても，チャイムが鳴って席に着き，無意識のうちに教科書やノート，筆記用具を机上に準備するというように**習慣形成**は学習する上で重要な役割を担っている。このような**行動的習慣**ばかりではない。例えば，国際情勢のニュースや話題に対しては自ずと注意を傾けて思考を働かせようとするといった**心理的習慣**もある。学習に関連する習慣（**学習習慣**）には，このように行動的習慣と心理的習慣があると考えられるが，前者が主に学習の条件や手段を組織するのに対して，後者は思考プロセスに対する影響を媒介して学習そのものの質を規定する。

あらためて振り返ってみると，われわれの多くの行動が無意識のうちに遂行されていることに気づくはずである。反復を通じた「過剰学習」によって意識を媒

介しなくてもスムーズに行動できるようになっているのである。

　このような習慣は，一般に状況と行為を連合させる感情の働き（感情の動機づけ機能）によって形成されるとされてきた（3 章 1-2）。すなわち，特定の目標を達成するための行動が快の体験や不快が低減するといった現象と結びつき，それが反復されることによって行動が自動化される。特定の状況や刺激と具体的な行動とが快―不快という感情を伴って結びつけられる体験によって，注意や意識を媒介せずに行為できるようになるのである。これが習慣形成によって自動化された行動（Deci, 1980）である[59]。

　このような行動の自動化について論じた Deci, E. L. は，行動を「意図的行動」と「非意図的行動」とに区別した（図 4-10：Deci, 1980）。まず，**意図的行動**[60]のプロセス（図 4-10 の⇨）は次のような段階として記述できるという。すなわち，①刺激入力（環境からの情報，個人内で生じる情報），②意識的動機（欲求充足に関する潜在的な自覚），③目標選択（欲求を満たすだろうと思われる行動を選ぶ意思：will），④目標指向的な行動（目的的行動の生起），⑤動機の充足（当該目標が達成された満足感）の五段階から成る。意図を伴う外発的動機づけの場合，賞を得たり罰を避けたりしようとする意識的な動機に基づいて目標が選択され，実際に外的報酬を獲得したり，外的制約に従うことによって満足感が得られる。これは外発的動機づけの予期メカニズム（4 章 3-1）に対応する。内発的動機づけの場合は，ある行動を始めよう，あるいは継続しようといった意識的な動機が具体的な目標設定を促し，その行動プロセスに付随して満足感が得られることになる。

　それに対して，このような意識的プロセスが存在しないのが**非意図的行動**である。非意図的行動はさらに「自動化された行動」（図 4-10 のバイパスⅠ）と「自動的行動」（図 4-10 のバイパスⅡ）とに区別できるという。

　自動化された行動（automatized behavior）とは，当初，意図的で意識的な動機づけであっても，何度もそれが繰り返されることによって過剰学習され，刺激に反応することによって無意識のうちに生起するようになった行動のことを指す。このプロセスが行動の自動化である。外発的動機づけの強化メカニズム（4 章 3-1）がその典型であるが，フロー（3 章 4）のような内発的動機づけに基づく行為にも自動化された行動は含まれている。いわゆる「練習」とは，同じ行為を繰り返すことによって特定の技能などを身に付けることを一般に意味しているが，練習による習熟，熟達とは，内発的か外発的かを問わず，以上のような自動化の

プロセスを含んでおり，過剰学習によって状況と行為，あるいは行為と行為が強く結びつくことによって，無意識のうちにパフォーマンスが確実になる学習プロセスなのだといえるだろう。また，自動化された行動はより可変的で，自己決定された行動のサブ・ルーチン（定型化された下位のサイクル）として位置づけることも可能である。

以上のような自動化された行動に対して，**自動的行動**（automatic behavior）とは意図的，意識的プロセスを経ずに，欲求の無意識的な働きに支配された修正困難な行動を指す。例えば，新しいクラスの雰囲気に不安や恐怖を感じたことで登校をしぶるという場合，当人は意図的にそうするというよりも，その「新しいクラス」という刺激が非意識的な動機を媒介して「不登校」という自動的行動を引き起こし，例えば，安全の欲求（4章2-2）を満たしているのかもしれない。このような自動的行動は状況に合わせた再プログラム化が困難で順応性に乏しい。

なお，近年，注目されてきた非意識的な自動的行動（automatic behavior）に

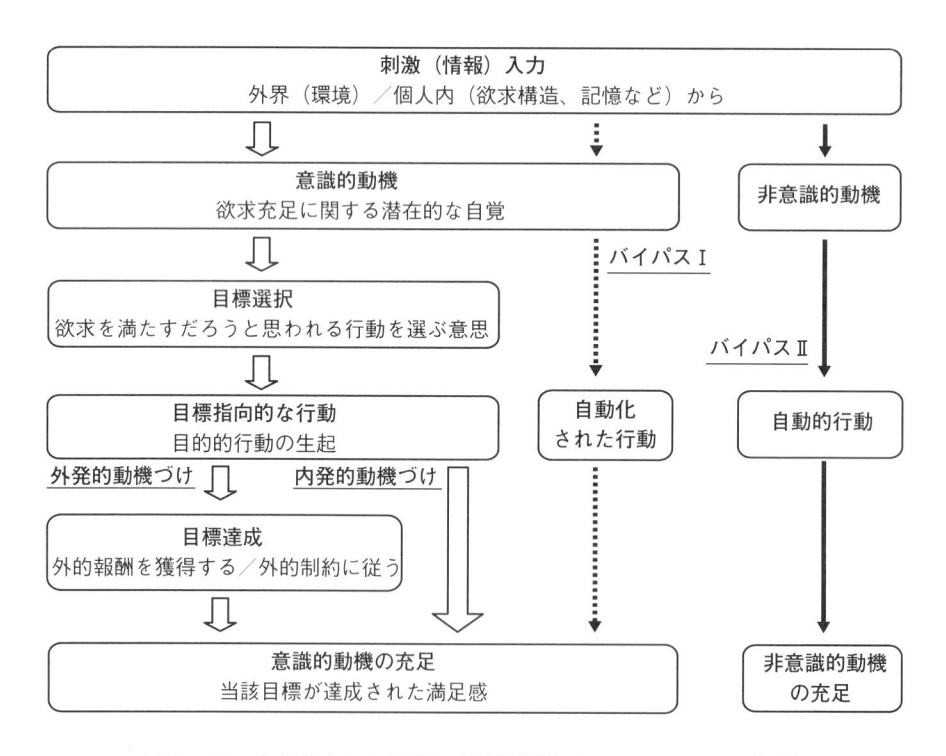

図4-10 自動化された行動と自動的行動（Deci, 1980より作成）

関する一連の研究においても，意図的あるいは計画的な行動が繰り返されることで意識を媒介せずに行動が生起するようになること（**習慣化**）が強調されている（2章4-2）。

（2）学習の方略と成果

　内発的動機づけと外発的動機づけの相違は，学習のプロセスや成果に対してどのような影響をもたらすのであろうか。Lepper（1988）は，主な先行研究の知見を整理し，学習に関連する変数に及ぼす両者の影響について概観している（表4-12）。内発的動機づけの場合，学習活動に関わる選択や判断が興味（3章3）や知的好奇心（4章3-2），効力感（4章2-3）に基づいてなされるのに対して，学習活動が報酬を得るための「手段」とみなされる外発的動機づけにおいては，思考や努力といった自らの「コスト」を最小限にとどめて最大の利益を得ようとする志向性，つまり，「最小努力の原理」に基づいて学習が起こることが予測できる。

　動機づけのタイプによって学習方略の質が異なることも明らかになっている。Biggs（1978）は，大学生を対象とした質問紙調査によって，学習に対する価値観，動機，学習方略の三要素から構成される三種類の学習アプローチが存在していることを示した。すなわち，学習を手段として価値づけ，失敗に対する不安によって動機づけられ，丸暗記と再生の方略を採用する「再現型（reproducing）」，自己成長や自己実現に価値を置き，内発的に動機づけられ，意味づけることを重視した方略を採用する「自己統合型（internalizing）」，競争に勝つことや卓越さを証明することに価値を置き，成功に向けた達成動機づけ（4章4）に基づいて，状況の要求に適うように作業を構造化する方略を採る「組織化型（organizing）」である。

　さらに，その知見を発展させ，動機づけタイプと学習成果を具体的な学習方略と関連づけた Entwistle（1981）は，外発的動機づけが促進する「表面的な（情報処理）アプローチ」に比べ，内発的動機づけに基づいた「洞察的な（情報処理）アプローチ」による学習が望ましいと主張している。**洞察的アプローチ**（deep approach：**深いアプローチ**）とは，重要な情報と不必要な情報とを識別し，既有知識と新しい情報を照合したり，理解をモニターしたりしながらわかろうとする方向で努力する学習方略を指す。それに対して**表面的アプローチ**（surface approach：**浅いアプローチ**）とは，教材を単に繰り返し読んだり，言葉を暗記

表 4-12 内発的／外発的動機づけの性質と学習への影響（Lepper, 1988 を一部改変）

学習関連変数	内発的動機づけ ＜活動が目的＞	外発的動機づけ ＜活動が手段＞	内発的／外発的動機づけの比較
活動従事時間（活動の開始と終了）	当人または課題自体によって生み出される基準に規定される。	外発的目標を達成する可能性の認知によって規定される。	□活動時間：活動が興味深いものであれば，内発的動機づけの方が長い。 □失敗に直面した際の粘り強さ：低能力を認知した場合，外発的に動機づけられている人は失敗後に活動をやめる。
注意の焦点	当人あるいは課題によって生み出された目標，当人の探究の傾向性によってコントロールされる。	外発的な随伴性，活動の道具的な指標（外発的目標の達成への有効性）によってコントロールされる。	□活動を通した学習：もしアルゴリズム的な課題（丸暗記，計算練習など）であれば外発的動機づけが効果的だが，その際，付随的に起こる学習（概念的理解など）に対しては内発的動機づけの方が効果的。もし，発見的な課題であれば，内発的動機づけの方が効果的。 □創造性：内発的動機づけの方が効果的で，「心理的構え」（思い込みなど）を乗り越えることができる。
問題と下位目標の選択	当人あるいは課題によって生み出された目標に基づいて内容が決定される。	道具的な価値の認知によって内容が決定される。	□問題の選択：内発的に動機づけられた人は中程度の困難度を選ぶ。外発的に動機づけられた人は目標達成への最も簡単なやり方を選ぶ。 □リスク：内発的に動機づけられた人はリスクを引き受け，自由に探索する。
活動中の心的努力	課題に対する興味や関与度のレベルに依存する。	外発的目標を達成するための最低限の努力に基づく。	□精緻化プロセス／理解のモニタリング：一般に内発的動機づけの方が効果的。
学習方略とパフォーマンス方略の選択	個人的な目標を達成する上で価値があるという判断に基づく。	外発的目標の達成に必要な最低限の努力で済むという判断に基づく。	□学習方略の選択：内発的に動機づけられた人は洞察的アプローチに価値を置いて採用する。 □パフォーマンス方略の選択：複雑な課題の場合，内発的に動機づけられた人はより論理的で能率的な方略を用いる。
学習活動の主観的な「定義」	活動それ自身を「目的」と定義し，内発的に動機づけられていると感じている。	活動をそれと無関係な目的のための「手段」と定義し，外発的に動機づけられていると感じている。	□のちの活動選択：引き続き報酬が得られる状況でない限り，外発的に動機づけられている場合，その課題を選ばない。 □のちの活動アプローチ：外発的に動機づけられている場合，非効率的なパフォーマンス方略が継続し，簡単な課題や下位目標を選択し続ける。

したり，情報をリハーサルするだけにとどまる学習方略を指す（Marton & Säljö, 1976：表 4-13）[61]。

深いレベルの理解を成立させるためには「操作」あるいは「理解」のみでは不十分で，両者に「多面的学習」（証拠や根拠をアイデアと関連づけるような方略）

3 内発的動機づけと外発的動機づけ

を加えたすべての学習方略が必要であることが示唆されている（図4-11）。具体的には，操作の学習方略として「細部への注目」（証拠・根拠，ステップ等の詳細に注意する方略）と「要素の関連づけ」（客観的なスタンスを維持しながら

表面的アプローチ

主要な動機づけ
- 外発的動機づけ
  - 課題の完了に関心
  - 失敗に対する不安

意図
- 学習したことを再生・再現することによって評価基準を満たすこと

プロセス
- 丸暗記（rote learning）
  - 課題とバラバラな情報に注目する
  - 決まった手順，事実とアイデアについて反復的記憶を用いる

  - 消極的
    - 少ない努力
    - 興味の欠如
  - 積極的
    - 大規模な努力の「支出」

成果
- 理解の欠如
- 無関連の事実や重要でない細部に関する言及しかできない

- 表面的理解
- 事実に関する実質的な知識を持つ可能性あり
- 必要最低限の説明ができる

洞察的アプローチ

主要な動機づけ
- 内発的動機づけ
  - 課題内容への興味
  - キャリアとの関連

意図
- 個人的に理解が深まること

プロセス
- 操作（operation learning）
  - 証拠・根拠，ステップ等の詳細に注意する
  - 客観的なスタンスを維持しながら結論づける
  - 丸暗記を含む場合もある

- 理解（comprehension learning）
  - 学習内容領域の全体的な概要をつかむ
  - 新しい情報を既有知識や自分の経験と関連づけて知識を再構成し，個人的に意味づける

多面的学習（versatile learning）
- 証拠・根拠をアイデアと関連づける

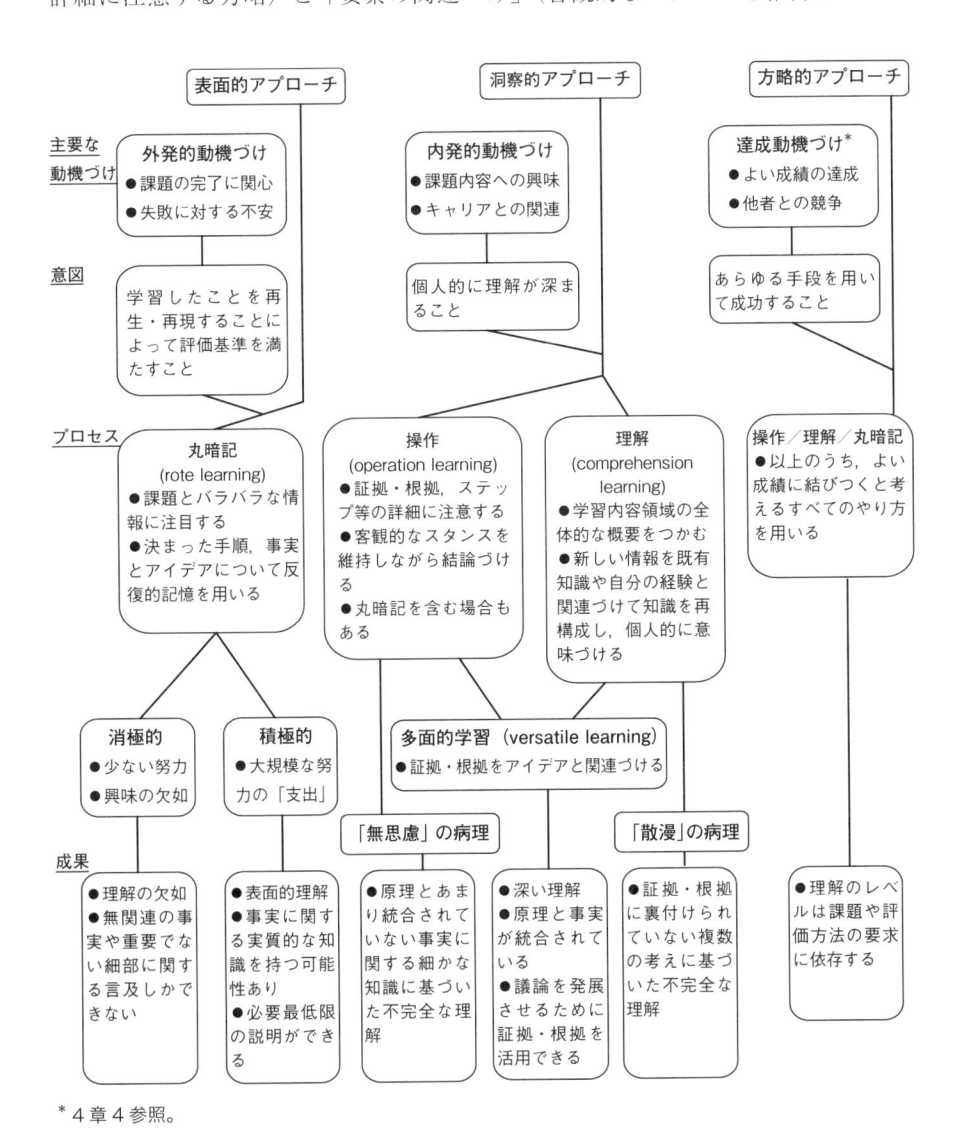

「無思慮」の病理
- 原理とあまり統合されていない事実に関する細かな知識に基づいた不完全な理解

- 深い理解
- 原理と事実が統合されている
- 議論を発展させるために証拠・根拠を活用できる

「散漫」の病理
- 証拠・根拠に裏付けられていない複数の考えに基づいた不完全な理解

方略的アプローチ

主要な動機づけ
- 達成動機づけ*
  - よい成績の達成
  - 他者との競争

意図
- あらゆる手段を用いて成功すること

プロセス
- 操作／理解／丸暗記
  - 以上のうち，よい成績に結びつくと考えるすべてのやり方を用いる

成果
- 理解のレベルは課題や評価方法の要求に依存する

*4章4参照。

図4-11 動機づけ，学習のプロセスと成果の関係
（Entwistle, 1988を中心としてBiggs, 1978, Entwistle, 1981より作成）

各要素を統合して結論づける方略）が，理解の学習方略として「マッピング」（学習内容領域の全体的な概要をつかむ方略）と「再構築」（新しい情報を既有知識や自分の経験と関連づけて知識を再構成し，個人的に意味づける方略）が挙げられている。内発的動機づけに基づきつつ以上のような学習方略が活用されることで質の高い学習が成立すると考えられているのである[62]。

表4-13　洞察的アプローチと表面的アプローチ（Guarch, 2003）

洞察的アプローチ：深いアプローチ	表面的アプローチ：浅いアプローチ
理解しようとする意図がある：課題の構造を維持しようとする	課題を単に完了しようとする意図がある：課題の構造を曲解する
「何を意味しているか」に焦点化する	記号（sign）に焦点化する
既有知識を新しい知識と関連づける	評価のために情報を覚える
他領域の知識を関連づける	考慮なしに事実と概念とを結びつける
理論を日常生活に関連づける	知識を日常生活の現実から切り離す
エビデンスと議論を区別するとともに関連づける	原理原則と事例とを区別することができない
学習内容を首尾一貫した統合体として組織化，構造化する	課題の相互に無関連な部分に焦点化する
	課題を外的な押し付けとしてとらえる
内発的動機づけの重視	外発的動機づけの重視：評価への対処

4　達成動機づけ

　われわれの日常的な仕事から学校での勉強，スポーツの競技会に至るまで，世の中には，ひとり一人の優劣が評価される場面や課題が無数に存在する。しかも，誰しもが優れたパフォーマンスを示せるわけではない。また，多くの場合，その優秀さ（卓越性）は社会的に認められたものであり，他者との競争の結果，それが証明されることも多い。例えば，スポーツの成績が表彰されたり，「狭き門」の試験に合格したりすることなどは，当人の能力の高さの証しとして世間から称賛される。**達成動機づけ**（achievement motivation）とは，このような「卓越性の基準（standard of excellence）」が含まれた課題の遂行に関連した動機づけの総称である（Eccles, Wigfield & Schiefele, 1998）。すなわち，達成動機づけとは，達成することが社会的に意味のある課題に関して，困難さにチャレンジし，卓越した水準で課題を成し遂げようとする心理現象を指す[63]。

4-1 達成欲求

達成動機づけの研究は，Murray, H. A. が欲求のリスト（表4-1）の中に達成（achievement）を含めたことに端を発する（宮本，1979）。Murray（1938）は，野心的（ambitious）と分類される心理的欲求の一つとして優越（superiority）欲求を挙げ，さらにそれは**達成欲求**（事物，人々，観念を支配する力への意志）と**承認欲求**（是認と高い社会的地位を得るための努力）とに区別できるとした。同じ優越欲求であっても，達成欲求は他者からの賞賛や尊敬を求めたりするような承認欲求と区別されているという点に留意されたい。

Murray は，欲求をパーソナリティ特性の構成要素として位置づけ，投影法や質問紙，インタビュー，日記分析などの多様な方法による測定を試みている。達成欲求を特定する際の基準や質問項目は表4-14 の通りである（Murray, 1938）[64]。

表4-14 達成欲求の特徴と質問項目（Murray, 1938）

欲求の目的	困難なことを成し遂げること。物理的な対象，人間，思想に精通し，それらをうまく処理したり，体系づけたりすること。これらをなるべく速やかに，独力ですること。障害を克服し，高度な水準に到達すること。克己すること。他者と競争し，他者をしのぐこと。才能を上手に使って自尊心（self-esteem）を高めること。
パーソナリティ特性	目的に達しようとする。野心的，競争的，抱負がある。
質問項目	①満たされることのない大きな望みによって常にもっと努力しようと駆り立てられる。 ②人生において，立派な成果を成し遂げることほど価値あるものはないと思う。 ③仕事で成功して注目に値する成果を残すことによって，私の将来は安定し，自尊心が満たされることになると思う。 ④困難な達成目標を自分自身に課すようにしている。 ⑤将来を夢想するというよりも，自分が今，直面している仕事に対して労力を注ぐタイプである。 ⑥自分の利害が損なわれそうな状況では，自分の仕事に完全に集中し，他人への義理を忘れる。 ⑦仕事が成功して一段落したときだけ，休養を心から楽しめる。 ⑧自分が行うほとんどの活動に対して競争心を抱いている。 ⑨引き受けたすべてのことに対して，自分がその結果に満足するまで，まるで奴隷のように働く。 ⑩遊びと同じくらい仕事を楽しんでいる。

4−2 達成動機づけ理論

　Murray, H. A. の達成欲求の考え方を，達成動機づけ理論として精緻化したのが McClelland, D. C. と Atkinson, J. W. である。両者は，達成欲求に基づく動機づけ現象を心理的メカニズムとして描くことによって体系的な理論へと発展させた。

　McClelland は感情喚起理論（3章1−2）を基盤として，達成動機の発達とその個人差を説明し，達成動機づけを感情喚起と快楽原理に基づく心理的メカニズムとして描き出した。また，Atkinson は，感情喚起理論に基づきつつ，個人の特性としての達成動機（達成欲求）と達成行動の生起メカニズムとを明確に区別し，「動機づけ＝動機×期待（予期）×価値」と定式化することによって達成動機づけの理論化を成し遂げた。すなわち，**達成動機づけ**は，具体的には表4−15に示すような公式によって求めることができるのだという（Atkinson, 1964）[65]。この達成動機づけの公式が意味していることはおおむね以下の通りである。

　達成動機づけは，成功を求める心理的な傾向性（**成功達成傾向**）と失敗を避けようとする心理的な傾向性（**失敗回避傾向**）の差である。前者が大きければ達成行動が生じるだろうし，後者が大きければむしろ，達成状況を避けようとするだろう。

　成功達成傾向と失敗回避傾向はともに「動機×期待×誘意性」で求められる。ここでいう「動機」とは一般的で安定した個人的な性質（特性）を意味している。具体的には，**達成動機**（成功接近動機，達成に対する積極的な関心：成功願望）と**失敗回避動機**（失敗に対する不安：失敗恐怖）[66]という二つの動機を全ての人が持っていることが想定されている。一方，「期待（予期）」と「誘意性（価値）」は状況から影響を受ける要因，つまり，当人の「目下直面している状況」及び「類似した特定の状況での過去の経験」に規定される変数として位置づけられている。「期待（予期）」とは事態が生じる主観的な可能性，「誘意性（価値）」とは「感情」（快感情，不快感情）をそれぞれ意味している。

　以上のことから，成功達成傾向は達成動機，成功可能性の知覚，成功の快感情（うれしさ，誇らしさなど）のそれぞれが大きいほど高まり，失敗回避傾向も失敗回避動機，失敗可能性の知覚，失敗の不快感情（恥など）のそれぞれが大きいほど高まるということがわかる。

4 達成動機づけ

表4-15 達成動機づけの定式化

■達成動機づけ＝成功達成傾向（Ts）＊＋失敗回避傾向（T-f）＊＊
　□成功達成傾向(Ts)＝達成動機(Ms)×成功の期待(Ps)＊＊＊×誘意性(Is)＊＊＊＊
　□失敗回避傾向(T-f)＝失敗回避動機(Maf)×失敗の予期(Pf)×失敗に対する負の誘意性(If)＊＊＊＊＊

＊　　　　成功への接近傾向
＊＊　　　失敗を回避しようとする動機づけの強さ：常に負の値
＊＊＊　　主観的な成功可能性の強さ
＊＊＊＊　特定の課題における成功の誘因としての価値，成功したときの快に関連
＊＊＊＊＊失敗したときの不快感に関連

　この理論のユニークな仮定は，「Is＝1－Ps」とした点にある。これは，成功の可能性が低い（つまり困難である）と認識された課題であればあるほど，誘意性（その課題に成功することに対する価値）が高く，逆に成功可能性が高い課題であればあるほど，誘意性が低くなることを意味している。確かに，課題が易しいときより困難であるときの方が，その課題に成功した際に快の感情（誇らしい気持ちなど）が強まるといった経験的な事実にこの仮定は合致している[67]。

　また，「If＝－Ps」と仮定されている[68]。一般に難しい課題よりも容易な課題で失敗した方が，恥やきまりの悪さといった感覚を抱くであろう。失敗に対するこのような負の誘意性は課題の困難さの認知（成功の期待の程度）に関連しており，成功の期待が高ければ高いほど，それに失敗したときの不快感も高くなるのである。例えば，課題が非常に簡単で成功の期待が90％（.90）だとしたら，失敗に対する誘意性は－.90のように非常に大きな負の数値になる。逆に，課題が難しい場合（例えば，10％：Ps＝.10）は，失敗に対する誘意性（If＝－.10）も低くなる。

　なお，成功の可能性と失敗の可能性とは表と裏の関係である。成功する可能性が80％（.80）だと考えた場合，失敗する可能性は20％（.20）であるし，逆に，成功する可能性が20％（.20）なら，失敗する可能性は80％（.80）である。つまり，「Ps＋Pf＝1.00」なのである。

　以上の定式化を踏まえ，以下では実際に達成動機づけをシミュレーションしてみよう（Atkinson, 1964）。成功の期待（主観的な成功確率）が異なる五つの課題（AからEの順で課題が「困難」と認知される）に対する成功達成傾向，失敗回避傾向について，達成動機，失敗回避動機がそれぞれ異なる人のケースを実際に計算した例を表4-16に示した。

表4-16　成功達成傾向と失敗回避傾向（Atkinson, 1964）

			($T_S = M_S \times P_S \times I_S$)					($T_{-f} = M_{AF} \times P_f \times I_f$)	
			達成動機が低い人の場合	達成動機が高い人の場合				失敗回避動機が低い人の場合	失敗回避動機が高い人の場合
課題	P_S	I_S	($M_S = 1$)	($M_S = 8$)	課題	P_f	I_f	($M_{AF} = 1$)	($M_{AF} = 8$)
A	.90	.10	.09	.72	A	.10	−.90	−.09	−.72
B	.70	.30	.21	1.68	B	.30	−.70	−.21	−1.68
C	.50	.50	.25	2.00	C	.50	−.50	−.25	−2.00
D	.30	.70	.21	1.68	D	.70	−.30	−.21	−1.68
E	.10	.90	.09	.72	E	.90	−.10	−.09	−.72

　まず，成功達成傾向（T_S）を計算してみると，達成動機の強さが同じであるならば，成功の期待が50％の課題Cに対する場合（すなわち，成功するか，失敗するか五分五分だと思う場合）が，もっとも成功達成傾向が強くなることがわかる。また，達成動機の個人差についてみると，達成動機の高い人ほど，困難あるいは容易な課題に対してよりも成功の期待が50％の課題に対する成功達成傾向が強くなる[69]。

　失敗回避傾向（T_{-f}）については，成功達成傾向の場合と正反対の結果になる。すなわち，成功の期待が50％の課題Cに対してもっとも失敗回避傾向が強くなり，失敗回避動機の高い人ほど，困難あるいは容易な課題に対してよりも成功の期待が50％の課題に対する失敗回避傾向が強くなるのである。

　表4-15の公式に示されているように，Atkinsonは達成動機づけを「成功したいけど失敗は避けたい」という達成状況における成功達成傾向と失敗回避傾向の葛藤の結果としてとらえ，それを両者の合成変数として位置づけている。成功達成傾向が，失敗回避傾向を上回れば，達成場面での達成行動として表れるだろうし，逆に失敗回避傾向が成功達成傾向を上回れば，達成状況そのものを回避したり，逃避したりするだろう。また，その達成動機づけの強さは，これら二変数の差に依存する。成功達成傾向が失敗回避傾向を大きく上回っていればいるほど，達成場面での達成行動が活発であることが予想できるのである。

　図4-12には，達成動機と失敗回避動機のパターンが異なる四人（ヒロシ君，サチコさん，ヒロミさん，タロウ君）のケースが図示されている。そこには成功達成傾向と失敗回避傾向のそれぞれが成功の期待の程度に応じてプロットされ直線で結ばれているが，二つの折れ線間の幅がこの二つの変数の合成変数である達成動機づけを意味している。成功達成傾向が失敗回避傾向を上回るケース（ヒロシ君とサチコさん）の場合，その差の幅にあたる白い空白の部分の長さがプラス

の達成動機づけを意味しており，すべての課題に対する達成行動が起こることになる。また，その達成行動の傾向性は達成動機と失敗回避動機の差が大きいほど強くなり，成功の期待が50％のときに最大になることがわかる（図4−12のaとb）。

達成動機と失敗回避動機の強さが同じケース（ヒロミさん）では，成功達成傾向と失敗回避傾向の和はすべての困難度（成功の期待の程度）でゼロになり，達成状況において達成行動も回避行動も起こらない（図4−12のc）。

失敗回避傾向が成功達成傾向を上回るケース（タロウ君）の場合，図中の斜線

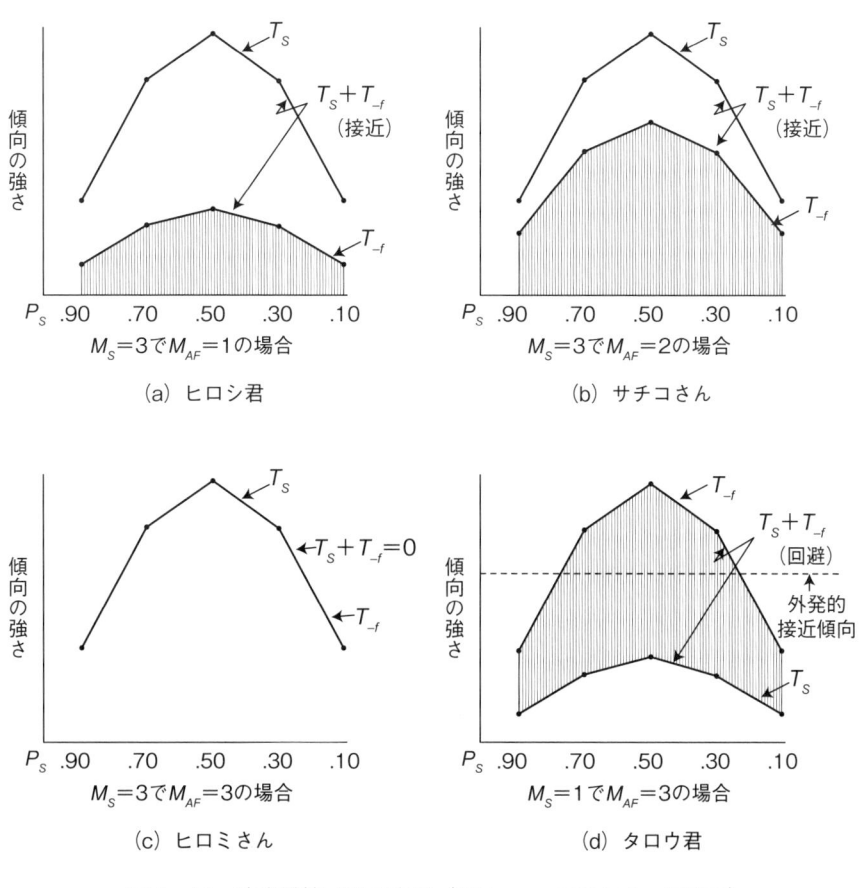

図4−12　達成動機づけの事例（Atkinson, 1964 を一部改変）

で示された部分の幅がいわば負の達成動機づけであり，達成に関連した活動を避けたり，抑制したりする程度を意味する。そしてそれは成功の期待が50%のときに最大になる。この場合，達成行動を生起させるには何らかの「外発的動機づけ」が必要になるのだという。図4-12 (d) には，例えば，報酬を与えることなどによって「外発的接近傾向」を成功の期待の水準に関わらず一律に高めることによって，すべての場合でタロウ君の達成行動が生起するようになることが示されている[70]。

5 自尊欲求

5-1 自己関連動機と自尊心

　欲求論では，自己価値の承認を求める生来的な傾向性として自尊欲求が想定されている。**自尊欲求**とは，「自分自身」に関心が向けられて機能する欲求であり，われわれの日常的な動機づけ諸現象について，「自尊心」を維持したり，それを高めたりするために多様な行動が生起するという観点から説明する概念である。例えば，自分のプライドを傷つけないようにするために意識的あるいは無意識のうちに失敗に直面しそうな機会を避けるということがあるだろう。これは自尊欲求の働きによるものと考えられているのである[71]。
　Banaji & Prentice（1994）は，社会心理学研究の立場から，自己に関連する主な動機として，自己知識，自己高揚，自己改善の三つを挙げている。**自己知識動機**（self-knowledge motive）とは，自分の特性や能力に関する正確で確かな証拠や，自己評価を確認するための証拠を求める願望（desire）を指す。この動機は，より基本的な欲求，例えば一貫性を求めたり，不確かさを低減したりしようとする欲求に根ざしているのだという。**自己高揚動機**（self-enhancement motive）とは，自分自身に関する肯定的なフィードバックを求める願望であり，脅威的でネガティブな体験によってもたらされる自分を防御しようとする衝動と，自分に関するポジティブな感覚を保とうとする欲求の両側面を含んでいる。この動機は，快を求め不快を避けるという基本的な欲求に根ざしている。**自己改善動機**（self-improvement motive）とは，「かくあるべき自分」「かくありたい自分」に近づ

こうとする願望を指す。より基本的な達成欲求に根ざしており,「なりたくない自分」を避けるという防衛的な側面と,理想的な自分になるために努力するという積極的な側面の両面がある。このように,われわれには自分に関する情報を求め,自己評価を高め,自分を向上させようとする傾向があると考えられているのである。つまり,われわれは「自尊心」を維持したり,高めたりする方向に動機づけられているのだといえよう。**自尊心**（セルフ・エスティーム：self-esteem）とは,「自分に対する肯定的あるいは否定的な態度」（Rosenberg, 1965）を意味し,自分が価値ある存在であると感知している程度を反映する。とりわけ,自分自身に対する認識（自己概念：2章3-5）への自己評価から生まれる感情を指し,**自尊感情**という呼称も一般的である[72]。

5-2 自尊心を維持・高揚するメカニズム

自尊欲求の働きによって,われわれは自尊心を保ったり,さらに高めようとしたりする方向に向けて動機づけられる。では具体的にそれはどのような行動としてあらわれるのであろうか[73]。

(1) 自己価値理論
□自己価値動機

「自己価値理論」を提唱した Covington, M. V. は,「自己価値動機」を仮定し,原因帰属理論（2章4-1）を適用しつつ動機づけ現象を説明した。**自己価値動機**（self-worth motive）とは,肯定的な自己イメージを確立したり,維持したりしようとする一般的な傾向性（Covington, 1984）であり,**自己価値理論**（self-worth theory）とは,有能であることを通じて他者に認められるように,あるいは逆に,失敗が示唆する「無能さ」,「無価値」といった自分に対する評価を避けようとする方向で人は動機づけられるという考え方を指す（Covington, 2009）。例えば,子どもたちは,学校という文脈で「自分が人として価値がある」と思うために自分自身が学業的に有能であると信じる必要があるという。そのため,成功を「能力」や「努力」に,失敗を「やらなかったこと」にそれぞれ原因帰属したがり,とりわけ失敗を能力不足に原因帰属することが最も避けたいパターンだということになる。

実際には努力したとしても,それを他者に隠す傾向がわれわれにはある。努力

した事実を隠せば，他者はその成果を能力のせいだと見なすため，自己価値を高めるのに得策だからである。中学や高校での定期テストの当日の朝，自分がいかに試験勉強をしなかったかを強調する会話が飛び交うということがなかっただろうか。テスト勉強を一生懸命したことを友人に言わなければ，もしテストで高得点をとった場合，友人は自分のことを「頭がいい」と思ってくれる（成功の原因を高能力に帰属する）だろうし，仮にテストで失敗したとしても「テスト勉強をしなかったせいだ」と推測してくれる（失敗の原因を努力の欠如に帰属する）からである。

　一般に，能力が高い（低い）と自己評価している場合，自己の価値も高く（低く）評価していると考えられている。とりわけ学校のような達成状況では，自分に能力がないことが暴かれてしまいかねない無数の機会に直面しているため，このような認知された能力と自己価値のリンクをめぐる「ギャンブル」が待ち構えている（Covington, 1984）。しかも，「競争」という要因がこれに拍車をかける。例えば，相対評価のシステムは常に「敗者」が生じることを前提としている。誰かが成績で一番を取るということは，残りの他者が彼（彼女）に比べて劣っているという隠れたメッセージが伝えられることにほかならず，それは「能力がない」というフィードバックとして機能する。このような状況下では，「自分には能力があるのだ」という自尊心に根ざした感覚を守り抜くことが最優先の課題になる。自己価値を守るための「サバイバル合戦」が学級や学校で繰り広げられることになるわけである。

□失敗回避方略：セルフ・ハンディキャッピング

　このように，よい成績といった「報酬」が非常に限定されていて，かつ能力の価値が強調されるようなサバイバル状況を乗り切るために，多くの子どもたちは自分の無能さを露呈させないための方略を身に付けるようになるという（Covington, 1992）。すなわち，学習者は成功を求めて努力する（成功達成）よりも，単に失敗を回避すること（失敗回避）に工夫を凝らすようになるのである。具体的には，少なくとも以下の三つの方略（**失敗回避方略**）があるという。

　第一に，「その場で自分が無知であることを露呈しないようにする」方略である。例えば，教師の指名を避けるために教師と目を合わせないようにしたり，答えがわからなくても手を上げて目立つように振ってみたりすることで逆に他の生徒が指名されることを意図的に狙ったりすることや，自分の無知をさらけ出さないよ

うに曖昧にぼかした回答をすることによって教師のサポートを引き出す（ヒントをもらうなど）といったやり方がこれに該当する。学習活動にそもそも参加しないことも一つの方略である。その場合，単に参加しないだけだと教師ににらまれるので参加している「ふり」はするのだという。

第二に，「セルフ・ハンディキャッピング」である。**セルフ・ハンディキャッピング**（self-handicapping）とは，自分の何らかの特性が評価の対象となる可能性があり，かつそこで高い評価が得られるかどうかに確信が持てない場合，遂行を妨害するハンディキャップがあることを他者に主張したり，自らハンディキャップを作り出したりする行為を指す（安藤，1990）。つまり，自己価値を守るために，失敗の原因を内的な能力ではなく，自分のコントロールや責任の及ばない外的な原因に帰属させる方略がセルフ・ハンディキャッピングであり，学習活動に参加しなければならず，かつ失敗することが予想されるような自己価値にとって危機的な状況でこの方略が用いられる可能性が高くなる。具体的には，表4-17のような方略があり，**努力の差し控え**のような遂行的な方略（実際の行動として遂行されるもの）と**学業的義足**（academic wooden leg）のような主張的な方略（言語的に主張されるもの）とに大別される[74]。

第三に，必ず成功するようなやさしい課題ばかりを続ける（低水準の目標設定）という方略である。この場合，失敗はしないので自己価値が傷つくことはない。

以上に示した失敗回避方略は，あくまでも「その場しのぎ」であって，長い目でみたとき，当人の自己価値に何のプラスにもならないという点に留意すべきだろう。いずれの場合も，彼らは成功に基づくプライドを十全に感じることはできないのである。

表4-17　セルフ・ハンディキャッピングの具体的方略

具体的方略	効果・効用
達成不可能な水準の困難な目標の設定	課題の困難さに帰属することが可能になる。
努力の差し控え：課題に取りかかることを意図的に遅らせるなど	取り組み始める時間が遅かったことや計画的に努力しなかったことに帰属可能。仮にそれでも成功すれば高能力に帰属されるのでどちらに転んでも得をする。
学業的義足：よりマイナーなハンディキャップ（例えば，不安）があることをあらかじめ認めてしまう	ある程度の失敗が公的に許容され，自己価値へのダメージが少なくて済む。
活動や課題を積極的に拒否することによって，実際の能力についての情報を提供しないように努める	失敗しても恥を感じない。課題に従事することを拒否することで課題自体の価値を貶め，むしろ活動に参加しないことを美徳に仕立て上げる。

□「諸刃の剣」としての努力

　以上から明らかになったのは，学校場面において努力することが「危険な賭け」だという事実である。

　学校では努力することが教師によって奨励され，子どもたちの多くも努力の価値を認めているわけだが，その一方で，子どもたちは努力することによって自己価値を貶める危険に晒されている。一生懸命まじめに取り組んだ結果，失敗してしまうという帰結が低能力帰属（「努力しても失敗したのは自分に能力がないためだ」という認知）を促してしまうため，自己価値の観点からすると，努力することには「自分の無能力が露呈する」という最悪の結果に導く危険が常に伴われているのである。このように学校場面では，努力すると低能力が露呈する可能性が生じる一方で，努力しないという方略は学校では認められにくい（例えば「教師に叱られる」）というジレンマが存在している。Covington & Omelich (1979) はこのような努力の性質を**「諸刃の剣」**（double-edged sword）と表現した[75]。

　子どもたちが置かれているこのような不幸な状況を改善するためには，競争的で社会的比較を伴う評価状況をなるべく減らし，努力，マスタリー（習熟），改善といった学習自体に内在する側面に焦点をより当てることによって，失敗回避方略に頼ることなく自己価値を維持できるようにすべきだと Covington (1992) は主張している[76]。

□自尊心追求のコスト

　われわれは自尊心を維持したり高めたりするために，自分に都合のよい情報にだけ注目したり，現実をゆがめて解釈したりする。親や教師といった他者も子どもの自尊心を重視するあまり，過度に褒めたり，ネガティブなフィードバックを避けたりしがちである。このような自尊心をめぐる心理的，社会的な営み，とりわけ自他による自尊心を高めること自体の自己目的化が動機づけ的な問題を生じさせる可能性がある。自尊心（self-esteem）の高さが必ずしも心理的な適応を意味するとは限らないからである。人は自尊心を高めたり維持したりするために確かに成功しようと努力するが，同時に自己が崩壊するのではないかといった観念に脅かされるようになる。出来事やフィードバックを常に自己価値の観点から解釈しようとするようになるし，学習をパフォーマンスの結果の単なる手段とみなすようになることさえある（Crocker & Park, 2004）。とりわけ，Crocker, J. らによる**自己価値の随伴性**（contingencies of self-worth）に関する一連の研究では，

自尊心の源泉となる領域（例えば，学業，スポーツ，友人関係など）に個人差があることに着目し，特に自己価値が随伴している領域で失敗すると，自尊心は傷つきやすく不安定になること（Crocker & Wolfe, 2001）や，学業に自己価値を随伴させる程度が大きい人ほど，失敗による自尊心の低下が顕著であること（Crocker, Karpinski, Quinn, & Chase, 2003）などが示されている[77]。

　Crocker & Park（2004）は自尊心追求のコストについて以下のようにまとめている。すなわち，自尊心追求は，①自尊心が結果に随伴するような自我関与（2章2-3）あるいは取り入れ的調整（4章3-1）の状態であり，自律性への欲求の充足を阻害する，②自己価値を証明するための目標遂行が優先され学習はその手段として位置づけられるため，学習方略の選択やフィードバック情報の解釈にバイアスが生じ，結果として熟達プロセスを阻害する，③他者に認められようとすることが優先されたり，他者をしのごうとするようになることで良好な人間関係の維持や構築に悪影響が生じる，④自己調整（1章1-2）のプロセスに困難をもたらす，⑤ストレスや不安を高めるため，長期的には身体的健康に悪影響を及ぼす，⑥抑うつ，ナルシシズム，不安といった心理状態を通して心理的健康に悪影響を及ぼす。以上の知見は，自尊欲求を優先的に充足しようとすることによって他の欲求（例えば，自律性，コンピテンス，関係性への欲求：4章2-4）との競合や葛藤が生じ，適応困難な心理状態が促される危険性を示唆している。

　この点に関連して，Dweck（1999）は知能観（2章2-3）が自尊心に対する心理的影響を規定すると主張している。すなわち，知能実体論をもっている場合，すばやく簡単に誤りなく，しかも他者よりもうまく行うことが自尊心を高めるのに対し，知能増大論を持っている場合，新しいことを理解しようと努力したり，何かを独力で習熟したり，自らの知識を他者のために役立てたりしたときなどに自尊心が高まると指摘し，後者の適応的かつ教育的な重要性を強調している。

　自尊心追求のコストに関する一連の知見が示唆することは，自尊心の高低が問題というよりも，むしろ，日常生活における自尊心追求の心理的プロセスにおいて，人々が自尊心を高めたり維持したりするために何を達成しようとしているのかという観点こそが重要だという点であろう（Crocker & Park, 2004）。とりわけ自尊心の維持と高揚の心理的メカニズムの相違（例えば，何に対して自尊心を感じるかなど）が心理的適応や学習の質を規定することから，自尊心をめぐる動機づけの心理的メカニズムに関するトータルな理解が求められている。

（2）自己評価維持モデル

　ケンジ君と同じ美術部に所属する親友のサトシ君が県の展覧会で入賞した場合，ケンジ君はどう感じ，その後，どのように振る舞うだろうか。Tesser, A. が提唱した**自己評価維持モデル**（self-evaluation maintenance model：**SEM モデル**）では，他者との親密さ，課題に対する重要性の認識，パフォーマンスの三要因が自己評価を維持しようとする心理的メカニズムを基盤とした相互依存関係にあることを明らかにしている（Tesser, 1986）。

　自己評価維持モデルでは，①人は自己評価を維持あるいは高揚させるように振る舞う，②他者との関係性が自己評価に大きな影響をもたらすという前提に立ち，以下の二つの心理プロセスを仮定する（Tesser & Campbell, 1985）。すなわち，他者への親密さとその他者の優れたパフォーマンスによって自己評価が高められる**省察プロセス**（reflection process）と，逆に自己評価が低められる**比較プロセス**（comparison process）である。但し，あまり親密ではない他者が優れたパフォーマンスを示した場合には，両プロセスは生起せず，自己評価への影響はあまりないとされる。

　省察，比較のどちらのプロセスが優勢になるかは，重要性（relevance）の認識に依存するという。つまり，自分自身を価値づける上で重要で，有能さを目指して努力している領域であればあるほど，比較プロセスが働き，親密な他者の優れたパフォーマンスに悩むことになる一方，当人にとって重要性が低ければ低いほど，省察プロセスが働いて，自己評価が高められることになる。

　例えば前述の例の場合，美術部での活動がケンジ君の自己規定（self-definition）において重要だと思っているほど，比較プロセスが優勢になり，親友であるサトシ君の入賞が社会的比較を促しケンジ君の自己評価を低める。逆に美術部に所属しながらも，そこでの活動と自己規定との間にあまり関連がなければ，省察プロセスが優勢になり，むしろケンジ君はサトシ君を誇らしく思い，自分自身の自己評価が高まるのである。

　動機づけ理論として特筆すべきポイントは，以上の心理的メカニズムによって，人は自己評価を高めるため，あるいは低めることを最小限に抑えるために行動や認知を変化させるという点であろう。つまり，自己評価を維持，高揚することが最優先になるために，例えば「その後，親友とそっけなく付き合うようになる」など親密さを低めるように振る舞ったり，「美術部の活動に熱心でなくなる」などその領域の重要性の認識を調整したりするかもしれない。また，「自分も入賞

すると決心してがむしゃらに努力する」というように自己のパフォーマンスを高めようとする一方で,「サトシ君の絵の具を隠す」など他者のパフォーマンスを妨害するような暴挙に出る可能性さえあるという。このような自己評価維持モデルが予測する動機づけ機能について表4-18にまとめた。

表4-18　自己評価維持モデルが予測する親密さ，重要性，パフォーマンスの変化（Tesser & Campbell, 1985 より作成）

親密さ
他者のパフォーマンスが，自分のパフォーマンスよりも優れているとき
a. もし，その領域が自己規定にとって重要であれば，親密さを低める。
b. もし，その領域が自己規定にとって重要でなければ，親密さを高める。

重要性
他者との親密さが増したとき
a. もし，その他者のパフォーマンスが自分より優れているなら，重要性の認識を低める。
b. もし，その他者のパフォーマンスが自分より優れているわけではないなら，重要性の認識を高める。

パフォーマンス
他者との親密さが増したとき
a. もし，その領域が自己規定にとって重要であれば，自らのパフォーマンスを高める／他者のパフォーマンスを低める。
b. もし，その領域が自己規定にとって重要でなければ，自らのパフォーマンスを低める／他者のパフォーマンスを高める。

注)／:「かつ」と「または」の両方を意味する。

6　パーソナリティと適性

6-1　動機づけ要因としての「パーソナリティ／自己」

　動機づけには個人差がある。同じ状況であっても振る舞い方は個々人によって異なるし，人によっては異なる場面であっても一貫して同じパターンの行動をとるかもしれない。このように動機づけは常に状況だけに規定されるわけではないし，むしろ，ひとり一人の個人差，とりわけパーソナリティ（性格）によって生じる現象のようにさえ思われるのである。

　例えば，初対面の人に会った際にその人らしさが表れる。初めて出会う他者を身なりで判断する人もいれば，会話の内容で好印象を持つ人もいるだろう。切羽

詰まった状況での振る舞いも人によって様々である。他者に助けを求める人もいれば，自分自身で何とかしようと努力する人もいるだろう。このようにわれわれが外界を理解したり，環境に対応したりする場合には，「動機づけられた選好性」（例えば，身なりへの着眼）や「動機づけられたバイアス」（例えば「独力で達成するべきだ」といった信念）の影響を免れえない。Higgins, E. T. らによれば，このような「ものの見方」や「対処の仕方」に関わる**動機づけられた認知**（motivated cognition）の個人差にこそ，その人のパーソナリティが顕れるのだという（Higgins & Scholer, 2008）。とりわけ，外界からの情報や要求が少ない状況（例えば，初対面の状況）では，当人の「ものの見方」に方向づけられた認知，判断，評価にパーソナリティが反映されやすく，逆に，外界からの情報や要求が多い状況（例えば，切羽詰まった状況）では自己調整システムに負担がかかるため，「対処の仕方」に当人のパーソナリティが反映されやすくなるという。

「動機づけられた認知」の例として方略の個人差が挙げられよう。例えば，当人の焦点が促進（promotion）に向けられているか，予防（prevention）に向けられているかという個人差（**促進焦点／予防焦点**：promotion focus/ prevention focus）が問題解決の手段的行為を規定するという。促進システムは，理想（希望，抱負），進歩，達成への関心やポジティブな結果の有無に対する感受性に，予防システムは，義務（任務や責任），安全性，安心への関心やネガティブな結果の有無に対する感受性にそれぞれ特徴づけられている。そして促進に焦点が向けられた人は「熱心さ」に関連する手段を用いることを好むのに対して，予防に焦点が向けられた人は「用心深さ」に関連した手段を用いることを好むのだという（Higgins, 1997）[78]。

　パーソナリティとは，生来的な気質に基づきつつ固有の体験を通して形成されたその人独自の動機づけに関するトータルな傾向性であり，統合的に発達した欲求の構造（4章2）や形成された態度（1章1-2）として日常的な行動を方向づけたり，前述の「促進／予防方略」のような認知的個人差として機能して動機づけの心理的プロセスを規定する[79]。

　なお，パーソナリティと密接に関連する心理学概念として**自己**（self）が挙げられる。パーソナリティと同様，自己も動機づけ理論の中核概念として位置づけることができる。とりわけ，「その人が自分自身をどうとらえているか」という「自己」をめぐる認識や評価などの心理的要因はパーソナリティの一側面であると考えられるが，とりわけ自己概念（2章3-5）や自尊心（self-esteem：4章5-1）

が動機づけを規定することについてはすでに本書で概説した通りである[80]。

6-2 個人差としての自己システム

　Allport, G. W. は，動機づけがパーソナリティ研究の中核的な課題であると主張した（Allport, 1937b）。パーソナリティは，本来的に，各人の動機づけを規定する個人差なのである。本書では，これらの個人差を特性レベルの動機づけ（1章2-2）と位置づけ，適宜紹介してきたが，以下では，とりわけ学習意欲に関連する欲求論を背景とした要因でこれまでに取り上げてこなかった個人差について紹介する。

（1）パーソナル・ストライビング

　動機づけ研究では，パーソナリティ特性を主に欲求の構造として位置づけてきた歴史がある。Emmons, R. A. は，このような力動論的なパーソナリティ論に立脚しつつ，ひとり一人のユニークな意欲のあり方に着目した個性記述的な研究アプローチを展開するため，「パーソナル・ストライビング」という概念を提唱している（Emmons, 1989）。

　人には，例えば「友人を大切にしたい」「他者からよく思われたい」といったその人独自の「こうしようとする傾向性」（"trying to do" tendency）がある。**パーソナル・ストライビング**（personal striving：主観的努力）とは，このような「ある人が目標を達成しようとする努力のその人らしい一貫したパターン」であり，「その人が様々な状況において成し遂げたいと思う典型的な目標群のタイプ」を意味する。これは達成欲求や接近動機といった普遍的で法則定立的な特性概念でも，**目下の関心**（current concerns：2章注13），**パーソナル・プロジェクト**（personal projects：2章注13）といったその人らしい目標内容の記述でもなく，むしろ欲求と具体的な行動とをつなぐ心理的概念として位置づけられている。すなわち，パーソナル・ストライビングは目標それ自体ではないが，ある人が追求する多くの異なる目標を生成するとともにそれらを組織化し，当人のウェルビーイングや長期にわたる感情体験を予測するという意味で重要な心理変数なのだという。その意味において，「自己」の統合的な諸側面を具体的に表す概念だといえるだろう（Reeve, 2001）。実際には，パーソナル・ストライビングは日常生活の出来事の重要性を判断する基準として機能し（Emmons, 1991），葛藤を伴う意識的ある

いは無意識的なズレ低減プロセスを通じて動機づけに影響を及ぼすという（Emmons, King, & Sheldon, 1993）[81]。

Emmons（1989）は，パーソナル・ストライビングを動機特性と目標内容を媒介する要因として位置づけた動機づけの階層構造を提案している（図4-13）。これは動機づけの特性レベルと状態レベル（1章2-2）の階層モデルとみなすことができるだろう。図4-14は対人的な領域での具体例である。

（2）因果志向性理論

自己決定理論（4章2-4）のミニ理論のうち，とりわけパーソナリティの個人差や自己の特性に焦点を当てたものとして「因果志向性理論」と「目標内容理論」が挙げられる。

前述の有機的統合理論（4章3-1）で示されている自律性の程度は，目標指向行動を調整する質的な個人差（スタイル）として捉えることも可能である（Deci & Ryan, 2000）。行動調整をこのような個人差として理解しようとするアプローチが**因果志向性理論**（causality orientations theory）である。そこでは以下の三つの傾向性に個人差があると仮定されている。すなわち，①**自律志向性**（autonomy orientation：自分の興味や価値観に基づいて行動し，外的な出来事を制御的では

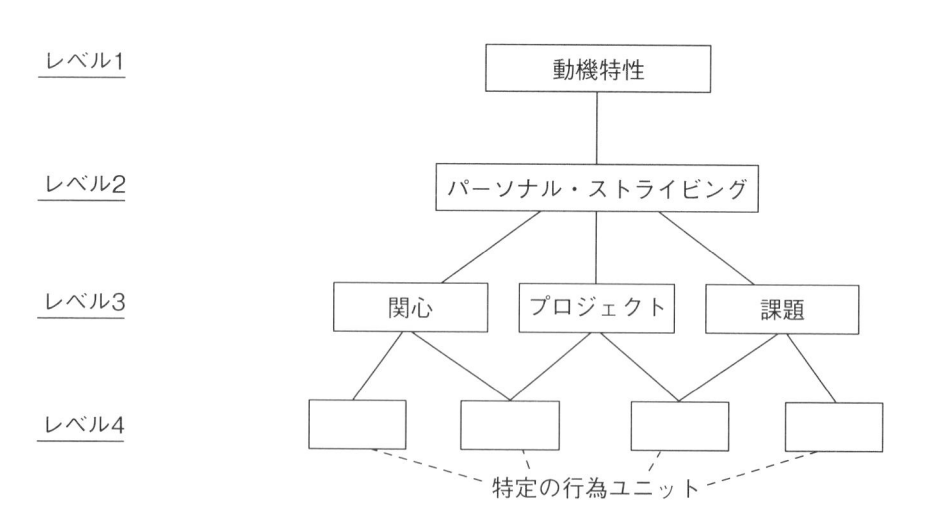

図4-13　パーソナル・ストライビングと動機づけの階層モデル（Emmons, 1989）

なく情報的に解釈し（4章3-3），自律的に行動を調整する傾向性），②**制御志向性**（control orientation：外的あるいは内的な強い要請に従って行動し，外的な出来事をプレッシャーと感じ，コントロールされる感覚を伴いつつ行動を調整する傾向性），③**非自己志向性**（impersonally orientation：人生の出来事は自らコントロールできないと感じ，無力感，効果的ではない感覚，受動性といった感覚を抱きやすい傾向性）である（Deci & Ryan, 1985b）。これらのスタイルは有機的統合理論が示す自律性の段階（図4-8）に対応した一般的な特性として位置づけられている。すなわち，①は内発的動機づけ，統合的調整，同一化的調整，②は外的統制と取り入れ的調整，③は非動機づけ（amotivation）にそれぞれ対応している。

　自律志向性と制御志向性の相違は，開放性（openness：自由や選択といった主観的体験が多く，開放的な態度で情報処理を行い，率直に他者と交流し，忍耐強さやバイアスのない反応を促す）と防衛性（defensiveness：自尊心を維持する方向にバイアスのかかった情報処理，他者と防衛的，方略的で不寛容な関わりをする）という心理的モードの違いとしてそれぞれ具現化すると考えられている（Hodgins & Knee, 2002）。

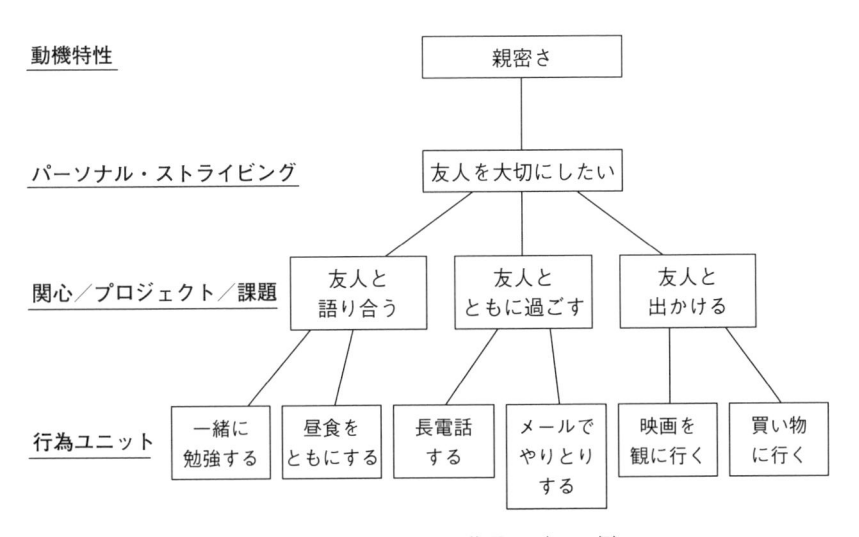

図4-14　動機づけの階層モデルの例

（3）目標内容理論

日常生活におけるわれわれの目標を「内発的目標」と「外発的目標」の二種類に大別することで動機づけの個人差を理解しようとするアプローチが**目標内容理論**（goal contents theory）である（Kasser & Ryan, 1993; Kasser & Ryan, 1996; Vansteenkiste, Lens, & Deci, 2006）。**内発的目標**（intrinsic goals）とは，自己充足的で，自己決定理論の想定する三つの心理的欲求（4章2-4）を直接的に満たす成長志向（natural growth orientation）の目標群を指し，ウェルビーイングやポジティブな適応を促す。例えば，地域社会への貢献，健康，人間的成長，他者との友好といった内容の目標を指す。それに対して，**外発的目標**（extrinsic goals）は，見せかけ志向（"outward" orientation）や所有志向（"having" orientation）を反映した目標群で，三つの心理的欲求を満たすというよりも外発的な価値の実現に関連している。例えば，名声，金持ちになること，身体的な外見のよさといった内容の目標を指す。外発的目標を意識すると，人は自分を他者と比較をしたり，他者から認められることを求めたり，自己価値を確認するような情報をたえず得ようとしたりするようになるため，ウェルビーイングや適応に悪影響を及ぼす危険性があるという。このように目標内容理論では，特性レベルの動機づけについて，欲求論に根ざしつつ二種類の目標群の個人差として描き出そうとしている[82]。

6-3　適性としての自己

特性レベルの動機づけ（1章2-2）とは，動機づけの量と質を規定する個人差としてのパーソナリティ，さらには環境と関わりつつ変容する「自己システム」を意味しているといえるだろう。誕生以来，われわれの内部にこのような「動機づけシステムとしての自己」が生理的基盤をもとに環境との相互作用を通して発達するのだと考えられる。この特性レベルの要因には，本書で概観してきたように欲求特性，認知特性，感情特性が含まれ，それらが環境と相互作用する中で動機を形成し，具体的な行為を引き起こす。とりわけ，学習意欲の観点からこの自己システムに着目するなら，それは「適性」の個人差の構造として理解することができるだろう[83]。

適性（aptitude）とは「特定の教育環境（treatment）において成功する可能性を高める（あるいは低める）ような個人の性質」（Cronbach & Snow, 1969）

であり,「心理学的個人差のうち,教授処理と関連して教授の結果に影響を及ぼし得るものすべて」(並木,1997)を意味する。適性としての個人差は,図4−15のように構造的に把握できるという(Snow, Corno, & Jackson, 1996)。そもそも人のすべての行動,とりわけ学習と達成には,認知(知),感情(情),意欲(意)のすべてが関わっており(Hilgard, 1980),知,情,意の三種類の適性は,「人—環境」の相互作用を通して学習のプロセスや成果を規定するのである(Snow, 1992)。とりわけ,態度,興味,信念が適性を横断する要因として位置づけられている点に着目したい。

「パーソナリティ」と「知性」の双方に関連する**意欲**(conation)は,認知や感情と相互作用しながら学習の成否やその質と量を左右する重要な決定因だといえる(Snow & Jackson, 1994)。意欲には,動機づけ的側面(欲求や願望,目標や期待などの個人差)と意志的側面(意図,努力と行為のコントロールの個人差)があり,前者には,達成欲求(4章4−1),評価不安(3章5−1),内発的/外発

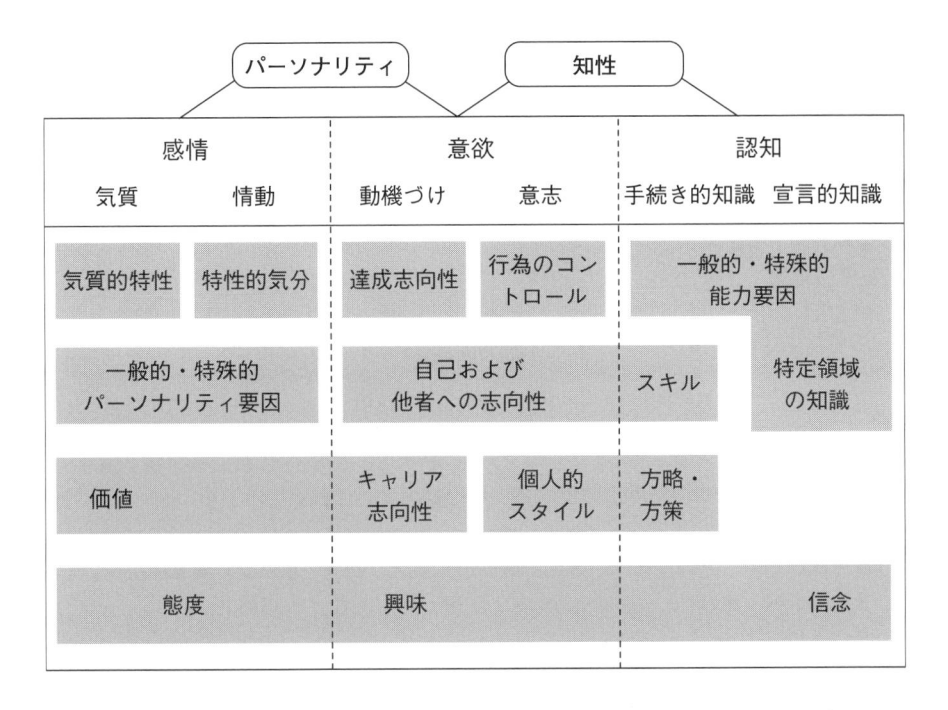

感情		意欲		認知	
気質	情動	動機づけ	意志	手続き的知識	宣言的知識
気質的特性	特性的気分	達成志向性	行為のコントロール	一般的・特殊的能力要因	
一般的・特殊的パーソナリティ要因		自己および他者への志向性	スキル		特定領域の知識
価値		キャリア志向性	個人的スタイル	方略・方策	
態度		興味		信念	

図4−15 個人差に関わる概念の分類(Snow, Corno, & Jackson, 1996)

4章 躍動する主体―欲求論からのアプローチ

的動機づけ（4章3），達成目標（2章2-3）といった達成傾向が，後者には行為／状態志向モード（2章4-2），意志コントロール方略（2章4-2），自己調整学習（1章1-2），心的努力（1章3-1）といった「行為のコントロール」（2章4-2）が含まれているという（Snow, Corno, & Jackson, 1996）。

　以上の適性に関する議論を踏まえつつ，これまで本書で概説してきた特性レベルの動機づけ要因を整理すると，**学習意欲適性**は図4-16のように表現することができるだろう。これは図4-15に示されている個人差としての学習意欲の要因について，動機づけ研究の観点から認知的あるいは感情的要素をも含めて拡張したモデルであり，そこには2章，3章，4章の各章で示された認知的，感情的，欲求的な特性，さらには統合的な特性が整理されている。また，これらの要因はそれぞれ単独で学習意欲を規定するとされてきたが，「動機づけシステムとしての自己」という観点から考えるならば，特性の発達プロセス，あるいは具体的な動機づけプロセスにおいて相互に協働したり，あるいは拮抗したりしながら機能

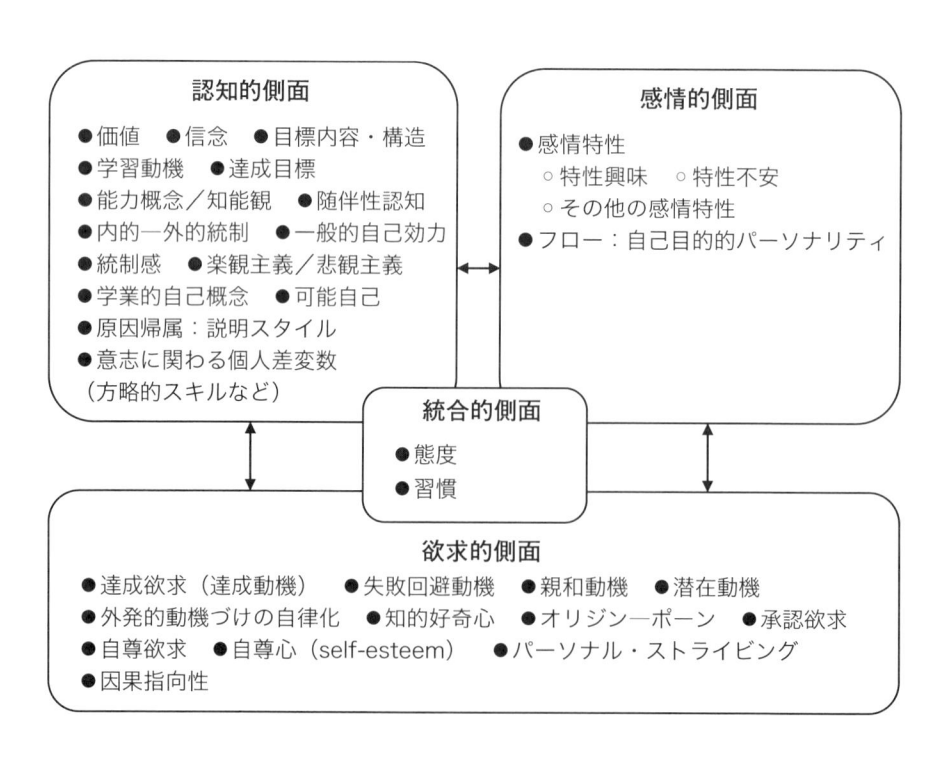

認知的側面
- ●価値　●信念　●目標内容・構造
- ●学習動機　●達成目標
- ●能力概念／知能観　●随伴性認知
- ●内的―外的統制　●一般的自己効力
- ●統制感　●楽観主義／悲観主義
- ●学業的自己概念　●可能自己
- ●原因帰属：説明スタイル
- ●意志に関わる個人差変数
（方略的スキルなど）

感情的側面
- ●感情特性
  - ○特性興味　○特性不安
  - ○その他の感情特性
- ●フロー：自己目的的パーソナリティ

統合的側面
- ●態度
- ●習慣

欲求的側面
- ●達成欲求（達成動機）　●失敗回避動機　●親和動機　●潜在動機
- ●外発的動機づけの自律化　●知的好奇心　●オリジン―ポーン　●承認欲求
- ●自尊欲求　●自尊心（self-esteem）　●パーソナル・ストライビング
- ●因果指向性

図4-16　学習意欲適性としての自己

していると推察できる。

　ただ，このような自己システムは，モザイクのように寄せ集められた様々な動機づけ要因の単なる総和ではないし，個人内で完結しているわけでもない。Ryan（1995）によれば，われわれは同化と統合に向けて自己を成長させる生来の傾向性を持っており，その発達プロセスは極めて社会的なものだという。すなわち，自己の発達過程は自然に発動するというわけではなく，また，特性の個人差によってのみ規定されるというよりも，むしろ，個人の心理的欲求とそれらに対する社会的文脈のサポートのあり方に依存してダイナミックに展開する（図4-6; 5章）。パーソナリティを安定した特性（個人差）として捉えることができる一方で，このように人が一生を通じて体験する社会的環境との相互作用における意識的，無意識的な媒介プロセスやその構造を特徴とするダイナミックでトータルなシステムを「自己」として位置づけることができるのである（Mischel & Morf, 2003）。その意味で，特性レベルの要因のみならず，これまで本書が扱ってきた動機づけの認知的，感情的，欲求的メカニズムをも含めた総体を動機づけの自己システムとして理解することがわれわれに求められているのだといえよう。

Chapter 5

第5章
学習意欲を育むフィールド
―環境論からのアプローチ

1 教育環境という視座

　子どもたちの学習意欲が必ず高まるという便利な方法が開発されたなら，この世の教師や親たちは歓喜するに違いない。しかし残念ながら，そのような「奇跡的な方法」や「万能な処方箋」は存在しない（Wlodkowski, 1978）。われわれは教育の場面で学習者の意欲を高めることが可能だと素朴に考えがちであるが，それは極めて困難な課題だと覚悟すべきであろう。これまでの各章で概観してきたように，動機づけは複雑で微妙な心理現象であり，学習意欲の因果関係を単純に特定することはできない。とりわけ，1章の図1-2に示されている通り，学習意欲は，①場との相互作用によって生じ，②不安定で「波」があり，③その質と量には個人差があるため，「特効薬」のような「学習意欲を高める方法」を明確にすることは難しいのである（鹿毛, 2007a）[1]。

　このことは，動機づけ研究の知見が，教育環境を構想する上で無力であるということを意味しているわけでは決してない。目下のところ，動機づけの教育心理学は，厳密な因果関係を特定して現象を確実に予測するような「ハードサイエンス」ではない。むしろ，学習意欲という複雑な心理現象を読み解く複数の理論的枠組みを提示することを通して，学習環境や教育のあり方を確率の問題として提案する「ソフトサイエンス」なのだといえるだろう。つまり，学習意欲の理論は学習者の視点から学習意欲を理解するための「見取り図」を提供し，教育する側の想像力を喚起することを通して，トータルでダイナミックな教育環境の創造に向けた実践をサポートする「指針」として機能するのである[2]。

1-1 教育環境とは何か

(1) 「教育環境」としての学習環境

　一般に，**学習環境**とは「学習者を取り囲む外界」のことを指す。極論すれば生活で出会うすべての場が学習環境だということになる。しかし，教育する側の立場に身を置く場合，「どのような外界のあり方が学習者の学習活動を刺激し促進するだろうか」という問題意識を背景として学習環境という用語を解釈する必要が生じる。とりわけ，授業を中核とした学校教育システムにおいては，日常生活における偶発的な学び，あるいは学習者自身の意思に基づく学びだけではなく，

教育する側の教育的意図を反映した学習環境，すなわち**教育環境**を具体的に組織することが求められている[3]。

　環境という言葉からは一般にスタティック（静的）な特徴がイメージされるかもしれないが，むしろダイナミック（動的）な性質を持っていると考えるべきだろう。教育環境とは，その場に無数に存在する人的，物理的，非物理的な要素によって構成されるシステムであり，個々の要素が互いに関わりあう過程を通じてダイナミックに創出されていく。例えば，複数の物的要素から構成される特定の教室で，特定の教師と学習者たちが相互に関わりあうことによって，ひとり一人の行為（動作など）や表現（発言，表情など）が刻一刻と生み出され，それらを新たな環境の要素として含み込みながら教育環境は現在進行形で変動していくことになる（鹿毛, 2010）。

　しかも，教育環境の背景には，教師の意図やカリキュラムが存在し，学習の目的，内容，方法を規定している[4]。そのため，教育環境は単なる自然発生的な学習環境ではありえない。その場には教育する側の意図によって一種の「磁場」が創り出され，ひとり一人の学習者はその磁場に巻き込まれながら固有の学習活動を展開することになるのである。環境論から学習意欲を理解しようとする場合，教育環境の本質的特徴が多様な要因の相互作用によって創出されるこのような複雑なダイナミズムとプロセスにあることをまず念頭に置く必要があろう。教育環境と学習者ひとり一人の学びとの関係は決して単純なものではないのである[5]。

　教育環境について以上のように理解するなら，具体的な教育の場を構想する際，「ひとり一人の学習者の体験や，彼らの学習プロセスと成果を重視する立場」に立つこと，すなわち，「学習者の視座」から教育環境を吟味することが不可欠だということに思い至る。ダイナミックな環境における学習者ひとり一人の体験はそれぞれ異なっており，学習のプロセスや成果はその独自な体験に規定されるものだからである。したがって，その子どもがその場をどのように体験するだろうかという想像力を働かせつつ具体的な教育環境を柔軟に構想し，教育実践をダイナミックに展開していくことこそが，教育する立場にある者に求められることになるのである（鹿毛, 2011）。

（2）学習者中心の原理

　では，学習者の立場に立って教育環境を構想するとは，具体的に何を意味しているのだろうか。例えば，アメリカ心理学会特別委員会によって提唱された「学

習者中心」という考え方(APA, 1993; McCombs & Whisler, 1997)が,この問いについて考える上での手がかりになるだろう。

ここでいう**学習者中心**(learner-centered)とは,「ひとり一人の学習者」に目を向けると同時に「学習それ自体」にも着眼する視座のことを指し,教師をはじめとする教育する立場にある人にはそれが求められているのだという。学習者の要素としては,遺伝傾向,経験,ものの見方,生育環境,才能,興味,能力,欲求が,学習それ自体の要素としては,①学習とその生起に関する知識,②もっとも効果的な教育実践に関する知識(すべての学習者に最大限の動機づけ,学習,達成を促進するための知識)の二つが挙げられ,前者は教育する側が着眼,把握すべきポイントとして,後者は教育する側に求められる力量として位置づけられている。つまり,「学習者」と「学習」の双方を重視することこそが教育上の意思決定に情報的な価値をもたらし,そのプロセスを促進すると主張されているのである(McCombs & Whisler, 1997)。

学習者中心の心理学的原理(The Learner-Centered Psychological Principles)は,四つの領域(「認知的・メタ認知的要因」「動機づけ的・感情的要因」「発達的・社会的要因」「個人差」)から成る具体的な14の原理として表5-1のようにまとめられている(APA, 1997)[6]。そこにはよりよい教育環境を現実化するための前提として求められる基本的な理解やスタンスが明示されているといえるだろう。すなわち,教師など教育に従事する人たちが理解すべき学習や発達の原理が認知的,動機づけ的・感情的,発達的・社会的要因及び個人差として整理されており,とりわけ,構成主義的な学習観[7],動機づけ要因と文脈・社会的要因の重要性,社会的相互作用による発達の規定性,多様な個人差の存在などについて教育する側にいる者が十分に理解し,その認識を基盤として具体的な教育環境を構想することの重要性が強調されているのである。

学習意欲を育む教育環境は,まさに以上に示された学習者中心の原理を前提として構想されるべきであろう。学習者ひとり一人の多様性(個人差)に対する十分な配慮のもとに,教育的,発達的,社会的な観点からよりよい学習環境が整えられることによって,子どもたちの学習意欲が知識獲得や思考のプロセスと一体化して学習の質を高めていくとともに,ひとり一人の個性的な成長を促すことになるのである。

表5-1 「学習者中心」の心理学的原理（Lambert & McCombs, 1998; APA, 1997）

認知的・メタ認知的要因
- 原理1：学習プロセスの性質
  複雑な内容を学習する際には，情報と体験から意図的に意味を構築しようとするプロセスによって最も効果的になる。
- 原理2：学習プロセスの目標
  意味のある筋の通った知識の表象を，徐々に，そしてサポートやアドバイスを受け入れながら創出できる学習者が成功する。
- 原理3：知識の構築
  新しい情報を意味のあるやり方で既有知識と結びつけることができる学習者が成功する。
- 原理4：方略的思考
  複雑な学習目標を達成するために必要な思考や推論の技能や技術のレパートリーを開発したり活用したりすることのできる学習者が成功する。
- 原理5：思考についての思考
  心的操作を選択したりモニターしたりするような高次の方略が創造的でクリティカルな思考を促進する。
- 原理6：学習のコンテクスト
  学習は，文化，テクノロジー，教育実践といった環境要因の影響を受ける。

動機づけ的・感情的要因
- 原理7：学習に対する動機づけと感情の影響
  学習の内容と量は学習者の動機づけに影響される。また，学習への動機づけは，当人の感情の状態，信念，興味と目標，思考の習慣に影響される。
- 原理8：学習への内発的動機づけ
  学習者の創造性，高次の思考，生来の知的好奇心はすべて学習への動機づけに寄与する。内発的動機づけは学習者が最適の新奇性や困難度，個人的興味との関連性を知覚し，選択やコントロールの機会を提供するような課題によって促進される。
- 原理9：努力に対する動機づけの影響
  複雑な知識や技能を獲得するには学習者の持続的な努力と，適切な指導を伴う練習が必要となる。学習者に学習への動機づけがなければ，努力しようという気持ちが強制を伴わずには起こりえない。

発達的・社会的要因
- 原理10：学習への発達的な影響
  個人が発達していく際に，学習に対する様々な機会や制約に直面する。身体的，知的，情動的，社会的領域のそれぞれにおける，あるいはそれらの諸領域を横断するような個性的な発達の可能性が許容され，考慮される際に，学習は最も効果的になる。
- 原理11：学習への社会的な影響
  学習は社会的相互作用，個人間の関わり，他者とのコミュニケーションによって影響される。

個人差
- 原理12：学習における個人差
  個々の学習者は学習に対して異なった方略，アプローチ，能力を持っており，それらは過去の経験や遺伝の影響を受けている。
- 原理13：学習と多様性
  学習者の言語，文化，社会的背景が考慮される際に，学習は最も効果的になる。
- 原理14：達成基準とアセスメント
  レベルの高いチャレンジングな達成基準を適切に設定すること，また当該学習者と学習の進歩を評価すること（診断，プロセス，成果のアセスメントを含む）を学習プロセスの一部として組み込むべきである。

1-2 学習者に体験される教室・学校

(1) 学校環境の変化と適応

　子どもたちは，小学校から中学校へ，そして多くの者は高校へと進学していく。このような年齢に伴う学校環境の変化は学習意欲にどのような影響を及ぼすのであろうか。

　Covington & Dray (2002) は，大学生を対象に各学校段階での学習意欲に関連する体験について想起させて回答を求める質問紙調査を実施した。その結果，図5-1に示されるように，学年が上がるにつれて自律性の感覚やピア・サポートの認知が高まる一方で，成績により関心が向けられるようになり，学業に対する有能感が低下する傾向がみられた。また，中学校段階で内発的動機づけや教師からのサポートが落ち込む点も特徴的であることがわかった。

　小学校から中学校に進学すると，子どもたちが体験する学校環境が劇的に変化するため，彼らは適応の問題に直面する。動機づけの発達研究においても，中学校へ進学することによる教育環境の変化に伴って彼らの学習意欲が低下するという現象が明らかにされている。この点に関して，Eccles, J. S. らは，①中学校で

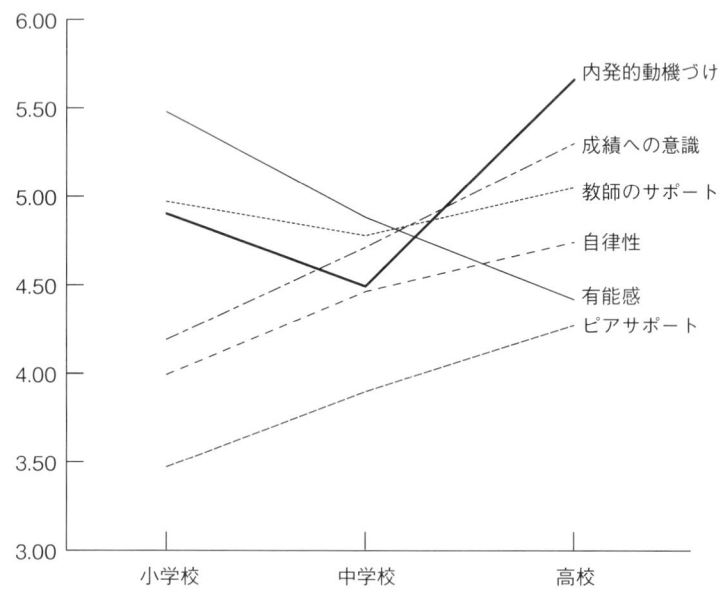

図5-1　学校段階による学習意欲の違い（Covington & Dray, 2002）

は小学校に比べて教師によるコントロールやしつけが強調される一方で，生徒自身による意思決定や選択，セルフマネジメントの機会が少なくなる，②個人的でポジティブな教師―生徒間の関わりが少なくなる，③中学校になると，クラスでの一斉学習活動，能力別クラス編成，課題の達成（正誤など）に関する公的な評価が増える，④中学校の教師は，（特に能力が低い生徒を対象として）教えるという行為に対する自信（教師効力：5章3-3）が低い，⑤小学校に比べて中学校の教師は，生徒の能力を判断する際に，よりハイレベルな基準を用いる，といった中学校の特徴を指摘し，中学進学による学習意欲の低下という現象はこのような学校環境の変化に伴って生じる「生徒の心理的な発達と学校環境とのミスマッチ」が原因だと主張した（Eccles & Midgley, 1989; Eccles, Midgley, Wigfield, Buchanan, Reuman, Flanagan, & Iver, 1993）。そして，個人のニーズや目標と合致しているような機会が発達段階に応じて環境側から提供されることが望ましいとする**発達段階―環境合致説**（stage-environment fit theory）を提唱し，①特に家庭外で大人との緊密な関わりを求めている生徒にとって，中学校で教師と個人的でポジティブな関わりができなくなっていること，②他者との相対的な比較に関心が向けられる思春期前期に，クラスでの一斉学習活動，能力別クラス編成，相対的で公的な評価を同時に実施することを問題視し，これらが学校での動機づけや学業的自己概念（2章3-5）にネガティブな影響を及ぼす危険性を指摘している[8]。

(2) 子どもたちは教室をどのように体験しているのか

　このように教育環境のあり方は学習意欲と密接に関わっているようにみえる。そこで，「そもそも学習者は教育環境としての教室や学校をどのように認知し，体験しているのか」という点について検討してみたい。教育環境が学習意欲に及ぼす影響は，学習者自身の認知や体験を媒介して生じていると考えられるからである[9]。

　元来，子どもたちにとって教室や学校は達成が求められる場である。そのため，①「私はうまくできるか？」，②「私はうまくやりたいのか？」，③「なぜ私はうまくやりたいのか？」，④「うまくやるために私は何をする（あるいは知る）必要があるのか？」といった問いに彼らは常に向かい合うことになる（Eccles & Wigfield, 1985）。

　①の「私はうまくできるか？」という問いについては，学習者自身の期待（2

章1-3）や自己概念（2章3-5）が関連している。例えば，体育の時間にとび箱に挑戦しなければならない事態に直面し「六段までなら跳べるけど，七段は無理だ」などと考えたり（自己効力：2章3-3），「私は器械運動は得意（あるいは不得意）だ」と信じ込んだりしていること（能力の自己概念）が学習意欲を規定する。

②の「私はうまくやりたいのか？」という問いについては，学習者の欲求（自尊欲求，達成欲求，自己実現への欲求，有能さへの欲求など：4章）の個人差が関連しているだろうし，③の「なぜ私はうまくやりたいのか？」という問いについては，オリジン―ポーンの区別（4章3-2）や，個人が抱く価値や目標（2章2）が関連している。例えば，同じ自尊欲求に基づく場合でも，タダシ君はプライドを感じたいためにとび箱に挑戦するのに対し，マコト君は自尊心が傷つかないように挑戦を避けるかもしれない。また，ヒロユキ君はこのような自尊欲求やパフォーマンス目標によってではなくマスタリー目標に基づいて（つまり，純粋に上達したいと思って）努力するかもしれない。

④の「うまくやるために私は何をする（あるいは知る）必要があるのか？」という問いについては，目標プロセス（2章2-2）や自己調整学習（1章1-2）が関連している。プライドを感じたいためにとび箱に挑戦するタダシ君はなるべく大勢が見ている前でカッコよく跳びたいと思う一方，純粋に上達したいと思っているヒロユキ君は，他者の目に映る自分にはあまり関心はなく，むしろ基礎的な練習を地道に積み重ねようとするかもしれない。しかも，このような目標達成プロセスは，目標設定，実行，評価に関わる彼らの自己調整学習の能力（課題分析や難易度の選択，注意の配分，達成結果の分析など）に規定されているのである。

理論的にもう少し詳しく考えてみよう。Brophy（2004）は，期待と価値に関連した子どもたちの主観的な体験について，表5-2，表5-3のようにそれぞれまとめている。

まず，期待に関しては，失敗を予期する場合と成功を予期する場合とでは，学習者の感情的，認知的な体験が全く異なっていることがわかる。すなわち，失敗を予期するときは，課題に従事する前と従事中の両方でネガティブ感情（例えば，あきらめ，不安，恐れ）や不適切な認知（例えば，失敗するに違いないという思い込み，課題への注意欠如）に特徴づけられた体験をする一方で，成功を予期するときは，ポジティブ感情（例えば，興奮，満足，誇り）や自己概念にプラスの効果を持つ認知（例えば，適応的な原因帰属）が促される。

表5−2　課題従事の際の主観的体験①：期待との関連（Brophy, 2004）

	課題従事前に予想される兆候	課題従事中のプロセスに対する反応
失敗に対する恐怖を感じたり，失敗を予期したりするとき	感情：無関心，あきらめ，強制に対する憤り。 認知：「勝つ（win）ことができない」，「望む報酬や満足できる成績などを得るための現実的なチャンスがない」という意識。	感情：不安，困惑，失敗に対する恐れ。 認知：課題への注意が困惑，失敗，無力感といった知覚によって干渉される。低レベルのパフォーマンスが能力の不十分さに帰属される。
成功を予期するとき	感情：興奮，成功や報酬を予想した幸福感。 認知：適度の努力によって望む報酬を手に入れることができるという意識。所与のパフォーマンスの基準に合うように注意を向ける。	感情：スキルや識見が高まることによる満足（興奮を伴う場合もある）。技能や質の高いパフォーマンスに対する誇り。 認知：目標の達成に近づいているという知覚。達成を十分な能力と適度の努力に帰属。自分の知識と能力の発達に注意を向ける。

表5−3　課題従事の際の主観的体験②：価値との関連（Brophy, 2004 を一部改変）

	課題従事前に予想される兆候	課題従事中のプロセスに対する反応
ネガティブに価値づけられた課題に従事するとき	感情：うとましい気持ち，反抗。当該課題に関連した知識やスキルを獲得したいと思わない。 認知：課題内容と自己概念，性役割などとの間で起こる葛藤の意識。当該課題に従事することによって望ましくない結果が起こりそうだという予感。	感情：怒り，または恐れ。罰がある場合には嫌悪。 認知：課題への注意が憤り，強要によって生じた不快感，不毛性，ネガティブな価値といった知覚によって妨害される。
ポジティブに価値づけられた課題に従事するとき	感情：当該課題に関連した知識やスキルについて学びたいと強く願うエネルギッシュな気持ち。 認知：当該課題が将来における重要な目標達成に関連する下位目標であるという認識。その学習の実際的な価値や重要性に注意を向ける。	感情：楽しさ，喜び。自己目的的な取り組み。フロー（3章4）。 認知：リラックスした集中。メタ認知的な気づき（何が要求されているか，どのように反応すべきか）。学習内容や成果の質に注意を向ける。

　一方，価値に関しても，課題をネガティブに価値づけているときとポジティブに価値づけているときとでは，学習者の感情的，認知的な体験が全く異なっている。学習課題をポジティブに価値づけているときは楽しさ，喜び，フロー（3章4）といった感情を体験して学習を効果的に促進するような認知が働くのに対し，ネガティブに課題を価値づけているとき（例えば，「ダンスは女性がやるものだ」という固定観念を持っている男子生徒が体育の時間にダンスの練習をさせられる

といった場合），怒りや反抗心，嫌悪感，自己概念との葛藤などが体験され，学習自体にも感情的，認知的に悪影響が生じる。

（3）達成状況における適応／不適応パターン

　以上のように達成場面における学習者の体験を内容的に検討してみると，それらは当人の学習や発達を促進するパターンと妨害的なパターンとに大別できそうだ。例えばBrophy（1998）は，動機づけに関する先行研究の諸概念を整理し，達成場面でよい結果をもたらす適応的なパターンと非効率的で不適応的なパターンとに分類している（表5-4）。

　適応的で効率的なパターンの学習者は，「努力することによってよい結果が得られる」「学習を自ら進んでやっている」「知性は変化するものだ」「成功や失敗を方略や努力に帰属する」「できるという自信がある」といった信念や認知パターンを持っており，達成状況においては，理解や熟達を目標とし，課題そのものに注意を向け，挑戦やフロー体験を求める。困難に直面した時も，自信を維持しつつ冷静に課題を分析し深い理解を目指してあきらめないし，たとえ成功できなかったとしても対処可能な原因（方略など）に帰属し，反省をその後の学習に活かしていく。

　一方，不適応的で非効率的なパターンの学習者は，「自分の行動と結果はあまり関係していない」「学習をやらされている」「知性は変化しない」「成功や失敗を能力に帰属する」「できる自信がない」といった信念や認知パターンを身につけている。達成状況においては，自尊心（self-esteem）を低下させないために自分の無能さを隠すことばかり考えたり，失敗のリスクを最小限にとどめて必要最低限の成功を目指したりする。また，自尊心を防衛することや不安に心が支配され，課題への集中がおろそかになったり，理解しようとはせずに暗記に頼ったり，失敗の原因を自分に能力がないことにのみ帰属したりする。深刻な場合には，「どうせ努力しても自分にはできない」と常に考えるようになり意欲を喪失してしまう学習性無力感に陥る危険性もある。

　以上のような二分法的な分類には限界があるものの，動機づけ理論から学習者の学習体験をこのように理解することは，学習意欲を育む教育環境を構想する上での出発点になりうる[10]。

1　教育環境という視座

表5-4　達成状況における適応／不適応パターン（Brophy, 1998 を一部改変）

適応的／効率的パターン	不適応的／非効率的パターン
一般的傾向性	
・努力と結果の随伴性の認知（2章3-2） ・統制の位置が内的統制（2章3-2） ・オリジン感覚（4章3-2） ・知能増大論（2章2-3） ・達成の結果を内的で統制可能な原因に帰属（2章4-1） ・自己効力の知覚（2章3-3）	・努力と結果の随伴性の認知が欠如（2章3-2） ・統制の位置が外的統制（2章3-2） ・ポーン感覚（4章3-2） ・知能実体論（2章2-3） ・達成の結果を外的あるいは統制不可能な原因に帰属（2章4-1） ・自己効力の知覚の欠如（2章3-3）
達成状況下での目標／注意の焦点	
・マスタリー目標（2章2-3） ・課題に注意が焦点化 ・知識，技能の獲得を求める ・最適の挑戦，フロー体験を求める（3章4）	・パフォーマンス目標（2章2-3） ・自己価値の防衛（4章5-2）に注意が焦点化 ・「必要最低限の成功」という基準を満たそうとする ・失敗のリスクを最小限にしようとする
主観的体験とコーピング反応	
成功が容易なら： ・課題を完了し，学習を統合する ・成功を十分な能力と適度の努力に帰属する 困難に直面すると： ・課題に注意を焦点化しつづける ・洞察的アプローチ（4章3-4）を重視しつづける ・冷静で分析的な問題解決 ・自信の維持 成功できなかったら： ・失敗を知識，方略選択，努力といった対処可能な原因に帰属する ・熟達を目指して，必要な知識や技能を獲得しようとする	・課題を完了し，安心する／強化される ・成功を能力だけに帰属する，あるいはそれに外的で統制不可能な原因を帰属因として加える ・課題への注意が自我関与（2章2-3）によって妨害される ・表面的アプローチ（4章3-4）に頼るようになる ・不安（3章5-1）とフラストレーションの増加 ・失敗の恐れ，自信のゆらぎ，学習性無力感（2章3-2） ・失敗を能力の限界に帰属する ・可能な限り同様の課題を避ける；避けられないならば自分の無能力を知覚しないように防衛する（少なくとも他者に自己の無能力を隠そうとする）

（4）教育環境の二つの側面：「しかけ」と「関わりあい」

　では，具体的にどのような環境が望ましい学習意欲を育むのであろうか。動機づけ理論の先行研究はこの問いに対してどのような示唆をわれわれに与えてくれているのだろうか。以下，本章ではこの問いに答える具体的な知見を紹介していくが，それらを整理する上で，教育環境には少なくとも以下の二つの側面があることを指摘しておきたい。

一つは，実際の学習場面に先立って教育的意図を持つ実践者によって設計され，明確化，具体化された計画的な側面（**教育環境のデザイン**）であり，それらは学習者の学習のプロセスと成果に対して「しかけ」（鹿毛，2007b；2008）として機能する。言い換えるなら，ある特定の教育のあり方（教育方法など）が特定の学習効果を生みだすだろうという事前の因果的な予測を前提としてデザインされた教育環境の特徴を指す[11]。例えば，教師がある授業での意見交換を活発にするという目的（「ねらい」）で，数人の子どもたちによるグループ学習を計画したとしよう。この場合，教師は「グループ形態」という「しかけ」によって意見交換しようとする意欲が高まるだろうという推測をしているわけである。

　もう一つは，環境の要素と当該学習者との間で現在進行形で生起する双方向的な影響過程に基づいて展開する創発的な側面（**教育環境のダイナミズム**）である。教育環境とは本質的にこのような「関わりあいの場」として実現されるプロセスかつ結果であり，しかもそれがその直後から実現されていく教育環境のさらなる力動的な原因となる。意欲は人的あるいは物的な環境と学習者当人とのダイナミックな相互作用によって生み出される複雑な心理現象であり，その場のあり方が意欲的な体験を規定する。このような相互性に規定される「**関わりあい**」という教育環境の特徴については因果的な予測が本質的に困難であるため，教師には現在進行形の状況（例えば，授業の展開）において臨機応変で即興的な判断が求められることになる[12]。

　以下では，学習意欲を育む教育環境の性質について，「しかけ」と「関わりあい」という二つの観点から，先行研究をそれぞれ概観していきたい。

2　教育環境のデザイン

2-1　「しかけ」としての教育環境

　「しかけ」としての教育環境は，主に「動機づけデザイン」という考え方によって整理することができる。**動機づけデザイン**（motivational design）とは，教授デザイン（instructional design：教授活動をより効果的なものとするための方略，原理，プロセス）の一側面であり，これまでに，例えば，Keller, J. M. による

2 教育環境のデザイン

表5-5 動機づけデザイン：指針と方策

アプローチ		指針	方策（代表例）
課題環境デザイン			
(1) 課題のタイプ		■興味や好奇心を喚起する	○概念的葛藤を引き起こす課題を用いる
			○課題を学習者が既に興味を持っているトピックに関連させる
		■注意を持続させる	○メディアや問いを工夫する
			○多様な学習方法を組み合わせる
		■学ぶ意味や価値を実感させる	○課題を現実的，社会的な文脈や想像的な文脈と関連づける
(2) 課題の困難度		■「学び方を学ぶ」ことを促す	○学習の計画，実行，評価に関する自己調整スキル（メタ認知的方略など）を獲得する機会を課題に埋め込む
		■チャレンジを提供する	○成功するか失敗するかわからないような目標（達成できる見込みが50％程度の目標）を設定する
		■達成を保障する	○学習のプロセスで失敗しても最終的にはやり遂げることが可能になるように配慮する
(3) 個人差への対応		■量的，質的個人差に配慮する	○ひとり一人の学習ニーズを分析して課題の内容と困難度を調整する
コントロール環境デザイン			
(1) 応答性		■応答的環境を創る	○学習者の働きかけに対して適切に応じるダイナミックな場をデザインする
(2) 随伴性		■行為に随伴した成功を保証する	○遠隔目標ではなく近接目標の設定を促す
			○努力帰属，方略帰属を促すようなフィードバックを提供する
(3) 権限性		■オリジン感覚を保証する	○外発的随伴性の使用を控える，あるいは低減する
		■選択の機会を提供する	○学習の方法や内容を学習者自身が決定できる機会を設ける
目標―評価環境デザイン			
(1) 目標―評価システム		■協同的／個人的目標―評価システムを構築する	○相対基準の利用や評価結果の公表をなるべく避け，社会的比較の強調を控える
			○グルーピングを工夫し協同達成を保証する機会を設定する
		■マスタリー目標の学級風土を醸成する	○理解の深化やスキルの向上に目を向けさせる
			○誤りや失敗を学習改善に活かす有意義な情報としてとらえるなど，学習プロセスを重視する信念（学習観）を培う
(2) 評価構造		■学習者を評価主体にする	○学習のプロセスや成果を自己評価する機会を設ける
		■学習の内容や進歩を評価基準とする	○工夫された絶対評価（到達度評価，ルーブリックなど）や個人内評価（縦断的，横断的）を積極的に用いる
		■評価状況を改善する	○不安や緊張を低めるような評価場面を工夫する
			○評価によって学習プロセスを可視化し，評価情報を学習に活かす
			○評価不安，テスト不安の個人差に配慮する

ARCSモデル（Keller, 1999）やTARGET構造モデル（Maehr & Midgley, 1991）など，動機づけ理論を背景としつつ，教育する側が学習者の意欲を高めるためにどのような学習環境をデザインすべきかという方針や手立てを構造的に提示する多くのモデルが提案されている[13]。

動機づけデザインの各モデルはそれぞれ独自のものではあるが，その内容には共通点も多い。そこで以下では，教育環境について「課題環境」「コントロール環境」「目標―評価環境」という三つの側面からとらえ，それらを「しかけ」としてデザインする仕事を動機づけデザインとして位置づける。すなわち，動機づけデザインを，①課題環境デザイン，②コントロール環境デザイン，③目標―評価環境デザインという三つのアプローチに分類し，先行研究で示唆されている知見を整理していくことにする。その概要についてあらかじめ表5-5に示したので参照されたい。

2-2 課題環境

教育環境には課題（学習する対象や素材，いわゆる「教材」）が存在する。教育する側には基本的に，学ぶべき価値が含まれている教育内容を選び，学習者によってそれらの価値が認識されるような方法でカリキュラムを明確化していくことが求められている（Brophy, 1999a）。そして多くの場合，教育内容や課題，学習活動などが組織化された「単元」が具体的に設定されることになる。**課題環境デザイン**とは，このような課題や単元の特徴という側面から教育環境を構想するアプローチを指す。そこには課題のタイプや困難度，個人差への対応といった要素が含まれている。

（1） 課題のタイプ
□興味や好奇心の喚起

まず，重要視されているのが学習者の興味や好奇心を喚起する課題であるかどうかという点である。この点に関して，Lepper, M. R.は内発的動機づけ（4章3-2）の観点から，学習者の知的好奇心を高める課題の性質として「構造不合理性」と「興味拡張性」の二点を挙げている（Lepper, 1988）。

構造不合理性（structural anomaly）とは，新しく提供される課題に含まれる情報が，学習者の持っている認知基準（その時点での理解など）との間にズレを

生じさせるという性質を指す。このような性質を持つ課題が，学習者に概念的葛藤を引き起こし，知的好奇心を喚起するのだという（認知的動機づけ：4章3-2）。つまり，学習者が持つ既有知識や信念とズレていたり，パラドキシカルであったりするような情報を提供することによって「あれ、なぜだろう」という驚きを伴った疑問が生じ，「その理由が知りたい」「もっと調べてみたい」といった内発的動機づけが生起するのである。したがって，学習者の知識体系のうちで，一貫していない部分，不完全な部分，洗練されていない部分にあえてスポットを当てるような課題を準備することが有効だということになる。多様な考えについて討論しあいながら実験を重ねることによって科学的な概念や法則を教えることを意図した「**仮説実験授業**」[14]はこの原理を利用した教育方法の好例であろう[15]。

一方，**興味拡張性**（spreading interest）とは，新しく提供される情報が，学習者がすでに興味を抱いているトピックや領域に関連しているほど好奇心を抱くという性質を指す。例えば，オリンピックシーズンで世界の国や地域への関心が高まっている子どもたちに，世界地理の学習内容を上手に関連づけながら教えると学習意欲が刺激されるに違いない。興味拡張性を利用するためには，まず学習者の興味を把握した上で，教育内容をそれに関連づける方向で教材研究を深めていくことなどが教師に求められるであろう。

□注意の持続

学習が成立するためには，学習者の注意が学習の対象に向けられ，持続することが大前提となること（1章3-3）から，学習者の注意の喚起や維持が教育環境をデザインする上での重要な課題となる。

例えば，ARCSモデルを提唱するKeller, J. M.は，学習者の「注意」に着目した動機づけデザインについて，認知的ズレや葛藤の提供といった前述の方略のほかに，視覚的提示，例示，事例や逸話を紹介するなどの「**具体性**」（concreteness），比喩を用いた説明をする際などに用いる「**ユーモア**」，ゲームやロールプレイなどを導入する「**参加**」といった方略を提案している（Keller, 1987）。とりわけ，①五感をダイナミックに働かせるために，音やアニメーションなどの多様なメディアを利用する**知覚的覚醒**（perceptual arousal），②謎解きの要素を導入したり，「はい」「いいえ」では答えられない問いを投げかけたり，ブレインストーミング法のような課題を提示したりすることによる**探究的覚醒**（inquiry arousal），③ビデオの使用，短い講話，短時間の討論など多様な方法を組み合わせ，常に同

じ学習法ではなくそれらを変化させる**流動性**（variability）の三つの方略が学習者の注意を喚起し維持するために有効だという（Keller & Suzuki, 1988）。

　とりわけ，課題の内容やそこに含まれるスキル自体に学習者の注意を向けさせることが大切である（Ames, 1992）。子どもたちが学習内容やスキルを意識することが，わかるようになったり，できるようになったりする体験の出発点になり，ひいては学校での学びそのものに対する満足感を彼らにもたらすからである。例えば，学習活動としてゲームを導入する場合，勝ち負けばかりに学習者の注意が向いてしまって，肝心の学習内容への意識がおろそかになってしまうことが多い。確かに活動に対しては意欲的になるかもしれないが，この場合，学習者の満足感は学習それ自体に基づいているというよりも，ゲームによって生じている可能性が高い。ゲーム活動を導入するのであれば，学習の文脈を課題内容と関連づけること（後述の「課題内生性」）を重視し，学習者の注意が必然的に学習内容に対して向けられるような工夫をすることが肝要である[16]。

□**学ぶ意味や価値の実感**

　ともするとこれまで学校では，すべての学習者に同じ情報を与え，同じ活動に従事させることによって学習内容を網羅的に教えることに重点が置かれてきた。しかも，テストや成績といった「評価（＝報酬）システム」を利用することによって子どもたちを動機づけようとする傾向がみられた。このような外発的動機づけ（4章3-1）を利用した学校教育のあり方に対して，むしろ多様な学習の内容や活動を用意することによって，学習者自身が自ずと興味を感じ，学習自体に意義や価値を見出す体験を積み重ねることこそが学習意欲の育成に効果的だと主張されている（Ames, 1992; Brophy, 1998）。つまり，学習者当人にとって意味があり，「やりがいがありそうだ」と感じさせるような学習内容，そして社会で生きていく上でも価値や重要性のある課題や単元を開発し提供することが動機づけを高めるのである（Urdan & Turner, 2005）。「学ぶことの意味」について，ひとり一人の学習者を啓発していくような実践が求められているのだといえよう。

　例えば，McCombs & Whisler（1997）は，学習者が意義を感じる可能性の高いテーマを扱った内容や活動が望ましく，時には学際的，統合的，グローバルな学習内容を含んだカリキュラムも効果的だと述べている。また，学習者が自らの見方や考え方を省察，理解し，さらに発展させていくことをサポートするような活動を含んだカリキュラムや，高次の思考や自己調整学習（1章1-2）のスキル

を活用する機会が組み込まれているようなカリキュラムが学習者の主体的な学びを促すとしている。つまり，学習者が課題に対して価値を感じること，そして課題に取り組むことによって質の高い学び（1章3-3）が成立することの両方が可能になるような単元を構想する必要があるといえるだろう[17]。

具体的には，課題自体が学習者の現在にとって意味があり，かつ将来役に立つものであること（**実用価値**：2章1-3）を強調する[18]とともに，日常生活との関連性を示したり，学習者がすでに持っている知識やスキルと関連づけたりすることなどを通して，新しく導入する課題に対する親近感を抱かせることが可能になろう。つまり，特定の学習領域を「他人事（ひとごと）」としてではなく，「わたし」と密接に関連していると学習者が受け止められるかどうかが問われているのである（Brophy, 1999a）。このような個人的，あるいは社会的な**自己関連性**（self-relevance：Keller, 1987）に配慮することが学習課題を選択したり，単元を開発したりする上での大原則だといえるだろう。

とりわけ，この自己関連性という観点から考慮すべきポイントは，課題内容の**文脈化**（contextualization）である（Lepper, 1988）。この観点は，学習課題の「真正性」と「空想性」の二つに区別して論じることができる。

ともすると学校における学習課題は過度に抽象的であったり，現実社会で体験する文脈を捨象して「脱文脈化」されていたりすることが多い。学習者はそのことによって学習の意義や価値を感じることが困難になり「何のためにこんなことを学ばなければならないのか」という疑問を抱き，その結果として学習意欲が低下してしまう可能性がある。新しく学ぶ知識を実際の生活でいかに活用することができるかについて説明するなど，課題を現実場面と関連づけたり，社会的な文脈に位置づけたりすることによって，実用価値の認識が高まり意欲が喚起されるのである。この意味において，学習課題が「本物であること」（**真正性**：authenticity）が問われている。つまり，学習者にとって有意義なカリキュラムを組織化する過程で，学習内容を現実社会や日常生活，実際の学問の世界での実践と関連づける発想が求められているのである（Blumenfeld, Kempler, & Krajcik, 2006）。例えば，単に「自分たちの住む地方行政について調べてレポートを書きなさい」というのではなく，「私たちの住む市の課題を解決したり，問題点を改善したりするための提案を考えて，市長に手紙を書こう」といった課題へと転換させることで真正性が高まる（Wiggins, 1998）。このように実社会や生活文脈と結びついたリアルな学習課題を設定することによって学習意欲が喚起さ

れるのである[19]。

　また，学習内容を架空の世界や物語的な文脈に関連づけるという手法が有効な場合もある。例えば，未来の世界を想像することを通して環境問題を考えたり，歴史上の出来事を劇化して演じることで当時の生活を理解したりすることなどがこれに該当する。このように課題の性質に**空想性**(fantasy)をもたせることによって，学習者が自らの想像力を働かせ，ファンタジーや物語の世界に深く没入し，その登場人物などに自分を重ね合わせる（「○○のつもりになる」）ことを通じて，知的な理解のみならず，身体的，あるいは情緒的な理解をも含めた学習が成立する可能性が高まるのである[20]。

　Malone & Lepper（1987）は，空想性が学習への動機づけを高めるための条件として以下の三点を挙げている。すなわち，①ファンタジーは学習者の情緒的ニーズにアピールするようにデザインし，想像上の登場人物や文脈と一体感を感じられるようにすべきである（情緒的側面），②ファンタジーは学習を促進するという観点から適切なメタファーやアナロジーを提供すべきである（認知的側面），③ファンタジーは学習課題にとって不可欠で内生的な（内容相互に密接な関係がある）適切性を持っていなければならない（**課題内生性**）。

　例えば，未来の世界を想像することを通して環境問題を考えるという学習課題の場合，学習者がＡ市在住の小学生であれば「未来のＡ市の小学生になる」という想定の方が登場人物になりきることができ，文脈もリアルに感じられるだろう。また，想像を働かせるテーマが，例えば「未来の乗り物」というように現在や未来の環境問題（地球温暖化など）を理解し考察を深めるための学習内容と対応づけられていなければ，一連の活動が単なる「お遊び」に終わってしまうことになりかねないので注意が必要である。

□学び方の学習

　子どもたちが実際に効果的な学習方略を活用したり，学習方略自体の学習を促したりするような課題が望ましいと考えられている（Ames, 1992）。すなわち，**学び方の学習**が埋め込まれている学習課題を提供することで自己調整学習（1章1-2）が可能になり，ひいてはその学習体験がその後の学習意欲を支え，育む基盤になるというのである。例えば，学習の計画，実行，評価に関する自己調整スキルの獲得を課題や単元に埋め込むこと（学習のプロセスや成果を学習者がきちんとモニターできる機会と手立てを用意することなど）が，成功への期待を

高めたり，より現実的な目標設定を促したりすることになり，結果として適切な自己評価に基づく達成感を保証することへとつながっていく。

例えば，Maehr & Midgley（1991）は，自己調整のためのメタ認知的方略（目標を設定したり課題の分析をする**プランニング**や，注意を維持したり自問したりする**モニタリング**など）を学ぶ機会を課題や単元に埋め込むことを通して，学習者が目標を設定したり，目標達成に向けての計画を実行するプロセスで進歩をモニターしたりするなどの体験を促すことの重要性を強調している。具体的には，スキル獲得と理解の進歩に対する気づきを高め，学習や生活には失敗が伴うものであるという認識を育みつつ，時間管理のスキルを身につける機会を設けること，例えば，課題とニーズという観点から学習のスケジュールを考えさせたり，時間を柔軟に再設定させたりすることなどを通じて，現実的な計画を立て系統的にそれを実行するスキルを身に付けさせることができるのだという[21]。

(2) 課題の困難度
□チャレンジの提供

学習者にとって最適な困難度の課題を提供することも大切である（Ames, 1992）。われわれは成功すること，あるいは失敗することが明白な課題に対してやる気が起きにくい。例えば，プロレスラーや幼児と真剣勝負で腕相撲しようとは思わないだろう。勝敗がわかりきっていて面白くないからだ。過度に困難な課題に直面すると「できる」という自信（自己効力：2章3-3）が低下してあきらめてしまうだろうし，逆にすぐに成功するような容易な課題であってもやる気が削がれるのである。達成動機づけ理論（4章4-2）によれば，自尊心（self-esteem）が脅威にさらされているような自我関与（2章2-3）の状態でない限り，成功するか失敗するかわからないような目標（達成できる見込みが50％程度の目標）を提供する**チャレンジングな課題**（challenging task）が学習意欲を高めるとされている。

但し，学習者には能力の個人差があると考えられるため，このようなチャレンジングな課題を一律に設定することは困難である。Lepper & Hodell（1989）は，内発的動機づけ（4章3-2）の源泉の一つが「挑戦」（challenge）であり，課題の要求と学習者当人のスキルが学習者にとっての困難度や達成の不確かさを規定すると指摘した上で，学習者のスキルの現状にマッチした「最適の困難度」を設定できた場合に動機づけが最大になると主張する。フロー理論（3章4）におい

ても，このような課題レベルとスキルレベルのマッチングによって学習者がフローを感じ，結果として能力が高められていくことが強調されている。後述する個人差への対応とも関連するが，難易度の異なる課題を準備し，学習者の能力に応じて適切な困難度の課題を提供することが教育する側に求められているといえよう。

　課題の困難度を設定する際に考慮すべき点として，Malone & Lepper（1987）は，①設定された目標が明確であること，そして学習者自身が適切な困難度の目標を設定できるような状況であること，特に近接目標（proximal goal）と遠隔目標（distal goal）（2章3-3）を同時に提供するような階層的な目標システムが有効であること，②困難度が変化して多様なレベルの目標が設定されたり，ランダムな要素を組み込んだりすることなどによって，目標達成に不確実な要素が組み込まれていること，③遂行に対するフィードバックがより頻繁，明確，建設的で学習者を励ますものになっていること，④より困難な課題に対してポジティブなフィードバックを与えることによって有能感を促進するようにすることを挙げている。

　とりわけ，自己調整学習（1章1-2）を促すという観点からは，上記①でも触れられているように，学習者自らが適切な目標設定や課題選択をしていくことが望ましいだろう。Urdan & Turner（2005）は，学習者自身がチャレンジングで達成可能な短期的な目標を設定できるようになったり，最適な困難度の課題を選択し，現実的な期待を持ちつつ課題に取り組み，失敗を適応的に解釈できるようになったりする方向に向けて教師が学習者を支援していくことがコンピテンス動機づけ（4章2-3）を高めると主張している。

□達成の保証

　学習のプロセスという観点から考えると，たとえ途中で失敗したとしても最終的には達成できるようにすべきだといえるだろう。したがって，学習のプロセスにおいてチャレンジングな状況を維持することも重要であるが，学習の結果として「わかった！」「できた！」といった達成感や充実感を体験できるように配慮する必要がある。つまり，「達成の保証」と「チャレンジの提供」が両立するような課題や単元が望ましいのである（Pintrich, 2003）。なぜなら，学習に取り組むプロセスで技能が向上したり，理解が進んでいることを学習者自身が実感するプロセスこそが効力感（feeling of efficacy：4章2-3）の体験そのものだといえ

るからである。問題解決のプロセスで試行錯誤しながらも失敗を克服しつつ，次第に理解が深まり，技能を身につけていき，最終的には目標を達成するという体験が充実感や満足感をもたらし，その後の学習意欲を促していくのである。

　ひとり一人の学習者にそのような体験を保証するためにも，学習者自身が学習の進捗状況をモニターすることによって学習の改善を自ら実感できるようなセルフモニタリングや自己評価の機会を単元の中に意図的に組み込んでいくことが有効だとされている（Ames, 1992）。

（3）個人差への対応

　課題のタイプや困難度を検討する際の前提条件としてまず挙げられるのが，学習に対する適性（4章6-3）としての個人差（ひとり一人の違い）への配慮であろう。その際には，例えば「点数」に代表されるような一次元上の**量的個人差**（学習到達度や学習ペースなど，その数値の大小が問題にできる要因）ばかりではなく**質的個人差**（学習スタイルや興味・関心など，タイプや性質の違いによる要因）にも着目し，個々の学習者について複数の多様な視点からトータルな理解を目指すアプローチ（**個人内評価**）が基本的に求められることになるだろう。このようなひとり一人の学習適性の把握に基づいて，課題のタイプと困難度を個別に調整することが課題となる。とりわけ，ひとり一人の学習者の興味，既有知識，スキルレベル，生活背景等から導かれる学習ニーズを分析して課題を決定できれば理想的である。しかも，それと同時に，一部の学習者だけではなく，すべての学習者が興味や意義を感じる課題や単元，すべての学習者にチャレンジと成功を保証するような機会を準備したい[22]。

　なお，個人差への対応によって能力差が拡大しないようにするための配慮が必要になる。例えば，習熟度別クラス編成の場合，上位のクラスは発展的な課題，下位のクラスは基礎的な課題がそれぞれ設定されたとしよう。その場合，動機づけの観点からみても両クラスの教育環境は劇的に異なってくる。すなわち，前者では探究的な問題解決のプロセスを通してダイナミックで能動的な知的体験が促されるのに対し，後者では学習がより受動的で，ルールを単純に適用する作業にとどまるかもしれない。このような体験の繰り返しが能力差とともに学習に関する異なった信念や態度を形成し，その後の学習意欲を大きく規定することになる。もちろん，すべての学習者に基本的な学習成果を保障するための努力が大前提になるが，個人差への対応の仕方によって動機づけの量的，質的な差を拡大する危

険性があるという点には十分に留意すべきであろう。

　この点に関連して，Covington, M. V. は，学校での学習が外発的動機づけに基づく「能力ゲーム」（ability game）になりがちで，ともすると賞賛や成績づけといった個人差への対応が能力格差を拡大する結果に陥ってしまいがちな現状に警鐘を鳴らしている（Covington, 1998）。例えば，「**動機づけの公正さ**」（motivational equity）の重要性について以下のように主張する。

すべての子どもたちに「なぜ学ぶのか」という学習の理由を公共の財産として授ける場所が学校であり，そこではすべての子どもたちが問題を解決したり，思考に没頭したり，思い切って挑戦したりする感覚を経験し，問題解決のドラマに夢中になり，学ぶことに自信を持って次のステップへの心構えができるような感覚が持てる。このような優秀さを身につけることに対して，能力の低さは何の障害にもならない。このような意味ですべての人は平等―「動機づけという観点から平等」―なのである。（Covington, 1998：p. 19）

　学習内容と一口にいっても，実は極めて領域固有なものであり，個々の学習の内容や領域に対する学習者のポテンシャル（潜在能力）のみならず，興味や意義づけといった動機づけ変数にも個人差が大きいのが現実である。このような実態を踏まえつつ，すべての学習者の動機づけと理解の双方を保証するという観点から教育内容をどのように調整していけばよいかという点に関して，Brophy, J. の提唱する**動機づけの発達最近接領域**（the motivational zone of proximal development）[23]という考え方（Brophy, 1999b）が参考になる。「学習が成立するには少なくとも学習者がその準備状態にあるべきだ」というレディネス原理に基づくこの考え方によれば，**認知的レディネス**（課題が要求することをその学習者ができるかどうか）と**動機づけ的レディネス**（motivational readiness：その学習者がその学習内容や活動を価値づけているか）という二つの次元からその個人に最も適合したベストな課題が決定されるのだという。そして教師には，認知的レディネスと動機づけ的レディネスの双方を保証するような介入が求められることになる。例えば，英語の「関係代名詞」を教える場合，文の構造や英単語の意味などの基本的な知識理解（認知的レディネス）が前提となるだろう。しかし，一方で「なぜ関係代名詞を学習する必要があるのか」といった学習の意義についての認識（動機づけ的レディネス），例えば，「複数の文が一つの文で表現できて効率的だ」とか，「英会話の最中に関係代名詞で即興的に意味を付け足していくことができて便利だ」といった実感を伴って学んでいくことも大切であろう。教師の役割は，課題を選択したり，適切な介入をしたりすることによって学習者に

この二つのレディネスを同時に実現することだと考えられるのである。

2-3　コントロール環境

コントロール環境デザインとは，学習者の**統制感**（perceived control）という観点からのデザイン原理を意味する。すなわち，学習者自身がどの程度，環境や学習成果をコントロールすることができるか（あるいは，できると感じているか）という側面から教育環境を構想するアプローチを指している。具体的には，学習者の効力感（4章2-3）を規定する**応答性**，期待（2章1-3）を規定する**随伴性**，オリジン感覚（4章3-2）を規定する**権限性**という三側面がある。

(1) 応答性
□応答的環境

Moore, O. K. らは，「トーキング・タイプライター」（話すタイプライター）を組み込んだ学習環境の研究を通して，子どもの働きかけに対する環境からの適切な応答性（**応答的環境**: responsive environment）が知的好奇心を喚起することを，以下のような文字学習課題を用いて示している（波多野・稲垣, 1973）。

　トーキング・タイプライターとは，キーボードとモニター画面によって構成される音の出る機械であり，その機械に対する幼児の反応を観察することが研究の目的であった。まず，トーキング・タイプライターが真中に置かれている部屋に招き入れられた幼児は部屋を出ることも含め，好きなことをしてよいことになっていた。すると，ほとんどの子どもはこの奇妙なタイプライターに興味を抱いていじりはじめる。タイプライターのキー（例えばa）をたたくと，文字（a）がモニターに現れ発音（「エイ」）が聞こえてくる。幼児にとってこれは面白い体験のようで，しばらくの間このタイプライターで遊ぶ傾向がみられたという。ただ，この機械の仕組みがわかってくると彼らは次第に飽きてくる。そこで次のような第二段階が用意された。すなわち，突然，モニター画面に文字が出現し，その発音が聞こえると同時にその文字以外のキーが動かなくなる。幼児はそこで意外性を感じとり，押すと動くキーを一生懸命に見つけようとする。答えのキーを発見してそれを押すと，その文字が画面にタイプされ発音が聞こえる。そしてその後再び，別の文字が出現するというように，キーを見つける活動が繰り返され，幼児は自然に文字とその発音を学んでいくことになるのである。しばらくして，幼

児がこの活動に飽きてきた頃に第三段階へと進んでいく。そこでは，これまでの文字にかわって例えば，BABYといった単語がモニター画面に提示され，「B（ビー），A（エイ），B（ビー），Y（ワイ），Baby（ベイビー）」という発音が聞こえてくる。今度は幼児がその単語のスペルを正しい順序で入力した場合のみキーが動いて画面に現れることになっていた。そして一つの課題が終わると，また次の単語が画面に現れるというように，この活動も繰り返されることになる。子どもたちは，このようなトーキング・タイプライターと関わる一連の体験を通して意欲的に文字学習を進めていったのである。

　トーキング・タイプライターと関わるこのような場に典型的にあらわれているように，応答的環境とは，子どもの働きかけに応じたフィードバックが提供される環境であり，そのような環境を体験するプロセスを通じて子どもは効力感を感じ，意欲的に学ぶようになるのである。

　トーキング・タイプライターなどの一連の研究成果を踏まえ，Moore & Anderson（1969）は，学習環境をデザインするための原理[24]の一つとして**個人化**（personalization）を挙げ，応答的環境の成立要件として以下の五点を指摘している。すなわち，①学習者が環境を自由に探索し，問題を発見する機会が与えられる環境，②学習者の行為の結果が即座に知らされる環境，③自己のペースで活動できる環境，④多種多様なものごとの関連性を発見する能力を十分に活用できる環境，⑤物理的，文化的，社会的な世界に関する学習者の発見が相互に関連しあった一連のものとして実現される構造化された環境である。

□コンピテンスへの欲求を充足するための**構造**

　応答的環境であるということは，行為主体のコンピテンスへの欲求（4章2-3）が満たされつつ学習が成立するような環境であることを意味する。コンピテンス動機づけ理論（4章2-3）によれば，環境と相互作用的に関わるプロセスを通じてわかるようになったり，できるようになったりすることで効力感を感じ，それらの体験を通してさらなる意欲が発展していくことによって人は成長していくのだと考えられている。学習意欲を育む環境の前提条件として，このようなコンピテンス動機づけを促すような教育環境であるかどうかがまず問われているといえるだろう。

　学習者のコンピテンスへの欲求を満たすような環境の特徴として，**構造**（structure：4章2-4）の提供が重要であるという点が自己決定理論（4章2-4）

の立場から指摘されている。明確で具体的なフィードバックのない混沌とした状況では，学習者が自らの学習のプロセスや成果の良し悪しを確認することが困難である。むしろ，教育環境の役割は，意味のある学習を成立させたり，人としての成長へとガイドしていったりするような枠組みを提供することにある。構造が提供されることによって，学習者は自らの学習のプロセスや成果に関するフィードバックの意味について自己評価を通して理解を深めることができ，ひいては効力感を知覚することが可能になるわけである。このようなフィードバックの情報的側面（4章3-3）を生かすためにも構造の提供という観点は大切である。

より具体的には表5-6に示されているように，学習者自身が学習に満足を感じ，自己評価できるような環境を整えておくべきだと考えられている（図4-7も参照されたい）[25]。例えば，教師によって提供される授業における構造は図5-2のような枠組みで把握することが可能だという（Jang, Reeve, & Deci, 2010）。

表5-6　コンピテンスへの欲求を満たすような学習環境の構造（Reeve, 2001）

- 成果に対する明確な期待とルールを守ることを伝える
- 成果に対して適時に，予測可能で，随伴性の伴った矛盾のないフィードバックをする
- 求めに応じて指導を行う
- 最適なチャレンジを提供する
- 能力にフィットするように相互作用のスタイルを調整する

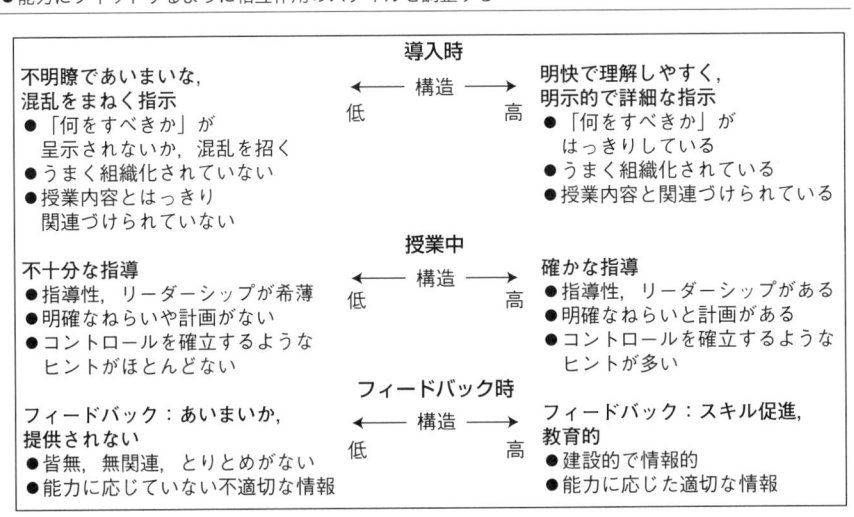

導入時		
不明瞭であいまいな，混乱をまねく指示 ● 「何をすべきか」が呈示されないか，混乱を招く ● うまく組織化されていない ● 授業内容とはっきり関連づけられていない	←構造→ 低　　高	明快で理解しやすく，明示的で詳細な指示 ● 「何をすべきか」がはっきりしている ● うまく組織化されている ● 授業内容と関連づけられている
	授業中	
不十分な指導 ● 指導性，リーダーシップが希薄 ● 明確なねらいや計画がない ● コントロールを確立するようなヒントがほとんどない	←構造→ 低　　高	確かな指導 ● 指導性，リーダーシップがある ● 明確なねらいと計画がある ● コントロールを確立するようなヒントが多い
	フィードバック時	
フィードバック：あいまいか，提供されない ● 皆無，無関連，とりとめがない ● 能力に応じていない不適切な情報	←構造→ 低　　高	フィードバック：スキル促進，教育的 ● 建設的で情報的 ● 能力に応じた適切な情報

注）原典では，7件法による評定尺度として呈示されている。

図5-2　教師が提供する授業の構造（Jang, Reeve, & Deci, 2010を一部改変）

（2）随伴性

「やればできる」といった随伴性認知（2章3-2）や「成功しそうだ」といった自己効力（2章3-3）を左右する環境の要因として，**随伴的なフィードバックシステム**が挙げられる[26]。ある行為に対する環境からの応答は，コンピテンスへの欲求を充足するだけではなく，学習者の期待をも形成するのである。

行為と結果の随伴性認知が期待を形成し，のちの動機づけを促進することについては2章3-1に記したが，教育環境デザインの観点から考えるならば，行動の量（例えば，努力をどのくらい投入したか）や質（例えば，工夫するなど，どれだけ考えながら取り組んだか）に応じた成功体験を保証することが課題として浮かび上がってくる。例えば，スピーチ・コンテストを実施する場合に，実際のパフォーマンスの出来不出来だけでなく，事前の「努力」や「工夫」を重要な評価観点にすることをあらかじめ学習者に告知するとともに，どれだけ努力や工夫をしたかについてなるべく正確に把握できるような基準を提示する。このような具体的な評価基準を組み込むことによって，それを目標として意識した学習者の行為が生起し，またその評価結果を当人に開示することによって，学習行為に応じた結果が学習者に意識され，随伴性認知が形成されることになる。

その際，学習者にはより明確で短期的な目標が意識されることが望ましい（Schunk, 2000 など）。例えば，一ヶ月先のコンテストまでの努力や工夫を漠然と目標とするのではなく，4週間前までは「毎日30分は時間を確保して，スピーチ原稿を完成させ教師に提出する」，3週間前までは「毎日60分は時間を確保して，スピーチを複数の人に聞いてもらってアドバイスをもらう」というように，なるべく短い時間スパンで具体的な目標設定をするように促すことが，学習者の努力を増大させ，自己調整学習に基づくメタ認知的評価を促進するため，効果的だとされている。

また，行動に随伴したフィードバックは，**努力帰属**，**方略帰属**を促す内容が望ましいという（2章4-1）。具体的な方法としては，努力や方略の観点から自己評価できるようなシステム（評価結果がどの程度，努力の量や学習方法の良し悪しと関係しているかについて振り返るような自己評価課題など）を導入することなどが考えられる。学習の結果を努力や学習方略といった統制可能な要因に帰属することを通して，知能，学習，学習成果をコントロールすることが可能であるという見方ができるように指導することがコンピテンス動機づけを育むのである（Urdan & Turner, 2005）。

(3) 権限性

権限性とは，学習者の意思や意向が彼ら自身の学習活動にどの程度反映されるかという観点からみた教育環境の性質のことを指す。例えば，「何をどのように学ぶか」といった学習の内容や方法を決定する権限が学習者に委ねられる程度を意味する。自律性への欲求（4章2-4）の充足を重視する自己決定理論（4章2-4）では，学習者が「自ら進んで取り組んでいる」という心理状態を促すような教育環境で意欲的になり，逆に「やらされている」と感じるような環境で意欲が低下すると考えられている。したがって，そこでは学習者の自己決定が尊重されるような教育環境をいかに創出するかが課題となるのである[27]。

□オリジン感覚の保証

教育環境の権限性を検討する上でまず参考になるのは，オリジン・ポーン理論（4章3-2）であろう。学校の勉強に対して子どもたちは「やらされている」というポーン感覚を抱きがちである。原理的に考えるなら，学校の教育課程自体が子どもたちの意向とは無関係に所与のものとして一律に提供されることから，彼らが抱くポーン感覚はそもそも極めて自然な心情なのだといえよう。しかし，子どもたちが学校での教育環境に身を置きつつ次第に成長していくプロセスで，状態レベル，領域レベル，特性レベルの各動機づけに複雑な相互作用（1章2-2）が生じることを通して，特定の学習内容に興味を感じたり，自ら学びたいという気持ちになったりして，ひとり一人の子どもに固有の学習意欲が育まれる可能性が生じる。「自ら進んで取り組んでいる」というオリジン感覚はそのような教育環境と個人間のダイナミズムにおいて体験される現象なのだといえよう。

例えばテストや通知表のように，学校という場所には外発的動機づけを促すようなシステムが一般に存在する。このような**外発的随伴性**によって，子どもたちのポーン感覚が助長されることになる。しかし，活動がもともと学習者にとって興味深いものであるなら，余分な外発的随伴性を用いず，外的プレッシャーは最小限度にとどめるべきであり，もし，活動が興味深いものでないなら，最初の段階にのみ適切な外発的随伴性を用いて，それらを徐々に撤回すべきだという実践的な知恵を一連の動機づけ研究は示唆している。また，外的な制約は可能な限り活動自体に埋め込むようにして，それらをあからさまにすることは避けるべきだともいわれている（Lepper, 1988）。

オリジン感覚を体験しやすい環境とそうでない環境にはその性質に違いがある。

deCharms, R.は，オリジン感覚を育むような教室の雰囲気かどうかを測定する「指し手雰囲気に関する質問表（The Origin Climate Questionnaire）」を開発している（deCharms, 1976）。これは以下の六つの下位尺度から構成されている[28]。すなわち，①内的コントロール（internal control：「このクラスでは自分たちがすることは自分で決めます」「先生は私たちが授業外の時間をどう使うかについて指示します（反転項目）」など），②目標設定（goal setting：「このクラスでは私が自分でやろうと思うことをやることができます」「私が自分のやるべきことを早くやり終わると，次に何をすべきかについて先生が決めます（反転項目）」など），③手段的活動（instrumental activity：「このクラスでは自分の好きな早さで勉強を進めることができます」「授業の単元を先に自分でやっていると先生は怒ります（反転項目）」など），④現実性知覚（personal perception：「このクラスでの規則は生徒たちを助けるためのものです」「先生にわからないことについて助けてもらいにいくと，自分がバカだと思い知らされます（反転項目）」など），⑤個人的責任感（personal responsibility：「私たちが問題をやるとき，自分でまず解決しようとしなければ先生は助けてくれません」「先生はわからない問題をもっていくと教えてくれます（反転項目）」など），⑥自信（self-confidence：「このクラスでは私が上手にできるたくさんのことをやらせてくれます」「先生はわたしたちには難しすぎる課題を与えます（反転項目）」など）である。以上の各尺度に対する子どもたちの認知が高いほど，その教室がオリジン感覚を育む教育環境であると考えられているのである。

　なお，オリジン感覚を育むことは「自由放任」とは異なるとdeCharms（1984）が強調し，学習意欲を育むためにはオリジン感覚を損なわない程度の適度な**構造**（structure）が必要だとする**曲線仮説**（curvilinear hypothesis）を提唱している点にも着目したい。教師の支配が強すぎるのはもちろん，学習者の選択肢や許容度が多すぎても学習者の動機づけは低まるというのである。適度な構造を提供する教師の役割として，学習者が自分自身の学習に責任を持つように促す指導（例えば，独力で学習に取り組んで達成に向けた努力をするように指示することや，グループでお互いの学習をモニターしあったりするような場を組織すること）などが示されている。主体的な学習意欲を育むような構造のあり方については，その後，自己決定理論の立場から自律性サポートに関する研究として検討が進められている（5章3-2）。例えば，教師によって提供される授業における自律性サポートは図5-3のように評定することが可能だという（Jang, Reeve, & Deci, 2010）[29]。

オリジン感覚は教育実践によって意図的，計画的に育むこともできるという。deCharms（1976）は，教師たちと小学校高学年から中学生の子どもたちを対象として，「やる気を育てる教室」を創り出すための大規模なプロジェクト研究（教員研修とカリキュラム開発）を実施し，「オリジン・ポーンの概念」を学習して意欲的な態度を身につけるための手引書を開発した。これは25の課題が用意されている40ページほどの小冊子で，「わたしの一生の目標」「指し手（オリジン）であることはいいことか」「コマ（ポーン）としての経験」などといったテーマについて，毎日20分ほどを使って記入するものである。この四年間にわたる教育研究プロジェクトによって，オリジン・ポーン理論に基づく教員研修とカリキュラムが子どもたちのオリジン感覚を育み，現実的な目標設定を促すとともに，特に男子の達成動機を高めることなどが明らかになった[30]。

□選択の機会の提供

教育場面では，「何を学ぶか」といった学習内容と「どのように学ぶか」といった学習方法とが教師によって決定されることが一般的である。子どもたちにとってみれば，授業で学ぶ事柄やその順番は教師によって決められているし，学習の仕方まで指定されることが多い。一方で，例えば夏休みの自由研究のように，何

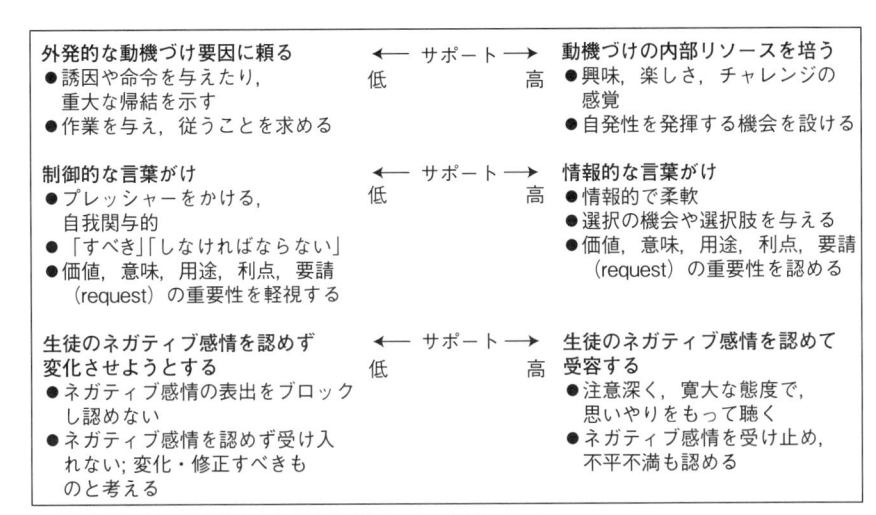

外発的な動機づけ要因に頼る ● 誘因や命令を与えたり，重大な帰結を示す ● 作業を与え，従うことを求める	← サポート → 低　　　　高	動機づけの内部リソースを培う ● 興味，楽しさ，チャレンジの感覚 ● 自発性を発揮する機会を設ける
制御的な言葉がけ ● プレッシャーをかける，自我関与的 ●「すべき」「しなければならない」 ● 価値，意味，用途，利点，要請（request）の重要性を軽視する	← サポート → 低　　　　高	情報的な言葉がけ ● 情報的で柔軟 ● 選択の機会や選択肢を与える ● 価値，意味，用途，利点，要請（request）の重要性を認める
生徒のネガティブ感情を認めず変化させようとする ● ネガティブ感情の表出をブロックし認めない ● ネガティブ感情を認めず受け入れない；変化・修正すべきものと考える	← サポート → 低　　　　高	生徒のネガティブ感情を認めて受容する ● 注意深く，寛大な態度で，思いやりをもって聴く ● ネガティブ感情を受け止め，不平不満も認める

注）原典では，7件法による評定尺度として呈示されている。

図5-3　教師が提供する自律性サポート（Jang, Reeve, & Deci, 2010を一部改変）

をどのように調べるか,また,どのようにまとめるかなどが学習者に委ねられる学習機会もあり,大学などの高等教育では選択科目が設定され,自分の興味などに基づいた履修科目の選択が認められている。このような教育における選択の機会の提供は,学習者の学習意欲にどのような影響を及ぼすのであろうか。

　オリジン感覚を求める傾向性を仮定するオリジン・ポーン理論（4章3-2）や自律性への欲求の存在を主張する自己決定理論（4章2-4）では,「誰かに何かをやらされる」という心理状態がネガティブな影響をもたらす一方で,「自ら進んでしている」と感知する心理状態が適応的であることが強調されている。選択の機会を提供することは,学習者の自律性への欲求を充足させ,オリジン感覚を感知させるためのもっとも明快な方法なのである。

　これまでの先行研究によっても,選択の機会の提供は,学習者の動機づけに効果的であることが明らかにされている。例えば,Urdan & Turner（2005）は,教室での体験や学習課題（例えば,読む本の種類,発表の仕方など）について学習者本人が選択できるような機会を与え,コントロールと自律性の知覚を促進することでコンピテンス動機づけ（4章2-3）が高まると述べている。また,Patall, Cooper, & Robinson（2008）は,メタ分析の結果から,選択の提供が内発的動機づけ,努力,課題のパフォーマンス,有能感を高めることを明らかにすると同時に,その効果は「選択肢の数が二つから四つのとき」「選択後に報酬が提供されないとき」「大人より子どもの場合」などに強まることを示した。

　ここで留意すべきポイントは,選択の機会や選択肢をただ増やせばよいという問題ではないという点であろう。学習者にとって「**意味のある選択**」が保証されることこそが本質的に重要なのである。まず,学習者にとって有意義な学習や成長へと結びつくような選択の機会であるべきであろう。そのためにも,当人が選択や選択肢の意味を十分に理解することが必要であり,そのための基本的な情報があらかじめ提供されていなければならない。また,選択肢は多ければよいというものではない。例えば,Iyengar & Lepper（2000）は,大学生に対する論文課題において,論文のトピックとして30もの選択肢があるよりも,その数が六つに限定されていた方が,動機づけや学習の質が高まることを示唆している。選択肢がいたずらに多くても選択肢の違いを意味的に弁別できなければ,選択の機会の意義は減じる。さらに,選択を強要するような文脈だったり,考える時間が不十分であったりすると,「選ばされた」という感覚が生じ,むしろ逆効果となる恐れもある。以上のことから,有能さへの欲求や関係性への欲求が同時に満た

されるような状況を前提として，学習者が「意味のある選択」を体験することこそが重要だという点が理解できよう[31]。

□学習者中心の教室

教育実践において学習者を大切にするということは，「学習者ひとり一人の存在」と「彼らの学習」の両方を最大限に尊重するというスタンス，すなわち，学習者中心の原理（5章1-1）と密接に関連しているといえよう。McCombs & Whisler（1997）は，**学習者中心の教室**の特徴を表5-7のようにまとめている。

伊藤（1990；1992）は，教師の指導様式を**教師中心的指導**と**学習者中心的指導**の二次元（表5-8）によって特徴づけられるとし，それらの指導様式と児童の達成目標との関連について，日本と韓国の小学校で調査を行った。その結果，教師中心的指導とパフォーマンス目標，学習者中心的指導とマスタリー目標の間にそれぞれ関連がみられることや，両方の指導様式を併せ持つ教師が担当する児童の二つの達成目標がともに高いことが示されている。教師の指導様式は必ずしも択一的なものではなく，教師が両者を臨機応変に使い分けるように指導性を発揮することによって，パフォーマンス目標とマスタリー目標の両方の意識が学習者に高まること，すなわち，多様な動機づけが生じる可能性が示唆されている[32]。

□オープン教育の原理

教育方法の歴史という観点から考えるなら，いわゆる「オープン教育」こそが学校教育の権限性を問い直すことによって実現されてきた教育の具体的なあり方であることに思い至る。オープン教育の様態は多様でその特徴を端的に説明することは極めて困難であるが，例えば次のような定義がある。すなわち，**オープン教育**とは「従来からある様々な形式にこだわらず，子どもを能動的な学習者として認識し，尊重することを基盤として，子どもひとり一人を大切にし，その子どもが主体的に学習するのを援助すること」であり，特定の制度や方法を指す概念というよりも，むしろ教育に対する態度や姿勢なのだとされる（平野・奈須・佐野・由良・夏目・斉藤，1987）。

オープン教育を心理学の文脈に位置づけるなら，いわゆる人間主義心理学と呼ばれる学派の中心的な研究者であるMaslow, A. H. とRogers, C. R. の考え方（人間中心のパラダイム：humanistic paradigm）をその背景の一つとして指摘することができよう。彼らは技術主義や行動主義が過度に強調されるような教育のあ

表5-7 学習者中心の教室の特徴 (McCombs & Whisler, 1997)

■学習者中心の教室では <u>生徒</u> が
　自分の学習プロジェクトを選択する
　自分自身のペースで作業する
　熱心に新しい学習に取り組む
　異年齢であったり，多様な背景や能力を持っている他者と学ぶ
　独自の方法で自分の持っている知識を表現する
　個人やグループでの学習活動に積極的に参加する
　最小限の宿題だけではなく，それ以上の学習に取り組む

■学習者中心の教室では <u>教師</u> が
　すべての生徒に対して高い水準の期待をしていることを明言する
　ひとり一人の生徒の意見に耳を傾け，それらを尊重する
　生徒の参加と彼らの判断を励まし促進する
　過度に指示的にならずに構造を提供する
　生徒が自分自身のために考えることを励ます
　活動の楽しさを強調する
　意味を構築し学習内容を体系づけるためのより洗練された学習方略を生徒自ら身につけていくように
　　援助する

■学習者中心の教室では <u>教育方法</u> として
　個々の生徒のニーズに応じるような柔軟で可変的な時間が設定されている
　個々の生徒に対して適切な学習活動を含んでいる
　生徒に学習プロセスに対する責任を徐々に与えていく
　「丸暗記」を超えて生徒の思考を刺激するような問いや課題を提供する
　生徒がクリティカルシンキングのスキルを利用して理解を深めていくことを援助する
　生徒が効果的な学習方略を身につけ，利用することを支援する
　教授方法の一部に，生徒同士の教えあい，学びあいを取り入れる

■学習者中心の教室では <u>カリキュラム</u> として
　生徒の多様な興味を刺激する課題を主に取り上げる
　生徒に対して意味のあるテーマに沿った内容や活動を組織する
　すべての生徒が高次の思考や自己調整学習のスキルに従事するように仕組まれた機会がある
　生徒が自分自身の見方（perspectives）を理解し，発展させていくことを助ける活動を含んでいる
　学際的，統合的，グローバルな学習活動を許容する
　たとえ生徒が困難さを感じたとしても，チャレンジングな学習活動を励ます
　生徒たちが互いに協同することを励ますような活動を主に取り上げる

■学習者中心の教室では <u>アセスメントシステム</u> として
　ひとり一人の生徒をそれぞれアセスメントする
　計画と修正には生徒の考えを取り入れる
　成長や進歩に関するフィードバックを提供するために継続的にプロセスをモニターする
　評価基準の達成を表現するための手段を生徒が選択できるような適切な機会を提供する
　自己評価の機会を通して生徒が自分の学習者としての成長を振り返ることを促す
　様々な能力を多様な方法で表現することを許容する

2　教育環境のデザイン

表 5-8　教師中心的指導と学習者中心的指導（伊藤, 1990; 1992）

教師中心的指導	学習者中心的指導
クラス全体に静かにするように注意する	自由に児童同士話し合わせる
クラスのきまりは教師が決める	クラスのきまりは児童に決めさせる
クラス内の掲示や飾りつけは教師がおこなう	児童自身に教材や課題を選択させる
テストを行う	授業の進め方を児童と相談する
教師の説明を中心に進める	授業中いつでも児童に自由に質問や発言をさせる
テストを返却する時には一斉にその解説を行う	テストの誤答を児童にもう一度やり直させる
授業は教師自身のペースで一斉に進める	授業は児童ひとり一人の進度にあわせて個別に進める
指導内容が効率よく覚えられるように工夫する	ユニークな発想や創造性を発揮できる雰囲気をつくる
ワークブックなどの教材に一斉に取り組ませる	別々の学習課題を与えて自習させる
くり返し練習問題を解かせる	考えさせる時間をとる
大切な概念は繰り返して暗記させる	児童が自発的に解決法を発見できるようにする
決められた教科書だけにしたがって授業を進める	児童ひとり一人の興味や関心にあわせた別々の教材を与える
児童間の競争心を利用する	グループを利用して協力的に学習させる
成績の良い児童の名前を公表する	学力の近い児童同士をグループにして指導する
賞を与えて児童にやる気をもたせる	学力の異なる児童には違う教材で指導する
罰を与えて望ましい行動を引き出す	進度の遅れている児童を特に時間をさいて指導する
良くない行動をした児童を皆の前で叱る	良い行動をした児童を皆の前でほめる

り方を批判して「意義のある学習」（significant learning）を重視し，究極の教育目的は子どもたちが自己実現することを促すことだと主張した（DeCarvalho, 1991：4章2-2）[33]。

　この理念を教育システムや教育方法として具現化すると，カリキュラム（教育内容，教育方法など）をひとり一人の学習者に応じて柔軟に運営することによって，自律的な学習を保証するための具体的な手立てが準備されて実践が展開されることになる。具体的な指導方法（様式）に関するオープン教育と伝統的な教育との比較を表5-9に示した。両者では教師と学習者の役割が対照的で，オープン教育が学習者の思考や主体的で創造的な内発的に動機づけられた活動を重視する教育形態であることがわかる。

表5-9　オープン教育の指導方法（様式）（梶田，1991を一部改変）

オープン教育	伝統的指導
1．統合された教科（教材）	1．分離した教科（教材）
2．教師は教育的経験のガイド	2．教師は知識の伝達者
3．学習者の役割は能動的	3．学習者の役割は受動的
4．カリキュラムの計画に学習者が加わる	4．学習者はカリキュラムの計画には加わらない
5．発見学習中心	5．記憶，練習，暗記中心
6．外的報酬や罰ではなく内発的動機づけ	6．外的報酬，例えば成績評価をする；外発的動機づけ
7．伝統的な教科中心ではない	7．教科中心
8．少ないテスト	8．普通にテストをする
9．グループによる共同作業に重点	9．競争を重んずる
10．指導は教室内に限定されない	10．教室で指導する
11．創造的表現を重んずる	11．創造的表現には力点がない

　このようなオープン教育の教育効果については必ずしも見解が一致しているわけではないが，メタ分析の結果から，とりわけ学校への態度，独立性，協調性，好奇心といった態度面，情意面で肯定的な効果がみられている（梶田，1991）。また，わが国のデータとしては，例えば，子どもの意思決定を尊重する教育理念の下で個に応じた指導などの実践を展開した小学校と，その近隣の一般小学校の卒業生を比較した研究があり，主体的で問題解決的な学習や自律的な学習に対する肯定的な態度がオープンスクールの卒業生で高かったことが報告されている（奈須，2000）。

2-4　目標―評価環境

　教育の場において，目標と評価は表裏一体のものとして機能する。一般に，学校などにおける教育実践は，教育目標とその実現プロセスとして描かれることが多く，学習者ひとり一人の学習プロセスと成果についての情報が当人や関係者（保護者など）にフィードバックされるような仕組みが整備されている。例えば，定期試験の結果やノートの提出などは個々の学習者による達成の程度や性質の反映だと考えられており，多くの場合，それらは点数化され五段階評定といった情報として通知表に記載され，学期末に学習者に手渡される。

　教育目標は必ずしも明示的であるとは限らない。学校生活において望ましいと

される多様な行為（「授業中におしゃべりをしない」「お互いに助け合って行動する」など）が学校や学級の暗黙の価値体系として存在しており，子どもたちはそれらに基づいて日々インフォーマルに評価されている。子どもたちは教育環境が示す「望ましさ」（目標や価値）をいわば「文化」として体験しつつ，教育環境側から提供される評価的なフィードバックに敏感に反応しながら，学校生活を過ごしているのである。

　教育環境に内在する以上のような特徴に着目するアプローチが**目標―評価環境デザイン**である。すなわち，学習者にどのような性質や内容の目標，価値とそれらに対応したフィードバックを提供するかという側面から学習意欲を育む教育環境について検討する一連のアプローチを指す。

（1）目標―評価システム

　まず，教育環境がどのような達成に価値を置き，その価値に基づいて学習者をどのように評価しているのかという文化的な側面に着目してみよう。そのような文化的側面は目標と評価が表裏一体となったシステム（**目標―評価システム**）として特徴づけることができる。教育環境が内包するこのようなシステムは，子どもたちにとっては達成すべき目標に関する顕在的なメッセージとなり，ひとり一人がその状況で達成しようとする個人的な目標を規定することになるのである（Kaplan, Middleton, Urdan, & Midgley, 2002）。

□競争的，個人的，協同的目標構造

　この目標―評価システムに関して，報酬（学校の場合，典型的には「よい成績」）の提供という観点から，競争的目標構造，個人的目標構造，協同的目標構造の三つに区別する考え方がある（Deutsch, 1949; Ames, 1984a; Johnson & Johnson, 1985）。その背景となる**社会的相互依存理論**（social interdependence theory: Johnson & Johnson, 1989）によれば，個人の成果が自分自身だけではなく他者によっても影響を受けるときに社会的相互依存が生じ，それは個人の行為が共通目標の達成を促進するポジティブなタイプと，個人の行為が目標の達成を相互に妨害し合うようなネガティブなタイプに大別できるという。上記の三つの目標構造は，これらの二つに社会的相互依存が存在しない社会的独立（social independence）を加えて典型化したモデルだといえる。

　競争的目標構造（competitive goal structure）とは，メンバー間が否定的相互

関係にあり，あるメンバーが成功するということが他のメンバーの目標に到達したり報酬を得たりする可能性を減じるようなシステムを意味する。例えば，賞状がもらえるのがクラスで三名と決まっているような場合である。

それに対して，**個人的目標構造**（individualistic goal structure）とは，メンバー間に相互依存関係が存在せず，報酬は個人の達成に基づいて提供されるようなシステムを指す。その場合の報酬提供の基準は，個人の成績が他の生徒と比較されるのではなく，当人の過去の成績を現在の成績と比べる個人内比較（縦断的個人内評価）になる。例えば，以前に比べて成果が上がったすべての学習者が賞状をもらえるといった場合がこれに該当する。

また，**協同的目標構造**（cooperative goal structure）とは，メンバー間が肯定的相互依存関係にあり，グループのメンバーが所属するグループの成果に基づいて報酬（あるいは罰）を分けあうようなシステムを指す。例えば，クラスが合唱コンクールで優勝して賞状をもらうといった場合である。

Ames & Ames（1984）は以上の三つを動機づけに影響を及ぼす教育環境のシステムとしてとらえ，それらの認知的な特徴に着目して，それぞれ能力評価的（ability-evaluative）システム，課題熟達的（task mastery）システム，道徳責任的（moral responsibility）システムと命名した。各システムの特徴は表5-10の通りである。

表5-10 学習者を動機づける目標―評価システム（Ames & Ames, 1984を一部改変）

	システム		
目標構造	競争的目標構造	個人的目標構造	協同的目標構造
メンバー間の相互依存関係	否定的依存関係	無関係	肯定的依存関係
認知要因	能力評価的	課題熟達的	道徳責任的
顕著な情報：評価基準	自己と他者の比較	個人内比較	個人とグループの比較
原因帰属の焦点	能力	努力	努力と協同
自己評価の焦点	私は頭が良いか？	私は十分努力しているか？	私たちは十分努力しているか？
方略の焦点	私にはこれができるか	私はどうすればこれができるか	私たちはどうすればこれができるか

そもそも**競争**とは，いかに課題を遂行するか（「どうすればこれができるか」）ということよりも，「私にはこれができるか」というように，成就や勝利に関連した自己の能力に対して直接的に注意が向けられる自我関与（ego-involvement：

2章2-3）の心理状態を促す状況である（Nicholls, 1979）。またそれと同時に，最も能力のある子どものみが動機づけられやすく，能力のない子どもたちの自己価値（self-worth）の感覚が脅かされる状況でもある（Covington & Beery, 1976）。つまり，競争的目標構造は「能力」を強調し，子どもたちの関心を自分の能力の高低に向けさせることになるのである。しかも，自分の能力の自己評価は他者あるいは社会の基準と自己の成績との相対的な比較によってなされ（Ames, 1984a），高い水準で課題を達成したり外的報酬を受けたりといったことよりも，自分の能力が他者をしのいでいるということそれ自体に成功の価値が見出されるようになる（Ames & Felker, 1979）。

　また，競争的目標構造における成功と失敗は，能力帰属に影響を及ぼし，感情を規定する。すなわち，競争事態における勝者は自分の能力を高く認知し，競争相手よりも自分自身を「頭がよい」と判断する一方，敗者は失敗を無能力に帰属することが示されており（Ames & Felker, 1979），競争事態における失敗は自尊心（self-esteem）を低め，恥や困惑，屈辱の感情を抱かせる可能性が高い（Ames, 1984a）。一般に，競争状況は児童の内発的動機づけを低下させることも明らかになっている（Vallerand, Gauvin, & Halliwell, 1986; Butler, 1989）。以上のことより，競争は，特に能力が低いあるいはそのように自己評価している子どもの自尊心を脅かすことを通して，彼らの学習意欲に悪影響を及ぼすことが示唆されるのである（自己価値理論：4章5-2）[34]。

　それに対して個人的目標構造では，学習成果の自己改善や課題自体への関心が促されるため，課題を熟達しようとする指向性が生まれやすい（Ames, 1984a）。また，「努力」が自己評価の指標となって努力と満足感に正の相関がみられるため，「能力」の自己評価と満足感に正の相関がみられる競争的目標構造と対照的だとされる（Ames, Ames, & Felker, 1977）。しかも，課題のやり方や成果の改善に子どもたちの注意が向けられると，彼らは成績を向上させる方法を自ら積極的に見出していくという（Ames, 1984b）。

　協同的目標構造は以上の二つとは色合いが異なり，道徳や社会的責任といった要因に基盤を持つ動機づけシステムである。すなわち，学習者同士が互いに援助しあうことが協同的目標構造の動機づけ的要素であり，そのこと自体が達成と学習を促すのだという（Johnson & Johnson, 1985; Slavin, 1983）。協同のプロセスにおいては，「援助」の価値が強調されればされるほど道徳的色彩が強くなる。そこでは努力が根本的な価値になるが，それは個人的な努力ではなく，あくまで

もグループの目標に向けての社会的責任を意味している。また，グループの成功は個人の否定的自己認知を緩和し，低成績者に自分の成績に対する高い満足感を感じさせる一方，グループの失敗は，高成績者の肯定的自己認知を低めると同時に，責任追及を促しグループへの貢献度の低い者に対する否定的な評価を促進する可能性もある（Ames, 1981）。

図5-4に協同的目標構造と競争的目標構造が学習者の動機づけに及ぼす個人内プロセスを示した。肯定的な相互依存関係に基づく学習や達成に向けた協同の場を設定することによって，相互の信頼関係をもとにした具体的な行動（サポート，受容など）が促され，内発的動機づけやエンゲージメント（1章1-2）の質

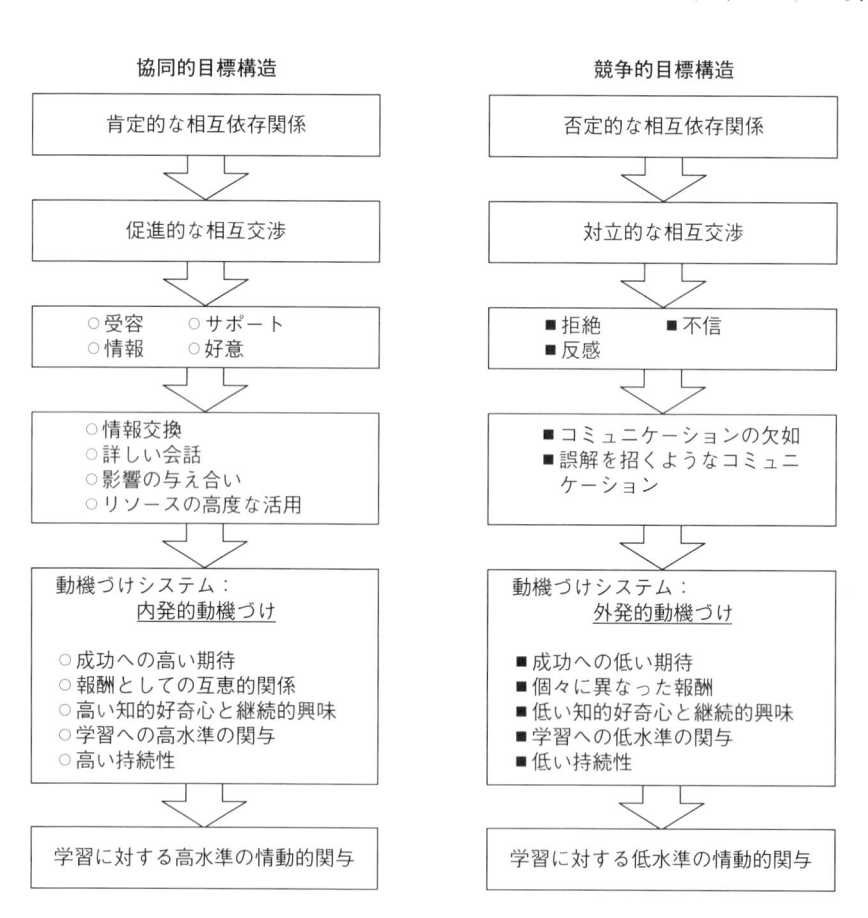

協同的目標構造	競争的目標構造
肯定的な相互依存関係	否定的な相互依存関係
↓	↓
促進的な相互交渉	対立的な相互交渉
↓	↓
○受容　○サポート ○情報　○好意	■拒絶　■不信 ■反感
↓	↓
○情報交換 ○詳しい会話 ○影響の与え合い ○リソースの高度な活用	■コミュニケーションの欠如 ■誤解を招くようなコミュニケーション
↓	↓
動機づけシステム： **内発的動機づけ** ○成功への高い期待 ○報酬としての互恵的関係 ○高い知的好奇心と継続的興味 ○学習への高水準の関与 ○高い持続性	動機づけシステム： **外発的動機づけ** ■成功への低い期待 ■個々に異なった報酬 ■低い知的好奇心と継続的興味 ■学習への低水準の関与 ■低い持続性
↓	↓
学習に対する高水準の情動的関与	学習に対する低水準の情動的関与

図5-4　目標構造と個人内プロセス（Johnson & Johnson, 1985を一部改変）

が高められるのに対し，否定的な相互依存関係に基づく競争の場は，相互不信や反感に基づく具体的な行動（拒絶，没コミュニケーションなど）を生起させ，外発的動機づけによる学習を促すと同時にエンゲージメントの質を低下させる可能性が示唆されている[35]。

□協同学習

とりわけ，協同的目標構造を背景とした**協同学習**[36]が動機づけのみならず，人の成長の多様な側面に対して肯定的な効果をもたらすことが多くの研究によって実証されている。この研究分野の代表的な論者である Johnson, D. W. と Johnson, R. が，協同学習の教育的な意義が実証されてきた半世紀以上の歴史を「教育心理学のサクセスストーリー」と総括するほど，研究成果は蓄積されている（Johnson & Johnson, 2009）[37]。

協同学習の本質は，前述の通り，メンバー間の肯定的な社会的相互依存関係という特徴にある。その特徴によって創発される行為，例えば，効果的な社会的相互作用パターン（相互信頼に基づく行為，情報や道具のシェア，効果的な援助やフィードバックの提供，励まし合い，相互説明，複眼的な視点の共有など）が積極的で持続的な心理プロセスを促進し，結果として質の高い学習成果を生み出すのだという（Johnson & Johnson, 2009）。つまり，協同学習は，他の形態（例えば，一斉学習）においては一般に存在しないクラスメイト同士の学習内容に関するコミュニケーションや，学習に対する援助行動といった社会的相互作用を促進するため，学習への動機づけと学習成果の双方に効果的だと考えられているのである（Anderman & Dowson, 2011）。協同学習が学習に及ぼす影響プロセスを図5-5

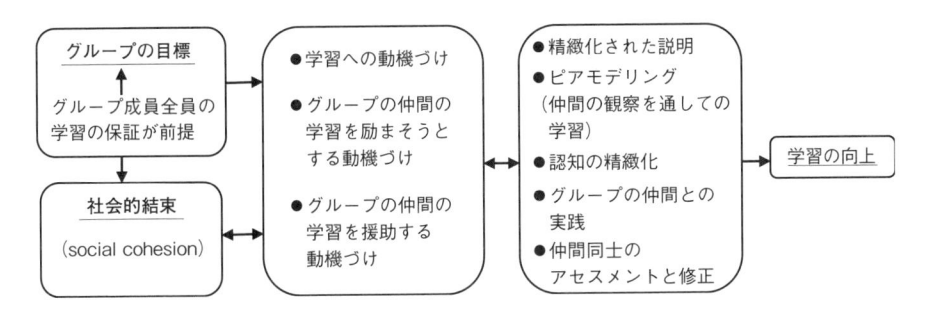

図5-5　協同学習が学習に及ぼす影響に関する理論モデル（Slavin, 2011）

に示した。グループの学習目標が社会的結束と相乗的に機能して動機づけと学習の質を向上させることがわかる。

「小グループにすればよい」といった学習形態上の問題として矮小化してはならない。協同学習が効果的であるための条件として少なくとも以下の点を挙げることができるだろう。まず，協同学習の場が「居心地のよい空間」である必要があろう。そのためには，ひとり一人がグループの他のメンバーに受容され各人が尊重されるような環境である必要があり，思いやりの価値が共有され，メンバーに社会的スキルが育まれていることが求められる。また，自らが所属するグループ自体に課題を達成する能力があるという信念（**集団効力**：collective efficacy）（Bandura, 1997）を共有するとともに，メンバーのひとり一人に意義ある貢献が可能だという自己認識が持てるようにすることも大切である。さらに，協同学習自体の質が高まるように配慮し，メンバーが協同学習を通して学習の充実感や意義を感じるプロセスを保証することも重視されるべきだろう。

□学級風土としての達成目標構造

達成目標理論（2章2-3）の観点からも目標—評価システムが検討されている。Ames & Archer（1988）は，マスタリー目標とパフォーマンス目標を学習者に認知されている状況の特性（学級風土：**達成目標構造**）として位置づけ，この観点から両者を表5-11のように整理している[38]。

表5-11　クラスの雰囲気と達成目標（Ames & Archer, 1988）

雰囲気の次元	マスタリー目標	パフォーマンス目標
何が成功と見なされるか	進歩・上達	良い成績・高い順位
何に価値が置かれているか	努力・学習	他者よりも高い能力
満足の理由は何か	熱心な取り組み・挑戦	他者よりも優れた結果を出す
教師の志向はどこにあるか	どのように生徒が学習しているか	どのような成果を生徒があげているか
誇りや失敗はどうとらえられるのか	学習の一部	不安を喚起させるもの
何に関心が向けられているのか	学習のプロセス	他者と比較した場合の自分の成績
努力する理由は何か	新しいことを身につける	良い成績・他者よりも優れた結果
評価の基準はどこにあるのか	絶対的基準・進歩	相対的基準

特に注目すべきなのは，努力や失敗の意味が学級風土の違いによって異なって認識されるという点であろう。パフォーマンス目標が重視される学級では，努力をしないで成功することは「能力の高さ」を暗示するため，最も望ましいと意味づけられる。逆に努力をして失敗すれば，「能力の無さ」を露呈することになるため，そのような事態（間違ったり失敗したりすること）はできる限り避けなければならない。したがって，自分の能力に自信のない場合，「努力の差し控え」（4章5-2）こそが得策となる。仮に失敗しても「努力しなかったから」という言い訳ができ，自尊心が傷つけられる心配がないからだ。

　しかし，だからといって努力しないことは学校では許されない。子どもたちの葛藤はそこに生じる。特に自分の能力に自信のない子どもは，努力を怠れば教師によって罰せられる一方，努力したにもかかわらず失敗してしまうと能力不足が露呈して恥ずかしい思いをさせられることになる。努力をしてもしなくてもネガティブな結果が待ちうけるというジレンマから逃れることができないという事態へと追い込まれてしまうのだ。Covington & Omelich（1979）は，このような葛藤をはらんだ心理状態を「諸刃の剣」（double-edged sword）と名づけている（4章5-2）。学校の学業達成場面で努力することは子どもたちにとって「危険な賭け」（努力は「諸刃の剣」）なのである[39]。

　それに対して，マスタリー目標が重視される学級では，努力すればするほど学習が深まり，技能が高まるという信念が共有されているため，たとえ自分の能力に自信がない場合でも努力を惜しまないし，誤りや失敗はそのプロセスの一部として認識されることになる。テストの点数といった単なる成果に対してではなく，熟達に向かう学習プロセスに対して学習者の注意が向けられることによってコンピテンス動機づけが高まるのである（Urdan & Turner, 2005）。とりわけ，誤り（間違い）は「失敗」ではなく，むしろ学習プロセスを促進する「有意義な情報」であるという認識を教師と学習者で共有するような風土を授業の場に形成することによって，自尊心を守るために努力を差し控えるのではなく，学習促進のために努力しようとする態度が学習者に育まれていくと考えられる。例えば，ある生徒が誤答した際に，教師が「よい間違いだったね，みんなが誤解しやすいポイントだからね」などとあえてポジティブなフィードバックをクラス全体に返すことで，間違えることが当人にとって有効な情報であるばかりではなく，クラスの他の学習者の学習に対しても有益であるというメッセージが子どもたちに伝わる。学級が自尊心を防衛する場に陥ってしまうことを防ぎ，学習それ自体を目的とした努

力に価値を置き,誤りを肯定的にとらえる学級風土を醸成することこそが重要なのである[40]。

(2) 評価構造

目標―評価環境デザインについて,「評価方法」という観点からより具体的に考えてみよう。

教育環境には学習者が教授―学習過程の中で示すどのような行動に,どのようなフィードバックを与えるかという構造,すなわち,「評価構造」（鎌原・山地・奈須・村上・鹿毛,1987）があって,それが学習意欲を規定していると考えられる。**評価構造**とは,誰が,いつ,どのように,何を評価するのかといった評価に関する方法的要因のいわば複合システムを意味する（鹿毛,1989）が,とりわけ学習意欲との関連については,これまで**評価主体**（誰が評価を行うか）と**評価基準**（達成を解釈する「ものさし」は何か）の二要因に焦点を当てた一連の研究が主に行われてきた（鹿毛,1996）。

□誰が評価するのか：評価主体

一般に,教育評価とは教師が学習者を評価することだと考えられている。つまり,評価主体は教師というのが大方の理解であろう。しかし,「教師＝評価する人」で「学習者＝評価される人」というのは固定観念にすぎない。学習者を評価主体として位置づけ,彼らが自らの学習のプロセスや成果について評価する「自己評価」という方法が,自己調整学習（1章1-2）の観点からも効果的だとされている。

評価主体が内発的動機づけ（4章3-2）に及ぼす効果について調べた先行研究によれば,他者によって評価される状況それ自体が学習意欲を低める可能性が示されている。例えば,教師などの他者が採点しその結果をフィードバックするような他者評価の条件に比べ,自己採点させるなどの自己評価を実施する条件で内発的動機づけが高いという結果が示されている（小倉・松田,1988; 鹿毛,1990）。また,課題の遂行結果が能力査定であることが伝えられるような「テスト教示」（例えば「この課題はテストであり,その結果は教師に知らされます」「この課題は創造性の知能検査です」といった言葉がけ）や,能力査定の結果がさらに学業成績に反映することを予告するような「成績教示」（例えば「テストの結果は教師に報告されて成績の一部になるので頑張ってやりなさい」）など,他者による外

的評価が想定されるような状況で内発的動機づけが低下するという（Ryan, 1982; Koestner, Zuckerman, & Koestner, 1987; 桜井, 1989 など)。

ただ，テストの実施それ自体が内発的動機づけを低めるわけではないという点にも留意すべきだろう。成績に算入するのではなく，その時間の学習内容を理解しているかどうかを自己確認するためにテストをするという条件(確認教示条件)の方がテストの結果を成績に算入することを伝える条件（成績教示条件）よりも内発的動機づけが高く学習成果も優れており，その効果が特に意欲の低い生徒に顕著であることも示されている（鹿毛, 1992）[41]。

□何を評価の「ものさし」にするか：評価基準

前項の目標―評価システムに関する検討でも明らかになったように，学習意欲を左右する重要な環境要因の一つは評価基準である。評価方法レベルの具体的な検討課題としては，例えば，相対評価や到達度評価の実施といった問題がある。

内発的動機づけに関する先行研究によれば，一般に，集団の成績に準拠して行われる相対評価が内発的動機づけに負の効果をもたらすのに対し，課題に焦点を当てたより学習内容に即した評価が内発的動機づけを高めることが明らかになっている。例えば，集団内での相対的な成績をフィードバックする条件よりも，課題の遂行結果について良い点，悪い点，アドバイスなどについて記したコメントをフィードバックする条件の方が，課題に対する興味や自発的に課題に従事したいと希望する程度が高く，なぜ努力したかという理由が課題関与（興味があるから，前よりもよい成績がとりたいからなど）に関連していることが，小学校高学年を対象とした研究で示されている（Butler & Nisan, 1986; Butler, 1987)。また，鹿毛・並木（1990）は小学6年生を対象に相対評価と到達度評価の効果を比較し，相対評価が到達度評価に比べ内発的動機づけや有能感を低め，学習中の緊張や不安を高めることを明らかにしている[42]。

評価基準と評価主体の組み合わせによって教育効果が規定されることも示されている。鹿毛（1993）は到達度評価が内発的動機づけを高めるとともに思考を重視する態度を育成し，特に低学力者の学習を促進することを示すとともに，とりわけ到達度評価と組み合わせた自己評価（具体的な学習目標に即して小テストを自己採点し到達度評価すること）がもともと意欲的でない子どもたちの内発的動機づけを高めることを小学5年生の児童を対象として明らかにしている。

5章　学習意欲を育むフィールド―環境論からのアプローチ

□評価の制御的機能と情報的機能

　以上の評価構造に関する知見を統合的に解釈するため，鹿毛（1996）は認知的評価理論（4章3-3）をもとに，評価のあり方（方法など）が学習意欲（内発的動機づけ）に及ぼす影響について図5-6に示すモデルを提案している。

　評価方法には，「評価状況の設定を通して，圧迫感や緊張などの強制感を感知させることで学習者を内部制御的な状態（4章3-3）にして内発的動機づけを低める機能（**制御的機能**）」と，「学習の遂行に関する情報を提供することを通して有能感を感知させることで学習者を内部情報的な状態（4章3-3）にして内発的動機づけを高める機能（**情報的機能**）」がある。評価方法が学習意欲に及ぼす影響はこのように「諸刃の剣」なのだといえる。

　テストの実施それ自体が制御的機能を持つわけではなく，その効果は評価する文脈に依存する。学習が外部から強制されるものとして認知されるような評価の文脈では制御的に機能するのに対して，学習内容に視点を向けさせるような評価の文脈では情報的に機能し，テストの実施が学習意欲を高める可能性がある。また，個人内基準に基づいてフィードバックすることが強制感を低めることや，到達度評価のように学習内容に即したフィードバックが「できた！」「わかった！」といった有能感や，学習環境と関わっているといったポジティブな感覚（効力感）を高めることなどがわかっている。

　評価の情報的機能を高めるために，教師はどのような環境を設定することができるだろうか。「できた！」「わかった！」と学習者が実感するためには，「学習

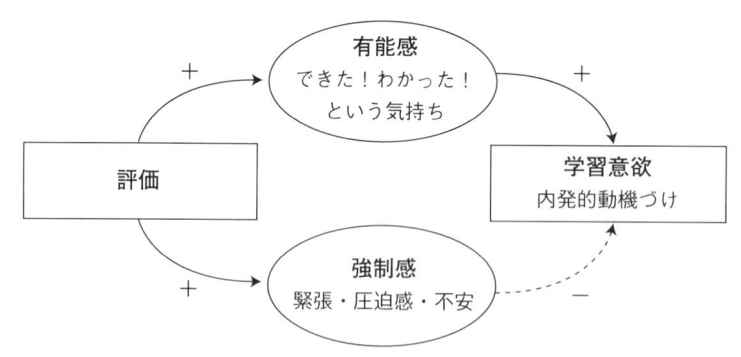

注）A ―+→ B：AがBを高めるという意味；A --→ B：AがBを低めるという意味

図5-6　評価のあり方と学習意欲（鹿毛, 2006a）

内容に焦点化した評価基準の活用」と「学習プロセスの可視化」が効果的であろう。具体的な学習内容に対応した達成基準が明確化された絶対評価システム（到達度評価，ルーブリックなど）を個人内評価システム（縦断的，横断的）と組み合わせることによって，自分は何がわかって（できて）いて，どこが自分の課題なのかについて，学習の進捗状況に応じて学習者自身が**形成的評価**（学習のプロセスで進捗状況を把握・判断し，その情報をその後の学習に活かすための評価）をすることが可能になる。その際，ひとり一人の学習プロセスをダイナミックに把握，判断することを可能にしたり，教師と学習者の双方が納得できるような評価とするために**ポートフォリオ**（多様な評価情報を整理・保存するシステム）を活用するなど，評価情報自体を素材として可視化することも効果的であろう。このような学習内容に焦点化した評価情報の可視化に基づいて学習プロセスの自己評価が可能になるような環境を設定することで，学習者に「できるようになってきた」「わかるようになってきた」という実感が生じて学習意欲が高まる。しかも評価プロセスの可視化によって，形成的評価として評価情報が活用しやすくなるため，学習者自らが学習を改善していくことが容易になり，そのような自己評価の体験を繰り返すことによって自己調整学習（1章1-2）の能力が育まれることも期待できるのである[43]。

　教師は，以上のような評価の情報的機能を強化すると同時に，制御的機能をできる限り低減させるような環境を設定していく必要がある。とりわけ，「評価される」という認知それ自体によって評価不安が喚起され，実力が十分に発揮できずにパフォーマンスを低めてしまうというネガティブな心理的メカニズム（3章5-1）に学習者が陥らないような教育環境をデザインする必要があろう。

　Zeidner（2007）は，テスト不安研究の知見に基づき，テストに代表される評価場面を最適化するための実践的なアドバイスを表5-12のようにまとめている。テストに関する情報開示を進めたり，テストの内容や実施状況を改善したりするなど，教師が工夫次第で評価の制御的機能を最小限にとどめることが可能であることがよくわかる。

表5-12 テスト状況を最適化するための実践的なアドバイス (Zeidner, 2007)

- 生徒に対してテストに関する情報(試験の対象となる学習内容,時間制限,テスト形式,実施形態など)を事前に提供する。
- テスト作成の際,項目の平均的な困難度を維持するように努め,テストの初めの箇所に容易な項目を適度に組み込み,必要な場合を除いて極端に難しい問題や複雑な問題の出題は避けるようにする。
- テスト形式(例えば,多肢選択式,論述式)や実施形態(例えば,コンピュータを利用したテスト)をなるべく生徒の好みや過去の経験に合わせるようにする。
- 項目の選択,資料の活用を許容したり,適応型テスト(adaptive testing)＊を利用したりすることによって,生徒自身がテスト状況をなるべくコントロールできることを保証する。
- テスト中に緊張した気持ちを発散させたり,テストの一部にコメントを自由に記入したりできる機会を生徒の希望に応じて提供する。
- 自我指向的ではなく課題指向的な教示を心がける,競争の強調を避ける,脅威を感じさせるような試験監督者を割り当てないなど,脅迫的ではないテスト実施環境を創り出す。ユーモア,気持ちを落ち着かせるようなBGM,スナックの提供なども,生徒によっては彼らの緊張を低減させる可能性がある。
- できる限り,時間のプレッシャーや制限による緊張がほぐれるように努める。
- テスト不安の高い生徒に対して,安心させるための言葉がけをしたり,感情的なソーシャルサポートを提供する。
- 記憶などをサポートする手立てを講じる。
- 不安のあまり試験を続けられなくなってしまうようなテスト不安の高い生徒が落ち着きを取り戻し,試験を続けられるための適切な設備や場を提供する。

＊受験者の解答パターンに応じて,困難度の異なる項目を選んで出題されるシステム。

3　教育環境のダイナミズム

3-1　「関わりあい」としての教育環境

(1) 関わりあう場の性質

あらかじめ周到にデザインされた教育環境に学習者が身を置きさえすれば,すべての学習者に自ずと学習意欲が生じるというわけではない。例えば,グループ学習のメンバーの組み合わせをあれだけ念入りに考えて決定したのに,実際には予想がはずれて学習活動が活発に進まなかったといったエピソードを耳にすることがある。授業の展開は事前の想定通りにはなかなか進んでいかないものである。このような予測困難な教育実践プロセスにおいて,教師にむしろ求められるのはその時々の状況を的確に判断して,適切な介入をとっさに行うことであろう。教

育実践という仕事には，事前に教育環境をデザインすることだけではなく，「現在進行形」の教育の場と学習者との間で生じている多様な関わりを臨機応変に調整することが含まれているのである（鹿毛，2007a）。

一方，学習者にとっての教育環境とは，自らが教材，他の学習者，教師などと関わりあうダイナミックな場である。そのような「今，ここ」での関わりによって生じる多様な体験を通して学んでいくことが学習者に求められているのである。そして，彼らの学習意欲はこのような教育環境の影響を受けると同時に，その状況で生起する現在進行形の相互作用によって社会的に構築されていく（Nolen & Ward, 2008）。例えば，グループ活動という学習形態にメンバーの学習意欲は規定されながらも，メンバー相互のコミュニケーションプロセスの具体的な様相によって学習意欲は社会的に創り出されていくのである。

では，以上のように教育環境を「関わりあう場」として捉えたとき，われわれは学習意欲を育む教育実践についてどのように理解していけばよいのだろうか。まず，確認しておきたい大前提は以下の二点である。

第一に，「環境のデザイン」が「環境のダイナミズム」を規定するという事実である。コミュニケーションプロセスなど，現在進行形でのヒトとモノ，コトとの相互関係は，それ自体自生的な性質を持ちつつも，環境のあり方に強い影響を受ける。例えば，前述した競争的，個人的，協同的な目標─評価システム（5章2-4）は，その集団の対人関係を大きく規定するに違いない。誰かが成功すると必然的に他の誰かが失敗するといった競争的目標構造の環境下では，学習者がお互い協力し合って学ぶというような関わりあいが成立しづらくなるのである。その意味において，「環境のデザイン」について吟味することは「環境のダイナミズム」を検討する上でも大切である。

第二に，教育環境における社会的な相互規定性である。人には，特定の社会的な場に影響され，それに応じて振る舞うという性質がある。例えば，ある歴史上の出来事についていかにも興味深い口調で熱心に語る教師に教わると，子どもたちも思わず身を乗り出して耳を傾け，興味や関心を抱くといったことがある。このように他者の動機づけを感じ取ることで，その学習内容や活動に対する期待が自動的に形成されるなど，当人の動機づけは他者の動機づけに規定されるのである（Wild & Enzle, 2002）。つまり，気持ちや姿勢のような心理変数は社会的に「伝染」するのだといえる（動機づけの**社会的伝染**：social contagion of motivation）。われわれには，その場にいるメンバーの話し方，表情，ささいな振る舞いといっ

た情報を瞬時のうちに感じ取る能力があり,それに応じて意識的,無意識的反応が生起する。しかも,その当人の反応プロセス自体が他者の反応にも影響を及ぼすのである。この意味において,動機づけをめぐる心理現象は基本的に相互に影響を及ぼし合うダイナミックな社会的性質を帯びているといえるのだ。例えば,他者の追求する目標を自動的に選択して採用するという**目標伝染**(goal contagion)という現象(Aarts, Gollwitzer, & Hassin, 2004)が見出されているが,目標―評価システム(5章2-4)はこのようなプロセスを通じてその場の学習者の目標追求をダイナミックに規定している可能性がある(Eren, 2009)[44]。

(2) 教室・学校の文化・風土

　われわれには場に特有の「空気」を感じ取る能力がある。ピンと張り詰めた空気,リラックスした空気,のびやかな空気など,それぞれの場の雰囲気は意識的および非意識的な過程を通じて感情や動機づけに影響を与える。教室や学校が持つ「空気」は,それぞれに固有の文化や風土を背景として,その場に存在するメンバーの振る舞いを規定し彼らの状態レベルの動機づけ(1章2-2)に影響を及ぼすことになる。もちろん,場に特有な文化や雰囲気は固定的なものではない。それらは,場とメンバーによる現在進行形の相互作用を通してダイナミックに創出されていく[45]。

　文化,風土という観点から教育環境について考察する際にまず基本的に理解しておくべきことは,学校や教室は子どもたちにとってまず生活の場であり,「居場所」[46]だという点であろう。欲求階層説(4章2-2)に基づいて考えるなら,生理的欲求はもちろん,安全の欲求,所属と愛情の欲求が満たされてこそ,子どもたちにとって「居心地のよい空間」になる。学習意欲はその前提条件を満たした上で問われるべきであろう。学校や教室は生活の場であると同時に達成の場でもあるため,すべての子どもたちの自尊の欲求,さらには自己実現への欲求を充足するための環境を整えることが求められることになるのである。

　「居心地のよい空間」は教師やクラスメイトとの人間関係と深く関連しているに違いない。日常的なコミュニケーションと相互に関わりあう心地よい体験の積み重ねによって相互理解が深まるとともに,信頼感が互いに構築されることによって,自分の存在が受け入れられているという感覚が促され,その場が当人にとっての「居場所」となるのである。

（3）感情が体験される場としての教室

　教育環境のダイナミズムという観点から重要だと考えられる要因の一つは，子どもたちがその場，その時に体験する感情である。子どもたちが現在進行形で体験する感情が状態レベルの動機づけを規定し，繰り返し同種の体験をすることを通じて，態度（1章1-2）が形成され，領域レベル，さらには特性レベルの動機づけにも影響を及ぼすと考えられるからである（1章2-2）。感情は，学習者と場（人的要素や課題のあり方など）との関わりあいに基づいて意識的，無意識的に生じる心理現象（3章）であるため，教師にとっては，ひとり一人の子どもに対する個別具体的な現在進行形の関わりがまさに問われることになる[47]。

　教育環境のダイナミズムという観点から認識しておくべき感情の性質として，「感情伝染」という心理現象を挙げることができるだろう。活気のある場に入れば自ずと快活に振る舞うだろうし，陰湿な雰囲気の場にいると陰鬱な気持ちになるだろう。人が喜んでいる姿をみると自分もうれしくなったり，人が泣いていると自分も悲しくなったりするといった経験は誰にでもあるにちがいない。このような他者への感情移入，共感といった心理的現象についてはこれまでにも多くの研究がなされてきた。このような感情伝染は動機づけの社会的伝染の主要な現象として位置づけることができる。

　感情伝染（emotional contagion）とは，「他者の表情，言語表現，姿勢，動作を無意識のうちに擬態して同調し，その結果として感情的に一致する傾向性」と定義される（Hatfield, Cacioppo, & Rapson, 1992）。ひとりの子どもが泣き出すと，それにつられて他の子どもも泣き出すといった現象が小学校低学年で生じることがあるが，このような「もらい泣き」は大人でもみられる。他者の感情が当人の感情と行動を無自覚のうちに自動的に結びつけるのである（Chaetrand & Bargh, 1999）。体育祭や文化祭でクラスのまとまり（凝集性）が一気に高められて生徒たちの士気が上がることがあるが，これも感情伝染のプロセスによって，動機づけの社会的伝染が生じる身近な例といえるだろう。教師の快活な様子が，生徒たちの笑顔を引き出し，授業の活気を生み出すというように，感情伝染によって動機づけの社会的伝染が生じるという現象は子どもたち同士だけではなく，教師と子どもたちの間でも生じている[48]。

3-2　対人環境としての教室

　教育環境のダイナミズムを具体的に検討していくために，まず，対人的な関わりあいに焦点を当てたい。いうまでもなく学校や教室は教師と子ども（たち），あるいは子どもたち同士が関わりあう場であり，その関わりあいの質がひとり一人の学習意欲を直接的，間接的に規定すると考えられるからである。

（1）心理的欲求の充足

　基本的な心理的欲求（コンピテンスへの欲求，自律性への欲求，関係性への欲求）のすべてが満たされることが適応や学習に対して決定的に重要であると主張する自己決定理論（4章2-4）では，三つの欲求それぞれを満たすために効果的な環境が具体的に提案されている。コンピテンスへの欲求に関しては教育環境のデザインという観点から前述した（5章2-3）ので，以下では，とりわけ，教師と学習者間のコミュニケーションのあり方という観点から他の二つの欲求について取り上げたい[49]。

□自律性サポートの提供

　自律性への欲求を満たすような環境のあり方については，すでに前節でコントロール環境デザインの「権限性」の要因として取り上げた（5章2-3）。ここでは対人的コミュニケーションという観点から，自己決定理論で重要視されている**動機づけスタイル**（motivating style），すなわち，「動機づけに関する信念のあり方，他者との関わり方の方向性，対人関係の技のレパートリーを伴う教育のあり方」（Reeve, 2002）を取り上げたい。これまで動機づけスタイルについては，Reeve, J. らによって，「自律性サポート」を「コントロール」と対置することによって検討が進められてきた。他者に対して特定の結果を達成するようにプレッシャーを与えるような関わり方（例えば，強制したり不安を駆り立てたりするような言葉がけをすること）がコントロール（control）であるのに対して，**自律性サポート**（autonomy support）とは，「他者を自分自身の満足のために操作すべき対象として見るのではなく，人間として，支援する価値のある能動的なエージェントとして認めながら，関わっていくこと」（Deci & Flaste, 1995）を意味している。つまり，「その人らしいユニークな学習や成長の方向性を認め，それを支えるように他者と関わるスタンス」を指す。表5-13に自律性サポートとコ

ントロールの対比があるので参照されたい。

表5-13 動機づけスタイル：自律性サポートとコントロールの比較
（Reeve, 2009b を一部改変）

自律性サポート	コントロール
定義	定義
他者の内面的な動機づけ資源（motivational resource）を認め，促し，発達させようとする対人的な心情や行動	所定の考え方，感じ方，振る舞い方に従わせる方向で他者に対してプレッシャーを与えようとする対人的な心情や行動
現実化する条件	現実化する条件
●他者の立場に立つ	●他者に対して特定の成果に向けてプレッシャーを与える
●個人的な成長の機会に価値を置く	●特定の成果を重点目標として位置づける
教育的な行動	教育的な行動
●内面的な動機づけ資源を育む	●外的な動機づけ要因を駆使する
●柔軟な言葉を駆使する	●プレッシャーを与えるような言葉を駆使する
●合理的理由をわかりやすく伝える	●合理的理由の説明を軽視する
●ネガティブ感情の表出を認め，受け入れる	●ネガティブ感情を抑えて葛藤を解決する力を要求する
動機づけスタイルが「自律性サポート」の人の発言や行為	動機づけスタイルが「コントロール」の人の発言や行為
●傾聴する	●教材を占有する
●他者が語る時間を許容する	●正答を説明する
●合理的理由を伝える	●正答を伝える
●努力することを励ます	●指示や命令を与える
●進歩や熟達をほめる	●「すべきだ」（should），「しなければならない」（must；have to）といった言葉づかいをする
●当人が何を望んでいるかを尋ねる	
●質問に応答する	●相手をコントロールするような質問をする
●他者の立場を認める	●相手に多くのことを要求するようにみえる

　コントロールと比べて自律性サポートは，内発的動機づけや，外発的動機づけの自律化のプロセス（4章3-1）を促すなど，動機づけ，エンゲージメント，発達，学習，パフォーマンス，心理的健康のいずれに対してもポジティブな効果があるとされている（Reeve, 2009b）。

　また，自律性をサポートする環境の要素としては，表5-14に示されている四点が挙げられる（Reeve, 2001）。

表5−14　自律性をサポートする環境の要素（Reeve, 2001 を一部改変）

① 相手の観点を重要視する
　オリジン感覚（4章3−2）や選択と意志の感覚を養うための前提条件として，まず対象となる他者の欲求，興味，好み，抱負や向上心などを認めるところから始めなければならない。自律性をサポートするような環境の核心は，相手の観点やスタンスを理解し，価値を認めて，尊重し，それに応えることにある。

② 選ぶこと，行動し始めることを励ます
　何かを選択したり，何かに着手したりする機会や自分を信頼することができるような場面を設定する。

③ 合理的理由（rationale）を伝える
　特に，個人の計画や行動に対するルールや制限，強制が不可避である場合には，その理由を相手に理解できるように根拠や価値を示しながら丁寧に説明する。その結果，相手は「そのルールはよくわかった。守るべき意義があるから，自分から進んで受け入れるよ」と考えるようになるのである。

④ 非制御的でポジティブなフィードバックに富んだコミュニケーションをする
　プレッシャーを与えるような威圧的な言葉（「〜しなければならない」「〜すべきだ」など）を避け，「なぜ成果が上がらないか」，「なぜうまくいかないか」などについて，むしろ相手に尋ね，自らを振り返り，解決策を発見できることを促すような非制御的なコミュニケーションを心がける。また，批判的でネガティブなフィードバック（「君の作品はどうしようもない」など）を避け，改善や進歩がみられた点を認めるようなコミュニケーション（「これまで順調にタイムが改善されてきたけど，少し伸び悩んでいるね」など）をすべきである。

　このように自律性をサポートする教師は，学習者が自分から進んでやることや彼らの選択を許容し，もし，制限や強制が不可避な場合には合理的な理由を説明し，行動を動機づけるためのプレッシャーや随伴性の使用を控え，時宜を得たポジティブなフィードバックを提供するのだという（Vansteenkiste, Lens, & Deci, 2006）。実際，自律性サポートを重視する教師は，①指示や命令をすることが少なく，②学習者に対して答えを直接教えるのではなく自力で問題解決する時間を多く提供し，③学習者自身というよりもパフォーマンスの質をほめる傾向があることが先行研究によって明らかにされている（Reeve, 2002）。また，自律性サポートを重視する教師に受け持たれた生徒は，有能感，自尊心（self-esteem），ポジティブ感情，概念理解，思考の柔軟性，積極的な情報処理，創造性，記憶，学業成績といった指標で優れているという結果も見出されている（Reeve, 2002）。

　なお，自律性サポートとはあくまでも学習者本人の興味，要求，努力を認めてサポートすることであって，当人の思い通りにさせる自由放任とは異なる（Reeve, 2001）。「したいことをさせる」ような放任の場合，価値ある学習は成立せず，学習者のコンピテンスへの欲求がむしろ満たされないことになる。したがって，とりわけ教育場面で考慮すべき課題は，自律性への欲求を支える自律性サポートと

コンピテンスへの欲求を支える「構造」の提供（5章2-3）をいかに両立させるかという点にあろう。これは前述の曲線仮説（5章2-3）と類似した発想であるが、自己決定理論によれば、自律性をサポートする環境とはコントロールを抑制し自由度を許容しつつ構造を提供するような教育環境（図5-7）を指し、単に強制的（コントロールする環境）あるいは許容的（自由放任の環境）であったり、対応が一貫しなかったりする環境と区別されている（Reeve, Deci, & Ryan, 2004）。教師の課題は、自律性の感覚を尊重しそれを損ねないように配慮しながら、同時に学習を促すことを通して学びの充実感を感じることができるような環境を柔軟に整えていくことだと主張されているのである[50]。

☐関係性サポートの提供

関係性への欲求は、互いに関心を抱き、気配りしあうような他者とのあたたかい関わりあい（involvement）を通して満たされる（4章2-4）。その前提として当人と他者との間、あるいは当人とその集団との間に**社会的絆**（social bond）が築かれているかという点が問われることになる。関係性への欲求が満たされるには、その他者が自分の健康や幸せについて気遣ってくれていると感じ、その他者に自分が好かれていると感じられるような社会的絆が必要であるが、とりわけ「本当の自分」("true self"／"authentic self"）が理解されているような関係であることが本質的に重要だという（Reeve, 2009b）。逆にいえば、配慮、好感、受容、尊重といった要素を含まない関係では、関係性への欲求は満たされないのである。社会的絆の成否こそが問われているのだといえるだろう。

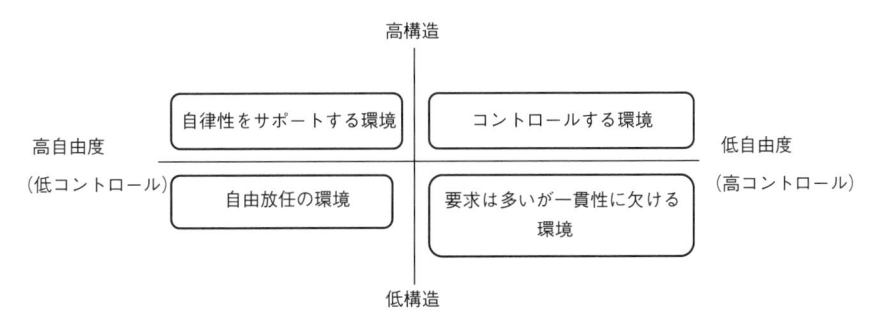

```
                          高構造
                            │
          ┌──────────────┐  │  ┌──────────────┐
          │自律性をサポート│  │  │コントロールする│
高自由度   │する環境      │  │  │環境          │   低自由度
（低コントロール）──────────┼──────────（高コントロール）
          ┌──────────────┐  │  ┌──────────────┐
          │自由放任の環境│  │  │要求は多いが一貫性に欠ける│
          │              │  │  │環境          │
          └──────────────┘  │  └──────────────┘
                            │
                          低構造
```

図5-7 構造とコントロールの二次元による教育環境の分類
（Reeve, Deci, & Ryan, 2004）

教師にとって**関係性サポート**とは，学習意欲を育む場の基盤として，教師が日常的なコミュニケーションを通してひとり一人の子どもとの間にこのような社会的絆をダイナミックに構築する行為だといえるだろう。例えば，子どもひとり一人に関心を向け，日常的に何が起こっているかなどの具体的な情報を把握するとともに，個々の子どもの関心事につきあったり，彼らに対する愛情，好意，敬意を言葉で伝えたり，彼らと一緒にいることを心から楽しんだりすることの積み重ねによって社会的絆が築かれていくのである[51]。

（2）友人との関わり

　友だちとの関わりは，子どもたちにとって学校生活の中核だといっても過言ではないだろう。友人との人間関係が学校生活への適応，楽しさや充実感といった体験を規定するとともに，人格的な成長の基盤となっているからである（Rubin, Bukowski, & Parker, 1998 など）。

　動機づけに対しても友人関係が密接に関連しているという点については多くの指摘がある。例えば，友人のパフォーマンスが，友人との親密さや当人の自己価値や課題の認識と相互依存関係にあって，当人の動機づけに影響を及ぼすことについては前述の通りである（自己評価維持モデル：4章5-2）。

　Ladd, Herald-Brown, & Kochel（2009）は，クラスメイト（peer）との関係が学校における動機づけ，とりわけ，エンゲージメント（1章1-2）の基盤として位置づけられると指摘し，学級におけるクラスメイトとの関係について，①クラスメイトからの受容・拒否（個人―グループ間），②友人関係（個人―個人間），③クラスメイトからの迫害（victimization：頻繁なハラスメント）という三つの観点から論じている。①については，クラスメイトからの拒否（無視，活動からの排除など）によって社会的な関わりの機会が減り，学習や達成を促すような対人関係が奪われることや，拒否が自己自身やクラスメイトに対するネガティブな認知を促すことによって，学校での取り組みや適応に悪影響を及ぼす危険性がある。②については，友人関係には感情的なサポート（喜びあう，励ますなど）のみならず，手段的サポート（学習援助など）や身体的サポート（安心の感覚など）を提供するといったポジティブな働きがある一方で，衝突，裏切り，（望ましくない）競争といったネガティブな作用もある。また，モデリングのプロセスを通じて，学校における成功への動機づけの要因にもなりうる。③に関する被害者については，孤独，無口，服従的といった傾向を持つ非攻撃的な子どもと，問題行

動を起こしたり過剰な反応や否定的な感情を表したりしがちな攻撃的な子どもとに大別されるが、いずれの場合もクラスメイトからの迫害が彼らの心理的および身体的健康に悪影響を及ぼす（例えば、ストレスや慢性の腹痛といった症状が機能障害へと発展する）という。

　友人と肯定的な関係を築いている子どもは、学業にも熱心に取り組み成績も良い傾向がある。Wentzel, K. R. は、「自分自身だけではなく、他者にとっても望ましい結果をもたらすような文脈特殊的な社会的目標の達成」を**社会的コンピテンス**（social competence）と定義し、なぜ、友人に関する社会的コンピテンスが学業成績と関連しているかについて説明を試みている（Wentzel, 2005）。すなわち、①自己調整プロセスに関連する行動スタイルが社会的成果と学業的成果の両方に貢献しているから、②学業成績がよいことによって友人から受け入れやすくなったり、認められるようになったりするから、③友人との望ましい関わりあいが知的スキルの発達を促すから、④肯定的な友人関係は、学業の目標達成やそれに伴う成果をサポートするような社会的環境として機能するから、というそれぞれの理由によって説明可能だという。また、特に①目標追求に対する明確な見通しや機会について友人同士で語り合う、②手段的な援助がクラスメイトから得られる、③友人との関わりが安全で信頼のおけるものである、④情緒的なサポートが友人から得られるといった条件が満たされる際に、友人関係が学業目標の達成を促進すると述べている[52]。

　友人関係は本質的に自生的であり、元来、教育的な意図や特定の方法によってコントロールできるようなものではない。但し、その一方で、学習やその達成に関わる環境のシステムや文脈が友人関係に及ぼす影響を媒介して学習意欲を規定するというプロセスも無視することはできない。友人との関わりにおいて学習者の関係性への欲求を満たし、学校や教室がすべての子どもたちにとって「居心地のよい場」であることを心理的な基盤とした上で、ひとり一人の学習意欲を育む実践を実現していくことが求められているのだといえるだろう。その意味で、クラスの子どもたち同士にも良質の社会的絆が生じるように促すことを教師による関係性サポートの仕事の一部として位置づけることも可能だろう。教育活動のあらゆる局面において、以上の観点から子ども同士の関わりについて気を配り、適切な介入を通して、子ども同士が互いに配慮、好感、受容、尊重といった気持ちを体験するような場を臨機応変に創り出すような努力が教師に求められているのである。

3-3　学習環境としての教師

　学習者にとって，教師はその存在自体が人的な学習環境だといえる。その意味で，教師は教育環境の重要な構成要素なのである。この教師という観点から，教育環境のダイナミズムはどのように描くことができるだろうか。

　教師は「教える専門職」だと一般に理解されているが，「教える」という仕事特有の困難さにどれだけの人が気づいているだろうか。例えば，教師が「教えた」と信じていても，子どもが意図通りに学んでいなければ厳密には「教えた」とはいえない。「心臓の仕組み」を教師がいくら丁寧に説明したからといって，それを聞いていた生徒たちが「心臓の仕組み」を理解するとは限らないのである。丁寧に説明するという行為はあくまでも意図的な努力を意味しているにすぎない。その行為の結果として生徒に理解がもたらされてはじめて「教えた」といえるのである。現実問題としては，子どもひとり一人が本質的にユニークな存在であるということもあり，ある教え方がすべての子どもに効果的であるとは限らず，また，情報の解釈自体が子どもひとり一人によって異なることも多いため，教師の意図通りの学習が成立しないことの方がむしろ一般的だとさえいえるのだ（鹿毛，2011）[53]。

　「『教える』とは子ども達がそれを『学ぶ』という出来事を，私が創り出すこと」だと吉田（1985）は述べ，本質的に異なる他者の学びを「私」が創り出すという「教える」という行為の困難さについて論じている。この「他者に学ばせる」という矛盾を孕んだ困難さについては，「馬に水を飲ませる話」（1章3-4）が端的に示す通りである。子どもに学びたいという気持ち（学習意欲）が存在しない限り，教師が学ばせようとして，たとえ表面的には学習するふりをみせたとしても，それは偽りである可能性が常に存在するのである。

　教師とは，学習者の学びを促進するために，学習者自身が学びたいと思えるような教育の場の創造を仕事とする専門職であり，見識と経験に裏打ちされた身体化された態度と技によって，一度きりしかない実践を臨機応変に学習者たちとともに創り出す，困難ではあるが極めて意義深い仕事なのだといえるだろう。少なくともそこには，学習者の学習意欲を喚起し，それを維持するために，具体的な教育環境をデザインするとともに，その環境をダイナミックにつくりかえるという仕事が含まれている。そして学習者にとっては，そのような教師の存在自体が学習環境なのである。

（1）学習意欲を育む授業実践

　一般に，人は外発的動機づけ（4章3-1）を利用して他者に学習させようと考えるようだ。賞罰が行動を起こさせる効果的な方法だと信じているからである。例えば，教師は最後の手段として**脅し**（threat）を用いる。生徒に勉強させるために「減点する」「放課後に残す」「落第させる」などと言って生徒をコントロールしようとするわけだ。

　しかし，このような脅しは図5-8のような悪循環を引き起こす。教師のこのような強権的な振る舞いは，生徒の恨みや不信感，復讐心を招き，むしろ望ましくない行動を動機づけてしまう。そしてそれに直面した教師はイライラが募り，強権的な振る舞いをますます強めてしまうのである[54]。

　このような悪循環に陥らず，学習者の意欲的な姿を実現するために，教師は彼らとどのように関わっていけばよいのであろうか。Wlodkowski, R. J. は，まず教師は以下の六つの基本的な問いについて考えてみるべきだという（Wlodkowski, 1978）。①この学習活動に対する肯定的な態度を培うために私に何ができるか，

教師の脅し
- 成績を下げる
- 落第させる
- 両親を呼ぶ
- 放課後に残す
- 皮肉を言う
- 進級させない

生徒の憤り
- 非人間的な扱いをされたと思う
- 恐怖を感じる
- 怒りを感じる
- びっくりして何も言えない
- 自分はダメだと感じる

生徒の不信感・復讐心
- 先生に嫌われている
- 先生は公平ではない
- 先生は卑劣だ
- 先生に理解されていない
- 先生に仕返ししたい

教師のイライラ
- いい加減に勉強していると思う
- 勉強が不完全だと思う
- だらだら勉強していると思う
- 反抗的だと思う
- 行動がだらしないと思う

図5-8　教師による脅しの悪循環（Wlodkowski, 1978を一部改変）

②子どもたちの欲求をこの活動を通して満たすために，私はどのようにすればよいのだろうか，③この活動は子どもたちによい刺激を与え続けるだろうか，④この活動に対する感情的な雰囲気は子どもたちにとってポジティブだろうか，⑤この活動は子どもひとり一人のコンピテンスの感覚を感知させたり，高めたりするだろうか，⑥この活動が子どもたちに提供する「強化」（活動の結果，フォーマル／インフォーマルな評価）はどのようなものだろうか。Wlodkowski (1978) は，以上の問いを踏まえて，教師のための診断的動機づけチャート（diagnostic motivation chart）を開発し，動機づけ各要因に対応した81の動機づけ方略を具体的に提案している[55]。

また，Dörnyei, Z. は，動機づけの諸理論を踏まえ，学習意欲を高めるような

```
①動機づけのための基本的な条件
  を創り出す
  ●適切な教師の行動
  ●快適でサポートに満ちた教室の
    雰囲気
  ●適切な基準を伴った結束した学
    習集団

④肯定的な自己省察を奨励する
  ●動機づけに適した原因帰属を促す
  ●動機づけに適したフィードバック
    を提供する
  ●学習者の満足感を高める
  ●動機づけに適した報酬や成績を提
    供する

②最初の動機づけを生み出す
  ●学習内容に関連する学習者の価値
    や態度を高める
  ●成功に対する学習者の期待を高め
    る
  ●学習者の目標指向性を高める
  ●教材を学習者に適合させる
  ●学習者に現実的な信念を形成する

③動機づけを維持する
  ●楽しくワクワクするような学習にす
    る
  ●やる気を生み出すように課題を提示
    する
  ●具体的で明確な学習目標を設定する
  ●学習者の自尊心（self-esteem）を
    守り，自信を高める
  ●肯定的な社会的イメージを維持させ
    る
  ●学習者の自律性を促進する
  ●学習者自身による自己調整的な動機
    づけ方略を促す
  ●学習者間の協同を促す
```

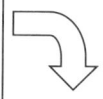

図5-9　動機づけを高める授業実践（motivational teaching practice）の構成要素
（Dörnyei, 2001 を一部改変）

授業実践のプロセスについて図5-9のようなサイクルとして包括的に描き出している（Dörnyei, 2001）。ここには，動機づけ研究がこれまでに明らかにしてきた原理が一連の教師による実践の時間的な流れとして整理されている[56]。

（2）意欲的な学びを促す教師
□教えるエキスパート

では，教えることに長けている人にはどのような特徴があるのだろうか。より具体的に考えてみたい。

先行研究によれば，「学習の成立」と「学習意欲の喚起・維持」の両面を重視し，それらを両立させる力量を持った人こそが「教えるエキスパート」だと主張されている。例えば，Lepper, M. R. らは，伝統的な集団教授に対する個別指導のメリットとして，①個別化（学習者一人に教師の注意が注がれる），②即時性（フィードバックの提供や誤答の訂正などが即座に実施可能である），③相互作用性（教師の観察に基づいてどのような課題を提示しどのような支援や励ましをするかなど，課題，フィードバック，教え方，励ましの選択がよりインタラクティブで，教師の目標や方略が学習者の情報に即応する）を挙げ，そのような個別指導が上手だと評価されている教師たちの教え方を観察した一連の研究（Lepper & Chabay, 1988 など）の成果をまとめている（Lepper & Woolverton, 2002）。そして学習と動機づけの両面に対して効果的な指導をした個別指導のエキスパートの教師に共通して見出された方略やテクニックの特徴を INSPIRE モデルとして提示した（表5-15）。このモデルの命名は，優れた教師が同時に持つ七つの特徴，すなわち，Intelligent（知的），Nurturant（養育的），Socratic（対話的），Progressive（形成的），Indirect（間接的），Reflective（省察的），Encouraging（促進的）のそれぞれ頭文字に基づいている。個別指導のエキスパートは，教師としての知識（Intelligent）や態度（Nurturant）を基盤として，学習の進展を展望した計画を持ち（Progressive），対話的なコミュニケーションを駆使しながら（Socratic），「自我」（ego）より「課題」（task）に焦点化したフィードバックを行い（Indirect），学習者に説明や振り返りなどの言語表現を促す（Reflective）とともに，これまでの一連の研究が明らかにしてきたような動機づけデザイン（5章2-1）の方略を柔軟に活用している（Encouraging）のである。このモデルは個別指導を対象とした研究知見ではあるが，学校等における教師の卓越性を考察する際にも十分適用可能である。

表5-15 INSPIREモデル (Lepper & Woolverton, 2002より作成)

1. Intelligent：知識が豊富で知的である
①教科の知識が広く、深い。
②教科に関連した教育方法の知識（subject-specific pedagogical knowledge：課題の困難さや「つまずき」の種類など）がある。
③一般的な教育方法の知識（教授的、動機づけ的テクニック）がある。
2. Nurturant：支持的で心のこもった態度で育もうとする姿勢がみられる
例）ラポール（rapport）を築くことから始めようとする。学校内外の関心事や友人、家族のことなどについて談話をする。温かみ、気づかい、配慮、共感、学習者の能力への信頼を示す。
3. Socratic：ソクラテス的、対話的で、説教的（didactic）ではない
①「指示」ではなく「問いかけ」をする（学習者からできる限り引き出そうとする）。
②「答え」ではなく「ヒント」を与える（次のステップに進むことをサポートする）。
③生産的な誤りと非生産的誤りとを区別する（学習改善に無関係な誤りは特に問題にせず、学習のチャンスとなるような誤りは積極的に活用する）。
4. Progressive：計画的で形成的な構造が存在する
①困難さや複雑さが増すように課題のタイプを組織的に進展させる。
②組織的な「バグ」（誤まった理解）を取り除く。
③効果的な学習の仕方を繰り返し、学習者自らがそのプロセスを実行できるようにする。
5. Indirect：評価を間接的にする
①課題に失敗したときなどのネガティブなフィードバックについては、学習者をあからさまに非難することを避け、問いを投げかけることで間接的に誤りの種類や箇所を伝える。
②ポジティブなフィードバックについては、あからさまで感情むき出しの称賛（とりわけ、学習のプロセスに対してではなく、学習者個人に対しての称賛）を避ける。
6. Reflective：学習者に明確な表現、説明、一般化を求める
①明確な表現（articulation）、例えば、課題解決に成功した直後、何をしたのかということについて声に出して省察することなどを求める。
②答えや手続きなどについての説明（explanation）を求める。
③課題をどのように解決したかに関して他の種類の課題や現実場面に関連づけながら尋ねるなど、一般化（generalization）を促す。
7. Encouraging：興味や注意を持続させる
①有能感や成就感を感じさせ自信（confidence）をもたせる。
②挑戦（challenge）の感覚をもたせる。
③好奇心を刺激する。
④選択の機会を提供したり、学習者の要求に応じたりすることで主体性（agency）の感覚を持たせる。
⑤文脈化（contextualization）によって教材を有意義で面白いものにする。

☐ **教師による足場がけ**

「学習の成立」と「学習意欲の喚起・維持」の両立について、「足場がけ」という実践的観点から考えてみよう。

Brophy, J.によれば、教師の重要な仕事は、学ぶ価値を社会化し、意欲的な学習とはどのようなものかについてのスキーマを学習させるための**足場がけ**

(scaffolding)[57]にあるという（Brophy, 1999b）。すなわち，子どもの最善の学習を実現するために，教師は学ぶ価値のある教材を選び，子どもを学習活動に従事させることを通じて専門的知識を獲得するような機会を提供し，その学習内容と学習活動が「子どもたちにとって意味があり理解を伴った学習の基礎になること」，そして「学習内容の価値を正しく認識するための先行経験になりうること」を強調する必要がある（動機づけの発達最近接領域：5章2-2）。教師は以上のことを実現するために，動機づけ的な側面のみならず認知的な側面にも焦点を当てるやり方でモデリング，コーチング，フィードバックを具体的に実践すべきだという（表5-16）。

表5-16 最善の学習を実現するための教師による足場がけ（Brophy, 1999）

認知的側面	動機づけ的側面
モデリング	
鍵となるアイディアを伝え，そのアイディアを学ぶための方略や，現実の世界へ適用するための方略を自ら示す。	当該課題に学ぶ価値があるという理由を伝え，いつ，なぜ我々がそれを利用するか，それを利用する際に実際どのようなものであるかを示す（自己モニタリングのプロセス，知識の獲得や職能の成長に関する認識などを言語化する）。
コーチング	
学習プロセスの各段階におけるポイントに注目させる。学習者の情報処理をサポートしたり，混乱や誤った努力から抜け出させるために，質問を投げかけたり注意喚起を行う。	学習者に対してその学習領域の認識や領域特殊な知識やスキルを発達させるようなやり方で，学習プロセスにおいて目標を想起させ，次のステップへのきっかけを与える。
フィードバック	
反応の正誤についてタイムリーなフィードバックを提供する。誤りの理由，その回避や改善の仕方を説明する。自己モニタリングや自己評価の能力を培う。	知識獲得やスキル発達の問題を予想し事前に防いだりスムーズに改善したりすることができる能力に向けた学習者の注意を喚起するようなフィードバック，芸術的力量や職能があるということや，当該領域における個性的なスタイルの兆候を暗示するユニークな要素を知らせるようなフィードバックを提供する。

☐**ポジティブ感情を促す教授方略**

以上のような認知的，動機づけ的な足場がけは，「感情的足場がけ」を統合的に伴ってこそ効果的に機能するに違いない。**感情的足場がけ**（emotional scaffolding）とは「多種多様なクラスの目標を達成するための学習者のポジティブな感情体験をサポートする教師主導の一時的ではあるが効果的な相互コミュニ

ケーション」(Meyer & Turner, 2007) を指す。

　例えば，算数の苦手なリエさんがクラスの前に出て黒板を使って問題の解法プロセスを説明している場面を想像してみよう。担任の加藤先生は，クラス全体に向かって適宜「リエさんはここまでうまくできてるよね？」と尋ねてクラスメイトの同意を引き出す。リエさんが不安げな表情で先生に助けを求めた時には，「私に尋ねないでみんなに聞いてみたら」と促し，リエさんは「ここまでいいですか？」とクラス全体に向けて確認を求めながら説明を続けていく。リエさんが間違った説明をした瞬間に先生は「ああっ」とあえて大声を出す。すると，リエさんは「間違ったの？」と先生の顔を見てつぶやくが，くるりとクラスメイトの方を向くと「どこが間違っているか教えてください」と自分から尋ねる。ついにリエさんが最後まで説明をし終えると，自然とクラス全体から拍手がわき起こり，リエさんもうれしそうな表情で席に戻っていく。

　以上のエピソードにおける加藤先生のリエさんやクラスメイトに対する働きかけは感情的足場がけの具体例である。リエさんの問題解決をクラスメイトが支えるように促しつつ，そのプロセスが自律的になるように加藤先生は指導している。しかも一連のプロセスを通してリエさんがポジティブ感情（安心，達成感など）を体験できるような配慮がなされている。つまり，感情的足場がけとは「感情的サポートを伴う認知的サポート」であり，学習者の理解や責任を促して意欲を刺激すると同時にポジティブ感情を喚起し，さらには教師を含むクラスのメンバー同士の信頼関係を構築してそれを維持することを目的とした教師主導のコミュニケーションなのである（Meyer & Turner, 2007）。このような教師による感情的足場がけの積み重ねによって，学習者のエンゲージメント，学習，有能感を促進するようなクラスの人間関係や学級風土が確立されていくのだといえよう。

　では，学習者の感情に対して教師は具体的にどのように配慮すべきなのだろうか。Astleitner（2000）は，教育場面で考慮すべき感情として，恐れ（fear：脅かされているという状況判断から生じる），妬み（envy：何かを得たい，あるいは失いたくないという欲望から生じる），怒り（anger：目標達成を妨げられることから生じる），思いやり（sympathy：援助が必要な他者に関連して生じる），喜び（pleasure：努力によって何かに習熟することによって生じる）の五つを挙げ，ネガティブ感情（恐れ，妬み，怒り）を低め，ポジティブ感情（思いやり，喜び）を高めるような環境が学習成果や学習意欲に効果的だとして，具体的な教授方略を提案している（表5-17）。

適応的な感情を学習者が体験できるような場づくりについて常に自覚的であり，細やかな配慮を怠らないようにすると同時に，学習者の感情の表出について敏感になって臨機応変な対応をすることが理想的だということが理解できる。また，感情を調整できるようなスキル（ものごとを多面的にみることによって怒りを鎮めるなど）を教えることが効果的であることも示されている。

表5-17 教室における学習者の感情と効果的な教授方略
（Astleitner, 2000 を一部改変）

感情	教授方略	例
恐れを低減させる	学習の成功を確実にする	効果的な動機づけ的，認知的教授方略を用いる
	誤りを学習の機会として受け入れる	自分自身の失敗，期待，誤りの理由について語らせる
	リラックスさせる	体をほぐすようにしたり，視覚イメージ，瞑想などを利用する
	ポジティブなスタンスを保ちながら客観的，分析的に接するように促す	自分で長所を見出しながらクリティカルシンキング*ができるように指導する
妬みを低減させる	相対評価ではなく，個人内評価や到達度評価を促す	ひとり一人の学習履歴を各人に示す
	透明性の高い一貫した評価，成績システムを導入する	成績づけのガイドラインの詳細を知らせる
	正統性と開放性の感覚を刺激する	各自の情報を知らせる「個人掲示板」を導入する
	生徒間で不公平な特権（賞）をやめる	全員に公平に賞を与えるか，個別にコンタクトする
怒りを低減させる	怒りをコントロールするように励ます	「数を逆唱する」など怒りの鎮め方を教える
	ものごとの多面的な見方を示す	一つの問題が異なる方法で解決可能なことを教える
	建設的な方法で怒りを表現させる	個人間の問題解決が必須の場合，回避することを許さない
	いかなる暴力も許さない	脅すようなジェスチャーは避ける
思いやりを高める	関わりあいを強める	他の生徒の友人や家族を知るように促す
	微妙な相互の関わりあいを促す	むっつりしたり，すねたりするような態度を改め，援助を求めることを増やすように言う
	協同的学習環境を構築する	グループでの協同的な調査活動を行わせる
	仲間を助けるプログラムを実施する	援助が必要な子どもの世話をさせる
喜びを高める	ウェルビーイングを高める	将来の夢を表現させる
	開かれた学習機会を確立する	自己学習できる教材を用いる
	ユーモアを活用する	生徒と面白い漫画を創作する
	遊びのような活動を導入する	学習のためのシミュレーションゲームを利用する

*メタ認知などを活用した論理的で偏りのない思考

（3）教育的なコミュニケーションのプロセス
□教師の教育的意図と評価的思考

　多様な関わりあいが生じている教育環境を，絶え間ないコミュニケーションのプロセスとして理解することができる。とりわけ，教師と学習者，あるいは学習者同士に双方向的な情報伝達が生じ，その過程が学習者の学習意欲に一定の影響を与えていることは明らかである[58]。

　教育場面では，教師の教育的意図に基づいてコミュニケーションが展開されていることが多い。例えば，「ほめる」といった教育活動（とりわけ評価活動）に埋め込まれた教師の行為は，教師による**評価的思考**のプロセス（図5-10）によって意図的に，また即興的に生み出されていると考えられる。教師は，教育観，学習観，子ども観など，教育に関して自らが持つ多様な信念を基準として，学習者の学びとその成果を把握，判断し，その情報を活用しながら教育活動を行っているのである（鹿毛, 2005b; 鹿毛, 2007a）。

□教師による言語的フィードバック

　学習のプロセスや結果に関する教師の判断や評価は学習者に直接伝えられることも多い。このような教師のフィードバックが，学習者のその後の学習意欲に影

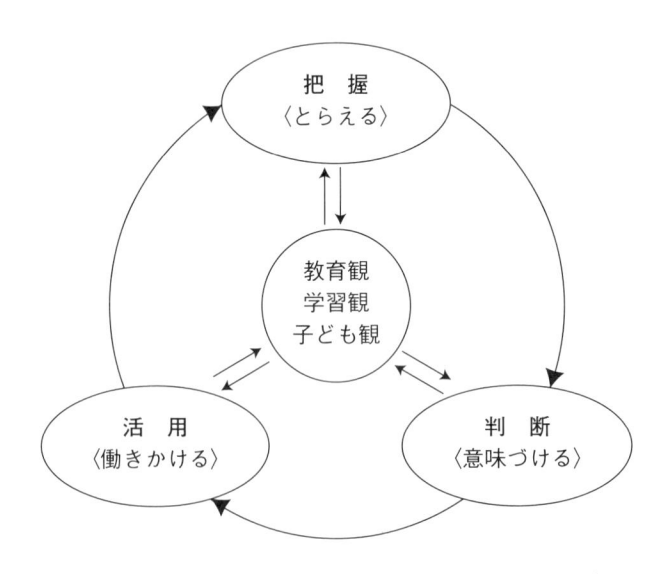

図5-10　教師の評価的思考プロセス（鹿毛, 2007a）

響を与えることが明らかにされている。

教師から学習者への主なフィードバックには，表5-18に示すように四つのタイプがあるという（Pintrich & Shunk, 2002）。

表5-18　教師のフィードバック（Pintrich & Shunk, 2002）

タイプ	説明	事例
遂行フィードバック	学習の的確さに関する情報（修正を促す情報を含むこともある）を提供する。	「はい，正解」「最初の問題は合っているけど，次の問題はやり直した方がいいね」
動機づけフィードバック	進み具合や能力についての情報（比較の情報や説得を含むこともある）を提供する。	「かなり上達したね，すごいよ」「君にはこれができるはずだ」
帰属フィードバック	学習者の遂行を一つあるいは複数の原因に帰属する。	「君はこれが得意だね」「一生懸命頑張ったからこんなに上手にできたんだね」
方略フィードバック	方略がうまく活用できているか，あるいは方略使用の効用について学習者に伝える	「段階を踏んで，しかも順番通りにやったから解けたんだね」「五段階に分けてやってみるとうまくいくよ」

解答の正誤など，学習の的確さについて学習者に伝える**遂行フィードバック**（performance feedback）は，学習自体を促進するために重要であるばかりでなく，学習者のその後の学習意欲をも規定する。一般に，「はい，正解です」といった遂行に関するポジティブな情報の提供は，自分の能力が高まっているといった有能感（4章2-3）や，次の学習もできるはずだといった期待（2章1-3）を高めるため，学習者を動機づけることになる。誤りであることを伝えるネガティブな情報の提供であっても，「どうすればうまくいくか」といった修正を促す情報もあわせて提供することによって，成功への期待が維持され，学習者の動機づけを促進することができる。

教師は学習者を励ましたり，やる気を刺激したりすることを意図した**動機づけフィードバック**（motivational feedback）を行うこともある。例えば，「君にはできるはずだ」といった言葉がけは説得的な情報として機能し，期待，とりわけ自己効力（2章3-3）を高める可能性がある。但し，後述のように「ほめ言葉」が学習意欲に及ぼす影響は複雑なので注意を要する。

「努力したから成功したんだね」といった**帰属フィードバック**（attributional feedback）は，遂行結果の原因に関する学習者の認識に影響を及ぼす。特に，課題に失敗する，問題が解けないなど，遂行結果が好ましくない場合，学習者自身

が統制不可能な原因（例えば，課題の困難さ，能力不足）よりも統制可能な原因（例えば，努力不足）に帰属するフィードバックの方が，学習者の動機づけを促進するとされている（2章4-1）。なお，「やり方が悪かったから失敗したんだね」といった方略に原因帰属(方略帰属)するフィードバックは以下に記す方略フィードバックに含まれる。

　学習へのアプローチの仕方に関する情報提供である**方略フィードバック**（strategy feedback）には，学習自体に対して学習者の注意を向けさせることを通じて，学習のプロセスと成果を改善し，動機づけを高める働きがある。ただし，方略フィードバックが効果的であるためには，学習者自身がその方略の有効性を認識している必要がある。したがって，教師には，なぜその方略が有効であるかという情報もあわせて伝える配慮が求められる[59]。

□ほめ言葉

　動機づけフィードバックの一種である**ほめ言葉**[60]は**言語的報酬**とも呼ばれ，報酬と同様に特定の行動生起に影響を及ぼす要因だと考えられてきた。「ほめて育てる」などとよく言われることからもわかるように，「ほめること」は一般に学習や成長を促進すると信じられており，ほめ言葉が意欲を高めるための方法として推奨される風潮があるが，人の心理はそれほど単純ではないこともわかってきている。

　教育界においても「ほめることが大切である」ということは一般に認められている通念である。「ほめれば子どもの自尊心が高まるに違いない」という素朴な考えが，その通念の根拠となっているのであろう。しかし，自尊心を高めることだけを自己目的化するようなほめ方はむしろ逆効果である。自尊心(self-esteem)の維持，高揚を最優先するような心理状態を促す可能性があるからである（4章5-2）。自尊心に関する動機づけ研究が明らかにしているのは，自尊心を高めることを目標とするのではなく，ひとり一人の自尊心を保証する（warrant）ことの重要性である（Crocker & Knight, 2005）。

　また，単にほめればよいというわけではない。むしろ，根拠のないほめ方は有害でさえある。何に対してほめられたのかという基準が明確でなければ，学習は促進されないだろうし，自己評価の基準も獲得されない。本当はできていないのにできたと満足することにもなりかねない。また，自己評価とほめ言葉が一致しなければ，奇異な感じがするであろう。その場合，ほめられた当人はほめ言葉の

裏を読もうとするかもしれない。つまり、ほめ言葉を言う人は自分に「その課題をやらせたい」という隠れた意図を持っているなどと推測してしまうのである。場合によっては、ほめ言葉が暗に「これをやりなさい」という指示を意味することにもなる。つまり、問題はフィードバックの「質」であり、「中身が空っぽ」なほめ言葉を連発したり、何かをやらせようという意図でほめたりするよりも、学習を促進するような情報的なフィードバックを提供することの方が重要なのである。

　例えば、表5-19に示されているように、「効果的なほめ方」と「効果的でないほめ方」とを区別することができるという（Good & Brophy, 2000）。学習課題に注目させ学習者の自己概念を尊重するようなほめ方が、形式的あるいは権威的なほめ方に比べて効果的であることがわかる[61]。

表5-19　効果的なほめ方に関するガイドライン（Good & Brophy, 2000）

効果的なほめ方は…	効果的でないほめ方は…
1. 学習者の達成や行為に随伴して伝えられる	1. ランダムあるいは非組織的に伝えられる
2. 成果に関する情報を具体的に述べる	2. 漠然とした肯定的反応に留まる
3. 生徒の成果に注目していることが明らかな信用されるフィードバックになるように、自発的で多様な表現を心がける	3. 生徒の成果に注目していないことが露呈してしまうような精彩に欠く画一的なフィードバック
4. 具体的な成果の規準（努力の基準も含む）に基づいて達成をほめる	4. 達成のプロセスや成果に対する考慮なしに単にほめる
5. 生徒自身の有能さや価値についての情報を伝える	5. 何の情報も提供しない、あるいは順位についての情報だけ伝える
6. 課題に関連した行動についてのより正しい認識や問題解決に関する思考に関心を向けさせる	6. 他者との比較や競争的な思考に関心を向けさせる
7. 現状を把握するための文脈として、生徒自身の過去の達成を利用する	7. 現状を把握するための文脈として、他の生徒の達成を利用する
8. 困難な課題に対する努力や成功を評価する	8. 達成への努力や達成の意味と無関係にほめる
9. 今後、同様の成功を導くために、成功を努力と能力に帰属する	9. 成功を能力のみに帰属するか、運や課題の容易さに帰属する
10. 内生的帰属（課題が楽しいから、課題に関する技能を高めたいから努力したという信念）を促す	10. 外生的帰属（教師を喜ばせる、競争に勝つ、報酬を得るといった外的な理由のために努力したという信念）を促す
11. 課題に関連した行動に生徒の注意を向けさせる	11. 生徒を操作する権威としての教師に注意を向けさせる
12. プロセス終了後に、課題に関連した行動に関する認識と望ましい帰属を促進する	12. 課題に関連した行動から注意を逸らせ、進行中のプロセスの邪魔をする

では、なぜ、ほめ言葉が効果的であったり、効果的でなかったりするのだろうか。この問いに対して、動機づけの心理学は、ほめ言葉が学習意欲に及ぼす心理的メカニズムを明らかにしている。

例えば、自己決定理論によれば、ほめ言葉が学習意欲に及ぼす効果は、情報的（informational）な機能と制御的（controlling）な機能とに区別できるという（Deci & Ryan, 1995：4章3-3）。学習や達成に関わる具体的な情報を用いてほめる場合は、当人の有能さを高めるための有効なフィードバックとして作用し内発的動機づけを高める（**情報的機能**）が、例えば教師が学習者に勉強させようという意図でほめるといった場合のように、隠れたメッセージ（つまり、勉強の強制）としてフィードバックが働くと自発的な意欲が阻害される（**制御的機能**）といわれている。

Henderlong & Lepper（2002）は、以上のような先行研究をレビューし、ほめ言葉が内発的動機づけや根気強さ（perseverance）に及ぼす心理的メカニズムについて、プラス面とマイナス面をまとめている（表5-20; 図5-11）。

表5-20　ほめ言葉の心理的メカニズム（Henderlong & Lepper, 2002を一部改変）

プラス面	マイナス面
自己効力を押し上げる	容易な課題の遂行に対してほめてしまうと、低能力を推測させることになる
有能さと自己決定の感覚を高める	成果を過度に正当化させてしまう
ポジティブな感情を創出する	安定した能力への帰属を促し、そこに自己価値が随伴する
反応とポジティブな成果との関連を強める	プレッシャーを創出し、自己意識を高める
課題の従事に対する誘因を提供する	自己原因性の認知を内的から外的にシフトさせる
適応的な努力帰属を促す	単なる道具的な焦点を生み出す
相対的な優秀さに関する情報を提供する	不誠実さが感じられると拒絶される
課題の従事をコントロールすることを援助する	ねたみを買うような社会的比較を促す

□教師の信念・態度

教師の持つ信念や態度が学習者の動機づけに及ぼす影響も見逃せない。例えば、教師による評価的思考（図5-10）は「諸刃の剣」である。いわゆる**指導と評価の一体化**（指導を評価しその情報を指導に活かすこと）を通じて、子どもたちの学習成果と学習意欲の両面を促進する方向で機能する一方で、**ピグマリオン効果**（教師が学習者に抱く期待が学習成果を規定するという現象）が示唆するように、

学習者(たち)に対する教師の信念が無意識のうちに教師の行為を規定し,それを媒介としてその学習者(たち)の学びに影響を及ぼしている可能性もあるからである。

教師の生徒に対する期待の有無が教師―子ども間のコミュニケーションに及ぼす影響について,Good & Brophy (2000) は表 5-21 のようにまとめている。特に,「できない」と信じている生徒に対して教師が無意識的にどのような対応をするかが表 5-22 に具体的に示されている (Brophy, 1983)。皮肉なことに,教師は「できる」と信じている生徒にはますます彼らの学びを充実させる方向で働きかける一方,「できない」と信じている生徒には学びの質が高まるような機会を教師自らが無意識のうちに与えないようにしている可能性があるというのだ。

教師の持つ多様な信念の中でも,教師が暗黙に持つ「教育観」は教育実践を規定する重要な要因であろう。例えば,鹿毛・上淵・大家(1997)は,自律性サポートに関する信念(「学習者の自律性をサポートするような教育」が望ましいと思っているか,それとも「学習者の行動をコントロールするような教育」が望ましいと思っているか)の違いが,授業における教師の行為と子どもの意欲や態度に及

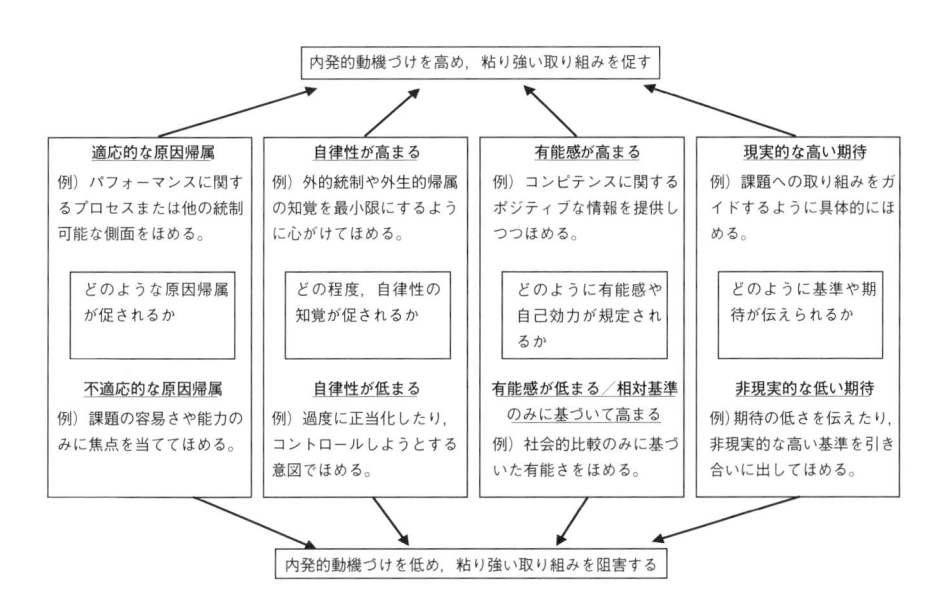

図 5-11 ほめ言葉が内発的動機づけと粘り強い取り組みに及ぼす効果の規定因
(Henderlong & Lepper, 2002)

表5-21 教師の学習者に対する期待とコミュニケーションの関係（Good & Brophy, 2000 を一部改変）

	「できる」と教師が信じている学習者に対して	「できない」と教師が信じている学習者に対して
課題環境	有意義な課題を公的に達成する機会を多く与える	特に有意義な課題に対して，公的に達成する機会を与えない
	考える機会を与える	むしろ練習に焦点が向けられているため，考えたり分析したりする機会を与えない
	理解が必要になる宿題を与える	選択を許さず，ドリルのような宿題を与える
学習に対する責任	自律性を促す（選択を増やし介入を減らす）	自律性を認めない（教師の監視，介入が多い）
フィードバックと評価	自己評価の機会を与える	自己評価の機会を与えない
動機づけの方法	正直で随伴したフィードバック	不誠実で根拠のない非随伴的なフィードバック
教師との関わり	個性的な興味と欲求をもつ個人として尊重する	個性的な興味と欲求をもつ個人としてみなさない

表5-22 できない生徒に対する教師の行動（Brophy, 1983; 秋田, 1997）

1　できない生徒が回答できない時には，待ち時間をとらない
2　できない生徒が回答できない時には，すぐに正解を教えたり，他の生徒を指名する
3　できない生徒の間違った答えをほめる
4　できない生徒の失敗は強く叱る
5　できない生徒の成功はあまりほめない
6　できない生徒の回答に対してコメントしない
7　できない生徒のことには注意を払わず，やりとりしない
8　できない生徒には，指名しない
9　できない生徒から遠い位置に座る
10　できない生徒には，成果をあまり望まない
11　できない生徒には，プライベートな場面でやりとりする
12　できない生徒が，テストで曖昧な答えをした時には，誤答と解釈する
13　できない生徒には，友好的なやりとりはしない（微笑みかけたりしない）
14　できない生徒の質問には，短く，意味のない受け答えをする
15　できない生徒には，注意を向けている姿勢（身体をのりだす，うなずく，視線を交わす）をみせない
16　できない生徒には，細かく指示しすぎる
17　できない生徒には，時間のかかる方法では，教えない

ぼす影響について調査した。その結果，自律性を支援するような教育が望ましいと考えている教師の方が，児童自身による評価フィードバックを許容し，オープンエンドな発問を多用するような柔軟な授業を展開している傾向がみられ，子どもの有能感や学校に対する適応を高めている可能性が示唆された。

　以上の知見は，教師が暗黙のうちに持っている信念が具体的な教育実践のあり方を規定し，それを通じて学習者の学習意欲に影響を及ぼしていることを明らかにしている。したがって，教師自身が自らの教育実践を誠実に振り返ることを通して，通常，無自覚に機能している自分の信念について教師自身が自覚化し，「教育的かかわり」の専門職としての力量を継続的に高めていくことが教師たちに求められることになるだろう（鹿毛，2007a）。

　教育界では「子どもひとり一人を大切にする」ことの重要性がよく強調される。これは教師という仕事の根底に求められる基本的な態度を指しているのではないだろうか。そのような**教育的態度**こそが，教師の表情やとっさの言葉がけなど，具体的な一挙手一投足を規定し，環境のダイナミズムに影響を及ぼすのである。このような教育的態度を背景にした教育実践でなければ，学習者との信頼関係が形成されず，いくら小手先で教育方法をいじってみたところで，効果は極めて限定されてしまう。学習者との言語的な，そして非言語的なコミュニケーションを通じて，相互の信頼関係を前提としつつ，学習者ひとり一人の学びや成長を目指す教育的な関係を築くことが課題なのである。そのためにも学習者の立場に立つこと，例えば，相手の気持ちや感情を認めて共感を示したり，頭ごなしに強制するのではなく根拠を示しつつ理解を促したりするような，学習者の自律性，関係性への欲求を満たす方向でのコミュニケーション（5章3-2）を日常的に積み重ねていくことが教師に求められている。

　例えば，Skinner & Belmont（1993）は，基本的心理欲求理論（4章2-4）に基づいたConnell & Wellborn（1991）のモデル（図4-7）について，教師と児童（小学3年生から5年生）の相互影響過程に着目して検証を行った。その結果，教師の関わりあい（involvement）に関する行動（子どもに対する親愛の情を表現する，子どもとの関わりを楽しむ，子どもを共感的に理解する，子どものために尽くす，子どものニーズに応えるなど）が教師に対する児童の肯定的な認知を介して，児童の実際の学習への行動的，感情的なエンゲージメントを高めた。この研究では，構造の提供や自律性サポートといった教師の行動が必ずしも「教師がそれらの行動をしている」という児童の認知に結びつかず，教師の関わりあい

に関わる行動のみが,「関わりあいのみならず,構造の提供や自律性サポートをも教師がしている」という児童の認知につながっているという結果も示されていて興味深い。教師による関わりあいはその意味ですべての基盤となる行動であり,それなしではいくら効果的な教育方法を採用したとしても,子どもたちに肯定的に評価されない可能性があるのである。

(4)「学び手」としての教師:教師の動機づけ

われわれの経験上,教育実践に対する教師自身の意欲が学習者の意欲と表裏一体であることは直感的に察しがつくに違いない。教師が楽しく授業する姿は教室の雰囲気を楽しいものにするし,教師の熱心さは学習者の興味を刺激する。教えるのが上手な教師は,知識が豊富なだけではなく,その教科を楽しみ,価値を見出すなど,教える内容や教師という仕事に惚れ込んでいるのである。学習者の意欲を規定する重要な要因の一つは,教師自身のこのような動機づけなのだといえる。また,それは教師の教育専門職としての学習意欲にほかならない。

教師の動機づけに関しては,教師の達成目標,熱意・興味,自己効力といった観点からの研究がある。Woolfork-Hoy(2008)は,教師の動機づけが学習者の学業達成や教師に対する親密さに及ぼす影響過程について図5-12のようにモデ

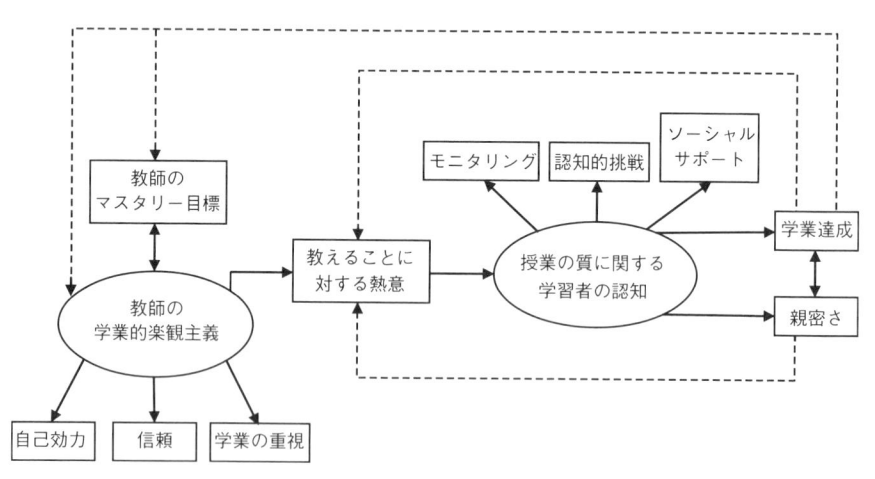

注)破線は教師の変数へのフィードバックを示す。

図5-12 教師の動機づけ・学業的楽観主義と学習者の学業達成・親密さとの関連
(Woolfork-Hoy, 2008)

ル化している。教師自身の動機づけ要因（生徒への信頼，教師としての自己効力といった「学業的楽観主義」など）が教育実践のプロセスを通して学習者の授業に対する認知や学業達成，教師との人間関係に影響を及ぼし，さらにその影響自体が教師の意欲をさらに規定するという循環関係がみられることが示唆されている。とりわけ，教えることに対する熱意，教師の持つマスタリー目標，教師自身の自己効力といった変数が学習者に対して肯定的な効果をもたらす可能性が示されている点に着目したい。

□教師の熱意と興味

　熱く語る教師の口調に思わず聴き入ってしまったという経験はないだろうか。一般に，このような**教師の熱意**は優れた教え方の特徴だとみなされている（例えば，Brophy & Good, 1986）。

　教師の熱意は感情的な傾向性として捉えることが可能であり，それは「教科内容に対する熱意」（トピック関連の熱意：「現在でもなお，私は自分の教科に惚れ込んでいる」「私の教える教科はワクワクするもので，そのことを生徒に伝えようとしている」など）と「教えることに対する熱意」（行為関連の熱意：「私は熱意を持って教えている」「私は教えることを楽しんでいる」など）の二側面に区別できるという（Kunter, Frenzel. Nagy, Baumert, & Pekrun, 2011）。とりわけ，教えることに対する熱意は学習者に伝わりやすく，教えることに熱意のある教師は，生徒の学習（注意散漫になっているかどうかなど）をよくモニターしており，認知的なチャレンジ（思考プロセスの説明など）を生徒に求め，ソーシャルサポート（生徒の疑問やつまずき等に常時対応するなど）を提供していると学習者が認識するという（Kunter, Tsai, Klusmann, Brunner, Krauss, & Baumert, 2008）。

　このような教師の熱意は，学習者に感情伝染（5章3-1）すると考えられる。学習者は教師の表情やジェスチャー，語り口などから教師自身の興味や関心，そしてそれを支える内発的動機づけを感じ取り，動機づけの社会的伝染によって学習者自身の興味を刺激するのだといえるだろう。例えば，Bakker（2005）は，音楽学校の教師と生徒に質問紙調査を行い，フロー（3章4）が教師から生徒たちに伝染する可能性を示唆した。教師が音楽を教える仕事を楽しみ，没頭していると，彼らの生徒にも，音楽の学習活動を楽しみ，没頭する傾向がみられたのである。

□教師の達成目標

　教師の動機づけについて達成目標理論（2章2-3）の観点から解明しようとするアプローチがある。

　例えば，Butler（2007）は，小学校から高校までの教師に対して「あなたにとってうまくいった一日とはどのような日ですか」と尋ねる質問紙を実施し，教師の達成目標には四種類があることを示した。すなわち，マスタリー目標（「教えることや教師としての自分自身について何か新しいことを学んだときにうまくいったと感じる」など），能力接近目標（ability-approach goal：「他の教師のクラスより自分のクラスの試験結果がよかったときにうまくいったと感じる」など），能力回避目標（ability-avoidance goal：「他の教師のクラスほど自分のクラスの試験結果が悪くなかったときにうまくいったと感じる」など），仕事回避目標（work-avoidance goal：「遠足で授業がなくなったときにうまくいったと感じる」など）である。そして，マスタリー目標が仕事上のアドバイスや援助を求めることに対するポジティブな認識（例えば「エキスパートからのアドバイスは教師としての成長に有益だ」）と関連する一方，能力回避目標が他者からの援助に対するネガティブな認識（例えば「他者に援助を求めると無能だと思われる」）と関連していた。さらに，Butler & Shibaz（2008）は中学生に対してもあわせて調査を行い，教師のマスタリー目標と教師によるサポートに関する生徒の認知（例えば「質問に対して注意深く丁寧に答えてくれる」「わからないときにいつでも質問するようにと言ってくれている」）が関連し，教師の能力回避目標が生徒のごまかし（cheating：例えば「他者の宿題を写す」「インターネットから安易にダウンロードしてレポートを書く」）と関連していることなどが示されている。

　以上のように，教師の持つマスタリー目標が教師自身と担当する子どもたちの学びや成長を促す可能性が示される一方，教師が能力回避目標を持っている場合，双方の学びに対してネガティブな影響が生じる危険性が示唆されている。

□教師効力

　教師効力（teacher efficacy）とは，ある文脈で特定の教える課題を成し遂げるために要求される一連の行為を組織し，実行するための「教師としての自分の能力」に関する自信を指す（Tschannen-Moran, Woolfolk Hoy, & Hoy, 1998）。そこには，教師として特定の行為を遂行する自信（例えば「うまく教えられるかどうか」）としての自己効力（2章3-3）のみならず，教師の行為によって学習者

の成果がどれだけ規定されると思っているか（例えば「教師自身が子どもの学業成績を左右することができるか」）という統制の位置（2章3-2）の概念，すなわち結果期待の意味も含まれている。教師効力の概念は以上の異なる二つの理論に基づいているために曖昧さを内包していたが，測定尺度に関する先行研究は，教師効力が二因子で構成されていることを明らかにしてきた。例えば，Gibson & Dembo（1984）は，一般的な教授効力（general teaching efficacy：統制の位置に対応）と個人的な教授効力（personal teaching efficacy：自己効力に対応）の二因子を見出している。また，Guskey & Passaro（1994）は，①教授―学習状況における教師としての個人的な能力の知覚である「内的要因」（項目例としては「生徒の成績が上がったのであれば，その理由は彼らの教師が効果的な教え方をしたからである」「努力すれば，扱いが困難な生徒に対してであっても私の言うことをわからせることができる」）と，②教師自身がコントロールすることが困難な教室外に存在する要因の影響力やインパクトの知覚である「外的要因」（項目例としては「学業達成に及ぼす家庭環境の影響が大きいので，教師としての私ができることは限られている」「家庭でのしつけがおろそかであるなら，生徒はどんな勉強も受け入れないだろう」）の二因子を見出している。

　教師効力は，教師の教室での行動（教えることへの努力，目標設定など）や学習者の学習やその成果（学業達成，動機づけ，子ども自身の自己効力など）に影響を及ぼすことが明らかになっている。例えば，教師効力の高い教師は，教育実践に対する熱意が高く，学習者のニーズに応じて新しいアイディアや方法を積極的に取り入れたり，教育上の困難に直面しても粘り強く取り組んだり，学習者の誤りに対して批判的にならずに，彼らの頑張りにじっくりと付き合おうとするという（Tschannen-Moran, Woolfolk Hoy, & Hoy, 1998）[62]。

□教師が学び合う場としての学校環境

　以上のことを踏まえて考えると，教師自身の仕事に対する内発的動機づけや自己効力を保証するような学校環境（つまり「職場環境」）を整えることこそが重要な課題であることがみえてくる。

　教師効力の観点から先行研究をレビューしたFives & Alexander（2004）は，子どもたちの学習自体を重要視するポジティブな学校環境で働く教師がハイレベルな教師効力を持っていること，教育行政システムや管理職が教師に必要なリソースを提供したり，教育実践に関する教師の自由度や創造性を制約する圧力を

和らげる役割を担っている場合に教師効力が高まること,教師の意思決定や自律性と教師効力にはポジティブな関連がみられ,協同的に仕事をすることが奨励されたり,そのような機会が提供される教師は教師効力が高いことなどを見出している。

　また,教育専門職としての自律性を保障することが重要であることも先行研究によって示唆されている。例えば,「授業が楽しい」「授業改善は重要だ」といった認識に代表されるように,教師の教えることに対する動機づけが自律的であるほど,子どもたちの自律性をサポートするような教育実践を行い,子どもたち自身の学習に対する動機づけも自律的になる (Roth, Assor, Kanat-Maymon, & Kaplan, 2007)。一方,教師が管理職,カリキュラム,同僚から受ける心理的プレッシャー(例えば「管理職から学級経営が評価される」「教育内容を最後まで教えなければならない」)が高いほど,教えることに対する内発的動機づけが低下し,子どもたちの自律性をサポートするのではなく制御的な指導をする可能性が高まるという (Pelletier, Séguin-Lévesque, & Legault, 2002)。しかも,このような心理的プレッシャーの悪影響は,教師の行動に現れる。Deci, Spiegel, Ryan, Koestner, & Kauffman (1982) によれば,「パズルの解き方を確実に教えなさい。生徒に特定のレベルを達成させることがあなたの責任です。あなたの生徒はテストで良い点を取らなければなりません」と教示された教師役の大学生は,教示中の発言量が多く,特に「すべきだ (should)」,「しなければならない (have to)」といった言葉や,命令調の発言,生徒を非難する発言が多かった。また,やり方を指示しすぎるため,生徒に選択の機会を与えず,生徒が自分でパズルに取り組んだり,解決に至ったりすることが少なく,観察者によってよい教え方でないと判断されたのである[63]。

　さらに,フロー理論(3章4)の観点から教師の職場環境について検討したBakker (2005) は,自律性(職務上の行為の自由が認められているかなど),ソーシャルサポート(同僚に援助を求められるかなど),管理職による指導助言(職務上の問題解決に対する管理職の助言が得られるかなど),評価(職務上の目標について十分な情報が得られるかなど)といった教師の職務上のリソースが豊かであるほど,チャレンジとスキルのバランス(3章4-2)が良好(職務上の要求に応える能力が私にはあると感じるなど)になり,教師としての仕事に対してフローを感じやすくなるという可能性を示した。しかも,教師のフローが生徒たちに感情伝染する傾向も見出されたのである[64]。

学校は個々の教師が単独で教育実践をしている場ではない。教師ひとり一人の持ち味を生かしながら同僚として協同して学習者の学びと学習意欲を同時に促すような教育環境を創り上げていくことが求められている。そのためには教師たち自身が相互に学び合いながら，教育に関する確かな信念と教育的態度を共有していこうとする地道な努力が必要不可欠となろう。例えば，McCombs & Miller (2007) は学習者中心 (5章1-1) の教育環境を学校や教室に実現するために，教師たちはコミュニティとして以下のような信念を共有すべきだという。

- すべての子どもたちは成功することが可能で，自分自身の学習に対して責任を持つことができる。
- 学校は思いやりのある学習共同体へと自ら生まれ変わることが可能である。
- すべての保護者は効果的なパートナーになりうる。
- すべての教師はリーダーになりうる。

　教師の意欲はよりよい教育実践を創りだす。そして，その実践を通して学習者の意欲的な姿が現れる。さらに，その姿に手応えを感じ取った教師はさらに優れた実践を実現しようとますます意欲的になっていく。動機づけをめぐる教育実践はこのような教師と学習者の「意欲の相乗効果」によってその質が高められていく。われわれの課題はこのような相乗効果が促されるような教育環境を具現化することにあるのである。

Appendix

附錄

巻末注
引用文献
索引

巻末注

第 1 章

1 意欲に類する日常用語として、やる気、努力、熱意、意志などが挙げられる。もちろん相互にニュアンスの違いが認められるが、総じて「価値の実現や創出に向けた行為主体の能動性」を意味していると考えられる。学習意欲については、例えば、馬場園（1991）が「学習活動をひきおこす人間の内部的動機の総称」であり「学習活動を方向づけ、持続させ、強化する働きをもつ」と説明しているが、意欲という用語についてはそもそも「心理学的な概念規定が明確ではなく、通常、動機づけと同義に用いられている」と述べ、その曖昧さを指摘している。「欲求」と「意志」という意欲の二要素を指摘した河合（1985）は、学習意欲における欲求とは「興味や欲望に基づいて、それを充足するための行動へとかりたてる心的エネルギー」であり、意志とは「目標を選択しそれに到達させるための行動へとかりたてる心的エネルギー」だとし、学習意欲とは「『学習したい』という欲求と『学習しよう』という意志が合体したもの」だと説明している。また、坂野（1976）は、意欲の意志的特徴として①目的志向性、②自主性、③決断性、④不屈さ、⑤忍耐と自制、⑥規律性、⑦勇気と勇敢さを挙げ、これらの側面は発達的または人格的特徴によって特徴づけられていると述べている。なお、学習意欲という用語はわが国独特の表現であるが、あえて英単語を充てるとするならば conation（願望、意志、努力を含む心的プロセスの一側面、知情意の「意」に該当；4 章 6-3）になるだろう。また、学習意欲への心理学的アプローチは学業動機づけ（academic motivation）の研究領域と重複している。学業動機づけの研究は 1980 年代以降、盛んになったが、その理由として、社会的認知の視点に基づくアプローチ、すなわち「学習者による社会的文脈に関する認知や思考によって学業動機づけが規定されるという考え方」が広がって本書で紹介するような多様な理論が生まれてきたことや、学業動機づけが実際の学習成果を予測することを一貫して明らかにしてきたことが挙げられる（Anderman & Dawson, 2011）。意欲の二要素に関連して、浅野（2002）は放送大学と一般大学の学生に調査を行い、生涯学習参加に関して、「積極的関与」（学習意欲が高い、積極的に学習しているなど）と「継続意志」（できるだけ長く勉強を続けたい、常に学びたいという気持ちがある）の両面が重要であると指摘し、学習動機要因として「特定課題志向」（特に学びたいものがある、興味ある分野を学びたいなど）が積極的関与と継続意志の両方を、「自己向上志向」（視野を広げたい、自分を高めたい、幅広い教養を身につけたいなど）が継続意志をそれぞれ強化することなどを見出している。

2 教育心理学は、人が環境と関わりながら学んだり成長していったりする現象（学習や発達）を心理学的に明らかにすることを通して、教育のあり方を探究する学である。すなわち、心理学的なアプローチによって教育を解明する学問（教育についての学問）であると同時に、よりよい教育のあり方に向けた知見を見出す学問（教育のための学問）だといえるだろう（鹿毛、2006a）。そこでの重要課題の一つは、教育の解明と改善の基盤となる「理論」を創出、あるいは再構築することであろう。心理学における理論の本質的機能は心理現象の説明であると考え

られるが，とりわけ，教育心理学の理論が持つ機能として鹿毛（2005a）は，①解釈機能（教育にかかわる現象について説明し理解を深める働き），②予測機能（教育に関する将来的な見通しを提供する働き），③活用機能（教育をどうすればよいかについて具体的に示唆する働き）の三つを挙げている。

3　アメリカ心理学会が編集した心理学辞典（APA, 2007）の「学習」（learning）の項目では「練習や勉学，体験の結果としての行動の変容によって特徴づけられる新しい情報の比較的持続的な獲得プロセスや行動パターン，能力の獲得プロセス」と定義されている。Shuell（1996）によれば，学習の意味は理論の変遷に規定されており，「反復練習による事実，スキル，概念の獲得」（行動主義理論），「既有知識と新しい知識とを関連づける多様な機会と情報処理過程によって生じる活動的な知識の構築あるいは再構築」（認知的構成主義），「社会的な機会において生じる社会的に定義された知識や価値の協同的構築」（社会的構成主義）というようにそれぞれの背景となる理論に対応して定義されるという。

4　したがって，例えば，算数のドリルに取り組んで自己採点をするといった活動は必ずしも学習であるとはいえない。単に正誤を確認するだけでは，知識や技能を獲得したとはいえないからである。一連の活動を通して，なぜ間違ったかを理解したり，正しい計算の仕方などを身につけてはじめて学習だといえるのである。但し，教育あるいは学習する主体の意図とは別に，その活動を通して，「ドリルに取り組むことが学習だ」「計算は面白い（退屈だ）」といった「信念」（この場合「学習観」）や「態度」を学習するということは大いにありうる。その意味で「潜在的カリキュラム」（教育する側の意図と無関係に学習されてしまう内容）を含めた検討が必要となる。また，動機づけの心理学において，「成功」や「達成」に関連して学習への動機づけが論じられることがあるが，上記と同様の観点から慎重な検討が求められる。すなわち，成功や達成を求める動機づけにどのように（潜在的カリキュラムの検討も含めた）当人の学習が関連しているかが問われるべきであり，単に活動の生起の有無を問題にするだけでは（学習意欲研究としては）十分とはいえないのである。

5　態度の古典的ではあるが重要な定義としてよく取り上げられるのが，Allport（1935）による「態度とは，あらゆる対象と場面に対する個人の反応に指示的，あるいはダイナミックな影響を与える，経験によって体制化された心的な，そして神経の準備状態である」という定義である。態度とは「ある対象（人，出来事など）に対する好意的あるいは否定的に反応する評価的な傾向性」を指し（Ajzen, 2005），行為の選択に影響を及ぼす内的な状態を意味する（Gagné, 1977）。また一般に，態度には認知的（一貫性を求める：信念など），情動的（快―不快を伴う），行動的（特定の行為の傾向性，準備状態である）な三側面があるとされる（Gagné, 1977）。なお，態度と特性（trait）との違いは，態度には特定の対象に対する方向性が認められる点にあるという（Ajzen, 2005）。態度研究の全容については Alberracín, Johnson, & Zanna（2005）に詳しい。動機づけにおける態度の機能に関連して，Fazio（1986）は，主に社会心理学の研究をレビューすることを通して，態度が行動を生起させるプロセスに関するモデルを提案している。

6　構成主義自体は幅広い考え方を包摂する理論ではあるが，およそ以下のことを明らかにしている（久保田，2000）。すなわち，①学習とは，学習者自身が能動的に活動することによって知識を構築していく過程である。②知識やスキルは文脈から切り離されるのではなく，状況の中で，状況に依存して学ばれていく。③学習は共同体の中での社会的な相互作用を通じて行わ

れる。学史的には，認知的構成主義（対象への働きかけを通して学習者自身が認知過程を生み出すという考え方）から社会的構成主義（認知過程は複数の人の相互的な行為の中で達成されるという考え方）へと理論が展開したとされる（Shuell, 1996）。

7　一般に学習意欲という場合，意図的な学習を問題にすることが多いので，能力の獲得（主に「わかるようになること」や「できるようになること」）を目的とした意欲に関心が向けられがちである。しかし，上記のような学習概念の拡張を前提にすると，「ある活動に参加してみたい」，「自分を成長させたい」などといった特定の学習に直結するとは限らない意欲も学習意欲概念に含まれることになるし，教育や発達の観点からも学習意欲をこのように広義に解釈する方が妥当であろう。その意味から，教育する側からみた「望ましい」学習意欲（課題学習意欲，「勉強意欲」）ばかりでなく，学校などの教育機関以外の生活全般における学習をも含めた学習者当人の志向性として発現する個性的な学習意欲（志向学習意欲）を捉えようとする観点も重要になるだろう（鹿毛，1995b）。なお，近年，わが国の教育論において「学習」よりも「学び」という用語が好んで用いられるようになったが，その理由の一つは，「学び」とはいわば「動名詞」であり，学習成果のみならず，そのプロセスやそのダイナミックな特徴が「学び」という語感によってより強調されるからであろう。元来，学習とは特定の成果へと至る単純な道筋ではないはずである。学習意欲という視点は，学習成果という結果的な側面のみならず，学習のプロセスやそのダイナミックな性質をも踏まえた学習に関するわれわれの認識を促す。その意味で学習意欲は「学び」を把握し，解釈するための有効な視座なのである。

8　学習に対する積極性の程度について，極端に単純化して典型化すると三つのパターンがあるだろう。すなわち，①まったく学ぼうとしないパターン，②消極的に学ぶパターン，③積極的に学ぶパターンである。②は，「学びたい」という強い気持ち（欲求）はないのだが，当該学習に直接には関連しない要因（賞罰など）に左右されて学ぶという場合である。③は一般に望ましいと考えられている学習意欲の状態である。①は学習意欲がない状態，③がある状態とみなすのは容易なのだが，学習意欲論で問題になるのが②であろう。例えば，学習意欲とは，あくまでも「学習そのものに対する意欲（学習が目的の意欲）」であって，「点取り意欲」「ライバルに勝とうとする意欲」「賞賛を求めたり叱責を恐れたりすることによって生じる意欲」などは学習意欲とはいわない（上田，1976）というように，②は学習意欲ではないという主張がある。ただ，本書の冒頭で示したように学習意欲をより広義に「学ぼうとする心理状態」ととらえるなら，②が学習意欲でないと断言はできない。その理由はともあれ学ぼうとする心理状態に基づいて学習行動が生起しているからである。もちろん，②と③の学習意欲の質が異なっていることに留意することは極めて重要である。内発的／外発的動機づけ理論（4章3-4），有機的統合理論（4章3-1）等が示すように，両者は学習のプロセスと成果に対して全く異なった心理的機能を持っているためである。なお，有機的統合理論のように②は③に至るプロセスとみなす考え方もあり，教育的な観点からはその転換の条件が問われることになろう。

9　Fredricks, Blumenfeld, & Paris（2004）によれば，エンゲージメントとは，行動，感情，認知の三側面を統合した多次元的な「メタ構成概念」（meta construct）であり，人の活動においてこれらの三側面が独立して機能するのではなく，ダイナミックに相互作用している現象を豊かに描き出す可能性がある用語である点に意義があると主張されている。また，行動的エンゲージメントには，①ポジティブな振る舞い（クラスのルールに従う，授業妨害しないなど），

②学習への没入を示す行動（努力，注意，集中など），③学校活動（部活動，生徒会など）への参加という三つのとらえ方があると指摘されている（Fredricks, Blumenfeld, & Paris, 2004）。Reeve（2009a）は，これらの三側面に加えて自己表現（voice），すなわち，活動の最中に学習に対してポジティブな影響を与える方向で自分自身を表現すること（意見や興味の表明，議論への参加など）をエンゲージメントの要因として挙げている。実証研究として，例えば，Skinner, Furrer, Marchand, & Kindermann（2008）は，行動的，感情的エンゲージメントの発達的変化について4年生から7年生を対象に調査している。また，Turner, Meyer, Cox, Logan, DiCintio, & Thomas（1998）は，小学校高学年算数の授業の談話分析を通して，エンゲージメント（関与）の高いクラスと低いクラスの特徴を描き出している。布施・小平・安藤（2006）によれば，小学生の積極的授業参加行動は「注視・傾聴」，「挙手・発言」，「準備・宿題」の三側面に要約可能であり，とりわけ「注視・傾聴」が動機づけと関連が強いことが示されている。なお，エンゲージメントと類似の概念として関与（involvement：Reed & Schallert, 1993など），フロー（3章4），状態興味（3章3-2）がある。いずれも現在進行形の体験における意欲的な心理状態（集中，注意の焦点化，学習の促進）を表す概念である。同様に，現在進行形における適応的な心理状態の質を描き出す概念として「マインドフルネス」（mindfulness）を挙げることができる。マインドフルネスとは，現時点で起きている出来事や体験に注意が向けられ，文脈や展望（perspective）に敏感で，外的事象を価値判断しようとするのではなく，新鮮な気づきに対して開かれた柔軟な心理状態を指し，固定的なマインドセット（mind-set）にとらわれて文脈や展望に気づかず，規則やルーティンに支配された心理状態であるマインドレスネス（mindlessness）と対置される（Langer & Moldoveanu, 2000）。仏教思想に起源のある「注意力」を表現する概念とされ，認知療法の観点からも注目されている。動機づけとの関連を検討した研究として，例えば，Brown & Ryan（2003）はマインドフルネスの個人差を測定する尺度を開発し，感情，自尊心（self-esteem），心理的欲求充足等のウェルビーイングに関わる多様な変数との関連について検討している。

10　self-regulated learningという用語については，「自己調整学習」の他に「自己制御学習」「自己統制学習」などの訳語が充てられることもあるので注意されたい。本書では，動機づけ研究においてcontrolが制御，統制と訳されることが多いことを踏まえ，それとの混同を避けるためにregulationを調整と訳すことにする。自己調整学習とは，個人が自らの学習プロセスに対して，メタ認知的，動機づけ的，行動的に積極的に参加する程度を意味する（Zimmerman, 1986）。上淵（2007）は，学習一般と自己制御学習の相違について論じる中で，自己制御学習の本質は「（目標）志向性」にあり，そこには①学習の客体視（対象化），②目標，基準等に基づく学習の評価，③学習のプロセス，方法あるいは目標，基準の修正という特徴が含まれていると指摘している。また，自己調整する学習者は，適応的な動機づけ信念（態度），学習方略（認知的方略）の使用，メタ認知能力に特徴づけられるという（Wolters, 2003）。これに関連して，篠ヶ谷（2012）は，学習方略を事前学習，本学習，事後学習の各フェイズによって整理することを通して，効果的な学習のあり方を検討する枠組みを提案している。そもそも自己調整（self-regulation）とは，端的に表現するならば「意志力」（willpower）や自己統制（self-control）の本質的要素を指す（Mischel, Cantor, & Feldman, 1996）。Baumeister, Schmeichel, & Vohs（2007）によれば，意志とは「自分自身の反応や内的状態を変化させる自己」のことを意味し，「自己」（self）

が持つ主要な実行機能（活動的で意図的な側面，選択するという側面）だとされている。また，その本質的な構成要素として①基準（理想，目標，価値といった望ましい状態）に対するコミットメント，②行動のモニタリング，③特定の反応を優先させ，行動を変化させる能力の三つが挙げられている。但し，意志（volition：2章4-2）は自己調整の中核的概念ではあるが，自己調整学習は意志の問題領域である実行（implementation）のみならず意思決定の問題領域も包括して扱っているため，厳密にいうと意志は自己調整学習の遂行段階に焦点化した概念だといえる（Corno, 1993）。なお，自己調整と自己統制（self-control）は同義語として相互互換的に用いることも可能だが，論者によっては後者が意識的なコントロールであるのに対し，前者は目標指向的行動やフィードバック・ループを意味する語として広義に用いられているという（Vohs & Baumeister, 2004）。以上のことを踏まえると，自己調整学習の研究とは，動機づけ要因を組み込んだメタ認知研究として理解することができよう。但し，Miller & Brickman（2004）は，自己調整について，社会的認知に基づくよりミクロで近接的な過程とより長期のスパンに焦点を当てた将来志向的調整（future-oriented regulation）を区別してモデル化し，特に後者の重要性について論じている。Tabachnick, Miller, & Relyea（2008）は，この考えに基づいて内発的／外発的な将来目標（目標内容理論：4章6-2）が中期的目標や近接目標に及ぼす影響について大学生を対象に検討し，特に内発的な将来目標が自己調整過程を規定することを示している。ところで，Wolters（2003）は自己調整学習の重要な側面であるにもかかわらず見落とされがちな特徴として動機づけ調整（regulation of motivation）を強調している。具体的には，行動の結果の自己管理（「宿題が終わったらテレビを見よう」といった自己強化的教示など），目標志向的自己教示（学習プロセスで困難に直面した時，「よい成績をとること」や「深く理解すること」の重要性などを想起する），興味高揚（退屈な活動に興味を見出すように工夫する），環境の構造化（気が散って活動に集中できなくなる可能性を低下させるように工夫する），セルフハンディキャッピング（4章5-2），帰属コントロール（失敗を能力といった内的で安定的な要因に帰属することを避けるなど，動機づけを維持するために意図的に帰属因を選ぶ），自己効力マネジメント（近接目標を設定する，準備不足あるいは能力不足だという意識を高めるなど「成功しないという自覚」を強めるような「防衛的悲観主義」に基づく方略を用いる，自分に対して「きっと成功する」といった自己教示をするなど），感情調整（「ゆっくり十まで数えて呼吸を整えることで不安や緊張を和らげるなど」を挙げている。これに関連して，伊藤・神藤（2003）は，とりわけ動機づけ的側面に着目し，中学生用自己動機づけ方略尺度を作成している。なお，自己調整に関連する概念として，環境との相互作用における一次コントロール（primary control）と二次コントロール（secondary control）の区別が挙げられる。Heckhausen & Schulz（1995）は，一次コントロールとは当人の欲求や願望に適合するように外界を変化させようとする直接的な行動であるのに対し，二次コントロールとは一次コントロールを維持，拡張したり，その欠如を最小限にしたりする内的なプロセスであるとし，生涯発達の観点からこれらの適応的役割について論じている。また，竹村・仲（2012）は，特に二次コントロールに焦点を当ててレビューを行って概念を整理し，概念の構造を明らかにしている。塚原（2010）は，学習性無力感理論（2章3-2）の観点から一次／二次コントロールを取り上げ，その測定尺度を作成している。また，中島・無藤（2007）は，一次／二次コントロールの四方略を女子学生による目標達成プロセスとしての就職活動の検討に適用している。

11 「意欲」や「やる気」といった言葉は行為を生み出す方向性を示唆する用語であり,「ないよりはある方がよい」と考えられがちだという意味において,どちらかというとポジティブな意味合いを持っているのに対し,「動機づけ」という言葉は,行為が生起するという側面だけでなく,反対に行為が起こらないのはなぜかという点までも説明するより包括的な理論体系を背景とした学術用語であって,価値中立的に用いられることが多い。例えば,睡眠の動機づけ,虐待の動機づけというように一見「意欲」と無関係なテーマも動機づけの研究領域である。確かに,この動機づけの問題を「意欲」や「やる気」の有無の問題として説明してしまうことは容易である。つまり,読書する意欲があるから本を読みはじめるのだろうし,長い時間,本を読み続けられるというわけである。もちろん,このようなナイーブで常識的な説明では,動機づけの問題を解明したことにはならない。動機づけのしくみやはたらき,そして動機づけを規定する条件を明らかにすることが研究の目的になる。

12 行為と行動という用語は相互互換的に用いられることも多いが,以下のようなニュアンスの違いもある。行動(behavior)は身体的な動きを主に指す用語だが,行為(action)はわれわれが日常生活を営む環境,とりわけ社会的な文脈を前提として,行動だけではなく,感情,注意,目標を含み込む用語である(Skinner, Kindermann, Connel, & Wellborn, 2009)。例えば,手をたたくことが,当人の意図によって相手をたたえる「拍手」にもなりうるし,騒がしさを鎮めて静粛を求めるメッセージにもなりうるというように,同じ行動が違う行為の一部を構成することさえありうるのである。逆に,「深呼吸する」,「十まで数える」,「散歩をする」といった異なる行動が,「気持ちを落ち着かせる」という同じ機能を持った行為として描くこともできる。以上のことを踏まえ,本書では両者を厳密に区別することは不可能であることを認めつつ,より具体的で特定可能なものを「行動」,一連の「行動」から構成されるより複雑で意識的,意図的なものを「行為」と表現することを原則とする。ちなみに,美濃(1997)は,分析哲学の立場から,行為とは「何らかの行動によって一定の出来事ないし状態,すなわち成果の実現を意図し,そしてそれらの行為と成果が実際に生じること」であってそこには意図,志向性が伴われているのに対し,行動は単なる身体運動であり,行為の一要素だとしている。「腕を上げる」という例でいうと,「腕を上げよう」という意図が伴っている場合が行為だというのである。この点に関連して,Heider, F. は動機づけについて意図との関連で分析している(2章4-1)。

13 このエネルギー性について,さらに強度(活発さ,強さ,覚醒)と持続性(粘り強さ,維持,忍耐強さ)という二側面に区別することも可能であろう。

14 motivation の語源は,to move を意味するラテン語の動詞 movere だという(Beck, 2004)。「個人を押す(push),あるいは引く(pull)ような個人内外のプロセス」という動機づけの説明(例えば,Ferguson, 2000, 速水,2012a)も一般的である。動機づけの定義として,例えば「人や動物に目的や方向性を与え,意識的あるいは非意識的レベルで機能する駆動力(impetus)(APA, 2007)」などが挙げられる。動機づけの概念とそれまでの研究の歴史とについて詳述している Madsen(1973)によれば,動機づけとは行動を説明するために創り出された概念であり,もっともシンプルで正確な動機づけの説明として「すべての行動は二つの記述的な用語,すなわち,強さ(intensity)と方向性(direction)の組み合わせによって説明できる」とした Duffy(1962)を挙げている。古くは Lewin(1942)のベクトルの比喩(強さ,方向,作用点)にみられる,行動の強さ(エネルギー的な側面)と方向性を説明する要因が動機づけで

あるというこの見解（例えば，Ryan & Deci, 2000a，桜井，1997 など）は，もはや定説になっているといってよいだろう。ただ，動機づけの機能として，これら二つに加え，行動の持続的調整を含める見解もある（例えば，Ford, 1992）。Beck（2004）は，動機づけ及びその理論を検討する前提としての重要な哲学的問いとして「心と身体の関連性」や「自由意思：行動の決定論」のテーマを取り上げて論じている。

15　学習意欲に関しても，われわれは例えば，何時間勉強したか，問題を何問解いたかというように動機づけの量的側面に着目しがちである。もちろん，それらは動機づけのエネルギー性の反映ではあるのだが，そこだけを問題にするだけではその当人の動機づけを十分に理解することはできない。何に興味を持って，どのような表情で勉強していたのか，あるいはいかなる問題に対して，どのようなプロセスを経て解いていったのかといった動機づけの質的な側面にも着目しようとすることが大切である。

16　人の外面に表れた行動のみの観察データによって動機づけを理解することは困難である。もちろん，感情など，外面（表情等）に表現されやすい側面もある。しかし，その感情でさえも，「ポーカーフェイス」という言葉があるように，なかなか他人には窺い知れない場合も多く，時と場合によっては感情の表出をコントロールせざるをえない状況も少なくない。いずれにしても，動機づけ現象について統合的に理解しようとするには，外面的に記述できる動機づけの特徴だけでなく，表出される行為の内的な要因，周囲の状況や社会的な条件などを念頭に置く必要があるのである。その意味で，動機づけの指標を多角的に把握して判断するような態度がわれわれに求められるだろう。また，自己報告によるデータの収集は，手軽で効率的ではあるが，必ずしも自己報告が実際の行動や生理的反応と対応するとは限らないこと，社会的望ましさの判断などによって回答が意図的，無意図的に歪められる可能性があることなどに注意が必要である。近年では，脳神経科学の進展に伴い，脳神経の活動を動機づけの指標として活用する傾向が強まっている。例えば，恐れの指標として amygdala，目標設定の指標として prefrontal cortex といった脳の活動，ストレスの指標として血液や唾液の化学物質（cortisol など）の分析によるホルモンの活動，瞳孔の大きさ，まばたき，目の動きといった目の活動などの指標が挙げられる（Reeve, 2009b）。学習意欲については，河合（1985）がその指標として，①学習活動の主体的・自発的な取り組み，②学習活動の敏速性（活動開始までの潜時が短く，課題達成までの所要時間も短い），③目標の高さ，④注意の集中，⑤注意の持続，⑥挫折に対する耐性の6つを観察可能であるが一過性の行動指標として，⑦学業成績を相互に関連しあう指標として位置づけている。

17　以前，筆者はこの三水準の各名称をそれぞれパーソナリティ意欲，文脈意欲，状況意欲と表現した（鹿毛，2004）が，①文脈意欲と状況意欲という表現は多義的であり正確な理解を妨げる可能性があること，②文脈意欲に関しては，自己概念研究（2章3-5）の「領域」概念に対応可能なこと，③パーソナリティ意欲と状況意欲に関しては，感情研究でみられる trait と state の区別にそれぞれ対応していること，④すべての水準を「意欲」として同等に理解することが必ずしも適切ではないことから，本書では三水準について，特性レベル，領域レベル，状態レベルと表記することにした。ちなみに，Vallerand & Ratelle（2002）は，これら三水準についてそれぞれ，global または personality level（＝特性レベル），contextual または life domain level（＝領域レベル），situational または state level（＝状態レベル）と表現している。

なお，本邦においては状態レベルの動機づけという観点に立った実証研究が少ないが，磯田（2008）は英語教育の立場から動機づけにおける特性と状態の区別を重視し，学習者の授業に対する認知的評価（価値と期待による意図の作成）に着目した一連の研究を行っている。

18　教育的な視座からは，状態レベルの動機づけにまず着目すべきであろう。例えば，Bronfenbrenner & Morris（1998）は，近接プロセス（proximal process），すなわち「活動的で発達プロセスにある生物学的かつ心理学的な人間と，彼らの目前の外的環境に存在する他者，対象物，シンボルとの間で進行する複雑で互恵的な相互作用」がすべての発達を促進する最も重要な要因であると述べている。状態レベルの動機づけは，まさに近接プロセスにおける意識的，非意識的な動機づけ現象であり，例えば，エンゲージメント（1章1-2）は現在進行形の学習の規定因であるとともに，その体験的な積み重ねがその後の学習や成長の発達的基盤になると考えられる。また，評価の観点からも，他者の動機づけ全体を理解することは困難であるが，エンゲージメントのような状態レベルの動機づけは他者が察知することが比較的容易である。学習者の状態レベルの動機づけに教師が敏感になれば，現在進行形の学習者の姿についてよりよく把握できる可能性が高まるのである。なお，領域レベルの動機づけに着目した研究は多い。例えば，Watkins & Coffey（2004）では，読書に対する動機づけについて測定項目などが検討されている。

19　動機とは，「今，これをしたい」，あるいは「今，これをしなければならない」といった願望（desire）としての心理状態であり，必ずしも意識的であるとは限らない。状況との相互作用によって立ち現れる現象であり，その意味で欲求（need）と区別されてきた（例えば，Alderfer, 1969）。

20　誘因は「インセンティブ」として経済学や経営学でも頻繁に用いられる用語である。その場合，個人を動機づけようとする外在的な意図を前提とした「意欲を引き出すために用いられる外的な刺激」という意味を基本として，「そのような刺激を作り出すためのしくみ」や「そのような刺激によって引き出された意欲」という意味で用いられる（渡部・小宮，2007）。なお，誘因に対置される語としては動機ではなく「動因」（drive）が挙げられることも一般的である。ただ，動因は当初，生命体を行動に駆り立てる一般的なエネルギーと考えられていた（Woodworth, 1918）が，Hull, C. L. などの学習論的動機づけ論者により生理的欲求を前提としたホメオスタシスの機能に基づく構成概念として特化して用いられるようになった経緯がある（4章1-1）。このように機械的で生理的欲求に基づくものが動因と呼ばれるのに対し，より目的的で派生的な色彩を帯びた用語として動機が用いられる傾向がある（河合，1976）。そこで本書では，精神力動論（4章1-1）のようなパーソナリティ論的動機づけ論をも含みこんだより一般的な概念として動機という用語を用いる。

21　*The American heritage dictionary*（3rd Ed.）による。APA（2007）においても，agent は「行為する，あるいは行為する能力（capacity）を持つ人または存在（entity）」と定義されている。

22　動機づけをどのように説明するかは，人間をどのような存在と考えるか，すなわち「人間観」の反映であるといえる。この人間観は，いわば動機づけのメタ理論（動機づけ理論についての理論）の一つとして位置づけることができよう。例えば，動機づけ理論は，機械論的アプローチと生命体論的アプローチに大別される（Deci, 1975; Pintrich & Schunk, 2002）。人間を機械に例えて説明することは，Descartes, R. や Woodworth, R. S. にもみられたが，様々な力に

よって動かされている存在として人間をとらえようとする機械論的アプローチ（mechanistic approach：動因理論など）に対して，生命体論的アプローチ（organismic approach）では，人間の能動性や成長を強調する。両者の重要な違いは，機械論的アプローチでは，「刺激―反応」の連合こそが行為の原因であり，人を「動物的な本能」をもった「ロボット」とみなすのに対し，生命体論的アプローチでは個人の選択を行為の原因と考える点にある。機械論的アプローチ以外の人間観はさらに細分化できる。例えば，Maslow, A. H. や Rogers, C. R. らの人間主義心理学では自己実現という自ら選び取った理想を目指す人間像が前提とされているし（4章2-2），動機づけへの認知論アプローチ（2章参照）の背景には，人間の理性的，論理的側面が強調された「科学者」として人間像（状況を理解しようと努める，意識的で合理的な意思決定者）がある。しかし，以上の人間観はそれぞれ一面の真理をあらわしているが，いずれも「極論」だといえるだろう（Ford, 1992）。今日までの動機づけ研究やその理論を俯瞰すると，人間は，環境と適応的に相互作用するダイナミックな「認知―感情―行為システム」を備えた行為主体（エイジェント）であり，社会的，文化的な環境との関わりによって自己構成していく存在（Mischel & Morf, 2003）として理解可能であり，本書もこのスタンスに立つ。なお，人間の達成行動に関する動機づけ理論の近年における展開については，Urdan & Karabenick（2010）などに詳しい。

23　学習意欲は，特定の領域で当人に一貫してみられる傾向があることから，領域レベルの動機づけ現象とみなされることも多い。また，より安定的で当人のパーソナリティ全体の本質的特徴として理解することも可能なことから特性レベルの性質であるともいえる。筆者も，これまで状態レベルのみならず，領域レベル，特性レベルをも含めて学習意欲と位置づけてきた（鹿毛, 2004）。以上のことから，状態レベルとして理解できる現象を「狭義の学習意欲」，領域レベル，特性レベルとして理解できる現象を「広義の学習意欲」と位置づけることも可能だろう。なお，学習意欲という用語はわが国独特の表現であるが，その心理学的知見は学業動機づけ（academic motivation）の研究とオーバーラップしている（1章注1）。

24　坂元（1978）は，学習意欲の発達について教育学の観点から論じている。学習意欲には学習対象にかかわる「認識的側面」と生活あるいは社会的な意義にかかわる「人格的側面」とがあり，それらが統合することによって生活意欲の発展と結びついていく過程が学習意欲の発達であるとした。

25　状態レベルの動機づけ現象としてよりミクロなレベルから厳密に表現するならば，学習意欲の本質は「課題没頭」を引き起こす機能にあるといえる。学習意欲によって生起する「学習に関連する目標志向的な行動」とは瞬間的な心理状態としての課題没頭に基づいているはずだからである。ただ，興味がある場合は，自ずと課題没頭の状態が生じると考えられるのだが，そうでない場合に，「目標達成」が課題没頭へ至る心理プロセスをサポートすることになる。つまり，目標達成型学習意欲は課題没頭型学習意欲が単独で機能しない場合，補助的に作用すると考えられるのである。

26　例えば，Ford, M. E. は達成とコンピテンス（能力）について以下の式で表している（Ford, 1992）。「達成・コンピテンス＝（動機づけ×スキル）／生理的，身体的構造・機能（Biology）×応答的環境」。達成やコンピテンスは，生理的・身体的な潜在能力があり，かつスキル（行動的なものだけではなく認知的なものも含む）を持ち，動機づけられた人が応答的な環境と関わ

りあう結果として生じるということをこの式は意味している。例えば，運動選手のパフォーマンスは，優れた資質としての肉体的な特徴や身体的なコンディション（生理的，身体的構造・機能）の制約を受けつつ，競技に対する前向きな姿勢（動機づけ）や身体的，認知的な技能（スキル），有能なコーチや切磋琢磨するチームのメンバー（応答的環境）の相乗効果として理解することができるのである。逆に，いくら身体的な条件（例えば，背が高い，筋力があるなど）が整っていても，当人にやる気がなかったり，技能を身につけていなかったりすれば，また環境に恵まれなかったりすると，高水準の達成が実現できないことも意味している。

27　Franken（1998）によれば，注意には三つの要素，すなわち，①receptor orientation/attending（情報を分析するために感覚受容器に注意を向ける），②選択的注意（selective attention：情報の一部に対して選択的に注意を向ける），③情報処理量の制限（しばしばわれわれは大量あるいは複雑な情報に効果的に対処できない）がある。学習が成立するためには，学習者による注意のコントロールが必要条件であり，学習者自身の学習意欲と同時に環境側の配慮（学習者の学習意欲を促す環境条件の他に，上記①に関して情報がキャッチできる環境を整えること，上記②に関して重要な情報であるか否かの情報がわかるようにすること，上記③に関して情報の構造化の仕方（チャンク化，イメージ化など）がわかるようにすることなど）も求められる。

28　いわゆる「温かい認知」（hot/ warm cognition：動機づけられた認知）の研究は，学習意欲に関連する変数が理解を促す重要な要因であること示唆している。Pintrich, Marx, & Boyle（1993）は，動機づけに関連する学習者の信念を考慮することなく，認知だけに焦点化したモデル（「冷たい認知」）のみによって概念変化（conceptual change）を理論化することの限界を指摘し，目標（2章2-2），価値（2章2-1），自己効力（2章3-3），統制信念（2章3-4）といった動機づけ変数が概念変化を媒介している可能性を強調した。例えば，Mason, Gava, & Boldrin（2008）は，小学5年生を対象とした実験を行い，「光」について解説する論駁的な（被験者の既有知識を論破する内容の）テキストが児童の興味を引き起こして彼らの学習（概念変化）を促進する可能性や，特にそれがトピックに対して興味の高い児童に有効であることなどを示唆している。

29　動機づけと創造性の関連について，例えば，Runco（2005）がレビューしている。

第 2 章

1 認知心理学や認知科学における「認知」という用語は，知覚や認識に関わるすべての心理現象を指しているが，動機づけ研究における「認知」の意味はこのようにかなり限定的である。とりわけ，動機づけの認知論的アプローチは社会的現象に関わる理解，判断，推測，意思決定などを扱う「社会的認知」（social cognition）の研究に影響を受けつつ発展してきた。社会的認知とは，広義には，われわれ人間が他者や自分自身について理解し，意味を見出す過程を指し，狭義には情報処理論的なアプローチや研究パラダイムに基づく社会心理学的研究を指す（唐沢，2001）。特に近年，動機づけ研究の文脈においては，達成が当人の行動，個人内要因（思考，信念など），環境条件の間で生じる相互作用に基づいているという考え方を指す（Schunk & Pajares, 2002）。一方，動機づけ研究における「認知」が必ずしも「意識的過程」を意味するわけではないという点にも留意する必要があろう。特に近年，意志（2章4-2）や自動動機（2章4-2）など，非意識的な動機づけプロセスに対しても関心が向けられている。

2 信念とは，「態度」（1章1-2）を構成する認知的表象であり，個人が持っている「知識」の一種であるが，必ずしも「真理」であるとは限らない。信念は日常生活における多様な体験を通して学習される。したがって，その形成プロセスにおいては，個別具体的な出来事や規範・文化（当人の属する社会が何を望ましいとしているか）が影響を及ぼすことになり，信念の内容は主観的かつ価値的な色合いを帯びたものになる。つまり，信念は社会の通念や価値を反映している（例えば「英語は話せた方がよい」）と同時に，その内容には個人差がみられる（例えば，「英会話ができるか否かは自分には関係ない」という人もいる）。また，個々の信念は互いに結びつき，個人内で信念体系を形成している。例えば，「教育観」「歴史観」のような「○○観」は典型的な信念体系だといえるだろう。

3 達成動機づけ（4章4-2）について期待×価値理論に基づいて体系化した Atkinson（1957）によれば，期待とは「特定のパフォーマンスに成功あるいは失敗が伴うだろうという予期（anticipation）」であり，価値とは「ある課題の成功あるいは失敗に関連した魅力（attractiveness）」だとされている。研究史を概観すると，期待×価値理論の源流は，個体が自分のパフォーマンスによって目標に近づくことをどの程度予期するかという要因（期待）と，その特定の活動に対して成功することがどの程度魅力的であるかという要因（誘因）の二つが重要であるとした Tolman, E. C. や，目標に到達する可能性の認知（potency）と誘因動機づけの中核的な概念である誘意性（valence）とが動機づけのレベルを規定するとした Lewin, K. の考え方まで遡ることができる。とりわけ Tolman が，期待×価値理論を手段─目標関係の学習と関連づけながら理論化している点は注目に値する。学習と動機づけを初めて明確に区別した（Heckhausen, 1991）とされる Tolman は，ある種の知識として学習された手段─目標関係を動因や誘因といった動機づけの要因と区別し，刺激と反応を媒介する変数とした。すなわち，動機づけ変数（動因や誘因）が活性化するや否や，目標に向けて行為を方向づける媒介変数として認知を位置づけたのである。一方，Lewin（1938）は「動機づけの強さ（effective force）＝目標の誘意性（valence）×可能性（potency）÷当人と目標の心理的距離（distance）」と定式化した。誘意性は「当人

の欲求に基づく緊張状態」と「目標対象」の関数であるとされていることから,いわゆる「価値」の変数として意味づけられる。可能性とは「ある選択が正あるいは負の結果を導く可能性の認知」を意味しており,心理的距離とともに「期待」の変数として位置づけられる。また,より近年の理論家としては,社会的学習理論(2章注39)の立場に立つRotter, J. B. や,期待×価値理論を体系化したAtkinson, J. W. にも注目する必要があるだろう。Rotter (1966, 1975) は,ある状況で結果(強化)に導く行動が起こる可能性を「行動ポテンシャル」と呼び,それはある状況下で行動したとき結果(強化)が得られるという主観的な見込みである「期待」と,ある状況においてその結果(強化)が当人にとって意味する「価値」(強化価)の関数であると論じた。なお,Atkinson の理論には欲求や感情の変数も組み込まれていた(4章4-2)が,近年の期待×価値理論では,認知論的色彩がさらに強まった。その特徴として,Eccles, Wigfield, & Schiefele (1998) は,①期待と価値の構成要素がより精緻化されていること,②古典的な理論が実験室的な課題を扱っていたのに対し,現実的な場面(学業場面など)での課題に基づいていること,③ Atkinson の理論は期待と価値の間に逆比例の関係(期待が高ければ高いほど価値が低い)を仮定していたが,現代の理論ではむしろ正の関連が仮定されていることを指摘している。

4 expectancy の和訳として「予期」が用いられることがある。筆者は,学術用語としての語義(状況に固有な一時的評価をも意味することなど)に照らせば,予期の方がより適切な訳であると考えるが,本邦の研究においては「期待」が訳語としてほぼ定着していることから,本書では混乱を避けるために「期待」を用いることにする。

5 「価値」の心理学的定義として,以下の例が挙げられる。「人間の欲求や社会的な要求に関する認知的表象であり,行為の望ましい手段や目的に関する規範的あるいは予測的な信念として具体化された心理学的概念」(Rokeach, 1979)。「過去の具体的体験に関して抽出されたとても重要な本質的要素を集積して組織化された経験の要約(summaries)であり,規範的な性質があると同時に現時点の体験を評価する基準あるいはフレームとして機能する」(Feather, 1982)。価値を動機(motive:4章1-2)ととらえるFeather (1982) は,その need(欲求)との相違が「goodness—badness」という基準を含んでいる点にあるとし,価値は need に比べ言語化が容易で意識しやすく,安定的だという。さらに Lewin, K. の理論を引用しつつ,価値や need は状況の主観的な定義を規定し,正負の誘意性(valence),すなわち対象が「attractiveである(正の誘意性)か,aversive である(負の誘意性)か」という判断に影響を及ぼすと論じている。なお,Higgins (2007) は価値の概念の由来を,①欲求充足,②望ましさに関する共有された信念,③目的状態に対する自己の現状,④評価的推論,⑤経験(快—不快的,倫理的,フィット的,主体的)に区別し,包括的なレビューを展開している。

6 一般に,この「積」は,対象,状況,出来事に接近(プラスの場合)あるいは回避(マイナスの場合)しようとする傾向性(force:動機づけ傾向)を意味している。ただ,期待と価値の効果が,加算的ではなく本当に乗算的なのかという点については必ずしも実証されてこなかったが,国際規模の学力に関するデータ(PISA調査)を用い,自己概念を「期待」,学習の楽しさを「価値」として分析した結果,両者が乗算的であることが示唆されている(Marsh, Nagengast, Scalas, Xu, & Hau, 2011)。

7 Eccles, J. S. らによる期待—価値モデルでは,達成行動に及ぼす動機づけ媒介諸要因を明

確化し，媒介要因間の因果関係や，個々の要因の個人差や発達的側面について考察することが目的とされている。近年のモデルは初期のもの（Eccles, Adler, Futterman, Goff, Kaczala, Meece & Midgley, 1983）に比べ，媒介変数間の関連が整理され，価値や目標等の内容が明記されるなど，精緻化されている。具体的な質問項目例がWigfield & Eccles（2000）に示されているので参照されたい。なお，Conley（2012）は，期待―価値モデルと達成目標理論（2章2-3）の諸変数を個人差としたプロファイリングを中学生を対象として行い，動機づけの適応／不適応パターンについて論じている。本邦における関連研究の例としては以下のものが挙げられる。鈴木・櫻井（2011）は，実用価値について目標内容理論（4章6-2）の観点から「内発的利用価値」（学習が将来の自己成長や社会貢献などに役立つという信念）と「外発的利用価値」（学習が将来の金銭的成功や名声の獲得などに役立つという信念）とに区別し，高校1年生を対象に調査を行った結果，内発的利用価値がマスタリー目標の志向性を媒介として適応的な動機づけ（内発的動機づけ，メタ認知方略使用など）を促すのに対し，外発的利用価値はパフォーマンス回避目標の志向性を媒介として不適応的な動機づけ（勉強不安）を促す可能性などを示唆した。市原・新井（2006）は，中学生の数学を対象として成功への期待，内発的価値，達成・実用価値がメタ認知活動を媒介として学習成果を規定するプロセスについて検討を行っている。藤生（1991）は，授業における挙手（手を挙げて発表すること）と期待（自己効力，結果期待），価値（結果価値）の関連について検討している。

8　例えば，Reeve（2001）は，①達成価値（attainment value：その課題をうまくやることに対する「個人的」な重要性），②内発的価値（intrinsic value：課題の楽しさ・課題に対する興味），③実用価値（utility value：現在／将来の目標にどの程度その課題が関連しているか），④難易的価値（difficulty value：どの程度，高度なスキルが要求されて大きな達成感が得られるか），⑤外発的価値（extrinsic value：どの程度金銭，褒賞などの報酬が得られるか），⑥文化的価値（cultural value：どの程度，その社会によって尊重されているか）の六種類に分類している。また，Raynor & McFarlin（1986）は，①内発的価値，②難易的価値，③道具的価値（instrumental value：実用価値にほぼ対応），④外発的価値，⑤文化的価値の五種類の分類に分類している。

9　本書では，「達成価値」（Eccles, 2005；Reeve, 2001）の概念がやや曖昧で，後述のように次元が異なる性質を持っていると考えられることや，「難易的価値」（Reeve, 2001）と「達成価値」の背後には自我関与（2章2-3）の要因があることを考慮し，自我関連価値を独立に設定した。また，「他者につられて取り組む」といった関係志向の学習動機（市川，1995：2章2-2）や「自己決定的でありながら，同時に人の願いや期待に応えることを自分に課して努力を続ける」といった他者志向的動機（伊藤，2012），向社会的な理由（「人のために達成する」など）や協同的な理由（「ともに成功を喜び合う」など）で取り組む場合を説明する社会的目標（2章2-3）といった対人関係的な達成の理由をまとめて「対人関連価値」と呼び，課題外生的な要因として位置づけた。もちろん，これらの価値は択一的に機能するわけではない。むしろ複数の価値が動機づけに対して複合的に働くことが一般的であろう。また，達成への動機づけは，これらの価値が個人の中で統合されて個人的に意味のある課題（「達成価値」）として感知され安定することに基づく現象だとも考えられる。すなわち，経験を通してそのような特定の課題に対する統合的な価値認識を形成することを学習意欲の発達の少なくとも一側面として捉えることができるのである。なお，価値の分類は目標（2章2-2）や学習動機（2章2-2）の分類と必然

的に類似する。これら三者には，抽象性や具体的な課題の領域・範囲に違いがあるものの，いずれも「なぜ，何のために課題に取り組むか」という理由を意味しているためである。学習の価値に関する信念に関連して，若松・大谷・小西（2004）は，学習の有効性認知（現在の学習活動が自身の成功や幸福の実現のために有効であるという認知）に着目し，小中学生を対象として調査を行った結果，有効性認知が学習意欲と正の関係にあること，とりわけ「学習内容や活動の意義や正統性を認める認識」が重要な要因であることなどが示された。また，伊田（2003）は，教職課程履修学生に対して教職必修科目の課題価値を五つに特定し，自律性に関する変数（自我同一性，達成動機など）とそれらの関連について，教職志望の高低に着目しつつ分析を行っている。

10　ここでいう「目標」には，①意図的，意識的であるという前提がある点，②一般に目標の背後には価値が存在しているという点，③目標はあくまでも行為者当人の内的な認識に基づく心理現象であるという点に留意する必要があろう。但し，①に関して，近年の社会心理学の知見（例えば，Bargh, 2007）は，必ずしも意図や意識が伴わない目標遂行過程が行動を引き起こすことを明らかにしている。例えば，「図書館へ行く」という目標に基づく行動生起過程は，「電車に乗る」「横断歩道を渡る」という無意図的な下位目標の遂行過程を含み込んでおり，それらは必ずしも意識的であるとは限らない。②に関しては，価値認識というよりも欲求に基づく目標が存在するし，個人を動機づけることのない「目標のない価値」も存在しており，両者が常に表裏一体で動機づけ的な機能を持っているというわけではない（Pervin, 1989）。③に関しては，例えば，親や教師がいくら「入学試験に合格しなさい！」と発破をかけたとしても，当人がそのような目標を自分自身のものとして意味づけなければ行為は生じないというように，外的に目標が掲げられて強調されたとしても，その目標が個人の内部に位置づかない限り機能しないという性質がある。なお，Emmons（1999）は，動機づけ概念としての目標論には下記のような四つの共通の前提があると指摘している。①目標（個人が獲得あるいは回避しようと努力する対象）の追求，あるいは目標を伴う追求をめぐって行動が組織化される。②目標は現在進行形で生起する思考や感情反応に影響を及ぼす。③目標は上位から下位に至る有機的な階層システムを成している。④目標追求の過程で目標は必ずしも意識されないが，意識すること自体は可能である。また，Fishbach & Ferguson（2007）は，目標概念について主に社会心理学的な観点から詳細なレビューを行い，目標の内容，構造，機能等について整理している。「目標の心理学」について総括的に扱っているMoskowitz & Grant（2009）では，目標概念，目標プロセスなどに関して多角的に論じられている。教室における目標内容と目標プロセスについてはBoekaerts（2009）がレビューしている。本邦のレビューとしては，目標に関する概念と理論について論じた平田（2003）などがある。

11　目標達成に必要な既有の知識やスキルを自動的に活用することや，新規な課題の場合，目標達成を可能にするための方略を意図的に獲得したり開発したりすることなどが明らかになっている（Locke & Latham, 2002）。

12　この目標システムは目標の統合，計画とその修正，スキルの獲得と計画の実行，複数の目標の同時追求とそれらの適切な配列などといったダイナミックな性質を持っており，目標達成のプロセスにおいては，各目標の重要度，困難度の判断や目標の達成に必要なリソースの評価といった認知的機能，達成に関わる快，不快の感情が次の行為を規定するといった感情的機能，

具体的な行為の実行を突き動かしたり抑制したりする意志的機能（2章4-2）が重要な役割を演じている（Pervin, 1989）。

13　目標理論（特に目標内容アプローチ）では，目的目標を問題にすることでその質に焦点を当てる。すなわち，「何をしたいのか」「なぜしたいのか」という点に着目することを通して動機づけを解明しようとしているのである。その点において，「できる」ということに焦点を当て，成功，失敗を判断するための基準が問題になり，標的目標が主に扱われる期待理論（2章3-1）と対照的である。以上の相違は，期待理論が行動の生起に関わるエネルギー的な問題を主に扱っているのに対し，目標理論では方向性，選択の問題に注目しているという特徴と対応している。その意味で，目標理論とは「期待×価値理論」の「価値」の部分に着眼した研究アプローチだといえるのである。なお，目標内容はさらに下記の六つの次元によってその種類を整理，分類できるという（Austin & Vancouver, 1996）。すなわち，①重要性—コミットメント（特定の目標に対してどのくらい長く努力し続けるか），②困難さ—レベル（パフォーマンス尺度上の目標），③明確さ—描写（「具体的・質的」か「あいまい・量的」か），④時間的な範囲（「30分後」のように時間的に間近な目標か，「数年後」や「ライフスパン」をも念頭に置くような先の目標か），⑤意識水準（意識的か無意識的か），⑥複雑性（他の目標とのリンクの多さ）である。また，人が何をしようとしているかという観点から目標内容についてより具体的かつ個性記述的にとらえようとする研究アプローチとして，目下の関心（current concerns; Klinger, 1977），パーソナル・プロジェクト（personal projects：主観的プロジェクト; Little, 1983），パーソナル・ストライヴィング（personal strivings：主観的努力; Emmons, 1989：4章6-2）などが挙げられる。例えば，試験のための勉強もしながら，試合に向けた部活の練習も頑張りつつ，友だちと遊びに行く計画も立てるというように，われわれの日常生活における状態レベルの動機づけ（1章2-2）は，具体的な複数の目標の追求過程であり，そのプロセスに「その人らしさ」が表れる。主観的プロジェクトについてMcGregor & Little（1998）は，道具的な機能を持ちコントロールに関わる「効力」（efficacy）と象徴的な機能を持ち価値に関わる「一貫性」（integrity）とに区別し，それぞれがウェルビーイングの異なる側面に対応していること，すなわち，前者が幸せ（happiness），後者が意味（meaning）に関連していることを示している。

14　学習動機の二要因モデルに基づいた研究として，例えば以下の例がある。堀野・市川（1997）は，高校生の英語学習を対象として調査を行い，学習動機が学習方略を媒介として成績を規定する心理プロセスについて検討した結果，内容関与的動機（充実志向，訓練志向，実用志向）が体制化方略等の使用を促し，成績を向上させる可能性を示した。また，大学生を対象として開発された英語学習動機尺度（久保, 1997）を用いて，久保（1999）は，大学生の英語学習の動機づけ過程について，学習動機と学習に関する主観的評価が共変動し，それぞれが学習行動に影響してパフォーマンスを規定する「志向—評価モデル」を提案し実証的な検討を行っている。

15　この三分類と類似した区別として，能力志向的動機づけ（パフォーマンス目標に相当），課題志向的動機づけ（マスタリー目標に相当），社会志向的動機づけ（社会文化的基準に基づき社会的承認を得ることが目標になる場合）に大別したMaehr & McInerney（2004）が挙げられる。

16　Locke & Latham（2002）は，主に行動主義心理学によって支配されていた1950〜60年代の動機づけ研究において，非行動主義者であるMcClelland, D. C.らが欲求の存在を主張し，

それはあくまでも無意識な過程で機能すると位置づけていたことを指摘した上で，目的，計画，意図，課題といった人間の意識こそが行動を規定すると明確に主張した Ryan（1970）を目標設定理論の源流として位置づけている。Locke & Latham（2002）によれば，目標設定理論は，いわゆる社会的認知の考え方（2章注1）に基づいているが，目標のコア（目標の特性，困難度），目標の個人，グループ，組織への影響，目標の効果に対する媒介変数や調整変数，他の誘因の媒介変数としての目標の効果，目標の源泉（source：割り当てられるか，自分で設定するか，参加的に設定するか）の効果など，特に目標に特化した研究テーマに焦点が当てられている点に特徴があるという。なお，目標設定理論のみならず仕事への動機づけ（work motivation）の理論を概観した Latham（2007）が邦訳されている。

17　但し，課題が複雑な場合，「ベストを尽くす」という目標の方が効果的なこともあるという。なぜなら，困難で具体的な目標の方がむしろ，成功できないのではないかという不安を喚起し，適切な方略を用いて対処することを阻害する可能性があるからである（Locke & Latham, 2002）。なお，ネガティブな結果の有無に焦点を当てた予防目標（prevention goal）よりもポジティブな結果の有無に焦点を当てた促進目標（promotion goal）の方が効果的であることも示されている（Higgins, 1997：4章6-1）。ちなみに，Shih & Alexander（2000）は小学生を対象に目標設定とフィードバックを要因として算数課題を用いた実験を行い，目標設定自体の効果はなく，社会的基準より個人内基準によるフィードバックの方がスキルと自己効力に効果的であることを示している。

18　Carver, C. S. と Scheier, M. F. の考え方は，Powers（1973）のコントロール理論，すなわち，目標を「情報処理のフィードバックループにおいて参照されるシグナルとして機能する望ましい（あるいは望ましくない）最終状態」としてとらえる情報処理プロセス的発想を基盤としている（Boekaetrs, Koning, & Vedder, 2006）。

19　達成目標への研究アプローチは二つに大別できる（Kaplan, Middleton, Urdan, & Midgley, 2002）。一つは，個人が抱いているパーソナルな達成目標（personal achievement goals）に注目するアプローチである。ある人がどのような目的で学んでいるのかという個人差とそれの学習に及ぼす影響（どのように課題を学ぶか）について探っていく方法だといえるだろう。もう一つは，環境が提供する達成目標構造（environmental goal structures）に注目するアプローチである。学習場面でどのような目標が強調され，価値づけられているかによって，学習への動機づけや学習の質が左右されるという前提のもとで，動機づけを高めるような教育環境の特質について明らかにしようとする一連の研究である。本章では，前者のアプローチについて主に論じ，後者については5章2-4で取り上げることにする。達成目標理論には，「人は有能さを求めて達成しようとする存在であり，達成に対する意味づけの違いが動機づけや成果の質を左右する」という前提があり，達成目標とは「テストで80点以上をとる」といった達成の具体的な基準を「量的」に意味するものではなく，「なぜ，課題を達成しようとするのか」という理由を意味する「質的」な概念であることから，動機づけの「価値理論」の一つとして位置づけることができる（村山, 2003a）。すなわち，達成目標とは，達成基準としての具体的目標の上位概念であり，それらの決定に影響を及ぼす要因である（上淵, 2004）。なお，二種類の達成目標に類似した区別として，内発的動機づけと外発的動機づけの分類（4章3）があるが，両者の異同については Lepper（1988）に詳しい。内発的／外発的動機づけ理論は，達成目標理

論に比べ研究対象とされる領域が広く、明示的な教育目標や達成の観点がない場合も扱っている点や、とりわけ、外発的動機づけは他者との比較や競争を含まない賞罰や制約による場合を扱っている点などが相違点として指摘されている。達成目標理論について教育心理学的な観点から論じた理論書として Midgley（2002）など、レビューとして Maehr & Zusho（2009），Murayama, Elliot, & Friedman（2012）などが挙げられる。本邦における実証研究を中心としたレビューとして黒田・櫻井（2012）がある。

20　Nicholls（1989）は心理状態としての課題関与——自我関与の区別をより安定的な個人差変数として位置づけ、課題志向性（task orientation），自我指向性（ego orientation）などを測定する動機づけ志向性尺度（前者の項目例：「何か興味のあることを学んでいるときにうまくいっていると感じる」，後者の項目例：「他の生徒より点数が高いときにうまくいっていると感じる」）を開発している。

21　論者によって達成目標の呼称は異なっているので注意されたい。Dweck, C. S. は learning goal—performance goal, Ames, C. は mastery goal—performance goal, Nicholls, J. G. は task orientation—ego orientation という名称をそれぞれ用いた。なお、本邦では、マスタリー目標が熟達目標，パフォーマンス目標が遂行目標とそれぞれ和訳されることがある。

22　マスタリー目標は内発的動機づけ（4章3-2）と極めて類似した概念であるが、前者がより状況的で文脈依存的な認知的変数である（Pintrich & Schunk, 2002）という意味で、欲求論を基盤とした包括的な後者よりも特定化された概念だといえよう。但し、理論的な基盤は異なるものの，現実場面における現象面に着目した際には、マスタリー目標を内発的動機づけの認知的側面の一部として位置づけることが可能だろう。

23　Breckler & Greenwald（1986）によると、自我関与には、主に①公的な印象や他者による評価に対する当人の関心、②当人の自己評価あるいは私的な自己イメージに対する関心、③他者や集団という観点からの地位や役割に対する関心という意味があり、①が評価や承認の動機づけ、②が自尊心（self-esteem）の維持や達成動機づけに関連しているという。

24　例えば、Nolen（1988）は、Nicholls, J. G. の三つの目標志向性の区別（課題志向性，自我志向性，課題回避）を取り上げ、課題志向性（マスタリー目標に該当）が学習方略としての洞察的アプローチ（4章3-4）の価値の知覚や使用と、自我志向性（パフォーマンス目標に該当）が表面的アプローチ（4章3-4）の価値の知覚や使用とそれぞれ関連していることを示している。教育心理学領域でマスタリー／パフォーマンス目標を扱った研究は数多い。例えば以下のものが挙げられる。Harackiewicz, Barrron, Tauer, Carter, & Elliot（2000）は、大学生を対象に調査を行い、短期的にはマスタリー目標が興味を、パフォーマンス目標が成績を予測し、より長期的にはマスタリー目標が関連科目の履修を、パフォーマンス目標が学業達成を予測することを示した。達成目標の発達的な検討を行った研究としては、Shim, Ryan, & Anderson（2008）などが挙げられる。また、Graham & Golan（1991）は動機づけと認知の関連を検討するために、課題関与と自我関与に着目して小学5，6年生を対象に実験を行った結果、自我関与が深い情報処理を阻害することを示した。本邦の研究として、例えば、中山（2005）は大学生を対象として、英語学習において達成目標（目標志向性）が「言語学習に対する学習観」を媒介として学習方略に影響を及ぼす過程を検討し、パフォーマンス目標が伝統的英語学習観（文法，単語，母国語への翻訳が英語学習であるといった信念）を媒介として学習方略に負の影響を与える可能性

などを示唆した。また、目標志向性（習熟、成績、承認）とパフォーマンスの関係についてスポーツ選手を対象として調査した小方（1998）がある。高崎（2003）は、幼児を対象とした目標志向性の測度を開発している。

25　Nicholls（1984）は、成功、失敗に対する能力帰属、努力帰属を「能力概念」（concept of ability）の発達と関連づけ、以下のように論じている。知能（intelligence）などの能力（ability）は「生まれつきのものだから変わらない」と信じていて、しかも自分には能力がないと思っている子どもは、あきらめも早くやる気をみせないに違いない。それに対して、能力は「努力次第で伸ばすことができる」と信じている子どもは、一生懸命に頑張る可能性が高いだろう。このように、能力をどのようなものと捉えているかという信念（能力概念）は動機づけに影響を及ぼすのだという。但し、子どもと大人とでは、努力と能力の関係の捉え方が発達的に異なっており、どのような達成目標を抱くかは当人の持つ能力概念（能力、努力、成果の関わりについての信念）に依存するとNichollsは主張し、人の能力概念が未分化なものから分化したものへと発達的に変化するとした。すなわち、七歳くらいまでの子どもは能力と努力をほとんど区別せず、努力する人が能力のある人で、逆に努力しない人は能力のない人であるととらえている。また、ある人が成功したとするとその人は努力もしたし、能力もあったに違いない、逆に失敗したならその人は努力をしなかったし能力もないに違いないと考える傾向がある。七歳以降になると、能力を努力の結果とみなすようになり、もし同じくらいの努力をするなら同程度の成果がもたらされるはずだと推論するようになる。つまり、能力と努力とが正の関係にあり、「努力すればするほど能力が高まる」といった信念がそこには存在する。但し、この段階においても能力と努力の概念は完全に分化していない。それに対して、より成人に近づいてくると、それまでの未分化概念（undifferentiated conception）に対して、能力と努力とを別のものとして区別した分化概念（differentiated conception）を持つようになる。これは成果が同じ場合、低努力が高能力を、高努力が低能力を意味するという逆補償関係として能力、努力、成果の三者関係を理解するということ（逆補償シェマ）である。つまり、一生懸命取り組んで一定の成果をあげた人と、努力しないで同じ成果をあげた人を比べた場合、後者の方が能力が高いと判断できるようになるのである。つまり、能力概念の発達は、以下の四段階に区分できるという。すなわち、①努力＝能力（3〜5歳）：「努力する人が頭のよい人だ」、②努力は結果の原因である（6〜8歳）：「能力に関わらず、同じだけ努力すれば同じ成果が得られるはずだ」、③努力と能力が部分的に分化（9〜10歳）：「努力だけが結果を引き起こす原因ではない」「能力は人によって違うから、同じだけ努力しても同じ成果が得られるわけではない」（但し、系統的にこのように考えてはいない）、④能力とはキャパシティ（capacity）のことである：「成果に対する努力の影響は能力によって制限されている」「もし成果が同じであるなら、努力が少なかった人ほど能力が高い」（「キャパシティ概念」の獲得）。但し、大人はキャパシティ概念だけでなく、①のような未分化な能力観をも併せ持っており、状況によって使い分けるとされている。すなわち、熟達を目標としている場合（課題関与：マスタリー目標に該当）に未分化な能力観が用いられるのに対して、他者との比較による能力評価に関心が向けられている場合（自我関与：パフォーマンス目標に該当）にキャパシティ概念が用いられるとした。

26　2章注21に記したとおり、Dweck, C. S. はマスタリー目標ではなくラーニング目標（learning goal）という用語を用いている。本書における表現の統一上、ここではマスタリー目

標と表記する。

27 理論構築の根拠の一つとなった実証研究として Elliott & Dweck（1988）が挙げられる。小学5年生を被験者として，目標，認知された能力（低能力／高能力）がそれぞれ教示，フィードバックによって実験的に操作され，パフォーマンスに基づいて能力を評価することが強調されたパフォーマンス目標群（PG 群）と能力の向上を評価することが強調されたラーニング目標群（LG 群）が低能力／高能力との関連で比較された。その結果，LG 群ではより挑戦的で失敗する可能性が高い課題が選択されるのに対し，PG 群ではより容易な課題が選択され，特に PG 群の低能力群で課題解決方略の改善がみられず，課題遂行時においてもネガティブな感情や統制不可能な要因（課題の困難さなど）への帰属に言及する発言が多かった。このような知能観の影響については，例えば，Blackwell, Trzesniewski, & Dweck（2007）が，知能実体論に比べ，知能増大論が達成や動機づけにポジティブな効果をもたらすことなどを，発達的，教授介入的観点から明らかにしている。

28 2章注25参照。

29 達成動機づけ階層モデル（hierarchical model of achievement motivation）は，伝統的な接近—回避動機づけ研究と達成目標理論を統合した考え方である。接近—回避動機づけこそが自己調整（self-regulation）におけるより基礎的な動機づけの次元であり，具体的な行動を規定する目標をさらに接近—回避動機づけが規定するという理論的枠組みを想定することから階層的モデルと称される（Elliot & Church, 1997; Elliot, 2006）。マスタリー回避目標についてはあまり研究が行われておらず，むしろ三分割説（マスタリー目標, パフォーマンス接近目標, パフォーマンス回避目標）が多くの研究で用いられているのが実情である（Elliot & Pekrun, 2007）。これは，Elliot & Pekrun（2007）が挙げている理由，すなわち，理論の歴史の浅さやこの目標の一般性の低さということもあるが，むしろマスタリー回避目標という概念自体に根源的な問題があるためだと思われる。Elliot（1999）によれば，「自己に準拠あるいは課題に準拠した無能力を避けること」に焦点化された目標がマスタリー回避目標だという。すなわち，個人内評価として進歩してないこと，課題をマスターしていないことを回避する目標ということは，実のところ，学習や成長を促進するための目標にほかならず，マスタリー（接近）目標と意味的に分離することは本質的に不可能だと思われる。そもそも，マスタリー目標では，失敗や誤りも学習のプロセスの一部として位置づけられており，マスタリー回避目標として示されている task-focused な内容は，マスタリー（接近）目標の定義に元来含まれている。したがって，マスタリー回避目標として独立させて検討することの理論的意義については疑問が残るといわざるをえない。また，典型的には高齢者にみられる目標と位置づけ（Elliot & Thrash, 2001），Elliot & McGregor（2001）の測定項目の一部にみられるように「できない」ことへの不安として一般化してしまうと，たとえ他者との比較という要素が含まれないとしても ego-focused な内容を帯びることになり，そもそもマスタリー目標とは呼べなくなる。以上のことから，本書ではマスタリー目標について接近目標と回避目標を原則的に区別しないことにする。なお，接近—回避動機づけに関連して，自己調整を促進焦点（promotion focus）と予防焦点（prevention focus）とに区別した論じた Higgins（1997）は，促進焦点では利得の存在が快，不在が不快であることから接近行動が快をもたらすのに対し，予防焦点では損失の不在が快，存在が不快であることから回避行動が快をもたらすことを指摘し，単純な接近—回避動機づけのメカニズム

によって行動を説明するだけでは不十分だと主張している (4章6-1)。

30　達成目標の質問紙による測定については Elliot & Murayama (2008) で検討され, AGQ (Elliot & McGregor, 2001) の修正版が開発されている。関連する研究としては, 以下の例が挙げられる。田中・山内 (2000) は, 達成動機 (成功接近・失敗回避:4章4-2) が達成目標を規定して興味と成績に影響を及ぼすプロセスについて小学校高学年と中学生を対象に調査を行い, マスタリー目標の興味, 成績に及ぼすポジティブな影響が小学生より中学生の方が大きいのに対してパフォーマンス接近目標のポジティブな影響では逆に中学生の方が小さいなど, 年齢差に基づいた考察を行っている。なお, 接近—回避動機づけに関連して, 村山 (2004) は, 目標表象についてポジティブ (P) とネガティブ (N) を両極とする基準, 達成, 結果の三次元によって定義する枠組みを提案している。また, 改訂達成目標理論の枠組み自体を再検討した Elliot, Murayama, & Pekrun (2011) は, 3×2の達成目標理論を提案している。すなわち達成目標について, 有能さを定義づける基準として課題 (task), 自己 (self:個人内比較), 他者 (other:個人間比較) の三つ, 誘意性としてポジティブ (成功接近) とネガティブ (失敗回避) の二つのマトリックスに位置づけることによって計六種類の達成目標を区別し, このモデルの妥当性を検証している。

31　多目標理論という用語には, マスタリー目標とパフォーマンス目標以外の目標 (例えば, 社会的目標) を強調することと, 達成目標の組み合わせを強調することの二重の意味がある (村山, 2003a)。例えば, 学校教育場面を想定した多目標理論を提唱している Boekaerts, De Koning, & Vedder (2006) は, 自己調整学習 (1章1-2) を促進するような学習環境を重視する社会的構成主義の立場から, 従来の達成目標理論には教室での短期的なパフォーマンス, とりわけ成績にのみ焦点を当てる傾向がみられたことを批判し, Ford, M. E. の目標分類, Carver, C. S. と Scheier, M. F. の目標階層説, Schwatz, S. H. の価値タイプ論を基盤とした理論的枠組みを提案し, 先行研究を位置づけている。

32　外発的目標を外発的動機づけ (4章3-1) の認知的側面を「目標」として表現した概念として位置づけることも可能であろう。

33　厳密に考えるなら, 社会的目標という発想自体は, 学校における教科の学習プロセスやその成果を対象とする狭義の意味における学習意欲の理論であるとはいえない。学習行為に対する動機づけを直接的に説明する概念とは必ずしもいえないからである。しかし, 学校教育の文脈で考えてみれば, 教室という場は「学ぶ場」であると同時に「他者とかかわる場」であり, 社会的な問題解決が求められる環境でもある。したがって, 教室での人間関係は, 例えば, 教師に認められたいという気持ちや「ひいき」されている子どもに対するやっかみ, ライバルへの競争心や, 友人関係と学業達成のどちらを優先させるかといったジレンマなどを喚起し, これらの心理的要因は直接的, 間接的に学習意欲や学習成果を規定している (5章3-2)。その意味において, 社会的目標は, 学業達成の動機づけと無関係とはいえないのである。本邦における社会的目標の研究として, 例えば, 中谷 (1996), 中谷 (1998) は, 小学生を対象に調査を行い, 社会的責任目標が学業達成に及ぼす心理的影響プロセスについて検討を行っている。その結果, 社会的責任目標が社会的責任行動を生起させることによって教師からの受容を促し, 学業への動機づけや達成を促進している可能性などが明らかになっている。

34　Wentzel (1991) は, ソシオメトリーを用いた分析によって, 人気のある生徒が向社会

的目標を達成しようと努力していること，多くの友だちはいるが多くのクラスメイトに好かれていない生徒が社会的責任目標の達成に対してあまり努力しないこと，社会的責任目標の達成に努力している生徒が教師に好かれていることなどを明らかにしている。なお，社会的責任目標と学業達成の関係については中谷（2006）に詳しい。

35　期待概念を理解する上で，予測と信念を区別することは重要である。信念は知識の一種として学習されるが，予測はその場，その時の状態レベルの動機づけ変数（1章2-2）であり，期待理論によればこの予測こそが「動機」（1章2-2）に該当することになる。

36　Bandura（1977）によると，「結果期待とは，所与の行動がある結果に至るであろうという当事者の査定」であり，「効力期待とは，その結果に必要な行動を，自身が成功裏に実行できるという確信」である。「一連の行動がある結果を生むとわかっていたとしても，必要とされる行動を自分が遂行できるかどうかを疑っていれば，そのような情報（結果期待）は行動に影響を与えない」として，二種類の期待を区別する必要性を主張した。

37　本邦における随伴性認知全般に関するレビューとして，例えば鎌原（1995）がある。

38　コントロール不可能な不快な音などを用いた人を対象とした実験（Hiroto, 1974; Hiroto & Seligman, 1975）でも同様の現象が見出されている。本邦における教育心理学領域の関連研究として，例えば，牧・関口・山田・根建（2003）は，中学生版・主観的随伴体験尺度を開発して調査を行ったところ，中学生の無気力感が非随伴性経験の多さよりも随伴体験の少なさに起因することなどが示唆された。学習性無力感研究のレビューとしては鎌原・亀谷・樋口（1983）などがある。

39　環境の社会的な要因の観察によって行動が学習されるとする考え方（福島, 1978; Schunk, 2001）を指す。人，行動，環境の相互作用を先行要因，結果要因，認知的要因の三者の有機的な関連としてとらえ，自己強化過程，自己調整が強調される。「社会的」の意味としては，①学習の様式が社会的である，すなわち，他者を介しての学習を意味している，②学習の内容が社会的である，すなわち，社会的行動を扱っているという二つがあるという（玉瀬, 1985）。ちなみに社会的学習理論の主要な研究者であるBandura, A.は「人間は自分自身の運命を部分的に設計する建築家である」（Bandura, 1974）と述べ，手段的な随伴性が個人に内面化され行為を自己調整できるようになり，ひいてはその道具性を状況や目的に応じて適切に適用するようになるといった社会的学習プロセスに人間の「主体性」を見出した。Banduraの社会的学習理論については，福島（1978）に詳しい。

40　Locus of Controlの定訳は存在しない。「統制の位置（あるいは所在）」のほか，コントロール定位，LOCなどと呼ばれる。本邦におけるLocus of Controlに関するレビューとしては，樋口・清水・鎌原（1979）などがある。

41　吉田・白樫（1975）がRotter（1966）の日本語版を作成している。また，谷（仙谷）・山崎（2004）は小学校4，5，6年生を対象として児童用外的統制性質問紙（GEQC）を作成している。なお，内的―外的統制は，パーソナリティ変数であるだけではなく，状況変数でもあるという指摘もある（鎌原, 1995）。すなわち，内的統制とは当人の行動に結果が随伴した状況（技量状況），外的統制とは随伴しない状況（運状況）のことであり，環境の性質を記述しているともいえるのだという。

42　元来，自己効力とは特定の課題と密接に結びついた認知である（竹綱・鎌原・沢崎，

1988)。原理的にはあくまでも特定の行動が遂行可能であるという確信を指し，具体的な行動あるいは行為を前提とした課題特殊的，文脈特殊的な概念だといえよう。その意味において，自己効力は一般的な「有能感」(4章2-3)や「自己概念」(2章3-5)などと区別される (Schunk & Pajares, 2002)。例えば，Bandura (1986) は，自己効力の例として「2メートルの高さから飛び降りることができる」を取り上げ，それは飛び降りる能力についてではなく，特定の高さから飛び降りることができるかどうかについての判断であるとして，両者を区別している。すなわち，自己効力は「それができるか (Can I do it?)」という「マスタリーに関する期待」を課題特殊的に問題にするのに対し，有能感や自己概念では，「それが得意か (Am I good at it?)」という能力判断 (ability judgments) をより一般的に問うているのである (Skaalvik, 1997)。但し，一方で，自己効力には「一般性の次元」も想定されており，特定の課題を超えたある領域における一般的な自己効力も想定されていることが，ともすると概念的混乱を招いている。自己効力に関する本邦のレビューとして，竹綱・鎌原・沢崎 (1988)，奈須 (1995) などが，包括的に研究を紹介した本として，坂野・前田 (2002) などがある。なお，一般的な自己効力については多くの測定尺度が開発されている。例えば，本邦の尺度としては坂野・東條(1986)のほか，成田・下仲・中里・河合・佐藤・長田 (1995) が，13歳以上を対象として特性的自己効力感尺度を，三好 (2003) が大学生を対象として人格特性的自己効力感尺度 (SMSGSE) をそれぞれ作成している。また，三宅 (2000) は，特性としての自己効力が課題固有の自己効力に及ぼすフィードバックの影響について，大学生を対象として実験的に検討を行っている。なお，Williams & Williams (2010) は，自己効力と数学の学業成績が相互に規定しあっていることをPISA調査のデータを用いて国際的な規模で確認している。

43　教育，学習の領域に関するレビューとして，Schunk (1990)，Schunk & Pajares (2004) など，本邦のレビューとして，小田 (2002) などがある。本邦における実証研究として，例えば田中 (2006) は，大学生の保育実技を対象として，モデルを観察することやモデルになることが自己効力に及ぼす効果を検討し，モデルとして示範する経験が効果的であること等を示した。また，伊藤・神藤 (2004) は，中学生を対象として，自己効力が自己調整学習方略を媒介して学習の持続性に及ぼす影響を調査し，自己効力の高い生徒ほど効果的な自己調整の学習方略を用いていることなどを示している。

44　例えば，Schunk (1983) は算数の学習で「君は25問解けるはずだよ」というような困難な目標ではあるが，説得的な情報を加えた教示によって自己効力を高め，スキルの獲得が促進されることを示唆している。

45　他者の行動やその結果を観察することによって観察者に学習が成立することをモデリング (観察学習) という。モデリングの種類としては，ライブ・モデリング (モデルが対象者の前で直接ふるまう)，シンボリック・モデリング (映像や絵で対象者にモデルの行動を呈示する)，マスタリー・モデリング (完成した誤りのないモデルを呈示する)，コーピング・モデリング (徐々に目的の行動を完成するモデルを呈示する参加モデリング) などが挙げられる。代理経験と直接経験を組み合わせて行う手続きが最も効果的だとされている。

46　玄 (1993) は引き算スキルの乏しい小学生を被験児として教育実験を実施し，正しく解けた問題に注目して頑張りを評価し励ます「努力帰属的評価」が，失敗自体に注目する努力要求群や単なるフィードバックを与えるモニタリング群などに比べ，自己効力や成績を向上させ

る可能性を示した。

47 他のモデルとして，例えば，ポジティブ心理学の研究領域の一つとして位置づけられているホープ理論（Snyder, 2000; Snyder, Rand, & Sigmon, 2005）では，元来，人は目標志向的であるという前提に立ち，経路（pathway：目標を実現するプラン）とエイジェンシー（agency：目標志向的エネルギー：経路を活用して望む目標に到達する能力）の両方が相互作用的に生み出す有効性の感覚に基づいたポジティブな動機を希望（hope）と定義している。希望的思考（hopeful thinking）は，経路的思考（pathway thinking：目標に到達する経路を見出すこと）とエイジェンシー的思考（agency thinking：経路に沿って進みはじめ，その進路を進み続けているかに関する自己参照）の相乗効果によって進展するという。特に，困難に直面した際にエイジェンシー的思考が重要であり，複数の経路が見出されることも大切だとされる。また，希望特性と希望状態の二水準が仮定され，測定尺度（例えば，加藤・Snyder, 2005）も開発されている。本邦における統合モデルとしては，期待概念を中心として動機づけ理論を整理した統制感モデル（鎌原・山地・奈須・村上・鹿毛，1987）が挙げられる。また，奈須・市川・堀野（1991）は，統制感を四側面（行動と結果の随伴性，手段的活動の考案可能性，行動始発の自己決定性，遂行過程での自己決定性）からとらえた尺度を作成し，小学校高学年と中学１年生を対象に学業成績との関連を考察している。神田（1993）も小中学校の児童生徒を対象に子ども用一般主観的統制感尺度を作成している。

48 Skinner, Chapman, & Baltes（1988）は学業領域におけるこれら三つの信念を測定する尺度（CAMI：Control, Agency, Means-Ends Interview）を開発した。これらの信念と課題従事（教師評定），成績，アチーブメントテスト得点との関連が示される（Skinner, 1991）一方，能力信念のみが認知的パフォーマンス（流動性／結晶性知能など）と関連することが示唆されている（Chapman, Skinner, & Baltes, 1990）。日本を含む国際比較研究が本尺度を用いて実施され，統制感に関する日本の児童の特質が分析されている（Karasawa, Little, Miyashita, Mashima, & Azuma, 1997）。また，梅本・中西（2010）は大学生を対象にCAMIを実施し，統制信念，努力と方略の能力信念，努力の方略信念が自己調整的学習方略の使用と関連していることなどを明らかにしている。なお，当初のモデル（Skinner, Chapman, & Baltes, 1988）では，能力信念と方略信念がそれぞれ，媒介信念（agency belief），手段―目的信念（means-ends belief）と呼ばれていた。また，本邦におけるCAMIを扱った研究においては，能力信念が「手段保有感」，方略信念が「手段の認識」と訳されることが一般的なので注意されたい。Skinnerの活動理論に類似した期待の分類として以下のものが挙げられる。Heckhausen（1977）は，期待を①状況（situation）―結果（outcome）期待（行為することなしで特定の状況で結果が得られると思う主観的可能性），②行為（action）―結果期待（行為することによって結果が得られると思う主観的可能性），③状況による行為―結果期待（状況要因がある人の行為―結果期待を高める（低める）という主観的可能性），④結果―結末期待（直後の結果が特定の結末に結びついているという主観的可能性）に分類している。Ford（1992）もcontext belief（目標に関連した環境の応答性に関する信念）とcapability belief（＝自己効力）を区別している。

49 ポジティブ心理学とは，それまでの心理学がややもすると人間の病理的な側面に焦点を当てがちであったのに対し，むしろ，人のポジティブな主観的体験や個人特性などに着目することで，人々のquality of lifeを改善することに寄与するような心理学研究の構想，運動を指す

（Seligman & Csikszentmihalyi, 2000 など）。楽観主義のほかにも，ポジティブ感情（3章1-2），フロー（3章4）などがその具体的な研究領域として位置づけられている。ポジティブ心理学関連のハンドブックは多数刊行されており（例えば，Snyder & Lopez, 2005），本邦の概説書としては島井（2005）などが挙げられる。

50　楽観主義の個人差を測定する尺度として，例えば，Life Orientation Test（Sheier, Carver, & Bridges, 1994）がある。項目例は以下の通り。「不確実な状況ではたいてい私は最善のことが起こると思っている」「基本的に私は悪いことよりよいことが起こると思っている」。

51　防衛的悲観主義者は積極的な対処を考える方略（reflection）によって，方略的楽観主義者はリラックスする方略（distraction）によってそれぞれ達成結果が高まることが示されている（Spencer & Norem, 1996）。外山（2005）も学業達成領域に関する中学生を対象とした調査によって，回避的思考方略の使用と学業成績の予想得点との関連が方略的楽観主義者の場合は正であるのに対して防衛的悲観主義者の場合は負であることを示し，両者の違いがテスト対処方略を媒介として学業成績を規定する可能性を示唆している。なお，防衛的悲観主義者を選び出すために Norem & Canter（1986）で用いられた質問項目例は以下の通り。「学業場面で私は，たとえうまくいくだろうと思っていたとしても最悪の事態を予測する」「学業場面でうまくいかなかったらどうするだろうかということを私はよく考える」。本邦の研究として，例えば，外山（2005），外山・市原（2008）は，中学生を対象に調査を行い，防衛的悲観主義者と方略的楽観主義者のテスト対処方略の違いを検討した。その結果，防衛的悲観主義者が回避的にならず楽観的に考えないことによって，方略的楽観主義者は将来の期待を高く持ち，楽観的に考えることによって成績が向上することなどが明らかになった。また，光浪（2010）は，大学生を対象として調査を行い，防衛的悲観主義者が方略的楽観主義者と同レベルの達成欲求を持ち，パフォーマンス接近目標，パフォーマンス回避目標の両方を採用し，失敗恐怖のマスタリー目標に対する正の影響があることを指摘し，彼らが効果的な学習を行っていると考察した。

52　実際には，個人の特徴の記述は，社会文化的な価値基準と密接に関連していることが多いため，記述的側面と評価的側面を厳密に区別することは困難である。例えば「計算が早い」，「語彙が豊富である」といった記述内容そのものが価値を含意している。また，同様に感情的な側面も社会文化的な価値に依存している点にも注意が必要である。評価的，感情的側面は一般に自尊心（自尊感情：self-esteem）と呼ばれ，独立した研究領域を形成している（4章5-1）。また，自己概念は動機づけ諸概念と独立した要因として位置づけられる一方で，とりわけ自己概念の一側面である評価的認識については，期待に関わるいくつかの動機づけ概念（例えば，一般的な自己効力や有能感など）と区別することが（特に実証研究データレベルで）困難である点に留意すべきだろう（2章注42）。なお，自己概念研究についてはハンドブック（Bracken, 1996）が邦訳されており，邦訳書の巻末にはわが国における自己意識・自己概念の研究史の概略が記されている。

53　測定尺度を用いた調査研究の積み重ねによって，学業的自己概念と非学業的自己概念には必ずしも相関がみられないことや，一般に学業的自己概念と学業達成との間には強い相関がみられる一方で，両者は相互に独立した概念であること，学業的自己概念と学業達成の間には双方向的な因果関係（互恵的効果）があることなどが明らかになっている（Marsh & Scalas, 2010）。また，Marsh & O'Mara（2008）は，縦断的研究によって学業的自己概念が学業達成と

相補的な関連があるのに対して，自尊心（self-esteem：4章5-1）の学業達成への影響がほとんどないことを明らかにしている。学業的自己概念の構造については，Brunner, Keller, Dierendonck, Reichert, Ugen, Fischbach, & Martin（2010），Arens, Yeung, Craven, & Hasselhorn（2011）などが検討を行っている。

54 「小さな池の大きな魚効果」については，外山（2008）が詳細なレビューを行っている。また，外山（2009）は，中学生を対象として，社会的比較が，憧憬，卑下といった感情や対処行動（努力，楽観，接近，回避など）を媒介して学業成績に及ぼす影響プロセスについて調査している。

55 例えば，Cross & Markus（1991）は，11 のカテゴリー（私的，身体，能力・教育，ライフスタイル，家族，人間関係，職業，物質的，成功，社会的責任，レジャー）を設定して可能自己（「なりたい自己」「なりたくない自己」の二側面）について発達的な観点から分析している。その結果，「なりたい自己」と「なりたくない自己」の両面において，身体カテゴリーへの言及が年齢とともに増加することや，「なりたくない自己」において，能力・教育カテゴリーへの言及が若年層（18歳〜24歳）で突出して多いことなどが示された。

56 Heider（1958）は，このような原因帰属は「統制したり予測したりしようとする基本的欲求」に基づいて生じるとしている。なお，このような行動とその動機の推論をめぐる素朴理論（日常的な体験を通じて自然に獲得される概念）について大学生を対象として検討した研究として伊藤・池上（2006）がある。

57 人の因果推論を，統計手法の「分散分析」（ANOVA）のように三つの要因を独立変数，結果を従属変数として各要因の影響力を検討するプロセスとみなしていることから，このようなデータパターンに基づく推論は Kelly（Kelly, H. H.）の ANOVA モデルと呼ばれている。

58 この個人差を測定するために，Attributional Style Questionnaire（ASQ）が開発されている（Peterson, Semmel, von Baeyer, Abramson, Metalsky, & Seligman, 1982）。本邦では，例えば沢宮・田上（1997）が，成人を対象として楽観的帰属様式尺度を作成している。

59 奈須（1990）は中学生を対象に数学の定期試験を達成課題として，原因帰属が達成関連感情を媒介として学習行動，さらには期末試験の成績に影響を及ぼす過程について検討している。その結果，中間試験での失敗を努力に帰属するほど「後悔」の感情が高まり，この「後悔」という感情が学習行動を促進し，結果的に成績が改善されることが示された。また，失敗を能力に帰属した場合，「無能感」や「あきらめ」という感情が強まり，学習活動を抑え，成績を改善しにくくしていることも示された。中西（2004）は成功，失敗の方略帰属が自己効力に与える影響について高校生を対象に調査している。なお，Weiner の原因帰属理論に関する本邦のレビュー論文として，奈須（1988）がある。

60 無力感と絶望感は以下の意味で異なっている。随伴性認知という信念は行動と結果が結びつく確率，すなわち「程度」を基盤としており，その確率が相対的に低いと認知された場合（すなわち，望み（hope）が必ずしもゼロではない場合），無力な（helpless）な状態になり当人の不安を喚起する。それに対して，絶望的（hopeless）な状態とは望みが完全に絶たれた深刻な事態を指し，それこそが抑うつを生じさせるのだという（大芦，2004）。なお，絶望感に関しては，高比良（1998）によって「拡張版ホープレスネス尺度（日本語版）」が作成されている。

61 坂本（2009）は，うつ状態を生起させる心の働きを「ネガティブ・マインド」と名付け，

社会心理学や認知心理学の知見を基盤としてその心理的メカニズムをわかりやすく解説している。また，1990年代以降を中心とした学習性無力感研究の展開については，大芦（2004）に詳しい。

62 「意志」に関する心理学の研究史については，Kuhl & Beckmann（1985）にまとめられている。古くは，ギリシャ哲学における知, 情, 意の区別にまでさかのぼることができ, 意志(will)とは，個人の希望や願い，必要性の認識，目的意識を反映した心理的状態の総称であった。その意味で意志とは動機づけそのものだといえる。精神と物質を区別する心身二元論を展開する中で「考える主体」としての人間像を強調したDescartes, R. は, 生命現象を「機械」として理解し，動物を自然機械とみなすと同時に，その意味において人間も同様だとする「人間機械論」を展開したが，一方で，人間と人間以外の動物との相違は，人間のみが「精神」を持ち身体と精神とが分かちがたく結びついている点にあると主張した。そして，意志こそが精神の能動的側面であり，行為をコントロールする究極的な動機づけ要因として位置づけた。19世紀後半の初期の心理学では，「意」の領域は心理現象として存在していることは認められていたものの，「知」や「情」のはたらきに付随して生じるとされていたのに対し，近代心理学の始祖として知られるWundt, W. は行為の原因として身体的なものを心理的なものと区別し，意志を自生的（autogenetic）な心理的現象としてとらえ，観念的なレベルで動機や動因について説明を試みた（Heckhausen, 1991）。以上のように心理学の先達は「意志」という概念によって動機づけを説明しようと努力したが，その概念自体が極めて曖昧であり実証することが困難であるという難点があった。内観法という方法上の限界も指摘できよう。意志は行為の原因というよりも，思考が行為を引き起こすという説明の単なる反映に過ぎない可能性もある（Wegner & Wheatley, 1999）。以上の事情から，現代の心理学では，意志といった不明瞭な概念を用いるのではなく，プラン，目標，方略といった語を用いて心的プロセスを記述するようになっている。意志が動機づけ理論の中核概念になりえなかった理由はそれだけではない。そこには19世紀中頃のDarwin, C. R. の進化論による人間観のドラスティックな転換の強い影響があったとされる。すなわち，進化論によってデカルト流の二元論が崩れ，その後，動機づけの心理学では，生物学的な基盤を重視して人間とその他の動物の動機づけを区別せず，意志といった心理的動機づけ概念を回避し，その代わりに身体的メカニズムや遺伝的な概念を用いながら論じられるようになる。具体的には，進化論は動機づけの心理学に対して主に以下の三つの影響を及ぼしたという（Heckhausen, 1991）。第一に，人間の行動の説明に動物の行動原理が適用されるようになり，意志という用語が心理学から消え去る。第二に，環境の変化に対する適応という文脈で知性や学習の問題が論じられるようになる。例えば，James, W. による習慣の概念やThorndike, E. L. らによる刺激─反応の連合による条件づけの説明などがこれに該当する。第三に，「生存競争」に生き残る能力として個人差が注目されるようになり，例えば，Allport, G. W. やMurray, H. A. らのパーソナリティ理論に影響を及ぼしたという。なお，意志について初めて実験的に検討したのがAch, N. である（Heckhausen, 1991）。Ach は，James, W. の内観にもとづく分析が意志のプロセスを解明するためには不十分であると批判し（Kuhl & Beckmann, 1985），行為を引き起こす衝動や意図の原因としての「動機づけ」と，行為が生起するように意図や衝動をコントロールする「意志」とを明確に区別した（Corno, 2001）。また，意志を目標達成に向けた行為をうまく引き起こす過程であるととらえ，目標を行為へと転換させるプロセスを決定傾向

337

（determining tendency）と名付けた。そして既に学習した連合傾向（association tendency）と比較し，たとえ目指す行為がすでに学習したものと異なっていたとしても，決定傾向が意図される目標の達成を促すことを示した。なお，Corno（1993）は，近代の心理学概念としての意志について教育研究の観点から概説し，他の動機づけ研究アプローチの中に位置づけている。

63　ただし，「行動の生起，維持，方向づけ過程」という動機づけの一般に認められている定義を踏まえるなら，ここでの動機づけのとらえ方はやや狭義にすぎるように思われる。広義の動機づけを構成する心理的概念の一つとして意志を位置づけることも可能であろう。

64　行為志向の人は，状態志向の人に比べて意図の実行が効率的で，無力感を抱かせるような状況後であってもパフォーマンスが低下せず，成功への期待，課題関与，複雑な課題に対するパフォーマンスが高いなどの特徴を示すという（Kuhl, 1987）。

65　自動的過程は，自覚なしに生じ（無自覚性），生じさせようとする意図なしに生じ（非意図性），心的資源や努力をほとんど必要とせず（努力不要性），その発動や影響のコントロールが困難（統制不可能性）という特徴を持つとされる（及川，2006）。また，自動性研究の諸理論では，自動的な非意識的プロセスにおいて「環境手掛かりの検出を通じて，知覚者の内部にある心的表象を活性化させ，後続の判断や行動に影響する」という基本的予測を共有している（及川，2011）。とりわけ動機づけの観点から重要なプロセスは，目標や意図を契機として始動する自動性（目標依存自動性）であろう。例えば，「宿題をやらなければならない」という意図に基づいて，机に向かってノートを開いて課題に取り組むといった一連の行為が意識を媒介とせずに自動的に生起しうるというわけである。

66　及川（2005）は，達成目標理論（2章2-3）について自動動機の観点から検討し，状況の特徴に応じて達成目標の遂行プロセスが無意識のうちに遂行される可能性と，状況と個人差に交互作用があることを示した。すなわち，増大的知能観（知能増大論：2章2-3）を持つ者に対しては学習目標（マスタリー目標）のプライミングが学習目標を始発させて課題遂行を促進するとともにネガティブな感情を抑制するのに対し，実体的知能観（知能実体論：2章2-3）を持つ者に対してはパフォーマンス目標のプライミングがパフォーマンス目標を始発させて課題遂行を促進するとともにネガティブな感情を促進した。なお，近年，人が潜在的に持つ動機の測定法としてIAT（Implicit Association Test：単語の分類課題における反応時間の差を利用して概念間の連合の強さを測定する方法）が開発されている。知能観についてIAT及び質問紙を用いて測定し，それらと自己効力，テスト不安，原因帰属などとの関連を検討した研究として藤井・上淵（2010）がある。

67　習慣形成の説明における古典的な行動主義心理学との相違は，自動性研究では強化プロセスを明示的な説明原理にしない点と，あくまでも非意識を含めた認知プロセスが論拠になっている点にある。

第3章

1 Ferguson (2000) によれば,1960年代までの多くの心理学者は感情 (emotion) と動機づけを厳密に区別していなかった。しかし,今日では心理学の発展に伴い両者は区別されるようになり,例えば,空腹を満たすために食事をするといった動機づけプロセスにおいて(料理の質やそれが提供される文脈に応じて)喜び,落胆,怒りといった多様な感情をわれわれが体験するように,動機づけがより広い方向性(ガイドライン)を提供するプロセスで多様な感情が具体的に出現するといった包含関係として両者を理解することができるという。なお,Izard & Eisenberger (1994) は,感情と動機づけという二つの概念の類似性と相違,両者の相互作用について詳細な概念的検討を行っている。感情に着目した本邦における動機づけ理論の概説書として速水 (2012) がある。

2 学業関連感情について,例えば,Ahmed, Werf, Minnaert, & Kuyper (2010) は,教室で日常的に体験される生徒の感情について,その変動性に着目して検討を行っている。Goetz, Frenzel, Pekrun, Hall, & Lüdtke (2007) は,中学生,高校生を対象にした調査によって,領域(教科)内,領域間の達成関連感情(楽しさ,誇らしさ,不安,怒り,退屈)の相互関連について検討している。Frenzel, Pekrun, & Goetz (2007) は,5年生から10年生の生徒を対象として,彼らの授業(数学)に対する認知と達成関連感情の関連について調査を行い,授業の質やクラスメイトの肯定的態度が楽しさに正の関連,退屈,怒りに負の関連があることなどが示された。恥については,Turner & Schallert (2001) がその動機づけとの関連について期待×価値理論の観点から検討している。本邦の研究として,例えば,西村 (1996) は小学校高学年の児童に対して調査を行い,学習に伴う感情を行動関連感情と結果関連感情に大別し,ポジティブ/ネガティブ感情の枠組みによって整理している。谷島・新井 (1996a) は理科に対する中学生のポジティブ/ネガティブな感情(好き/嫌い)が,教材への興味・関心を媒介して教科の学習動機や有能感に及ぼす影響について調査を行い,教科に対するポジティブ感情の肯定的な効果が確認された。澤田 (2005) は小中学生を対象に調査を行い,妬み感情の構造と発達について検討している。

3 Kleinginna & Kleinginna (1981) は,情動 (emotion) に関する92の定義と9の懐疑的な言明について内容分析を行い,その強調点によって11のカテゴリ(認知的,生理的,適応的など)に分類している。各定義,言明が付録として収録されており,感情の定義を検討する際の参考になる。

4 emotion, feeling, mood, affect は弁別的に和訳することが困難な用語群である。例えば,APA (2007) ではそれぞれを以下のように定義している。emotion とは「個人がそれによって当人にとって重要な事柄や出来事に対処しようとする複雑な反応パターンであり,経験的,行動的,生理的要素を含んでいる。特定の感情の質(例えば,恐れ,恥)は出来事の特定の意味によって決定される。例えば,もし,そこに脅威という意味が含まれていれば恐れが生じ,他者からの非難という意味が含まれていれば恥が生じるだろう」。feeling とは「1. 自己内の現象的体験。主観的で評価的で,感覚,思考,イメージに基づく知覚モダリティに依存しない。必

然的に快あるいは不快と評価されるが，精神内の特定の性質を持つこともある（例えば，恐れの affective tone は怒りのそれとは異なる）。認知的，感覚的，知覚的な精神内経験と feeling とを区別する中核的な特徴は，このような affect から評価（appraisal）へのリンクである。また，feeling は純粋に心的なものであるのに対し，emotion は世界（the world）と関わりあうように設定されているという点で異なる。2. あらゆる経験された感覚。特に触覚，あるいは温度の感覚（痛み，寒さなど）」。mood とは「1. emotion の（通例，弱い）短期的状態。2. 数時間，数日，場合によっては数週間持続する，情動的に（emotionally）特定の様式で（おそらく低水準，無意識的に）反応する傾向性。mood は対象を欠いているという点で emotion と異なる。例えば，怒りという emotion は侮辱によって生じるが，怒りの mood の場合，何に怒っているのか，何が怒りを生み出しているかについて当人はわかっていない」。affect とは「苦しみから意気揚々，feeling の単純な感覚から複雑な感覚まで，emotion の健常な反応から病的な反応までの feeling あるいは emotion の体験すべて。知情意という古典的な心の構成要素の一つ」。なお，emotion は「感情」と訳されることも多いが，遠藤（2001）は，emotion について「感情」よりも「情動」という訳語をあえて用いるべき理由として以下のように論じている。すなわち，「感情」という日本語が「主観的に感じ取る心の動き」を意味しがちであるのに対し，「情動」という語の方が，①「背筋が寒くなる」「頭にカーッと血が上って熱くなる」というような生理的，身体的変化の経験をより表現していること，② emotion という単語が動作という意味の「motion」を含んでいるように情動が「動」という文字を含んでおり，ただ「内側で感じているだけではなく，それが外に向けて強く押し出され，結果的に何らかの動作や行為に至るという一連の過程が想定されている」ことの二点からより適切だと主張している。筆者は，動機づけ理論の観点から考えた際にも，emotion に「情動」という訳語を用いる方が妥当であると考えているが，必ずしもすべての論者（特に，動機づけ研究者）が，emotion, feeling, mood, affect といった用語を厳密に区別して用いているわけではなく，対応する訳語も統一されていないという事実や，本書の読者層が研究者にとどまらず広範であることを重視し，無用な混乱を避けるため，やや厳密さには欠けるが，原則的に問題のない範囲で日本語としてより一般的な「感情」という語をあえて用いることにした。但し，文脈によって emotion という語意を強調する必要のある場合にのみ，「情動」を用いる。

5 このような感情の適応的な機能を強調する考え方は機能主義的な感情観と呼ばれる（坂上，2008）。この立場では，感情を「人が，個人にとって重要な事柄に関して，自身と刻々と変化していく自身を取り巻く環境との関係を，確立したり，維持したり，変化させる試み，もしくは準備状態」ととらえ，それを進化上の適応過程の中で選択されてきた結果として位置づける。また，感情には①緊急の状況において，迅速かつ十分な反応を可能にすべく身体の準備状態を整える，②表情や姿勢，行動などの感情表出によって，自身の内的状態を他者に伝えるという機能があるとする。

6 原義は「小さな滝」，転じて「連鎖するもの」，「数珠つなぎ」の意味。

7 「アージ理論」を提唱した戸田正直も，感情には思考と独立して行動に否応なく駆り立てる働きがあることを強調している。アージ（urge）とは「人間や動物を行動に駆り立てる強い力」（亀田，2010）を指すが，戸田（1992）は認知された外部状況に応じて適応的な行動を選択して実行するという感情（を核とした）システム（心のソフトウェア）を「アージ・システム」と

呼び，その存在の根拠を種の生存，進化（野生環境での「生き延び方略」）に求めている。このアージ・システム（例えば，恐れアージ）によって，とりわけ素早い対応が求められるような状況下（ライオンに出会った場面）で「今ここ」(here-and-now) での適応的な振る舞い（「逃げる」あるいは「闘う」）が，注意や記憶といった認知システムを総動員して，しかも理性的な思考を必要とせずに瞬時に可能になるのだという。

8　遠藤（2007）は，感情の機能について個体内現象と個体間現象に分けて主な四つを指摘している。すなわち，前者として①迅速で応急措置的なデフォルト処理機構としての働き（ふだんは休眠・不活性の状態になりながら，ある特定の手がかりや条件の生起を待って突如として作動する），②プラニングとその遂行を支える働き（関連する記憶を活性化し，現在直面している状況の未解決要素に対する合理的行動のプラニングに役立てる），後者として③コミュニケーションを生み出す働き（感情の表出を通して他者にそれが感知され，社会的関係の確立，維持あるいは崩壊をもたらす），④長期的利害関係におけるバランスを調整する働き（例えば，集団による互恵性のように個人と社会にとって短期的な利益ではなく長期的な適応的な状態をバランスを調整しながら生み出していく）があるという。なお，感情の機能について，北村（2008）は社会的認知の観点から感情情報説，遂行調整情報としての感情，思考スタイルとの関連などについて知見を整理している。また，大平（2010）は，意思決定における感情の役割について，心理学や認知神経科学の知見をもとに論じている。感情が態度の形成に及ぼす機能も重要である。社会心理学において，特に感情価を持たない刺激にポジティブ／ネガティブな刺激を対提示することによって生じる感情との連合学習（評価的条件づけ）が，特定の対象に対する態度形成のメカニズムとして注目されている（Walther, Nagengast, & Trasselli, 2005）。

9　但し，刺激と感情は常に一対一の対応をしているわけではない。障害を感じさせる刺激は，「怒り」ではなく「あきらめ」という感情を生起させる場合もあろう。

10　基本情動説には，情動は環境に対する適応的な機能を持ち，進化のプロセスで形成されてきたとする生物学的，進化論的な前提がある。情動は習得されるものではなく，人間の脳にあらかじめ組み込まれたものであるため，例えば，言葉を超えて意志疎通ができるなど，文化的な差異を超えて人類を相互に結びつけるといった適応的な機能がある（Evans, 2001）。Ekman & Davidson（1994）によれば，基本情動とみなせる条件は以下の通りである。すなわち，基本情動とは，①獲得されるものではなく，生まれつき備わっている，②同じ状況下においてすべての人たちが体験する，③他の情動と区別可能で独自な表出（表情など）を伴う，④他の情動と区別可能な生理的反応パターンを生じさせる。Izard（1991）によれば，①神経的な基盤，②表情，③意識としての感情，④生物学的，進化的過程との関連，⑤適応的，動機づけ的な機能のすべてにおいて特徴的であることが基準とされる。本文に記した六種類以外に興味（interest），軽蔑（contempt）などが基本情動のリストに加えられることもあり，上記の基準をやや広く捉えるなら，恥（shame），はにかみ（shyness）と罪悪感（guilt），当惑（embarrassment），畏敬（awe）などが含まれる可能性もあるという（Izard, 1991; Ekman, 1992）。また，これらの基本情動は必ずしも単独で生起しているわけではなく，「うれしい驚き」といった複合的な情動もわれわれは日常的に体験する。なお，基本情動説に懐疑的な立場からのレビューとして Ortony & Turner（1990）がある。この基本情動説と対立するのが「社会構成主義」（情動は社会・文化的な文脈を通して学習されるという立場）であるが，遠藤（2005）

は情動を「基本情動」と「文化に特異な情動」とに分類しようとする問い方自体が実態に即していないと述べ，以下のように指摘している。「情動と呼ばれるものはほとんどすべて，ある明確な生物学的基礎に支えられて在るという意味において「基本的」なのかも知れない。しかし，その同じ情動（引用者注：例えば「甘え」）が，ひとたび言語や概念という次元で問題にされれば，それは高度に文化的な現象にもなるのである。つまりどの情動がではなく，どの情動も基本的でありかつ文化的であるということである。」

11 「誘因価」，「感情価」などと訳されることもある。

12 快感情が接近行動，不快感情が回避行動をそれぞれ引き起こすという原理は，人間の複雑な動機づけを説明する理論としてはいささか単純すぎるかもしれない。例えば戸田（1992）は，「たとえ嫌いな相手でもその相手が憎ければ，加罰目的でその相手に積極的に近づくことは充分可能である」と述べ，「快―接近／不快―回避」という図式の単純さを批判している。この例からもわかるように，人間の動機づけに対する感情の働きを単純化された次元にもとづいて量的にとらえようとするアプローチだけでは不十分であり，感情の質にも着目する必要があるのである。

13 Russell（2003）は誘意性と活性化の二次元から定義されるもっともシンプルな神経生理学的状態（感覚）をコア感情（core affect）と呼び，コア感情の強さや変化が注意，知覚，思考，判断などの認知プロセスに影響を及ぼすとした。なお，誘意性に関して快―不快の一次元ではなく，ネガティブ感情，ポジティブ感情の二次元とする説（Watson, Wiese, Vaidya, & Tellegen, 1999）も有力で，二次元説に基づく気分測定尺度（PANAS: Watson, Clark, & Tellegen, 1988; 日本版 PANAS: 佐藤・安田, 2001）が開発されている。

14 感情特性の原因については諸説ある（Rosenberg, 1998）が，その一つとして，人によって情動閾値が異なっているために，ある情動に対する閾値（threshold）が低い人はより頻繁にその情動を経験することになり，そのため反応に差が生じるとする説明がある。

15 Rosenberg（1998）は，感情状態をさらに気分（mood）と情動（emotion）とに区別し，これらは感情特性に比べると持続時間が短く心理的，生理的影響を及ぼす範囲が狭いが，気分は情動に比べ，感情特性に近い特性を持っているとし，感情特性，気分，情動という三水準を階層的に位置づけている。

16 この認知論的立場の研究者は以下の二点を前提として共有している（Reeve, 2001）。①出来事に関する評価が感情生起に先行して起こっている。②出来事そのものではなく，評価が感情を引き起こす。

17 過去の出来事は感情体験と連合して記憶されその後の行動を規定する。すなわち，感情そのものが消失したあとも主観的情感が一定時間残り，そこで経験された事象の意味を増幅したかたちで，記憶の中にすばやく根づかせる（遠藤，2007；Levenson, 1999）。そして，われわれが判断したり選択したりする際に，意識下において過去の記憶に基づいて感情的なバイアスが瞬間的にかけられるというのである。このようなバイアスとして機能する身体感覚のイメージは，ソマティック・マーカー（somatic marker）と呼ばれている（Damasio, 1994）。

18 この例にみられるように，経験機能と予期機能は独立ではない。過去の感情体験の記憶が将来の感情体験を予期する基本情報になるからである。しかし，自らの体験だけではなく，他者の体験や一般的な情報に基づいて将来の感情体験が予測されることも多い（例えば，未体

験の活動についても楽しそうだと感じる）ことなどから，両者を区別する意義は認められるだろう．

19　動機づけメカニズムの説明において快楽原理が重視されながらも，誘因理論では外界に即応する心理的メカニズム（動機づけ要因として誘因が持つポジティブ／ネガティブな誘意性）と誘意性の学習（何がポジティブでネガティブかの知覚形成）が想定されており，欲求の仮定とその充足がモデル化されていないという点が動因理論（4章1-1）との大きな相違点である．

20　McClelland（1985）は，動機（motive）を一般的な傾向性（特性レベルの動機づけ：1章2-2）と位置づけ，その動機が活性化された一時的な状態としての動機づけ（motivation）と区別している．これは動機を獲得された社会的欲求（social need：4章2-1）として捉える発想だといえる．

21　Fredrickson（1998）は，ポジティブ情動が感情研究の主流として位置づけられてこなかった理由として，問題解決的な必要性に欠けるという点に加え，情動の種類が少なくそれらが未分化である点，典型に基づく一般的な情動理論の構築に研究関心が向けられていたためポジティブ情動もその一般論に包含されてしまっていたという点を挙げている．なお，Fredrickson & Cohn（2008）は，ポジティブ情動と感覚的満足（sensory pleasure：食欲などの欲求の充足や不快な状態（寒さ，苦痛など）からの回復に伴って生じる満足）及びポジティブ気分（positive mood）との異同について論じている．ポジティブ情動は感覚的満足としばしば同時に生じるが，例えば，よい知らせを聞いて喜ぶなど物理的刺激なしでも生じる点で感覚的満足と異なっているという．また，ポジティブ情動が特定の対象に対する反応であり持続時間が短いといった点がポジティブ気分と異なるとしているが，研究手法の制約もあり厳密に両者を区別することは困難だと指摘している．ポジティブ感情（positive affect）の社会的行動，認知的過程への影響についてはIsen（1999）が整理して論じている．ポジティブ感情に関する本邦のレビューとして，例えば，山崎（2006）がある．

22　但し，情動をポジティブとネガティブに大別し，前者のみが学習，成長という観点から適応的であると断じることは，心理現象をあまりにも単純化しすぎているといえよう．怒り，不安，落胆，絶望といった情動の体験やそれに対する認知的評価が熟慮や内省といった思考活動を促し，その後の学習に生かされたり，中長期的な成長の契機になったりすることも大いにありうるからである．例えば，ポジティブ感情が接近行動を，ネガティブ感情が回避行動をそれぞれ維持，促進するとは必ずしもいえないという主張がある（3章注12）．例えば，感情の行動コントロールに対するシグナル（情報）としての機能を強調するCarver（2003）は，感情と行動の関係を車の運転に例える「クルーズコントロール・モデル」（cruise control model）を提唱している．山道を走行する際に，上り坂でなかなかスピードが出ないときに，アクセルを踏んで加速するのに対し，下り坂では燃料を使わずに惰力走行（coast）する．すなわち，上り坂でのネガティブ感情が努力を促進するのに対し，下り坂ではポジティブ感情が（走行のための）努力を低減させる一方で（惰力走行のおかげで）心的資源（注意など）を他の活動に振り向けることができるようになるのだという．なお，本邦の研究として，ポジティブ感情が知識獲得に及ぼす影響について小学3年生の協同的な課題活動を対象として検討した原田・堀・丸野（2012）などがある．

23　リバーサル理論を感情論の一つとして位置づけることには異論もあろう．本書では，リ

バーサル理論が描き出す心理状態が状態レベルの動機づけ（1章2-2）を説明すると同時に，気分（ムード）のような比較的長期にわたる心理現象をも質的に記述していることから感情論的アプローチに含めた。

24　メタ動機づけ状態とは，あくまでも状態（state）であって特性（trait）ではない。人は二つのメタ動機づけ状態の両方を経験しうるのである。但し，どちらかの状態を体験しやすいという傾向性はある（一方の状態を経験する時間の長さによって決められる）という。メタ動機づけ状態とは動機が経験とともに構造化され，解釈され，組織化される仕方に関する概念なのである。常に人はある瞬間に二つの対となっているメタ動機づけ状態（両立不可能）のどちらか一方を経験しているのだとされる。なお，メタ動機づけ状態とは，経験の内容を意味しているわけではない。例えば，クラシック音楽（ベートーベンのピアノ協奏曲「皇帝」）を楽しんでいたとき（パラテリック状態）に，電話が鳴ってそこで伝えられた内容に悩んだ（テリック状態）という場合と，読書を楽しんでいたとき（パラテリック状態）に，隣からクラシック音楽（「皇帝」）が聞こえてきた（テリック状態）という場合は，どちらもパラテリック状態からテリック状態に反転しているわけだが，「皇帝」という曲は前者ではパラテリック状態，後者ではテリック状態として経験されている。また，ある行為が必ず特定のメタ動機づけ状態と対応しているわけでもない。例えば，自転車をこぐことが「行為」で到着地が「目標」の場合を考えてみると，到着の場所が当人にとって大切な場合（人と会うなど），この目標が前景で自転車をこぐという行為は背景になるが，単に丘や森を走ることで風を感じたいという気持ちで自転車をこぐという場合は，その行為自体が前景で目標が背景に退く。同じ行為（自転車をこぐ）であっても異なったメタ動機づけ状態（前者がテリック状態，後者がパラテリック状態）と結びついているのである。しかも，場合に応じて，（自転車に乗っている最中であったとしても）二つのメタ動機づけ状態が反転することもありうるのである。

25　Murgatroyd（1985）によれば，リバーサル理論とは，どのように人が動機を経験するかという観点から人の行為の構造を理解しようとするアプローチ，すなわち，認知と感情を統合した枠組みによって人の行為をとらえようとする現象学的アプローチであると同時に，ホメオスタシス（一つの最適水準が前提）ではなく，bistabilty の原理（二つの安定した心理状態，すなわち喚起レベルが存在するという前提，人は環境要因，生理的要因などの様々な要因に応じて「スイッチ」する）を採用した理論だという。なお，リバーサル理論に基づいた教育状況での動機づけ研究として，高校生のスポーツを扱ったSit & Lindner（2006）がある。

26　コントロール―価値理論では，達成関連感情の強さはコントロール評価と価値評価の積になると仮定されている。とりわけ，価値の評価が達成関連感情のタイプのみならず強さをも左右するということが強調されている。例えば，ある課題に対する興味の程度，ある試験に対する成功あるいは失敗の重要性を認識している程度が，それぞれ楽しさ，誇らしさ，絶望といった感情の強さを規定するという。とりわけ，退屈については，Pekrun, Goetz, Daniels, Stupnisky, & Perry（2010）が検討している。また，コントロール―価値理論に基づくものではないが，主に原因帰属の観点から教育場面における成功・失敗と達成関連感情の関連に着目した本邦の研究がある。例えば，丹羽（1989）は，成功時，失敗時の感情について小学校高学年を対象に調査し，原因帰属との関連について検討している。また，奈須・堀野（1991）は，達成場面における感情体験を表す自然な表現を収集し，その因子構造について分析するととも

に原因帰属による達成関連感情の違いを検討している。奈須（1994）は，成功／失敗場面における計12の達成関連感情について大学生にSD尺度等によって評定を求め，感情一般の三次元構造に位置づけて考察している。

27　本邦の研究として，例えば，石川（2010）は，問題場面における罪悪感と学校適応感（学習意欲を含む）の関連について小学4，5，6年生を対象に調査し，特に6年生で両者にポジティブな関連がみられることが報告されている。

28　ここでは，マスタリー接近目標とパフォーマンス接近目標の二つに限定して対比的に論じられている。関連する研究として，例えば，Pekrun, Elliot, & Maier（2009）は，大学生を対象とした質問紙法により，マスタリー目標やパフォーマンス接近目標が希望（hope）や誇らしさ（pride）を高めることを通して成果を向上させること，マスタリー目標が退屈（boredom），怒り（anger），絶望（hopelessness），恥（shame）を低下させることで成果の低下を防ぐこと，パフォーマンス回避目標が希望（hope），誇らしさ（pride）を低下させるとともに，怒り（anger），不安（anxiety），絶望（hopelessness），恥（shame）を高めることを通して，成果に悪影響を及ぼすことなどを示している。

29　アフォーダンスとはGibson, J. J.による造語で，環境の中に実在する，知覚者にとっての行為の可能性に関する情報を意味する（佐伯，2010）。

30　興味が（基本）情動であるか否かという点に関しては論争があるが，Silvia（2006）は，表出（顔，声），先行要因，反応間の首尾一貫性，主観的体験という観点から先行研究をレビューし，興味が独自の特徴を持つ情動（emotion）であると結論づけている。

31　動機づけ（motivation）という用語が心理学的な概念として確立する以前には，動機づけに関連する多くの心理現象は「興味」の問題として扱われていたのだという（Schiefele, 2001）。Krapp, Hidi & Renninger（1992）は，興味の主な二つの研究テーマとして，①個人差としての興味が認知的なパフォーマンスに及ぼす影響，②人に興味を起こさせるような学習環境の特徴（interestingness）を挙げている。これら二つに同時に着目した研究として，Tsai, Kunter, Lüdtke, & Ryan（2008）は教室環境での日常生活上の興味について，中学生を対象に縦断的な調査を行っている。なお，興味について体系的に論じた近年の著作としてSilvia（2006）が挙げられる。また，興味の測定についてはRust（1977）で論じられている。

32　Schraw & Lehman（2001）は，状況興味と特性興味の区別に着目し，特に状況興味に関する理論的，実証的研究をレビューしている。興味と学習の関係については，Tobias（1994）が先行知識との関連をレビューによって明らかにし，興味にはより深い理解を促し，より情動的，個人的，拡張的な意味ネットワークの形成を刺激する機能があると主張している。なお，興味研究では下記のような用語の混乱がみられる（Silvia, 2006）ため，本書では他の感情研究に対応させ，心理状態としての興味を「状態興味」，個人の特性としての興味を「特性興味」と表記する（図3-12）。状態興味についてはsituational interestと表現されることが一般的であるが，これを一時的な心理状態一般ととらえる立場（例えば，Schiefele, 2009）と，外的環境の特定の状況が原因になって興味が生起した場合に限定して用いる立場（例えば，Silvia, 2006）が併存している。また，特性興味についてはindividual interest（あるいはpersonal interest）と一般に表現されるが，個人の特性が原因となって生じる一時的な心理状態をこれに含める立場もある（例えば，Silvia, 2006）。

33　Krapp, Hidi & Renninger（1992）によれば，このように知識，参照価値（reference value）及び特定の課題，対象，出来事，アイデアと個人との相互作用に注目する点が，興味研究と他のアプローチ（内発的動機づけなど）との相違だという。

34　Todt & Schreiber（1998）は，状態興味の出現過程についてモデル化し，興味の発達について論じている。Chen, Darst, & Pangrazi（2001）は，状況興味の源泉（source）として新奇性，挑戦，探索意図（exploration intention），注意要請（attention demand），即時的楽しさ（instant enjoyment）の五つを挙げ，興味の規定因のモデルについて検証している。また，観察法によって興味の表出について検討したReeve（1993）は，目を閉じる動き，一瞥（glance）の数，一瞥の長さ，まぶたの上下の広がり，眼球の露出，唇の開き，首をひねる動き，首の不動といった指標に興味が顕れることを示した。なお，状態興味の心理的メカニズムに関連して，Krapp（2005）は二重調整システム（dual regulation system）としての感情と認知の役割を強調するPOI（人―対象の相互作用）モデルを提唱している。すなわち，感情調整システムは，具体的な人と対象の相互作用場面で，状況の要求を評価，再評価することを通して人と状況を結びつける即座のフィードバックシステムであるのに対し，認知調整システムは，状況の特徴に対する意識と表象を含むとされた。

35　テキストベースの興味に関連して，秋田（1991）は，中学1年生を対象に物語の詳しさが「おもしろさ」に及ぼす影響を検討し，「描写の詳しさ」がおもしろさに影響を与えること，おもしろさは「じーんときた」「泣けてきた」といった感情と関連していることなどを明らかにした。

36　興味の個人差とその測定尺度については，Silvia（2006）の4章に概説がある。

37　その後，職業興味の八角形モデル（Tracey and Rounds, 1996）が提唱されている。それは，「people―things」「ideas―data」の二次元に基づく援助（helping），芸術（artistic），生命科学（life science），エンジニアリング（mechanical），テクニカル（technical），ビジネス実務（business detail），経営管理（business contact），サービス（service）の八類型から成る。また，興味と有能さの信念を変数としたその測定尺度（PGI: Personal Globe Inventory; Tracey, 2002）も開発されている。

38　特性興味と興味の発達に関して，例えば，以下の研究がある。学業に対する興味の発達については，7歳から18歳までの縦断的研究によって学校種の移行，親の期待などとの関連を検討したDotterer, McHale, & Crouter（2009）がある。Hulleman, Durik, Schweigert, & Harackiewicz（2008）は，大学講義と高校生のフットボール合宿の二場面で調査を行い，初期の興味とマスタリー目標が課題価値（内発的価値，実用価値：2章1-3）を媒介としてのちの興味を規定することを示した。Harackiewicz, Durik, Barron, & Linnenbrink-Garcia（2007）は，大学生を対象とした心理学の講義に対する興味を調査し，短期的には初期の興味，達成目標，状況興味，学業成績が相互に関連しているが，より長期的には講義期間中の状況興味がのちの興味（関連科目の追加履修選択）を規定することを示した。Durik, & Harackiewicz（2007）は，大学生を対象に数学領域の特性興味が課題への興味に対する状況要因を媒介するかについて検討を行い，特性興味の低い人にはcatchの要因（視覚刺激）が効果的な一方，特性興味の高い人には妨害的であること，特性興味の高い人にはholdの要因（実用性の強調）が効果的な一方，特性興味の低い人には妨害的であることを示した。なお，興味の発達に関連して，Deci（1992）

は，社会的文脈が欲求や課題に対して与える影響は大きく，興味の原因は人か環境かの二者択一では説明できないと主張している。例えば，個人差としての選好性（preference）の発達は，能力及び「環境のアフォーダンス」に規定されており，社会的文脈の関数である。また能力と興味の関係に関しては，多くの研究で興味と能力に強い相関が見出されているが，特定のことに興味を持つ傾向性は，①能力のポテンシャルの顕れ，②能力開発の可能性（潜在的能力がなくても，興味によって能力が伸びる）という二つの解釈ができるという。

39　flowとは「意識の淀みない流れ」という意味であり，フロー理論ではその意味を心理現象の説明に適用している。フロー理論の概要については，Csikszentmihalyi（1990），今村・浅川（2003）などを参照されたい。また，フロー理論に基づいた教育実践研究として浅川・静岡大学教育学部附属浜松中学校（2011）がある。なお，フローや興味（3章3）と密接に関連する感情として「パッション」（passion：熱中）を挙げることができるだろう。パッションとは，「当人が愛好し，重要だと感じ，時間とエネルギーを投入するような活動に傾倒する強烈な気持ち（inclination）」を指す（Vallerand, Blanchard, Mageau, Koestner, Ratelle, Léonard, & Gagné, 2003）。自己決定理論（4章2-4）に基づいてパッションの理論化を試みているVallerand, R. J. によれば，パッションは，当人のアイデンティティとして内面化されているかという観点から，強迫的パッション（obsessive passion）と調和的パッション（harmonious passion）とに区別できるという（Vallerand, 2008）。Vallerand, Blanchard, Mageau, Koestner, Rattelle, Léonard, & Gagné（2003）は，調和的パッションがフローやポジティブ感情と関連していることを示唆している。

40　感情研究において，不安は恐れ（fear）と同列に扱われて両者が区別されないこともある。一方，動機づけ研究においては，不安はおよそ以下のように位置づけられてきた。すなわち，不安の心理的役割をパーソナリティ理論として初めて強調したのはFreud, S. だとされている（Zeidner, 2008）が，一方で不安は新行動主義の影響を受け，獲得性動因として捉えられていた。また，達成動機づけ理論では，失敗回避欲求として位置づけられていた（4章4-2）。動因理論と不安研究の関連については，大芦（1995）に詳しい。

41　状態―特性不安を測定する尺度として，例えば，Spielberger, Gorsuch, & Lushene（1970）のSTAI（State Trait Anxiety Inventory）とその日本語版（清水・今栄，1981）がある。

42　例えば，失敗を避けるために，潜在的な失敗可能性に対する準備をし，努力する方向で自分自身を動機づける防衛的悲観主義（2章3-4）の人々は不安をむしろ適応的に活用しているといえる。

43　数学的な問題解決が要求されるような状況で喚起される緊張，無力感，心理的混乱やそれらに伴う身体的兆候の総称（Ashcraft, 2002）。例えば，統計の授業や統計処理の際に感じる不安（統計不安）は数学不安の一種だという（Zeidner & Matthews, 2005）。数学不安に関して，藤井（1994）は，大学生を対象として日本版数学不安尺度を作成している。また，渡部・佐久間（1998）は，小学校高学年の児童の算数不安の測定尺度を開発し，算数不安に対する教師のサポートについて検討している。

44　コンピュータ恐怖症（computerphobia）と呼ばれることもある。コンピュータ不安は以下の要素を含んでいる（Zeidner & Matthews, 2005）。①現在あるいは将来におけるコンピュータあるいはコンピュータ関連のテクノロジーとの関わりに対する不安，②コンピュータ使用に

関する特定のネガティブな認知や自己批判的な個人内対話，③コンピュータやコンピュータ社会に対する全般的なネガティブな態度．コンピュータ不安に関して，例えば，高山 (1993) は現職教員のコンピュータ不安について，コンピュータ教育に対する態度との関連を調査している．

45　英語は social anxiety．「初対面の人と会う」「人の前で発表する」といった社会的状況やそれらの予期が契機となって生じる懸念，自己意識 (self-consciousness)，感情的苦痛 (Crozier & Alden, 2001)．スピーチ不安，聴衆不安といった現象が含まれる．但し，評価不安がこの概念の中核であるかについては必ずしも明確ではない (Zeidner & Matthews, 2005)．

46　コーチ，チームメイト，ライバル，観客といった他者からパフォーマンスが評価される状況で，失敗や非難の可能性を感じることによって生じる．怪我などによる身体的な要因によっても生じるが，脅威を感じる心理的なメカニズムがより本質的な要因だとされている (Woodman & Hardy, 2001)．

47　これまでの教育心理学における感情研究のほとんどは不安，とりわけテスト不安の研究に偏っていた (Pekrun, Goetz, Titz, & Perry, 2002)．テスト不安研究がその質と量の両面において教育心理学における感情研究の中心だったのである．テスト不安研究の初期の概説書として Sarason (1980b) がある．また，Zeidner (1998) にも研究の全貌が体系的にまとめられている．本邦の文献として，大芦 (1995) は，テスト不安研究の成立と展開，達成動機づけ研究との関連について丁寧に論じている．また，藤井 (1995) は主に測定に着目して研究の動向と課題についてレビューしている．テスト不安は感情状態であると同時に比較的安定した感情特性，すなわち「文脈化されたパーソナリティ特性」(contextualized personality trait: Zeidner, 1998) としても位置づけられており，TAS (Test Anxiety Scale: Sarason, 1978)，TAI (Test Anxiety Inventory: Spielberger, 1980) など数多くの尺度が開発され，日本語版も作成されている．測定に関しては，Cizek & Burg (2006) にわかりやすく具体的な概説がある．

48　杉浦 (1999) は，心配による制御困難性とともにその問題解決的な働きにも着目し，心配の心理的プロセスについて大学生を対象として質問紙調査によって検討している．また，杉浦 (2001) は心配による制御困難性についての説明について，特に心配そのものの能動性に着目して包括的なレビューを行っている．

49　Tobias (1985) は，認知説（妨害説）と欠乏説（スキル説）の相違についてレビューを行い，両者が相補的であると結論づけている．なお，テスト不安と回避目標の密接な関連性 (2章2-3) も注目に値する．テスト状況においてパフォーマンス回避目標は，相対評価や失敗の可能性の意識を促すことを通して不安を喚起するのに対し，マスタリー目標はテスト不安と無関係だとされる (Elliot & Pekrun 2007)．

50　テスト中の認知的妨害について，藤井 (1993) は大学生を対象に調査を行い測定尺度を作成している．また，塩谷 (1995) は，学習に関するスキルやコストの認知，テスト不安，学習行動，学習成果の関連について高校一年生を対象に調査を行い，スキル認知の低さがテスト不安の遂行抑制作用を高め，学習成果にネガティブな影響を及ぼす可能性を示唆している．

51　Gross & Thompson (2007) は，情動調整 (emotion regulation) に関する概括的なレビューの中で，感情調整 (affect regulation) には，コーピング，情動調整，気分調整 (mood regulation)，心理的防衛の四つが含まれており，その調整プロセスに応じて状況の選択，状況の修正，注意の展開，認知の変化，反応の調整という五つの方略群が存在するとしている．

第4章

　1　行為の背後に欲求を想定することによって動機づけを説明しようとする欲求論的アプローチは、とても明快で理解しやすい。その一方で、欲求そのものの存在を実証することは極めて困難であり、例えば、「どのような種類の欲求が全体でいくつあるのか」「欲求は生まれつきのものなのか」「欲求には文化差があるのか」など、多くの理論的な難題がある。

　2　欲求は心理学において人間の本質を明確化することが目指される中で提案された構成概念である。Murray（1938）によれば、欲求とは、知覚、統覚、思考、意欲、あるいは不快な現状を特定の方向へと改善する行為を組織する働きを持つ脳領域において生じる力（force）を意味する。欲求とは、元来、生存など人間としての「存在」（existence）それ自体に必要不可欠な心理的メカニズムを意味していたが、近年では、適応やウェルビーイングなどに寄与する「成長」（thriving）を説明する概念へと拡張されている（Pittman & Zeigler, 2007）。Baumeister & Leary（1995）は、基本的な欲求（fundamental motivation）の性質として、以下の九点を挙げている。すなわち、欲求は、①迅速に効果を生み出す、②結果として感情を伴う、③認知プロセスに影響を及ぼす、④妨げられると健康や適応に悪影響する、⑤充足に向けて目標志向的な行動を引き起こす、⑥すべての人に普遍的なものである、⑦他の欲求から派生して生じたものではない、⑧幅広い多様な行動に影響する、⑨当座の心理的機能を越えた影響がみられる。なお、Pittman & Zeigler（2007）は欲求概念に関して、その内容的及び構造的側面について主に社会心理学的観点からレビューを行い、理論の整理を試みている。また、相良（1973）は当時の欲求理論についてわかりやすくまとめている。ところで、欲求（need）の他にも行動の内的原因を意味する用語として、動因（drive）、本能（instinct）、動機（motive）などが挙げられるが、いずれも満足を求めて特定のターゲットに向けて放出されるエネルギーとして個体内に想定される実体を含意しているという点で共通している（Deckers, 2005）。そのため、これらの用語は相互に同義とみなされる場合もあるが、論者によって理論の文脈や議論の前提が異なることによる意味の相違があるので注意する必要がある。なお、これまで need は「要求」と和訳されることも多かった。例えば、動因理論に代表される行動主義の動機づけ理論では、生理的欠乏や不均衡の状態が need（要求）と呼ばれ、その「要求」の状態（動因が高められた状態）に適合した誘因（incentive）が得られると欠乏や不均衡が回復する（動因が低減する）とされた（河合, 1976）。また、力動論的動機づけ理論を体系的に論じた重要文献の一つである Murray（1938）の邦訳では、目的指向的傾向を説明する概念である need の訳語として「要求」が充てられている。学史的観点からみると、要求という用語はこのように多義的に用いられてきた経緯がある。また、後述のように動機（motive）概念との区別をより明確化し、その発生的な意味での生得性や一般性を強調する必要もある。以上の理由から、本書では「欲求」と訳した。

　3　James, W. は、本能とは、ある刺激をきっかけとして、衝動や反射を通して特定の目標を指向した一連の行動に変換するような能力であると説明し、人間が多くの身体的、心理的本能を備えていて、本能が導く行動は、学習や結果の予期に基づくものではないとした（James,

1892)。例えば，猫がねずみを追いかけたり，火を見て逃げたりするのは，猫に「生」や「死」といった観念があるからそうしているわけではない。単に「そうせざるをえない」からそうしているのであって，元来猫は先天的にそのように「盲目的」に振舞うように造られているというのである。このように本能に基づく行動は衝動に基づくものであって，このような先天的な行為に対して原因や理由を追究すること自体がナンセンスであると彼は主張し，本能の自己目的的性質を強調したのである。しかし，人間など記憶を有する動物においては，常に本能が「盲目的」で「不変」なものではないということも示唆している。本能による行為の結果を経験することによって，次回から行為の結果を予見することになるからである。例えば，ある男の子がまるまると太ったカエルを衝動的に石で潰そうと思っても，思いとどまることができるのは，カエルの瀕死の様子が自らの行為が悪いことであることを暗示したり，過去の経験によって動物の苦痛を自分の苦痛に重ね合わせることができるからだと説明する。このように本能と経験が結びつくことによって，人間の行為は多様なものになるのだという。また，本能論を動機づけ理論として本格的に展開したMcDougall, W. は，ある種が環境に適応する進化の過程で獲得してきた，特定の目標を指向させる精神—身体的（psycho-physical）な傾向性を本能と呼んだ（McDougall, 1926）。具体的には，主要な本能として，逃走（flight），拒絶（repulsion），好奇心（curiosity），闘争（pugnacity），服従（subjection），自己主張（self-assertion），養育（parental）を挙げ，そのそれぞれに，恐れ（fear），嫌悪（disgust），驚き（wonder），怒り（anger），自己否定（negative self-feeling），自己肯定（positive self-feeling），慈愛（tender）といった情動が随伴するとしている。また，本能によって喚起されるこれらの情動的な要素だけでなく，本能には，それを満足させる方法への気づきのような認知的な要素や，本能が指示する目標を達成するための努力のような意志的（conative）な要素も含まれているとした。Jamesが本能という用語を，感情，習慣，意志といった概念と区別して限定的に用いていたのに対し，McDougallの本能論においては，Darwin, C. R.の進化論の影響を強く受けながら，意志や意思決定による動機づけの説明を否定し，人間の行為のすべての源流が生来持って生まれついた本能を起源としていると強調したという点でユニークである。後年，McDougall（1932）は，人を含む高等動物の行動を本能によって説明することの限界を指摘し，本能という用語に代えて，目標を指向する行為を生起させるような衝動（あるいは動因）を生来的あるいは生得的傾向（innate or native propensity）と呼ぶことを提案している。いわゆる遺伝的で先天的な能力（それを「本能」と呼ぶかどうかは別にして）が，人の動機づけの基盤となって具体的な行為を規定していることは疑いようのない事実である。しかし，一方で本能も学習による影響を受けることもまた事実であろう。動物行動学などの多くの研究成果が示しているように，遺伝子の情報は，その個体が生まれ落ちた文化の中で学び，育つ過程に影響を受けながら発現するからである。動機づけを本能の種類によって説明しようとする本能論のスタンスに立つと，人の発達を理解する上で，後天的な学習の意義をともすると軽視することにもなりかねない。結局のところ，行為の原因として本能のラベルづけをしてみたところで動機づけを説明したことにはならない。本能論では，動機づけと行為を独立に扱っていない点が本質的な誤りであった。動機づけの理論には，行為の原因だけでなく，行為に影響を及ぼす要因や行為の変容の仕方をも具体的に説明することが求められているのである。本能という用語は，すべての人が生まれながらにして持ち，特定の行為を固定的に生み出す働きがあるということだけではなく，その機能

は一生変化しないといった「融通の利かなさ」をも含意するため、今日ではむしろ、よりフレキシブルなイメージを持つ「欲求」や「動機」という用語が一般的に用いられるようになったと考えられる。

4 Murray, H. A. は、欲求（need）について、「一定の条件のもとで特定の様式で反応しようとする生命体の潜在的なエネルギーや準備態勢であり、ある欲求が異なった表れ方をする」と総括的に説明している（Murray, 1938）。本書における欲求の定義は、以上のことを踏まえている。但し、一方で Murray（1938）は、欲求について「個体内外の事象に基づいて生じる結果であり、多種の力があつまった合力である」とも説明しており、本書でいう「動機」の意味（4章1-2）もそこに含み込まれていることに留意する必要があろう。Murray は、McDougall, W., Freud, S., Lewin, K. の影響を受けながら、「人」と「その人が認知する環境」とが相互作用することによって行為が生じると考えた先駆者である（Heckhausen, 1991）が、彼のいう欲求とは「人」側の要因を明らかにするための概念であり、「その人が認知する環境」側の要因としては、その状況がどのような利益や脅威をもたらすかという認知を意味する「圧力（press）」を概念化した。欲求とは、知覚、知性、意欲、行為などを組み立て、方向づける機能を持った「力」を意味しており、欲求とはある状況下で特定の仕方で振る舞うためのポテンシャルあるいはレディネスを指す概念なのである。そしてそれは個人の特性を記述すると同時に、機能を表す概念でもある。また、Murray（1938）は生理的欲求と心理的欲求の区別をしているが、前者を身体発生的欲求（viscerogenic needs：一次的欲求）、後者を心理発生的欲求（psychogenic needs：二次的欲求）と呼び、後者を前者から派生したもの（派生的欲求）として位置づけている。心理的欲求に関して、Ryan（1995）、Ryan & Deci（2008）は二つの意味があると述べている。一つは、状況を超えて行動を動機づける個人差としての欲望（desire）であり、その強さは社会的な環境との相互作用によって学習され、それが当人のパーソナリティの指標とみなされるような用法である。例えば、Murray, H. A.（4章2-1）や McClelland, D. C.（3章1-2）はこの意味で用いていると指摘する。もう一つは、より限定的な用法で、生命体の発達やウェルネスに必要不可欠な栄養（nutriment）としての意味であり、その強さというよりもどの程度、それらの欲求が満たされているか、あるいはその充足が妨げられているかという観点から検討されるものである。Reeve（2001）は、自己決定理論（4章2-4）の立場から、心理的欲求をさらに生命体的（organismic）な欲求（環境との活発な相互作用を前提とした生得的な欲求）と獲得性（acquired）の欲求（誘因のはたらきによって社会化の過程で身に付けた欲求）とに区別した。前者は4章2-4に示された三つの欲求を指し、後者の例としては達成欲求、親和欲求、権力欲求が挙げられている。以上のように、欲求論的アプローチでは、基本的に欲求をアプリオリ（発生的な意味で生得的）なものとして想定しているが、そこには後天的な獲得性の欲求が含まれることも多く、とりわけ心理的欲求については生得性がたとえ想定されていたとしても、それらの質と量には体験の影響を受けた個人差が仮定されていることがほとんどである。なお、文化人類学者の Malinowski, B. は1941年の論文で、人類に普遍的な基本的欲求として①新陳代謝（metabolism：食、液体、呼吸、睡眠、休息）、②生殖（reproduction：性）、③身体的快適さ（bodily comforts：暖かさ、清潔さ）、④安全（safety：逃避、危険の回避）、⑤動き（movement：身体運動）、⑥成長（growth：心理的成長）、⑦健康（health：健康の維持、病気の回避）を挙げている（Deckers, 2005）。また、Sheldon, Elliot, Kim, & Kasser（2001）は、

代表的な心理的欲求として，自律性，有能さ，関係性，自己実現・意味，身体的健康（physical thriving），楽しさ・刺激，金銭・贅沢，安全，自尊（self-esteem），人気・影響力という10の欲求を挙げ，当人が満足した生活上の出来事との関連を調査した結果，自尊，自律性，有能さ，関係性がより基本的であると主張している。

5　刺激と反応にのみ着目する古典的な行動主義に対して，刺激に対する反応を規定する媒介変数を想定してより複雑な人間の行動を説明しようとする考え方を指す。Hull, C. L.はその代表的な論者である。

6　動因には，生物学的な欲求が満たされないときに生じる空腹，のどの渇き，痛みといった一次的動因（primary drive）と，例えば，恐れや不安，金銭など，一次的動因と結びつきながら後天的に学習された二次的動因（secondary drive）がある。また，ある行為（反応）が肯定的な結果に導いたという過去の履歴が特定の状況（刺激）と行為（反応）との結びつきを強めて，その行為を生じさせる可能性を高めるとしたThorndike, E. L.の影響を受けて，Hull, C. L.は動因理論に「習慣」という変数を組み込んでいる。習慣とは，どのような行為を選択するか，すなわち，行為の方向性をあらわす変数であり，行動＝習慣強度（H）×動因（D）として表現された（Hull, 1943）。これは動因や習慣が強ければ強いほど行動は生じやすいということを意味している。また，行動が二変数の積とされているということから，いくら動因が高まっていても，過去に肯定的な結果がもたらされた行動のレパートリーが存在しなければ当該行動は生じない，また，有効な行動のレパートリーを持っていても，不快な緊張状態である動因が全く高まっていなければ当該行動は生じないということが示唆されている。なお，のちにHull (1951) は，行動を引き起こす第三の要因として誘因動機づけ（K）を加え，行動＝習慣強度×動因×誘因動機づけとしている。

7　当時，Hull, C. L.による動因理論とともに有力な動機づけ理論として位置づけられていたのが，Freud, S.の考え方である（White, 1959）。Freudは，人間を精神的なエネルギーシステムとみなし，行為を生じさせる動因（tribe：本邦では「本能」と訳されることが多い）としてイド（id）を仮定し，その機能を無意識的なものとして位置づけた。この精神的エネルギー（生命の維持に寄与する空腹などのエネルギーや性的なエネルギーのリビドー（生の本能によるもの）のほかに，後年になって，死の本能によるエネルギーとしてモルティドーが仮定されている）は，望みが満たされたとき解消され，それと同時に人は満足感を得ることになる。つまり，このエネルギーは満足を得る方向で行為が生じることを促す働きをもっており，その意味で快を求め，不快を避けるという快楽原則に従っている。但し，イドの望みのすべてを満たすことは現実には無理である。その個人が置かれた状況や，社会規範によってその人の行為は多かれ少なかれ制約を受けるに違いない。そこで本能としてのエネルギーであるイドと現実的な状況，さらには社会的規範が内面化した善悪の基準，すなわち超自我（super ego）との調整を行う主に意識的な過程を自我（ego）として位置づけることによって，動機づけのメカニズムを描き出した。例えば，午前の授業中に空腹を感じた高校生は，ただ食欲を満たそうとする本能のおもむくままに授業中に弁当箱を広げることはしないだろう。授業中という現実の状況や授業中にしてよいことと悪いことについて考え，自分の行為を判断することになる。多くの場合，昼食の時間まで我慢しようと思うだろうが，例えば，この先生は授業中に弁当を食べていても見て見ぬ振りをするはずだと考えた結果，授業中に弁当を食べるという「勇敢」な行為に出る生徒

もいるかもしれない。このように自我は，欲求を満たそうとするイドのエネルギーをその場の状況や社会の規範と折り合いをつけながら，適応的な行為を生み出す役割を演じるのである。自我には，防衛機制（抑圧など）のように，心理的な苦痛を避けて精神的安定を保とうとする無意識的な働きも備わっている。その場合，心理的なエネルギーが本来の意味で解放されることがないため，例えば，我慢する（抑制），社会的に望ましい別の形で解消する（昇華），未熟な段階の行動に逆戻りする（退行）などの多様な反応が生じることになる。

8　認知論的あるいは感情論的アプローチだけでは，動機づけの「指向性」と「エネルギー」（1章2-1）を包括的にとらえた上での「力動的」側面を十分に説明することができない。認知論的，感情論的アプローチは状態レベルあるいは領域レベルの動機づけに主に焦点を当てているのに対して，欲求論的アプローチでは，パーソナリティのような特性レベルの動機づけに注目すると同時に，状態レベルあるいは領域レベルの動機づけをも含めて包括的な検討を試みているという意味でユニークである。例えば，認知論的アプローチでは「自己」を自己概念や自己に関するスキーマの集合体としてとらえており（2章3-5），そこには統合的に発達する独自のシステムを構成する自己の構造を全体としてまるごと捉えようとする視点に欠けている。欲求論には無意識の過程が含まれるという側面も，意識的な過程に主に焦点を当てる認知論や情動体験を扱う感情論との大きな違いである。例えば，欲求の動機づけプロセスには，「さっきからおなかがすいて仕方がない」というように当人に意識される場合（「○○したい」「○○せずにはいられない」など）もあれば，無意識のうちに水分を補給することでのどの渇きを癒すというように自覚のないままに欲求を満たしている場合もあるのである。欲求論的アプローチは，他のアプローチでは断片的にしか扱うことのできない自己の問題について特性レベルの動機づけ水準，さらには人間や生命体に普遍の特質をも射程に入れながら検討を進めているのだといえよう。一方，欲求論はともすると観念論に陥りがちである。認知論的アプローチや感情論的アプローチに比べて実証的に検討する方法が限られ，反証可能性がない場合も多いため実証的なアプローチに適さず，理論として科学的に不十分という批判も多い。但し一方で，例えば，達成目標理論（2章2-3）のような認知論的アプローチに基づく理論であっても，動機づけ現象を十分に説明するためには，暗黙のうちに，マスタリー目標の背後にコンピテンスへの欲求を，パフォーマンス目標の背後に自尊の欲求をそれぞれ想定せざるをえないという事情もあり，その言及の有無に関わらず欲求論は動機づけ研究の大前提として一定の役割を果たしているといえる。

9　動機（motive）は学術用語というよりも，むしろ日常語としての色彩が強く，動機づけの概論書（例えば，Beck, 2004, Reeve, 2001, Ferguson, 2000, deCatanzaro, 1999, Petri, 1996など）においても，動機（motive）という用語自体が索引語としてさえも取り上げられていない。Nuttin（1972b）によれば，動機とは「覚醒状態をもたらす要因であり，そのような行動の傾向性（tendency）」だとされ，特定の傾向性を引き起こす誘因のような外界の対象（goal-object）を意味することもあれば，その傾向性それ自体を指すこともあるという。また，この定義にみられるように動機と欲求との意味的な区別は曖昧である。欲求と動機の区別については，他にも以下のような指摘がある。Heckhausen & Heckhausen（2008）によれば，動機とは，自己の経験に基づく知識から抽象化された広範な（完全には意識的でない）認知—情動的ネットワークであり，各動機の中核を成す欲求が高まるやいなや，状況に敏感に反応して多くの行動の選

択肢を生み出すという。また，Elliot, McGregor, & Thrash（2002）によれば，欲求と動機は，ともに個人を活性化して方向づける働きを持つ情動をベースとした動機づけの傾向性を意味するが，欲求は個人に本来備わっている心理学的性質の一部であり，個人を健康や適応を実現したり維持したりするために，その充足が必要不可欠である要因，すなわち「生まれつき備わっている（生得的な）動機」のことを指すという。櫻井（2009）も，主に欲求に基づいて具体的な目標あるいは誘因となる対象を求める要因を動機（動因）と呼び，それが特定の行動を始発し維持する機能を持っているとした上で，欲求と動機はともに行動化要因ではあるが，前者が漠然としているのに対し，後者は目標（誘因）を達成（獲得）するための具体的な要因である点で異なっているとした。以上のように，欲求と動機の概念的区別に統一的な理解があるわけではないというのが現状である。ただ，APA（2007）が端的に示しているように，動機が一時的な心理状態であるという見解についてはある程度一致している。例えば，過去の体験と快―不快といった感情の連合が目標に対する予期反応を生起させるという「感情喚起理論」（3章1-2）を主張するMcClelland, D. C. らによれば，動機とは「ある感情状況における変化が手がかりになって生じる過去の体験における心理状態の再現（redintegration）」（McClelland, Atkinson, Clark, & Lowell, 1953）であり，「望まれる経験や目標に関連して組織化された情動的色彩を帯びた認知」（McClelland, 1984）なのだという。また，「望まれる将来の目標状態の認知的表象」（Kagan, 1972）といった定義も動機が一時的な認知状態であることを示唆している。なお，近年の研究では，動機が必ずしも意識的であるとは限らないことが強調されるようになってきた。意識されずに機能する動機づけ傾向は「潜在動機」（implicit motive）と呼ばれる（Schultheiss, 2008：4章2-1）。ただ，Schultheiss（2008）は，McClelland, D. C. を中心とした動機研究を潜在動機研究の源流の一つとして位置づけているが，McClellandらの達成動機研究では，欲求と動機を必ずしも明確に区別していないため，そもそも欲求の無意識的な機能と潜在動機を厳密に区別できないという点には留意すべきであろう。実際，Schultheiss（2008）は欲求と動機という用語を相互互換的に使用している。

10　実際問題としては，欲求と動機をこのように明確に区別することは困難である。より安定的で文脈に依存しない特性的な側面が欲求であり，より状況に依存した具体的な側面が動機であるというように相対的な区別として理解すべきであろう。また，欲求自体も環境の刺激によって発動するが，環境からの刺激だけではなく，意識や感情（不安など）といった個人内の刺激によって欲求が発動することもある。

11　快楽原理に基づく動機づけ現象は「外発的動機づけ」と総称され，「内発的動機づけ」と対置された（鹿毛，1994）。その中核として位置づけられたのがHull, C. L. による動因理論（drive theory：4章1-1）である。ちなみにElliot（2008）は，快楽原理の歴史的起源がギリシャ哲学にあり，18世紀に人間が苦痛（pain）と満足（pleasure）の支配下にあると論じたBentham, J. の考えが心理学的な起源であるとしている。

12　人間における「快か不快か」という区別とその意味は，利益あるいは損害をもたらすか，好きか嫌いか，望ましいか望ましくないか，価値があるかないかというように，社会的認知やそれに基づく学習に規定されており，より広義に解釈すべきだと考えられる。

13　屈辱を避けること，恥ずかしい思いをするような場面から立ち去ったり，自分の価値を貶めること（他者からの軽蔑，愚弄，無関心）につながるような状況を避けたりすること，失

敗を恐れるあまり行為を差し控えることを意味する（Murray, 1938）。表4-1参照。

14　Elliot（2006）によると，この接近─回避動機づけの定義には，以下の五つの側面が含まれているという。①行動の活性化と方向性の両方の意味が含まれている。②身体的あるいは心理的な動きという考え方が特徴的である。③刺激（ポジティブ／ネガティブ）の有無と「向かう動き」と「離れる動き」が対応関係にある。④誘意性（ポジティブ／ネガティブ）が重要な評価次元として位置づけられている。⑤刺激は観察可能な場合もあれば，内的な認知表象でもありうる。

15　Allport（1937b）は力動論を行動の理由（なぜ人がそのように振る舞うのか）を解明する立場として位置づけた上で，それを二つに区別している。一つは，動機がすべての人に共通で生まれつき備わっているものであると想定し，人間の多様性をごくわずかな基本的動機に還元して説明するようなアプローチであり，もう一つは，動機を過去から絶えず変化し続け，自己持続的なシステムとして捉えようとするアプローチである。後者の立場に立つAllportは，動機づけの一般原理に必ず抽象的，一般的な動機を仮定しなければならないと思い込むのは誤りであるとして前者のアプローチを批判した。そして，むしろ，必要とされているのは，科学の名に相応しい程度に一般的であり，しかも個人の行動の独自性を説明するのに十分個別化された原理であると主張した。機能的自律は「人の独自性が生じた過程を説明しうる一般法則」として提案されたものである。

16　これらの心理的欲求には，①状態を生起させる，②状態を保つ・守る，③好意を持つ対象と連携，協力したり，それらを守る，④敵対的な対象を拒絶，断絶，攻撃したり，嫌悪感を抱くという四種類の社会的反応を生起させる働きがあるとされた（Pittman & Zeigler, 2007）。Murray, H. A. による最も重要な動機づけ研究史上の貢献は，欲求のリストを作成したことに加え，TAT（Thematic Apperception Test：主題統覚検査）による欲求の測定法を開発したことであろう。それまで欲求について理論化されることはあってもそれを実証的な観点から測定しようという試みはなされてこなかったのである。TATとは，被検査者に一連の絵を見せて，それぞれの絵に描かれている出来事について短い話を作ってもらうという手続きによって欲求を測定しようする投影法である。主題（thematic）とは創作されたそれぞれの話に表現された内容やテーマのことを指し，統覚（apperception）とは，実際に存在すること以上のものを知覚する人間の傾向性（例えば，曖昧な対象（雲のかたち）に意味（動物）を見出すなど）のこと（新奇な対象に対して意味を見出すプロセス）を指す。

17　親和（affiliation）と親密（intimacy）は，対象となる他者と当人の親密さの度合いによって区別される。一般に親和とは，日常的かつ基本的な社会的相互作用の一つで，未知の他者あるいはあまり知り合いではない個人との関わりを求めたり，相互に満足し，刺激し，向上しあうような関係を維持しようとすることを意味する。親和動機は，上記のような他者と接触し，相互に関わりあうことが生じる際に活性化し，親和動機づけとは，友人関係や関わりあいを形成することを目的とした動機づけのことを指す。それに対して，親密とは親友やパートナーといったより親しい他者との相互作用を意味し，McAdams（1982）によれば，親密動機づけとは親しい人間関係において以下の七つの心理状態を体験しようとする努力及びそれらを体験する能力を意味するという。①相互的な喜び，②互恵的な対話，③率直さ，ふれあい，連帯感，感受性，④調和のとれた関係の知覚，⑤他者のウェルビーイングに関する関心，⑥操作的コン

トロールと相手を支配しようとする欲望の自制，⑦親密な他者と一緒に過ごすことそれ自体を目的とした体験。

18　PSE（Picture Story Exercise：想像に基づくストーリーづくり）と呼ばれる一種の投影法によって潜在動機が測定されることがあるが，そのPSEと自己報告（質問紙など）の得点間には相関がみられないことが明らかにされている。Schultheiss（2008）によれば，この事実は，われわれが動機の強さを意識することはなく，行為の原因だとわれわれが信じている動機や目標が潜在的な動機づけ傾向の妥当な指標とはいえないことを明らかにしているのだという。また，意識的な顕在的動機と無意識的な潜在的動機は，異なったタイプの行動を予測することも示されている。例えば，Biernat（1989）は，顕在的な達成動機がグループのリーダーシップに対する意欲を，潜在的な達成動機が算数課題の成績をそれぞれ規定することを示した。

19　この点に関連して，Aarts, Gollwitzer, & Hassin（2004）は，自動的な目標追求には二つのステップ，すなわち，①状況と目標のリンク（association）と②目標と行為のリンクがあり，状況の知覚が当人の意識なしで心的表象の相互の結びつき（connection）と目標に関連した行為を活性化するのだと指摘している。

20　人間主義心理学は，当時，行動主義心理学，精神分析に続く「心理学の第三勢力」として位置づけられていた。そこで特に強調されたのが，一人の人間としての統合性，すなわち，全体論（holism）である。例えば，イド，エゴ，スーパーエゴに分けてとらえる精神分析理論のように人をバラバラに分解可能な「部品の寄せ集め」としてみるのではなく，その人全体を一つの統合体として扱うべきだと考えられている。但し，この考え方は厳密な実証的研究というより，主に臨床心理学的実践に基づいて構築された理論である点に留意されたい。そのために観念論あるいは理想論という批判を受けることになる。この立場の動機づけ理論の特徴は二つある（Arkes & Garske, 1982）。一つは，成長欲求は生得的なものであって後天的に学習されたものではないという点であり，もう一つは，単純に（「安全への欲求」によって「安全を求める行動」が生起するというように）欲求を直接的に機能するエネルギー源として想定しているという点である。その意味から，欲求と自我防衛との調整として行動生起過程を描き出したFrued, S.の理論や，動因低減のような媒介過程を想定したHull, C. L.の動因理論のように，欲求をめぐるより複雑な動機づけメカニズムが想定されているわけではない。

21　Rogers, C. R.の動機づけ理論の特徴は，Freud, S.の理論とは対照的に，行動の決定因として経験としての意識の役割を強調した点，「今，ここ」（"here and now"）における現時点での主観的な体験に存在する要因を重視する現象学的アプローチを採用したという点，その動機づけにおける（現象学的な）意識の影響力を環境との相互作用，とりわけ対人的な関わりから生じる要因であるとみなした点にある（Arkes & Garske, 1982）。そのため，Rogersの理論においては，成長欲求を促進あるいは阻害する条件としての対人関係に極めて重要な位置づけが与えられることになる。

22　成長へ向けての発達のパターンは「もがきと痛み」（struggle and pain）によって特徴づけられるという。例えば，九ヶ月の子どもが歩き始めようとするときには，転んだり，体を何かにぶつけたり，うまくいかずにフラストレーションを感じるに違いない。このようなときに体験されるもがきや痛みは歩こうとする意欲の障害になるが，生来備わっている実現傾向が成長に向けての発達をサポートし，「ハイハイ」の段階を克服して，歩行の段階に至らせるのだと

いう (Rogers, 1959)。また，このような成長に向けた「もがきと痛み」を伴うすべての経験は「生命体としての評価プロセス (organismic valuation process)」，すなわち，特定の経験が成長を促進するのか，それとも阻害するのかということを判断する生得的な能力によって評価される。自らの成長を促進すると判断された経験はポジティブに評価され，その後も希求されるのに対し，成長に逆行すると判断される経験はネガティブに評価され，そのような経験はその後回避されるようになる。この評価プロセスは，日常的な経験を実現傾向に対応して調整するフィードバックシステムとして位置づけられている。

23 個人が動機づけられるということは，統合された全体像としての個人が動機づけられるのであって，個人の一部だけが動機づけられるのではないということ。「食べ物を欲しているのはジョン・スミスの胃ではなく，ジョン・スミス自身なのだ」(Maslow, 1970) と考えるのである。

24 自己実現という用語は，脳損傷の患者の研究で知られる Goldstein, K. が著書 "The organism" (Goldstein, 1995：原著は独語) において，自己維持・保存の動因に対する「緊張からの解放を目的としない動因」(生命体全体の最大限の成就を成し遂げようとする傾向性) として用いられたのが最初だとされる。

25 自己実現の欲求に基づいて行動している人の特徴として，Rogers, C. R. や Maslow, A. H. は，自己覚知 (self-aware)，創造的 (creative)，自発的 (spontaneous)，経験に開かれている (open to experience)，自己受容 (self-accepting)，社会的関心 (social interest)，民主的性格 (democratic character structure)，至高体験 (peak experience：自我を喪失し，理性の限界を超越した際に感じる強烈な恍惚状態, 畏敬の念, 歓喜) ができる能力を挙げている (Weiner, 1985)。

26 所属の欲求については，近年，Baumeister & Leary (1995) が詳細なレビューを行い，その存在が多くの実証研究によって裏付けられていると論じている。彼らによれば，所属の欲求 (the need to belong) とは，「継続的, 肯定的, 有意義な個人間の関係を少なくとも最小限, 形成し, 維持しようとする普遍的な動因」であり，それが満たされないと様々な不適応が引き起こされるとした。

27 自尊の欲求はさらに二つに区分できるという (Maslow, 1943)。すなわち，①自己尊重を求める欲求 (肉体的, 精神的な力 (strength)，達成, 申し分のなさ (adequacy)，自信, 独立と自由を求める欲求) と②他人からの尊重を求める欲求 (名声 (他者からの尊敬や評価)，承認, 注目され重視されること, 真価が認められることを求める欲求) である。②がなければ①を満たすことが困難であると考えられており，②がより根本的な側面として位置づけられている (Schultz, 1977)。なお，自尊の欲求が満たされると，自信, 自己価値, 力量や能力, 社会に有用で必要な存在だと認められているといった感情が生じる一方，満たされないと，劣等感, 無能感, 無力感が生じるという (4 章 5)。

28 欲求がどの程度高次 (あるいは低次) であるかについては，以下の七つの観点から区別することができるという (Schultz, 1990)。すなわち，①高次の欲求ほど，より進化した段階で現れる。すなわち，食べ物や水はすべての生物にとって必要であるが，自己実現が必要なのは人間のみである。②高次の欲求ほど，個体がより成長した段階で現れる。すなわち，生理的及び安全の欲求は赤ん坊でも現れるが，自尊の欲求はより成長した段階 (青年期) で顕著になる。

③高次の欲求ほど，その満足が生存することそれ自体に対して緊急で不可欠であるというわけではないので，欲求の満足を延期することが可能である。④高次の欲求は生存それ自体に不可欠というわけではないが，健康，長寿をもたらし，生物的な能力を全般的に高める。その意味において，高次の欲求は，成長（growth）あるいは人間性（being）の欲求とも呼ばれている。⑤高次の欲求は，幸福感や充実感，心理的安定をもたらすという意味で，生物学的のみならず心理学的にも生産的で有益である。⑥高次の欲求（例えば，自己実現への欲求）を充足することは，低次の場合（例えば，食欲）と比べて，より多くの前提条件（他のすべての欲求がまず満たされていること）や複雑さ（より複雑な行為や目標）を必然的に伴っている。⑦高次の欲求の充足には，よりよい外的条件（社会的，経済的，政治的）が必要になる。例えば，表現の自由や表現の機会が自己実現への欲求を充足するための条件となる。ただ，「味や雰囲気を味わいながら食事する」というように，成長動機づけは，より低次の欲求と協同して機能することがあると指摘されている（Maslow, 1943）。なお，欲求階層説に基づいた各欲求の充足を測定する質問紙（例えば，Lester, 1990）が開発されている。

29　Maslow, A. H.は，欠乏動機づけ（deficiency motivation）について，D価値（deficit(D)-value）に基づく，緊張の低減と均衡状態の回復をもたらすような目標の達成過程とし，成長動機づけ（growth motivation）を，B価値（being(B)-value）に基づく，例えば，完全（perfection），公正（justice），美（beauty），ユニークさ（uniqueness），創造性（creativity），真実（truth）のようなむしろ良い意味での緊張感を高め，展望を広げるような目標の達成過程であるとした。なお，「学習意欲」に直接関連する欲求としてMaslowは「知識と理解への欲求」（世界の意味を見出すことへの欲求：need to know and understand）が存在すると指摘した（Maslow, 1970）。この欲求は欲求階層に組み込まれていないが，環境との相互作用を促進することによって所属と愛情，自尊，自己実現の各欲求を満たすことに寄与する基礎的な欲求として位置づけられている。「知識と理解の欲求」が満たされなければ，自己実現への欲求が満たされることはないのである（Schultz, 1990）。この知識と理解の欲求に関連して，認知への欲求（need for cognition），すなわち，意味のある統合的なやり方で状況を構造化する欲求（Cohen, Stotland, & Wolfe, 1955），あるいは，困難な知的活動に従事し，それを楽しもうとする傾向性（Cacioppo & Petty, 1982）が存在するという。ちなみに，Maslowの心理学とその背景を成す思想を学史的な文脈に位置づけながら詳述しているきわめてユニークな文献としてWilson（1972）がある。

30　ERG理論のユニークな点は，欲求の構造と内容を整理することによってMaslow, A. H.による分類の曖昧さを修正しただけでなく，一つ以上の欲求システムが階層性を残しつつも同時に作動するとした点，階層性の順序には個人差や文化差があることを認めた点，もし高次の欲求が満たされなければ，より充足することが容易な低次の欲求を満たそうとする傾向が強まるという「フラストレーション—退行メカニズム」（frustration-regression mechanism）を提唱した点などに求めることができる。

31　「探索動因」，「操作動因」といった新たな動因を命名してこの種の行動を説明しようとする研究動向がみられたが，これらの「動因命名アプローチ」は，そもそも（行動主義的な）動因の定義を逸脱しているという重大な欠陥があった（White, 1959; Deci & Ryan, 1985a）。

32　コンピテンス概念の背景として，生理的動因を満たすというよりも環境と関わろうとする動機づけがより根源的であると論じたWoodworth, R. S.の行動優位説（behavior-primacy theory：Woodworth, 1958）が挙げられる。コンピテンスへの欲求に基づく行為は他の一次的欲求に基づく行為とは異なり、終結することはないという点でユニークである。その意味で Maslow, A. H. が提唱した成長動機づけの概念と内容的な観点からだけではなく、機能的な観点からも重なっている。なお、動機づけにおけるコンピテンス概念の包括的なレビュー論文として、Elliot, McGregor & Thrash（2002）、Deci & Moller（2005）が挙げられる。

33　イフェクタンス動機づけの目的として、①刺激に対する「飢え」を満たすこと、②活動することへの要求を満たすこと、③知識を獲得すること、④環境を統制することの四つが挙げられる一方で、そのうちの一つのみに目的を還元することはできず、強いていうならば、生命体と環境の交流全体が目的だと述べられている（White, 1959）。また、イフェクタンスが、環境に適応するための技能や能力を獲得するための手段的な動機づけとして位置づけられているわけではないという点に留意することは重要である（Elliot, McGregor & Thrash, 2002）。むしろ、環境との関わりあいから直接、即座に感じ取る満足感によって行為が支えられているというのである（White, 1963）。確かに環境との適応という視点から考えるとコンピテンスを獲得することは、生物学的な目標であると考えられるが、イフェクタンス動機づけによってもたらされる効力感は、生理的な欲求の満足によって生じる快の感情というよりも、楽しさの感情によってもたらされるのである。なお、White（1959）は、コンピテンス動機づけ（competence motivation）という用語を、イフェクタンス動機づけとほぼ同義の概念として用いているが、イフェクタンス動機づけと、コンピテンスとコンピテンス感の発達のメカニズムが異なることから、単純に同じ概念と断ずることを疑問視する指摘（Elliot, McGregor & Thrash, 2002）もある。ちなみに、効力感という快の情動は「原因になる喜び」（joy in being a cause）とも表現されている（White, 1965）。Deci & Moller（2005）は、この意味において、イフェクタンス動機づけには人が自律的になっていくという性質が含まれており、コンピテンスへの欲求と自律性への欲求は明確に区別されていないにせよ後者の背景として前者が想定されていると述べている。また同様に、Deci（1975）による内発的動機づけの初期の理論においても、この二つの欲求が未分化のまま併記されるかたちで内発的動機づけを支える欲求として位置づけられている。その後、イフェクタンス動機づけの考え方は、マスタリー動機づけ（mastery motivation）の研究として発展していった。マスタリー動機づけとは、とりわけ乳幼児を対象とした概念で「外発的報酬に対する欲求なしに効力感を求めて課題に習熟しようとして生起する心理的なパワー」を意味する（Morgan, MacTurk, & Hrncir, 1995）。操作的には「対象を探索し、戯れようとする動機」と定義され、主に観察法によって課題志向的な持続する行動、微笑などのポジティブ感情などが測定されマスタリー動機づけの測度として扱われている（Messer, 1993）。

34　White, R. W. はコンピテンス概念を基盤としながら、動機構造の発達について述べている（White, 1972）。彼は、生物学的に人間の動機づけシステムを考えた際に強調すべきポイントとして、人が「成長」（growth）に向けて方向づけられているという点を強調した上で、動機づけの個人差を、特定の行為や興味に導く動機による方向づけ（channeling）と後天的に学習された複数の動機による包括的な行為と興味の統合体（つまり、動機構造）によって説明している。そして、人の成長の過程で様々な動機が学習され、統合されていくこと、そしてその動機構造がさらに後の行為に影響を及ぼすエネルギーを提供していくことを、ケース研究によって明らかにしようとした。例えば、コンピテンスへの欲求、達成欲求、支配欲求などの個々の

動機には，特定の行為や興味を生起させる方向づけの機能があるわけだが，それらが統合した結果，ある人が社会的に成功するかもしれない。つまり，コンピテンスへの欲求によって知識や技能を積極的に獲得しようするとともに，達成欲求によって他者と競い合いながら社会に認められるような業績を築いていくような努力を続ける一方，支配欲求によって自分の部下を上手に従えることを通して，専門的分野で成功するというわけである。このような動機構造は，興味，欲求，意図の複合システムであり，個人が社会の中で一定の役割を果たしていく中で動機を統合していく「歴史」を反映した学習の成果なのである。そして，このような動機構造は，さらにのちの様々な行為に影響を及ぼすエネルギー源として機能する。彼によれば，このような動機構造の変化こそがパーソナリティの発達なのである。コンピテンス感（sense of competence）という概念もパーソナリティ形成の観点から注目すべきであろう。それは「環境と効果的に関わるための自己の能力や技能に対する主観的な認識」であり，累積的な学習経験の産物として生じる「自分自身の能力や技能に対する自信が反映する認知的な表象」だという（White, 1960; 1972）。イフェクタンス（動機づけ）と効力感はその場，その時の経験の説明に適用できる概念であるのに対し，コンピテンスとコンピテンス感は環境とのかかわりを通して築かれた首尾一貫した自己の構造の説明に適用できる概念（White, 1963）として位置づけられており，認知的アプローチである自己概念（2章3-5）の形成に関する欲求論的基盤を提供している。以上のようなWhiteによるコンピテンス理論は，本能や動因など，従来のグランドセオリーに異議申し立てをし，人を含む高等動物の学習や成長の動機づけの基盤を素描することによって新たな「動機づけ観」を提示したことは事実であるが，なお抽象的であいまいな説明に終始しており，動機づけのメカニズム（とりわけ，イフェクタンス動機づけに基づく効力感がコンピテンスやコンピテンス感とどのような関係になっているか）や動機づけが発達する様相を具体的に解明するものではなかった（Elliot, McGregor & Thrash, 2002）。

35　Harter, S.の自己論は，主に発達的観点からHarter（1999）にまとめられている。

36　Elliot, McGregor, & Thrash（2002）は，コンピテンスへの欲求（need for competence）を「人が生まれながらに持っている自分の行為，スキル，能力に関して有能でありたいと望む生得的な欲求」と定義し，White, R. W.と同様に生物学的，進化論的機能を持つとあらためて主張した。ここでの三つの区別は，能力概念の発達とその概念を評価基準として用いた自己評価に関する一連の研究（2章2-3）と対応している。なお，他者参照型コンピテンスに関連して，速水敏彦は「自己の直接的なポジティブ経験に関係なく，他者の能力を批判的に評価，軽視する傾向に付随して習慣的に生じる有能さの感覚」を「仮想的有能感」と呼んだ（速水，2012b）。この仮想的有能感については自尊感情（速水・木野・高木，2005）や学習観，動機づけ（速水・小平，2006）との関連などが検討されている。

37　自己決定理論とは「パーソナリティの発達と行動の自己調整のために人が進化的に備えている内的リソースの重要性に光を当てるメタ理論に立脚して，心理学の伝統的な手法を用いながら人間の動機づけとパーソナリティについて研究を進めるアプローチ」（Ryan & Deci, 2000b）だとされる。そのメタ理論とは，「人は本質的に活動的である」，「欲求の分化と統合が発達をガイドする」という二つの仮定（Reeve, 2001）をもつ生命体論的視座のことを指している。内発的動機づけに関する一連のアンダーマイニング現象を説明する認知的評価理論（4章3-3）が自己決定理論の源流である（Deci, 1975）。自己決定理論の概要と諸側面に関してはハンドブッ

クとして Deci & Ryan（2002）にまとめられている。Vansteenkiste, Niemiec, & Soenens（2010）には五つのミニ理論の学史的概観，研究の潮流と方向性が記されている。目標内容理論以外の四つのミニ理論については，櫻井（2009）に詳しく紹介されている。また，本邦における実証研究を中心とした自己決定理論に関するレビューとして黒田・櫻井（2012）がある。

38　自己決定理論において，自己決定とは「自分自身の行為を始めたり調整するときの選択の感覚」であるとされ（Deci, Connel & Ryan, 1989），自律性への欲求は，当初，自己決定の欲求（need for self-determination）と呼ばれていた（例えば，Deci, 1975）が，ともすると「自分で決定する」という側面のみが強調されて解釈が矮小化される危険性があるため，近年では「自己決定」に替えて「自律性」（autonomy）という用語が原則的に用いられている。自律性とは，自分自身の行動を調整し行為の始発や方向づけを自らがコントロールすること，すなわち，自己統御（self-rule）を意味する（Ryan & Powelson, 1991）。今日では「自分らしさ（to be oneself）への欲求」という意味として広く解されることもある（Vansteenkiske, 2011）。自己決定理論，とりわけ基本的心理欲求理論のオリジナリティは，三つの欲求の提唱それ自体にあるわけではなく，むしろ，これらの欲求をセットにして包括的に理論化したという点に見出すことができる。本章で概観してきたように，コンピテンスへの欲求は White, R. W. が提唱した概念を発展的にとらえ直したものであり，関係性への欲求は多くの論者（Maslow, A. H., Alderfer, C. P., Murray, H. A. ら）によって人間の適応や発達という観点から重視されてきたものである。自律性への欲求は，以上の二つに比べてやや特殊ではあるが，すでに Murray（1938）の欲求リストに「影響や強制に抵抗すること，権威に反抗する，あるいは自由を求めること，独立を求めて奮闘努力すること」として含まれている。但し，自律性への欲求の直接的な起源は，deCharms, R. の提唱したオリジン・ポーン理論（4章3-2）にある。なお，自己決定理論の初期においては関係性への欲求への言及はなく，ミニ理論の一つである基本的心理欲求理論の成立とともに組み込まれたという点にも留意されたい。Ryan & Deci（2009）は，関係性への欲求の充足を他の二つの欲求充足に対する「サプリメント」として位置づけることができると述べている。この点に関連する知見として，例えば Furrer & Skinner（2003）は，教師，親，クラスメイト（peers）に対する関係性の欲求の充足（例えば「一緒にいるとき，受け入れられていると感じる」「自分が特別な存在だと感じられる」など）が，クラスでのエンゲージメント（1章1-2），例えば，学習活動への参加や興味といった行動的および感情的取り組みの両面にプラスの影響を及ぼすことを明らかにしている。また自律性への欲求に関しては，アジア系とヨーロッパ系のアメリカ人の差について明らかにした Iyengar & Lepper（1999）を一つの契機として文化差の存在が指摘されており，これが果たして人類に普遍的な欲求であるかという点については論争がある（Iyengar & DeVoe, 2003; Vansteenkiste, Zhou, Lens, & Soenens, 2005; Jang, Reeve, Ryan, & Kim, 2009 など）。Reeve, Nix, & Hamm（2003）は，自律性への欲求の充足に関する三つの体験の質について取り上げて検討している。その三つとは，①自己原因性の位置（4章3-2：「自分のしたいことをしていると感じている」など），②意志（「活動中，自由を感じている」など），③認知された選択（「（特定の活動を）自分が選択したと思う」など）であり，内発的動機づけを規定する要因が主に①と②であることを示している。欲求論としての自己決定理論の基本的な考え方については Deci & Ryan（2000），Ryan & Deci（2000c）に詳しい。自己決定理論については本邦でも多くの研究がなされているが，例えば，基本的心理欲求理論を扱っ

たものとして，三つの心理的欲求の個人差を測定する尺度を作成するとともに，個人と環境の適合という観点からこれらの欲求の充足と適応について考察した大久保・加藤（2005）がある。

39　構造とは，環境側が当人にどのような望ましい達成結果を期待しているかという点に関してどの程度の情報量が提供され，しかもどの程度，それらが明確化されているかという要因を指す（Reeve, 2009b）。環境側が，明確な目標とガイダンス，そして敏感で応答的な一貫したフィードバックを提供するような構造を備えていることがコンピテンスへの欲求の充足に効果的だという。

40　内発的動機づけと外発的動機づけの各概念と両者の区別が曖昧であるとこれまで指摘されてきた。学史的には Hull, C. L. の動因低減説（4章1-1）や Freud, S. の精神分析的本能理論への反論として内発的動機づけ概念が出現し，特に1960年代中盤以降に理論化された学習メカニズムの説明である「認知的動機づけ」（4章3-2）のいわば上位概念としてその用語が確立する。一方，内発的動機づけの対義語として用いられるようになった外発的動機づけは旧来の動機づけ概念を包括した概念であり，特定の独自な理論が存在するわけではなく，内発的動機づけ以上にその意味は曖昧である（鹿毛，1994）。ただ，内発的動機づけ概念の源流を確認しておくことは，その本質を見極める意味で重要であろう。心理学的な意味で内発的／外発的という区別を初めて用いたのは Woodworth（1918）である（Rheinberg, 2008）。活動がそれ自体に固有の動因（drive）によって機能している場合を内発的と呼び，活動が外発的動機によって引き起こされ，注意がその活動自体から逸らされてしまう場合と対比してそれを論じたのである。「目的―手段」に基づく定義は一般的であるが限界もある。人の一連の行為は「目的―手段」の関連性を持つ階層構造を成しており，目的としての行為が別の目的のための手段的行為でもあるということは極めて多い。例えば，医学部の学生が医学に興味を持ってその勉強をすることはそれ自体目的であるため，内発的動機づけであるといえるが，同時に，医者という資格を取得するための手段でもあるため，外発的動機づけだともいえる。このように「目的―手段」に基づく定義を機械的に適用することは，混乱を招く可能性もあって生産的ではない。この問題を解消するものとして，Heckhausen（1991）による内容同質性（thematic similarity）による定義が挙げられるだろう。すなわち，行為（例えば，医学の勉強），行為の結果（医師資格の取得），行為の帰結（医者として勤務）に内容的な一貫性（必然性）がある場合を内発的動機づけとみなすという考え方である（行為の帰結が単なる「金儲け」であれば，内容的な一貫性に欠けるので外発的動機づけとみなされる）。また，表4-7の分類が示唆することは，二つの基準が並存しているために内発的動機づけと外発的動機づけを単純に区別することができないという事実である。すなわち，「目的―自律」の組み合わせ，「手段―他律」という組み合わせは，前者が内発的動機づけ，後者が外発的動機づけと容易に区別できるが，「目的―他律」，「手段―自律」という組み合わせが問題となる。前者に関しては，櫻井（2009）も指摘する通り，学習が目的である場合（例えば，おもしろいから学ぶ場合），自ら進んで学ぶという自律的な取り組みである場合がほとんどで，イヤイヤこなすといった他律的な取り組みであることはまずありえない。後者に関しては，学習が手段である場合（例えば，受験のための勉強）は，自律的，他律的の両方の場合がありうるため，「手段―自律」という動機づけ現象（自律的な外発的動機づけ）に着目する必要が生じるのである。櫻井茂男は，以上の点を踏まえ，自律的な動機づけを「自ら学ぶ意欲」と総称して表現した（櫻井，2009）。なお，依拠する理論的背景が欲求論か認知論

かという相違があるものの，内発的動機づけは，マスタリー目標（2章2-3）に基づく動機づけと酷似している。心理現象としてはほぼ同じものを扱っているといっても差し支えないだろう。また同様に，外発的目標（2章2-3）は外発的動機づけに基づく心理現象に対応している。

41　Lepper（1988）は，外発的な要因（条件）として，外的報酬と罰に加え，遂行に対する評価の予期，不必要な監視，不必要な時間的締切を挙げている。

42　誘因（incentive）とは，われわれを動機づける目標対象（goal object：Petri, 1996）を指し，接近を動機づける「ポジティブな誘因」（正の誘因）と，回避を動機づける「ネガティブな誘因」（負の誘因）がある（4章3-1）。ただ，実際にはポジティブな誘因の意味で用いられることが多い（Ferguson, 2000）。誘因とは感情的色彩を帯びた目標状態に注意を向けさせるような状況刺激（Beckmann & Heckhausen, 2008）であり，動機づけを促す状況刺激や対象と情動（ポジティブ／ネガティブ）との結びつき（情動的な評価による学習履歴）によって対象が誘意性（valence）を獲得する。例えば，スキーのゲレンデでいえば，ある人にとってゲレンデは喜びや達成感といった肯定的な情動反応と結びついて正の誘意性を持つ（ゲレンデへの接近行動を生起させる）が，別の人にとっては恐れや不安といった否定的な情動反応と結びついて負の誘意性を持つ（ゲレンデへの回避行動を生起させる）。誘因動機づけ（incentive motivation）とは，このような目標対象の刺激特性（S）と目標対象に対する反応（R）との間の媒介要因（M：mediator）に関する説明（S → M → R）である。Mは例えば感情要因を指す。必ずしも動因低減に寄与しない動機づけが存在することを説明する理論として提唱された。誘因には，感情喚起機能（不安や恐れ，希望など）や情報伝達機能（認知的：期待や予測，意味・意義を規定する）がある（Petri, 1996）。誘因は目標と似た概念だが，目標が目指される最終目的の認知的表象であるのに対し，誘因（ポジティブな誘因）は達成とともに得られる報酬（reward）である。その際の報酬とは一般に，特定の行動の後に随伴して生起する愉快な出来事を意味する（Ferguson, 2000）。なお，誘因は過去の類似体験や別の状況での体験などとの連合によって般化された強化刺激，あるいは罰刺激である場合も多いため，強化メカニズムと予期メカニズムの差は背景理論の相違であって，現実的には両者を厳密に区別することは難しい。

43　但し，例えば，清掃の意義を感じることを通して，清掃それ自体に興味が生じるということもあろう。もし，当人が掃除を完全に自己目的的に楽しんで行うようになったのであれば，自律的な外発的動機づけが内発的動機づけに転化したといえるであろうし，清掃活動に手段的な特徴が残る場合は，自律的な外発的動機づけと内発的動機づけが統合した状態として理解するべきだろう。

44　有機的統合理論における段階を動機づけスタイルの個人差として測定する尺度として，SRQ（Self-Regulation Questionnaires: Ryan & Connell, 1989），AMS（Academic Motivation Scale: Vallerand, Pelletier, Blais, Brière, Senécal, & Vallières, 1992）などがある。西村・河村・櫻井（2011）は，SRQをモデルにして「自律的学習動機尺度」を作成している。また，岡田・中谷（2006）も「大学生用学習動機づけ尺度」を開発している。なお，有機的統合理論に関する研究は数多い。例えば，自律性の程度に関する複数の指標を用いたクラスター分析などによってプロファイリングを行って個人差を検討した研究として，Ratelle, Guay, Vallerand, Larose, & Senécal（2007），Boiché, Sarrazin, Grouzet, Pelletier, & Chanal（2008），Vansteenkiste, Sierens, Soenens, Luyckx, & Lens（2009）などがある。本邦の研究として，例えば，西村・河村・

櫻井（2011）は中学生を対象とした縦断的調査によって，四つの調整タイプ（外的，取り入れ的，同一化的，内発的）がメタ認知的方略と学業成績に及ぼす影響を検討した結果，同一化的調整のみがメタ認知的方略を媒介して学業成績を規定することが示唆された。岡田（2010a）は，学校段階による調整タイプ間の構造的変化を検討するためにメタ分析を行い，小学生と大学生では制御的なタイプ（外的，取り入れ的）と自律的なタイプ（同一化的，内発的）が比較的独立しているのに対し，中学生と高校生ではすべてのタイプ間に正の関連が見られることなどが明らかになった。西村・櫻井（2013）も統制的動機づけと自律的動機づけの発達について小学5年生から中学3年生を対象とした調査を行い，年齢とともに自律的動機づけが低下する一方で，統制的動機づけ，とりわけ外的調整が高まることなどを示した。安藤・布施・小平（2008）は，学習に対する自律性の程度と積極的授業参加行動（「注視・傾聴」「挙手・発言」「準備・宿題」）の関連について小学校3年生から6年生を対象に調査し，内発的動機づけがこれらすべての行動を促す一方，低自律的外発的動機づけはこれらを抑制すること，高自律的外発的動機づけ（≒同一化的調整）は「挙手・発言」を促さないことなどが示唆された。永作・新井（2005）は，高校進学動機の自律性の程度と学校適応の関連について縦断的調査を行い，統合的・内的調整が学校適応に対して正の影響，外的・取り入れ的調整が負の影響をそれぞれ及ぼす可能性が示された。岡田（2010b）は，有機的統合理論における六段階（動機づけ状態）の間の相互関連についてメタ分析を用いて検討した結果，自律的な段階であるほど隣接する段階間の関連が大きくなる傾向がみられることなどを示した。

45　内発的動機づけ（intrinsic motivation）という学術用語が最初に用いられたのは，サルがパズルの操作を続ける行動を二次的強化によって説明できないことを示したHarlow（1950）だとされている（Deci & Moller, 2005）。但し，その源流となる研究としては，Woodworth, R. S. まで遡ることができる（McReynolds, 1971：4章注40）。Woodworth（1918）は，「活動を推進する動因（drive：4章1-1）は，それが自由に効果的に遂行される際，その活動に固有である」と述べ，人間の活動の大半は飢えや乾きのような本能によって引き出されるのではなく，活動の遂行過程に固有なものであると主張した。また，「子どもは自由な選択が与えられると，内発的に興味深い時にのみ活動を志向する」とも述べている。ただ，外発的動機づけと同様に，内発的動機づけの定義も必ずしも明確ではない（鹿毛，1994）。Lepper, Sethi, Dialdin & Drake（1997）は，内発的動機づけ概念成立の源流となる研究として，①White, R. W. によるイフェクタンス概念，②Berlyne, D. E. やHunt, J. M. による知的好奇心の研究，③deCharms, R. によるオリジン・ポーン理論の三つを挙げている。また，Reiss（2005）は，内発的動機づけの定義として，①White, R. W. のコンピテンス動機づけに基づくもの，②身体的欲求に対する心的な欲求を強調するもの，③楽しさの体験に着目するもの，④手段―目的性の区別に基づくものの四つを挙げ，強化理論の立場からその曖昧さを批判している。アンダーマイニング効果が見出され，社会心理学的なアプローチが盛んになった1970年代初頭から，強化理論と対比するために以下の二つの解釈がなされるようになった（Deci & Ryan, 2000）。すなわち，内発的に動機づけられた行動は①強化に依存するものではなく，興味に基づいており，行為自体に報酬が内在している，②心理的欲求の機能である。Deci（1975）は②を強調するために，「有能さと自己決定を求める欲求」に基づくものとして内発的動機づけを定義した。

46　「自己目的的」とは，内発的動機づけが，活動の向かうべき目標ではなく，活動自体に結

びついた価値や快に基づいている（Staw, 1976）という意味である。また，「行動が自己目的的である」ということの意味について，その対象となる活動を「誘因」という観点から考えてみると，内発的動機づけを，対象（object）と活動（activity）という二つの要素に区別して捉えることができる（Rheinberg, 2008）。例えば「ケーキを調理すること」に対する内発的動機づけの場合，対象としての「ケーキ」と活動としての「調理すること」の両方がいわば「誘因」として機能し，当人が内発的に動機づけられているのだと言える。前者の「対象」は，まさに当人の「興味」を喚起する誘因であり，後者の「活動」は活動関連誘因（activity-related incentive）として，例えば，「クッキー」や「ゼリー」を「調理する」というように，対象が異なっても類似の活動に対する当人の内発的動機づけを予測することになる。このように誘因の観点から内発的動機づけを定義するならば，目的関連誘因（purpose-related incentive）ではなく活動関連誘因（activity-related incentive）に基づく動機づけとして位置づけられるのだという（Rheinberg, 2008）。

47　内発的動機づけの構成要素の特定に関しては，理論的なアプローチだけではなく，質問紙法による検討も行われている。例えば，Vallerand, Pelletier, Blais, Brière, Senécal, & Valières（1992）は，学業動機づけ尺度（Academic Motivation Scale: AMS）の下位尺度として内発的動機づけの三つの側面，すなわち，学習指向性（IM to know：学習，探索，理解から生じる楽しさや満足のために活動に従事），成就指向性（IM to accomplish：何かを成し遂げたり，創造したり，自分自身を乗り越えたりしようとすることから生じる楽しさや満足のために活動に従事），刺激経験指向性（IM to experience stimulation：感覚的な楽しさや美的な体験といった感覚を刺激するような活動に従事；意気高揚感，ワクワク・ドキドキ感など）を区別している。内発的動機づけの概念化に関するその他の研究については，鹿毛（1996）に詳しい。内発的動機づけの発達については，教科（国語，算数，社会，理科等）の違いに着目しつつ9歳から17歳までを対象として縦断的に比較したGottfried, Fleming, & Gottfried（2001），3年生から8年生までの推移を横断的に比較したLepper, Corpus, & Iyengar（2005），中学生の体育を対象としたNtoumanis, Barkoukis, & Thøgersen- Ntoumani（2009）などが挙げられる。

48　知的好奇心は，興味に加え，探索（exploration），操作（manipulation），活動（activity），注意（attention）といった概念と関連づけられてきた（Vidler, 1977a）。内発的動機づけを学習と密接に関わる概念として位置づける必然性がこのことから理解できる。知的好奇心が人間に遍在する認知・学習システムであることがこのように指摘される一方で，その傾向性には個人差があるとされた。知的好奇心の測定に関する初期の研究ついてはVidler（1977a）に詳しい。近年では例えば，探索（exploration）と没頭（absorption）の二次元尺度によるCEI（Curiosity and Exploration Inventory：Kashdan, Rose, & Fincham, 2004）が開発されている。Loewenstein（1994）は，curiosity研究のレビューを通じて，その研究史には概念が確立する1950年代の第一の波と測定とその次元に焦点化する1970年代から80年代にかけての第二の波があったことを指摘し，curiosityの特質や状況的な規定因を描き出すことなどが今なお課題であると論じている。なお，この概念を日本に紹介した波多野（1976）によれば，curiosityは「知的好奇心」ではなく単に「好奇心」と和訳してもよいのだが，わが国で好奇心というと，もっぱら未知の体験を求める傾向を指すように思われてしまうため，「知的」を付け加えたという。

49　Berlyne, D. E. は，認知的なズレ，すなわち，概念的葛藤の主なタイプを以下のように分

類した（Berlyne, 1965）。すなわち，①疑い（doubt：信じられる気持ちと信じられない気持ち，あるいは肯定と否定の葛藤），②困惑（perplexity：不確かな状況が主観的，客観的に存在する際の相互に排除しあうような二つの信念による葛藤），③矛盾（contradiction：二つの両立しない命題に直面した際に体験する激しい葛藤，疑いの限定的なケース），④概念的不一致（conceptual incongruity：二つの事柄が同時に起こらないはずなのに，実際にそれが起こっていることを信じざるをえない要因が存在する際に体験する葛藤），⑤混乱（confusion：含意が不明確な情報によって生じる葛藤），⑥見当違い（irrelevance：追い込まれるなどの理由から思考を回避する手段を探すような葛藤）の六つである。

 50 originとは，起源，始発する要因という意味。deCharms（1976）を翻訳した佐伯胖はこの語を「指し手」と訳した。また，pawnとは一番弱いチェスのコマ（将棋で言えば「歩」に該当するもの）を指す。チェスのプレイヤーによって意のままに操られる存在であることからこのように命名された。この「オリジン・ポーン理論」とRotter（1966）の提唱した「統制の位置」（Locus of Control：LOC）（2章3-2）は，動機づけのあり方についてともに内的，外的という二分法を用いて説明しているため，混乱を招く危険性があるので注意が必要である。統制の位置の場合，あくまでも随伴性認知を問題にしており，行為と結果とが随伴しているという信念がある場合を内的統制，ない場合を外的統制と呼んでいる。それに対して「原因の位置」（locus of causality）の場合，動機づけられた行為，つまり意図的な行為について，それが引き起こされる原因が個人の内部にあると知覚されている場合が内的原因性，外部にあると知覚されている場合が外的原因性と呼ばれる。また，統制の位置の考え方は社会的学習理論の系譜に位置づけられるのに対し，原因の位置の考え方は現象学的心理学の系譜に属するという点でも対照的である。

 51 内発的動機づけの自律性による定義は，認知的動機づけ理論に基づく熟達指向性の定義や社会心理学における目的性―手段性による定義とは異質なものであり，自律性の定義が導入されることによって内発的動機づけ概念が拡張される一方で，より曖昧で不明確になった（鹿毛，1994）。

 52 但し，オリジンとポーンという二種類の人がいるわけではない（deCharms, 1984）。われわれはすべて状況の影響を受け，あるときはオリジンであり，あるときはポーンなのだという。

 53 他にも代表的な初期の研究として，Deci（1971），Kruglanski, Friedman, & Zeevi（1971）がある。

 54 外的報酬の効果に初期の興味水準と交互作用があることについては当初から明らかになっている（Bates, 1979）。すなわち，外的報酬は，最初の興味が高い課題に対してアンダーマイニング効果をもたらすのに対して，最初の興味が低い課題に対してはエンハンシング効果をもたらすことが示されていた（例えば，Calder & Staw（1975）など）。

 55 この論争の契機は，メタ分析によって「外的報酬をパフォーマンスに応じて与えると内発的動機づけを促進する」と主張したCameron & Pierce（1994）であった。その後，認知論及び欲求論者による理論的および分析方法的な反論（例えば，Lepper, Keavney, & Drake, 1996; Ryan & Deci, 1996など）に対して，強化論者による再反論（Cameron & Pierce, 1996; Eisenberger & Cameron, 1996など）が展開し，その後，メタ分析の方法をより洗練させて128の先行研究を検討したDeci, Koestner, & Ryan（1999）によって，言語報酬（他者からのポジティ

ブなフィードバック）が内発的動機づけを高める一方で，有形の報酬，特に当人がその報酬を予期する場合に内発的動機づけに悪影響を及ぼすことが示され，アンダーマイニング効果の存在が改めて確認された。それに対して，145の先行研究を検討したCameron, Banko, & Pierce (2001) によれば，そもそも当該活動が興味深いものであって，物的報酬が予期され，報酬の提供がパフォーマンス水準とあまり関係ないときだけにしかアンダーマイニング効果はみられず，一般に報酬の効果はあると結論づけられている。人間の行動や認知の複雑さを過度に単純化していると批判する認知論・欲求論者と，内発的動機づけ概念の曖昧さや実証方法における厳密さの欠如を批判する強化論者によるこの論争は，動機づけのメタ理論（例えば，「報酬なしのパフォーマンス」といった強化論者による内発的動機づけの定義に反映されている）の対立に起因していると考えられる。その後も強化論者による再批判（例えば，Reiss, 2005）がみられ，論争は必ずしも決着したとはいえない。例えば，Cameron, Pierce, Banko, & Gear (2005) は，成果に基づく報酬には課題への興味を高め，問題解決活動に持続的に注意を向けさせつづける効果があることを，大学生を被験者とした実験法によって心理的影響プロセスを検討することを通して示している。なお，強化論者の主張はCameron & Pierce (2002) にまとめられ，動機づけに対する報酬の有効性の主張が全面展開されている。本邦においては，この問題について坂上 (2005) が詳しく取り上げて論じている。

56 「内生的—外生的の帰属説」以外の認知論的説明として，外的な誘因や強制は当該活動に従事する強力な理由になるため，その他の理由としての興味（内発的理由）が割り引かれること（充分すぎる正当化）によってアンダーマイニング効果が起きるとした「割引原理説」（過正当化仮説）があり，本文で紹介したLepper, Greene, & Nisbett (1973) の解釈に用いられている。また他にも，社会的学習によって説明する「スクリプト説」(Lepper, Sagotsky, Dafoe, & Greene, 1982)，行動理論の立場から説明する「競合反応説」(Reiss & Sushinsky, 1975)，「強化対比説」(Feingold & Mahoney, 1975) などがある。これらに関しては鹿毛 (1996) に概説がある。

57 「やらされている」という感覚を伴う状況における有能さの情報ではないという意味。

58 より詳しく述べるなら以下の二点にまとめることができる (Deci & Ryan, 2000)。①外的な自己原因性を促進するような事象（報酬など）が内発的動機づけを低めるのに対して，内的な自己原因性を促進するような事象（選択の機会など）が内発的動機づけを高める，②結果が自分の責任であると感じている状況下で，当人の無能さの認知を促すようなネガティブなフィードバックの提供が内発的動機づけを低下させるのに対して，有能さの認知を促すようなポジティブなフィードバックの提供が内発的動機づけを高める。

59 自動化された行動は「習慣」として，主に行動主義心理学（とりわけ，行動を刺激と反応によって説明するいわゆる「S-R理論」のバリエーション）によって，いわゆる「条件づけ」として説明されてきた。すなわち，習慣は刺激と反応の結び付きに強化が伴われることによって形成されるのだという。Thorndike, E. L. によって提唱された「効果の法則」(low of effect) では，刺激と反応の連合が（行為中あるいは行為後にもたらされる）「満足」によって強められ（学習され），「不快」によって弱められるとされた。Hull, C. L. は，このような「学習」を「習慣」と呼び，動因（不快な緊張状態）の低減（あるいはそれに伴なう満足や不快の低減）こそが「強化」であり，習慣は強化によって強められると主張するとともに，行動（反応傾向）を習慣と動因の積として定式化した（4章注6）。例えば，チャイムが鳴って席に着くという学校での習

慣の場合，チャイム（刺激）と着席（反応）が結びついて起こり，そのことを先生にほめられて（あるいは決まりを守れて）うれしいといった快の体験が生じる（強化）ことの繰り返しによって「チャイム着席」という習慣が形成されるというのである。一般に，外発的動機づけの教育的な意義は，強化メカニズムによって学習者の行動が自動化し，意識することなく行動が生起するようになる可能性が高まるという点，すなわち，「習慣形成」に見出すことができるとされてきた。とりわけ，学習者が自発的には行わないが適応的に重要な意味を持つ行動を，教育する側が動機づけたい場合，その方法論的基盤を提供しているのである。以上のような行動主義心理学に基づく学習理論については，今田（1996）にわかりやすく解説されている。なお，習慣形成に関する理論の展開に関しては，そこでの感情の役割が上記のように行動主義の系譜において論じられてきたため，動機づけ論としては外発的動機づけ理論の一部（生理的欲求や派生的欲求の充足によって生起する「快」「不快」の感情の働き）として位置づけられたことが，その後の理論的発展を制限したと思われる。実際の習慣形成プロセスはより複雑である。とりわけ留意すべき点として，①快や不快の個人差（例えば，認知変数（意味づけなど）が媒介するため，同じ賞（罰）が万人に同等の快（不快）をもたらすとは限らない），②機能する感情のバリエーションと行動の方向性の多様さ（例えば，ポジティブ（ネガティブ）な感情（快）といっても，例えば「喜び」と「安堵」というようにその質は異なり，その習慣形成のあり方は行動生起の高低のみならず，行動の質（例えば，学習方略の違い：洞察的アプローチか表面的アプローチかなど）をも規定する），③快の機能（例えば，快感情の随伴に関する動機づけメカニズムについて，接近―回避の二分法を超えてどのように理論を精緻化できるか）が挙げられる。

60　「自己決定された行動」とほぼ同義の用語として用いられている。

61　一般に，deep approach は「深い（情報処理）アプローチ」，surface approach は「浅い（情報処理）アプローチ」とそれぞれ直訳されることが多いが，本書では deep を「洞察的」，surface を「表面的」と意訳した。

62　関連する研究知見は，Schmeck (1988) に詳しい。

63　McClelland, Atkinson, Clark & Lowell（1953）によれば，「卓越さの基準」とは，どのようなことがどの程度できれば優れているとみなせるのかという評価の枠組みであり，われわれの生活する社会の中に明示的あるいは暗黙のうちに埋め込まれているものである。また，何と競争するのかという観点から考えたとき，そこには主に二つの意味が含まれているという。一つは，「他者との競争」である。他者よりもすぐれた成果を上げる，他者に勝つという意味である。もう一つは，いわゆる「自分との競争」である。これは自ら設定した卓越さの基準を自分に対して課し，それを達成しようとするような場合が該当する。

64　Murray, H. A. による達成欲求の概念化については，今日的な観点からすると極めて包括的で複数の要素が混在しているため，結果として達成欲求という概念自体が曖昧になってしまっているといわざるをえない。例えば，パフォーマンス目標とマスタリー目標（2章2-3）の内容が区別されることなく一緒にされており，達成基準についても相対的な基準と絶対的な基準が混在している。また，承認欲求や，好奇心や思考に反映するとされる理解（understanding）欲求との区別も困難である。但し，Murray の欲求論は欲求の融合や従属（4章1-2）を前提としており，欲求相互に関連性や協働性が想定されている点には十分に留意すべきであろう。本邦の関連研究として，例えば堀野（1987）は，達成欲求の個人差について構造的に検討する

ために達成動機測定尺度を作成し,達成欲求には社会的達成欲求,個人的達成欲求,挑戦・成功欲求の三側面があることを示した。

65　McClelland, D. C. は,すべての動機は感情喚起のメカニズムを通して学習されるものだとし (McClelland, Atkinson, Clark, & Lowell, 1953),欲求 (need) と動機 (motive) を必ずしも明確に区別していない。すなわち,達成動機とは,内面化された「卓越した基準」を達成するための努力に関連したプラン,行為,感情のパターンであり,達成に向けての態度の総称とされ (Vidler, 1977b),達成動機づけに基づく行動は「卓越した基準」をめぐる競争を含むものとされた (McClelland, Atkinson, Clark, & Lowell, 1953)。すなわち,達成動機づけの前提条件が「成果の評価」であり,その評価基準には個人内基準(当人の過去の成果との比較)と個人間基準(他者との比較)があるという (Brunstein & Heckhausen, 2008)。つまり,この理論は,自分の成果が卓越さの基準に基づいて(他者あるいは自分自身によって)評価されることが予想され,自分の行為の結果が成功(好意的な評価)か失敗(好意的でない評価)のどちらかであると本人がわかっている場合に適用されるのだという (Atkinson, 1964)。なお,McClelland (1985) は,Atkinson の定式化について,認知的用語と人間を対象とした測度を用いていること以外,Hull, C. L. による後期の動因理論 (Hull, 1951) の公式(喚起ポテンシャル＝動因×習慣×誘因)と同様のものとみなしている。また,内的な状態にすぎない喚起ポテンシャルを,より一般的な動機づけという用語に言い換えている点に触れ,その変化の理由を心理学史上の認知的アプローチに求めている点も興味深い。動因理論に代表される行動論的アプローチを昨今の認知的アプローチへと橋渡しした仲介役として Atkinson, J. W. を位置づけることができるのである。

66　失敗回避動機とは,達成に失敗した際,恥やきまりの悪さといった反応を示すような特性を意味する。失敗回避動機が強い人ほど,失敗したときに恥じ入ったり,困惑したりするというような不快な感情を抱くというわけである。また,この動機は成果が評価され,失敗する可能性があるときに活性化して,そのとき人は不安を感じ,その状況から撤退する傾向性を持つ (Atkinson, 1964)。なお,この動機を示す指標としては特性テスト不安 (3章5-2) などが用いられた。

67　この仮定は期待—価値モデル (2章1-3) を提唱した Eccles, J. S. らによってのちに批判されることになる。ただ,Atkinson, J. W. のいう価値は誘因理論,感情喚起理論 (3章1-2) に基づく快—不快の「感情」を含意しており,昨今の研究が意味するような認知的概念ではないことに留意する必要があろう。

68　マイナスの符号は,例えば,動物実験における電気ショックのような避けるべき有害な事象であることを意味する。

69　達成動機の低い人 ($M_s = 1$) の場合,AやEの課題に対する達成動機づけ ($T_s = .09$) とCの課題に対する達成動機づけ ($T_s = .25$) の差は.16であるのに比べ,達成動機の高い人($M_s = 8$) の場合,AやEの課題に対する達成動機づけ ($T_s = .72$) とCの課題に対する達成動機づけ ($T_s = 2.00$) の差は1.28となる。

70　ここでいう「外発的動機づけ」とは,達成動機あるいは失敗回避動機以外の動機に基づいてその行為が生じる傾向性の強さ,または成果の評価に本質的に関連しない誘因を意味する (Atkinson, 1964)。のちに Atkinson (1974) は,成功達成傾向と失敗回避傾向だけでは説明できない実証研究の結果を踏まえて,外発的動機づけの影響を加味して,達成動機づけを,成功

達成傾向と失敗回避傾向に外発的傾向を加えた三変数の合成変数として再定義している。

71　例えば,成功の原因を自分の能力の高さに帰属する一方で,失敗したときには「運が悪かった」など自分以外の原因に帰属する傾向性は「利己的帰属」と呼ばれるが,このような思考パターンは「動機づけられた認知傾向」であり,われわれが持つ自尊欲求(後述の自己高揚動機)の機能だと解釈できる。また,「失敗が重なると遂行が低下するという現象」(学習性無力感：2章3-2)は一般に期待理論によって解釈されるが,失敗によって自尊心が傷つけられることを回避するため,次も失敗しそうだと思うと,努力の放棄(努力の差し控え：4章5-2)によって失敗が能力不足ではなく努力不足に原因帰属され,自尊心の低下を未然に防ぐことが可能になるからだと解釈することもできる。

72　自尊心(self-esteem)の概念,研究動向,測定については,遠藤・井上・蘭(1992)に詳しい。

73　Brown (1998) は,自己心理学の立場から,自己高揚動機(self-enhancement motive)と自己一貫性動機(self-consistency motive：自分自身に関する見方を保とうとする願望)が機能して,ポジティブな自己イメージを維持するために以下のような動機づけへの影響があるとしている。行動的な要因としては,①自分にとって都合のよいフィードバックを選択的に求める,②セルフ・ハンディキャッピング(4章5-2),③達成状況でどのような課題を選択するか,社会的な要因としては,①社会的な友好関係,②自己評価基準としての社会的比較におけるバイアス,③自己評価維持モデル(4章5-2),個人的要因としては,自分に関連するポジティブなフィードバックに対してはネガティブなものに比べ無批判に受け入れてよく記憶されるなどといった心理的バイアスが挙げられている。

74　達成目標理論の観点からセルフ・ハンディキャッピングについて検討したUrdan (2004) は,クラスのパフォーマンス目標構造がパフォーマンス回避目標を高めてセルフ・ハンディキャッピングを促す可能性が存在する一方で,パフォーマンス接近目標が高まるとセルフ・ハンディキャッピングが低まる可能性があることなどを示唆した。村山・及川(2005)は,セルフ・ハンディキャッピングなどの回避方略を「目標・意図レベルの回避」と「行動レベルの回避」に区別し,前者であれば必ずしも非適応的とは限らないと主張している。なお,セルフ・ハンディキャッピングについては,伊藤(1991)が詳しくレビューしている。

75　Covington & Omelich (1979) は,大学生を被験者として,テストで失敗する仮想場面に関する質問紙調査を実施し以下のことを明らかにした。努力したが言い訳が存在しない場合の失敗に対して,不満,恥,無能さを感じる一方で,その場合,教師からは罰が与えられないだろうと推測する。それに対して,失敗するなら高能力で努力しない事態が好まれるが,その場合は教師から罰が与えられるだろうと推測した。

76　感情的な側面からも,学業達成(成績,テスト,授業中のパフォーマンスなど)に対する失敗に関連して生じる評価不安が,学習プロセスを阻害し,結果的に学習と学習意欲にネガティブに作用することが明らかになっている(3章5)。

77　自尊心追求のコストに関連して,Ryan & Deci (2004) は,随伴的自尊心(contingent self-esteem：例えば,地位といった外的な基準に依存してもたらされる自尊感情)と「本当の自尊心」(true self-esteem：外的な基準に依存せずに,自分本来の状態で感じられる自尊感情)を区別し,前者の弊害と後者の自己形成上の重要性を強調している。この点に関連して,伊藤・

小玉（2006）は，自己形成の過程に不可欠だと考えられる自己形成意識（自分によって自分を成長させていこうという意欲の強さ）や自律性に直接的な影響を及ぼしているのは自尊感情ではなく，むしろ本来感（≒「本当の自尊心」）であり，自己価値の随伴性が自律性に負の影響を及ぼしていることなどを示している。さらに伊藤・川崎・小玉（2011）は，全般的な自尊感情を本来感と優越感（随伴的自尊心）の二側面に区別し，具体的な行動レベルの指標との関連について大学生を対象に検討している。また，Kohn（1992）によれば，自尊心とは「自分自身を根本的に信頼すること」「自分自身の価値を根底的に受け入れること」だという。心理学では自尊心を量的な指標として把握することが一般的であるが，自尊心が高いことによる動機づけの不適応状態も存在していることから，以上のように「本当の自尊心」を「絶対的な心理状態」として理解しようとするスタンスも重要であろう。本邦の他の関連研究として，例えば，新谷・クロッカー（2007）は，自己価値の随伴性とマスタリー目標の関連について大学生を対象とした実験を行い，自己価値の随伴性が高い人であってもマスタリー目標を持っていれば失敗が自尊心に与えるネガティブな影響が緩和することを明らかにしている。また，大谷・中谷（2010）によって，中学生用自己価値の随伴性尺度の開発が試みられており，大谷・中谷（2011）は中学2年生を対象に調査を行って，自己価値の随伴性が状態的自尊感情と無能感を媒介とした場合，内発的動機づけを低下させるが，後悔を媒介とした場合には内発的動機づけの低下が抑制されることを示した。さらに大谷・中谷・伊藤・岡田（2012）は，自己価値の随伴性と学習成果を調整する変数として学級の達成目標構造を取り上げ，自己調整学習方略において自己価値の随伴性とマスタリー目標構造の交互作用を見出した。

78　例えば，尾崎・唐沢（2011）は，促進焦点，予防焦点への志向性をそれぞれ利得接近志向，損失回避志向と命名して測定尺度を作成し，自己評価（自尊心など）との関連を検討した結果，利得接近志向が正，損失回避志向が負の相関を示した。

79　パーソナリティに対する動機づけ的アプローチは，心理学一般と同様，法則定立的アプローチと個性記述的アプローチとに大別される（Emmons, 1986）。McClelland, D. C. や Atkinson, J. W. による達成動機づけ理論は前者であるが，current concern に着目した Klinger（1977）や personal project という概念を検討した Little（1983）の研究などは後者に該当する（Emmons, 1989）。

80　歴史的に，とりわけアメリカの心理学においては，「パーソナリティ」と「自己」は別の概念，領域として研究されてきた（Mischel & Morf, 2003）。Brown（1998）は，James, W. による古典的な主我（I）と客我（Me）の分類を用いて，主我とは基本的な心理学的プロセス（知覚，感覚，思考など）に関する主観的な awareness であり，客我とは，自分に関連した考え（self-referent thoughts）の総体であり，それには「自己に関する思考」である自己概念（self-concept）と「自己に関する感覚」である自尊心（self-esteem）の二側面があるという。但し，自己（self）には以上に加え，主我の「プロセス」という意味も含まれるとしている。また，パーソナリティ心理学は「その人が実際にどうであるか」に，自己心理学では「その人が自分自身をどうとらえているか」にそれぞれ関心が向けられているという意味で両者は異なり，その意味において，自己はパーソナリティの一部として位置づけることが可能だという。一方，Leary & Tangney（2003）は，自己（self）という用語は広く行動科学や社会科学において以下の五つの意味で主に用いられているという。すなわち，①トータルな人（person）としての自己（「人」

とほぼ同義語），②パーソナリティとしての自己（他者と区別できる当人の特徴の総体），③経験する主体としての自己（I，すなわち主我），④信念としての自己（Me，すなわち客我：当人に関する認知，考え，感情など），⑤実行主体（executive agent）としての自己（計画立案，意志決定などの自己統制や自己調整の主体）。以上の整理は，前述のBrown（1998）がここでいう③，④，⑤を②の要素として構造的にとらえているのるのに対し，自己をパーソナリティより広範で網羅的な概念として位置づけている。

81　Emmons（1999）はパーソナル・ストライヴィングの測定方法を示すとともに以下のカテゴリーに分類するコーディングシステムを開発している。①接近―回避，②達成，③友好，④親密，⑤権力，⑥個人的成長・健康，⑦自己呈示，⑧独立，⑨不適応／自己敗北，⑩感受性，⑪宗教。具体的には，I typically try to _____．という項目に対する回答とそれらに対する諸評価に基づいて測定される。

82　Vansteenkiste, Lens, & Deci（2006）は，いわゆる目標理論における外発的目標（2章2-3）に言及し，それらが学習の理由や動機に焦点を当てているのに対して，目標内容理論では目標の内容に焦点を当てているという意味において両者は異なると主張し，内発的目標という成長指向性を，内発的動機づけ，外発的動機づけの自律化に次ぐ自己決定理論における第三の表明原理（manifestation）として位置づけている。実証研究として，例えば，Vansteenkiste, Timmermans, Lens, Soenens, & Broeck（2008）は，小学校高学年を対象に実験を行い，外発的目標に向けた外的な働きかけが自律的動機づけ（課題への楽しさ，活動への価値づけなど），概念理解，継続的学習活動に負の影響を及ぼすことや，もともと外発的目標をもつ児童に対しても内発的目標に向けた外的な働きかけが有効であることを示した。

83　自己と動機づけの発達に関して，Educational Psychologist誌の44巻2号が「動機づけとアイデンティテイ」を特集している。この号の編者であるKaplan & Flum（2009）によれば，動機づけとアイデンティテイの関連とは『「個人の目標志向的行為」と「当人がどんな人間か，あるいはどんな人間になりうるのかということ」との関連』を意味しているのだという。そして，動機づけとアイデンティテイがそれぞれ独立した研究領域を形成してきた歴史があることなどから統合的な理論化が困難であることを指摘しつつ，教育場面においてはそれらの相乗的な関係が自明であることからこのテーマの重要性を強調している。自己認知と期待―価値モデルの観点から論じたEccles（2009），自己決定理論の観点から論じたLa Guardia（2009），興味理論の観点から論じたRenninger（2009），ヴィゴツキー理論の観点から論じたMcCaslin（2009）などが掲載されている。なお，近年のパーソナリティ心理学の研究に起源のある具体的な特性の理論，例えば，Big Five（パーソナリティ特性の五因子モデル）やCloningerモデルによる気質の四次元（新奇性追求，損害回避，報酬依存，固執：Cloninger, Svrakic, & Przybeck, 1993）なども当然，動機づけを大きく規定すると考えられるが，学習意欲をテーマとする本書で扱うには領域，対象が広範にわたり，学問的背景も異なることなどから，それらの理論については扱わないこととした。

第5章

1　Wlodkowski, R. J. は，教師が学習の動機づけに関して持つ「誤った神話」として以下の代表的な五つを紹介している（Wlodkowski, 1978）。「教師のような他者が学習者当人の動機づけを生み出すことができる」「活動や決められた課題に取り組もうとはしない生徒は動機づけが低い」「社会で生き残るためには学習が必要なのだから，動機づけより生徒に学習させることの方が大切である」「脅かすことで動機づけを促進することができる」「動機づけが高まると学習はおのずと改善する」。なお，20世紀初頭から，動機づけ（motivation）という用語が「社会制御」の言説の中に登場し，普及したという事実に着目することは意義があろう。人々が操作や誘導の対象になる文脈（例えば，経済，教育，犯罪，広告など）で，彼らの本性を制御することに対する関心に基づいて動機づけ研究は期待され，発展してきたという歴史がある（Danziger, 1997）。確かに，学習への動機づけに関心のある人たちは，当事者である学習者（子どもたちなど）であるというよりも，親や教師，教育行政関係者である場合が圧倒的に多いに違いない。また，子どもたちの学習を生起させるためのテクノロジーについて世界教育史の観点から概観した広田（2009）によれば，19世紀以前までは，「罰を怖がる／賞賛を欲する」というシンプルな子ども像に基づいて，「体罰」か「競争」による動機づけの方法しか存在しなかったという。すなわち，中世からルネッサンス期の教育論では，子どもは堕落しやすい存在とみなされており，「罰」を与えることで怖がらせることが唯一の動機づけの方法だった。その後，16世紀半ば以降，競争心を利用する方法が体罰で脅かさなくても子どもが勉強する「驚くべき新事実」として登場し，普及していったという。しかし，ルソーやペスタロッチらの思想家の影響などにより，教育を受ける側に立って，どうすれば教育が子どもの主体的な学習を誘発するかという観点から教育的働きかけを組織化することが次第に重要視されるようになり今日に至っている。「体罰」と「競争」は確かに動機づけの「特効薬」だったかもしれないが，民主主義の理念に基づいた現代の教育では，子どもの内的な条件や当人をめぐる状況，それらの個人差を考慮しない教育は望ましくないと考えられているのである。

2　教育実践は単なる「ハウ・ツー」のリストの実行として成立するものではない。教育方法に関する理論は，あくまでも「実践サポートツール」であり，学習者の実態など個々の状況に応じて具体的な実践のあり方を決定する主体はあくまでもひとり一人の教師なのである（鹿毛, 2006b）。

3　教育環境とは「人間形成に影響を及ぼす外的条件となる環境」（佐藤, 2002）であり，家庭環境，社会環境，学校環境といった領域があり，自然的環境，精神的環境（文化），人的環境に分類されるという。「教育にふさわしい環境」（加藤, 2001）という意味で用いられることもある。本書では，主として学校環境に焦点を当てて論じる。教育環境と動機づけの関連については，同じ環境であっても学習者の体験には個人差があるという認識を持つと同時に，教育環境を過度に単純化して捉えない心構えが求められる。とりわけ，教育実践を過度に単純化することで特定の環境の効果を強調するという過ち（「このような環境を整えれば，必ず動機づけが高まる」といった主張）を犯さないためには「文脈の多様性・複合性」（multiple context）に

着目する必要がある。それには少なくとも二つの次元がある。一つは、「文脈内容・領域」の多様性・複合性である。個人は複数の文脈を生きている。例えば、中学生は主に家庭生活と学校生活を行き来しながら生活しており、学校生活はさらに、授業、学級活動、部活動などのフォーマルな活動のみならず、休み時間の自由な活動や友人との関わりなどのインフォーマルな諸活動と合わせた複合的な社会的領域によって形成されている。また、それと同時に、学校での教育環境はカリキュラム領域によって区別されており、国語、算数、社会といった教科領域（さらに細かく、単元によって構成されている）や、ホームルームや学校行事といった教科外領域の総体が教育課程として位置づけられている。しかも、このような明示的な教育課程の履修だけではなく、学校には、例えば「授業中は質問したりせずに黙って座っているものだ」という信念を身につけてしまうというように、教育する側の意図とは無関係に（時には相反する）特定の内容が学ばれてしまうという、いわゆる隠れたカリキュラム（hidden curriculum）も存在している。もう一つの次元は、「文脈水準」の多様性・複合性である。ある文脈は次元の異なる複数の文脈の影響を受けつつ機能している。例えば授業は、学校や地域の教育方針、さらには国の行政システムや文化など、次元の異なる多様で複層的な文脈の影響を、直接的、間接的に受けながら実践されている。教育環境を以上のような複雑な総体として把握し、しかも個々の学習者のよるそれらの体験が異なることを認識することが、学習者の動機づけを理解する上での基本的なスタンスになるだろう。また、環境が個人に及ぼす因果性だけではなく、両者の相互規定性について認識することも大切である。人と人との関係性についていうなら、「相手が自分の変化の条件になっており、同時に自分が相手の変化の条件になっていること、相手と自分が全身心で同時に影響しあい、同時に変化すること」（藤岡、2002）が教育場面で生じている。教える立場にある者（教師など）と各学習者との関係、学習者同士の関係、学習者と物的環境など、教育の場に相互的な変容があることを前提に教育環境を理解したい。なお、学習や発達の規定因として「教育のあり方」ばかりに注目が集まる傾向がみられるが、その影響は限定的であることがわかっている。むしろ教育を構想する上では個人が生来的に持つ性質を尊重する必要がある。例えば、安藤（2000）は行動遺伝学の立場から、遺伝か環境かという二項対立を超える必要性を強調し、教育を遺伝的条件の発現の場の提供として再定義している。

4　ここでいうカリキュラムとは「教育課程」という狭義の意味ではなく、教育目的、教育内容、教育方法が統合され、一連の具体的な教育活動としてデザインされた総体を指している。

5　教育環境、とりわけ学校における教室環境の複雑な特質として、Doyle（1986）は、①多次元性、②同時性、③即時性、④予測不可能性、⑤公共性、⑥歴史性を挙げている。またAnderson（1989）は、①学校における学業の目標、②教師の教授における役割の認識、③学習を促進する学習者の役割の認識、④学習課題の性質の認識、⑤教室の学習の文脈としての社会的環境の認識において教師には個人差があり、それらが結果として教室環境の質を規定すると指摘している。教室環境を論じるにはその複雑性、多様性、力動性といった性質を前提とする必要があろう。なお、Turner & Meyer（2000）が教授―学習の文脈における教室環境に対する教育心理学的アプローチについてレビューしている。

6　これらはアメリカ心理学会特別委員会（APA Task Force on Psychology in Education, 1993）によってまとめられた五つの領域、12の原理が小修正されたものである（Lambert & McCombs, 1998）。領域に関しては、旧版における「発達的要因」と「個人的・社会的要因」の

二領域が「発達的・社会的要因」として統合され,原理に関しては,旧版の「高次の思考」が「方略的思考」「思考についての思考」「学習のコンテクスト」の三つに細分化され,「努力への動機づけの影響」が新設されるなど,文化,テクノロジー,教授実践といった環境側の要因や心的エネルギーや方略的な努力の意義等が強調された。また,McCombs & Whisler（1997）には,学習者中心という観点から教師の信念や教室での実践を測定する尺度が紹介されており,McCombs & Miller（2007）には,学習者中心の基本的な考え方とともに具体的な尺度や実践ツールがさらに体系的に述べられている。教師と学習者を対立的にとらえるのではなく,5章3-3に示したように,教師を学習者として位置づける発想も重視すべきだろう。学習者中心という概念は,教師も子どもたちと同様に学習者である,すなわち「協同学習者」（co-learners）なのであり,教師もまた子どもたちのために学ぶことができる環境が大切であるということをも意味している（McCombs & Miller, 2007）。なお,McCombs & Whisler（1997）は,従来から教育界で言及されることの多い「子ども（生徒）中心」（child-centered）と「学習者中心」との異同について言及し,前者が学齢期の学習者を対象とした概念であるのに対し後者は成人も含んでいること,前者は主に情意面に焦点が当てられているのに対し,後者は認知的,発達的側面や個人差などの要因も網羅した統合的,包括的な概念であると主張している。

7　構成主義自体は幅広い考え方を包摂する理論ではあるが,およそ以下のことを明らかにしている（久保田, 2000）。すなわち,①学習とは,学習者自身が能動的に活動することによって知識を構築していく過程である。②知識やスキルは文脈から切り離されるのではなく,状況の中で,状況に依存して学ばれていく。③学習は共同体の中での社会的な相互作用を通じて行われる。

8　Ratelle, Guay, Larose, & Senécal（2004）は,学校段階の移行と学業への動機づけの関連について縦断的調査を行い,動機づけへの効果は一律ではなく個人差があることを見出している。教科学習への適応に関連して,山森（2004）は,中学入学時から本格的に開始される英語に対する生徒の学習意欲がどこまで持続するか,また,持続している生徒の特徴は何かについて検討している。学校が子どもたちにとってストレスに満ちた場であることも事実であろう。神藤（1998）は中学生を対象に調査を行い,学業に関するストレッサーとして成績,宿題,親,教師,恥を特定するとともに,それらがストレス対処方略を媒介として不機嫌・怒り,抑うつ・不安などといったストレス反応,自己成長感,学習意欲に及ぼす心理的影響過程について検討している。

9　例えば,学習者が持つ目標は学習環境のあり方によって規定される。そのひとり一人の目標の持ち方が「心理的な環境」として機能して学習者の認知プロセスに影響を及ぼし,努力や学習への焦点化,課題への興味,努力帰属や方略帰属,自己調整方略の使用,課題への積極的な従事,ポジティブ感情,所属感,失敗への耐性といった適応的な動機づけパターンが生起するか否かを規定する（Ames, 1992）。学習者による教育環境の認知に関連した研究として,以下のものがある。吉田・山下（1987）は,小中学生を対象に「勉強するにあたってやる気がでる（でない）場合はどんなときか」と尋ね,学習意欲の促進要因と阻害要因について具体的に検討している。また,Van Etten, Pressley, McInerney, & Liem（2008）は,学習者が学業に対する動機づけをどのように理解しているかについて明らかにするために,大学生にインタビューを実施し,グラウンデッドセオリーアプローチを用いて検討を行った結果,学生の動機づけの

遠隔的な主要因が成績と卒業であること，より近接的な多様な要因は内的要因（学生の性質，信念）と外的要因（試験や宿題などの学業関連要因，教師や家族といった社会的要因，大学の環境，課外活動）とに区別して整理できることなどを示した。Linnenbrink-Garcia, Rogat, & Koskey（2011）は，グループ活動中の社会─行動的なエンゲージメントと感情の関連について小学校4,5年生を対象とした調査を行い，不快感情が活動の不参加と関連していることや，低活性の快感情（calmなど）がグループでの相互作用と関連していることなどを示唆している。

10　同様に動機づけ理論から適応的，効率的なパターンを抽出したPintrich, P. R. は，教室で生徒を動機づけるための一般原理として，五つの動機づけ変数，すなわち，①適応的な自己効力とコンピテンス信念，②適応的な原因帰属とコントロール信念，③ハイレベルな興味と内発的動機づけ，④ハイレベルの価値，⑤目標が重要だと指摘している（Pintrich, 2003）。

11　一般にデザインというと建築や服飾を想起させるかもしれないが，今日では計画や構想といった活動全般を意味する用語として定着してきている。すなわち，デザインとは「目標をより良く達成できるように，人々との関係，社会や環境とのかかわり，また将来の予測まで含め，いろいろな要因をバランス良く検討し，計画や構想をつくりあげる活動」（安西，2011）を指す。

12　授業に代表される教育実践は，構想，展開，省察という三つの段階のサイクルとしてとらえることができる（鹿毛，2008）。例えば，子どもたちの学習意欲を刺激するような授業をしたいと考える教師が，導入の工夫やグループ学習を取り入れようと事前に考え（構想），授業中にはその事前の構想を子どもたちの様子を把握しながら柔軟に修正しつつ現実化し（展開），授業後には，教育効果があったかどうかについて総合的に確かめながら，反省点（例えば，ユミさんのグループにはもっとアドバイスをすべきだった）を次時以降の授業構想や展開に生かしていく（省察）。このような教師による教育実践プロセスに前述した教育環境の二つの側面を対応させるならば，「しかけ」が構想段階において，「関わりあい」は展開段階でそれぞれ主に課題となる要因だといえよう。ただ，実際の教育場面では，関わりあいの中でプランが修正されたり，しかけが新しく創り出されたりすることもあるので，厳密にいうと両者を構想，展開の各段階に単純に対応させることはできない。

13　ARCSモデルとは，学習意欲を注意（attention：知覚的喚起，探究心の喚起，変化性），関連性（relevance：親しみやすさ，目標指向性，動機との一致），自信（confidence：学習要求，成功の機会，コントロールの個人化），満足感（satisfaction：自然な結果，肯定的な結果，公平さ）の四側面でとらえ，学習者のプロフィールや学習課題／環境の特質に応じた意欲喚起の方略をシステム的に取捨選択して教材に組み入れていこうとするものである（鈴木，1995）。関連性が「価値」，自信が「期待」にそれぞれ対応するとされ，努力が報われるという体験である満足感は行動主義パラダイムに基づくとされている。Keller（1988）は，動機づけデザインのモデルについて，個人中心モデル（person-centered model：Berlyne, D. E., Maslow, A. H., McClelland, D. C. らの理論のように，個人内の要因が動機づけに影響すると想定するモデル），環境中心モデル（environmentally centered model：Skinner, B. F. の考え方のように環境の影響によって行動を説明するモデル），相互作用中心モデル（interaction-centered model：社会的学習理論や期待─価値理論のように人間の動機づけを人と環境のどちらか一方では説明できないとするモデル），総括的モデル（omnibus model：教授目標に対する解決策が網羅されたモデル）の四つに分類している。Keller, J. M. 自身が提案するARCSモデルは相互作用中心モデルに位

置づけられるという。また，TARGET 構造モデルとは，元来，Epstein（1989）によって提唱された動機づけデザインモデルで，動機づけに影響を及ぼす環境の要因として，課題（task），権限（authority），報酬（reward）あるいは承認（recognition），集団（group），評価（evaluation），時間（time）の六つの構造を特定し，それぞれの頭文字をとって TARGET と命名された。のちに Maehr & Midgley（1991）などによってより精緻化されたモデルが再提案されており，課題構造では学習の内発的価値を高めること，権限構造では学習／学校の決定に対する生徒の参加を促すこと，承認／報酬構造では学校における承認や報酬の性質を吟味しそれらの使用を工夫すること，集団構造では学習者同士の相互作用を重視し，社会的なスキルや価値に着目すること，評価構造では評価とアセスメントの手続きの性質を吟味しそれらの実行を工夫すること，時間構造ではプランの遂行と目標達成のための時間管理を工夫することがそれぞれ重要だとされ，各構造に対してより具体的な複数の方略が提案されている。ただ，TARGET 構造モデルには，「承認／報酬」と「評価」の内容的な区別が困難であることなど，カテゴリー区分上の問題がある。この TARGET 構造モデルによって動機づけ理論（自己効力，内発的動機づけ，目標理論）の実践的示唆について整理したレビュー論文として桜井・黒田（2004）が挙げられる。なお，その他のモデルとして，例えば，目標理論の観点から（Ames, 1992），内発的動機づけの観点から（Lepper, 1988），学習者中心の教室・学校という観点から（McCombs & Whisler, 1997：5 章 1 - 1），基本的心理欲求理論の観点から（Connell & Wellborn, 1991），外国語学習の立場から（Dörnyei, 2001; 5 章 3 - 3），モティベーション科学という統括的な観点から（Pintrich, 2003），それぞれ動機づけデザインが提唱されている。また，Blumenfeld（1992）が，Ames（1992）のモデルについて教育実践的な観点，構成主義的な観点等から建設的な論評を行っている。動機づけデザインモデルが示唆するすべての方略がすべての教育場面で機能するとは限らないという点を認識することも重要である。Dörnyei（2001）が指摘するように，これらの方略は心理学的知見に基づく最善の方法であるとはみなせるが，決して黄金則（rock-solid golden rules）なのではない。動機づけデザインを実験的に実践した研究事例として Guthrie, Wigfield, & VonSecker（2000）が挙げられる。そこでは英語を中心とした統合的な教科として，自律性サポート，コンピテンスサポート，協同性，ラーニング目標，現実世界との相互作用を重視した教育プロジェクトを小学生を対象として実施し，知的好奇心，学習方略の使用に効果がみられたことなどが報告されている。TARGET 構造モデルに関しては，谷島・新井（1995）が中学 1 年生を対象としてクラスの動機づけ構造（承認，課題志向，参加，協調）の認知を測定する質問項目を作成し，その認知と生徒自身の能力認知，自尊感情，原因帰属等との関連を検討している。さらに谷島・新井（1996b）は，この質問項目を利用して，クラスの動機づけ構造が中学生の教科の能力認知，自己調整学習方略，達成不安に及ぼす影響を検討し，課題志向次元が学習方略を，協調次元が学習方略と達成不安の両方をそれぞれ予測することなどを示した。また，高垣・田爪・中西・波・佐々木（2009）は，TARGET 構造モデル（Maehr & Midgley, 1991）を小学 6 年生理科の授業に適用した教授方略を考案して実践した結果，概念変化，学習観の変化，メタ認知方略などに効果的であることを示した。

14　板倉（2002）によれば，仮説実験授業とは「（共通の真理に達する複数の道筋が一つにまとまってくるような）科学の認識過程を全面的に取り入れて，タイプの違う人々に自由に考えを出させ，考え方を豊富にしながら実験を重ねることによって一つの真理に到達させていく手

続き」とされる。「理科」を中心とした科学の重要概念を獲得するとともに学習者の意欲を刺激し思考を促すような授業展開をどの教師も実現することが可能になるための「授業書」が開発されている。

15　日本においては1970年頃から波多野誼余夫と稲垣佳世子が，概念的葛藤（認知的不一致）を引き起こすことが興味や学習成果に効果的であることを示してきた（稲垣，1970; 稲垣・波多野，1971 など）。とりわけ，Inagaki & Hatano（1977）は，「仮説実験授業」の過程がBerlyne, D. E.の理論と一致するとして，その実践的効果を検討した。その結果，この方法が結果を確認したいという動機づけや転移課題の成績に効果的であることを示した。小林（1972）は，概念的葛藤の最適水準について検討し，それが最適水準にあるとき興味が高まることや，情報処理能力が高くなると最適水準が上昇することを明らかにしている。高垣・田爪・中谷・伊藤・小林・三島（2011）は，中学2年生の地理の授業において認知的葛藤（ズレ：4章3-2）の生起を意図した「コンフリクトマップ」を適用した教授方略を実施したところ，生徒の興味や知識活用への動機づけが高まることなどを明らかにした。

16　関連する研究として，例えば，島田・北島（2008）は「挿絵」が文章理解のみならず動機づけをも促進するかどうかについて検討するため，18歳から24歳の被験者に対して防災マニュアルを題材とした実験を行い，挿絵が読解に対する動機づけを高めることを示唆している。また，菊地・中山（2006）は，中学3年生の英語の授業で外国映画を用いたところ，生徒の興味，有能感を高め，自発的な家庭学習を促し，学習成果（リスニング）も高める可能性を示した。

17　Ames（1992）も，学習者が有意義な理由（内容の理解を深めるため，スキルを向上させるため，新しいスキルを習得するため，活動自体に意義が感じられるためなど）を学習活動に見出すことができるような課題や，効果的な学習方略を身に付けたり活用できるような課題がマスタリー目標を促すために望ましいと主張している。

18　Hulleman & Harackiewicz（2009）は高校生を対象に理科の授業で実用価値（2章1-3）を強調するカリキュラムを実験的に実施し，特に成功に対する期待の低い生徒の興味と成績を高めることを示した。同様に，Hulleman, Godes, Hendricks, & Harackiewicz（2010）は，実用価値を強調する教授介入が興味や成績にポジティブな効果をもたらすことを大学生を対象とした実験によって明らかにしている。

19　このような真正性の高い課題の学習においては，いわゆるペーパーテストによる評価方法がなじまないため，必然的に学習課題に取り組むプロセスや成果自体が評価対象になる。このような発想は「真正の評価」論（Wiggins, 1998）として教育評価論の観点からも注目されている（鹿毛，2005b）。

20　Cordova & Lepper（1996）は，コンピュータを活用した算数の学習課題を用いた実験によって，文脈化（空想性），個人化（自己関連性），選択の提供という三つの要因が内発的動機づけと学習のプロセスに及ぼす影響について小学生を被験者として検討し，三つの要因がそれぞれ効果的であることを示している。

21　例えば岡田（2007）は，学習方略の教授の学習意欲に対する影響を検討するために，高校生を対象として英単語学習に関する実験授業を行い，その効果を確認している。

22　実際の教育場面では，学習者の適性に応じて指導することや，すべての学習者にとって意味あることの特定が困難であるため，教師たちにとっては既存カリキュラムを一斉に実施す

る方が容易であるという現実がある（Urdan & Turner, 2005）。学習意欲を育む教育環境を実現する上でも，個に対応するための教育条件の整備（教師一人当たりの学習者数の比率の削減，教材研究の時間の確保など）が不可欠なのである。

23 発達の最近接領域とは，Vygotsky, L. S. が用いた用語で，子どもが自分の力ではなし得ないが，大人の適切な援助があればなし得るような課題領域のこと（麻生，2010）。

24 学習を促進するような教育環境の原理として，個人化原理（personalization principle：学習者の活動に対して応答的で，自己を内省するような見方ができるように促す環境が効果的）のほかに，観点原理（perspective principle：より多くの観点を持つことを促すような環境が効果的），自己目的原理（autotelic principle：活動それ自体が目的であることを促すような環境が効果的），生産性原理（productive principle：より生産的であるような環境が効果的）の計四つが挙げられている。

25 表5-6には教育環境としての教師による学習の促進する方向性を特徴とした柔軟な応答性が示されており，教育環境の「しかけ」という側面だけではなく「関わりあい」の側面からの特徴も述べられている。なお，コンピテンスへの欲求を満たす前提として，ひとり一人の自尊心（self-esteem：4章5-1）が満たされていることが必要である。そのための教育実践に示唆的な研究例として，川井・吉田・宮元・山中（2006）は，ネガティブな事象に対する自己否定的な認知への反駁を促進することによって自尊心の低下を防ぐための授業を開発しその効果について検討している。

26 随伴的なフィードバックシステムは，随伴性認知（期待）を高める心理的メカニズムを基盤とする課題環境のシステムであると同時に，後述の目標―評価システムの一部としても位置づけられる。

27 権限性に関連して，Soenens, Sierens, Vansteenkiste, Dochy, & Goossens（2012）は，学習者に特定の思考，行為，感覚を強いるような教え方を「心理学的な制御的教授」（PCT：Psychologically Controlling Teaching）と呼び，それが学習方略や学習成果などに及ぼすネガティブな影響について高校生を対象とした調査によって明らかにしている。なお，権限性は教育環境の「しかけ」としての特徴のみならず，「関わりあい」としての特徴も色濃く，後述する自律性サポート（5章3-2）の要因として説明することもできる。

28 全28項目，4件法（「いつもそうです」「ときにはそうです」「めったにありません」「決してそうではありません」）。質問紙自体は「あたたかさ」（warmth）を加えた七つの下位尺度から構成されているが，指し手雰囲気の尺度に「あたたかさ」は含まれていない。

29 Jang, Reeve, & Deci (2010) は，中等教育の授業を対象とした観察に基づく評定と質問紙調査を行い，教師の提供する自律性サポートと構造には正の関連があり，両方が生徒の行動的エンゲージメントを予測することを示した。

30 カリキュラム開発においては，オリジン・ポーン概念のほかに，自己概念，達成動機づけ，現実的な目標設定が重視された。例えば，「ほんとうの自分」という単元では自己概念に焦点を当て，特定のテーマ（例えば，「わたしがいつも夢見ていること」「がっかりした時に私がすること」など）について毎週話し合った後，各自がノートに自分の意見をまとめていくことによって，自分の本当の姿や自分が抱えている悩みなどを理解することを通してやる気の重要性に気づかせることを目的としていた。達成動機づけに焦点を当てた「わたしの成功物語」という単

元では，達成に関する物語づくりを行い，作文コンテストを行った。「スペリングゲーム」という単元では現実的な目標設定に焦点を当て，単語の難易度を各自選択することが可能な状況を設定した上で，単語のスペル学習のチーム競争を行った。

31 選択が動機づけや学習に及ぼすポジティブな効果については，例えば，高校生の宿題を対象として検討した Patall, Cooper, & Wynn（2010）が明らかにしている。Reynolds & Symons（2001）も，小学校3年生の読書活動を対象として，選択が情報探索活動のプロセスや成果に効果的であることを示した。但し，選択の効果については文化的な背景がある点，すなわち，相互依存的な集団主義の文化を持つ地域では，選択の動機づけへのポジティブな効果が限定的であり，むしろ他者の希望に沿う選択が動機づけを高める可能性も示唆されている（Iyengar & Lepper, 2002）。例えば，Iyengar & Lepper（1999）は，小学生を対象とした実験を実施し，アジア系アメリカ人の子どもの場合，ヨーロッパ系アメリカ人の子どもとは対照的に，母親やクラスメイトが選んだ課題に対する内発的動機づけやパフォーマンスも高かった。なお，選択に関する社会心理学的知見をわかりやすくまとめた一般書としてIyengar（2010）が挙げられる。

32 伊藤（1990）は，Solomon & Kendall（1979）を引用して，それまでの教師の指導に関する二次元的類型化の多くが「教室内の事象を自らコントロールし，児童・生徒に参加する機会をあまり与えず，ほとんどの時間を話すことに費やし，厳格な傾向がある教師」（教師中心）と「教室内の事象に参加したり，それをコントロールしたりする機会を児童・生徒に多く与え，お互いに相互作用したり自分たちで目標決定をすることを奨励する教師」（生徒中心）とに概念化できると指摘している。また，教室の雰囲気について学習者中心という観点から測定するための観察に基づく評定尺度が開発されている。例えば，Stipek & Byler（2004）は，幼稚園から小学校低学年の教室を対象に，学習活動の多様性や学習内容の関連性を重視する構成主義的（子ども中心）な教室か，直接的な教授を重視する教授的（didactic）な教室かを評定するシステムを開発している。関連する研究として，例えば，Stipek, Feiler, Daniels, & Milburn（1995）は，学習者中心（子ども中心：child-centered）と教授中心（didactic）の幼稚園の教育プログラムを比較し，教授中心のプログラムでは読み書きの成績は良いものの数に関する成績では差がなく，能力の自己評価，成功に対する期待が低く，成功に対する誇りの表出が少なく，許可や承認に対する大人への依存や不安が高いことが示された。この研究では，六つの次元（子どものイニシアティブ，教師のあたたかさ，ポジティブなコントロール，基礎的スキル，パフォーマンス圧力，評価ストレス）から成る47項目の尺度に基づく観察によって「学習者中心─教授中心」の程度が評定された。また，Standage, Duda, & Ntoumanis（2003）は，中学生を対象として体育の授業の雰囲気についてオリジン感覚とマスタリー／パフォーマンス目標構造の観点から調査し，オリジンとマスタリー目標構造の知覚が自律性の感覚，自己決定的な動機づけを促し，当該学習活動を持続する具体的な意図を規定することなどを明らかにした。

33 Rogers, C. R. は，学習を以下のように定義している（Rogers, 1983）。「学習は個人を巻き込むという性質を持っています。つまり，感情と認識面の両方の中にいる全体的個人が，学習という出来事の中に実存しているのです。次に，学習は自己主導的なのです。たとえ，誘因とか刺激とかが外側から来る時でも，発見した，手を伸ばした，手にとってみて判ったという感覚は，内側から起こります。そうして，学習は浸透するのです。つまり，学習は，学習者の

行動，態度，おそらくはパースナリティにさえ，相違を生じさせます。学習は学習者によって評価されます。学習者は，その学習が自分の要求に接合するかどうか，自分が知りたいことへと導いているかどうか，自分が経験している無知という暗部を照らしているかどうか，を知っています。評価の基準は明らかに，学習者の中に備わっている，といってよいでしょう。学習の本質は意味です。このような学習が起こる時，学習者にとっての意味という要素は，全体的な経験に組み込まれるのです。」（以上，友田不二男の監訳による。）その上で，教師の本来の仕事は，学習者に学ぶことを委ねることだとし，学習の促進者としての教師の役割を強調した。

34　競争について批判的に検討しその弊害を徹底的に論じたKohn, A. によれば，競争とは「互いに排他的な目標達成」であり，外在する「勝利／敗北の枠組み」に基づくより本質的な「構造的な競争」と，ナンバーワンになりたいと思う個人の側の願望に基づく「意図的な競争」とに区別できるという（Kohn, 1992）。また，競争は「成功に関する神話」，すなわち，①競争が人生において避けられない現実であり，「人間性」の一部をなしている，②競争しなければ生産的ではなくなってしまう，③競い合いは楽しいひとときを過ごす上で唯一とまではいえないまでも最善の方法を提供してくれる，④競争が人格を形成するのであり，自信をつけるには絶好のものだといった強固な信念によって支えられていると指摘するとともに，競争によって，例えば以下のような心理的悪影響がもたらされるという。(「能力が優れていること／ものごとをうまくやり遂げたいという願望」と「勝つこと／他人より優れていたいという願望」は概念的に全く異なっているにもかかわらず）競争する個人は「勝つ」ことに心を奪われて，身近な課題から目をそらしてしまうこと。不安が喚起されたり，敗北の予感によって神経質になったりすることによって作業の遂行が妨害されること。競争は，強者に対して羨望（反感）を，弱者に対して軽蔑を感じさせ，結果としてすべての人に対して不信感を抱かせること。先行研究によれば，他の二つの目標構造に比べて競争的目標構造が学習や学習意欲に必ずしも望ましいとはいえないという一般的な結論が示唆されているが，それとは正反対に，一般に「競争の教育的効果」が主に経験的な観点から主張されることも多い。この点を検討するために，少なくとも以下の三つの論点を挙げることができるだろう。第一に，何に対する教育的効果かという点を明確にする必要があろう。競争が学習活動それ自体から注意を逸らし，マスタリー目標よりもパフォーマンス目標を促すという動機づけ研究の知見は，主に学習領域で見出されたものであり，例えば，一般的な努力の傾向性や達成を求めるメンタリティといったパーソナリティ領域により近い指標に対する効果については別途，論じるべきであろう。第二に，競争を目的としてスキル獲得や理解などの学習効果が付随的に生じる可能性である。勝つための努力の一環として学習が手段的に促進されることは大いにありうる。ただ，勝利自体が最優先の目標として意味づけられている限り，学習のプロセスや成果が常に重要視される保証はなく，ときにはそれらを犠牲にする選択がなされる可能性が常に残る。その意味で，マスタリー目標とは明らかに質が異なっている。第三に，他の外発的随伴性と同様の効果が認められる可能性である。すなわち，興味が持たれにくい課題に対する学習の初期における誘因的な機能が認められることや，競争によってワクワクするなどのポジティブな感情体験が学習課題と連合して肯定的な学習態度を形成する可能性がある点などが挙げられる。なお，Johnson & Johnson (2009) は，競争が建設的であるための条件として，①勝つことそれ自体が相対的に重要視されないこと，②すべての参加者に勝つチャンスが保証されていること，③わかりやすく具体的なルール，手

続き，基準が示されていることを挙げている。なお，競争の効果は発達的な要因にも規定される可能性がある。例えば，Butler（1989）は，小学4年生では競争状況が内発的動機づけを低下させるのに対して，未就学児では逆に内発的動機づけを高めるという交互作用を見出している。これは，未就学児が集団準拠に基づいた能力概念をまだ獲得していない（Nicholls, 1984）からだと解釈されている。競争が動機づけに及ぼす効果に関する研究は多い。例えば，Vansteenkiste & Deci（2003）は，内発的動機づけに及ぼす競争の影響について，特に勝者と敗者の違いに着目して大学生を対象とした実験によって検討している。他にも教育場面での競争の効果について検討したLam, Yim, Law, & Cheung（2004）などがある。

35　ここで示唆されているのは，単にグループなどの集団学習形態を組織すればよいということではない。あくまでも協同的目標構造の効果は，受容，サポート，信頼，好意といった心理的状態が成員に生じ，学習，達成に向けた協同的行為が生起するということが前提になっている点に留意されたい。

36　杉江（2011）は，グループ学習それ自体が協同学習なのではないという点を強調し，協同とは「学習集団のメンバーひとり一人の成長が互いの喜びであるという目標のもとで学習する場合」を指すとし，「誰が一番かを目標にして競い合う場合」の競争と対置させている。そして，協同学習とは「集団の仲間全員が高まることをメンバー全員の目標とすることを基礎においた実践すべて」であるとし，「学校のすべての場面における子どもの学習に対する支援の基盤にある基本原理に関する理論」と位置づけている。

37　例えば，Roseth, Johnson, & Johnson（2008）は，12〜15歳を対象とした研究についてメタ分析を行い，競争的あるいは個人的目標構造に比べ協同的目標構造が学習成果の高さと肯定的な友人関係と関連しており，また，その関係性が肯定的であるほど学習成果も高いということを示している。

38　一般論としては，環境の達成目標構造は，それと同じ目標を学習者に内面化するように促す方向でパーソナルな達成目標に影響を及ぼすと考えられる。但し，環境の目標構造は個人に対して達成に関する一種のメッセージを発しているのであって，その心理的な影響は，当人がそのメッセージをどのように解釈するかによって変わってくるに違いない（Kaplan, Middleton, Urdan, & Midgley, 2002）。したがって，ある目標構造が個人に及ぼす影響は，当人の意味づけを媒介にした間接的なものであると捉えるべきであろう。

39　かつて筆者が学生から体験談として聞いた以下の逸話は，パフォーマンス目標が重視される学級において学習者が直面するジレンマとその問題点を見事に描き出している。『教師が「わからなければ手を挙げなさい」と言うので手を挙げると「何でわからないのか」と怒られた。また怒られるのを避けるために，今度はわからなくても手を挙げなかったら，先生はノートをのぞき込んで，できていないことがバレてしまった。そこでまた「わからないのに何で手を挙げないのだ」と叱られてしまった。』このように授業では誤りや失敗はいけないことであるとみなされ罰の対象となる。だから子どもは誤りや失敗を隠すようになるのだが，それでは一向に学習は進まない。学習を進めるためには自分が「わかっていないこと」や「できないこと」を教師に示さなければならないのに，それを示せばかえって非難される。自己価値をめぐる「諸刃の剣」というジレンマだけではなく，このような学習の促進という観点からのジレンマ状態にも子どもたちが陥ってしまっている可能性がある。

40　関連する研究として，例えば以下のものが挙げられる。Ames & Archer（1988）は，学級風土をマスタリー目標的であると認知しているほど，効果的な学習方略を用い，挑戦的な課題を好み，その授業自体が好きだということを明らかにしている。Patrick, Kaplan, & Ryan（2011）は，小中学校の子どもたちに認知されたマスタリー目標構造の教室環境が教師からの学業的，情緒的サポート，クラスでの相互尊重，学習課題に関連した相互作用の認知とそれぞれ強く関連していることを示している。また，Fast, Lewis, Bryant, Bocian, Cardullo, Rettig, & Hammond（2010）は，マスタリー目標に加え，挑戦（challenge），ケア（caring）に関する教室環境の認知が算数の自己効力と学業成績を規定する可能性について小学生を対象とした調査によって明らかにした。Turner, Midgley, Meyer, Gheen, Anderman, Kang, & Patrick（2002）は，小学6年生の教室の算数の授業を対象とした量的及び質的研究アプローチによって，マスタリー目標構造では子どもたちの回避方略（セルフ・ハンディキャッピング，援助要請の回避など）が少なく，特にマスタリー目標構造の特徴が強く回避方略が少ない教室では，学習自体に焦点化したり，ポジティブ感情を尊重し，メンバーの協同を促すような教師の談話が多いことを示した。Wolters（2004）は，中学生に調査を行い，マスタリー目標構造がエンゲージメント，学習方略，学業達成に対して適応的でポジティブな効果を及ぼすのに対し，パフォーマンス接近目標構造にはそのような明確な効果がみられなかったことを報告している。また，クラスの達成目標構造とひとり一人のもつ達成目標が動機づけ指標に及ぼす交互作用について検討した研究として以下が挙げられる。Murayama & Elliot（2009）は，中学生と高校生を対象とした調査を行い，クラスの達成目標構造が動機づけに及ぼす影響は直接的なものばかりではなくひとり一人の達成目標を媒介としていること，内発的動機づけに対しては一般にマスタリー目標構造が強くパフォーマンス目標構造が低いクラスが効果的であるが，パフォーマンス接近目標をもつ生徒にとってはパフォーマンス目標構造も有効である可能性などを明らかにしている。また，Lau & Nie（2008）は，小学5年生を対象とした調査を行い，とりわけパフォーマンス回避目標を持つ子どもがパフォーマンス目標構造を持つクラスにおいて，エンゲージメントが低まり，努力の差し控えや回避的対処方略が促されることなどを示唆している。本邦の研究として，例えば渡辺（1990）は，クラスの学習目標質問紙を作成し，マスタリー目標構造が効率的な学習方法，課題遂行意欲，クラスへの適応にポジティブな効果を及ぼすことなどを小学5年生を対象に明らかにした。また，三木・山内（2005）は，小学校高学年の児童を対象として調査を行い，マスタリー目標構造が児童のマスタリー目標を促し洞察的アプローチを媒介として成績の自己認知を高めること，パフォーマンス目標構造が課題回避目標を促し表面的アプローチを媒介として成績の自己認知を低めることなどを明らかにしている。杉浦（1996）も小学校高学年の児童を対象として，マスタリー／パフォーマンス目標構造が原因帰属を媒介として期待に及ぼす影響プロセスを検討している。

41　自己評価のあり方に関連して，中川・松原（1996）は小学3年生を対象に教育実験を行い，自己採点に加え，課題解決方法，学習の進捗状況を評価対象とする自己評価法が内発的動機づけや学習を促進することを示している。さらに，中川・守屋（2002）は，小学5年生の国語の学習を対象にモニタリング自己評価（学習方略，モニタリングなどの自己調整学習の要素を組み込んだ方法）と到達度自己評価をそれぞれ訓練する条件を比較し，前者で内発的動機づけと学習成績が高かったことを報告している。

42　Harackiewicz, Abrahams, & Wageman (1987) は，高校生を対象とした研究で，評価が予期される状況では，他の生徒の平均点と遂行成績を比較する集団準拠評価条件において内発的動機づけ（課題の楽しさ）が低下することを示した。但し，相対評価が学習全般にネガティブな効果しかもたらさないと断言することはできない。集団内での位置づけを知ることに基づく客観的な自己認識の形成といった効果なども認められる（村山，2011）。また，他者との社会的比較が学業成績の向上に及ぼす影響について扱った研究として，コンピテンス認知（有能感）が高い生徒に社会的比較のプラスの効果がみられるという交互作用を明らかにした外山（2006），外山（2007）がある。

43　この「学習内容に焦点化した評価基準の活用」と「学習プロセスの可視化」は，コンピテンスへの欲求の充足を促す環境の特徴とされた「構造」の提供（5章2-3）を具体化したアプローチとして位置づけることも可能である。なお，鈴木（2011）は，ルーブリックの提示を通して評価基準と評価目的を伝えることの効果について中学2年生の数学の学習を対象に検討し，ルーブリックの提示が信念（学習観：「テストは自分の理解状態を把握し学習改善に活かすものである」といった改善テスト観）を促進し，内発的動機づけを高め，成績を改善する可能性を示唆した。なお，テストの形式について検討した村山（2003b）は中学2年生の社会科の学習を対象として実験的に検討を行い，空所補充型テストが表面的アプローチを記述式テストが洞察的アプローチをそれぞれ促進することや，マスタリー目標や方略志向の学習観を持つ生徒の場合，テスト形式の差がなくなる可能性などを示した。

44　例えば，Radel, Sarrazin, Legrain, & Wild（2010）は，教師の内発的動機づけが生徒に社会的に伝染するという現象が連鎖することを高校生の体育を対象とした教育場面で示している。

45　学校文化について動機づけの観点から論じた Maehr & Midgley（1996）によれば，文化とは「心」の問題，すなわち，思考，認知，信念であり，スタイルや好み，課題（知識やテクノロジーなど），社会的な組織化（グルーピング，役割など），シンボルや人工物（目的や存在意義の象徴，儀式など），存在意義（行為とその理由の価値）といった問いに対する成員によってシェアされた「一連の答え」であるという。

46　「居場所」とは日常用語であり，必ずしも学問的に定義されているわけではないが，物理的，空間的な意味だけではなく心理的な意味がそれらと不可分に含まれている言葉だといえるだろう。心理的な観点からは，居場所には当人の自己存在感や，精神的な安心，他者からの受容といった要素が含まれるとされ，「いつも生活している中で，特にいたいと感じる場所」と定義する先行研究（杉本・庄司，2006）もある。子どもたちにとって，教室や学校を居場所と感じているかは，安全の欲求，所属と愛情の欲求（4章2-2）といった基本的欲求を満たすか否かを規定し，学習意欲の環境的な基盤を保障する環境要因として重要である。また，教師たちにとっても学校や教室は職場であると同時に生活の場でもある。教師たちの基本的な欲求が満たされることも，子どもたちとともに過ごす「居場所」としての教室を居心地のよいものにするであろうし，彼らの教育実践の質にそれが反映されることを通じて子どもたちの学習意欲を規定するであろうことは想像に難くない。なお，教室の居心地に関連して，Reyes, Brackett, Rivers, White, & Salovey（2012）は，教師が子どもたちとの関わりの中で創り出す教室の感情風土（classroom emotional climate）に注目し，あたたかい，相手を尊重した，支援的な関係が児童のエンゲージメントや学業成績を促進することを示した。

47 教室で体験される感情に関連して，Seligman, M. E. P. らは，ポジティブ心理学を背景にウェルビーイング（well-being）と学習の相乗効果によって，achievement とウェルビーイングの両方の実現を目指す positive education を提唱し，それに基づく実践を報告している（Seligman, Ernst, Gillham, Reivich, & Linkins, 2009）。そこでは，ポジティブ感情（happiness, enjoyment など）が重視され，ウェルビーイングの重要な構成要素として位置づけられている。

48 感情伝染は，感情の共感的な意識下での理解過程のみによって生じるというよりも，表情，動作，言語表現などが自動的に模倣されるといったよりミクロな非意識的コミュニケーションプロセスに基づく現象であることが明らかにされている（Hatfield, Cacioppo, & Rapson, 1993）。また，感情伝染には個人差があると考えられており，その測定尺度が開発されている（Doherty, 1997; 木村・余語・大坊，2007）。

49 心理的欲求の充足に関して，Marchand & Skinner（2007）は，学業的援助要請について小学3年生から6年生までの子どもたちを対象に自己決定理論に基づいた縦断的調査を行い，子どもの心理的欲求を満たす方向に向けた教師のサポートが実際の欲求充足を媒介として学業的援助要請を促すことなどを明らかにしている。

50 Reeve, Jang, Carrell, Jeon, & Barch（2004）は，高校教師に対する自律性サポートに関する研修が実際の教室における教師の自律性サポートと生徒のエンゲージメントに対して効果的であることを示している。教師などの大人が持つ「自律性サポート―行動制御」の態度を測定する尺度（Deci, Schwartz, Sheinman, & Ryan, 1981）を用いて，Reeve, Bolt, & Cai（1999），鹿毛・上淵・大家（1997）は自律性をサポートする教師の行動上の特徴を明らかにしている。なお，Pierro, Presaghi, Higgins, & Kruglanski（2009）は，個人差変数として自己調整モード（目標や手段のような実体や状態を評価することに関心を向ける assessment と状態から状態への移行に関心を向ける locomotion）を取り上げ，教師の自律性サポートが教師の locomotion と関連していること，locomotion の高い生徒が自律性サポートの高い学習環境に特に高い満足度を示すという ATI（適性処遇相互作用：並木，1997）がみられることなどを示した。自律性サポートに関連する研究領域として，学級などの集団を運営する上での教師のリーダーシップの質とその影響について検討した一連の研究が挙げられる。その古典的な研究である Lewin, Lippit, & White（1939）は，民主型，専制型，放任型という教師の指導行動の違いが異なる社会風土（集団の雰囲気）を形成し，民主型リーダーシップが良好な人間関係をもたらすのに対して，専制型リーダーシップがリーダーに対する依存を促すとともに自由な会話を抑制し，攻撃行動などを誘発することなどを示した。合理的理由を伝えることの効果については，Jang（2008）が，大学生を対象として興味を抱きにくい課題を用いた実験を行い，学習するための合理的理由を伝えることが自律性や重要性の知覚，興味，行動的エンゲージメントを促進し，学業達成を高めることを示している。

51 関係性サポートに関連して，Wentzel（1997）は，6年生から8年生の子どもたちを対象に縦断的調査を行い，教師からのケア（caring）の知覚が，学業に対する努力や社会的目標（向社会的目標，社会的責任目標：2章2-3）の追求と関連していることを明らかにしている。また，Patrick, Ryan, & Kaplan（2007）は，小学生を対象に調査を行い，クラスメイトからの学業的なサポートに加え，教師による情緒的サポートとクラスメイトとの相互交流を促す働きかけが，マスタリー目標や学業への自己効力を促進し，自己調整学習方略，課題関連相互作用，さらに

は学業達成にポジティブな効果をもたらすことを示唆している。

52　友人関係と動機づけの関連については，以下の知見がある。親しい友人が学業に価値を見出している場合，当人がマスタリー目標を持ちやすくなるというように，社会的環境としての友人の動機づけのあり方が当人の動機づけの質に影響を及ぼすことが明らかになっている (Nelson & DeBacker, 2008 など)。Wentzel, Barry, & Caldwell (2004) は，互恵的な友人関係が動機づけや学校への適応に及ぼす肯定的な影響について，6年生から8年生を対象とした縦断的調査によって明らかにしている。岡田 (2008a) は中学生を対象に調査を行い，友人関係に対して自律的であると援助要請や相互学習が促され，相互学習は友人充実感と学習充実感の両方に正の影響があることなどを示した。外山 (2004) は，中学生の学業成績と学業コンピテンスの関係に及ぼす友人の影響について社会的比較の観点から検討し，親密度の高い友人の学業成績が低いときに成績とコンピテンスの関係が強いことなどを明らかにした。なお，友人関係と動機づけの関係については，岡田 (2008b) が先行研究のレビューを行い，「親密な友人関係の形成・維持過程の動機づけモデル」を提案している。

53　Scheffler (1960) は，「教える」という概念には，試行を意味する「意図的用法」（何を教えようとしたか）と，結果的としての学習の成立を伴う「成功用法」（何を教えるのに成功したか）の二つがあると指摘している。教えることが本質的に困難な理由は，現実場面においてこの二つが同時に成立するとは限らないという点，すなわち，教えようと努力しても，必ずしも教えることに成功するわけではないという点に見出せるのではないか。

54　このような悪循環に関連して，河村・鈴木・岩井 (2004) は中学校教員に調査を行い，生徒の行為に対する教師の「不快感」が生徒に変容を促すような「介入」と強い関連があることを示している。

55　動機づけ方略の例は以下の通りである（「　」内が方略，（　）内が動機づけ要因）。①については「共感的な気持ちで生徒に耳を傾ける」（教師に対する態度），「学習課題に対する初期体験をできるだけ肯定的なものとする」（教科や状況に対する態度）など，②については Maslow, A. H. の欲求階層説（4章2-2）に対応して「生徒が所属するグループで活躍できるように義務や責任を分担できるように工夫する」（所属と愛情の欲求），「才能や成果をみんなの前で示したり認め合うような活動を計画する」（自尊の欲求）など，③については「可能なときには生徒に学習活動のペース，選択，変更を任せる」（多様化），「知識に関する発問を少なくし，理解，応用，分析，統合，評価に関する発問を選択的に増やす」（発問）など，④については「生徒の感情表出を認めて受容する」（フィーリング），「コンセンサスに基づいてグループの決定をする」（雰囲気）など，⑤については「学習の熟達について一貫したフィードバックを提供する」（進歩と熟達の気づき），「自己評定のためのチェックリストを利用させる」（責任性）など，⑥については「伝統的な成績だけを唯一のフィードバックの形式として用いない」（成績）などが挙げられている。

56　Dörnyei (2001) は「外国語学習」の動機づけモデルとして提案していることに留意されたい。ただし，その提案内容は外国語学習にとどまらず，他の教科・領域での学習にも適用可能だと考えられる。また，外国語学習という観点から動機づけ理論をまとめた論考として，廣森 (2010) がある。なお，Dörnyei (2001) は図5-6に示された四つのプロセスのそれぞれに対応したより具体的な35の方略を構造的に提示し，チェックリスト化している。これは教育者

に対して完璧に求められる基準というよりも，他者の意欲を高めようとする者としての必要十分な"good enough motivator"としての質的基準として提案されたものであり，教師が自分の実践を振り返る際の参考になる。

57　足場がけとは，大人が子ども一人ではできないことを手助けしながら，子どもの行動や発達を社会的に有用な方向へと導いていく過程で，大人が必要な足場を固めてやるという意味（佐藤，2002）で，子どもの目標となる行動を達成するために大人が指示したり質問したり様々なプロンプトを与えるなどの援助をすること（藤野，2010）を指す。Meyer & Turner（2007）によれば，教授学習過程における足場がけとは以下の二つの相互に関連する目標，すなわち，①必要不可欠な時のみサポートすること，②共同責任の局面から生徒の自己責任の局面へと移行することを達成するための教師による一時的なサポートだと位置づけられる。

58　言語的なコミュニケーションプロセスを検討する際，言語が「情報的内包」（その語が表している概念）と「感化的内包」（聞き手の感情に影響を及ぼす要因）という二つの性質を持ちあわせているという点を確認することは重要であろう（藤澤，2011）。例えば，同じ「感謝」という情報的内包であっても「ありがとう」の言い方（表情やイントネーションなど）によって，相手の感情に及ぼす効果が全く異なってくるのである。

59　名取（2007）は，少年サッカー競技者への指導者の言葉がけが動機づけに及ぼす影響について調査し，言葉がけに対して教授的理由（「良い／悪いプレーだと教えたかったから」など）と受け止められると安堵感情（「暖かい」「やさしい」など）が高まり，動機づけを促進する可能性などが示された。

60　ほめ言葉（praise）の包括的でわれわれの常識とも一致する定義として以下のものが挙げられる（Henderlong & Lepper, 2002）。「評価者が妥当だと考える基準に基づいて行う他者の製作物，パフォーマンス，性質に対するポジティブな評価」(Kanouse, Gumpert, & Canavan-Gumpert, 1981）。

61　賞賛の問題点を論じたKohn, A. は，評価に対するプレッシャーや他者に認めてもらいたいという依存心を高めるといったほめることの弊害を小さくするための具体的な方法として以下の四つを挙げている（Kohn, 1993）。①人間をほめずに行為だけを褒めよ，②できるだけ特定したほめ方をせよ，③まやかしのほめ方を避けよ，④競争をあおるようなほめ方を避けよ。関連する実証研究として，例えば，Mueller & Dweck（1998）は，子どもの知的な能力（intelligence）をほめることによって，知能実体論（2章2-3）や自己価値の随伴性（4章5-2）が社会的に促され，失敗後の動機づけやパフォーマンスが低下する可能性があることを示している。ほめ言葉に関する本邦の研究として，例えば青木（2005）は，就学前後の子どもを対象として「ほめられたエピソード」について調査し分類した結果，お手伝い場面で就学前児は賞賛の「ほめ」（すごい・上手），小学1年生は愛情・感情の「ほめ」を多く報告したという。重ねて，お手伝い場面を設定し実験したところ，上記の報告に対応して，就学前児では賞賛，小学1年生では愛情・感情のそれぞれのほめ言葉が動機づけ（お手伝いの作業量）を高めた。また，青木（2009）は，小学1年生を対象に調査を行い，教師からほめられる際の感情が，一対一の状況とクラスメイトがいる状況とで異なるかについて検討し，その個人差や状況ごとにうれしさを感じる理由が異なることなどが示された。

62　測定の観点から教師効力とは何かという点が，なお課題となっている。Tschannen-

Moran, Woolfolk Hoy, & Hoy（1998）は，教師効力の概念について，主に測定論的な観点からその意味について整理し，例えば，内的／外的要因，あるいは個人的／一般的要因として理解されてきた経緯の理論的混乱などを指摘しつつ，教師効力研究の到達点と課題を明らかにするとともに，教師効力を規定する認知的なプロセスモデルなどを提案している。Tschannen-Moran & Woolfolk Hoy（2001）は，教授に対する自己効力，運営に対する自己効力，エンゲージメントに対する自己効力の三因子を見出している。Skaalvik & Skaalvik（2007）は小中学校の教師に調査を行い，教師の仕事の領域に応じた自己効力の六側面（教授，個に応じた指導，動機づけ，しつけ，同僚・保護者との協同，変化への対処）を見出している。Wolters & Daugherty（2007）は，上記の三因子がパフォーマンス目標構造よりもマスタリー目標構造の特徴を持つ実践を説明することを示した。なお，Klassen & Chiu（2010）は，小中高の教師を対象に大規模な調査を行い，教師経験やストレスが教師効力を媒介として仕事の満足感に及ぼす影響について検討している。また，教師集団のメンバー間の相互作用のダイナミズムによって生じる「教師集団効力」（collective teacher efficacy）も注目を集めている。これは Bandura（1997）のいう集団効力（collective efficacy：社会システム全体としての遂行能力に関する当該集団成員間でシェアされている知覚）を教師集団に適用した考え方であり，教師集団効力は，マスタリー体験，他者の経験を自分のものとして感じる体験（vicarious experience），社会的説得，感情状態を通して組織として学習されていくのだという。教師集団効力の測定尺度が Goddard, Hoy, & Hoy（2000）によって開発され，それが生徒の学業達成を予測することが示された。項目例は以下の通り。「本校の教師たちは子どもたちの学習意欲を高めることに自信を持っている」「本校の教師たちはすべての子どもが学ぶことができると信じている」「本校教師は子どもたちが有意義な学習をするために必要なスキルを身につけていない（反転項目）」。なお，学校組織としての教師の協同，学校の組織力などに関する心理学的アプローチについては，淵上（2005）に詳しい。

63　他にも教師が「やらされている」と感じると学習者に「やらせる」という現象が見出されている。例えば，Flink, Boggiano, & Barrett（1990）は学習者の達成（テスト得点など）に対する責任を強調するような教示によって小学校教師にプレッシャーを与えると，制御的な教え方になり学習者の学習成果も低下する可能性を示唆している。なお，教師の心理的欲求（基本的欲求理論：4章2-4）の充足について検討した Klassen, Perry, & Franzel（2012）は，教師自身に対する自律性サポートの認知が同僚や生徒・児童との関係性や仕事に対するエンゲージメントを規定することなどを示した。

64　協働学習授業における高校教師の感情体験についてグラウンデッド・セオリー・アプローチによって検討を行った木村（2010a）は，生徒の学習への没頭や生徒間の交流によって快感情（喜び，楽しさなど）が起こって教師の動機づけが高まり，ひいては実践の改善につながることや，生徒の学習意欲の低下などによって不快感情（いらだち，不安など）が生起し身体的消耗などが引き起こされる一方，苦しさや悔しさといった教師としての自分に関連する感情が授業の省察に結びつき実践の改善に寄与する可能性を示した。とりわけ，木村（2010b）は，教師のフロー体験に焦点を当て，教師が授業の挑戦水準と自分の能力水準を高く評価する授業で喜びや楽しさを体験し，認知能力，活動性，統制感などが高まることなどを高校教師を対象とした調査によって明らかにしている。

引用文献

A

Aarts, H., Gollwitzer, P. M., & Hassin, R. R. 2004 Goal contagion: Perceiving is for pursuing. *Journal of Personality and Social Psychology*, **87**, 23-37.

Abramson, L. V., Metalsky, G. I., & Alloy, L. B. 1989 Hopelessness depression: A theory-based subtype of depression. *Psychological Review*, **96**, 358-372.

Abramson, L. Y., Seligman, M. E. P., and Teasdale, J. D. 1978 Learned helplessness in humans: Critique and reformulation. *Journal of Abnormal Psychology*, **87**, 49-74.

Ahmed, W., Werf, G., Minnaert, A., & Kuyper, H. 2010 Students' daily emotions in the classroom: Intra-individual variability and appraisal correlates. *British Journal of Educational Psychology*, **80**, 583-597.

Ajzen, I. 2005 *Attitudes, personality and behavior*. Berkshine, UK: Open University Press.

秋田喜代美　1991　物語の詳しさがおもしろさに及ぼす効果　教育心理学研究, **39**, 133-142.

秋田喜代美　1997　子どもへのまなざしをめぐって―教師論　鹿毛雅治・奈須正裕（編著）学ぶこと教えること―学校教育の心理学（pp. 51-73）　金子書房

Alberracin, D., Johnson, B. T., & Zanna, M. P. 2005 *The handbook of attitudes*. Mahwah, NJ: Lawrence Erlbaum Associates.

Alderfer, C. P. 1969 An empirical test of a new theory of human needs. *Organizational Behavior and Human Performance*, **4**, 142-175.

Allport, F. H. 1937 Teleonomic description in the study of personality. *Character and Personality*, **5**, 202-214.

Allport, G. W. 1935 Attitudes. In C. Murchison (Ed.) *Handbook of Social Psychology* (pp. 798-844). Worcester, MA : Clark University Press.

Allport, G. W. 1937a The functional autonomy of motives. *American Journal of Psychology*, **50**, 141-156.

Allport, G. W. 1937b *Personality: A psychological interpretation*. New York, NY: Holt, Rinehart & Winston.

Amabile, T. M. 1996 *Creativity in context*. Boulder, CO: Westview.

Ames, C. 1981 Competitive versus cooperative reward structures: The influence of individual and group performance factors on achievement attributions and affect. *American Educational Research Journal*, **18**, 273-287.

Ames, C. 1984a Competitive, cooperative, and individualistic goal structures: A cognitive motivational analysis. In R. Ames & C. Ames (Eds.) *Research on motivation in education (Vol. 1): Student motivation* (pp. 177-207). New York, NY: Academic Press.

Ames, C. 1984b Achievement attributions and self-instructions under competitive and

引用文献

individualistic goal structures. *Journal of Educational Psychology*, **76**, 478-487.

Ames, C. 1992 Classrooms: Goals, structures, and student motivation. *Journal of Educational Psychology*, **84**, 261-271.

Ames, C., & Ames, R. 1984 Systems of student and teacher motivation: Toward a qualitative definition. *Journal of Educational Psychology*, **76**, 535-556.

Ames, C., Ames, R., & Felker, D. 1977 Effects of competitive reward structure and valence of outcome on children's achievement attributions. *Journal of Educational Psychology*, **69**, 1-8.

Ames , C., & Archer, J. 1988 Achievement goals in the classroom: Students' learning strategies and motivation processes. *Journal of Educational Psychology*, **80**, 260-267.

Ames, C., & Felker, D. 1979 An examination of children's attributions and achievement-related evaluations in competitive, cooperative, and individualistic reward structures. *Journal of Educational Psychology*, **71**, 413-420.

Anderman, E. M., & Dowson, H. 2011 Learning with motivation. In R. E. Mayer & P. A. Alexander (Eds.) *Handbook of research on learning and instruction* (pp. 219-241). New York, NY: Routledge.

Anderson, L. M. 1989 Implementing instructional programs to promote meaningful, self-regulated learning. In J. E. Brophy (Ed.) *Advances in research on teaching (Vol. 1)* (pp. 311-345). New York, NY: JAI Press.

安藤史高・布施光代・小平英志　2008　授業に対する動機づけが児童の積極的授業参加行動に及ぼす影響―自己決定理論に基づいて―　教育心理学研究, **56**, 160-170.

安藤寿康　2000　心はどのように遺伝するか　講談社

安藤清志　1990　「自己の姿の表出」の段階　中村陽吉（編）「自己過程」の社会心理学（pp. 143-198）　東京大学出版会

安西祐一郎　2011　心と脳―認知科学入門　岩波新書

青木直子　2005　就学前後の子どもの「ほめ」の好みが動機づけに与える影響　発達心理学研究, **16**, 237-246.

青木直子　2009　小学校1年生のほめられることによる感情反応：教師と一対一の場合とクラスメイトがいる場合の比較　発達心理学研究, **20**, 155-164.

APA Task Force on Psychology in Education. 1993 *Learner-centered psychological principles: Guidelines for school redesign and reform*. Washington, DC: American Psychological Association and Mid-Continent Regional Educational Laboratory.

APA Board of Educational Affairs. 1997 *Learner-centered psychological principles: A framework for school reform and redesign* [On-line]. Available: http://www. apa.org/ed/governance/bea/learner-centered.pdf

APA 2007 *APA dictionary of psychology* (edited by G. R. VandenBos). Washington, DC: American Psychological Association.

Apter, M. J. 1989 *Reversal theory: Motivation, emotion and personality*. New York, NY: Routledge.

Apter, M. J. 2001 *Motivational styles in everyday life: A guide to reversal theory*. Washington, DC: American Psychological Association.

Arens, A. K., Yeung, A. S., Craven, R. G., & Hasselhorn, M. 2011 The twofold multidimensionality of academic self-concept: Domain specificity and separation between competence and affect components. *Journal of Educational Psychology*, **103**, 970-981.

Arkes, H. R. & Garske, J. P. 1982 *Psychological theories of motivation*. Monterey, CA: Brooks/Cole.

Arnold, M. B. 1960 *Emotion and personality (Vols. 1 & 2)*. New York: Columbia University Press.

浅川希洋志 2003 フロー経験と日常生活における充実感 今村浩明・浅川希洋志（編）フロー理論の展開（pp. 177-212） 世界思想社

Asakawa, K. 2004 Flow experience and autotelic personality in Japanese college students: How do they experience challenges in daily life? *Journal of Happiness Studies*, **5**, 123-154.

浅川希洋志・静岡大学教育学部附属浜松中学校 2011 フロー理論にもとづく「学びひたる」授業の創造—充実感をともなう楽しさと最適発達への挑戦— 学文社

浅野志津子 2002 学習動機が生涯学習参加に及ぼす影響とその過程—放送大学学生と一般大学学生を対象とした調査から— 教育心理学研究, **50**, 141-151.

Ashcraft, M. H. 2002 Math anxiety: Personal, educational, and cognitive consequences. *Current Directions in Psychological Science*, **11**, 181-185.

麻生武 2010 遊びと学び 佐伯胖（監修）「学び」の認知科学事典（pp. 128-145） 大修館書店

Astleitner, H. 2000 Designing Emotionally Sound Instruction: The FEASP-Approach. *Instructional Science*, **28**, 169-198.

Atkinson, J. W. 1957 Motivational determinants of risk-taking behavior. *Psychological Review*, **64**, 359-372.

Atkinson, J. W. 1964 *An introduction to motivation*. Princeton, NJ: Van Nostrand.

Atkinson, J. W. 1974 Strength of motivation and efficiency of performance. In J. W. Atkinson & J. O. Raynor (Eds.) *Motivation and achievement* (pp. 193-218). Washington, DC: V. H. Winston & Sons.

Austin, J. T., & Vancouver, J. B. 1996 Goal constructs in psychology: Structure, process, and content. *Psychological Bulletin*, **120**, 338-375.

B

馬場園陽一 1991 学習意欲 三宅和夫・北尾倫彦・小嶋秀夫（編）教育心理学小辞典（p. 37） 有斐閣

Bakker, A. B. 2005 Flow among music teachers and their students: The crossover of peak experiences. *Journal of Vocational Behavior*, **66**, 26-44.

Banaji, M. R., & Prentice, D. A. 1994 The self in social contexts. *Annual Review of Psychology*, **45**, 297-332.

Bandura, A. 1974 Behavior theory and the models of man. *American Psychologist*, **29**, 859-869.

Bandura, A. 1977 Self-efficacy: Toward a unifying theory of behavioral change. *Psychological*

Review, **84**, 191-215.

Bandura, A. 1986 *Social foundations of thought and action: A social cognitive theory*. Englewood Cliffs, NJ: Prentice-Hall.

Bandura, A. 1990 Conclusion: Reflections on nonability determinants of competence. In R. J. Sternberg & J. Kolligian Jr. (Eds.) *Competence Considered* (pp. 315-362). New Haven, CT: Yale University Press.

Bandura, A. 1997 *Self-efficacy: The exercise of control*. New York, NY: Freeman.

Bandura, A., & Schunk, D. H. 1981 Cultivating competence, self-efficacy, and intrinsic interest through proximal self-motivation. *Journal of Personality and Social Psychology*, **41**, 586-598.

Bargh, J. A. 1990 Auto-motives: Preconscious determinants of social interaction. In E. T. Higgins & R. M. Sorrentino (Eds.) *Handbook of motivation and cognition (Vol.2)* (pp. 93-130). New York, NY: Guilford.

Bargh, J. A. 1994 The four horsemen of automaticity: Awareness, intention, efficiency, and control in social cognition. In R. S. Wyer, Jr. & T. K. Srull (Eds.) *Handbook of social cognition (2nd Ed.)* (pp. 1-40). Hillsdale, NJ: Lawrence Erlbaum Associates.

Bargh, J. A. (Ed.) 2007 *Social psychology and the unconscious: The automaticity of higher mental processes*. New York, NY: Psychology Press.

Bargh, J. A., & Chartrand, T. L. 1999 The unbearable automaticity of being. *American Psychologist*, **54**, 462-479.

Bates, J. A. 1979 Extrinsic reward and intrinsic motivation: A review with implication for the classroom. *Review of Educational Research*, **49**, 557-576.

Baumeister, R. F., & Leary, M. R. 1995 The need to belong: Desire for interpersonal attachments as a fundamental human motivation. *Psychological Bulletin*, **117**, 497-529.

Baumeister, R. F., Schmeichel, B. J., & Vohs, K. D. 2007 Self-regulation and the executive function: The self as controlling agent. In A. W. Kruglanski & E. T. Higgins (Eds.) *Social Psychology: Handbook of basic principles (2nd Ed.)* (pp. 516-539). New York, NY: Guilford.

Beck, R. C. 2004 *Motivation: Theory and principles (5th Ed.)*. Upper Saddle River, NJ: Pearson Education.

Beckmann, J., & Heckhausen, H. 2008 Motivation as a function of expectancy and incentive. In J. Heckehausen & H. Heckhauen (Eds.) *Motivation and action* (pp. 99-136). New York, NY: Cambridge University Press.

Berlyne, D. E. 1960 *Conflict, arousal, and curiosity*. New York, NY: McGrow-Hill.

Berlyne, D. E. 1963 Motivational problems raised by exploratory and epistemic behavior. In S. Koch (Ed.) *Psychology: A study of science (Vol.5)* (pp. 284-364). New York, NY: McGraw-Hill.

Berlyne, D. E. 1965 *Structure and direction in thinking*. New York, NY: John Wiley & Sons.

Berlyne, D. E. 1971 What next? Concluding summary. In H. I. Day, D. E. Berlyne & D. E. Hunt (Eds.) *Intrinsic motivation: A new direction in education* (pp. 186-196). Toronto, CA: Holt, Rinehart, & Winston of Canada.

Biernat, M. 1989 Motives and values to achieve: Different constructs with different effects.

Journal of Personality, **57**, 69-95.
Biggs, J. B. 1978 Individual and group differences in study processes. *British Journal of Educational Psychology*, **48**, 266-279.
Blackwell, L. S., Trzesniewski, K. H., & Dweck, C. S. 2007 Implisit theories of intelligence predict achievement across an adolescent transition: A longitudinal study and an intervention. *Child Development*, **78**, 246-263.
Blumenfeld, P. C., Kempler, T. M., & Krajcik, J. S. 2006 Motivation and cognitive engagement in learning environments. In R. K. Sawyer (Ed.) *The Cambridge handbook of the learning sciences* (pp. 475-488). New York, NY: Cambridge University Press.
Boekaerts, M. 2009 Goal directed behavior in the classroom. In K. Wentzel & A. Wigfield (Eds.) *Handbook on Motivation at School* (pp.105-121). New York , NY: Routledge.
Boekaerts, M., De Koning, E., & Vedder, P. 2006 Goal directed behavior and contextual factors in the classroom: An innovative approach to the study of multiple goals. *Educational Psychologist*, **41**, 33-51.
Boiché, J. C. S., Sarrazin, P. G., Grouzet, F. M. E., Pelletier, L. G., & Chanal, J. P. 2008 Students' motivational profiles and achievement outcomes in physical education: A self-determination perspective. *Journal of Educational Psychology*, **100**, 688-701.
Bracken, B. A. (Ed.) 1996 *Handbook of self-concept: Developmental, social, and clinical considerations*. New York, NY: John Wiley and Sons.（ブルース・A・ブラッケン（編） 梶田叡一・浅田匡（監訳） 2009　自己概念研究ハンドブック──発達心理学，社会心理学，臨床心理学からのアプローチ　金子書房）
Branson, M. B. 2000 *Self-regulation in early childhood*. New York, NY: Guilford.
Breckler, S. J., & Greenwald, A. G. 1986 Motivational facets of the self. In R. M. Sorrentino & E. T. Higgins (Eds.) *Handbook of motivation and cognition: Foundations of social behavior* (pp. 145-164). New York, NY: Guilford.
Bronfenbrenner, U., & Morris, P. A. 1998 The ecology of developmental processes. In W. Damon (Series Ed.) & R. M. Lerner (Vol. Ed.), *Handbook of child psychology (Vol.1): Theoretical models of human development (5th Ed.)* (pp. 993-1028). New York, NY: Wiley.
Brophy, J. 1983 Research on the self-fulfilling prophecy and teacher expectations. *Journal of Educational Psychology*, **75**, 631-661.
Brophy, J. 1998 *Motivating students to learn*. Boston, MA: McGraw Hill.
Brophy, J. 1999a Research on motivation in education: Past, present, and future. In T. Urdan (Ed.) *Advances in Motivation and Achievement (Vol. 11): The role of context* (pp. 1-44). Stamford, CT: JAI Press.
Brophy, J. 1999b Toward a model of the value aspects of motivation in education: Developing appreciation for particular learning domains and activities. *Educational Psychologist*, **34**, 75-86.
Brophy, J. 2004 *Motivating students to learn (2nd Ed.)*. Mahwah, NJ: Lawrence Erlbaum.
Brophy, J., & Good, T. L. 1986 Teacher behavior and student achievement. In M. C. Wittrock

(Ed.), *Handbook of research on teaching (3rd Ed.)* (pp. 328-375). New York, NY: Macmillan.

Brown, J. D. 1998 *The self*. Boston, MA: McGraw Hill.

Brown, K. W., & Ryan, R. M. 2003 The benefits of being present: Mindfulness and its role in psychological well-being. *Journal of Personality and Social Psychology*, **84**, 822-848.

Brunner, M., Keller, U., Dierendonck, C., Reichert, M., Ugen, S., Fischbach, A., & Martin, R. 2010 The structure of academic self-concepts revisited: The nested Marsh/Shavelson model. *Journal of Educational Psychology*, **102**, 964-981.

Brunstein, J. C., & Heckhausen, H. 2008 Achievement motivation. In J. Heckehausen & H. Heckhauen (Eds.) *Motivation and action* (pp. 137-183). New York, NY: Cambridge University Press.

Brunstein, J. C., & Maier, G. W. 2005 Implicit and self-attributed motives to achieve: Two separate but interacting needs. *Journal of Personality and Social Psychology*, **89**, 205-222.

Buchanan, G. M., & Seligman, M. E. P. (Eds.) 1995 *Explanatory style*. Hillsdale, NJ: Erlbaum.

Butler, R. A. 1953 Discrimination learning by rhesus monkeys to visual exploration motivation. *Journal of Comparative and Physiological Psychology*, **46**, 95-98.

Butler, R. 1987 Task-involving and ego-involving properties of evaluation: Effects of different feedback conditions on motivational perceptions, interest, and performance. *Journal of Educational Psychology*, **79**, 474-482.

Butler, R. 1989 Interest in the task and interest in peers' work in competitive and noncompetitive conditions: A developmental study. *Child Development*, **60**, 562-570.

Butler, R. 2007 Teachers' achievement goal orientations and associations with teachers' help seeking: Examination of novel approach to teacher motivation. *Journal of Educational Psychology*, **99**, 241-252.

Butler, R., & Nisan, M. 1986 Effects of no feedback, task-related comments, and grades on intrinsic motivation and performance. *Journal of Educational Psychology*, **78**, 210-216.

Butler, R., & Shibaz, L. 2008 Achievement goals for teaching as predictors of students' perceptions of instructional practices and students' help seeking and cheating. *Learning and Instruction*, **18**, 453-467.

C

Cacioppo, J. T., & Petty, R. E. 1982 The need for cognition. *Journal of Personality and Social Psychology*, **42**, 116-131.

Calder, B. J., & Staw, B. M. 1975 Self-perception of intrinsic and extrinsic motivation. *Journal of Personality and Social Psychology*, **31**, 599-605.

Cameron, J., Banko, K. M., & Pierce, W. D. 2001 Pervasive negative effects of rewards on intrinsic motivation: The myth continues. *The Behavior Analyst*, **24**, 1-44.

Cameron, J., & Pierce, W. D. 1994 Reinforcement, reward, and intrinsic motivation: A meta-analysis. *Review of Educational Research*, **64**, 363-423.

Cameron, J., & Pierce, W. D. 1996 The debate about rewards and intrinsic motivation: Protests and accusations do not alter the results. *Review of Educational Research*, **66**, 39-51.

Cameron, J., & Pierce, W. D. 2002 *Rewards and intrinsic motivation: Resolving the controversy*. Westport, CT: Bergin & Garvey.

Cameron, J., Pierce, W. D., Banko, K. M., & Gear, A. 2005 Achievement-based reward and intrinsic motivation: A test of cognitive mediators. *Journal of Educational Psychology*, **97**, 641-655.

Cantor, N., Markus, H., Niedenthal, P., & Nurius, P. 1986 On motivation and the self-concept. In R. M. Sorrentino & E. T. Higgins (Eds.) *Handbook of motivation and cognition: Foundations of social behavior* (pp. 96-121). New York, NY: Guilford.

Carver, C. S. 2003 Pleasure as a sign you can attend to something else: Placing positive feelings within a general model of affect. *Cognition and Emotion*, **17**, 241-261.

Carver, C. S., & Scheier, M. F. 1998 *On the Self-Regulation of Behavior*. Cambridge, UK: Cambridge University Press.

Carver, C. S., & Scheier, M. F. 2005 Optimism. In C. R. Snyder & S. J. Lopez (Eds.) *Handbook of positive psychology* (pp. 231-243). New York, NY: Oxford Press.

Carver, C. S., & Scheier, M. F. 2008 *Perspectives on personality (6th Ed.)*. Boston, MA: Allyn and Bacon.

Castaneda, A. D. S., & Mccandless, B. R. 1956 Complex learning and performance as a function of anxiety in children and task difficulty. *Child Development*, **27**, 327-332.

Chaiken, S., & Trope, Y. (Eds.) 1999 *Dual-process theories in social psychology*. New York, NY: Guilford Press.

Chapman, M., Skinner, E. A., & Baltes, P. B. 1990 Interpreting correlations between children's perceived control and cognitive performance: Control, agency, or means-ends beliefs? *Developmental Psychology*, **26**, 246-253.

Chartrand, T. L., & Bargh, J. A. 1999 The chameleon effect: The perception-behavior link and social interaction. *Journal of Personality and Social Psychology*, **76**, 893-910.

Chen, A., Darst, P. W., & Pangrazi, R. P. 2001 An examination of situational interest and its sources. *British Journal of Educational Psychology*, **71**, 383-400.

Cizek, G. J., & Burg, S. S. 2006 *Addressing test anxiety in a high-stakes environment*. Thousand Oaks, CA: Corwin Press.

Cloninger, C. R., Svrakic, D. M., & Przybeck, T. R. 1993 A psychobiological model of temperament and character. *Archives of General Psychiatry*, **50**, 975-990.

Cohen, A. R., Stotland, E., & Wolfe, D. M. 1955 An experimental investigation of need for cognition. *Journal of Abnormal and Social Psychology*, **51**, 291-294.

Conley, A. M. 2012 Patterns of motivation beliefs: Combining achievement goal and expectancy-value perspectives. *Journal of Educational Psychology*, **104**, 32-47.

Connell, J. P., & Wellborn, J. G. 1991 Competence, autonomy, and relatedness: A motivational analysis of self-system processes. In M. R. Gunner & L. A. Sroufe (Eds.) *Self processes in development: Minnesota Symposium on Child Psychology (Vol.23)* (pp. 43-77). Hillsdale, NJ: Lawrence Erlbaum Associates.

Cordova, D. I., & Lepper, M. R. 1996 Intrinsic motivation and the process of learning: Beneficial effects of contextualization, personalization, and choice. *Journal of Educational Psychology*, **88**, 715-730.

Corno, L. 1993 The best-laid plans: Modern conceptions of volition and educational research. *Educational Psychologist*, **22**, 14-22.

Corno, L. 2001 Volitional aspects of self-regulated learning. In B. J. Zimmerman & D. H. Schunk (Eds.) *Self-regulated learning and academic achievement (2nd Ed.)* (pp. 191-225). Mahwah, NJ: Lawrence Erlbaum Associates.

Covington, M. V. 1984 The motive for self-worth. In R. Ames & C. Ames (Eds.), *Research on motivation in education (Vol. 1): Student motivation* (pp. 77-113). San Diego, CA: Academic Press.

Covington, M. V. 1992 *Making the grade: A self-worth perspective on motivation and school reform.* New York, NY: Cambridge University Press.

Covington, M. V. 1998 *The will to learn: A guide for motivating young people.* Cambridge, UK: Cambridge University Press.

Covington, M. V. 2009 Self-worth theory: Retrospection and prospects. In K. R. Wentzel & A. Wigfield (Eds.) *Handbook of motivation at school* (pp. 141-169). New York, NY: Routledge.

Covington, M. V., & Beery, R.G. 1976 *Self-worth and school learning.* New York, NY: Holt, Rinehart & Winston.

Covington, M. V., & Dray, E. 2002 The developmental course of achievement motivation: A need-based approach. In A. Wigfield & J. S. Eccles (Eds.) *The development of achievement motivation* (pp. 33-56). San Diego, CA: Academic Press.

Covington, M. V., & Omelich, C. L. 1979 Effort: The double-edged sword in school achievement. *Journal of Educational Psychology*, **71**, 169-182.

Crocker, J., Karpinski, A., Quinn, D. M., & Chase, S. K. 2003 When grades determine self-worth: Consequences of contingent self-worth for male and female engineering and psychology majors. *Journal of Personality and Social Psychology*, **85**, 507-516.

Crocker, J., & Knight, K. M. 2005 Contingencies of self-worth. *Current Directions in Psychological Science*, **14**, 200-203.

Crocker, J., & Park, L. E. 2004 The cost pursuit of self-esteem. *Psychological Bulletin*, **130**, 392-414.

Crocker, J., & Wolfe, C. T. 2001 Contingencies of self-worth. *Psychological Review*, **108**, 593-623.

Cronbach, L. J., & Snow, R. E. 1969 *Individual differences in learning ability as a function of instructional variables. Final report.* Stanford, CA: School of Education, Stanford University.

Cropley, A. J. 2001 *Creativity in education and learning.* London, UK: Kogan Page.

Cross, S., & Markus, H. 1991 Possible selves across the life span. *Human Development*, **34**,

230-255.

Crozier, W. R., & Alden, L. E. 2001 The social nature of social anxiety. In W. R. Crozier & L. E. Alden (Eds.), *International handbook of social anxiety: Concepts, research and interventions relating to the self and shyness* (pp. 1-20). New York, NY: Wiley.

Csikszentmihalyi, M. 1985 Emergent motivation and the evolution of the self. *Advances in Motivation and Achievement*, **4**, 93-119.

Csikszentmihalyi, M. 1990 *Flow: The psychology of optimal experience.* New York, NY: Harper & Row.（M・チクセントミハイ　今村浩明（訳）　1996　フロー体験―喜びの現象学―　世界思想社）

Csikszentmihalyi, M. 1997 *Finding flow.* New York, NY: Basic books.（チクセントミハイ, M. 大森弘（訳）　2010　フロー体験入門　世界思想社）

Csikszentmihalyi, M. 1999 If we are so rich, why aren't we happy? *American Psychologist*, **54**, 821-827.

D

Damasio, A.R. 1994 *Descartes' error: emotion, reason, and the human brain.* New York, NY: Putnam.（アントニオ・R・ダマシオ　田中三彦（訳）　2000　生存する脳―心と脳と身体の神秘―　講談社）

Danziger, K. 1997 *Naming the mind: How psychology found its language.* London, UK: Sage.（カート・ダンジガー　河野哲也（監訳）　2005　心を名づけること（上・下）―心理学の社会的構成―　勁草書房）

Day, H. I., Berlyne, D. E., & Hunt, D. E. 1971 *Intrinsic motivation: A new direction in education.* Toronto, Canada: Holt, Rinehart, & Winston of Canada.

DeCarvalho, R. J. 1991 *The growth hypothesis in psychology: The humanistic psychology of Abraham Maslow and Carl Rogers.* San Francisco, CA: The Edwin Mellen Press.（ロイ・J・デカーヴァロー　伊東博（訳）1994　ヒューマニスティック心理学入門　マズローとロジャーズ　新水社）

deCatanzaro, D. A. 1999 *Motivation and emotion: Evolutionary, physiological, developmental, and social perspectives.* Upper Saddle River, NJ: Prentice-Hall.

deCharms, R. 1968 *Personal causation.* New York, NY: Academic Press.

deCharms, R. 1976 *Enhancing motivation: Change in the classroom.* New York, NY: Irvington.（ド・シャーム・R　佐伯胖（訳）1980　やる気を育てる教室　金子書房）

deCharms, R. 1984 Motivation enhancement in educational setting. In R. Ames., & C. Ames (Eds.) *Research on motivation in education (Vol. 1): Student motivation* (pp. 275-310). New York, NY: Academic Press.

Deci, E. L. 1971 Effects of externally mediated rewards on intrinsic motivation. *Journal of Personality and Social Psychology*, **18**, 105-115.

引用文献

Deci, E. L. 1975 *Intrinsic motivation*. New York, NY: Plenum.（E. L. デシ　安藤延男・石田梅男（訳）1980　内発的動機づけ　誠信書房）

Deci, E. L. 1980 *The psychology of self-determination*. Lexington, MA: Lexington Books.（E. L. デシ　石田梅男（訳）1985　自己決定の心理学　誠信書房）

Deci, E. L. 1992 The relation of interest to the motivation of behavior: A self-determination theory perspective. In K. A. Renninger, S. Hidi & A. Krapp (Eds.) *The role of interest in learning and development* (pp. 43-70). Hillsdale, NJ: Lawrence Erlbaum Associates.

Deci, E. L., Connell. J. P., & Ryan, R. M. 1989 Self-determination in a work organization. *Journal of Applied Psychology*, **74**, 580-596.

Deci, E. L., & Flaste, R. 1995 *Why we do what we do: The dynamics of personal autonomy*. New York, NY: G. P. Putnam's Sons.（エドワード・L・デシ，リチャード・フラスト　桜井茂男（監訳）1999　人を伸ばす力―内発と自律のすすめ―　新曜社）

Deci, E. L., Koestner, R., & Ryan, R. M. 1999 A meta-analytic review of experiments examining the effects of extrinsic rewards on intrinsic motivation. *Psychological Bulletin*, **125**, 627-668.

Deci, E. L., Koestner, R., & Ryan, R. M. 2001 Extrinsic reward and intrinsic motivation in education: Reconsidered once again. *Review of Educational Research*, **71**, 1-27.

Deci, E. L., & Moller, A. C. 2005 The concept of competence: A starting place for understanding intrinsic motivation and self-determined extrinsic motivation. In J. Elliot & C. S. Dweck (Eds.) *Handbook of competence and motivation* (pp. 579-597). New York, NY: Guilford Press.

Deci, E. L., & Ryan, R. M. 1985a *Intrinsic motivation and self-determination in human behavior*. New York: Plenum.

Deci, E. L., & Ryan, R. M. 1985b The general causality orientations scale: Self-determination in personality. *Journal of Research in Personality*, **19**, 109-134.

Deci, E. L., & Ryan, R. M. 1991 A motivational approach to self: Integration in personality. In R. Dienstbier (Ed.) *Nebraska symposium on motivation (Vol. 38): Perspectives on motivation* (pp. 237-288). Lincoln, NE: University of Nebraska Press.

Deci, E. L., & Ryan, R. M. 1995 Human autonomy: The basis for true self-esteem. In M. Kernis (Ed.) *Efficacy, agency, and self-esteem* (pp. 31-49). New York: Plenum.

Deci, E. L., & Ryan, R. M. 2000 The "what" and "why" of goal pursuits: Human needs and the self-determination of behavior. *Psychological Inquiry*, **11**, 227-268.

Deci, E. L., & Ryan, R. M. 2002 *Handbook of self-determination research*. Rochester, NY: The University of Rochester Press.

Deci, E. L., Schwartz, A., Sheinman, L., & Ryan, R. M. 1981 An instrument to assess adults' orientations toward control versus autonomy with children: Reflections on intrinsic motivation and perceived competence. *Journal of Educational Psychology*, **73**, 642-650.

Deci, E. L., Spiegel, N. H., Ryan, R. M., Koestner, R., & Kauffman, M. 1982 Effects of performance standards on teaching styles: Behavior of controlling teachers. *Journal of Educational Psychology*, **74**, 852-859.

Deckers, L. 2005 *Motivation: Biological, psychological, and environmental.* Boston, MA: Allyn and Bacon.

Deffenbacher, J. L. 1980 Worry and emotionality in test anxiety. In I. G. Sarason (Ed.) *Test anxiety: Theory, research, and applications* (pp. 111-128). Hillsdale, NJ: Erlbaum.

Deutsch, M. A. 1949 Theory of cooperation and competition. *Human Relations,* **2**, 129-152.

Doherty, R. W. 1997 The emotional contagion scale: A measure of individual differences. *Journal of Nonverbal Behavior,* **21**, 131-154.

Dörnyei, Z. 2000 Motivation in action: Towards a process-oriented conceptualization of student motivation. *British Journal of Educational Psychology,* **70**, 519-538.

Dörnyei, Z. 2001 *Motivational strategies in the language classroom.* Cambridge, UK: Cambridge University Press.（ゾルタン・ドルニェイ　米山朝二・関昭典（訳）　2005　動機づけを高める英語指導ストラテジー 35　大修館書店）

Dotterer, A. M., McHale, S. M., & Crouter, A. C. 2009 The development and correlates of academic interests from childhood through adolescence. *Journal of Educational Psychology,* **101**, 509-519.

Doyle, W. 1986 Classroom organization and management. In M. C. Wittrock (Ed.) *Handbook of research on teaching (3rd Ed.)* (pp. 392-431). New York, NY: Macmillan.

Duffy, E. 1962 *Activation and behavior.* New York, NY: John Wiley.

Durik, A. M., & Harackiewicz, J. M. 2007 Different strokes for different folks: How personal interest moderates the effects of situational factors on task interest. *Journal of Educational Psychology,* **99**, 597-610.

Dweck, C. S. 1986 Motivation processes affecting learning. *American Psychologist,* **41**, 1040-1048.

Dweck, C. S. 1999 *Self-theories: Their role in motivation, personality, and development.* Philadelphia, PA: Psychology Press.

Dweck, C. S. 2002 The development of ability conceptions. In A. Wigfield & J. S. Eccles (Eds.) *Development of achievement motivation* (pp. 57-88). San Diego, CA: Academic Press.

Dweck, C. S. 2006 *Mindset: The new psychology of success.* New York, NY: Ballantine Books.（キャロル・S・ドゥエック　今西康子（訳）　2008「やればできる！」の研究　草思社）

Dweck, C. S. 2010 Mind-sets and equitable education. *Principal Leadership,* **10**, 26-29.

Dweck, C. S., & Leggett, E. L. 1988 A social-cognitive approach to motivation and personality. *Psychological Review,* **95**, 256-273.

E

Eccles, J. S. 2005 Subjective task value and the Eccles et al. model of achievement-related choices. In A. J. Elliot & C. S. Dweck (Eds.) *Handbook of competence and motivation* (pp. 105-121). New York, NY: Guilford.

Eccles, J. 2009 Who am I and what am I going to do with my life? Personal and collective identities as motivators of action. *Educational Psychologist*, **44**, 78-89.

Eccles, J. S., Adler, T. F., Futterman, R., Goff, S. B., Kaczala, C. M., Meece, J. L., & Midgley, C. 1983 Expectancies, values, and academic behaviors. In J. T. Spence (Ed.) *Achievement and achievement motivation* (pp. 75-146). San Francisco, CA: W. H. Freeman.

Eccles, J. S., & Midgley, C. 1989 Stage-environment fit: Developmentally appropriate classroom for young adolescents. In C. Ames & R. Ames (Eds.) *Research on motivation in education (Vol. 3): Goals and cognitions* (pp. 139-186). San Diego, CA: Academic Press.

Eccles, J. S., Midgley, C., Wigfield, A., Miller Buchanan, C., Reuman, D., Flanagan, C., & Mac Iver, D. 1993 Development during adolescence: The impact of stage-environment fit on young adolescents' experiences in schools and in families. *American Psychologist*, **48**, 90-101.

Eccles, J., & Wigfield, A 1985 Teacher expectations and student motivation. In J. B. Dusek (Ed.) *Teacher expectancies* (pp. 185-217). Hillsdale, NJ: Lawrence Erlbaum Associates.

Eccles,J. S., Wigfield, A., & Schiefele, U. 1998 Motivation to succeed. In N. Eisenberg (Ed.) *Handbook of Child Psychology (5th Ed.) (Vol.3): Social, Emotional, and Personality Development* (pp. 1017-1095). Hoboken, NJ: John Wiley & Sons.

Eisenberger,, R. & Cameron, J. 1996 Detrimental effects of reward: Reality or myth? *American Psychologist*, **51**, 1153-1166.

Ekman, P. 1992 An Argument for basic emotion. *Cognition and Emotion*, **6**, 169-220.

Ekman, P., & Davidson, R. J. (Eds.) 1994 *The nature of emotion: Fundamental questions*. New York, NY: Oxford University Press.

Elliot, A. J. 1999 Approach and avoidance motivation and achievement goals. *Educational Psychologist*, **34**, 169-189.

Elliot, A. J. 2006 The hierarchical model of approach-avoidance motivation. *Motivation and Emotion*, **30**, 111-116.

Elliot, A. J. 2008 Approach and avoidance motivation. In A. J.Elliot (Ed.) *Handbook of approach and avoidance motivation* (pp. 3-14). New York, NY: Psychology Press.

Elliot, A. J., & Church, M.A. 1997 A hierarchical model of approach and avoidance achievement motivation. *Journal of Personality and Social Psychology*, **72**, 218-232.

Elliot A. J., & McGregor, H. A. 2001 A 2 × 2 achievement goal framework. *Journal of Personality and Social Psychology*, **80**, 501-519.

Elliot, A. J., McGregor, H. A., & Thrash, T. M. 2002 The need for competence. In E. L. Deci & R. M. Ryan (Eds.) *Handbook of self-determination research* (pp. 361-387). Rochester, NY: The University of Rochester Press.

Elliot, A. J., & Murayama, K. 2008 On the measurement of achievement goals: Critique, illustration, and application. *Journal of Educational Psychology*, **100**, 613-628.

Elliot, A. J., Murayama, K., & Pekrun, R. 2011 A 3 × 2 achievement goal model. *Journal of Educational Psychology*, **103**, 632-648.

Elliot, A. J., & Pekrun, R. 2007 Emotion in the hierarchical model of approach-avoidance achievement motivation. In P. A. Schutz & R. Pekrun（Eds.）*Emotion in education* (pp.

57-73). Burlington, MA: Academic Press.

Elliot, A. J., & Thrash, T. M. 2001 Achievement goals and the hierarchical model of achievement motivation. *Educational Psychology Review*, **13**, 139-156.

Elliott, E. S., & Dweck, C. S. 1988 Goals: An approach to motivation and achievement. *Journal of Personality and Social Psychology*, **54**, 5-12.

Emmons, R. A. 1986 Personal strivings: An approach to personality and subjective well-being. *Journal of Personality and Social Psychology*, **67**, 382-394.

Emmons, R. A. 1989 The personal striving approach to personality. In L. A. Pervin (Ed.) *Goal concepts in personality and social psychology* (pp. 87-126). Hillsdale, NJ: Lawrence Erlbaum.

Emmons, R. A. 1991 Personal strivings, daily life events, and psychological and physical well-being. *Journal of Personality*, **59**, 453-472.

Emmons, R. A. 1999 *The psychology of ultimate concerns: Motivation and spirituality in personality*. New York, NY: Guilford.

Emmons, R. A., King, L.A., & Sheldon, K. 1993 Goal conflict and the self-regulation of action. In M. Daniel & J. W. Pennebaker (Eds.) *Handbook of mental control* (pp. 528-551). Englewood Cliffs, NJ.: Prentice-Hall.

遠藤辰雄・井上祥治・蘭千壽（編）1992　セルフ・エスティームの心理学―自己価値の探求―　ナカニシヤ出版

遠藤利彦　1996　喜怒哀楽の起源―情動の進化論・文化論―　岩波書店

遠藤利彦　2001　喜怒哀楽を感じる・喜怒哀楽を表す―情動の心理学―　山口裕幸（編）心理学リーディングス（pp. 19-49）　ナカニシヤ出版

遠藤利彦　2005　情動の普遍性と合理性をめぐって　D・エヴァンズ　遠藤利彦（訳・解説）感情（pp. 177-193）　岩波書店

遠藤利彦　2007　感情の機能を探る　藤田和生（編）感情科学（pp. 3-34）　京都大学出版会

Entwistle, N. J. 1981 *Styles of learning and teaching*. Chichester, UK: John Wiley & Sons.

Entwistle, N. J. 1988 Motivation factors in students' approaches to learning. In R. R. Schmeck (Ed.) *Learning strategies and learning styles* (pp.21-51). New York, NY: Plenum.

Epstein, J. L. 1989 Family structures and student motivation: A developmental perspective. In C. Ames & R. Ames (Eds.) *Research on Motivation in Education (Vol.3): Goals and Cognitions* (pp. 259-295). San Diego, CA: Academic Press.

Eren, A. 2009 Exploring the relationships among mirror neurons, theory of mind, and achievement goals: Towards a model of achievement goal contagion in educational settings. *Educational Research Review*, **4**, 233-247.

Evans, D. 2001 *Emotion: A very short introduction*. Oxford, UK: Oxford University Press. （D・エヴァンズ　遠藤利彦（訳・解説）2005　感情　岩波書店）

F

Fast, L. A., Lewis, J. L., Bryant, M. J., Bocian, K. A., Cardullo, R. A., Rettig, M., & Hammond, K. A. 2010 Does math self-efficacy mediate the effect of the perceived classroom environment on standardized math test performance? *Journal of Educational Psychology*, **102**, 729-740.

Fazio, R. H. 1986 How do attitudes guide behavior? In R. M. Sorrentino & E. T. Higgins (Eds.) *Handbook of motivation and cognition: Foundations of social behavior* (pp. 204-243). New York, NY: Guilford.

Feather, N. T. 1982 Expectancy-value approaches: Present status and future directions. In N. T. Feather (Ed.) *Expectations and actions: Expectancy-value models in psychology* (pp. 395-420). Hillsdale, NJ: Erlbaum.

Feather, N. T. 1999 *Values, Achievement, and Justice*. New York, NY: Plenum.

Fehr, B., & Russell, J. A. 1984 Concept of emotion viewed from a prototype perspective. *Journal of Experimental Psychology: General*, **113**, 464-486.

Feingold, B. D., & Mahoney, M. J. 1975 Reinforcement effects on intrinsic interest: Undermining the overjustification hypothesis. *Behavior Therapy*, **6**, 367-377.

Feldman Barrett, L., & Russell, J. A. 1998 Independence and bipolarity in the structure of current affect. *Journal of Personality and Social Psychology*, **74**, 967-984.

Ferguson, E. D. 2000 *Motivation: A biosocial and cognitive integration of motivation and emotion*. New York, NY: Oxford University Press.

Fink, B. 1991 Interest development as structural change in person-object relationships. In L. Oppenheimer, & J. Valsiner (Eds.) *The origins of action: Interdisciplinary and international perspectives* (pp. 175-204). New York, NY: Springer.

Fishbach, A., & Ferguson, M. J. 2007 The goal construct on social psychology. In A. W. Kruglanski & E. T. Higgins (Eds.) *Social Psychology (2nd Ed.)* (pp. 490-515). New York, NY: Guilford.

Fives, H. & Alexander, P. A. 2004 How schools shape teacher efficacy and commitment: Another piece in the achievement puzzle. In D. M. McInerney & S. Van Etten (Eds.) *Big theories revisited* (pp. 329-357). Greenwich, CT: Information Age.

Flink, C., Boggiano, A. K., & Barrett, M. 1990 Controlling teaching strategies: Undermining children's self-determination and performance. *Journal of Personality and Social Psychology*, **59**, 916-924.

Ford, M. E. 1992 *Motivating Humans*. Newbury Park, CA: Sage.

Franken, R. E. 1998 *Human motivation (4th Ed.)*. Pacific Grove, CA: Brooks/Cole.

Fredricks, J. A., Blumenfeld, P. C., & Paris, A. H. 2004 School engagement: Potential of the concept, state of the evidence. *Review of Educational Research*, **74**, 59-109.

Fredrickson, B. L. 1998 What good are positive emotions? *Review of General Psychology*, **2**, 300-319.

Fredrickson, B. L., & Cohn, M. A. 2008 Positive emotion. In M. Lewis, J. M. Haviland-Jones & L. F. Barrett (Eds.) *Handbook of emotions (3rd Ed.)* (pp. 777-796). New York, NY: Guilford.

Frenzel, A. C., Pekrun, R., & Goetz, T. 2007 Perceived learning environment and students' emotional experiences: A multilevel analysis of mathematics classrooms. *Learning and Instruction*, **17**, 478-493.

Frijda, N. H. 2008 The psychologists' point of view. In M. Lewis, J. M. Haviland-Jones & L. F. Barrett (Eds.) *Handbook of emotions (3rd Ed.)* (pp. 68-87). New York, NY: Guilford.

淵上克義　2005　学校組織の心理学　日本文化科学社

藤井勉・上淵寿　2010　潜在連合テストを用いた暗黙の知能観の査定と信頼性・妥当性の検討　教育心理学研究, **58**, 263-274.

藤井義久　1993　テスト中における認知的妨害思考に関する一研究　教育心理学研究, **41**, 171-175.

藤井義久　1994　数学不安尺度（MARS）に関する研究　教育心理学研究, **42**, 448-454.

藤井義久　1995　テスト不安研究の動向と課題　教育心理学研究, **43**, 455-463.

藤野博　2010　障害のある子どもの学び　佐伯胖（監修）「学び」の認知科学事典（pp. 205-220）大修館書店

藤岡完治　2002　授業研究の新しいパラダイム―教育実践臨床研究の経験―　藤沢市教育文化センター（編）教育実践臨床研究・学びに立ち会う―授業研究の新しいパラダイム―（pp. 59-74）藤沢市教育文化センター

藤澤伸介　2011　言語力―認知と意味の心理学　新曜社

藤生英行　1991　挙手と自己効力，結果予期，結果価値との関連性についての検討　教育心理学研究, **39**, 92-101.

福島脩美　1978　認知的制御―行動理論と認知理論の交点―　心理学評論, **21**, 281-292.

Furrer, C., & Skinner, E. 2003 Sense of relatedness as a factor in children's academic engagement and performance. *Journal of Educational Psychology*, **95**, 148-162.

布施光代・小平英志・安藤史高　2006　児童の積極的授業参加行動の検討―動機づけとの関連および学年・性による差異―　教育心理学研究, **54**, 534-545.

G

Gage, N. L., & Berliner, D. C. 1984 *Educational psychology (3rd Ed.)*. Boston, MA: Houghton Mifflin.

Gagné, R. M. 1977 *The conditions of learning (3rd Ed.)*. New York, NY: Holt, Rinehart and Winston.（R・M・ガニエ　金子敏・平野朝久（訳）1982　学習の条件（第三版）　学芸図書）

Gibson, S. & Dembo, M. 1984 Teacher efficacy: A construct validation. *Journal of Educational Psychology*, **76**, 569-582.

Goddard, R. D., Hoy, W. K., & Hoy, A. W. 2000 Collective teacher efficacy: Its meaning, measure, and impact on student achievement. *American Educational Research Journal*, **37**,

479-507.

Goetz, T., Frenzel, A. C., Pekrun, R., Hall, N. C., & Lüdtke, O. 2007 Between- and within-domain relations of students' academic emotions. *Journal of Educational Psychology*, **99**, 715-733.

Goldstein, K. 1995 *The organism*. New York, NY: Urzone.

Gollwitzer, P. M. 1990 Action phases and mind-set. In Higgins & Sorrentino (Eds.) *Handbook of Motivation & Cognition (Vol.2)* (pp. 53-92). New York, NY: Guilford.

Gollwitzer, P. M. 1999 Implementation intentions: Strong effects of simple plans. *American Psychologist*, **54**, 493-503.

Good, T. L., & Brophy, J. E. 2000 *Looking in classroom (8th Ed.)*. New York, NY: Addison-Wesley.

Gottfried, A. E., Fleming, J. S., & Gottfried, A. W. 2001 Continuity of academic intrinsic motivation from childhood through late adolescence: A longitudinal study. *Journal of Educational Psychology*, **93**, 3-13.

Graham, S., & Golan, S. 1991 Motivational influences on cognition: Task involvement, ego involvement, and depth of information processing. *Journal of Educational Psychology*, **81**, 187-194.

Gross, J. J., & Thompson, R. A. 2007 Emotion regulation: Conceptual foundations. In J. J. Gross (Ed.) *Handbook of emotion regulation* (pp. 3-24). New York, NY: Guilford Press.

Guarch, C. V. 2003 Learning strategies. In R. Fernández-Ballesteros (Ed.) *Encyclopedia of psychological assessment, (Vol.1)* (pp. 558-561). London, UK: Sage.

Guskey, T. R., & Passaro, P. 1994 Teacher efficacy: A study of construct dimensions. *American Educational Research Journal*, **31**, 627-643.

Guthrie, J. T., Wigfield, A., & VonSecker, C. 2000 Effects of integrated instruction on motivation and strategy use in reading. *Journal of Educational Psychology*, **92**, 331-341.

H

Harackiewicz, J. M., Abrahams. S., & Wageman. R. 1987 Performance evaluation and intrinsic motivation: The effects of reward achievement orientation, and evaluative focus. *Journal of Personality and Social Psychology*, **106**, 1013-1026.

Harackiewicz, J. M., Barrron, K. E., Tauer, J. M., Carter, S. M., & Elliot, A. J. 2000 Short-term and long-term consequences of achievement goals: Predicting interest and performance over time. *Journal of Educational Psychology*, **92**, 316-330.

Harackiewicz, J. M., Durik, A. M., Barron, K. E., & Linnenbrink-Garcia, L. 2007 The role of achievement goals in the development of interest: Reciprocal relations between achievement goals, interest, and performance. *Journal of Educational Psychology*, **100**, 105-122.

Harackiewicz, J. M., & Sansone, C. 2000 Rewarding competence: The importance of goals in the study of intrinsic motivation. In C. Sansone & J. M. Harackiewicz (Eds.) *Intrinsic and*

Extrinsic Motivation (pp. 79-103). San Diego, CA: Academic Press.

Harlow, H. F. 1950 Learning and satiation of response in intrinsically motivated complex puzzle performance by monkeys. *Journal of Comparative and Physiological Psychology*, **43**, 289-294.

Harter, S. 1978 Effectance motivation reconsidered. *Human Development*, **21**, 34-64.

Harter, S. 1990 Causes, correlates, and the functional role of global self-worth: A life-span perspective. In R. J. Sternberg & J. Kolligian, Jr. (Eds.) *Competence considered* (pp. 67-97). New Haven, CT: Yale University Press.

Harter, S. 1999 *The construction of the self : A developmental perspective*. New York, NY: Guilford.

波多野誼余夫　1976　知的好奇心の心理学　真仁田昭（編）学習意欲を育てる（児童心理選集5）(pp. 43-62)　金子書房

波多野誼余夫・稲垣佳世子　1971　発達と教育における内発的動機づけ　明治図書

波多野誼余夫・稲垣佳世子　1973　知的好奇心　中公新書

Hatfield, E., Cacioppo, J. T., & Rapson, R. L. 1992 Primitive emotional contagion. In M.S. Clark (Ed.) *Review of Personality and Social Psychology (Vol.14): Emotions and Social Behavior* (pp. 151-177). Newbury Park, CA: Sage.

Hatfield, E., Cacioppo, J. T., & Rapson, R. L. 1993 *Emotional contagion*. Cambridge, UK: Cambridge University Press.

速水敏彦　1998　自己形成の心理―自律的動機づけ―　金子書房

速水敏彦　2012a　感情的動機づけ理論の展開―やる気の素顔―　ナカニシヤ出版

速水敏彦　2012b　「仮想的有能感」概念の誕生　速水敏彦（編著）仮想的有能感の心理学―他人を見下す若者を検証する―（pp. 1-7）北大路書房

速水敏彦・木野和代・高木邦子　2005　他者軽視に基づく仮想的有能感―自尊感情との比較から　感情心理学研究, **12**, 43-55.

速水敏彦・小平英志　2006　仮想的有能感と学習観および動機づけとの関連　パーソナリティ研究, **14**, 171-180.

Hebb, D. O. 1955 Drive and the C.N.S.(conceptual nervous system). *Psychological Review*, **62**, 243-254.

Heckhausen, H. 1977 Achievement motivation and its constructs: A cognitive model. *Motivation and Emotion*, **1**, 283-329.

Heckhausen, H. 1987 Emotional components of action: Their ontogeny as reflected in achievement behavior. In D. Gorlitz & J. F. Wohlwill (Eds.) *Curiosity, imagination, and play: On the development of spontaneous motivational process* (pp. 326-348). Hillsdale, NJ: Lawrence Erlbaum Associates.

Heckhausen, H. 1991 *Motivation and action*. Berlin, Germany: Springer-Verlag.

Heckhausen, J. 1999 *Developmental regulation in adulthood*. Cambridge, UK: Cambridge University Press.

Heckhausen, J., & Heckhausen, H. 2008 *Motivation and action*. New York, NY: Cambridge University Press.

Heckhausen, J., & Schulz, R. 1995 A life-span theory of control. *Psychological Review*, **102**, 284-304.

Hembree, R. 1988 Correlates, causes, effects, and treatment of test anxiety. *Review of Educational Research*, **58**, 47-77.

Henderlong, J., & Lepper, M. R. 2002 The effects of praise on children's intrinsic motivation: A review and synthesis. *Psychological Bulletin*, **128**, 774-795.

Heider, F. 1958 *The psychology of interpersonal relations*. New York, NY: Wiley.（フリッツ・ハイダー　大橋正夫（訳）　1978　対人関係の心理学　誠信書房）

Hidi, S. 1990 Interest and its contribution as a mental resource for learning. *Review of Educational Reserch*, **60**, 549-571.

Hidi, S. 2000 An interest researcher's perspective on the effects of extrinsic and intrinsic factors on motivation. In C. Sansone & J. M. Harackiewicz (Eds.) *Intrinsic motivation: Controversies and new directions* (pp. 309–339). New York, NY: Academic Press.

Hidi, S. 2006 Interest: A unique motivational variable. *Educational Research Review*, **1**, 69-82.

Hidi S., & Baird, W. 1986 Interestingness: A neglected variable in discourse processing. *Cognitive Science*, **10**, 179–194.

Hidi S., & Baird, W. 1988 Strategies for increasing text-based interest and students' recall of expository texts. *Reading Research Quarterly*, **23**, 465-483.

Hidi, S., & Renninger, K. A. 2006 The four-phase model of interest Development. *Educational Psychologist*, **41**, 111-127.

Hidi, S., Renninger, K. A., & Krapp, A. 2004 Interest, a motivational variable that combines affective and cognitive functioning. In D. Y. Dai & R. J. Sternberg (Eds.) *Motivation, emotion, and cognition* (pp. 89-115). Mahwah, NJ: Lawrence Erlbaum Associates.

Higgins, E. T. 1987 Self-discrepancy: A theory relating self and affect. *Psychological Review*, **94**, 319-340.

Higgins, E. T. 1997 Beyond pleasure and pain. *American Psychologist*, **52**, 1280-1300.

Higgins, E. T. 2007 Value. In A. W. Kruglanski & E. T. Higgins. S (Eds.) *Social psychology: Handbook of basic principles (2nd Ed.)* (pp. 454-472). New York, NY: Guilford.

Higgins, E. T., & Scholer, A. A. 2008 When is personality revealed?: A motivated cognition approach. In O. P. John, R. W. Robins, & L. A. Pervin (Eds.) *Handbook of personality: Theory and research (3rd Ed.)* (pp. 182-207). New York, NY: Guilford.

樋口一辰　1985　児童の学習動機と学習達成場面での原因帰属様式　学習院大学文学部研究年報, **32**, 253-272.

樋口一辰・清水直治・鎌原雅彦　1979　Locus of Control に関する文献的研究　東京工業大学人文論叢, **5**, 95-132.

Hilgard, E. R. 1980 The trilogy of mind: Cognition, affection, and conation. *Journal of the History of behavioral Sciences*, **16**, 107-117.

平野朝久・奈須正裕・佐野亮子・由良純子・夏目幸弘・斉藤公俊　1987　オープン教育における子ども観, 学習観, 知識観の検討　東京学芸大学紀要　第1部門　教育科学, **38**, 39-50.

引用文献

平田謙次 2003 目標による動機づけ過程―仕事文脈を中心にして― 心理学評論, **46**, 121-140.

廣森友人 2010 動機づけ研究の観点から見た効果的な英語指導法 小嶋英夫・尾関直子・廣森友人（編）成長する英語学習者―学習者要因と自律学習―（pp. 47-74） 大修館書店

広田照幸 2009 ヒューマニティーズ・教育学 岩波書店

Hiroto, D. S., 1974 Locus of control and learned helplessness. *Journal of Experimental Psychology*, **102**, 187-193.

Hiroto, D. S. & Seligman, M. E. P. 1975 Generality of learned helplessness in man. *Journal of Personality and Social Psychology*, **31**, 311-327.

Hodgins, H. S., & Knee, C. R. 2002 The integrationg self and conscious experience. In E. L. Deci & R. M. Ryan (Eds.) *Handbook of self-determination research* (pp. 87-100). Rochester, NY: Rochester University Press.

Holland, J. L. 1973 *Making vocational choices: A theory of careers*. Englewood Cliffs, NJ: Prentice-Hall.

堀野緑 1987 達成動機の構成因子の分析―達成動機の概念の再検討― 教育心理学研究, **35**, 148-154.

堀野緑・市川伸一 1997 高校生の英語学習における学習動機と学習方略 教育心理学研究, **45**, 140-147.

Hull, C. L. 1943 *Principles of behavior*. New York, NY: Appleton-Century-Crofts.（C. L. ハル　能見義博・岡本栄一（訳）1960　行動の原理　誠信書房）

Hull, C. L. 1951 *Essentials of behavior*. New Haven, CT: Yale University Press.（C. L. ハル　河合伊六（訳）1980　行動の基本　ナカニシヤ出版）

Hulleman, C. S., Durik, A. M., Schweigert, S. A., & Harackiewicz, J. M. 2008 Task values, achievement goals, and interest: An integrated analysis. *Journal of Educational Psychology*, **100**, 398–416.

Hulleman, C. S., Godes, O., Hendricks, B. L., & Harackiewicz, J. M. 2010 Enhancing interest and performance with a utility value intervention. *Journal of Educational Psychology*, **102**, 880-895.

Hulleman, C. S., & Harackiewicz, J. M. 2009 Promoting interest and performance in high school science classes. *Science*, **326**, 1410-1412.

Hunt, J. M. 1963 Motivation inherent in information processing and action. In O. J. Harvey (Ed.) *Motivation and social interaction* (pp.35-94). New York, NY: Ronald Press.

Hunt, J. M. 1965 Intrinsic motivation and its role in psychological development. In D. Levine (Ed.) *Nebraska Symposium on Motivation (Vol. 13)* (pp. 189-282). Lincoln, NE: University of Nebraska Press.

玄正煥 1993 努力帰属的評価が児童のエフィカシー予期の認知と学業達成に及ぼす効果 教育心理学研究, **41**, 221-229.

I

市原学・新井邦二郎　2006　数学学習場面における動機づけモデルの検討―メタ認知の調整効果―　教育心理学研究, **54**, 199-210.

市川伸一　1995　学習と教育の心理学（現代心理学入門 3）　岩波書店

伊田勝憲　2003　教員養成課程学生における自律的な学習動機づけ像の検討―自我同一性，達成動機，職業レディネスと課題価値評定との関連から―　教育心理学研究, **51**, 367-377.

今田寛　1996　学習の心理学　培風館

今村浩明・浅川希洋志（編）2003　フロー理論の展開　世界思想社

稲垣佳世子　1970　情報の受容および収集に及ぼす認知的動機づけの効果　教育心理学研究, **18**, 14-24.

稲垣佳世子　1984　知ることへの内発的動機づけ　児童心理学の進歩, **23**, 249-276.

稲垣佳世子・波多野誼余夫　1971　事例の新奇性にもとづく認知的動機づけの効果　教育心理学研究, **16**, 191-202.

Inagaki, K., & Hatano, G. 1977 Amplification of cognitive motivation and its effects on epistemic observation. *American Educational Research Journal*, **14**, 485-491.

猪股佐登留　1982　態度の心理学　培風館

Isen, A. M. 1987 Positive affect, cognitive processes, and social behavior. *Advances in Experimental Social Psychology*, **20**, 203-253.

Isen, A. M. 1999 Positive affect. In T. Dalgleish & M. J. Power (Eds.) *Handbook of cognition and emotion* (pp. 521–539). New York, NY: Wiley & Sons.

石川隆行　2010　児童の罪悪感と学校適応感の関連　発達心理学研究, **21**, 200-208.

磯田貴道　2008　授業への反応を通して捉える英語学習者の動機づけ　渓水社

板倉聖宣　2002　仮説実験授業　新版・現代学校教育大事典 1（pp. 388-389）　ぎょうせい

伊藤篤　1990　「教師中心」・「学習者中心」的指導の尺度安定性に関する研究―韓国小学校教師の分析―　日本福祉大学研究紀要, **84**（第 2 分冊・文化領域），1-10.

伊藤篤　1992　教師の指導様式と児童の達成目標との関係（2）―日本の小学校の分析―　日本福祉大学研究紀要, **87**（第 2 分冊・文化領域），99-111.

伊藤公一郎・池上知子　2006　動機と行動の関連性についての素朴理論　心理学研究, **77**, 415-423.

伊藤正哉・川崎直樹・小玉正博　2011　自尊感情の 3 様態―自尊源の随伴性と充足感からの整理―　心理学研究, **81**, 560-568.

伊藤正哉・小玉正博　2006　大学生の主体的な自己形成を支える自己感情の検討―本来感，自尊感情ならびにその随伴性に注目して―　教育心理学研究, **54**, 222-232.

伊藤忠弘　1991　セルフ・ハンディキャッピングの研究動向　東京大学教育学部紀要, **31**, 153-162.

伊藤忠弘　2012　他者志向的動機　鹿毛雅治（編）モティベーションを学ぶ 12 の理論（pp. 101-134）　金剛出版

引用文献

伊藤崇達　2009　自己調整学習の成立過程―学習方略と動機づけの役割―　北大路書房

伊藤崇達・神藤貴昭　2003　中学生用自己動機づけ方略尺度の作成　心理学研究, **74**, 209-217.

伊藤崇達・神藤貴昭　2004　自己効力感，不安，自己調整学習方略，学習の持続性に関する因果モデルの検証―認知的側面と動機づけ的側面の自己調整学習方略に着目して―　日本教育工学会論文誌, **27**, 377-385.

Iyengar, S. S. 2010 *The art of choosing*. New York, NY: Twelve.（シーナ・アイエンガー　櫻井祐子（訳）2010　選択の科学　文藝春秋）

Iyengar, S. S., & DeVoe, S. E. 2003 Rethinking the value of choice: Considering cultural mediators of intrinsic motivation. In V. Murphy-Berman & J. J. Berman (Eds.) *Nebraska Symposium on Motivation (Vol. 49): Cross-cultural differences in perspectives on the self* (pp. 129-176). Lincoln, NE: University of Nebraska Press.

Iyengar, S. S., & Lepper, M. R. 1999 Rethinking the value of choice: A cultural perspective on intrinsic motivation. *Journal of Personality and Social Psychology*, **76**, 349-366.

Iyengar, S. S., & Lepper, M. R. 2000 When choice is demotivating: Can one desire too much of a good thing? *Journal of Personality and Social Psychology*, **76**, 995-1006.

Iyengar S. S., & Lepper, M. R. 2002 Choice and its consequences: On the costs and benefits of self-determination. In A. Tesser, D. A. Stapel & J. V. Wood (Eds.) *Self and motivation: Emaerging psychological perspectives* (pp. 71-96). Washington, DC: American Psychological Association.

Izard, C. E. 1977 *Human emotions*. New York, NY: Plenum.

Izard, C. E. 1991 The psychology of emotions. New York, NY: Plenum.（Carroll E. Izard　荘厳舜哉（監訳）1996　感情心理学　ナカニシヤ出版）

Izard, C. E., & Eisenberger, R. 1994 Motivation, emotional basis. In V. S. Ramachandran (Editor in Chief), *Encyclopedia of human behavior (Vol.3)* (pp. 219-228). New York, NY: Academic Press.

J

James, W. 1892 *Psychology: Briefer course*. New York, NY: Holt.（W・ジェームズ　今田寛（訳）1992　心理学（上・下）　岩波文庫）

Jang, H. 2008 Supporting students' motivation, engagement, and learning during an uninteresting activity. *Journal of Educational Psychology*, **100**, 798-811.

Jang, H., Reeve, J., & Deci, E. L. 2010 Engaging students in learning activities: It is not autonomy support or structure, but autonomy support and structure. *Journal of Educational Psychology*, **102**, 588-600.

Jang, H, Reeve, J., Ryan, R. M., & Kim, A. 2009 Can self-determination theory explain what underlies the productive, satisfying learning experiences of collectivistically oriented Korean students? *Journal of Educational Psychology*, **101**, 644-661.

Johnson, D. W., & Johnson, R. 1985 Motivational processes in cooperative, competitive, and individualistic learning situations. In C. Ames & R. Ames (Eds.) *Research on motivation in education (Vol. 2): The classroom milieu* (pp. 249-286). New York, NY: Academic Press.

Johnson, D. W., & Johnson, R. 1989 *Cooperation and competition: Theory and research*. Edina, MN: Interaction Book Company.

Johnson, D. W., & Johnson, R. 2009 An educational psychology success story: Social interdependence theory and cooperative learning. *Educational Researcher*, **38**, 365-379.

K

Kagan, J. 1972 Motives and development. *Journal of Personality and Social Psychology*, **22**, 51-66.

鹿毛雅治　1989　教育評価と学習意欲の関連についての考察　慶應義塾大学社会学研究科紀要，**30**，73-80．

鹿毛雅治　1990　内発的動機づけに及ぼす評価主体と評価基準の効果　教育心理学研究，**38**，428-437．

鹿毛雅治　1992　教師による評価教示が生徒の内発的動機づけと学習に及ぼす効果—成績教示と確認教示の比較—　教育方法学研究，**18**，65-74．

鹿毛雅治　1993　到達度評価が児童の内発的動機づけに及ぼす効果　教育心理学研究，**41**，367-377．

鹿毛雅治　1994　内発的動機づけ研究の展望　教育心理学研究，**42**，345-359．

鹿毛雅治　1995a　内発的動機づけと学習意欲の発達　心理学評論，**38**，146-169．

鹿毛雅治　1995b　学習意欲再考　現代のエスプリ，**333**，105-113．

鹿毛雅治　1996　内発的動機づけと教育評価　風間書房

鹿毛雅治　1997　感情喚起理論　加川元通・茨木俊夫・青柳肇（編）動機づけの基礎と臨床（pp. 51-57）　川島書店

鹿毛雅治　2004　「動機づけ研究」へのいざない　上淵寿（編著）動機づけ研究の最前線（pp. 1-28）　北大路書房

鹿毛雅治　2005a　教育心理学の新しいかたち—研究としての実践—　鹿毛雅治（編著）　教育心理学の新しいかたち（pp. 3-33）　誠信書房

鹿毛雅治　2005b　教育評価再考—実践的視座からの展望—　心理学評論，**47**，300-317．

鹿毛雅治　2006a　教育心理学と教育実践　鹿毛雅治（編）教育心理学（朝倉心理学講座第8巻）（pp. 1-20）　朝倉書店

鹿毛雅治　2006b　授業研究再考　田中克佳（編著）「教育」を問う教育学—教育への視角とアプローチ—（pp. 309-330）　慶應義塾大学出版会

鹿毛雅治　2007a　教育実践におけるかかわりと学び　中谷素之（編著）　学ぶ意欲を育てる人間関係づくり—動機づけの教育心理学—（pp. 89-107）　金子書房

鹿毛雅治　2007b　「実践としての評価」をサポートするツールとシステム—授業と授業研究の「しかけ」—　教育目標・評価学会紀要，**17**，1-9．

引用文献

鹿毛雅治　2008　授業づくりにおける「しかけ」　秋田喜代美・キャサリン・ルイス（編著）　授業の研究　教師の学習―レッスンスタディへのいざない―（pp. 152-168）　明石書店

鹿毛雅治　2010　学習環境と授業　髙垣マユミ（編著）　授業デザインの最前線Ⅱ・理論と実践を創造する知のプロセス（pp. 21-38）　北大路書房

鹿毛雅治　2011　教育心理学と授業実践―授業の「基本形」としての生活科，総合的な学習の時間―　日本生活科・総合的学習教育学会誌（せいかつか&そうごう），**18**, 24-31.

鹿毛雅治・並木博　1990　児童の内発的動機づけと学習に及ぼす評価構造の効果　教育心理学研究，**38**, 36-45.

鹿毛雅治・上淵寿・大家まゆみ　1997　教育方法に関する教師の自律性支援の志向性が授業過程と児童の態度に及ぼす影響　教育心理学研究，**45**, 192-202.

梶田正巳　1991　教室・教科の壁が取り去られるとき　滝沢武久・東洋（編）応用心理学講座9・教授・学習の行動科学（pp. 264-276）　福村出版

亀田達也　2010　アージ理論　海保博之・松原望（監修）　感情と思考の科学事典（pp. 2-3）　朝倉書店

鎌原雅彦　1995　随伴性認知　宮本美沙子・奈須正裕（編）達成動機の理論と展開（pp. 89-114）　金子書房

鎌原雅彦・樋口一辰・清水直治　1982　Locus of Control 尺度の作成と，信頼性，妥当性の検討　教育心理学研究，**30**, 302-307.

鎌原雅彦・亀谷秀樹・樋口一辰　1983　人間の学習性無力感（Learned Helplessness）に関する研究　教育心理学研究，**31**, 80-95.

鎌原雅彦・山地弘起・奈須正裕・村上裕恵・鹿毛雅治　1987　学習への動機づけの認知的規定因に関する考察　東京大学教育学部紀要，**27**, 117-142.

神田信彦　1993　子ども用一般主観的統制感尺度の作成と妥当性の検討　教育心理学研究，**41**, 275-283.

Kanouse, D. E., Gumpert, P., & Canavan-Gumpert, D. 1981 The semantics of praise. In J. H. Harvey, W. Ickes, & R. F. Kidd (Eds.) *New directions in attribution research (Vol. 3)* (pp. 97-115). Hillsdale, NJ: Erlbaum.

Kaplan, A., & Flum, H. 2009 Motivation and identity: The relations of action and development in educational contexts —An introduction to the special issue. *Educational Psychologist*, **44**, 73-77.

Kaplan, A., Middleton, M. J., Urdan, T., & Midgley, C. 2002 Achievement goals and goal structures. In C. Midgley (Ed.) *Goals, goal structures, and patterns of adaptive learning* (pp. 21-53). Mahwah, NJ: Lawrence Erlbaum Associates.

唐沢穰　2001　社会的認知とは何か　唐沢穰・池上知子・唐沢かおり・大平英樹（著）社会的認知の心理学―社会を描く心のはたらき（pp. 3-12）ナカニシヤ出版

Karasawa, M., Little, T. D., Miyashita, T., Mashima, M., & Azuma, H. 1997 Japanese children's action-control beliefs about school performance. *International Journal of Behavioral Development*, **20**, 405-423.

Kashdan, T. B., Rose, P., & Fincham, F. D. 2004 Curiosity and exploration: Facilitating positive subjective experiences and personal growth opportunities. *Journal of Personality Assessment*, **82**, 291-305

Kasser, T., & Ryan, R. M. 1993 A dark side of the American dream: Correlates of financial success as a central life aspiration. *Journal of Personality and Social Psychology*, **65**, 410–422.

Kasser, T., & Ryan, R. M. 1996 Further examining the American dream: Differential correlates of intrinsic and extrinsic goals. *Personality and Social Psychology Bulletin*, **22**, 280–287.

加藤幸次　2001　学習環境　日本カリキュラム学会（編）現代カリキュラム事典（p. 63）　ぎょうせい

加藤司　2007　やる気を失うという現象　伊藤崇達（編）やる気を育む心理学 (pp. 121-141) 北樹出版

加藤司・Snyder, C. R.　2005　ホープと精神的健康との関連性―日本版ホープ尺度の信頼性と妥当性の検証―　心理学研究, **76**, 227-234.

Kawabata, M., & Mallett, C. J. 2011 Flow experience in physical activity: Examination of the internal structure of flow from a process-related perspective. *Motivation and Emotion*, **35**, 393-402.

川井栄治・吉田寿夫・宮元博章・山中一英　2006　セルフ・エスティームの低下を防ぐための授業の効果に関する研究―ネガティブな事象に対する自己否定的な認知への反駁の促進―　教育心理学研究, **54**, 112-123.

河合伊六　1976　動物の行動と動機　吉田正昭・祐宗省三（編）心理学3　動機づけ・情緒（pp. 23-38）　有斐閣

河合伊六　1985　学習意欲とは何か　児童心理, **484**, 1-10.

河村夏代・鈴木啓嗣・岩井圭司　2004　教師に生ずる感情と指導の関係についての研究―中学校教師を対象として―　教育心理学研究, **52**, 1-11.

Keller, J. M. 1987 Development and use of the ARCS model of instructional design. *Journal of Instructional Development*, **10**(3), 2-10.

Keller, J. M. 1988 Motivational design. In D. Unwin & R. McAleese (Eds.) *Encyclopedia of Educational Media Communications and Technology (2nd Ed.)* (pp. 406-409). Westport, CT: Greenwood Press.

Keller, J. M. 1999 Motivation in Cyber Learning Environments. *International Journal of Educational Technology*, **1**, 7-30

Keller, J. M., & Suzuki, K. 1988 Use of the ARCS motivation model in courseware design. In D. H. Jonassen (Ed.) *Instructional designs for microcomputer courseware* (pp. 401-434). Hilsdale, NJ: Lawrence Erlbaum Associates.

Kelly, H.H. 1967 Attribution theory in social psychology. In D. Levine (Ed.) *Nebraska symposium on motivation(Vol.15)* (pp. 192-238). Lincoln, NE: University of Nebraska Press.

菊地一彦・中山勘次郎　2006　外国映画のリスニングが中学生の学習意欲に及ぼす影響　教育心理学研究, **54**, 254-264.

木村昌紀・余語真夫・大坊郁夫　2007　日本語版情動伝染尺度（the Emotional Contagion Scale）の作成　対人社会学研究, **7**, 31-39.

木村優 2010a 協働学習授業における高校教師の感情体験と認知・行動・動機づけとの関連——グラウンデッド・セオリー・アプローチによる現象モデルの生成—— 教育心理学研究, 58, 464-479.

木村優 2010b 授業における高校教師のフロー体験に内在する実践的意義 教育方法学研究, 36, 25-37.

北村英哉 2008 感情研究の最新理論——社会的認知の観点から—— 感情心理学研究, 16, 156-166.

北村英哉・木村晴 2006 感情研究の新たな意義 北村英哉・木村晴（編）感情研究の新展開（pp. 3-19） ナカニシヤ出版

Klassen, R. M., & Chiu, M. M. 2010 Effects on teachers' self-efficacy and job satisfaction: Teacher gender, years of experience, and job stress. *Journal of Educational Psychology*, 102, 741-756.

Klassen, R. M., Perry, N. E., & Frenzel, A. C. 2012 Teachers' relatedness with students: An underemphasized component of teachers' basic psychological needs. *Journal of Educational Psychology*, 104, 150-165.

Klein, H. J., Wesson, M. J., Hollenbeck, J. R., Wright, P. M., & DeShon, R. P. 2001 The Assessment of Goal Commitment: A Measurement Model Meta-Analysis. *Organizational Behavior and Human Decision Processes*, 85, 32-55.

Kleinginna, P. R., & Kleinginna, A. N. 1981 A categorized list of emotion definitions, with suggestions for a consensual definition. *Motivation and Emotion*, 5, 345-379.

Klinger, E. 1977 *Meaning and void: Inner experience and the incentives in people's lives*. Minneapolis, MN: University of Minnesota Publishers.

小林幸子 1972 認知的動機づけにおける概念的葛藤の最適水準 教育心理学研究, 21, 215-222.

Koestner, R., Zuckerman, M., & Koestner, J. 1987 Praise, involvement, and intrinsic motivation. *Journal of Personality and Social Psychology*, 53, 383-390.

Kohn, A. 1992 *No contest: The case against competition*. Boston, MA: Houghton Mifflin.（アルフィ・コーン　山本啓・真水康樹（訳）1994 競争社会をこえて——ノー・コンテストの時代——法政大学出版局）

Kohn, A. 1993 *Punished by rewards: The trouble with gold stars, incentive plans, A's, praise, and other bribes*. Boston, MA: Houghton Mifflin.（アルフィ・コーン　田中英史（訳）2001 報酬主義を超えて　法政大学出版局）

Kozeki, B. 1985 Motives and motivational styles in education. In N. I. Entwistle (Ed.) *New directions in educational psychology —Learning and reaching* (pp. 189-199). Lewes, UK: Falmer Press.

Kozeki, B., & Entwistle, N. J. 1984 Identifying dimensions of school motivation in Britain and Hungary. British *Journal of Educational Psychology*. 54, 306-319.

Krapp, A. 2002 Structural and dynamic aspects of interest development: Theoretical considerations from an ontogenetic perspective. *Learning and Instruction*, 12, 383-409.

Krapp, A. 2005 Basic needs and the development of interest and intrinsic motivational orientations. *Learning and Instruction*, **15**, 381-395.

Krapp, A., Hidi, S., & Renninger, K. A. 1992 Interest, learning, and development. In K. A. Renninger, S. Hidi & A. Krapp (Eds.) *The role of interest in learning and development* (pp. 3-25). Hillsdale, NJ: Lawrence Erlbaum Associates.

Kruglanski, A. W. 1978 Endogenous attribution and intrinsic motivation. In M. R. Lepper & D. Greene (Eds.) *The hidden costs of reward: New perspectives on the psychology of human motivation* (pp. 85-107). Hillsdale, NJ: Erlbaum.

Kruglanski, A. W., Friedman, I., & Zeevi, G. 1971 The effects of extrinsic incentive on some qualitative aspects of task performance. *Journal of Personality*, **39**, 606-617.

久保信子　1997　大学生の英語学習動機尺度の作成とその検討　教育心理学研究, **45**, 449-455.

久保信子　1999　大学生の英語学習における動機づけモデルの検討―学習動機，認知的評価，学習行動およびパフォーマンスの関連―　教育心理学研究, **47**, 511-520.

久保田賢一　2000　構成主義パラダイムと学習環境デザイン　関西大学出版部

Kuhl, J. 1985 Volitional mediators of cognitive-behavior consistency; Self-regulatory processes and action and state orientation. In J. Kuhl & J. Beckmann (Eds.) *Action Control: From cognition to behavior* (pp. 101-128). Berlin, Germany: Springer-Verlag.

Kuhl, J. 1987 Action control: The maintenance of motivational states. In F. Halisch & J. Kuhl (Eds.) *Motivation, intention, and volition* (pp. 279-291). Berlin, Germany: Springer-Verlag.

Kuhl, J. 2008 Individual differences in self-regulation. In J. Heckehausen & H. Heckhauen (Eds.) *Motivation and action* (pp. 296-322). New York, NY: Cambridge University Press.

Kuhl, J., & Beckmann, J. 1985 Historical perspectives in the study of action control. In J. Kuhl & J. Beckmann (Eds.) *Action Control: From cognition to behavior* (pp. 89-100). Berlin, Germany: Springer-Verlag.

Kunter, M., Frenzel. A., Nagy, G., Baumert, J., & Pekrun, R. 2011 Teacher enthusiasm: Dimensionality and context specificity. *Contemporary Educational Psychology*, **36**, 289-301.

Kunter, M., Tsai, Y., Klusmann, U., Brunner, M., Krauss, S., & Baumert, J. 2008 Students' and mathmatics teachers' perceptions of teacher enthusiasm and instruction. *Learning and Instruction*, **18**, 468-482.

黒田祐二・櫻井茂男　2012　動機づけと学業達成―自己決定理論と達成目標理論を中心に―　児童心理学の進歩, **51**, 83-107.

Kurosawa, K. 1995 Process interactionism, process analysis, and self process: An extension of Kurt Lewin's approach to personality psychology. *Japanese Journal of Personality*（性格心理学研究），**3**, 66-93.

黒沢香　1998　状況と内的プロセスの力動論　託摩武俊（監修）　性格心理学ハンドブック（pp. 97-103）　福村出版

L

Ladd, G. W., Herald-Brown, S. L., & Kochel, K. P. 2009 Peers and motivation. In K. R. Wentzel & A. Wigfield (Eds.) *Handbook of motivation at school* (pp.323-348). New York, NY: Routledge.

La Guardia, J. G. 2009 Developing who am I: A self-determination theory approach to the establishment of healthy identities. *Educational Psychologist*, **44**, 90-104.

Lam, S., Yim, P., Law, J. S. F., & Cheung, R. W. Y. 2004 The effects of competition on achievement motivation in Chinese classrooms. British *Journal of Educational Psychology*, **74**, 281-296.

Lambert, N. M., & McCombs, B. L. 1998 Introduction: Learner-centered schools and classrooms as a direction for school reform. In N. M. Lambert & B. L. McCombs (Eds.) *How students learn: Reforming schools through learner-centered education* (pp. 1-22). Washington, DC: American Psychological Association.

Langer, E. J., & Moldoveanu, M. 2000 The construct of mindfulness. *Journal of Social Issues*, **56**, 1-9.

Latham, G. 2007 *Work motivation: History, theory, research, and practice*. Thousand Oaks, CA: Sage.
（ゲイリー・レイサム　金井壽宏（監訳）依田卓巳（訳）　2009　ワーク・モティベーション　NTT出版）

Latham, G. P., & Seijts, G. H. 1999 The effects of proximal and distal goals on performance on a moderately complex task. *Journal of Organizational Behavior*, **20**, 421-429.

Lau, S., & Nie, Y. 2008 Interplay between personal goals and classroom goal structures in predicting student outcomes: A multilevel analysis of person-context interactions. *Journal of Educational Psychology*, **100**, 15-29.

Lazarus, R. S. 1991 *Emotion and adaptation*. New York, NY: Springer-Verlag.

Leary, M. R., & Tangney, J. P. 2003 The self as an organizing construct in the social and behavioral sciences. In M. R. Leary & J. P. Tangney (Eds.) *Handbook of self and identity* (pp. 3-14). New York, NY: Guilford Press.

Lepper, M. R. 1988 Motivational considerations in the study of instruction. *Cognition and Instruction*, **5**, 289-309.

Lepper, M. R., & Chabay, R. W. 1988 Socializing the intelligent tutor: Bringing empathy to computer tutors. In H. Mandl & A. Lesgold (Eds.) *Learning issues for intelligent tutoring systems* (pp. 242-257). New York, NY: Springer-Verlag.

Lepper, M. R., Corpus, J. H., & Iyengar, S. S. 2005 Intrinsic and extrinsic motivational orientations in the classroom: Age differences and academic correlates. *Journal of Educational Psychology*, **97**, 184-196.

Lepper, M. R., Greene, D., & Nisbett, R. E. 1973 Undermining children's intrinsic interest with extrinsic rewards: A test of overjustification hypothesis. *Journal of Personality and Social Psychology*, **28**, 129-137.

Lepper M. R. & Hodell, M. 1989 Intrinsic motivation in the classroom. In C. Ames & R. Ames (Eds.) *Research on motivation in education (Vol.3): Goals and cognitions* (pp. 73-105). San Diego, CA: Academic Press.

Lepper, M. R., Keavney, M., & Drake, M. 1996 Intrinsic motivation and extrinsic rewards: A commentary on Cameron and Pierce's meta-analysis. *Review of Educational Research*, 66, 5-32.

Lepper, M. R., Sagotsky, G., Dafoe, J. L., & Greene, D. 1982 Consequences of superfluous social constraints: Effects on young children's social inferences and subsequent intrinsic interest. *Journal of Personality and Social Psychology*, 42, 51-65.

Lepper, M. R., Sethi, S., Dialdin, D., & Drake, M. 1997 Intrinsic and extrinsic motivation: A developmental perspective. In S. S. Luthar, J. A. Burack, D. Cicchetti & J. R. Weisz (Eds.) *Developmental psychology: Perspectives on adjustment, risk, and disorder* (pp. 23-50). New York, NY: Cambridge University Press.

Lepper, M. R., & Woolverton, M. 2002 The wisdom of practice: Lessons learned from the study of highly effective tutors. In J. Aronson (Ed.) *Improving academic achievement: Impact of psychological factors on education* (pp. 135-158). New York, NY: Academic Press.

Lester, D. 1990 Maslow's hierarchy of needs and personality. *Personality and Individual Differences*, 11, 1187-1188.

Levenson 1999 The Interpersonal Functions of Emotion. *Cognition and Emotion*, 13, 481-504.

Lewin, K. 1935 *A dynamic theory of personality*. New York, NY: McGraw-Hill. (K・レヴィン　相良守次・小川隆（訳）1957　パーソナリティの力学説　岩波書店)

Lewin, K. 1938 *The conceptual representation and the measurement of psychological forces*. Durham, NC: Duke University Press.

Lewin, K. 1942 Field theory and learning. In N. B. Henry (Ed.) *The forty-first yearbook of the National Society for the Study of Education: Part II, The psychology of learning* (pp. 215-242). Chicago, IL: University of Chicago Press.

Lewin, K., Lippitt, R., White, R. K. 1939 Patterns of aggressive behavior in experimentally created "social climates". *Journal of Social Psychology*, 10, 271–301.

Liebert, R. M., & Morris, L. W. 1967 Cognitive and emotional components of test anxiety: A distinction and some initial data. *Psychological Reports*, 20, 975-978.

Linnenbrink, E. A. 2007 The role of affect in student learning: A multi-demensional approach to considering the interaction of affect, motivation, and engagement. In P. A. Schutz & R. Pekrun (Eds.) *Emotion in education* (pp. 107-124). Burlington, MA: Academic Press.

Linnenbrink-Garcia, L., Rogat, T. K., & Koskey, K. L. K. 2011 Affect and engagement during small group instruction. *Contemporary Educational Psychology*, 36, 13-24.

Little, B. R. 1983 Personal projects: A rationale and method for investigation. *Environment and Behavior*, 15, 273-309.

Locke, E. A. & Latham, G. P. 2002 Building a practically useful theory of goal setting and task motivation: A 35-year odyssey. *American Psychologist*, 57, 705-717.

Loewenstein, G. 1994 The Psychology of curiosity: A review and reinterpretation. *Psychological Bulletin*, **116**, 75-98.

M

Madsen, K. B. 1973 Theories of motivation. In B. B. Wolman (Ed.) *Handbook of general psychology* (pp. 673-706). Englewood Cliffs, NJ: Prentice-Hall.

Maehr, M. L. 1984 Meaning and motivation: Toward a theory of personal investment. In R. Ames & C. Ames (Eds.) *Research on motivation in education (Vol. 1): Student motivation* (pp. 115-144). Orlando, FL: Academic Press.

Maehr, M. L., & McInerney, D. M. 2004 Motivation as personal investment. In D. M. McInerney & S. Van Etten (Eds.) *Big Theories revisited* (pp. 61-90). Greenwich, CT: Information Age.

Maehr, M. L., & Midgley, C. 1991 Enhancing student motivation: A schoolwide approach. *Educational Psychologist*, **26**, 399-427.

Maehr, M. L., & Midgley, C. 1996 *Transforming school cultures*. Boulder, CO: Westview Press.

Maehr, M. L., & Zusho, A. 2009 Achievement goal theory: The past, present, and future. In K. R. Wentzel & A. Wigfield (Eds.) *Handbook of motivation at school* (pp. 77-104). New York, NY: Routledge.

牧郁子・関口由香・山田幸恵・根建金男　2003　主観的随伴経験が中学生の無気力感に及ぼす影響—尺度の標準化と随伴性認知のメカニズムの検討—　教育心理学研究, **51**, 298-307.

Malatesta, C. Z., & Wilson, A. 1988 Emotion cognition interaction in personality development: A discrete emotions, functionalist analysis. *British Journal of Social Psychology*, **27**, 91-112.

Malone, J. W. & Lepper M. R. 1987 Making learning fun: A taxonomy of intrinsic motivations for learning. In R. E. Snow & M. J. Farr (Eds.) *Aptitude, learning, and instruction (Vol.3): Conative and affective process analyses* (pp. 223-253). Hillsdale, NJ: Lawrence Erlbaum Associates.

Mandler, G., & Sarason, S. B. 1952 A study of anxiety and learning. *Journal of Abnormal and Social Psychology*, **47**, 166-173.

Marchand, G., & Skinner, E. A. 2007 Motivational dynamics of children's academic help-seeking and concealment. *Journal of Educational Psychology*, **99**, 65-82.

Markus, H. & Nurius, P. 1986 Possible selves. *American Psychologist*, **41**, 954-969.

Marsh, H. W. 1993 Academic self-concept: Theory, measurement, and research. In J. Suls (Ed.) *Psychological perspectives on the self (Vol.4): The self in social perspective* (pp.59-98). Hillsdale, NJ: Lawrence Erlbaum Associates.

Marsh, H. W., Nagengast, B., Scalas, L. F., Xu, M., & Hau, K. 2011 The relation of expectancy and value to outcomes: Is this additive or interactive? paper presented EARLI, University of Exeter, August.

Marsh, H. W., & O'Mara, A. 2008 Reciprocal effects between academic self-concept, self-esteem, achievement, and attainment over seven adolescent years: Unidimensional and multidimensional perspectives of self-concept. *Personality and Social Psychology Bulletin*, **34**, 542-552.

Marsh, H. W., & Parker, J. W. 1984 Determinants of self-concept: Is it better to be a relatively large fish in a small pond even if you don't learn to swim as well. *Journal of Personality and Social Psychology*, **47**, 213-231.

Marsh, H. W., & Scalas, L. F. 2010 Self-concept in learning: Reciprocal effects mode; between academic self-concept and academic achievement. In P. Peterson, E. Baker & B. McGaw (Eds.) *International encyclopedia of education (3rd Ed., Vol.6)* (pp.660-667). Oxford, UK: Elsevier.

Marton, F., & Säljö, R. 1976 On qualitative differences in learning: I. Outcome and process. *British Journal of Educational Psychology*, **46**, 4-11.

Maslow, A. H. 1943 A theory of human motivation. *Psychological Review*, **50**, 370-396.

Maslow, A. H. 1970 *Motivation and personality (2nd Ed.)*. New York, NY: Harper and Row.

Mason, L., Gava, M., & Boldrin, A. 2008 On warm conceptual change: The interplay of text, epistemological beliefs, and topic interest. *Journal of Educational Psychology*, **100**, 291-309.

Massimini, Fausto; Carli, Massimo 1988 The systematic assessment of flow in daily experience. In M. Csikszentmihalyi & I. S. Csikszentmihalyi (Eds) *Optimal experience: Psychological studies of flow in consciousness* (pp. 266-287). New York, NY: Cambridge University Press.

McAdams, D. P. 1982 Intimacy motivation. In A. J. Stewart (Ed.) *Motivation and Society* (pp. 133-171). San Francisco, CA: Jossey-Bass.

McCaslin, M. 2009 Co-regulation of student motivation and emergent identity. *Educational Psychologist*, **44**, 137-146.

McClelland, D. C. 1965 Toward a theory of motive acquisition. *American Psychologist*, **20**, 321-333.

McClelland, D. C. 1984 *Human motivation*. Glenview, IL: Scott, Foresman.

McClelland, D. C. 1985 How motives, skills, and values determine what people do. *American Psychologist*, **40**, 812-825.

McClelland, D. C., Atkinson, J. W., Clark, R. A. & Lowell, E. L. 1953 *The achievement motive*. New York, NY: Appleton-Century-Crofts.

McCombs, B. L., & Miller, L. 2007 *Learner-centered classroom practices and assessments*. Thousand Oak, CA: Corwin.

McCombs, B. L., & Whisler, J. S. 1997 *The learner-centered classroom and school*. San Francisco, CA: Jossey-Bass.

McDougall, W. 1908 *An introduction to social psychology*. London, UK: Methuen.

McDougall, W. 1926 *An introduction to social psychology (Revised Edition)*. Boston, MA: John W. Lure & Co.

McDougall, W. 1932 *The energies of men*. London, UK: Methuen.

McGregor, H. A., & Elliot, A. J. 2002 Achievement goals as predictors of achievement-relevant processes prior to task engagement. *Journal of Educational Psychology*, **94**, 381-395.

McGregor, I., & Little, B. R. 1998 Personal projects, happiness, and meaning: On doing well and being yourself. *Journal of Personality and Social Psychology*, **74**, 494-512.

McReynolds, P. 1971 The nature and assessment of intrinsic motivation. In P. McRaynolds (Ed.) *Advances in psychological assessment (Vol.2)* (pp. 157-177). Palo Alto, CA: Science and Behavior Books.

Messer, D. J. 1993 Mastery motivation: An introduction to theories and issues. In D. J. Messer (Ed.) *Mastery motivation in early childhood: Development, measurement and social processes* (pp. 1-16). London, UK: Routledge.

Metalsky, G. I., Halberstadt, L. J., & Abramson, L. Y. 1987 Vulnerability to depressive mood reactions: Toward a more powerful test of the diathesis-stress and causal mediation components of the reformulated theory of depression. *Journal of Personality and Social Psychology*, **52**, 386-393

Meyer, D. K., & Turner, J. C. 2007 Scaffolding emotion in classroom. In P. A. Schutz, & R. Pekrun (Eds.) *Emotion in education* (pp. 243-258). Burlington, MA: Academic Press.

Midgley, C. (Ed.) 2002 *Goals, goal sturucutres, and patterns of adaptive learning*. Mahwah, NJ: Lawrence Erlbaum Associates.

三木かおり・山内弘継　2005　教室の目標構造の知覚，個人の達成目標志向，学習方略の関連性　心理学研究, **76**, 260-268.

Miller, G. A., Galanter, E., & Pribram, K.H. 1960 *Plans and the structure of behavior*. New York, NY: Holt.

Miller, N. E. 1959 Liberalization of basic S-R concepts: Extensions to conflict behavior, motivation, and social learning. In S. Koch (Ed.), *Psychology: A study of a science (Vol. 2)* (pp. 196-292). New York, NY: McGraw-Hill.

Miller, R. B., & Brickman, S. J. 2004 A model of future-orientated motivation and self-regulation. *Educational Psychology Review*, **16**, 9-33.

美濃正　1997　行為と因果性―行為論の展開の一断面―　藤本隆志・伊藤邦武（編）分析哲学の現在（pp. 122-155）　世界思想社

Mischel, W., Cantor, N., & Feldman, S. 1996 Principles of self-regulation: The nature of willpower and self-control. In E. T. Higgins & A. W. Kruglanski (Eds.) *Social psychology: Handbook of basic principles* (pp. 329-360). New York, NY: Guilford.

Mischel, W., & Morf, C. C. 2003 The self as a psycho-social dynamic processing system: A meta-perspective on a century of the self in psychology. In M. R. Leary & J. P. Tangney (Eds.) *Handbook of self and identity* (pp. 15-43). New York, NY: Guilford Press.

Mitchell, M. 1993 Situational interest: Its multifaceted structure in the secondary school mathematics classroom. *Journal of Educational Psychology*, **85**, 424-436.

光浪睦美　2010　達成動機と目標志向性が学習行動に及ぼす影響―認知的方略の違いに着目して―　教育心理学研究, **58**, 348-360.

三宅幹子　2000　特性的自己効力感が課題固有の自己効力感の受容に与える影響―課題成績の

フィードバックの操作を用いて— 教育心理学研究, **48**, 42-51.

宮本美沙子（編著） 1979 達成動機の心理学 金子書房

三好昭子 2003 主観的な感覚としての人格特性的自己効力感尺度（SMSGSE）の開発 発達心理学研究, **14**, 172-179.

Molden, D. C., & Dweck, C. S. 2000 Meaning and motivation. In C. Sansone & J. M. Harackiewicz (Eds.) *Intrinsic and extrinsic motivation.* San Diego, CA: Academic Press.

Moore, O. K. & Anderson, A. R. 1969 Some principles for the design of clarifying educational environments. In D. A. Goslin (Ed.), *Handbook of socialization theory and research* (pp. 571-613). Chicago, IL: Rand McNally College Publishing.

Morgan, G. A., Harmon, R. J., & Maslin-Cole, C. A. 1990 Mastery motivation: Definition and measurement. *Early Education and Development,* **1**, 318-339.

Morgan, G. A., MacTurk, R. H., & Hrncir, E. J. 1995 Mastery motivation: Overview, definitions and conceptual issues. In R. H. MacTurk & G. A. Morgan (Eds.) *Mastery motivation: Origins, conceptualizations, and applications* (pp.1-18). Norwood, NJ: Ablex.

Morgan, M. 1984 Reward-Induced Decrements and Increments in Intrinsic Motivation. *Review of Educational Research,* **54**, 5-30.

Moskowitz, G. B., & Grant, H. (Eds.) 2009 *The psychology of goals.* New York, NY: Guilford.

Mueller, C. M., & Dweck, C. S. 1998 Praise for intelligence can undermine children's motivation and performance. *Journal of Personality and Social Psychology,* **75**, 33-52.

村山航 2003a 達成目標理論の変遷と展望—「緩い統合」という視座からのアプローチ 心理学評論, **46**, 564-583

村山航 2003b テスト形式が学習方略に与える影響 教育心理学研究, **51**, 1-12.

村山航 2004 ポジティブな目標表象とネガティブな目標表象—"3次元の枠組み"の提唱— 教育心理学研究, **52**, 199-213.

村山航 2011 日本の子どもの学ぶ意欲は低いのか—学習意欲を巡る「思い込み」を吟味する 大久保智生・牧郁子（編）実践をふりかえるための教育心理学—教育心理にまつわる言説を疑う（pp. 27-40） ナカニシヤ出版

Murayama, K., & Elliot, A. 2009 The joint influence of personal achievement goals and classroom goal structures on achievement-relevant outcomes. *Journal of Educational Psychology,* **101**, 432-447.

Murayama, K., Elliot, A. J., & Friedman, R. 2012 Achievement goals. In R. M. Ryan (Ed.) *The Oxford handbook of human motivation* (pp. 191-207). Oxford, UK: Oxford University Press.

村山航・及川恵 2005 回避的な自己制御方略は本当に非適応的なのか 教育心理学研究, **53**, 273-286.

Murgatroyd, S. 1985 Introduction to reversal theory. In M.J. Apter, D. Fontana, & S. Murgatroyd (Eds.) *Reversal theory: Applications and developments* (pp. 1-19). Cardiff, UK: University College Cardiff Press.

Murray, E. J. 1964 *Motivation and emotion.* Englewood Cliffs, NJ: Prentice-Hall.

Murray, H. A. 1938 *Explorations in personality.* New York, NY: Oxford University Press.（H. A.

引用文献

マァレー　外林大作（訳編）　1961　パーソナリティ　誠信書房）

N

奈田哲也・堀憲一郎・丸野俊一　2012　他者とのコラボレーションによる課題活動に対するポジティブ感情が知の協同構成過程に与える影響　教育心理学研究, 60, 324-334.

永作稔・新井邦二郎　2005　自律的高校進学動機と学校適応・不適応に関する短期縦断的検討　教育心理学研究, 53, 516-528.

中川惠正・松原千代子　1996　児童における「わり算」の学習に及ぼす自己評価訓練の効果―自己評価カード導入の効果―　教育心理学研究, 44, 214-222.

中川惠正・守屋孝子　2002　国語の単元学習に及ぼす教授法の効果―モニタリング自己評価訓練法の検討―　教育心理学研究, 50, 81-91.

中島由佳・無藤隆　2007　女子学生における目標達成プロセスとしての就職活動―コントロール方略を媒介としたキャリア志向と就職達成の関係―　教育心理学研究, 55, 403-413.

Nakamura, J., & Csikszentmihalyi, M. 2002 The concept of flow. In C. R. Snyder & S. J. Lopez (Eds.) *Handbook of positive psychology* (pp. 89–105). Oxford: Oxford University Press.

中西良文　2004　成功／失敗の方略帰属が自己効力感に与える影響　教育心理学研究, 52, 127-138.

中谷素之　1996　児童の社会的責任目標が学業達成に影響を及ぼすプロセス　教育心理学研究, 44, 389-399.

中谷素之　1998　教室における児童の社会的責任目標と学習行動，学業達成の関連　教育心理学研究, 46, 291-299.

中谷素之　2006　社会的責任目標と学業達成過程　風間書房

中山晃　2005　日本人大学生の英語学習における目標志向性と学習観および学習方略の関係のモデル化とその検討　教育心理学研究, 53, 320-330.

中沢正寿　1976　意欲的な学習態度の伸ばし方　真仁田昭（編）学習意欲を育てる（児童心理選集 5）(pp. 109-121)　金子書房

並木博　1997　個性と教育環境の交互作用―教育心理学の課題　培風館

成田健一・下仲順子・中里克治・河合千恵子・佐藤眞一・長田由紀子　1995　特性的自己効力感尺度の検討―生涯発達的利用の可能性を探る―　教育心理学研究, 43, 306-314.

奈須正裕　1985　意欲研究の現状と問題　現代のエスプリ, 333, 35-45.

奈須正裕　1988　Weiner の達成動機づけに関する帰属理論についての研究　教育心理学研究, 37, 84-95.

奈須正裕　1990　学業達成場面における原因帰属，感情，学習行動の関係　教育心理学研究, 38, 17-25.

奈須正裕　1994　達成関連感情の特徴と構造　教育心理学研究, 42, 432-441.

奈須正裕　1995　自己効力　宮本美沙子・奈須正裕（編）達成動機の理論と展開 (pp. 115-131)　金子書房

奈須正裕　2000　学力をどうとらえ，どう育てるか　科学，**70**, 834-838.

奈須正裕・堀野緑　1991　原因帰属と達成関連感情　教育心理学研究，**39**, 332-340.

奈須正裕・市川伸一・堀野緑　1991　学習統制感尺度の構成と学業成績との関連　日本教育工学雑誌，**15**, 85-92.

名取洋典　2007　指導者のことばがけが少年サッカー競技者の「やる気」におよぼす影響　教育心理学研究，**55**, 244-254.

Nelson, R. M., & DeBacker, T. K. 2008 Achievement motivation in adolescents: The role of peer climate and best friends. *The Journal of Experimental Education*, **76**, 170-189.

Nicholls, J. G. 1979 Quality and equality in intellectual development: The role of motivation in education. *American Psychologist*, **34**, 1071-1084.

Nicholls, J. G. 1984 Conceptions of ability and achievement motivation. In R. Ames & C. Ames (Eds.) *Research on motivation in education (Vol. 1): Student motivation* (pp. 39-73). New York, NY: Academic Press.

Nicholls, J. G. 1989 *The competitive ethos and democratic education.* Cambridge, MA: Harvard University Press.

新谷優・ジェニファー　クロッカー　2007　学習志向性は失敗が自尊心に与える脅威を緩衝するか　心理学研究，**78**, 504-511.

西村貴美代　1996　児童の学習行動に伴う感情に関する研究　教育心理学研究，**44**, 410-417.

西村多久磨・河村茂雄・櫻井茂男　2011　自律的な学習動機づけとメタ認知的方略が学業成績を予測するプロセス―内発的な学習動機づけは学業成績を予測することができるのか？―　教育心理学研究，**59**, 77-87.

西村多久磨・櫻井茂男　2013　小中学生における学習動機づけの構造的変化　心理学研究，**83**, 546-555.

丹羽洋子　1989　児童の達成における原因帰属―感情反応について―　教育心理学研究，**37**, 11-19.

Nolen, S. B. 1988 Reasons for studying: Motivational orientations and study strategies. *Cognition and Instruction*, **5**, 269-287.

Nolen, S. B., & Ward, C. J. 2008 Sociocultural and situative research on motivation. In M. Maehr, S. Karabenick & T. Urdan (Eds.) *Social psychological perspective on motivation and achievement. Advance in motivation and achievement (Vol. 15)* (pp. 428-460). London, UK: Emerald.

Norem, J. K. 2001 *The positive power of negative thinking.* New York, NY: Basic Books.（ジュリー・K・ノレム　末宗みどり（訳）　2002　ネガティブだからうまくいく　ダイヤモンド社）

Norem, J. K., & Cantor, N. 1986 Defensive pessimism: Harnessing anxiety as motivation. *Journal of Personality and Social Psychology*, **51**, 1208-1217.

Norem, J. K., & Chang, E. C. 2002 The positive psychology of negative thinking. *Journal of Clinical Psychology*, **58**, 993-1001.

Norem, J. K., & Illingworth, K. S. S. 1993 Strategy-dependent effects of reflecting on self and tasks: Some implications for optimism and defensive pessimism. *Journal of Personality and*

Social Psychology, **65**, 822-835.
Ntoumanis, N., Barkoukis, V., & Thøgersen-Ntoumani, C. 2009 Developmental Trajectories of motivation in physical education: Course, demographic differences, and antecedents. *Journal of Educational Psychology*, **101**, 717-728.
Nuttin, J. 1972a Motivation. In H. J. Eysenck, W. Arnold, & R. Meili (Eds.) *Encyclopedia of psychology (Vol.2)* (pp. 286-291). London, UK: Search Press.
Nuttin, J. 1972b Motive. In H. J. Eysenck, W. Arnold, & R. Meili (Eds.) *Encyclopedia of psychology (Vol.2)* (pp. 291-292). London, UK: Search Press.

O

大芦治　1995　テスト不安　宮本美沙子・奈須正裕（編）達成動機の理論と展開―続・達成動機の心理学（pp. 73-88）　金子書房
大芦治　2004　動機づけ研究の臨床的展開：学習性無力感，絶望感に関する近年の研究動向　上淵寿（編）動機づけ研究の最前線（pp. 146-170）　北大路書房
小田美穂子　2002　学業達成の援助　坂野雄二・前田基成（編著）　セルフ・エフィカシーの臨床心理学（pp. 188-203）北大路書房
小方（川嶋）涼子　1998　課題達成場面における目標志向性とパフォーマンスとの関係　教育心理学研究, **46**, 387-394.
小倉泰夫・松田文子　1988　生徒の内発的動機づけに及ぼす評価の効果　教育心理学研究, **36**, 144-151.
及川昌典　2005　知能観が非意識的な目標追求に及ぼす影響　教育心理学研究, **53**, 14-25.
及川昌典　2006　感情の自動的過程　北村英哉・木村晴（編）感情研究の新展開（pp. 113-131）　ナカニシヤ出版
及川昌典　2011　自己制御における意識と非意識の役割　風間書房
岡田いずみ　2007　学習方略の教授と学習意欲―高校生を対象にした英単語学習において―　教育心理学研究, **55**, 287-299.
岡田涼　2008a　友人との学習活動における自律的な動機づけの役割に関する研究　教育心理学研究, **56**, 14-22.
岡田涼　2008b　親密な友人関係の形成・維持過程の動機づけモデルの構築　教育心理学研究, **56**, 575-588.
岡田涼　2010a　小学生から大学生における学習動機づけの構造的変化―動機づけ概念間の関連性についてのメタ分析―　教育心理学研究, **58**, 414-425.
岡田涼　2010b　自己決定理論における動機づけ概念間の関連性―メタ分析による相関係数の統合―　パーソナリティ研究, **18**, 152-160.
岡田涼・中谷素之　2006　動機づけスタイルが課題への興味に及ぼす影響―自己決定理論の枠組みから―　教育心理学研究, **54**, 1-11.
大久保智生・加藤弘通　2005　青年期における個人―環境の適合の良さ仮説の検証―学校環境

における心理的欲求と適応間の関連　教育心理学研究, 53, 368-380.
Ortony, A., & Turner, T. J. 1990 What's basic about basic emotions? *Psychological Review*, 97, 315-331.
大平英樹　2010　感情と意思決定―ソマティック・マーカーの脳・身体基盤―　児童心理学の進歩, 49, 251-271.
大谷和大・中谷素之　2010　中学生用自己価値の随伴性尺度の作成　パーソナリティ研究, 18, 233-236.
大谷和大・中谷素之　2011　学業における自己価値の随伴性が内発的動機づけ低下に及ぼす影響プロセス―状態的自尊感情と失敗場面の感情を媒介として　パーソナリティ研究, 19, 206-216.
大谷和大・中谷素之・伊藤崇達・岡田涼　2012　学級の目標構造は自己価値の随伴性の効果を調整するか―内発的興味と自己調整学習方略に及ぼす影響―　教育心理学研究, 60, 355-366.
尾崎由佳・唐沢かおり　2011　自己評価に対する評価と接近回避志向の関係性―制御焦点理論に基づく検討―　心理学研究, 82, 450-458.

P

Patall, E. A., Cooper, H., & Robinson, J. C. 2008 The effects of choice on intrinsic motivation and Related outcomes: A meta-analysis of research findings. *Psychological Bulletin*, 134, 270-300.
Patall, E. A., Cooper, H., & Wynn, S. R. 2010 The effectiveness and relative importance of choice in the classroom. *Journal of Educational Psychology*, 102, 896-915.
Patrick, H., Kaplan, A., & Ryan, A. 2011 Positive classroom motivational environments: Convergence between mastery goal structure and classroom social climate. *Journal of Educational Psychology*, 103, 367-382.
Patrick, H., Ryan, A. M., & Kaplan, A. 2007 Early adolescents' perceptions of the classroom social environment, motivational beliefs, and engagement. *Journal of Educational Psychology*, 99, 83-98.
Pekrun, R., Elliot, A. J., & Maier, M. A. 2009 Achievement goals and achievement emotions: Testing a model of their joint relations with academic performance. *Journal of Educational Psychology*, 101, 115-135.
Pekrun, R., Frenzel, A. C., Goez, T., & Perry, R. P. 2007 The control-value theory of achievement emotions: An integrative approach to emotion in education. In P. A. Schutz, & R. Pekrun (Eds.) *Emotion in education* (pp.13-36). Burlington, MA: Academic Press.
Pekrun, R., Goetz, T., Daniels, L. M., Stupnisky, R. H., & Perry, R. P. 2010 Boredom in achievement settings: Exploring control–value antecedents and performance outcomes of a neglected emotion. *Journal of Educational Psychology*, 102, 531-549.

Pekrun, R., Goetz, T., Titz, W., & Perry, R. P. 2002 Academic emotions in students' self-regulated learning and achievement: A program of qualitative and quantitative research. *Educational Psychologist*, **37**, 91-105.

Pelletier, Luc G., Séguin-Lévesque, C., & Legault, L. 2002 Pressure from above and pressure from below as determinants of teachers' motivation and teaching behaviors. *Journal of Education Psychology*, **94**, 186-196.

Pervin, L. A. 1989 Goals concepts: Themes, issues, and questions. In L. A. Pervin (Ed.) *Goal concepts in personality and social psychology* (pp. 1-17). Hillsdale, NJ: Lawrence Erlbaum Associates.

Peterson, C. 2000 The future of optimism. *American Psychologist*, **55**, 44-55.

Peterson, C., Semmel, A., von Baeyer, C., Abramson, L. T., Metalsky, G. I., & Seligman, M. E. P. 1982 The Attributional Style Questionnaire. *Cognitive Therapy and Research*, **6**, 287-300.

Petri, H. L. 1996 *Motivation: Theory, research, and applications (4th Ed.)*. Pacific Grove, CA: Brooks/Cole.

Pierro, A., Presaghi, F., Higgins, T. E., & Kruglanski, A. W. 2009 Regulatory mode preferences for autonomy supporting versus controlling instructional styles. *British Journal of Educational Psychology*, **79**, 599-615.

Pinker, S. 1997 *How the mind works*. New York, NY: W. W. Norton.（スティーブン・ピンカー著, 椋田直子・山下篤子（訳）2003　心の仕組み（中）　NHKブックス）

Pintrich, P. R. 2003 A motivational science perspective on the role of student motivation in learning and teaching contexts. *Journal of Educational Psychology*, **93**, 667-686.

Pintrich, P. R., & DeGroot, E. V. 1990 Motivational and self-regulated learning components of classroom academic performance. *Journal of Educational Psychology*, **82**, 33-40.

Pintrich, P. R., Marx, R. W., & Boyle, R. A. 1993 Beyond cold conceptual change: The role of motivational beliefs and classroom contextual factors in the process of conceptual change. *Review of Educational Research*, **63**, 167-199.

Pintrich, P. R., & Shunk, D. H. 2002 *Motivation in education: Theory, research, and applications (2nd Ed.)*. Upper Saddle River, NJ: Pearson.

Pittman, T. S., & Zeigler, K. R. 2007 Basic human needs. In A. W. Kruglanski & E. T. Higgins (Eds.) *Social Psychology: Handbook of basic principles (2nd Ed.)* (pp. 473-489). New York, NY: Guilford.

Powers, W. T. 1973 *Behavior: The control of perception*. Chicago, IL: Aldine.

R

Radel, R., Sarrazin, P., Legrain, P., & Wild, T. C. 2010 Social contagion of motivation between teacher and student: Analyzing underlying processes. *Journal of Educational Psychology*, **102**, 577-587.

Ratelle, C. F., Guay, F., Larose, S., & Senécal, C. 2004 Family correlates of trajectories of academic motivation during a school transition: A semi parametric group-based approach. *Journal of Educational Psychology*, **96**, 743-754.

Ratelle, C. F., Guay, F., Vallerand, R. J., Larose, S., & Senécal, C. 2007 Autonomous, controlled, and amotivateed types of academic motivation: A person-oriented analysis. *Journal of Educational Psychology*, **99**, 734-746.

Raynor, J. O., & McFarlin, D. B. 1986 Motivation and self-system. In R. M. Sorrentino & E. T. Higgins (Eds.) *Handbook of motivation and cognition: Foundations of social behavior* (pp. 315-349). New York, NY: Guilford.

Reber, A. S. 1985 *The penguin dictionary of psychology*. New York, NY: Penguin Books.

Reed, J. H., & Schallert, D. L. 1993 The nature of involvement in academic discourse tasks. *Journal of Educational Psychology*, **85**, 253-266.

Reeve, J. 1993 The face of interest. *Motivation and Emotion*, **17**, 353-375.

Reeve, J. 2001 *Understanding motivation and emotion (3rd Ed.)*. Orlando, FL: Harcourt.

Reeve, J. 2002 Self-determination theory applied to educational settings. In E. L. Deci & R. M. Ryan (Eds.) *Handbook of self-determination research* (pp. 183-203). Rochester, NY: Rochester University Press.

Reeve, J. 2009a Motivation and engagement. In A. M. O'Donnell, J. Reeve & J. K. Smith (Eds.) *Educational psychology: Reflection for action (2nd Ed.)* (pp.366-401). New York, NY: Wiley.

Reeve, J. 2009b *Understanding motivation and emotion (5th Ed.)*. Hoboken, NJ: John Wiley & Sons.

Reeve, J., Bolt, E., & Cai, Y. 1999 Autonomy-supportive teachers: How they teach and motivate students. *Journal of Educational Psychology*, **91**, 537-548.

Reeve, J., Deci, E. L., & Ryan, R. M. 2004 Self-determination theory: A dialectical framework for understanding sociocultural influences on student motivation. In D. M. McInerney & S. Van Etten (Eds.) *Big Theories revisited* (pp. 31-60). Greenwich, CT: Information Age.

Reeve, J., Jang, H., Carrell, D., Jeon, S., & Barch, J. 2004 Enhancing students' engagement by increasing teachers' autonomy support. *Motivation and Emotion*, **28**, 147-169.

Reeve, J., Nix, G., & Hamm, D. 2003 Testing models of the experience of self-determination in intrinsic motivation and conundrum of choice. *Journal of Educational Psychology*, **95**, 375-392.

Reiss, S. 2005 Extrinsic and intrinsic motivation at 30: Unresolved scientific issues. *The Behavior Analyst*, **28**, 1-14.

Reiss, S., & Sushinsky, L. W. 1975 The Overjustification, competing responses, and the acquisition of intrinsic interest. *Journal of Personality and Social Psychology*, **31**, 1116-1125.

Renninger, K. A. 2000 Individual interest and its implications for understanding intrinsic motivation. In C. Sansone & J. M. Harackiewicz (Eds.) *Intrinsic and extrinsic motivation* (pp. 373-404). San Diego, CA: Academic Press.

Renninger, K. A. 2009 Interest and identity development in instruction: An inductive model. *Educational Psychologist*, **44**, 105-118.

Reyes, M. R., Brackett, M. A., Rivers, S. E., White, M., & Salovey, P. 2012 Classroom emotional climate, student engagement, and academic achievement. *Journal of Educational Psychology*, **104**, 700-712.

Reynolds, P. L., & Symons, S. 2001 Motivational variables and children's text search. *Journal of Educational Psychology*, **93**, 14-22.

Rheinberg, F. 2008 Intrinsic motivation and flow. In J. Heckhausen & H. Heckhausen (Eds.) *Motivation and action* (pp. 323-348). New York, NY: Cambridge University Press.

Rigby, C. S., Deci, E. L., Patrick, B. C., & Ryan, R. M. 1992 Beyond the intrinsic-extrinsic dichotomy: Self-determination in motivation and learning. *Motivation and Emotion*, **16**, 165-185.

Rogers, C. R. 1959 A theory of therapy, personality, and interpersonal relationships, as developed in the client-centered framework. In S. Koch (Ed.) *Psychology: A study of a science (Vol. 3): Formulations of the person and the social context* (pp. 184-256). New York, NY: McGraw-Hill.

Rogers, C. R. 1963 Actualizing tendency in relation to motives' and to consciousness. In M. Jones (Ed.) *Nebraska symposium on motivation (Vol. 11)* (pp. 1-24). Lincoln, NE: University of Nebraska Press.

Rogers, C. R. 1983 *Freedom to learn for the 80's*. Columbus, OH: Charles E. Merrill.（カール・R・ロジャーズ　友田不二男（監訳）1984/1985　新・創造への教育1・2・3　岩崎学術出版社）

Rokeach, M. 1979 Some unresolved issues in theories of beliefs, attitudes, ad values. In M. M. Page (Ed.) *Nebraska symposium on motivation (Vol.27)* (pp. 261-304). Lincoln, NE: University of Nebraska Press.

Rosenberg, E. L. 1998 Levels of analysis and the organization of affect. *Review of General Psychology*, **2**, 247-270.

Rosenberg, M. 1965 *Society and the adolescent self-image*. Princeton, NJ: Princeton University Press.

Rosenberg, M. 1979 *Conceiving the self*. New York, NY: Wiley.

Roseth, C. J., Johnson, D. W., & Johnson, R. T. 2008 Promoting early adolescents' achievement and peer relationships: The effects of cooperative, competitive, and individualistic goal structures. *Psychological Bulletin*, **134**, 223-246.

Roth, G., Assor, A., Kanat-Maymon, Y., & Kaplan, H. 2007 Autonomous motivation for teaching: How self-determined teaching may lead to self-determined learning. *Journal of Educational Psychology*, **99**, 761-774.

Rotter, J. B. 1966 Generalized expectancy for internal vs. external control of reinforcement. *Psychological Monographs*, **80**, 1-28.

Rotter, J. B. 1975 Some problems and misconceptions related to the construct of internal vs. external control of reinforcement. *Journal of Consulting and Clinical Psychology*, **48**, 56-67.

Rubin, K. H., Bukowski, W., & Parker, J. G. 1998 Peer interactions, relationships, and groups. In N. Eisenberg (Ed.) *Handbook of child psychology (5th Ed.) (Vol.3)* (pp. 619-700). New York, NY: John Wiley & Sons.

Runco, M. A. 2005 Motivation, competence, and creativity. In A. J. Elliot & C. S. Dweck (Eds.) *Handbook of competence and motivation* (pp. 609-623). New York, NY: Guilford.

Russell, J. A. 2003 Core affect and the psychological construction of emotion. *Psychological Review*, **110**, 145-172.

Rust, L. W. 1977 Interests. In S. Ball (Ed.) *Motivation in education*. New York, NY: Academic Press.

Ryan, A. M., Kiefer, S. M., & Hopkins, N. B. 2004 Young adolescents' social motivation: An achievement goal perspective. In P. R. Pintrich & M. L. Maehr (Eds.) *Advances in Motivation and Achievement (Vol. 13)* (pp. 301-330). Greenwich, CT: JAI Press.

Ryan, R. M. 1982 Control and information in intrapersonal sphere: An extension of cognitive evaluation theory. *Journal of Personality and Social Psychology*, **43**, 450-461.

Ryan, R. M. 1995 Psychological needs and the facilitation of integrative processes. *Journal of Personality*, **63**, 397-427.

Ryan, R. M., & Connell, J. P. 1989 Perceived locus of causality and internalization: Examining reasons for acting in two domains. *Journal of Personality and Social Psychology*, **57**, 749-761.

Ryan, R. M., & Deci, E. L. 1996 When paradigms clash: Comments on Cameron and Pierce's claim that rewards do not undermine intrinsic motivation. *Review of Educational Research*, **66**, 33-38.

Ryan, R. M., & Deci, E. L. 2000a Intrinsic and extrinsic motivations: Classic definitions and new directions. *Contemporary Educational Psychology*, **25**, 54-67.

Ryan, R. M., & Deci, E. L. 2000b Self-determination theory and the facilitation of intrinsic motivation, social development, and well-being. *American Psychologist*, **55**, 68-78.

Ryan, R. M., & Deci, E. L. 2000c The darker and brighter sides of human existence: Basic psychological needs as a unifying concept. *Psychological Inquiry*, **11**, 319-338.

Ryan, R. M., & Deci, E. L. 2004 Avoiding death or engaging life as accounts of meaning and culture: Comment on Pyszczynski et al. (2004). *Psychological Bulletin*, **130**, 473-477.

Ryan, R. M., & Deci, E. L. 2008 Self-determination theory and the role of basic psychological needs in personality and the organization of behavior. In O. P. John, R. W. Robins, & L. A. Pervin (Eds.) *Handbook of personality: Theory and research (3rd Ed.)* (pp.654-678) . New York, NY: Guilford.

Ryan, R. M., & Deci, E. L. 2009 Promoting self-determined school engagement. In K. Wentzel & A. Wigfield (Eds.) *Handbook on Motivation at School* (pp.171-195). New York, NY: Routledge.

Ryan, R. M., & Powelson, C. L. 1991 Autonomy and relatedness as fundamental to motivation in education. *Journal of Experimental Education*, **60**, 49-66.

Ryan, T. A. 1970 *Intentional behavior*. New York, NY; Ronald Press.

S

佐伯胖　2010　模倣と遊び　佐伯胖（監修）「学び」の認知科学事典（pp. 167-185）　大修館書店

相良守次　1973　欲求の心理　岩波新書

坂上貴之　2005　反応増加の幸福と害毒―内発的動機づけ論争と反応遮断化理論　巽孝之・宮坂敬造・坂上貴之・岡田光弘・坂本光（編著）幸福の逆説（pp. 81-109）　慶應義塾大学出版会

坂上裕子　2008　乳児期の感情　上淵寿（編著）感情と動機づけの発達心理学（pp. 25-44）　ナカニシヤ出版

坂本真士　2005　無気力とは―臨床社会心理学から―　大芦・鎌原（編）無気力な青少年の心（pp. 31-42）　北大路書房

坂本真士　2009　ネガティブ・マインド―なぜ「うつ」になる，どう予防する　中公新書

坂元忠芳　1978　学習意欲論の試み―学習意欲の二重性をめぐって―　国民教育, **37**, 98-122.

坂野登　1976　自ら学ぶ意欲の心理学―意欲を育てる条件の心理学的考察―　真仁田昭（編）学習意欲を育てる（児童心理選集5）（pp. 79-92）　金子書房

坂野雄二・前田基成（編著）　2002　セルフ・エフィカシーの臨床心理学　北大路書房

坂野雄二・東條光彦　1986　一般性セルフ・エフィカシー尺度作成の試み　行動療法研究, **12**, 73-82.

桜井茂男　1989　内発的動機づけに及ぼす外的評価の予告と報酬予期の効果　教育心理学研究, **37**, 29-35.

桜井茂男　1997　学習意欲の心理学―自ら学ぶ子どもを育てる　誠信書房

櫻井茂男　2009　自ら学ぶ意欲の心理学　有斐閣

桜井茂男・黒田祐二　2004　動機づけ理論は学校教育にどのように活かされたか―応用研究の体系化と授業実践への貢献の評価―　心理学評論, **47**, 284-299.

Salomon, G. 1984 Television is "easy" and print is "tough": The differential investment of mental effort in learning as a function of perceptions a d attributions. *Journal of Educational Psychology*, **76**, 647-658.

Sarason, I. G. 1978 The test anxiety scale: Concept and research. In C. D. Spielberger & I. G. Sarason (Eds.) *Stress and Anxiety (Vol.5)* (pp. 193-216). Washington, DC: Hemisphere.

Sarason, I. G. 1980a Introduction to the study of test anxiety. In I. G. Sarason (Ed.) *Test anxiety: Theory, research, and applications* (pp. 3-14). Hillsdale, NJ: Lawrence Erlbaum Associate.

Sarason, I. G (Ed.) 1980b *Test anxiety: Theory, research, and applications*. Hillsdale, NJ: Lawrence Erlbaum Associate.

Sarason, I. G. 1981 Test anxiety, stress, and social support. *Journal of Personality*, **49**, 101-114.

Sarason, I. G. 1984 Stress, anxiety, and cognitive interference: Reactions to tests. *Journal of Personality and Social Psychology*, **46**, 929-938.

Sarason, I. G. 1986 Test anxiety, worry, and cognitive interference. In R. Schwarzer (Ed.) *Self-

related cognitions in anxiety and motivation (pp. 19-35). Hillsdale, NJ: Erlbaum.

佐藤徳・安田朝子　2001　日本語版 PANAS の作成　性格心理学研究, 138-139.

佐藤公治　2002　スキャフォールディング　日本認知科学会（編）認知科学辞典（p. 439）　共立出版

澤田匡人　2005　児童・生徒における妬み感情の構造と発達的変化―領域との関連および学年差・性差の検討―　教育心理学研究, **53**, 185-195.

沢宮容子・田上不二夫　1997　楽観的帰属様式尺度の作成　教育心理学研究, **45**, 355-362.

Scheffler, I. 1960 *The language of education*. Springfield, IL: Charles C. Thomas.（イズラエル・シェフラー著　村井実（監・訳）　生田久美子・松丸修三（訳）　1981　教育のことば　その哲学的分析　東洋館出版社）

Scheier, M. F., Carver, C. S., & Bridges, M. W. 1994 Distinguishing optimism from neuroticism (and trait anxiety, self-mastery, and self-esteem): A reevaluation of the life orientation test. *Journal of Personality and Social Psychology*, **67**, 1063-1078.

Schiefele, U. 1991 Interest, learning, and motivation. *Educational Psychologist*, **26**, 299-323.

Schiefele, U. 1999 Interest and learning from text. *Scientific Studies of Reading*, **3**, 257-279.

Schiefele, U. 2001 The role of interest in motivation and learning. In J. M. Collis & S. Messick (Eds.) *Intelligence and personality* (pp. 163-193). Mahwah, NJ: Lawrence Erlbaum Associates.

Schiefele, U. 2009 Situational and individual interest. In K. R. Wentzel & A. Wigfield (Eds.) *Handbook of motivation at school* (pp. 197-222). New York, NY: Routledge.

Schmeck, R. R. (Ed.) 1988 *Learning Strategies and Learning Styles*. New York, NY: Plenum Press.

Schraw, G., & Lehman, S. 2001 Situational interest: A review of the literature and directions for future research. *Educational Psychology Review*, **13**, 23-52.

Schultheiss, O. C. 2008 Implicit motives. In O. P. John, R. W. Robins, & L. A. Pervin (Eds.) *Handbook of personality: Theory and research (3rd Ed.)* (pp. 603-633). New York, NY: Guilford.

Schultz, D. 1977 *Growth psychology: Models of the healthy personality*. New York, NY: Van Nostrand Reinhold.（D・シュルツ　上田吉一（監訳）　中西信男・古市裕一（共訳）　1982　健康な人格　人間の可能性と七つのモデル　川島書店）

Schultz, D. 1990 *Theories of personality (4th Ed.)*. Belmont, CA: Brooks/Cole.

Schunk, D. H. 1981 Modeling and attributional effects on children's achievement: A self efficacy analysis. *Journal of Educational Psychology*, **73**, 93-105.

Schunk, D. H. 1983 Goal difficulty and attainment information: Effects on children's achievement behaviors. *Human learning*, **2**, 107-117.

Schunk, D. H. 1990 Goal setting and self-efficacy during self-regulated learning. *Educational Psychologist*, **25**, 71-86.

Schunk, D. H. 1991 Self-efficacy and academic motivation. *Educational Psychologist*, **26**, 207-231.

Schunk, D. H. 2000 *Learning theories: An educational perspective (3rd Ed.)*. Upper Saddle River, NJ: Merrill.

Schunk, D. H. 2001 Social cognitive theory and self regulated learning. In B. J. Zimmerman & D. H. Schunk (Eds.) *Self-regulated learning and academic achievement (2nd Ed.)* (pp. 125-151).

Mahwah, NJ: Lawrence Erlbaum Associates.
Schunk, D. H., & Cox, P. D. 1986 Strategy training and attributional feedback with learning disabled students. *Journal of Educational Psychology*, **78**, 201-209.
Schunk, D. H., & Gunn, T. P. 1985 Modeled importance of task strategies and achievement beliefs: Effects on self-efficacy and skill development. *Journal of Early Adolescence*, **5**, 247-258.
Schunk, D. H., & Hanson, A. R. 1985 Peer models: Influence on children's self-efficacy and achievement. *Journal of Educational Psychology*, **77**, 313-322.
Schunk, D. H., & Hanson, A. R. 1989 Self-modeling and children's cognitive skill learning. *Journal of Educational Psychology*, **81**, 155-163.
Schunk, D. H., & Pajares, F. 2002 The development of academic self-efficacy. In A. Wigfield & J. S. Eccles (Eds.) *The development of achievement motivation* (pp. 15-31). San Diego, CA: Academic Press.
Schunk, D. H., & Pajares, F. 2004 Self-efficacy in education revisited: Empirical and applied evidence. In D. M. McInerney & S. Van Etten (Eds.) *Big Theories revisited* (pp. 115-164). Greenwich, CT: Information Age.
Schunk, D. H., Pintrich, P. R., & Meece, J. L. 2008 *Motivation in education: Theory, research, and applications (3rd Ed.).* Upper Saddle River, NJ: Pearson.
Schutz, P. A., & Davis, H. A. 2000 Emotions and self-regulation during test taking. *Educational Psychologist*, **35**, 243-256.
Seipp, B. 1991 Anxiety and academic performance: A meta-analysis of findings. *Anxiety Research*, **4**, 27-41.
Seligman, M. E. P. 1991 *Learned Optimism*. New York, NY: Knopf.（セリグマン・M　山村宜子（訳）　1994　オプティミストはなぜ成功するか　講談社文庫）
Seligman, M. E. P., & Csikszentmihalyi, M. 2000 Positive psychology. *American Psychologist*, **55**, 5-14.
Seligman, M. E. P., Ernst, R. M., Gillham, J., Reivich, K., Linkins, M. 2009 Positive education: positive psychology and classroom interventions. *Oxford Review of Education*, **35**, 293-311.
Seligman, M. E. P., & Maier, S. F. 1967 Failure to escape traumatic shock. *Journal of Experimental Psychology*, **94**, 1-9.
Shavelson, R. J., Hubner, J. J., & Stanton, G. C. 1976 Self-concept: Validation of construct interpretations. *Review of Educational Research*, **46**, 406-441.
Sheldon, K. M., Elliot, A. J., Kim, Y., & Kasser, T. 2001 What is satisfying about satisfying events? Testing 10 candidate psychological needs. *Journal of Personality and Social Psychology*, **80**, 325-339.
Shih, S., & Alexander, J. M. 2000 Interacting effects of goal setting and self- or other-referenced feedback on children's development of self-efficacy and cognitive skill within the Taiwanese classroom. *Journal of Educational Psychology*, **92**, 536-543.
Shim, S. S., Ryan, A., & Anderson, C. J. 2008 Achievement goals and achievement during early adolescence: Examining time varying predictor and outcome variables in growth-curve

analysis. *Journal of Educational Psychology*, **100**, 655-671.

島田英昭・北島宗雄 2008 挿絵がマニュアルの理解を促進する認知プロセス―動機づけ効果と精緻化効果― 教育心理学研究, **56**, 474-486.

島井哲志（編） 2005 ポジティブ心理学―21世紀の心理学の可能性― ナカニシヤ出版

清水秀美・今栄国晴 1981 State-Trait Anxiety Inventory の日本語版（大学生用）の作成 教育心理学研究, **29**, 62-67.

篠ヶ谷圭太 2012 学習方略研究の展開と展望―学習フェイズの関連づけの視点から― 教育心理学研究, **60**, 92-105.

神藤貴昭 1998 中学生の学業ストレッサーと対処方略がストレス反応および自己成長感・学習意欲に及ぼす影響 教育心理学研究, **46**, 442-451.

塩谷祥子 1995 高校生のテスト不安及び学習行動と認知的評価との関連 教育心理学研究, **43**, 125-133.

Shuell, T. J. 1986 Cognitive conceptions of learning. *Review of Educational Research*, **56**, 411-436.

Shuell, T. J. 1996 Teaching and learning in a classroom context. In D. C. Berrliner & R. C. Calfee (Eds.) *Handbook of Educational Psychology* (pp. 726-764). New York, NY: Macmillan.

Silvia, P. J. 2006 *Exploring the psychology of interest*. New York, NY: Oxford University Press.

Sit, C. H. P., & Lindner, K. J. 2006 Situational state balances and participation motivation in youth sport: A reversal theory perspective. *British Journal of Educational Psychology*, **76**, 369-384.

Skaalvik, E. M. 1997 Issues in research on self-concept. In L. Martin & P. R. Pintrich (Eds.) *Advance in motivation and achievement (Vol.10)* (pp. 51-97). Greenwich, CT: JAI Press.

Skaalvik, E. M., & Skaalvik, S. 2007 Dimensions of teacher self-efficacy and relations with strain factors, perceived collective teacher efficacy, and teacher burnout. *Journal of Educational Psychology*, **99**, 611-625.

Skinner, E. A. 1991 Development and perceived control: A dynamic model of action in context. In M. R. Gunner & L. A. Sroufe (Eds.) *Self processes in development: Minnesota Symposium on Child Psychology (Vol.23)* (pp. 167-216). Hillsdale, NJ: Lawrence Erlbaum Associates.

Skinner, E. A. 1995 *Perceived Control, Motivation, & Coping*. Thousand Oaks, CA: Sage.

Skinner, E. A., & Belmont, M. J. 1993 Motivation in the classroom: Reciprocal effects of teacher behavior and student engagement across the school year. *Journal of Educational Psychology*, **85**, 571-581.

Skinner, E. A., Chapman, M., & Baltes, P. B. 1988 Control, means-ends, agency beliefs: A new conceptualization and its measurement during childhood. *Journal of Personality and Social Psychology*, **54**, 117-133.

Skinner, E. A., Furrer, C., Marchand, G., & Kindermann, T. 2008 Engagement and disaffection in the classroom: Part of a larger motivational dynamic? *Journal of Educational Psychology*, **100**, 765-781.

Skinner, E. A., Kindermann, T. A., Connell, J. P., & Wellborn, J. G. 2009 Engagement and disaffection as organizational constructs in the dynamics of motivational development. In

K. R. Wentzel & A. Wigfield (Eds.) *Handbook of motivation at school* (pp. 223-245). New York, NY: Routledge.

Slavin, R. E. 1983 *Cooperative learning.* New York, NY: Longman.

Slavin, R. E. 2011 Instruction based on cooperative learning. In R. E. Mayer & P. A. Alexander (Eds.) *Handbook of research on learning and instruction* (pp. 344-360). New York, NY: Routledge.

Smith, C. A., & Ellsworth, P. C. 1987 Patterns of appraisal and emotion related to taking an exam. *Journal of Personality and Social Psychology, 52*, 475-488.

Snow, R. E. 1992 Aptitude theory: Yesterday, today, and tomorrow. *Educational Psychologist, 27*, 5-32.

Snow, R. E., Corno, L., & Jackson, D. 1996 Individual differences in affective and conative function. In D. C. Berliner & R. C. Calfee (Eds.) *Handbook of Educational Psychology* (pp. 243-310). New York, NY : Macmillan.

Snyder, C. R. 2000 *Handbook of hope: Theory, measures, & applications.* San Diego, CA: Academic Press.

Snyder, C. R., & Lopez, S. J. (Eds.) 2005 *Handbook of positive psychology.* New York, NY: Oxford University Press.

Snyder, C. R., Rand, K. L., & Sigmon, D. R. 2005 Hope theory: A member of the positive psychology family. In C. R. Snyder & S. J. Lopez (Eds.) *Handbook of positive psychology* (pp. 257-276). New York, NY: Oxford Press.

Soenens, B., Sierens, E., Vansteenkiste, M., Dochy, F., & Goossens, L. 2012 Psychologically controlling teaching: Examining outcomes, antecedents, and mediators. *Journal of Educational Psychology, 104*, 108-120.

Solomon, D., & Kendall, A. J. 1979 *Children in classrooms: An investigation of person-environment interaction.* New York, NY: Praeger.

Sousa, C., & Matsuzawa, T. 2001 The use of tokens as rewards and tools by chimpanzees. *Animal Cognition, 4*, 213-221.

Spence, K. W., Farber, I. E., & McFann, H. H. 1956 The relation of anxiety (drive) level to performance in competitional and non-competitional paired-associates learning. *Journal of Experimental Psychology, 52*, 296-305.

Spencer, S. M., & Norem, J. K. 1996 Reflection and distraction: Defensive pessimism, strategic optimism, and performance. *Personality and Social Psychology Bulletin, 103*, 193-210.

Spielberger, C. D. 1966 Theory and research on anxiety. In C. D. Spielberger (Ed.) *Anxiety and behavior* (pp. 3-20). London, UK: Academic Press.

Spielberger, C. D. 1980 *Test Anxiety Inventory: Preliminary professional manual.* Palo Alto, CA: Consulting Psychologists Press.

Spielberger, C. D., Gorsuch, R. L., & Lushene, R. E. 1970 *Manual for State-Trait Anxiety Inventory (Self-Evaluation Questionnaire).* Palo Alto, CA: Consulting Psychologists Press.

Spielberger, C. D., & Vagg, P. R. 1995 *Test Anxiety: Theory, assessment, and treatment.* Washington,

DC: Taylor & Francis.
Standage, M., Duda, J. L., & Ntoumanis, N. 2003 A model of contextual motivation in physical education: Using constructs from self-determination and achievement goal theories to predict physical activity intentions. *Journal of Educational Psychology*, **95**, 97-110.
Staw, B. M. 1976 *Intrinsic and extrinsic motivation*. Morristown, NJ: General Learning Press.
Steers, R. M., & Porter, L. W. (Eds.) 1987 *Motivation and work behavior (4th Ed.)*. New York, NY: McGraw Hill.
Stiensmeier-Pelster, J., & Heckhausen, H. 2008 Causal attribution of behavior and achievement. In J. Heckehausen & H. Heckhauen (Eds.) *Motivation and action* (pp. 349-383). New York, NY: Cambridge University Press.
Stipek, D., & Byler, P. 2004 The early childhood classroom observation measure. *Early Childhood Research Quarterly*, **19**, 375-397.
Stipek, D., Feiler, R., Daniels, D., & Milburn, S. 1995 Effects of different instructional approaches on young children's achievement and motivation. *Child Development*, **66**, 209-223.
杉江修治　2011　協同学習入門—基本の理解と51の工夫—　ナカニシヤ出版
杉本希映・庄司一子　2006　「居場所」の心理的機能の構造とその発達的変化　教育心理学研究, **54**, 289-299.
杉浦健　1996　クラスの学習目標の認知が原因帰属と期待・無気力感に及ぼす影響について　教育心理学研究, **44**, 269-277.
杉浦義典　1999　心配の問題解決志向性と制御困難性の関連　教育心理学研究, **47**, 191-198.
杉浦義典　2001　心配の認知的アプローチ—能動性に着目して—　教育心理学研究, **49**, 240-252.
鈴木克明　1995「魅力ある教材」設計・開発の枠組みについて—ARCS動機づけモデルを中心に—　教育メディア研究, **1**, 50-61.
鈴木雅之　2011　ルーブリックの提示による評価基準・評価目的の教示が学習者に及ぼす影響—テスト観・動機づけ・学習方略に着目して—　教育心理学研究, **59**, 131-143.
鈴木高志・櫻井茂男　2011　内発的および外発的な利用価値が学習動機づけに与える影響　教育心理学研究, **59**, 51-63.

T

Tabachnick, S. E., Miller, R. B., & Relyea, G. E. 2008 The relationships among students' future-oriented goals and subgoals, perceived task instrumentality, and task-oriented self-regulation strategies in an academic environment. *Journal of Educational Psychology*, **100**, 629-642.
高垣マユミ・田爪宏二・中西良文・波巌・佐々木昭弘　2009　理科授業における動機づけ機能を組み込んだ教授方略の効果—小学理科「水溶液の性質」の事例を通して—　教育心理学研究, **57**, 223-236.

髙垣マユミ・田爪宏二・中谷素之・伊藤崇達・小林洋一郎・三島一洋　2011　コンフリクトマップを用いた教授方略が認知的側面と動機づけ的側面に及ぼす影響　教育心理学研究, **59**, 111-122.

髙比良美詠子　1998　拡張版ホープレスネス尺度（日本語版）の信頼性および妥当性の検討　性格心理学研究, **7**, 1-10.

髙崎文子　2003　幼児を対象とした目標志向性の測度の開発　教育心理学研究, **51**, 401-412.

髙山草二　1993　現職教員のコンピュータ教育に対する態度及びコンピュータ不安の分析　教育心理学研究, **41**, 313-323.

竹綱誠一郎・鎌原雅彦・沢崎俊之　1988　自己効力に関する研究の動向と問題　教育心理学研究, **36**, 172-184.

竹村明子・仲真紀子　2012　二次的コントロール概念の多様性と今後の課題　教育心理学研究, **60**, 211-226.

玉瀬耕治　1985　社会的学習理論の歴史　祐宗省三・原野広太郎・柏木恵子・春木豊（編）社会的学習理論の新展開（pp. 3-13）　金子書房

田中あゆみ・山内弘継　2000　教室における達成動機，目標志向，内発的興味，学業成績の因果モデルの検討　心理学研究, **71**, 317-324.

田中幸代　2006　同学年モデルの観察および観察されるモデルとなることが，大学生の保育実技の「準備」・「自己効力」に及ぼす効果　教育心理学研究, **54**, 408-419.

谷（仙谷）真弓・山崎勝之　2004　児童用外的統制性質問紙（GEQC）の作成と信頼性，妥当性の検討　パーソナリティ研究, **13**, 1-10.

Tesser, A. 1986 Some effects of self-evaluation maintenance on cognition and action. In R. M. Sorrentino & E. T. Higgins (Eds.) *Handbook of motivation and cognition: Foundations of Social Behavior* (pp.435-464). New York, NY: Guilford.

Tesser, A., & Campbell, J. 1985 A self-evaluation maintenance model of student motivation. In C. Ames & R. Ames (Eds.) *Research on motivation in education (Vol. 2): The classroom milieu* (pp. 217-247). New York, NY: Academic Press.

Tobias, S. 1985 Test anxiety: Interference, defective skills, and cognitive capacity. *Educational Psychologist*, **20**, 135-142.

Tobias, S. 1994 Interest, prior knowledge, and learning. *Review of Educational Research*, **64**, 37-54.

戸田正直　1992　感情：人を動かしている適応プログラム　東京大学出版会

Todt, E. & Schreiber, S. 1998 Development of interests. In L. Hoffmann, A. Krapp, & K. A. Renninger (Eds.) *Interest and learning* (pp. 25-40). Kiel, Germany: IPN.

外山美樹　2004　中学生の学業成績と学業コンピテンスの関係に及ぼす友人の影響　心理学研究, **75**, 246-253.

外山美樹　2005　認知的方略の違いがテスト対処方略と学業成績の関係に及ぼす影響—防衛的悲観主義と方略的楽観主義—　教育心理学研究, **53**, 220-229.

外山美樹　2006　中学生の学業成績の向上に関する研究　教育心理学研究, **54**, 55-62.

外山美樹　2007　中学生の学業成績の向上における社会的比較と学業コンピテンスの影響—遂行比較と学習比較—　教育心理学研究, **55**, 72-81.

外山美樹 2008 教室場面における学業的自己概念―井の中の蛙効果について― 教育心理学研究, **56**, 560-574.

外山美樹 2009 社会的比較が学業成績に影響を及ぼす因果プロセスの検討―感情と行動を媒介にして― パーソナリティ研究, **17**, 168-181.

外山美樹・市原学 2008 中学生の学業成績の向上におけるテスト対処方略と学業コンピテンスの影響―認知的方略の違いの観点から― 教育心理学研究, **56**, 72-80.

Tracey, T. J. G. 2002 Personal Globe Inventory: Measurement of the spherical model of interests and competence beliefs. *Journal of Vocational Behavior*, **60**, 113-172.

Tracey, T. J. G., & Rounds, J. 1996 The spherical representation of vocational interests. *Journal of Vocational Behavior*, **48**, 3-41.

Tsai, Y., Kunter, M., Lüdtke, O., & Ryan, R. M. 2008 What makes lessons interesting? The role of situational and individual factors in three school subjects. *Journal of Educational Psychology*, **100**, 460-472.

Tschannen-Moran, M., & Woolfolk Hoy, A. 2001 Teacher efficacy: Capturing an elusive construct. *Teaching and Teacher Education*, **17**, 783-805.

Tschannen-Moran, M., Woolfolk Hoy, A. & Hoy, W. K. 1998 Teacher efficacy: Its meaning and measure. *Review of Educational Research*, **68**, 202-248.

塚原拓馬 2010 1次/2次コントロールにおけるBack/upモデルの検証―尺度作成と否定的事態に対するコントロール方略の作動関係― 教育心理学研究, **58**, 186-197.

Turner, J. C., & Meyer, D. K. 2000 Studying and understanding the instructional contexts of classrooms: Using our past to forge our future. *Educational Psychologist*, **35**, 69-85.

Turner, J. C., Meyer, D. K., Cox, K. E., Logan, C., DiCintio, M., & Thomas, C. T. 1998 Creating contexts for involvement in mathematics. *Journal of Educational Psychology*, **90**, 730-745.

Turner, J. C., Midgley, C., Meyer, D. K., Gheen, M., Anderman, E. M., Kang, Y., & Patrick, H. 2002 The classroom environment and students' reports of avoidance strategies in mathematics: A multimethod study. *Journal of Educational Psychology*, **94**, 88-106.

Turner, J. E., & Schallert, D. L. 2001 Expectancy-value relationships of shame reactions and shame resiliency. *Journal of Educational Psychology*, **93**, 320-329.

U

上淵寿 2004 達成目標理論の展望―その初期理論の実際と理論的系譜― 心理学評論, **46**, 640-654.

上淵寿 2007 自己制御学習とメタ認知―志向性，自己，及び環境の視座から― 心理学評論, **50**, 227-242.

上田薫 1976 学習意欲を妨げるもの―特に現代の教育と教師の姿勢について― 真仁田昭（編）学習意欲を育てる（児童心理選集5）(pp. 190-201) 金子書房

梅本貴豊・中西良文 2010 CAMI (Control, Agency, and Mean-Ends Interview) による期待

信念と学習行動の関連―努力と方略の信念の弁別― 教育心理学研究, **58**, 313-324.

Urdan, T. 2004 Predictors of academic self-handicapping and achievement: Examining achievement goals, classroom goal structures, and culture. *Journal of Educational Psychology*, **96**, 251-264.

Urdan, T. & Turner, J. C. 2005 Competence motivation in the classroom. In J. Elliot & C. S. Dweck (Eds.) *Handbook of competence and motivation* (pp. 297-317). New York, NY: Guilford Press.

Urdan, T. C., & Karabenick, S. A. (Eds.) 2010 *Advances in Motivation and Achievement (Vol. 16: AB): The decade ahead: Theoretical perspectives on motivation and achievement*. Bingley, UK: Emerald.

V

Vallerand, R. J. 2008 On the psychology of passion: In search of what makes people's lives most worth living. *Canadian Psychology*, **49**, 1-13.

Vallerand, R. J., Blanchard, C., Mageau, G. A., Koestner, R., Rattelle, C., Léonard, M., & Gagné, M. 2003 Les Passions de l'Âme: On obsessive and harmonious passion. *Journal of Personality and Social Psychology*, **85**, 756-767.

Vallerand, R. J., Gauvin, L. I., & Halliwell, W. R. 1986 Negative effects of competition on children's intrinsic motivation. *Journal of Social Psychology*, **126**, 649-656.

Vallerand, R. J., Pelletier, L. G., Blais, M. R., Brière, N. M., Senécal, C., & Vallières, E. F. 1992 The Academic Motivation Scale: A measure of intrinsic, extrinsic, and amotivation in education. *Educational and Psychological Measurement*, **52**, 1003-1017.

Vallerand R. J., & Ratelle, C. F. 2002 Intrinsic and extrinsic motivation: A hierarchical model. In E. L. Deci & R. M. Ryan (Eds.) *Handbook of self-determination research* (pp. 37-63). Rochester, NY: Rochester University Press.

Vallerand, R. J., & Reid, G. 1984 On the causal effects of perceived competence on intrinsic motivation: A test of cognitive evaluation theory. *Journal of Sport Psychology*, **6**, 94-102.

Van Etten, S., Pressley, M., McInerney, D., & Liem, A. D. 2008 College seniors' theory of their academic motivation. *Journal of Educational Psychology*, **100**, 812-828.

Vansteenkiske, M. 2011 *Dynamics of autonomy and control and optimal learning: Quality of motivation matters*. Keynote EARLI2011 University of Exeter.

Vansteenkiste, M., & Deci, E. L. 2003 Competitively contingent rewards and intrinsic motivation: Can losers remain motivated? *Motivation and Emotion*, **27**, 273-299.

Vansteenkiste, M., Lens, W., & Deci, E. L. 2006 Intrinsic versus extrinsic goal contents in self-determination theory: Another look at the quality of academic motivation. *Educational Psychologist*, **41**, 19-31.

Vansteenkiste, M., Niemiec, C., & Soenens, B. 2010 The development of the five mini-theories of self-determination theory: An historical overview, emerging trends, and future directions. In T. C. Urdan & S. A. Karabenick (Eds.) *Advances in Motivation and Achievement (Vol. 16A): The decade ahead: Theoretical perspectives on motivation and achievement* (pp. 105-165). Bingley, UK: Emerald.

Vansteenkiste, M., Sierens, E., Soenens, B., Luyckx, K., & Lens, W. 2009 Motivational profiles from a self-determination perspective: The quality of motivation matters. *Journal of Educational Psychology*, **101**, 671-688.

Vansteenkiste, M., Timmermans, T., Lens, W., Soenens, B., & Broeck, A. V. 2008 Does extrinsic goal framing enhace extrinsic goal-orientated individuals' learning and performance? An experimental test of the match perspective versus self-determination theory. *Journal of Educational Psychology*, **100**, 387-397.

Vansteenkiste, M., Zhou, M., Lens, W., & Soenens, B. 2005 Experiences of autonomy and control among Chinese learners: Vitalizing or immobilizing? *Journal of Educational Psychology*, **97**, 468-483.

Vidler, D. C. 1977a Curiosity. In S. Ball (Ed.) *Motivation in education* (pp. 17-43). New York, NY: Academic Press.

Vidler, D. C. 1977b Achievement motivation. In S. Ball (Ed.) *Motivation in education* (pp. 67-89). New York, NY: Academic Press.

Vohs, K. D. & Baumeister, R. F. 2004 Understanding self-regulation. In R. F. Baumeister & K. D. Vohs (Eds.) *Handbook of self-regulation: Research, theory, and applications* (pp. 1-9). New York, NY: Guilford Press.

W

若松養亮・大谷宗啓・小西佳矢　2004　小・中学生における学習の有効性認知と学習意欲の関連　教育心理学研究, **52**, 219-230.

Walther, E., Nagengast, B., & Trasselli, C. 2005 Evaluative conditioning in social psychology: Facts and speculations. *Cognition and Emotion*, **19**, 175-196.

渡部幹・小宮あすか　2007　感情と集団行動―社会的適応性の観点から―　藤田和生（編）感情科学（pp. 237-257）　京都大学学術出版会

渡部玲二郎・佐久間達也　1998　児童の算数不安の構造及びそれに対する教師のサポートについて―ソーシャル・サポートの観点からの検討―　教育心理学研究, **46**, 184-192.

渡辺弥生　1990　クラスの学習目標の認知が生徒の学業達成に及ぼす影響について　教育心理学研究, **38**, 198-204.

Watkins, M. W., & Coffey, D. Y. 2004 Reading motivation: Multidimensional and indeterminate. *Journal of Educational Psychology*, **96**, 110-118.

Watson, D., Clark, L. A., & Tellegen, A. 1988 Development and validation of brief measures of positive and negative affect: The PANAS scales. *Journal of Personality and Social Psychology*,

54, 1063-1070.

Watson, D., Wiese, D., Vaidya, J., & Tellegen, A. 1999 The two general activation systems of affect: Structural findings, evolutionary considerations, and psychobiological evidence. *Journal of Personality and Social Psychology*, *76*, 820-838.

Wegner, D. M., & Wheatley, T. P. 1999 Apparent mental causation: Sources of the experience of will. *American Psychologist*, *54*, 480-492.

Weiner, B. 1985 *Human motivation*. New York, NY: Springer-Verlag.

Weiner, B. 2007 Examining emotional diversity in the classroom: An attribution theorist considers the moral emotions. In P. A. Schutz, & R. Pekrun (Eds.) *Emotion in education* (pp. 75-88). Burlington, MA: Academic Press.

Wenger, E. 2009 A social theory of learning. In K. Illeris (Ed.) *Contemporary theories of learning* (pp. 209-218). Oxon, UK: Routledge.

Wentzel, K. R. 1991 Relations between social competence and academic achievement in early adolescence. *Child Development*, *62*, 1066-1078.

Wentzel, K. R. 1996 Social goals and social relationships as motivators of school adjustment. In J. Juvonen & K. R. Wentzel (Eds.) *Social motivation* (pp. 226-247). New York, NY: Cambridge University Press.

Wentzel, K. R. 1997 Student motivation in middle school: The role of perceived pedagogical caring. *Journal of Educational Psychology*, *89*, 411-419.

Wentzel, K. R. 2002 The contribution of social goal setting to children's school adjustment. In A. Wigfield & J. S. Eccles (Eds.) *The development of achievement motivation* (pp. 221-246). San Diego, CA: Academic Press.

Wentzel, K. R. 2005 Peer relationships, motivation, and academic performance at school. In J. Elliot & C. S. Dweck (Eds.) *Handbook of competence and motivation* (pp. 279-296). New York, NY: Guilford Press.

Wentzel, K. R., Barry, C. M., & Caldwell, K. A. 2004 Friendships in middle school: Influences on motivation and school adjustment. *Journal of Educational Psychology*, *96*, 195-203.

White, R. W. 1959 Motivation reconsidered: The concept of competence. *Psychological Review*, *66*, 297-333.

White, R. W. 1960 Competence and the psycho-sexual stages of development. In M. Jones (Ed.) *Nebraska symposium on motivation (Vol. 8)* (pp. 97-141). Lincoln, NE: University of Nebraska Press.

White, R. W. 1963 Ego and reality in psychoanalytic theory. *Psychological Issues*, *3, (3, Monograph 11)*. New York, NY: International Universities Press.

White, R. W. 1965 The experience of efficacy in schizophrenia. *Journal for the Study of Interpersonal Processes*, *28*, 199-211.

White, R. W. 1972 *The Enterprise of living: Growth and organization in personality*. New York, NY: Holt, Rinehart, & Winston.

Wigfield, A., & Eccles, J. S. 2000 Expectancy-value theory of achievement motivation.

Contemporary Educational Psychology, **25**, 68-81.
Wigfield, A. & Eccles, J. S. 2002 The development of competence beliefs, expectancies for success, and achievement values from childhood through adolescence. In A. Wigfield & J. S. Eccles (Eds.) *The development of achievement motivation* (pp. 1-11). San Diego, CA: Academic Press.
Wiggins, G. 1998 *Educative assessment*. San Francisco, CA: Jossey-Bass.
Wild, T. C., & Enzle, M. E. 2002 Social contagion of motivational orientations. In E. L. Deci, & R. M. Ryan (Eds.) *Handbook of self-determination research* (pp. 141-157). Rochester, NY: The University of Rochester Press.
Williams, T., & Williams, K. 2010 Self-efficacy and performance in mathematics: Reciprocal determinism in 33 nations. *Journal of Educational Psychology*, **102**, 453-466.
Wilson, C. 1972 *New pathways in psychology: Maslow & the post Freudian revolution*. London, UK: Victor Gollancz.（C・ウィルソン　由良君美・四方田犬彦（訳）　1998　至高体験―自己実現のための心理学―　河出文庫）
Wine, J. D. 1971 Test anxiety and direction of attention. *Psychological Bulletin*, **76**, 92-104.
Wlodkowski, R. J. 1978 *Motivation and teaching: A practical guide*. Washington, DC: National Education Association.（ウラッドコースキー，R. J.　新井邦二郎・鳥塚秀子・丹羽洋子（共訳）　1991　やる気を引き出す授業―動機づけのプラニング―　田研出版）
Wolfe, J. B. 1936 Effectiveness of token rewards for chimpanzees. *Comparative Psychological Monographs*, **12**, 1-72.
Wolters, C. A. 2003 Regulation of motivation: Evaluating an underemphasized aspect of self-regulated learning. *Educational Psychologist*, **38**, 189-205.
Wolters, C. A. 2004 Advancing achievement goal theory: Using goal structures and goal orientations to predict students' motivation, cognition, and achievement. *Journal of Educational Psychology*, **96**, 236-250.
Wolters, C. A., & Daugherty, S. G. 2007 Goal structures and teachers' sense of efficacy: Their relation and association to teaching experience and academic level. *Journal of Educational Psychology*, **99**, 181-193.
Woodman, T., & Hardy, L. 2001 Stress and anxiety. In R. Singer, H. A. Hausenblas & C. M. Janelle (Eds.) *Handbook of research on sport psychology* (pp. 290-318). New York, NY: Wiley.
Woodworth, R. S. 1918 *Dynamic psychology*. New York, NY: Columbia University Press.
Woodworth, R. S. 1958 *Dynamics of behavior*. Oxford, England: Holt.
Woolfork Hoy, A. 2008 What motivates teachers? Important work on a complex question. *Learning and Instruction*, **18**, 492-498.
Wortman, C. B., & Brehm, J. W. 1975 Responses to uncontrollable outcomes: An integration of reactance theory and the learned helplessness model. In L. Berkowitz (Ed.) *Advances in experimental social psychology (Vol. 8)* (pp. 277–336). New York, NY: Academic Press.
Wosnitza, M., & Volet, S. E. 2009 A framework for personal content goals in social learning contexts. In M. Wosnitza, S. A. Karabenick, A. Efklides & P. Nenniger (Eds.) *Contemporary*

motivation research: From global to local perspectives (pp. 49–67). Cambridge, MA: Hogrefe & Huber.

Wundt, W. 1902 *Outlines of psychology (Trans., 2nd Ed.)*. London, UK: Williams & Norgate.

Y

谷島弘仁・新井邦二郎　1995　中学生におけるクラスの動機づけ構造の認知に関する探索的検討　教育心理学研究, **43**, 74-84.

谷島弘仁・新井邦二郎　1996a　理科の動機づけの因果モデルの検討—生物教材を通して—　教育心理学研究, **44**, 1-10.

谷島弘仁・新井邦二郎　1996b　クラスの動機づけ構造が中学生の教科の能力認知，自己調整学習方略および達成不安に及ぼす影響　教育心理学研究, **44**, 332-339.

山森光陽　2004　中学校1年生の4月における英語学習に対する意欲はどこまで持続するのか　教育心理学研究, **52**, 71-82.

山崎勝之　2006　ポジティブ感情の役割—その現象と機序—　パーソナリティ研究, **14**, 305-321.

Yerkes, R. M., & Dodson, J. D. 1908 The relation of strength of stimulus to rapidity of habit-formation. *Journal of Comparative and Neurological Psychology*, **18**, 459-482.

吉田章宏　1985　教えるということ　稲垣忠彦・柴田義松・吉田章宏（編）教育の原理Ⅱ　教師の仕事（pp. 11-46）　東京大学出版会

吉田道雄・白樫三四郎　1975　成功—失敗条件および成員の統制志向傾向が成員行動の認知に及ぼす効果　実験社会心理学研究, **15**, 45-55.

吉田道雄・山下一郎　1987　児童・生徒の学習意欲に影響をおよぼす要因と現職教師の認知　教育心理学研究, **35**, 309-317.

Z

Zeidner, M. 1998 *Test anxiety: The state of the art*. New York, NY: Plenum.

Zeidner, M. 2007 Test anxiety in educational contexts: Concepts, findings, and future directions. In P. A. Schutz, & R. Pekrun (Eds.) *Emotion in education* (pp. 165-184). Burlington, MA: Academic Press.

Zeidner, M. 2008 Anxiety revisited: Theory, research, applications. In G. J. Boyle, G. Matthews & D. H. Saklofske (Eds.) *The SAGE handbook of personality theory and assessment* (pp. 423-446). Los Angeles, CA: Sage.

Zeidner, M., & Matthews, G. 2005 Evaluation anxiety: Current theory and research. In J. Elliot & C. S. Dweck (Eds.) *Handbook of competence and motivation* (pp. 141-163). New York, NY: Guilford Press.

Zimmerman, B. J. 1986 Development of self-regulated learning: Which are the key

subprocesses? *Contemporary Educational Psychology*, **16**, 307-313.
Zimmerman, B. J. 1994 Dimensions of academic self-regulation: A conceptual framework for education. In D. H. Schunk & B. J. Zimmerman (Eds.) *Self-regulation of learning and performance: Issues and educational applications* (pp. 3-21). Hillsdale, NJ: Lawrence Erlbaum Associates.
Zimmerman, B. J. 2005 Attaining self-regulation: A social cognitive perspective. In M. Boekaerts, P. R. Pintrich & M. Zeidner (Eds.) *Handbook of self-regulation* (pp. 13-39). Burlington, MA: Elsevier Academic Press.
Zimmerman, B. J., & Martinez-Pons, M. 1990 Student differences in self-regulated learning: Relating grade, sex, and giftedness to self-efficacy and strategy use. *Journal of Educational Psychology*, **82**, 51-59.
Zimmerman, B. J., & Ringle, J. 1981 Effects of model persistence and statements of confidence on children's self-efficacy and problem solving. *Journal of Educational Psychology*, **73**, 485-493.

事項索引

五十音順。原則として語句の説明を含む箇所に付した。

あ行

アージ理論 340
浅いアプローチ 207
足場がけ 292, 387
　感情的── 293
安全の欲求 174
アンダーマイニング効果 200
安定性の次元 88
意志 3, 94, 337
　──コントロール方略 96
一次コントロール 316
位置の次元 88
意図 83
　──的行動 205
居場所 384
イフェクタンス動機づけ 179
意味のある選択 262
意欲 2, 229
因果志向性理論 226
ウェルビーイング目標 66
エイジェント 23
エネルギー性 12
遠隔目標 73, 258
エンゲージメント 7
　感情的── 8
　行動的── 8
　認知的── 8
エンハンシング効果 201
応答性 255
応答的環境 255
オープン教育 263
脅し 289
オリジン 198
　──感覚 200
　──・ポーン理論 198

か行

外生的帰属 201
外的調整（external regulation） 192
外的統制（external control） 71
外的報酬 204
　──の社会制御的／制約機能 204
　──の道具的／誘因機能 204
　──の評価的／フィードバック機能 204
外発的随伴性 259
外発的動機づけ 29, 186
外発的目標 64, 228
回避動機 18
　消極的── 171
　積極的── 171
回避動機づけ 165
快楽原理 164
関わりあい 185, 244
学業関連感情 105
学業的義足 219
学業的自己概念 78
拡散的好奇心 198
拡散的探索 197
学習 3
学習意欲 3, 24
　──適性 230
　　課題没頭型── 27
　　目標達成型── 27
学習環境 234
学習者中心 236
　──的指導 263

――の教室 263
学習習慣 4, 204
学習性無力感 70
　　改訂――理論 91
学習態度 5
学習動機 46
　　――の二要因モデル 46
学習方略 6
覚醒 112
　　――水準 112
　　知覚的―― 247
拡張―構築理論 120
仮説実験授業 247, 377
課題環境デザイン 246
課題関与 55
課題内生性 250
価値 24, 39, 322, 323
活性化 111
葛藤 166
　　回避―回避型の―― 166
　　接近―回避型の―― 166
　　接近―接近型の―― 166
活動関連達成感情 127
活動理論 74
可能自己 81
環境 22
関係性サポート 286
関係性への欲求（need for relatedness） 184
関係欲求（relatedness needs） 176
観察学習 73, 333
感情（affect） 20, 106
　　――の経験機能 117
　　――のコーピング（対処）機能 109
　　――の社会的機能 110
　　――の動機づけ機能 108
　　――の認知的シグナル機能 108
　　――の表情表出機能 109

――のプロセス機能 117
――の予期機能 117
感情喚起理論 119
感情状態 114
感情増幅機能 171
感情調整 152
　　――の課題焦点化プロセス 153
　　――の感情焦点化プロセス 154
　　――の認知的評価プロセス 152
感情伝染 281
感情特性 113
機械論的アプローチ 320
帰属 82
　　――依存感情 89
　　――因 84
　　――影響プロセス 88
　　――バイアス 86
　　――フィードバック 297
期待（expectancy） 39, 67, 322
期待×価値理論 39
機能的自律 167
気分 106
希望 25
基本情動 111
　　――説 111, 341
基本的心理欲求理論 184
義務自己 80
逆補償シェマ 60
教育環境 235, 373
　　――のダイナミズム 244
　　――のデザイン 244
教育心理学 312
教育的態度 303
強化メカニズム 188
教師効力 306, 387
教師集団効力 388
教師中心的指導 263

444

教師の熱意 305
競争 268, 381
　　——的目標構造 267
協同学習 65, 271
協同的目標構造 268
興味 133
　　——拡張性 247
　　——発達の四局面モデル 141
曲線仮説 260
近接目標 73
空想性（fantasy） 250
クルーズコントロール・モデル 343
形成的評価 277
結果依存感情 89
結果関連達成感情 127
結果期待 68
欠乏動機づけ 175
欠乏欲求 175
原因帰属 82
　　——プロセス 84
顕現興味 137
権限性 255, 259
言語的報酬 298
現実自己 80
権力欲求 168
コア感情 342
行為（action） 317
向社会的目標 64
構成主義 313
構造 185, 256, 260
　　——不合理性 246
行動（behavior） 317
　　——的習慣 4, 204
効力期待 68
こころざし 25
個人化 256
個人的目標構造 268

個人内評価 253
固定マインドセット 60
コミットメント 7
コントロール環境デザイン 255
コンピテンス 178
　　——への欲求 179, 184
　　社会的—— 287
コンピテンス動機づけ 181, 359
　　過去参照型—— 182
　　課題参照型—— 182
　　他者参照型—— 182
コンピュータ不安 148

さ行

自我関与 55, 328
しかけ 244
次元説 111
自己（self） 224, 371
自己一貫性動機 370
指向性 12
自己改善動機 216
自己概念 77
自己価値動機 217
自己価値動機づけ 29
自己価値の随伴性 220
自己価値理論 217
自己関連性 249
自己決定理論 182, 361
自己原因性 83, 198
自己高揚動機 216, 370
自己効力 72, 332
自己参照モデル（S-REF モデル） 155
自己実現 172
　　——への欲求 174
自己知識動機 216
自己調整学習 9
自己評価維持モデル 222

自己評価の省察プロセス 222
自己評価の比較プロセス 222
自己不一致理論 80
自己目的的パーソナリティ 145
自信 25
自尊感情 217
自尊心 217
　　本当の―― 370
自尊（の）欲求 174, 216
実現傾向 173
実行意図 99
実行動機づけ 100
質的個人差 253
失敗回避傾向 212
失敗回避動機 212
失敗回避方略 218
実用価値 42, 249
自動化された行動 205
自動性 97
自動的行動 206
自動的プロセス 97
自動動機 98
指導と評価の一体化 300
社会的絆 285
社会的構成主義 314
社会的責任目標 65
社会的相互依存理論 267
社会的伝染（social contagion）279
社会的動機 168
社会的認知 322
社会的パフォーマンス回避目標 65
社会的パフォーマンス接近目標 65
社会的マスタリー目標 65
社会的目標 64
社会的欲求 168
社会的評価不安 148
習慣 4, 98, 119, 204, 367

――化 4, 207
――形成 98, 204
十全に機能する人間 173
集団効力 272
主観的感情経験 107
主観的目標 44
熟達 31
――指向性 196
状況 27
――興味 137
状態興味 136
状態不安 146
状態レベル 16
情動（emotion）106
――性 150
承認欲求 211
情報的事象 203
情報的側面 202
職業興味 139
所属と愛情の欲求 174
自律化 192
――された動機づけ 28
自律志向性 226
自律性 196
――サポート 184, 282
――への欲求 184
真正性 249
心的努力 26
信念 6, 38, 322
心配 150
心理的習慣 4, 204
心理的欲求 20, 159
親和関連感情 130
親和欲求 168
遂行フィードバック 297
随伴性 255
――認知 69

随伴的自尊心　370
随伴的なフィードバックシステム　258
数学不安　148
スポーツ不安　148
ズレ　197
制御志向性　227
制御の事象　203
制御的側面　202
成功達成傾向　212
精神力動論　160
成長仮説　172
成長動機づけ　176
成長マインドセット　60
成長欲求　172, 176
制度　27
生命体（organism）　159
　　──論的アプローチ　320
生理的欲求　159, 174
接近動機　18
　　積極的──　171
接近動機づけ　165
絶望感　92
　　──理論　92
説明スタイル　86
セルフ・エスティーム　217
セルフ・エフィカシー　72
セルフ・スキーマ　78
セルフ・ハンディキャッピング　219
潜在動機　169
全体論　161
選択動機づけ　100
全般性の次元　91
創造性　31
促進焦点　224
促進不安　147
素質－ストレス要因　92
ソマティック・マーカー　342

存在欲求　176

た行

対人的動機づけ　29
態度　5
他者　27
他者指向的感情　130
達成価値　41
達成関連感情　127
達成原理　27
達成動機　119, 212
達成動機づけ　210, 212
　　──階層モデル　61, 330
達成目標構造　272
達成目標理論　54
達成欲求　168, 211
多目標理論　64
探究　31
　　──的覚醒　247
小さな池の大きな魚効果　79
知覚的好奇心　196
知識と理解の欲求　358
知的好奇心　196
知能観　56
知能実体論　56
知能増大論　56
チャレンジングな課題　251
注意　30
　　──配分理論　150
通俗行動主義　190
適性　228
テスト不安　149
　　──の欠乏モデル　150
　　──の処理プロセスモデル　151
　　──の妨害モデル　150
テリック状態　124
同一化的調整　193

動因　159, 160, 352
　　——理論　160
　　——低減説　160
動機　18, 353
動機づけ　12
　　——スタイル　282
　　——的レディネス　254
　　——デザイン　244
　　——の公正さ　254
　　——の発達最近接領域　254
　　——のメタ理論　319
　　——フィードバック　297
動機づけられた認知　224
統合的調整　193
動作制御ゴール　54
洞察　31
洞察的アプローチ　31, 207
統制可能性の次元　88
統制感　255
　　——モデル　74
統制的プロセス　97
統制の位置（Locus of Control）　71
道徳関連感情　130
特殊的好奇心　198
特殊的探索　197
特性興味　138
特性不安　147
特性レベル　16
取り入れ的調整　193
努力　26, 83
　　——帰属　258
　　——の差し控え　219
　「諸刃の剣」としての——　220

な行

内生的帰属　201
内的統制　71

内発的／興味価値　42
内発的調整　193
内発的動機づけ　28, 195, 364
内発的目標　228
内部情報的　203
内部制御的　203
二次コントロール　316
人間主義心理学　172, 356
認識的好奇心　196
認知　19, 322
　温かい——　321
　　——内容　37
　　——プロセス　37
　　——論的アプローチ　36
認知的構成主義　314
認知的動機づけ　197
認知的評価説　114
認知的評価理論　202
認知的妨害理論　150
認知的レディネス　254
能力概念　56

は行

パーソナリティ　224, 371
パーソナル・ストライビング　225
パーソナル・プロジェクト　225
パッション　347
発達段階—環境合致説　239
パフォーマンス目標　55
パフォーマンス回避目標　61
パフォーマンス接近目標　61
パラテリック状態　124
非意図的行動　205
悲観主義者　86
ピグマリオン効果　300
非自己志向性　227
非動機づけ　194

評価基準　274
評価構造　274
評価主体　274
評価的思考　296
評価の情報的機能　276
評価の制御的機能　276
評価不安　148
表情表出機能　109
標的目標　46
表面的アプローチ　207
不安　146
フィードバック　52
　　――制御　50
フィードフォワード制御　50
不一致　197
深いアプローチ　31, 207
フラストレーション　166
プランニング　251
フロー　142
プロセス相互作用主義　162
防衛的悲観主義　76
方略帰属　258
方略的楽観主義　77
方略フィードバック　298
ポートフォリオ　277
ホープ理論　334
ボーン　198
　　――感覚　200
ポジティブ感情　120
ポジティブ心理学　76, 334
没頭　26
　　――原理　27
ホメオスタシス　20, 160
ほめ言葉　298
　　――の情報的機能　300
　　――の制御的機能　300
本能　349

本来感　371

ま行

マインドセット　60
マインドフルネス　315
マスタリー動機づけ　359
マスタリー目標　55
学び　314
学び方の学習　250
自ら学ぶ意欲　362
見通し　25
無力感期待　92
メタ動機づけ状態　122, 344
メタ認知　30
目的　24
　　――目標　46
目標　25, 44, 325
　　――意図　99
　　――階層構造　53
　　――構造　53
　　――コミットメント　51
　　――システム　45
　　――設定理論　51
　　――伝染　280
　　――内容　45
　　――内容理論　228
　　――プロセス　45
　　――理論　45
目標―評価環境デザイン　267
目標―評価システム　267
目下の関心　225
モデリング　73, 333
モニタリング　251

や行

誘意性　111, 118
誘因　18, 118

ネガティブな―― 189
　　ポジティブな―― 189
　　――理論　118
有機的統合理論　192
有能感　180
予期メカニズム　189
抑制不安　147
欲求（need）　3, 20, 158, 349, 351
　　ネガティブな―― 164
　　ポジティブな―― 164
　　――の従属　166
　　――の融合　165
欲求階層説　174
予防焦点　224

ら行

楽観主義　76
　　――者　88
リアクタンス　71

理想自己　80
リバーサル理論　121
流動性　248
領域レベル　16
量的個人差　253
ルビコンモデル　95

A-Z

ANOVA モデル　336
ARCS モデル　246, 376
BE ゴール　54
DO ゴール　54
ERG 理論　176
IAT（Implicit Association Test）　338
INSPIRE モデル　291
SEM モデル　222
TARGET 構造モデル　246, 377
TOTE サイクル　50
Yerkes-Dodson の法則　147

人名索引

アルファベット順。

A

Ach, N. 337
Adler, A. 174
Alderfer, C. P. 176, 361
Allport, G. W. 167, 225, 337
Ames, C. 54, 328
Apter, M. J. 121
Atkinson, J. W. 212, 323, 369, 371

B

Bandura, A. 68, 332
Bargh, J. A. 97, 98
Berlyne, D. E. 196, 364, 376, 378
Brophy, J. 254, 292

C

Carver, C. S. 53, 327, 331
Covington, M. V. 217, 254
Crocker, J. 220
Csikszentmihalyi, M. 142

D

Darwin, C. R. 337, 350
deCharms, R. 198, 260, 261, 361, 364
Deci, E. L. 182, 205
Descartes, R. 319, 337
Dörnyei, Z. 100, 290
Dweck, C. S. 54, 56, 60, 328, 329

E

Eccles, J. S. 41, 238, 323, 369
Elliot, A. J. 61
Emmons, R. A. 225

F

Ford, M. E. 44, 46, 320, 331
Freud, S. 347, 351, 352, 356, 362

G

Gibson, J. J. 345
Goldstein, K. 174, 357
Gollwitzer, P. M. 99

H

Harter, S. 179
波多野誼余夫 198, 378
速水敏彦 360
Heckhausen, H. 95
Heider, F. 82, 198, 317
Hidi, S. 140
Higgins, E. T. 80, 224
Hull, C. L. 160, 319, 352, 354, 356, 362, 367, 369
Hunt, J. M. 364

I

市川伸一 46
稲垣佳世子 198, 378

J

James, W. 94, 337, 349, 371
Johnson, D. W. 271
Johnson, R. 271

K

Keller, J. M. 244, 247, 376
Kelly, H. H. 85, 93, 336

451

Kohn, A. 190, 371, 381, 387
Kruglanski, A. W. 201
Kuhl, J. 96

L

Latham, G. P. 51
Lazarus, R. S. 114
Lepper, M. R. 200, 246, 291
Lewin, K. 82, 322, 323, 351
Locke, E. A. 51

M

Mandler, G. 149
Markus, H. 81
Marsh, H. W. 79
Maslow, A. H. 172, 174, 176, 263, 320, 357, 358, 359, 361, 376, 386
McClelland, D. C. 119, 212, 326, 351, 354, 369, 371, 376
McDougall, W. 159, 350, 351
Moore, O. K. 255
Murray, H. A. 161, 162, 168, 211, 337, 351, 355, 361, 368

N

Nicholls, J. G. 54, 328
Norem, J. K. 76

P

Pekrun, R. 127
Pintrich, P. R. 319, 321, 328, 376

R

Reeve, J. 282
Renninger, K. A. 140
Rogers, C. R. 172, 263, 320, 356, 357, 380

Rotter, J. B. 71, 323
Ryan, R. M. 182

S

佐伯胖 366
櫻井茂男 362
Sarason, I. G. 149
Sarason, S. B. 149
Scheier, M. F. 53, 327, 331
Schunk, D. H. 73
Schwatz, S. H. 331
Seligman, M. E. P. 70, 86, 385
Shavelson, R. J. 78
Skinner, B. F. 376
Skinner, E. A. 74

T

Tesser, A. 222
Thorndike, E. L. 337, 352, 367
戸田正直 340
Tolman, E. C. 322

V

Vallerand, R. J. 347
Vygotsky, L. S. 379

W

Weiner, B. 88
Wentzel, K. R. 64, 287
White, R. W. 178, 182, 359, 360, 361, 364
Wlodkowski, R. J. 234, 289, 373
Woodworth, R. S. 159, 319, 358, 364
Wundt, W. 111, 337

Z

Zimmerman, B. J. 10

あとがき

　仕事柄，授業を参観する機会が多いのだが，そこでの子どもの意欲的な姿には，しばしば感銘を受ける。例えば，自分の思いや考えをクラスメイトに向けて語りかける子どもの切実な姿。スラスラと読み上げるような効率的なしゃべり方では決してない。その言いまわしは時にたどたどしいのだが，彼らの表情や身振りには熱意や真剣さが顕れ，クラスのみんなに対して自らの言葉を紡ぎ出すように語るその姿からは「伝えたいという思い」や「伝えようとする意志」が明確に伝わってくる。そのような彼らの真摯な姿にいつの間にか巻き込まれて，私は一人の聴き手として思わず身を乗り出してしまう。

　意欲とはこのような一瞬一瞬の姿に顕れる「知情意が一体化した心理現象」であり，当人のパフォーマンスを支えると同時に，他者をも惹き込む社会的な働きをする。本書はこのような意欲現象について特に「学習意欲」に焦点を当て，教育心理学の立場から概説することを目的にしている。

　「学習意欲」は教育界における重要なキーワード，しかもその筆頭格として長らく位置づけられてきた。ただやっかいなことに，この言葉は感覚的にとらえやすい一方，概念としてきちんと理解されてきたとは言い難い。そこで本書では「学習意欲」について，動機づけ研究の諸理論によって多角的に説明することを通してその心理学的な背景を明らかにすると同時に，その意味の統合的な明確化を試み，教育心理学の観点から知見の整理を行った。

　心理学における理論とは，第一義的には「心理現象を説明する枠組み」を指す。われわれはその理論を知ることで心理現象（例えば，子どもの思考や振る舞い）が解釈できるようになるわけである。また，理論を利用することで将来の心理現象（例えば，その子が今後どう振る舞うか）を予測することが可能になる。さらに，このような心理現象の解釈や予測を通じて，自らの活動（例えば，教師としての教育実践）を具体的に構想することも促されていくのである。理論がしばしば「地図」に喩えられるわけは以上のことから理解できよう。自らの立ち位置を確認することができ，目指すべき目標の具体化や活動の自覚化を促進する心理的なツールが「理論」なのである。

　ただ「意欲」は，少数の理論によって理解できるほど単純な現象ではない。だから，より多くの理論に学ぶことを通して複眼的に解釈しようとする態度，つま

あとがき

り，性急にわかったつもりになるのではなく，複雑なことを複雑なままに理解しようと努める姿勢がわれわれに求められるのである。

また，教育心理学は，人が学ぶ，育つという現象について教育という観点から解明する学問であり，本書の基本的なスタンスもそこにある。具体的には，イントロダクションとしての第1章を受けて，第2章，第3章，第4章では学ぶ，育つことの背景にある動機づけ諸理論についてそれぞれ異なる視角から概説し，それらを第5章で教育という視座から統合的に捉え直すという本書の構成に，この学問に固有な立場を反映させた。本書がよりよい教育の実現に向けた取り組みに多少なりとも寄与するのであれば，筆者としてこれほどうれしいことはない。

以上，やや大上段に構えて本書の執筆意図について述べてきたが，どれだけそのねらいが実現しているかについては読者諸氏の判断に是非委ねたい。学習意欲の背景を成す心理学の理論にはそれぞれ歴史があり，理論間には有機的な連関がある。また，理論全体の裾野は広く，各理論の奥行きは深い。私にとって本書の執筆過程は，具体的な研究知見の背後に息づく学問の先達の思いや姿勢を感じ取る営為であり，彼らに対する深い敬意の念を新たにする経験そのものであった。その一方で，筆者の力量をもって学習意欲の理論の全貌を到底，描き尽くせるものではなかったというのも実感である。とりわけ，動機づけの発達，個人差，測定については十分に論じることができなかったし，脳神経科学といった新たな研究分野や分析手法にはほとんど触れることができなかった。また，各理論の評価にまで踏み込むことができず，総じて羅列的かつ平板な記述にとどまってしまった。大部になったわりにはその内容が不十分であることに関しては十分自覚の上であり，このようなかたちで世に問うことになったことについては，ひとえに筆者の力量不足が原因であって，内心，忸怩たる思いがある。忌憚のないご批判，ご意見を頂戴できればと切に願う次第である。

＊　　　＊　　　＊

本書を刊行するにあたって，これまでお世話になった方々にあらためて謝辞を記しておきたい。

私がこれまで「意欲的」に研究を進めることができたのは，何よりもまず，大学院，学部時代にご指導を賜った恩師の先生方のお蔭である。大学院の指導教授であった並木博先生（元慶應義塾大学教授・早稲田大学名誉教授）には，まさに私の「内発的動機づけ」を大切にし，さらにそれを育んでいただくような懇切で

あたたかいご指導を賜った。修士論文，さらには博士学位論文の執筆を通過点として今日へと至る私の研究者としての歩みを常に指導教授として見守って下さった。先生には何かを強く指示された，あるいは指導されたという記憶がない。まさに学習者としての私の「自律性」をサポートするという姿勢で常に接してくださっていたのである。教育心理学者としての私の存在が今ここにあるのは先生のお陰であるといっても過言ではない。学部時代の指導教授であった岡田守弘先生（元横浜国立大学教授）には心理学研究の基礎を教えていただいた。先生の書棚にあったE. L. デシ著『内発的動機づけ』（誠信書房）をお借りし，寝る間も惜しんで読了した経験が，本書の出発点であったように思う。つたないながらも内発的動機づけに関する実験的研究を卒論としてまとめることができたのも先生のご指導のお蔭であった。藤岡完治先生（元横浜国立大学教授・故人）には，先生の後ろ姿を通して「教育実践とは何か」という大きなテーマについて学んだ。心理学を教育という立脚点から常に問いつつ，教育実践と研究を架橋する研究者として生きることの意義について教えていただいたように思う。本書刊行の折にあらためて三名の恩師の先生方に心よりお礼申し上げたい。

また，動機づけと教育をめぐるテーマをともに探究する諸先輩方，研究同人の皆様にも謝辞を記したい。本書の背景となる問題意識や理論への関心は，大学院時代に参加させていただいた「動機づけ研究会（東京大学）」，「達成動機研究会（日本女子大学）」（いずれも当時）の諸先生方，先輩方との関わりに負うところが大きい。研究の世界に私を誘って下さった恩人といっても過言ではない。また，日本教育心理学会の場を中心とした所属大学を超えた動機づけ研究を志す諸兄との出会いや関わりに，どれほど意欲を刺激され，励まされたか，筆舌に尽くしがたい。本書は全国においてこの学を極めようとしている先学，同人との研究交流の賜物でもある。さらに，慶應義塾大学教職課程センター，同大学院社会学研究科の学兄，同僚の皆様には，教育心理学という学問領域を超えた広い視角から今もなお私の研究を刺激してくださっている。今日，「研究者としての私」が存在し，この度，本書の上梓が叶ったのは，多くの方々によるこのようなご支援，ご厚情のお蔭である。ここではお一人ずつお名前を記すことができず大変遺憾ではあるが，以上の皆様に謹んでお礼を申し上げる次第である。

本書の構想は，2001年度より二年間にわたる福澤諭吉記念慶應義塾学事振興基金によるスタンフォード大学心理学部への国外留学に端を発しており，本書は同基金に基づく研究成果である。留学に際し，私を客員研究員として同大に快く

迎え入れてくださった Mark Lepper 先生（スタンフォード大学教授）には多岐にわたって大変お世話になった。また，その米国滞在中には Johnmarshall Reeve 先生（当時，アイオワ大学教授，現在，大韓民国・高麗大学教授）を訪問する機会を得た。先生には，教育心理学者として動機づけ研究をすること，とりわけ理論にこだわることの意義をご教示いただくとともに，本書の構想に対する多大なるご示唆を頂戴した。両先生には，本書の刊行をご報告申し上げるとともに，あらためて謝意を表したい。

　ひとえに私の遅筆により本書は十年以上の歳月を経てようやく刊行に至ったわけであるが，当初から本書企画にご賛同くださり，出版計画をご快諾いただいた眞下清氏（元金子書房編集部長），そしてペースの遅れがちな私を常に励まし，刊行に向けて伴走して下さった加藤浩平氏（金子書房編集部）に厚くお礼を申し上げる次第である。なお，本書の編集にあたっては慶應義塾大学文学部教育学専攻・鹿毛研究会の石川友哉君，齋藤妙子君及び同大学院社会学研究科教育学専攻の私のゼミナール（2013年度・教育心理学特論）の履修者諸君にお手伝いいただいた。感謝の気持ちとともにここに記したい。

　最後になるが，ややもすると仕事に追われ生活のバランスが崩れがちな私のために，常日頃から家庭というかけがえのない場を整え，心身ともに支えてくれている妻の浩美，長女の彩葉に心からの感謝の意をあらためて表したい。

　2013年初夏
　三田山上にて

鹿毛　雅治

鹿毛　雅治（かげ　まさはる）

慶應義塾大学教職課程センター教授／同大学院社会学研究科委員（教育学専攻）。1964年，横浜市生まれ。横浜国立大学教育学部心理学専攻卒業，慶應義塾大学大学院社会学研究科教育学専攻修士課程修了，同博士課程単位取得退学，博士（教育学）。日本学術振興会特別研究員，慶應義塾大学教職課程センター助手，同専任講師，同助教授，スタンフォード大学心理学部客員研究員，東京大学大学院教育学研究科客員教授等を経て，現職。専門は，教育心理学，特に学習意欲論，授業論。主な著書に『モチベーションの心理学──「やる気」と「意欲」のメカニズム』（中公新書，2022），『授業という営み』（教育出版，2019），『子どもの姿に学ぶ教師』（教育出版，2007），『内発的動機づけと教育評価』（風間書房，1996），『発達と学習（未来の教育を創る教職教養指針3）』（編著，学文社，2018），『パフォーマンスがわかる12の理論』（編著，金剛出版，2017），『「授業研究」を創る』（編著，教育出版，2017），『モティベーションをまなぶ12の理論』（編著，金剛出版，2012），『教育心理学（朝倉心理学講座第8巻）』（編著，朝倉書店，2006），『教育心理学の新しいかたち』（編著，誠信書房，2005）など。

学習意欲の理論──動機づけの教育心理学

2013年8月30日　初版第1刷発行　　　［検印省略］
2024年1月31日　初版第9刷発行

著　者　　鹿　毛　雅　治
発行者　　金　子　紀　子
発行所　　株式会社　金　子　書　房
〒112-0012　東京都文京区大塚3-3-7
電　話　03（3941）0111〔代〕
ＦＡＸ　03（3941）0163
振　替　00180-9-103376
URL https://www.kanekoshobo.co.jp

印　刷　藤原印刷株式会社
製　本　島田製本株式会社

© Masaharu Kage, 2013
Printed in Japan
ISBN 978-4-7608-2379-6　C 3011